国家"985工程"（二期）哲学社会科学创新基地重大成果
第三届中国出版政府奖图书奖　第三届三个一百原创图书出版工程奖

学术版

中国佛教通史

第八卷

赖永海　主编

江苏人民出版社

图书在版编目(CIP)数据

中国佛教通史. 第八卷/赖永海主编.
—南京:江苏人民出版社,2010.9(2021.10 重印)
ISBN 978-7-214-06479-0

Ⅰ.①中…　Ⅱ.①赖…　Ⅲ.①佛教史-中国
Ⅳ.①B949.2

中国版本图书馆 CIP 数据核字(2010)第 185039 号

书　　　名	中国佛教通史(第八卷)
主　　编	赖永海
策 划 编 辑	府建明
责 任 编 辑	朱晓莹
装 帧 设 计	吴赵铎　许文菲
责 任 监 制	王　娟
出 版 发 行	江苏人民出版社
地　　　址	南京市湖南路 1 号 A 楼,邮编:210009
照　　　排	江苏凤凰制版有限公司
印　　　刷	江苏凤凰新华印务集团有限公司
开　　　本	652 毫米×960 毫米　1/16
总 印 张	549.25　插页 62
总 字 数	7100 千字
版　　　次	2010 年 11 月第 1 版
印　　　次	2021 年 10 月第 2 次印刷
标 准 书 号	ISBN 978-7-214-06479-0
定　　　价	2280.00 元(全 15 卷)

(江苏人民出版社图书凡印装错误可向承印厂调换)

本卷主要撰稿人(以姓氏笔画为序)

王月清

哲学博士。现为南京大学哲学系(宗教学系)教授、博士生导师,南京大学中华文化研究院副院长。主要著作有《中国佛教伦理研究》、《中国佛教文化艺术》等。

撰写内容:第九章。

圣　凯

哲学博士。现为清华大学哲学系教授、博士生导师、国家社科基金重大项目"汉传佛教僧众社会生活史"首席专家、中国佛教文化研究所副所长、《佛学研究》主编。研究领域为南北朝佛教学派、儒佛道三教关系、中国佛教社会史、近现代佛教、佛教与西方哲学比较研究等。主要著作有《中国汉传佛教礼仪》、《中国佛教忏法研究》、《摄论学派研究》、《中国佛教信仰与生活史》、《南北朝地论学派思想史》,以及 *A History of Chinese Buddhist Faith and Life* 等。

撰写内容:第七章。

朱丽霞

哲学博士。现为河南大学哲学与公共管理学院副教授。主要著作有《宗喀巴佛教思想研究》、《佛教与西藏古代社会》等。

撰写内容:第一章。

刘立夫

哲学博士。现为中南大学公共管理学院教授、博士生导师,湖南省佛教协会船山佛教文化研究中心秘书长。主要著作有《〈弘明集〉研究》、《佛教与中国伦理文化的冲突与融合》等。

撰写内容:第六章第一、二、三、四、五、六节。

杨维中

　　哲学博士。现为南京大学哲学系(宗教学系)教授、博士生导师。主要著作有《心性与佛性》、《中国佛教心性论研究》、《中国唯识宗通史》等。

　　撰写内容:第三、四、五章。

沈文华

　　哲学博士。现为南京大学哲学系(宗教学系)副教授。主要著作有《内丹生命哲学研究》。

　　撰写内容:第六章第七节。

陈永革

　　哲学博士。现为浙江省社会科学院哲学研究所副所长、研究员,杭州师范大学双聘教授、博士生导师。主要著作有《法藏评传》、《晚明佛学的复兴与困境》、《阳明学派与晚明佛教》。

　　撰写内容:第二、八章。

目　录

第一章　西藏前弘期佛教　1

第一节　佛教的传入及发展　1
一、佛教传入吐蕃　2
二、佛教在吐蕃的发展　7
三、达玛灭佛　24

第二节　前弘期的译经及佛学思想　27
一、译经　27
二、前弘期佛教思想及其影响　39

第三节　前弘期的寺院及寺院经济　47
一、前弘期的寺院　47
二、前弘期的寺院经济　54

第二章　五代十国时期佛教的发展　61

第一节　五代十国时期的社会与佛教　61
第二节　五代北方佛教及周世宗灭佛运动　65
第三节　南唐佛教与江南法眼禅系的兴盛　71
第四节　吴越地区的佛教　79
一、吴越佛教的繁盛　80
二、天台德韶与法眼禅系　85
三、永明延寿与吴越佛教的繁荣　90

四、天台宗的盛弘:从羲寂到义通 93
  第五节 契此和尚与弥勒信仰的影响 97
  第六节 雪峰禅系与闽地佛教的发展 104
  第七节 云门禅系与岭南佛教的展开 110
  第八节 禅教一致与华严禅在江南的推展 116

第三章 隋唐五代的僧官与度僧制度 119
  第一节 隋代的僧官、寺职和度僧制度 120
    一、隋朝的僧官制度 120
    二、隋代寺职 124
    三、赐额与度僧 133
    四、"公贯"与"私度" 135
  第二节 唐代僧官制度的完善 140
    一、唐代佛教事务管理机构的变迁 140
    二、"十大德"与僧录 146
    三、僧正与僧统 155
  第三节 唐代寺职与师号、紫衣 161
    一、唐代"三纲" 162
    二、唐代的监寺 166
    三、师号、德号与紫衣 170
  第四节 赐额与度僧 181
    一、唐代的赐额制度 182
    二、"私度"与"官度" 187
    三、名籍与度牒、戒牒 194

第四章 隋唐五代佛教经录和佛教史著 207
  第一节 隋唐五代经录的编纂 208
    一、隋代经录的编纂 208
    二、初唐诸部经录 219
    三、智昇及其《开元释教录》 237
    四、圆照及其所编经录 244
    五、南唐释恒安《续贞元释教录》 251
  第二节 道宣的佛教史学著述 254
    一、《续高僧传》 254

二、《广弘明集》、《集古今佛道论衡》 258
三、《释迦方志》 259
第三节 《大唐西域记》及其他西行游记 261
一、《大唐西域记》 262
二、《大唐西域求法高僧传》、《南海寄归内法传》 271
三、《往五天竺国传》、《悟空入竺记》 277

第五章 隋唐五代的寺院经济 279
第一节 隋唐寺庄的形成 279
第二节 "直岁"、"净人"与"寺户" 285
第三节 隋唐佛教寺院的经营活动 298
第四节 隋唐佛教宗派的经济基础 305

第六章 隋唐五代时期的三教关系 310
第一节 傅奕反佛与唐初的佛道之争 310
一、傅奕上书废佛 311
二、佛教方面的反驳 314
三、唐初佛道之争的结局 324
第二节 唐代的佛道先后之争 325
第三节 唐代宫廷的三教论议 337
一、高祖、太宗朝的三教排位之辩 338
二、高宗朝的"名理"之辩 343
三、中唐以后的诞日论衡 346
第四节 唐代的沙门拜俗之争 352
第五节 儒家"道统说"对佛教的批判与吸收 361
一、韩愈的"道统"说及其对佛教的批判 361
二、李翱的"复性"说及其对佛教的吸收 368
第六节 宗密对儒道两家的批判与会通 375
一、宗密对儒道两家的批判 375
二、宗密对儒佛道三教的会通 382
第七节 隋唐佛学对道教的影响 385
一、中观学对道教重玄学的影响 385
二、佛教心性论对道教心性论的影响 399

第七章　隋唐五代时期佛教徒的生活与信仰　410

第一节　隋唐佛教的信仰与仪式　410

一、智𫖮与忏法的集大成　410

二、宗密与《圆觉经道场修证仪》　426

三、唐代禅宗的忏法　429

四、道宣与律宗的忏法　437

五、善导与净土礼赞仪　441

六、隋唐的药师道场与药师礼忏仪　450

七、弥勒信仰与弥勒礼忏仪　459

第二节　隋唐的内道场与舍利信仰　464

一、内道场的起源　464

二、杨广的慧日道场、日严寺　466

三、唐代的内道场　474

四、隋文帝的舍利信仰　480

五、唐代诸帝的舍利信仰　485

第三节　隋唐佛教的社会慈善事业　491

一、隋代佛教的慈善事业　491

二、唐代的悲田养病坊　492

三、唐代寺院的宿房　496

第四节　唐五代的俗讲与变文　500

一、唐五代的讲经仪轨　500

二、唐五代的俗讲　514

三、唐五代时期的转变与变文　515

第八章　中国佛教与东亚佛教文化圈的形成　518

第一节　隋唐五代与日本的佛教文化交流　518

一、隋唐时期的中日佛教交流　519

二、五代十国时期的中日佛教交流　534

三、入唐僧与佛教典籍的输入　537

第二节　隋唐五代与朝鲜的佛教文化交流　538

一、隋唐与朝鲜的佛教交流　539

二、五代与朝鲜的佛教交流　558

第三节　隋唐五代与越南等国的佛教文化交流　561

第九章　隋唐五代时期的佛教文化艺术　568

第一节　隋唐五代的佛教石窟与造像　568
　　一、隋代的石窟与造像　568
　　二、唐代石窟与造像　571
　　三、五代十国佛教石窟与造像　584
第二节　隋唐五代的佛教绘画　586
　　一、隋代的佛教绘画　586
　　二、唐代的佛教绘画　588
　　三、五代时期的佛教绘画　610
第三节　隋唐五代的佛教书法　611
　　一、隋代佛教书法　611
　　二、唐代佛教书法　619
　　三、五代佛教书法　637

人名索引　639

第一章　西藏前弘期佛教

佛教在西藏的传播、发展,一般被分为"前弘期"和"后弘期"两个阶段。前弘期指从佛教传入吐蕃到末代赞普达玛(838—842年在位①)禁佛为止的两百余年间佛教传播历史。这是佛教在吐蕃的初传阶段。后弘期指的是从10世纪开始的佛教在西藏再次得以大规模传播的阶段,这也是独具特色的藏传佛教形成的阶段。

第一节　佛教的传入及发展

佛教传入之前,吐蕃盛行的是藏族地区固有的宗教——本教(bon,也被写做苯教、笨教、本波教)。关于本教在吐蕃兴起的时间,众说纷纭,一般认为本教在吐蕃第一任赞普聂墀赞普(gnya-khri-bstan-po,其生活年代也难有定论,有公元前360年和公元前126年等说法,一般采纳前者)时就已经出现。本教的发展也经历了不同的阶段,其最初的宗教思想基础主要是一种万物有灵论,认为世界上普

---

① 关于达玛在位时间,各家史书有不同的记载,这主要是因为对他的即位时间有不同的认定,分别有838年、841年、842年等说法,《资治通鉴》记为838年。

遍地存在着"五界神祇、地方神、家神、战神、年神等许多不同的神灵，要宰杀牛、羊、鹿等牲灵祭祀贡献",①这时的本教师也是一群"翱翔于空,割树成条,裂石为跞,并常以酒肉供奉鬼怪"②的人物,这是本教发展的第一个阶段——笃本时期。随着社会的不断推进,本教也在不断地向前发展,后来还出现了专门的教主辛绕米沃且,他"把经过印度西面的大食传入西藏的外道自在派的见地和原来的本教结合在一起,创立了一种宗教理论,这一派被称为恰本,它不同于兑本(注:笃本)",进入恰本阶段的本教仍然崇尚杀生祭祀鬼神,但已经有了自己的宇宙论等方面的较为系统的教义,这时本教师的分类也日趋细化,发展出了"祈福、送鬼、赎替、卜算、园光占卜、预测生死等仪式内容"③,并且在社会生活中充当着重要的角色,对上可以护持王政,对下通过巫术和占卜的方式,干预和控制社会生产、生活的各个方面,史载"从聂赤赞普至赤德妥赞之间,凡二十六代均以苯教治理王政"④。佛教正是在这种背景下传入的。

一、佛教传入吐蕃

关于佛教的传入,根据藏族史料记载,肇端于吐蕃第二十七代赞普拉托托日年赞(lha-tho-do-ri-gnyan-bstan,公元3世纪中期)时期。据传说,在赞普晚年时,一天,从天上降下了《诸佛菩萨名称经》、《宝箧经》两部经书以及佛塔、印有咒语的印牌等物。藏族史料对这一记载的解读是:因为本教崇拜天,故而说这些东西是自天而降的,"实际是由班抵达洛生措(慧心护)及译师里梯生将这些法典带来西藏的。藏王不识经文

---

① 东嘎·洛桑赤列:《论西藏政教合一制度》,陈庆英译,第5页,北京,中国藏学出版社,2001。
② 巴卧·祖拉陈哇:《〈贤者喜宴〉摘译(一)》,黄颢译注,《西藏民族学院学报》1980年第4期。
③ 东嘎·洛桑赤列:《论西藏政教合一制度》,陈庆英译,第5、6页。
④ 土观·罗桑却季尼玛:《土观宗派源流》,刘立千译注,第194页,拉萨,西藏人民出版社,1984。

复不知其义,以此班抵达和译师也回印度"①,这种说法大抵是客观的。因为当时"藏王不识经文复不知其义",所以这些东西被称为"年波桑哇"(gnyan-po-gsang-ba,意为"玄秘神物")加以供奉,并有可能流传后世,因为赤松德赞建成桑耶寺时,修建了一座白色梵塔,塔中尚装有"先王所供奉之《玄秘神物》"②。

以上的记载几乎出现于所有重要的藏族史书中。但近年来学者依据本教经典,对这一记载进行了修订。他们认为从本教史料来看,佛教试图传入吐蕃的年代比这还要早得多。可以远推到"七赤天王"的最后一位桑赤赞普(srib-khri),并且在止贡赞普(gri-gum)时再次出现于吐蕃,但是由于本教势力的抵制而未能传播成功③。实际上,远在松赞干布建立统一的吐蕃王朝之前,吐蕃周围的国家和地区佛教都十分兴盛。就连被松赞干布纳入治下的大勃律和羊同等国,"亦有寺有僧,敬信三宝"④。处在这样的地理环境中,吐蕃不可能成为一个佛法的真空地带,佛教对这一带作尝试性传播是有可能的,但是这种尝试性的传播只是一种单方面的行为。所以,总的说来,佛教传入吐蕃一般还是被确认在松赞干布时期。

松赞干布(srong-btsan-sgam-po,617—650)是强大的吐蕃王国的缔造者,也是吐蕃时代极具雄才大略的赞普之一。他在位时,派大臣屯米桑布扎(thon-mi-san-bho-ta)去印度学习文字。屯米桑布扎返回时,根据梵文创造了藏族自己的文字。这在整个藏族历史发展上是一件非比寻常的大事,也为佛教的传入、佛经的翻译提供了先期准备条件。

---

① 廓诺·讯鲁伯:《青史》,郭和卿译,第26页,拉萨,西藏人民出版社,1985。班抵达即"班智达",按照印度佛教的习惯,将精通"五明"(声明、医方明、工巧明、因明、内明)的人称为"班智达"。
② 索南坚赞:《西藏王统记》,刘立千译注,第126页,北京,民族出版社,2000。
③ 才让太:《苯教在吐蕃的初传及其与佛教的关系》,《中国藏学》2006年第2期。
④ 《慧超往五天竺国传》,郑炳林:《敦煌地理文书汇辑校注》,第205页,兰州,甘肃教育出版社,1989。

松赞干布还先后迎娶了尼泊尔的赤尊(khri-btsun)公主和中国唐朝的文成公主。这两地当时都盛行佛教,两位公主也都笃信佛教。赤尊公主进入吐蕃时,带去了三尊佛像:一尊释迦不动金刚佛像(释迦牟尼八岁等身像)、一尊弥勒佛像、一尊度母像。文成公主入藏时,嫁妆中则有一尊释迦牟尼佛像(释迦牟尼十二岁等身像)。为了供奉她们带来的佛像,在松赞干布的支持下,赤尊公主和文成公主先后修建了大昭寺和小昭寺。但从规模上看,这两座寺庙在当时充其量只是两座较为简陋的佛殿,远非经过历代不断扩建所形成的后世的大、小昭寺可比。另外,这两座寺庙在当时也是一个佛本融合甚至各种宗教元素融合的产物。在兴建大昭寺的过程中,殿的四门绘有坛城,满足僧人的意愿;殿柱上绘有金刚橛,以满足咒师的意愿;四角绘有万字纹(卍),以满足本教徒的意愿,又画上网格纹,满足普通居民的意愿①。所以,大、小昭寺虽采纳了佛教建寺的形式,但在内容上还是尽最大可能地照顾了藏族传统文化的传统宗教情绪。同时,建寺的精神实质仍然没有脱离本教"镇压鬼怪"、"镇压严厉"②的范围。例如,在建寺之前,先由文成公主堪舆,也就是勘察地形,寻找建寺地基。文成公主指出:"此吐蕃王土,地处仰卧之岩魔女身上,因此,岩魔女之两臂、头、两胯、两肘、两膝盖及四肢等,当需逐一建以镇压之神殿,即使不成,亦当施以铁橛。"③所以,当时兴建的一批小庙都是为了镇住所谓的岩魔女的。但无论怎样,松赞干布毕竟迈出了至关重要的一步:他接受了佛教,并把佛教的"十善业"中的一些规定作为先进的道德规范而加以推广,为此后世佛教徒把他作为护教三法王而加以崇奉,赤尊公主和文成公主也因她们在佛教传入雪域方面的特殊作为而被奉为白度母和绿度母的化身。

虽然赤尊公主和文成公主都建了寺庙,但当时的吐蕃并没有出家僧

---

① 参见索南坚赞:《西藏王统记》,刘立千译注,第85页。
② 土观·罗桑却季尼玛:《土观宗派源流》,刘立千译注,第194页。
③ 巴卧·祖拉陈哇:《〈贤者喜宴〉摘译(三)》,黄颢译注,《西藏民族学院学报》1981年第2期。

人,佛教已然传入,但影响并没有后世藏文书籍中所渲染的那么大。松赞干布去世后,此后相继继立的是芒松芒赞(mang-srong-mang-btsan,650—676在位)和都松芒波结(vdus-srong-mang-po-rje,676—704在位),在这三四十年间,佛教在吐蕃并无进展。甚至在芒松芒赞时,唐蕃之间再起战火,吐蕃谣传唐朝要索回文成公主带去的佛像,以至于将那尊佛像藏匿并泥封了起来。

都松芒波结的儿子赤德祖赞(khri-lde-gtsug-btsan,704—755)十岁即位,成年后与唐朝联姻,迎娶了金城公主。金城公主入吐蕃后,将文成公主带去的佛像找出,建立"供祀之制"。另外,赤德祖赞发现了记有松赞干布遗训的铜牌,牌中有"我五世后,有王名德者出世,佛法将兴"等内容,他认为牌中所言之人是自己。于是派遣郑喀·木乃肖噶(bran-kha-mu-le-sho-ka)及聂·咱那古玛热(gnyags-snya-na-ku-ma-ra)两人前往冈底斯雪山,迎请在那里静修的印度佛教大师佛密和佛寂。但迎请未果,两人只得把两位印度大师心中记诵的《分别经》和《金光明经》等五部大乘经典记录下来带回吐蕃献给了赞普(《西藏王统记》认为"从唐朝翻译了《金光明经》和《毗奈耶分品疏》")。为此,赤德祖赞下令在拉萨修建了卡尔扎(vkhang-brag)、在扎玛尔(brag-dmar)修建了枕桑(vgran-bzang)、在钦朴修建了纳热(ne-ral)、在扎玛尔修建了呷曲(ka-chu)、在桑耶修建了玛撒巩(ma-sa-gong)等五座佛堂作为存放经书的处所。这一点也有碑铭资料可佐证,《噶迥寺建寺碑》中说:"祖赤德祖赞之世,于扎玛建瓜州寺,于琛浦建神殿等,立三宝之所依处。"①

关于吐蕃早期从松赞干布到赤德祖赞之间佛教的发展情况,历来存在三种解读方式:第一种就是藏文史书。在藏文史书中,这一时期佛教的存在样态已经非常成熟发达,赞普建寺庙、译佛经、传佛法,佛教在吐蕃的发展从一开始就出现欣欣向荣的景象。按照《西藏王臣记》的记载

---

① 王尧编著:《吐蕃金石录》,第160页,北京,文物出版社,1982。

就是:"法王松赞干布在位时,修建佛身、语、意三密所依之佛像、经塔和其依处之神殿寺庙;翻译佛教圣典;创立闻、思、修等妙善规制。"①仅从逻辑上分析,这是有违宗教传播的规律的。第二种就是国外藏学界观点。他们在广泛地对比敦煌文献和汉文资料的前提下,对西藏资料中的记载采取了较为审慎的态度,对松赞干布与佛教的最初接触的程度表现出极大的不确定性,甚至于认为吐蕃王室对佛教真正的皈依和支持开始于赤松德赞时期。② 第三种就是同时期从汉地出发去天竺求法的僧人们留下的游记。他们都认为吐蕃在这一时期并无佛法,其中最著名的就是义净和慧超。唐朝僧人义净西行求法,在游历天竺诸国时曾经到达过吐蕃的西部诸国。对这一地区佛教的传播情况,他所作的记载是:"此诸国之中,唯波剌斯及裸国、土蕃、突厥,元无佛法,余皆遵奉。"③义净到达印度的时间是673年,693年回到广州,这是都松芒波结在位的时间。此时的吐蕃民众对佛法依旧一无所知,否则义净就不会有这样的记载了。稍后于义净,新罗僧人慧超在开元年间曾往天竺求法,途经吐蕃西部(时间大致在712—727年间)时也记载吐蕃:"总无寺舍,不识佛法,当土是胡,所以信也。"④这已经到了墀德祖赞在位时期了,但吐蕃还是处于"不识佛法"的状态。

综合这三种解读方式,我们只能说:在松赞干布时期甚至在他之前,吐蕃开始和佛教有了初步的接触,但其程度十分有限,基本限于王室成员的个人行为,并未在社会上形成任何影响,普通民众对此更是一无所知。这一点正如现代学者所认为的:从整体上看,松赞干布时期佛教文化之进入吐蕃及其传播还是表层的,并主要限于物质层面,即出现了佛像、佛寺和佛物等,但尚未进入精神层面,尚未对吐蕃人的思想观念产生

---

① 五世达赖喇嘛:《西藏王臣记》,刘立千译注,第32页,北京,民族出版社,2000。
② 图齐在《西藏宗教之旅》、戴密微在《吐蕃僧诤记》中都持类似的观点。
③ 义净:《南海寄归内法传校注》,王邦维校注,第91页,北京,中华书局,1995。
④ 《慧超往五天竺国传》,郑炳林:《敦煌地理文书汇辑校注》,第205页。

直接的影响和作用。①

赤德祖赞晚年派桑希(sang-shi)和另外四人作为使臣携带信函、礼品，到中原求取汉族经典及五台山图，等到他们返回时，赤德祖赞已于755年去世，继立的赤松德赞(khri-srong-lde-btsan,742—797年)年幼无权，崇本大臣玛祥·仲巴杰(ma-zhang-khron-pa-skyes)②掌权，他制订了专门的"小法"(即"布琼法典")禁止崇信佛法，凡是信奉佛法者，都将被流放到边远的荒地去。同时他还向赞普宣讲："国王所以短命而死，都是奉行佛法的报应，实在不吉祥。佛法说来世可以转生，乃是骗人的谎言。为了消除今生灾难，应该信奉苯波教。"③在玛祥·仲巴杰的支持下，小昭寺的释迦牟尼佛像被套在用皮绳编制的网里，最初打算送回汉地，但拖到卡扎(mkhar-brag)洞，因为拉不动了，就把佛像埋进沙坑，后来又送到了芒域(mang-yul，今西藏西南与尼泊尔接壤处)。拉萨一个管理佛像和经塔的汉族和尚也被驱逐回汉地。同时，一些小的寺庙如卡扎寺、真桑寺等都被拆毁，大昭寺被改为屠宰作坊，杀了牲畜，剥下鲜血淋淋的皮子搭在佛像上，内脏等挂在佛像手上。信奉佛法的大臣芒和白两人都被治罪杀害。④支持佛法的巴塞囊(sba-gsal-snang，也被称为益喜旺波)也被流放到芒域，巴塞囊是吐蕃比较早信佛教者，而且据《贤者喜宴》记载是在"汉族和尚那里获得修行之经教"。于是，桑希等人只好把带回的佛经藏到石洞中。

二、佛教在吐蕃的发展

1. 莲花生入藏

赤松德赞逐渐成年，桑希便将从汉地取回的《十善法经》、《金刚经》、

---

① 详见石硕：《吐蕃政教关系史》，第133页，成都，四川人民出版社，2000。
② "玛祥"或译为"马向"，意为母舅，吐蕃王子年幼时，一般由母舅摄政。
③ 拔塞囊：《拔协》，佟锦华、黄布凡译注，第8页，成都，四川民族出版社，1990。
④ 同上书，第9页。

《佛说稻秆经》等读讲给赞普听。赤松德赞开始了解并信奉佛法。后来在信佛的大臣的支持下,赤松德赞用计将玛祥·仲巴杰幽闭在古墓当中,开始准备推行佛法。

巴塞囊到芒域后,利用这个机会去印度朝山拜佛。返回途中在尼泊尔遇到了印度著名的佛教学者寂护(藏译有时为"静命"),寂护是8世纪东印度人,瑜伽中观派的创始人,曾经做过那烂陀寺主讲。他在中观学系中,与稍前一点的智藏以及自己的门人莲花戒,并称为清辩之后的"东方自立量派三大家"(中观自续派)。在巴塞囊的建议之下,763年,在剪除了玛祥·仲巴杰之后,寂护被请到了吐蕃。寂护给赞普讲了一些基础的佛法知识如"十善法"、"十八界"等。但此后不久,吐蕃发生了雷击红山宫和洪水冲涮旁塘宫殿的灾难。排斥佛法的大臣趁机说这是信佛所招致的,赤松德赞只好礼送寂护出境。临行前,寂护建议藏王去请一个叫莲花生的密宗大师。

寂护之所以推荐莲花生,可能是因为他看到本教在吐蕃社会的重要影响。而本教作为较为原始的宗教形态,巫术成分居多。莲花生则是以咒术闻名的密宗师,寂护的意图是利用密宗的咒术,制服本教师,使他们的巫术相形见绌,从而在根本上瓦解贵族和民众对本教的信仰。

莲花生梵名白玛桑坝哇(padmasambhava),藏族人称其为邬坚仁波且、邬坚白玛(意为"莲花师"),出生于印度西北部的乌仗那(今巴基斯坦西部的卡普利斯坦)。该国僧人"戒行清洁,特闲禁咒"[1],也就是擅长于密宗的咒术等,莲花生也是这样一位僧人。赤松德赞于是派人前去迎请,藏文史籍中说莲花生一路"降妖除魔","首先和西藏的十二女神较量,运用威力慑服诸女神,令受灌顶而许誓守护正法;渐次前来北道,使塘拉等神立誓护法。"[2]

---

[1] 玄奘、辩机:《大唐西域记》,季羡林校注,第270页,北京,中华书局,1985。
[2] 廓诺·讯鲁伯:《青史》,郭和卿译,第29页。

对这些神神怪怪的记载,当代藏学家们的一个精辟解释是:事实可能是西藏本教徒碰到莲花生,有如小巫见大巫,敌不过他那一套把戏,于是佛教占了上风。① 如果进一步解释就是:莲花生征服的吐蕃本教神灵的过程,实际上就是和这些神灵的代言神巫斗法的过程。西藏的神灵都有数量不等的代言神巫,或者称为代言人,"通过这些代言人,在一定的场合神灵使他们的意愿为人所知,或者是给那些祈请答复的问题作出预言式的解答。"②代言神巫的形式虽为藏传佛教继承,但它的确是萨满教(包括本教)所共有的古老宗教现象。这些神巫在我们看来是代言者,而在当时,人们认为他们(尤其是进入迷幻状态以后)就是某某神本身,莲花生征服了以十二丹玛女神为代表的吐蕃神灵,实际表明他的法术远远高出了这些代言神巫。关于这一点,《拔协》提供了佐证,据载莲花生在降神时,"选出十个出身高贵、父母双全、祖父母俱在世的男孩做降神者。举行圆光。结果四大天王降临,使夜叉、火神原型毕现,不驯服的神、龙也变成人形,对他们,由白玛桑布哇施以威猛震慑"③。所以,莲花生也采用了神灵附体的办法,选十个小孩做代言巫,宣称四大天王降临,并用法术打断了夜叉、火神等代言神巫的降神过程,使他们变成人形(即恢复正常人的状态),莲花生对之一一训导,使其立誓护卫佛法。这在普通人眼中,便认为莲花生征服了他们所代表的神灵。

2. 佛本之争

莲花生在西藏得势之后,寂护也被二次请入吐蕃。佛教一时处在有利的地位,本教的存在受到越来越严重的冲击。于是本教徒和信奉本教的大臣们反悔,劝赞普弃佛崇本,寂护认识到佛本共存的局面势难维持,于是提议:"我等当辩论,如你获胜,我便离去,随即发展苯教,假设佛教

---

① 王森:《西藏佛教发展史略》,第9页,北京,中国社会科学出版社,1997。
② [奥地利]勒内·德·内贝斯基·沃杰科维茨:《西藏的神灵和鬼怪》,谢继胜译,第485页,拉萨,西藏人民出版社,1993。
③ 拔塞囊:《拔协》,佟锦华、黄布凡译注,第23页。

获胜,则应废弃苯教,而宏扬佛教。"①771 年②,双方进行辩论,这就是有名的"佛本之争"。

佛教方面以寂护为首,以详尼雅桑(zhang-nya-bzang)、聂·达赞东斯(gnyer-stag-btsan-gdong-gzigs)、僧果拉隆斯(seng-mgo-lta-lung-gzigs)以及娘·肖玛(nyang-sho-ma)等充任寂护的助手和随员;本教方面选派达热路恭(ta-ra-klu-gong)、大历算者琼波佟促(rtsis-pa-chen-po khyung-po-dum-tshugs)、琼波·泽哇才米(khyung-po-rtse-ba-tshe-mi)及久氏(cog)等人为代表进行了辩论。③ 本教注重宗教实践,其粗陋的理论当然无法和体系完备的佛教相匹敌,结果赤松德赞宣布本教失败,下令本教徒或者弃本归佛,或者作纳税百姓,否则驱逐出境。本教经书一部分被抛入河中,一部分压在桑耶一黑塔下。同时还废止了本教大量宰杀牛马等生灵祭祀的陋习。据一部分史料记载,辩论失败后,部分本教徒一则为了本教生存,二则为了挟私报复,将一些佛教经典改头换面变为本教经典,此事被赤松德赞知道后,"被诛者甚众"④。

本教受到了一定程度的打击,佛教取得了阶段性的胜利。需要注意的是赤松德赞这次对本教的打击并不彻底,究其原因,本教此时在社会上已经根深蒂固,尤其是与吐蕃的贵族势力紧密地结合在一起。在已经出土的吐蕃简牍中甚至可以发现贵族亲自任本教师的情况:

> 祭祀地方神、乡神和女神之苯波教师徒:论芒息、论多桑。
>
> 为导引灵神之财物按各人相应职务地位摊派,所献如下:
>
> 论乞力摩……噶夏花之价青稞四升。论措热珍珠之价粮食一升。论息诺桑各种药一满钵。⑤

---

① 巴卧·祖拉陈哇:《〈贤者喜宴〉摘译(七)》,黄颢译注,《西藏民族学院学报》1982 年第 2 期。
② 这个时间王森在《西藏佛教发展史略》中认为是在桑耶寺建成之后,但石硕的《吐蕃政教关系史》(265 页)认为771 年,多数学者持佛本之争在桑耶寺建成之前,故采纳此说。
③ 巴卧·祖拉陈哇:《〈贤者喜宴〉摘译(七)》,黄颢译注。
④ 土观·罗桑却季尼玛:《土观宗派源流》,刘立千译注,第 195 页。
⑤ 王尧、陈践编著:《吐蕃简牍综录》,第 72—73 页,北京,文物出版社,1986。

可见作为贵族大臣的"论"(blon)以各种各样的方式参与了本教的活动。吐蕃社会虽然是奴隶制,但赞普与大臣之间并没有生杀予夺的关系,相反,君臣之间以一年一小盟、三年一大盟的较为松散的方式维系。在这种背景下,贸然全面彻底地打击本教,非常容易激化社会矛盾。而赤松德赞又是吐蕃历史上一个比较聪明睿智的赞普,他定然洞悉这其中的利害关系,所以在"佛本之争"后他明令:莫使宗教相混同,各遵信仰崇宗教。勿将笨教当外道,苯布教徒已驱走。①

在"勿将笨教当外道"的原则之下,他保留了每年象雄的本教徒和御前本教经师为赞普消灾而定期举行的杀牲祭祀鬼神的仪式以及为死者杀马超荐的仪式,同时把本教求财祈福术(祈祷吉祥)、投灵品(禳解)、焚尸术(火葬)、祭祀柴烟(煨桑)、焚魔等仪式保留下来,后来被佛教徒改造而加以利用。本教的活动在这次辩论后,由明处转移到暗处,佛教取得了一定的优势。据《西藏王统记》所引的本教史称:"苯教盛于聂赤赞普,衰于共赞普。又盛于布德贡杰,衰于赤松德赞。"②可见,赤松德赞时的这次佛本之争,对本教还是有一定打击的。但佛教在此时并非取得了彻底的胜利,佛本斗争依然存在,直到达玛灭佛时,再度急剧爆发。

佛本斗争的实质是权力之争,是以赞普为代表的亲佛派和实际控制着吐蕃政权的亲本贵族之间的斗争,佛教和本教虽成为斗争的轴心,却不是斗争的核心,宗教争论往往掩盖了上层统治者对政治权力的渴望。

佛本之争结束后,佛教在吐蕃取得了飞速的发展。779年,吐蕃历史上第一座完整意义上的寺庙——桑耶寺正式建成。这座寺庙"其下层为吐蕃式样、中层为汉地式样、上层为印度式样。并依须弥山四周金山、游戏海围绕之意,修建内外三道巡礼过道、四大洲、八小洲、日月等坛。并

---

① 《莲花生大师本生传》,洛珠加措、俄东瓦拉译,第437页,西宁,青海人民出版社,1990。
② 索南坚赞:《西藏王统记》,刘立千译注,第35页。

修建四座神殿、四座佛塔、围墙等代表须弥山的四座山峰"①,而且寺中的佛像也是依照藏族人中相好庄严者塑成。所以,桑耶寺的气势和规模,已经和此前修建的神殿不可同日而语了。桑耶寺的修建,开始了佛教西藏化的过程。

桑耶寺建成之后,赤松德赞与王室成员、贵族显宦举行了盛大的开光典礼。接着,赤松德赞从印度请来"说一切有部"的十二位比丘,从藏族贵族青年中挑选了七人受戒出家,因为带有试验的性质,所以这七人又被称为"预试七人"(sad-mi-bdun)。关于这七人的名字,众家史料难以统一,但总的说来,大致有巴塞囊、桑希、巴果贝若咱纳(pa-gor-ba-ro-tsa-na)、贝央(dpal-dbyangs)、仁钦秋(rin-chen-mchog)等。稍后,赞普又下令让"未成年之后妃及尚论之子凡有信仰者,均令彼等出家"②。一时出家者竟达三百多人。

为了确保佛教在吐蕃能够顺利发展,在桑耶寺建成之后,赤松德赞还先后颁布了两道兴佛诏书。这两道诏书都是以盟誓的方式进行的,第一道诏书参与盟誓的有吐谷浑王以及吐蕃的众多尚、论。在誓文里要求参与盟誓者赌咒发誓不得毁坏佛事,并且任何时代都不得废弃对寺院的供养。第二次誓文的略本则刻在桑耶寺石碑之上,其碑文如下:

> 逻些(拉萨)及札玛之诸神殿建立三宝所依处,奉行缘觉之教法。此事,无论何时,均不离不弃。所供养之资具,均不得减少,不得匮乏。今迤后,每一代子孙,均需按照赞普父子所作之盟誓,发愿。其咒誓书词不得弃置,不得变更。祈请一切诸天、神祇、非人,来作证盟。赞普父子与小邦王子,诸论臣工,与盟申誓。此诏敕盟书之详细节目文字正本,存之于别室。③

---

① 蔡巴·贡嘎多吉:《红史》,东嘎·洛桑赤列校注,陈庆英、周润年译,第31页。拉萨,西藏人民出版社,2002。
② 巴卧·祖拉陈哇:《〈贤者喜宴〉摘译(八)》,黄颢译注,《西藏民族学院学报》1982年第3期。
③ 王尧编著:《吐蕃金石录》,第169页。

随着出家人众的增加,意希旺波(ye-shes-dbang-po,巴塞囊出家后的法名)等人决定开始翻译佛经。他们组织了两批人,分别将印度、汉地佛经翻译成藏语佛典,而且将翻译出来的佛典编成了目录。"相传曾把译本整理编目三次:1. 钦浦目录(mchims-phu-dkar-chag);2. 旁塘目录(vphang-thang-dkar-chag);3. 丹噶目录(ldan-dkar-dkar-chag)。今日仅存丹噶目录一种,所收经论约有七百余种。"①

3. 顿渐之争

赤松德赞时代宗教史上发生的另外一件大事就是"顿渐之争"。这里的"顿"是"顿门派",指汉地禅宗僧人;"渐"是"渐门派",指以莲花戒为代表的印度僧人。8到9世纪,是吐蕃佛教舞台十分活跃的一个时期,印度佛教和汉地佛教像两股清泉,于这一时期之初,匀速地注入了雪域高原。而吐蕃民众也以自己的传统文化为基础,博采众长,兼容并收,对来自两种不同文化背景下的佛教资源,开始消化、吸收。这一时期活动在吐蕃的汉族僧人见于史册的很多,见载于《五部遗教》之《译师遗教》和《大臣遗教》的就有数十人之多,再加上他们的藏族弟子,当时禅宗在吐蕃的势力似乎远远大于印度僧人的势力。

其中比较著名的有摩诃衍(ma-ha-ya-na,史料中又译为玛哈雅纳)。据敦煌写本《顿悟大乘正理诀·叙》载,吐蕃在8世纪末"交聘邻邦,大迎龙象,于五天竺国请婆罗门僧等三十人;于大唐国请汉僧大禅师摩诃衍等三人。同会净城,乐说真宗"②。摩诃衍到达吐蕃的时间,至今仍无定论,大多数论著将其定在公元781年或稍晚一些。

摩诃衍到吐蕃后,影响迅速扩大。这主要是因为摩诃衍所传简单易行,从而受到刚刚从原始宗教中脱壳出来的修行者的欢迎,赤松德赞的妃子没卢氏、姨母悉囊南氏及诸大臣夫人三十余人皆随其出家。《拔协》

---

① 王森:《西藏佛教发展史略》,第15页。
② [法]戴密微:《吐蕃僧诤记》,耿昇译,第34—35页,拉萨,西藏人民出版社,2001。

上也记载因他教人如此修法,吐蕃的人们逐渐转而学习他的法。因此,桑耶寺断了香火供奉,求法与修身语善行的也停止了,只剩下拔·诺登(在有些资料中,是"预试七人"之一)、毗卢遮那("预试七人"中的巴果贝若咱纳)、巴·白央("预试七人"中的贝央)等少数几人仍然信奉和习学大师菩提萨埵(寂护)所传之法。这自然引起渐门派不满,他们争讼到赤松德赞前,赤松德赞认为渐门派既有澄心静虑的内容,又有修行的实践,所以倡行渐悟。这引起了顿门派的愤怒:"玛哈雅纳之弟子娘·夏弥(nyang-sha-mi)切割自身之肉;尼雅切玛拉(snyags-bye-ma-la)及埃仁波切(rngegs-rin-po-che)毁掉自身之生殖器,汉地和尚梅果(me-mgo)纵火焚烧自身之头颅,随即死去。"①敦煌文献中也提到这件事:"有吐蕃僧乞奢弥尸毗磨罗等二人知身聚沫,深契禅袚。为法捐驱,何曾顾已?或头燃炽火,或身解霜刀。曰,吾不忍见朋党相结毁谤禅法;遂而死矣。"②看来在辩论之前,跟随摩诃衍的藏汉僧人曾经因为赞普的明显倾向性,采取了比较过激的行为,甚至不惜以身家性命相抗争,其精神确实值得后人为之扼腕一叹。不仅如此,"他们手持利刃,扬言凡不尊汉地和尚者全部都被杀掉"③。赞普左右为难,在益喜旺波的建议下,决定迎请寂护的弟子莲花戒入藏,让顿渐双方辩论。摩诃衍对这次辩论十分重视,还特地闭门学习了四个月有关辩论方面的技术知识,并特地写了《修定者参禅答问》等论著。

  莲花戒是当时印度非常著名的佛教哲学家,他和寂护同是大乘中观派自续派的代表人物,他还以注解寂护的作品而闻名遐迩。莲花戒入藏后,由赤松德赞主持,和摩诃衍展开辩论,据记载,当时赞普坐在中间;顿门派坐在右边,随从弟子有觉姆降秋杰(jo-mo-byang-chub-rje)、苏央达(sru-yang-dag)、彭德朗呷(bannghelangk)等人;渐门派坐在左边,以莲

---

① 巴卧·祖拉陈哇:《〈贤者喜宴〉摘译(十)》,黄颢译注,《西藏民族学院学报》1982年第3期。
② [法]戴密微:《吐蕃僧诤记》,耿昇译,第58页。
③ 布顿大师:《佛教史大宝藏论》,郭和卿译,第175页,北京,民族出版社,1986。

花戒为首,随从弟子有白央、毗卢遮那、诺登等人。赞普将两串花鬘分别交与摩诃衍和莲花戒,并规定负者向胜者献上花鬘,且永远离开吐蕃。

据一些藏文史籍记载,渐门派和顿门派之间的这场前后延续三年左右的辩论,被史家称为"吐蕃僧诤"。

戴密微在《吐蕃僧诤记》将双方的问答分成了两组。通过对这些问题的梳理,可以看出摩诃衍的主张大致集中在以下几个方面:1. 成佛的第一步在于看心、除妄念。吐蕃僧诤中,印度僧人的第一个问题就是:"今看心,除习气,出何经文?"①印度僧人对这个问题如此重视,据此判断这是摩诃衍在吐蕃宣传的一个重要观点。不仅在开篇,"看心"这个问题后来还被再次提及,摩诃衍在自己上给吐蕃赞普的奏章中也有这样的陈述:"其习禅者令看心"②。"看心"是北宗禅的一个重要修习方法,北宗禅的创始人神秀的《大乘无生方便门》中就有"看心若净名净心地"的句子。看心的目的就是为了除妄念。因为"一切众生缘无量劫以来常不离得三毒烦恼无始心想习气妄想,所以流浪生死不得解脱"。所以应除妄念,但这也并不是最终目的,这个问题的最后指向是"心神住金刚地,即无一念"(此乃摩诃衍引《金刚三昧经》之经文),也就是要无念。2. 离相或无相。摩诃衍反复征引《金刚经》中的"离一切诸相即名诸佛"来论证他的观点。3. 无住或出离分别。摩诃衍认为"佛从无量劫以来已离得不得。心且无心无思,犹如明镜。无心无思,离得不得。但随众生应物现形,水喻、宝喻、日月等喻皆互同等"③。在这三大原则下,双方还关涉到一些具体的问题:如对语言、六波罗密、二谛、顿悟等的看法。对于语言,摩诃衍引《楞伽经》云:"大慧诸修多罗,随顺一切众生心说",而非真实在于言中。④ 他认为真如不在言说之中。对于六大波罗密,摩诃衍反复引《思益

---

① [法]戴密微:《吐蕃僧诤记》,耿昇译,第59页。
② 同上书,第196页。
③ 同上书,第111页。
④ 同上书,第84页。

经》云：千万亿劫行道于法性不增不减。否定了传统佛教所认为的修持种种善法对于明心见性必要性，进而认为"六波罗蜜等为方便显胜义。故非是不要。如胜义离言说六波罗蜜及诸法门，不可说言要与不要"。对于对方提出的胜义谛只为钝根者宣示，抑或利钝根者俱要的问题，他的回答是：钝根者不了了胜义者要，利根者不论要不要。① 同样对于顿渐之分，摩诃衍也认为"若离一切想、妄想，渐顿不可得"②。总而言之，摩诃衍认为六波罗蜜都是方便说法，是为钝根者所设，对他们来说，方便说法就相当于药之于病人，船之于渡者，而对于解脱者来说则无所谓要与不要，恰如无病之人不言要不要药。

除此而外，在这次僧诤中，摩诃衍还明确地提到了佛性论思想，当被问到何以得知众生有佛性时，他的回答是"三界唯心所变"，将人心、佛性结合起来。

对于摩诃衍在这次僧诤中的主张，除了敦煌汉文写本以外，后世藏族学者也多有论及，《贤者喜宴》对摩诃衍那的观点作了如是记载：

> 凡一切均因思维而生，并以善业恶业而得善趣恶趣之果，此又循环往复。凡事无所思又无所作为，生此念后即可解脱矣！此种见解即凡事无所思也。对于布施之十法行，其所行是：向无识者、智力差者、天资愚钝者宣讲众生之善业。先是，对于修心者，悟性强者，犹如黑白二云均可遮蔽太阳一样，亦被善恶二者所蔽。古所谓凡事无思、无分别、无伺察，此即无所得，由是顿悟者则与十地相等也。③

这种记载和《吐蕃僧诤记》中所录的敦煌写本的记载大体吻合，但前者不及后者全面，虽也提到了无思、无分别，但也可以看出，摩诃衍思想中最让后世僧人骇然的就是他将善业、恶业的作用等价齐观（黑白二云

---

① [法]戴密微：《吐蕃僧诤记》，耿昇译，第113页。
② 同上书，第101页。
③ 巴卧·祖拉陈哇：《〈贤者喜宴〉摘译（十一）》，黄颢译注，《西藏民族学院学报》1983年第2期。

均可遮蔽太阳)。因为几乎所有的藏族史著都成书于12世纪以后,这时佛教观念已经深入民心,尤其是因果报应之说。所以在后世的藏文史料中,这一点受到着力铺陈。禅宗一贯认为解脱的根本是彻见清净的心体,在这个意义上,布施、行善等确实只能是钝根者入门的方便,摩诃衍的主张必须也只能在这个意义上理解方比较贴近他本人的原意。

辩论结果据藏文史料记载,赤松德赞宣布顿门派失败,并认为:摩诃衍所宣讲的顿悟不利于在吐蕃推行缮写、供养、布施、听闻、朗诵、记忆、演说、默念、思维和修行等佛事活动(十法行),这种修法容易使人心昏昏沉沉且不积聚善根、福德,容易使佛法衰落,所以不宜加以推广。因此,他下令:"从今以后,要遵循龙树之正见,按六度行事,实践十法行,要依三慧而修习,修心要方便、智慧双运。今后我吐蕃之百姓王臣不论何人,凡行佛法者,皆应学习国王请来之印度著名大师为译师而译定之佛法。因为吐蕃地处边鄙,民智愚昧,多所偏好,而佛法深奥难解,所以,凡未经国王作施主,译师未译定之法,不论是什么,皆不得学习!"①在这之后,摩诃衍修了一座寺庙,退居敦煌。而根据《顿悟大乘正理决》,则为摩诃衍获胜。但是在顿渐之争后,摩诃衍的形迹不再出现于吐蕃佛教记载中,由此判定,赞普当时还是判定他辩论失败。

摩诃衍在僧诤中的失败,并没有阻止其思想在藏传佛教各派中的流传,这一点也是藏族僧人直言不讳的,土观说"心要派汉人呼为宗门(指禅宗)就其实义与迦举已相同,即大手印的表示传承"②。阿芒·贡确坚赞大师说:"大手印及大圆满之名称虽不同,修习者们在修习时任何亦不作意与汉地摩诃衍那之(思想)相同。"③萨班在《分辨三律仪论》中也持这种观点,他认为萨迦派中也有禅宗的影子。也就是说,西藏的许多大德

---

① 拔塞囊:《拔协》,佟锦华、黄布凡译注,第54页。
② 土观·罗桑却季尼玛:《土观宗派源流》,刘立千译注,第222页。
③ 阿芒·贡确坚赞:《萨迦、宁玛、噶举诸宗派见地之差别略仪》,第46页。转引自班班多杰著《藏传佛教思想史纲》,第127页,上海三联书店,1992。

们认为宁玛派、噶举派,甚至萨迦派中有大量的禅宗遗存。

顿渐之争从宗教内容上看,各有其侧重,且都能自圆其说,以赤松德赞的佛学修为,很难就此判出优劣。所以日本学者矢崎正见认为顿渐之争的实质:"与其从教义上着手,不如把重点放在围绕着吐蕃王室的印度佛教与汉传佛教两种势力中,究竟扶持谁的争论上。"①在赤松德赞时期,唐蕃间战事不断,边境上烽烟频起,而印、蕃之间则出现了睦邻友好的局面,并逐渐发展成了一种和平的、文化上的交往关系,为此吐蕃王室极易扶持印度的佛教势力。另外从感情上讲,佛教发源于印度,且8世纪后半叶印度的佛教已进入密教阶段,密教比较契合苯教盛行的吐蕃传统,这都是以摩诃衍为首的顿悟派失势的直接原因。此外,研究者们也认为在顿渐之争中,赞普站在渐门派一边,而一些旧贵族,如达扎路恭、娘定埃增则支持禅宗。因此,顿渐之争是赞普与贵族之间权利之争的又一表现形式。② 如果从这个角度看,顿渐之争的结果,摩诃衍的宗教理论未必存在巨大劣势,他的失败实际上是政治性失败。

除了摩诃衍,当时在吐蕃的禅宗僧人和他们的藏族弟子中比较有名的还有:

甲·梅果(rgya-me-mgo)。由于此人名字之前冠以"甲"(汉)一字,所以他是个汉族人无疑。他在赤松德赞的身边出现得较早(在赞普作为王子刚成年之时),任"文书"一职。在桑喜对赞普宣讲了从汉族带回的《十善法经》等经典时,赤松德赞曾命令桑希、甲·梅果和阿年达一起秘密翻译来自汉地和芒域的经典,但此事因被玛祥·仲巴杰察觉而宣告流产。桑耶寺建成后,赞普组织译经,甲·梅果也是其中的得力干将。后来在顿门派和渐门派分歧初现、赤松德赞表现出支持渐门派的意向时,

---

① [日]矢崎正见:《西藏佛教史考》,张建世译,第33页,拉萨,西藏人民出版社,1990年。
② 索南才让:《关于吐蕃佛教研究的两个问题——顿渐之诤和朗达玛"灭佛"》,《西藏民族学院学报》2003年第5期。

禅宗方面出现了许多过激的行为以示抗议,其中"梅果和尚也于自身燃火"①,确切地说是点着了自己的头。这一点敦煌汉文写本《顿悟大乘正理诀·叙》中也说禅宗僧人"或头燃炽火,或身解霜刀"②。所以,甲·梅果是赤松德赞时期在吐蕃比较活跃的禅宗僧人之一。

娘·夏米(nyang-sha-mi)。这显然是一个娘氏家族的人。娘·夏米肯定是赤松德赞时期较为著名的僧人,所以在佛本辩论时,他成为佛教方面的代表,充当寂护的助手。在顿渐之间的矛盾不断激化时,他和甲·梅果一起属于"或头燃炽火,或身解霜刀"者,藏文史料中说他割掉了自己的生殖器而身亡。

王妃没卢氏。没卢氏是吐蕃一个古老的家族,这个家族中早在松赞干布时期就有很著名的人物出现。根据藏文史料,这位王妃名叫甲茂赞(rgyal-mo-btsan),王锡所撰的《顿悟大乘正理诀·叙》中说:"皇后没卢氏,一自虎诚,划然开悟。剃除绀发,披挂缁衣。朗戒珠于情田,洞禅宗于定水。"③所以没卢氏是一位虔诚的佛教徒,她在出家后改名为菩提主(byang-chub-rje,音译为降秋杰),习学禅宗。没卢氏妃出家以后也是当时吐蕃佛教界一位活跃的人物,她曾修建格吉寺(dge-rgyas-kyi-gtsug-lag-khang)。在赤松德赞组织人力开始大规模翻译佛经时,没卢氏妃负责译经者的膳食供给工作,"在格如林设置厨房,为三百名僧人提供十三种膳食,负责此项事务的官员是王妃降秋杰"④。现在桑耶寺和昌珠寺留存下来的寺钟就是由没卢妃铸造的,碑文明确地记载了这一点,桑耶寺钟的钟文是:

> 王妃甲茂赞母子二人,为供奉十方三宝之故,铸造此钟,以此福德之力,祈愿天神赞普赤松德赞父子、眷属,具六十种妙音,证无上

---

① 拔塞囊:《拔协》,佟锦华、黄布凡译注,第51页。
② [法]戴密微:《吐蕃僧诤记》,耿昇译,第58页。
③ 同上书,第48页。"虎城"是"虔诚"的误写。
④ 巴卧·祖拉陈哇:《〈贤者喜宴〉摘译(八)》,黄颢译注,《西藏民族学院学报》1982年第3期。

19

之菩提。

昌珠寺钟的钟文是：

> 令一切众生齐皈依善业之故，特铸造此大钟。钟声犹如天神鼓乐，嘹亮于浩渺虚空，此亦增天神赞普赤德松赞之住世寿元也。施主为王妃菩提氏，并由唐廷汉比丘大宝（仁钦）监铸。①

昌珠寺钟由汉族僧人监制，这更进一步表明了没卢氏妃和汉地佛教密切的关系。在顿渐之间正式辩论时，"觉姆降秋杰"作为一个出身地位显赫的禅宗僧，是摩诃衍的重要随从者。

辩论会结束后，《青史》记载："和尚一边的四个汉人屠夫行刺莲花戒大师，因而大师肾脏受伤逝世。这时耶喜旺波绝食而示寂，享寿六十九岁。"②但《拔协》上记载莲花戒之死为"外道"所为，这里的"外道"疑为本教徒，因为顿门派在此书上被称为"内道"。总之，佛本矛盾、佛教内部的矛盾在吐蕃依旧存在，并在某些时候采取了相当激烈和残酷的形式。

结合这样的一个结果，黄颢在《贤者喜宴》的注释中认为：

> 两年的顿渐之争涉及大量而复杂的佛学教义问题，并非真正精通佛学的墀松德赞怎能恰当地判其是非呢？究竟赞普出于什么动机呢？联想到后来，被墀松德赞支持的渐门派僧人又怎么会有那种悲惨的结局呢？赞普与佛教某些派别之间的相互利用很值得研究，但最终佛教仍是赞普手中的工具，取舍之大权均在赞普意志。③

顿渐之争后，印度佛教成为吐蕃佛教的主要输入源。此时的印度，正是密宗盛行的阶段，所以，这次论争的结果在某种意义上决定了后来藏传佛教的密宗化性质。

---

① 王尧编著：《吐蕃金石录》，第186页、192页。
② 布顿大师：《佛教史大宝藏论》，郭和卿译，第178页。
③ 巴卧·祖拉陈哇：《〈贤者喜宴〉摘译（十）》第21条注，黄颢译注，《西藏民族学院学报》1983年第2期。

4．赤祖德赞与佛教

797年,赤松德赞去世。长子牟尼赞普(mu-ni-btsan-po)即位,他继续发展佛教,在拉萨和昌珠寺建立了毗奈耶和对法的供养法会,在桑耶寺建立了经藏和现证菩提的供养法会。但牟尼赞普执政的时间很短,只有一年零九个月,不久就被其母后蔡邦氏毒死。原因是他在吐蕃民众供养三宝时,发现他们的财富多寡悬殊,就三次均贫富,这就触犯了大贵族的利益,而蔡邦也是吐蕃的大贵族之一。牟尼赞普死后,赤松德赞的第四个儿子赤德松赞(khri-lde-srong-btsan,761—815)继立。

他即位以后,首先,继续组织人根据印度的典籍,对已翻译的佛典进行校译。同时,随着大量的佛经被译成藏文,藏语中出现了许多新词语,所以对这批新词语也进行了统一和厘定。其次,他还修建了噶迥多吉央寺(dkar-chung-rdo-rje-dbyings-kyi-lha-khang,意为小星星金刚寺)。这座寺院的规模应该也不小,因为赤德松赞的初衷就是要"修建一座小星星那样大的寺院,大小要有声音能传到的距离"[①]。另外,他还进一步提高僧人的社会地位。在《噶迥寺建寺碑》中规定:"赞普子孙,自幼冲之年起,直至秉政作人主为止,从比丘中任命善知识充任教师,尽全力教其悉心修习正法。"也就是说赞普的子孙从幼年起,就要以僧为师。另外,"出家诸人,予父子(赞普)均尊为皈依供养之处,赞普牙帐之内立三宝之所依处,而供奉之,不令颓败,不离不弃,不毁不谤,而供奉之也"[②]。在这种情况下,佛教僧侣和王室的关系更密切了,尤其是师僧的出现。作为赤德松赞的师僧娘·定埃增(myang-ting-nge-vdzin)的地位在当时更是显赫一时。他不仅是赞普幼年的老师,而且赤德松赞能顺利继位,他也是功不可没的。按照赞普自己的说法:"迨及父王及王兄先后崩殂,予尚未即位,斯时,有人骚乱,陷害朕躬,尔班第·定埃增了知内情,倡有益之

---

① 达仓宗巴·班觉桑布:《汉藏史集》,陈庆英译,第106页,拉萨,西藏人民出版社,1986。
② 王尧编著:《吐蕃金石录》,第161页。

议,纷乱消泯,奠定一切善业之基石,于社稷诸事有莫大之功业。"①所以赤德松赞特地与其两度盟誓,并将誓文刻于碑上,这也就是收在《吐蕃金石录》中的《谐拉康碑甲》、《谐拉康碑乙》。

在赤德松赞即位前,王室和贵族之间的权力之争非常激烈。牟尼赞普被其母毒死后,大臣决定立其弟牟迪(mu-tig)为赞普。但牟迪在先前因不满那囊氏家族权力过重,遂将该家族的一位成员刺死,因而被流放北方长达九年。在他返回拉萨、继任赞普的路上,那囊氏将马弄惊,致使牟迪坠马而亡。这样,大臣自然决定拥立牟迪的弟弟赤德松赞,但此时权臣势焰已高,据《拔协》载,他们借口王子尚未成年,要求由大臣摄政。正是在这种背景下,娘·定埃增"倡有益之议,纷乱消泯",使得赤德松赞得以顺利临位。所以,赞普即位后,对他恩宠有加。

赤德松赞提高僧人地位的实质性举措在于设立僧相制度。所谓僧相,在藏文中称 ban-de-bka-chen-po-la-gtogs-pa,汉译为"钵阐布同平章事"。赤德松赞时出任这一职位的有两位:班第勃兰伽云丹(bran-ka-yon-tan)和娘·定埃增。在赤德松赞保护佛法的证盟誓文中,立誓人"宰相同平章事及大小臣工发誓者"中,居于首位的就是这两人,可见他们的地位是在众尚、论之上的。② 此外,在《谐拉康碑甲》中也说娘·定埃增"及任平章政事之社稷大论,一切所为,无论久暂,对众人皆大有裨益"③。因此钵阐布并非虚职,其在吐蕃政治中也确实是起了作用的,是有实权的,这一点也得到了邻国唐王朝的认可。所以,810年,唐宪宗以钵阐布提出归还唐朝安乐、秦、原三州之地一事,特赐敕书嘉奖。

815年,赤德松赞去世。他共有五个儿子,次子与三子早年夭折,而长子藏玛十分喜爱佛法,已出家为僧,最小的儿子达玛(又称乌东赞,乌侬冬丹)"十分喜爱邪魔",所以都没有被立为赞普。最后拥立了赤祖德

---

①③ 王尧编著:《吐蕃金石录》,第116页。
② 详见巴卧·祖拉陈哇:《〈贤者喜宴〉摘译(十二)》,黄颢译注,《西藏民族学院学报》1983年第4期。

赞(khri-gtsug-lde-btsan,804—836),因为他不喜欢分散的头发,故而将头发编成发辫,因此又被称为热巴坚(ral-pa-can,有发辫者)。热巴坚遵从父训,从小以僧为师,学习佛法及各种知识。即位后,他十分崇信佛教,以至到了佞佛的地步,他"每中坐时,极喜以发辫两端束以锦绫,敷设于僧伽所坐之左右两旁,请僧众坐于其上,以示崇敬,称为'头顶二部僧伽'"①。除了自己优礼僧人外,他还下达了"以恶目视僧者,剜目;以恶指指僧者,刴指"这样的指令。

对整个吐蕃王朝的佛教传播而言,热巴坚所做的最重要的一件事就是他曾先后三次厘定文字,修定译语,并将厘定过的词语固定下来,应用到以后的翻译当中。

热巴坚还修建了大量的寺院,其中最有名的就是伍祥多贝美札西根佩寺(vu-shang-rdo-dpe-med-dkra-shis-dge-vphel-gyi-gtsug-lag-khang),可以说这一时期是吐蕃寺院扩建的高峰期。

此外,在热巴坚时期,僧人的政治地位空前提高,他们在吐蕃的政坛上充当着重要的角色。众所周知,唐蕃之间时战时和,战争以会盟而宣告暂时结束,会盟又因为烽烟再起而被撕毁。在唐蕃众多的和盟中,最著名的长庆会盟(亦称甥舅会盟)就发生在热巴坚时。而这次会盟是由僧人促成的,《西藏王统记》载:"热巴坚时,初甥舅未行和议,吐蕃率兵万余劫掠唐地诸城邑。其后唐室僧侣及吐蕃诸受供高僧者出,调停求和,并主盟事。"②822年,唐大理卿刘元鼎率和盟使团入吐蕃时,见热巴坚坐大帐中,"钵掣逋立于右,宰相列台下"。等到正式会盟时,设一盟坛,"钵掣逋升,告盟,一人自旁译授于下。已歃血,钵掣逋不歃。盟毕,以浮屠重为誓,引郁金水以饮,与使者交庆,乃降"③。《新唐书》中所提到的钵掣逋也就是钵阐布,其具体指的是班第勃兰伽云丹。赞普会见外国使臣,

---

① 索南坚赞:《西藏王统记》,刘立千译注,第136页。
② 同上书,第139页。
③ 欧阳修、宋祁撰:《新唐书》,第19册,第6103页,北京,中华书局,1975。

只有他可以站在其身边；唐蕃会盟这样的"国之大事"，也是由他主持，所以布顿大师说："藏王将藏政贡献于出家僧众"①，这确实是言及其实的。

由于热巴坚对佛教发展所作出的巨大贡献，西藏众多佛教史籍上将他视为金刚手菩萨的化身。

三、达玛灭佛

热巴坚一些极端的佞佛行为，引起了不信佛法的贵族大臣的不满，他将权力委于钵阐布的做法打破了吐蕃许多年来在权力分配方面的制衡，引发了整个王朝内部的各种矛盾。所以整个王朝表面上的熙乐融融，实际上掩盖着巨大的社会矛盾。以韦·达纳坚（dbavs-stag-rna-can）为代表的一部分贵族开始酝酿一场宫廷政变。他们认为要毁坏佛法，就必须除掉热巴坚以及其信佛的妃子昂楚玛（ngang-tshul-ma）及勃兰伽云丹。但又担心除掉热巴坚后，其信佛出家的长兄藏玛继位。因此，韦·达纳坚重金收买了属下的卦师和卜算者，让他们扬言如果不把藏玛流放，国运就会衰微。这样热巴坚流放了藏玛，据说后来在途中被毒死了。紧接着这些大臣又诬陷勃兰伽云丹和昂楚玛有私情，导致昂楚玛自杀，勃兰伽云丹出逃后被抓回杀死，然后剥皮实草，这一处理方式，足见大臣对他的仇视程度了。娘·定埃增也被杀。836年，韦·达纳坚等人乘热巴坚酒醉，将其脖颈扭断致死。

热巴坚被杀以后，韦·达纳坚拥立达玛为赞普，自己出任大论，开始打击佛教。译经院被捣毁，比丘被勒令还俗，不愿意还俗的发给弓箭鼓钹等，让他们去打猎杀生。如若不从，杀无赦。佛寺被用泥封上，上面还绘制了僧人饮酒图。小的佛殿全部被捣毁了，"所存经典，或投于水，或付之火，或如伏藏而埋之"②。这样，一部分僧人逃亡边地，卫藏地区的佛

---

① 布顿大师：《佛教史大宝藏论》，郭和卿译，第179页。
② 索南坚赞：《西藏王统记》，刘立千译注，第141页。

教受到了致命的打击。

大约过了三年多,达玛的行为被一个在山中的修行者拉隆·贝吉多吉(lha-lung-dpal-gyi-rdo-rje)知道了,他袖中藏着弓箭来到拉萨,乘着达玛念诵长庆会盟碑的碑文之机,射杀了他。达玛死后,统一的吐蕃王国分崩离析了。

这一阶段的禁佛运动在藏文史书中被普遍地称为"达玛灭佛"、"达玛毁佛",达玛本人也因此在名字之前被加上了一个颇具诬蔑性的字眼"朗"(glang,牛)。但这次灭佛运动是否为达玛本人发动,仍是一件值得商榷的事。根据《新唐书·吐蕃传》记载,早在热巴坚时代,吐蕃王权就已经旁落,因为"赞普立几三十年,病不事,委任大臣,故不能抗中国,边候晏然"。而达玛即位,是一帮强臣杀兄拥弟的结果。所以达玛很快从他们手中夺权几乎是不可能的。更何况达玛本人并非如藏文史料中所记的那样不喜佛法,在热巴坚时代修建寺院的高潮中,达玛还建了一座名为止拉康(vbri-lha-khang)的寺院。此外,敦煌文献中还保留着一篇达玛的《赞普祈愿文》,祈愿佛法久住于世,原文如下:

> 赞普乌依冬丹陛下也祈愿,脱离短命业障,获得长生,而愿新建佛寺及佛塔,修葺旧寺,且祈愿神人供塔及日月所存天地之间,佛法长住不灭,而为众生福德之本。①

基于这些资料之上,关于这一段历史可以肯定的只有一个史实:达玛时期吐蕃确实有灭法活动,但此活动不一定是达玛本人推动的。

达玛时期打击佛教的行为前后持续了两年多,其措施主要集中在让僧人还俗和封闭寺院方面,并不存在大规模血腥屠杀僧人的极端行为,这一点和中原王朝的"三武一宗"灭佛运动十分相似。他们背后的动机主要并不是来自宗教偏见,而是来自经济方面的考量。国外学者认为当时灭佛"主要是针对僧人人数膨胀及属民养僧制所造成的税源与兵源的

---

① 转引自林冠群:《唐代吐蕃史论集》,第458页,北京,中国藏学出版社,2006。

严重流失而进行的,并不是要反对佛教本身"①。吐蕃王朝在热巴坚时,由于先后大规模和唐朝及回鹘作战,国力已经开始衰退。而寺院数量的急速膨胀、大规模的译经活动的展开以及"七户养僧制"的实行,进一步加重了整个王朝的经济负担。公元839年,达玛即位的第二年,吐蕃又发生了大地震和严重的瘟疫:"自是国中地震裂,水泉涌,岷山崩;洮水逆流三日,鼠食稼,人饥疫,死者相枕藉。鄘、廓间夜闻鼙鼓声,人相惊。"②在这种背景下,打击佛教,停止一切有关的宗教行为,在某种程度上就可以缓解吐蕃社会面临的巨大经济压力。薛宗正先生从另一个角度指出:"达磨灭法的本意原在于解放生产力,以增加日益空匮的国库收入。如果抛开宗教的偏见,实不乏政治史的进步意义。"③

达玛死后,吐蕃社会瓦解,但随着僧人的四散逃逸,佛教在民间并未完全消失。据《贤者喜宴》载,当时在民间出现了穿着带衣领僧裙的僧人,头上束一发髻,夏季安居三月,在寺院内护持五种根本戒律,在解除安居后,便返回乡镇过俗人的小家庭生活,当时这种僧人被称为"具顶髻阿罗汉",为数众多,成为百姓供奉对象。一些佛教经典也依旧在民间流传,如成人死后诵《十万般若颂》,年少者死后诵《大般若经》,幼儿夭折后诵《八千颂》。另外有少数人还诵佛经集注。其中红字佛经是简略本,黑字佛经是广述本,小字佛经是待查疑难本,这表明还存在着佛典的注释工作。而大多数的持咒僧人,依然在宣讲修行方法。在没有禅定的情况下,则以本教仪轨的模式,讲解或诵读修道佛典,并在乡村挨户串门诵经④。所有这些现象,都成为"后弘期"佛教复兴的基础,也是具有浓厚藏民族特色的藏传佛教形成的基础。

---

① 桑木丹·噶尔美:《赞普天神之子达磨及其后裔的王统世系述略》,《国外藏学研究译文集》第5辑。
② 欧阳修、宋祁撰:《新唐书》,第6105页。
③ 薛宗正:《吐蕃王国的兴衰》,第188、189页,北京,民族出版社,1997。
④ 巴卧·祖拉陈哇:《〈贤者喜宴〉摘译(十五)》,黄颢译注,《西藏民族学院学报》1984年第4期。

第二节　前弘期的译经及佛学思想

一、译经

虽然在拉托托日年赞的时候,吐蕃初次出现了佛经。但依据各种藏族史籍,吐蕃时代的佛经翻译开始于松赞干布时期:

《佛教史大宝藏论》上记载,图弥桑补扎(屯米桑布扎)去印度学习文字,返回后,"在拉萨玛如堡,制造出西藏文字和《八种声明论》。藏王也在此闭户专学了四年。继后,也就译出了《宝箧庄严经》、《百拜忏悔经》、《宝云经》等"[①]。

《西藏王统记》记:"大臣吞米往投班智达拉日僧格(lha-rig-seng-ge)遍学一切声明典籍,精通五明学处,遂翻译《宝集顶经》、《宝箧经》和观世音菩萨之经续二十一种成为藏文,据传其尚译有《般若经十万颂》云。"[②]

《贤者喜宴》载:"译师屯米桑布扎及其弟子达磨郭霞(dha-ma-ko-sha)以及拉垅多吉贝(lha-lung-rdo-rje-dpal)翻译了:《集宝顶经陀罗尼》、《月灯经》、《宝云经》等,据谓,还译有《十万颂般若经》。主要之(经)尚译有《观音经续二十一种》。"[③]

《雅隆尊者教法史》记:"吞米·桑布札为译师,翻译《宝箧经》等。从若干文书中,译出《般若八千颂》。总之,吐蕃地区,建三宝之所依,特译有观世音之二十一显密经典。"[④]

虽然以上各史的记载有出入,但可以肯定的是后世的史家共同认定松赞干布时期确实翻译了佛经,也大体上提到这一时期翻译的主要经典有:《宝云经》、《宝箧经》、《般若经十万颂》、观音菩萨经续二十一种。

[①] 布顿大师:《佛教史大宝藏论》,郭和卿译,第169页。
[②] 索南坚赞:《西藏王统记》,刘立千译注,第44页。
[③] 巴卧·祖拉陈哇:《〈贤者喜宴〉摘译(二)》,黄颢译注,《西藏民族学院学报》1981年第1期。
[④] 释迦仁钦德:《雅隆尊者教法史》,汤池安译,第36页,拉萨,西藏人民出版社,1989。

这里首先要指出的是,《宝箧经》是"观音菩萨之经续二十一种"中的一部分。"观音菩萨之经续二十一种"中的"经"是显教典籍,"续"是密教典籍,显然这是指经文与观世音有关的二十一种显密典籍。而《宝箧经》是讲六字大明咒的修法的,所以也属于和观世音菩萨相关的经典。《贤者喜宴》中引《遗教广史》列这二十一部经续分别为:1.《佛说大乘庄严宝王经》;2.《千手千眼观世音陀罗尼》;3.《莲花藏》……20.《百八名经》;21.《遍示佛相经》①。这里面的第一部——《佛说大乘庄严宝王经》就是《宝箧经》,这在《贤者喜宴》和《佛教史大宝藏论》中也是被注明了的,两者的藏语名称皆为"za-ma-tog-bkod-pa"。另外,《藏汉佛学词典》以及孙怡苏主编的《藏汉大词典》中都有"mdo-rgyud-nyer-gcig"(二十一显密经典)的词条,词条下所列的二十一部经典中,第一部就是《宝箧庄严经》。所以《西藏王统记》、《雅隆尊者教法史》的汉译本在此处是有纰漏的。

《宝云经》又名《除盖障菩萨所问经》,它的底本是屯弥桑布札从印度带回来的。而《宝箧经》的底本应该是拉托托日年赞时流入吐蕃的,被称为"年波桑哇"的经典。这在《汉藏史集》上有明文记载:

> 文字创制成功之后,国王说:"现在你为我读一读我的先祖留下的年波桑瓦是什么内容。"吞米取出观看,认出是《宝箧经咒》、《百拜忏悔经》、《十善法经嘛呢陀罗尼咒》。国王因此十分信仰,四年之中闭门不出,学习文字和教法。此时,又将吞米从印度迎请回来的《宝云经》等经典译成藏文。这是吐蕃最早翻译的佛经。②

这些松赞干布时期翻译的经典,虽然在各种史书中都有记载,但现在都不传于世。《佛教史大宝藏论》布顿大师所编纂的大藏经目录中,《宝箧经》是由仁钦措(rin-chen-mchog,宝护)所翻译的,仁钦措是8世纪末、9世纪初热巴坚时代著名的翻译家。《宝云经》也是由仁钦措和却利

---

① 巴卧·祖拉陈哇:《〈贤者喜宴〉摘译(二)》。
② 达仓宗巴·班觉桑布:《汉藏史集》,陈庆英译,第78页。

楚称(dhar-ma-ta-shi-la)译出的。这已经距松赞干布之世相去将近两个世纪了。而《般若经十万颂》也是与他们同时代的耶喜德(ye-shes-lde)、毗卢遮那等人译出的。至于"观音菩萨经续二十一种"中的经典也都是后人所译的,甚至有几部还是管·法成从汉文译成藏文的,比如:《十一面观音陀罗尼》、《观自在如意轮心要陀罗尼》、《千手千眼观世音陀罗尼》等。

虽然松赞干布时期所译经典今均不传于世,但这并不能说明这一时期事实上并没有进行佛经翻译。最重要的一个根据是几乎所有重要的藏族史书中对松赞干布时期的译经如此言之凿凿,这是不能漠视的。这一时期翻译的经典之所以不能流传于世,主要是因为在松赞干布时,文字初创,加之译经的主力屯米桑布扎并非佛教徒,他去印度的目的也很明确——就是学习文字,所以肯定对佛学所知不多。在这种背景下译出的佛经,很难契合经文的原意,翻译水平也无法保证。此外,屯米桑布扎翻译佛经也未必是为了传播佛教,更可能其目的是为了使用新创的文字。基于这些理由,随着佛教在吐蕃的发展,最早译出的经典肯定就被淘汰了,这也和最早出现在汉地的经典散佚是同一个道理。所以,现代研究也认为:

> 这些佛经是在藏文初创时所译,其文字的不成熟当可想见。加之当时对佛教和佛经所知十分有限,因此从佛经翻译角度而言这些译本可能是不成功的。它们或许在推行文字方面发挥了作用,但作为佛经因不能为吐蕃后期的人所读而终致不传。[①]

从松赞干布一直到赤松德赞,佛教在吐蕃基本上没有什么发展。其间,在赤德祖赞时,一般认为他从汉地翻译了《金光明经》和《毗奈耶分品疏》:

《汉藏史集》中说:"又由汉人格谢哇翻译了《金光明经》、《业缘智慧

---

① 石硕:《松赞干布时期佛经翻译问题考辨》,《四川大学学报》1999 年第 3 期。

经》,比吉赞巴锡拉翻译了许多医药书籍。"①

《佛教史大宝藏论》中说:"请郑嘎谟那阁侠,及梁扎那古玛热翻译了《一百羯摩》及《金光明经》。"②

《西藏王统记》中载:"从唐京师翻译《金光明经》、《毗奈耶分品疏》、《白孜旆陀罗室利》和医学典籍甚多。"③

《雅隆尊者教法史》中载:自汉地,更希译有《金光明经》、《律分别》。④

这里能确定的是各个史家均认为在赤德祖赞时从汉文翻译过《金光明经》等佛经,在《佛教史大宝藏论》布顿大师所编纂的大藏经目录中,《金光明经》、《一百羯摩》都是由法成从汉文译成藏文的,从经典的来源上是与藏文的史料记载吻合的。法成又称管·法成,藏文音译为桂译师·却珠(vgos-lo-tsav-ba-chos-grub)。法成精通藏、汉、梵三种文字,他由汉文译成的藏文经典达二十多部,其中就包括《金光明经》、《一百羯摩》、《善恶因果报》、《贤愚经》等,与以上资料中提到的经典名称也大致都能对应。《佛教史大宝藏论》中收有《贤愚因缘经》,布顿大师指出是从"梵本及汉文本译出",这应该就是《汉藏史集》中所说的《业缘智慧经》。但见于《西藏王统记》和《雅隆尊者教法史》中的"vdul-ba-rnam-par-vbyed-pa"(《律分别》或《毗奈耶分品疏》)均不见于布顿大师的大藏经目录中。

这些现存于《丹珠尔》中的经典,虽然确实是由汉语经典翻译过来的,但其译者管·法成是9世纪热巴坚时代的人。日本学者认为:"八三〇年或在这之前,法成受吐蕃王之命,将汉译过来的佛经译成了藏文。"⑤那么,《雅隆尊者教法史》和《汉藏史集》中分别提到的翻译《金光明经》的更希(keng-shi)、格谢哇(ker-she-ba)如何理解呢?在所有详细记录了吐

---

① 达仓宗巴·班觉桑布:《汉藏史集》,陈庆英译,第95页。
② 布顿大师:《佛教史大宝藏论》,郭和卿译,第171页。
③ 索南坚赞:《西藏王统记》,刘立千译注,第115页。
④ 释迦仁钦德:《雅隆尊者教法史》,汤池安译,第39页。
⑤ [日]山口瑞凤:《吐蕃统治的敦煌》,高然译,载《国外藏学研究译文集》(第一辑),拉萨,西藏人民出版社,1985。

蕃时代译师名录的史书中(主要指《佛教史大宝藏论》和《贤者喜宴》),都没有这两个人。实际上,更希和格谢哇并不是两个人的名字,而是吐蕃对唐"京师"的一种翻译。"京师"在吐蕃时代的藏语中见到的写法有"keng-shi"、"ke-ma-shi"等,前者出现在《雅隆尊者教法史》中,后者出现在《西藏王统记》中。非常有趣的是,在《雅隆尊者教法史》这同一本书中,汉译者在第42页将其译为"京师",在第39页将其译为"更希"。但即便这样,《雅隆尊者教法史》汉译者并没有说这是一个人名,只是说"自汉地,更希译有《金光明经》、《律分别》",现在看来这是说从汉地京师译来了《金光明经》、《律分别》。至于《汉藏史集》汉译本所说的"格谢哇(ker-she-ba)",应该是错将"格谢"(ker-she,"京师"的一种变体写法)当成一个人了。这也就和《西藏王统记》的"从唐京师翻译《金光明经》、《毗奈耶分品疏》、《白孜旃陀罗室利》和医学典籍甚多"的说法是一致的。

《佛教史大宝藏论》中所说的郑嘎谟那阁侠(bran-ka-mu-le-ko-sha)及梁扎那古玛热(gnyags-dzanya-na-ku-ma-ra)这两人,在《西藏王统记》和《贤者喜宴》中只说他们去冈底斯雪山迎请佛密、佛寂未果,迎回了五部大乘经典而已,并没有他们翻译经典的记载。

综上所述,可以有理由认为赤德祖赞时只是从冈底斯山地区请回了几部经典,并没有所谓的译经活动,至于从汉文译出《金光明经》应该是在其后的热巴坚时代,这一时间被错提前到了赤德祖赞时期。

吐蕃大规模译经是从赤松德赞时开始的。这一时期的译经活动无论是在数量上还是在质量上都达到了一个新的高度。这首先是因为当时的佛经翻译者都经过了一定的前期训练,具备了一定的专业素质。

这种训练首先是从学习梵语开始的。寂护进入吐蕃所做的很重要的一件事就是教贵族子弟学习梵语,结果"琛阿努(mchims-a-nu)之子释迦扎帕(shākya-pra-bha)、巴果罕兑(pa-gor-hen-vdod)之子贝若咱纳(bai-ro-tsa-na)、拔墀谢(rba-khri-bzher)之子墀斯(khri-gzigs)亦即桑希达(sang-shi-ta)、尚尼雅桑(zhang-nya-bzang)之子拉甫拉赞(lha-bu-lhaptsan)以及许甫空列(shud-bu-khong-leb)等人学会了(梵语)。琛列斯(mchims-legs-gzigs)等许多人则不会(梵语)"①。这里面提到的贝若咱纳(即毗卢遮那)、拔墀斯等后来都成为首批出家的"预试七人"之一,并且也是译经活动的主力。

除了学习语言,当时还对他们进行了一些专门的翻译训练。《西藏王臣记》中讲有了专门的出家僧之后,吐蕃的一些聪慧子弟"更进而学习翻译。因此产生出很多对于《语法三十颂》和《相转论》等,能决定其为虚构和透达论义的世间眼目——翻译人才"②。而且这种翻译训练还以"七试人"为中心,在吐蕃形成了一个有效的辐射带。具体地说就是:"嘎哇师利古热格希达贝孜松哇等一百另八位译师,被命令向'初七子'学习翻译。此后,向此一百另八位译师学习翻译的人,又有久若禄益坚赞及尚班第益希德等一千另八位译师。"③

除了这些,王室的支持也是大规模译经的关键。赤松德赞初年,王室提供僧人及寺院的一切用度,"佛教三宝及僧侣之供养,均由大内府供应"。在译经工作开始后,为了让僧人们衣食无忧地专注于经典翻译之上,赞普宣布:凡一切能者翻译了所规定的印度经典,其所有一切生活物资均由高级机构(bla-chen-po)提供。并且"在格如林(ke-ru-kleng)设置厨房,为三百名僧人提供十三种膳食,负责此项事务的官员(lag-dpon)是王妃绛秋洁(byang-chub-rje)"。

在一切都准备就绪以后,就进入了正式的翻译程序。当时组成了两个译经团:一个是负责从印译藏的,一个是负责从汉译藏的。前者以益

---

① 巴卧·祖拉陈哇:《〈贤者喜宴〉摘译(八)》,黄颢译注,《西藏民族学院学报》1982年第3期。
② 五世达赖喇嘛:《西藏王臣记》,郭和卿译,第61页,北京,民族出版社,1983。
③ 巴卧·祖拉陈哇:《〈贤者喜宴〉摘译(八)》,黄颢注34。陈庆英汉译本第99页将这段翻译为:"堪布让他们("七试人"——作者注)跟从噶哇贝孜松等一百零八名译师学习,接着又让他们向属庐·鲁意坚赞、尚·班第益希德等一千零八位译师学习,这样使经律论藏得以弘传。""七试人"应该是当时佛学基础最好的人,当时的吐蕃在他们之外尚有如此多的译师显然是不可能的。所以陈庆英的译本应该正好译反了。

喜旺波(即巴塞囊)为首,后者则包括"阐卡莱贡、拉拢禄恭、果恭维恭及琼波孜孜"①,并且还迎请了一个汉地僧人尚玛果莱(ma-ko-le)参与。

吐蕃时代的译经非常严谨,从桑耶寺译经场壁画可以清楚地看到,当时的译经有严密的程序,每四人为一组,盘腿相向而坐,由一人诵经,一人口译为藏语,一名坐于高座的年迈僧人进行修订,然后由一年轻僧人用竹笔记录,数以千百部的佛典就这样陆续被译成藏文。②

实际上,这一时期从事佛经翻译的远远不止上面提到的几位。《莲花生传》所录的当时的译经者有六十几位。《佛教史大宝藏论》罗列的吐蕃时代的译师也有四十多位。虽然人数众多,但按照《贤者喜宴》中的说法,最好的实际上有九位,分别是"三老"译师:毗卢遮那、甸玛兹芒(ldan-ma-rtse-mang)、阿年达;"三中"译师:尼雅咱纳估玛热(gnyags-dzanya-na-ku-ma-ra)、昆·鲁伊旺波(khon-lkuvi-dbang-po)、玛·仁钦乔(rma-rin-chen-mchog);"三少"译师:噶哇贝兹(ka-ba-dpal-brtsegs)、久若·陆益杰岑(cog-ro-kluvi-rgyal-mtshan)、祥·意希德(zhang-ye-shes-sde)。其中后三位在有些史料中又被简称为噶、觉、祥三译师。这里面也许是意希德年少的缘故,他的译经活动从赤松德赞时代开始,一直持续到热巴坚时代,大约有五十年的样子,所以在《佛教史大宝藏论》的大藏经名录中,他翻译的经论最多,大约有三百多部。同时,在《莲花生传》中还提到了一批在吐蕃从事译经的汉族人名单:"帕桑、和尚玛哈热咱、和尚德哇、和尚摩诃衍、汉地学者哈热纳波、和尚玛哈苏扎。此外还有汉地学者桑西。"③

值得注意的是赤松德赞早期对印度和汉地佛教典籍都很重视,在吐蕃活动的汉族人也很多,包括僧人和学者。他们在吐蕃传播汉地的佛学,并且产生了很大的影响,比如摩诃衍。寂护在临终前曾留下遗言:

---

① 以上引文见《〈贤者喜宴〉摘译(八)》。
② 华侃:《藏译佛典中佛教词语的译创》,《中国藏学》2000年第3期。
③ 巴卧·祖拉陈哇:《〈贤者喜宴〉摘译(八)》,黄颢注51。

"往昔由于莲花生大师收伏十二丹玛女神,故使吐蕃不来外道。但于未来,内道将有见地不合,发生争论。吾有弟子名莲花戒,宜迎其来藏,即能使异见归于一致。"①这其实并不是说明寂护具有神通式的未卜先知,寂护作为一代佛学大师,他在与汉地僧人的接触过程中,已经非常敏感地意识到印度佛教和汉地佛教,尤其是禅宗方面存在一定的分歧,而且也预见到这种分歧最终会导致双方发生论争,所以才有那样的遗言留下。

虽然当时参与佛经翻译的人员众多,译经的规模宏大,但当时并不是对任何经典都会加以翻译。赤松德赞时期的译经是有自己的原则的。这个原则主要表现在两个方面:一是佛经中密宗的部分受到限制。因为"印度佛典中之密宗三续部,(其内容)耽于酒肉,此不适合吐蕃,故不译"②。这里提到的密宗三续部,指的是除了事部以外的行部、瑜伽部、无上瑜伽部这三部而言的,但事实上密宗这四部在吐蕃时代都有所翻译,只是数量远不如后弘期多而已,所以其翻译也还是一种有限的翻译。

关于翻译密宗部分的人员,《汉藏史集》记载有所谓的"译师六试人",他们分别是努布·南喀宁布(gnubs-nam-mkhav-snying-po)、孜·嘉哇洛追(vdre-rgyal-bvi-blo-gros)、如贡·比雅热札(ru-gong-biry-ra-tsa)、突厥吾比夏(dru-gu-au-pe-sha)、朗·贝吉僧格(glang-dpal-gyi-seng-ge)、杰·古古热札(ce-ku-ku-ra-tsa)。③ 这里不知因何没有提到毗卢遮那(意译为"遍护照"),毗卢遮那也是当时翻译密宗经典的主力。由于当时吐蕃社会上对密宗的内容反对得很激烈,赤松德赞甚至将他隐藏起来,自己亲自送饭,让他翻译密典。除了毗卢遮那,娘·定埃增也参与了密宗经典的翻译与传播。此时,来到吐蕃的印度密宗僧人也比较多,如莲花生、无垢友、法称等人,藏族僧人的翻译活动是在他们的配合下进

---

① 索南坚赞:《西藏王统记》,刘立千译注,第129—130页。
② 巴卧·祖拉陈哇:《〈贤者喜宴〉摘译(八)》。
③ 达仓宗巴·班觉桑布:《汉藏史集》,陈庆英译,第99页。

行的,其中:

> 莲花生和遍照护翻译内续七部经;佛语集总续十部,支续二十一部;如来集密本续之总续五部,支续十部,经教五部;无上瑜伽部释著、口诀、娘提秘密续二十部。无垢友和娘译师译出《金刚菩萨幻网续》、《金刚橛》、《阎摩德迦续释》,以及心部、空界部、口诀、娘提方面典籍。佛密和遍照护译出幻变八部、金刚界摄义、阿努瑜伽续四部,心部五部。班钦萨曼达室利释迦室利、达摩室利和噶哇·贝孜、觉热译师、云丹娘波、曲杰伦布等人译出事续、行续、瑜伽续及无上瑜伽续的其他典籍,以及父续三部,母续五部等。在当时的译师中,觉热·鲁耶坚参主要译传外续三部;遍照护译传内续。所译经典涉及几十种语言,其中包括梵文、邬仗那语、萨霍尔语(今孟加拉)、迦湿弥罗语、僧伽罗语、汉语及于阗语等主要语种。①

另外,在翻译原则上受限的还有律藏,也许是"七试人"随"一切有部"的十二位比丘出家的缘故,在这次翻译中,"按照藏王所吩咐的命令,除了剔除不适合于西藏的其他三部分律仪外,翻译了说一切有部宗规的《律藏》"②。

由于有赤松德赞的支持和资助,大量的佛经被翻译出来。这时一个条目细化就很重要了。所以在热巴坚时还对所译佛经进行了编目。先后形成了钦浦目录(mchims-phu dkar-chag)、庞塘目录(vphang-thang dkar-chag)、丹噶目录(ldan-dkar dkar-chag),但前两种已经散佚,今只剩后一种,收入《丹珠尔》目录部中。所收经约六七百种,按类分为二十七门,其中译自汉地的经论共三十一种(经部二十三种,论部八种)。③

赤松德赞时翻译佛经的过程,也就是当时各国间佛教文化进行交流

---

① 索南才让(许得存):《西藏密教史》,第183页,北京,中国社会科学出版社,1998。
② 五世达赖喇嘛:《西藏王臣记》,郭和卿译,第62页。
③ 王尧:《吐蕃佛教述略》,《青海民族学院学报》1980年第4期。王森《西藏佛教发展史略》中认为有34种。

的过程。除了印度、中国唐朝的僧人外,当时参与佛经翻译的其他国家和地区的僧人也很多。其中比较有名的就是阿年达,《贤者喜宴》中说赤松德赞时期有"九位最佳译师",阿年达位列其一,被称为"克什米尔阿年达"①。此人有时又被称为"勃律大婆罗门阿年达"②,在《西藏王统记》中又被称为"罽宾人"。这其实都是一回事,都是藏语"kha-che"的不同翻译方式,罽宾和勃律是先后出现在克什米尔地区的两个古国。因为克什米尔西南接天竺,勃律国后来又并入吐蕃,所以阿年达会印、藏两地的语言也就不奇怪了。

阿年达是一个商人,"在绕萨与绕木齐(ra-mo-che)间,丝罗市中为贾"③,藏文史料几乎都称他为"婆罗门",也许他并不是一个佛教徒。他进入吐蕃的时间比较早,寂护第一次进入吐蕃时,就由阿年达任翻译,(向墀松德赞等人)讲述十善业、十八界及十二因缘等法门。后来佛、本之间进行辩论时,也是由他出任翻译。

除了阿年达,当时还有很多僧人来自克什米尔。比如当时还有两位"迦湿弥罗"的班智达孜纳米扎(dzi-na-mi-tra)及达纳希拉(da-na-shi-la)就在吐蕃宣讲戒律。到热巴坚的时候,他们还和耶希德一起成为整理已经译出的佛经、厘定文字的主力,《贤者喜宴》称他们三位对吐蕃佛教有"特殊恩德"。

另外,《汉藏史集》中所提到的翻译密宗经典的"译师六试人"中有一个叫突厥吾比夏者,其中突厥的藏文是"dru-gu",据考证,这的确是吐蕃时代对突厥的译法。《西域南海史地考证译丛二编》中说:"在吐蕃语中译写突厥一名之 Drug,或 Dru-gu 名称之中,字母虽有易位,译法正同。"④所以说,吾比夏是当时参与译经的一个突厥人。

---

① 巴卧·祖拉陈哇:《〈贤者喜宴〉摘译(十二)》。
② 巴卧·祖拉陈哇:《〈贤者喜宴〉摘译(八)》,黄颢注51。
③ 索南坚赞:《西藏王统记》,刘立千译注,第120页。绕木齐即今小昭寺所在地,所以也是小昭寺的藏语名称,在今拉萨市西面。
④ 冯承钧译:《西域南海史地考证译丛二编》,第48页,北京,商务印书馆,1962。

除了阿年达和吾比夏之外,莲花生来自乌仗那也是值得一提的。乌仗那在今巴基斯坦北部斯瓦特河河岸一代,这是密教兴起的地区之一,《大唐西域记》中载:"乌仗那国……好学而不功,禁咒为艺业……并学大乘,寂定为业。善诵其文,未究深意;戒行清洁,特闲禁咒。"①所以这个地区佛学的特色是不深究义理,但长于践行,尤擅咒语、咒术。这些来自异域的僧人一方面促进了吐蕃佛教的繁荣,一方面也使吐蕃的译经在最初具有多样化的特色。

如果说赤松德赞时期以翻译佛经为主,那么,他后世的赞普则将注意力主要转移到了整理前代所译的经典以及对译经加以规范化上。这主要是因为赤松德赞时所翻译的经典夹杂各地区的方言,体例不一,也就是史籍中所说的:"在翻译印度、乌仗那、尼泊尔、中原等地的语言为藏语当中,有一些仍旧保留各地原来的语言,使人不易通晓;还有对于难译难读,并与梵语不相符合的一些古语古字及声律,以藏译对勘原来根据的桑枳达语梵文原本时,没有做到不失梵文原本那样的颂体、散文、颂与散文相间体、联韵等体裁和原义,如和原文对照,其译义不免晦涩难解。"②

在这种情况下,热巴坚让孜纳米扎、达纳希拉、西林扎菩提(shi-len-dra-bo-dhi)等十几位印度、克什米尔僧人和意希德等吐蕃僧人合作,一方面继续翻译经典,一方面开始整理前代所译经典,"将出自大小乘的佛典按中印度文字词语译出,以适合众人学习"。另外将佛经中出现的地域、动物、花草、数量词等在藏语中的翻译统一起来,并固定下来。同时还进行了文字的厘定,对"古代的词和难懂的词,予以取缔,以使地区和时代相合,如是则可易解,并易诵经"③。精简了藏语里面的一些字母,比如取消了"myad"以及在单体字母后面加"v"等这样的写法。"总之,关

---

① 《大唐西域记校注》,第270页。
② 五世达赖喇嘛:《西藏王臣记》,郭和卿译,第69—70页。
③ 巴卧·祖拉陈哇:《〈贤者喜宴〉摘译(十三)》,黄颢译注,《西藏民族学院学报》1984年第1期。

于由字根而成名词、词句,以及应用位格文法、连续词等,都经过一番详细研究"①。这些被厘定过的词语连同梵译藏过程中所形成的固定词组,被编定成册,这就是著名的《翻译名义大集》,这可以说是吐蕃最早的一部辞书,共收词汇九千余条。② 热巴坚还下令以后所有的翻译,都必须按照《翻译名义大集》中的词语进行。同时,还依据已经厘定过的新语,对以前翻译的经典作了校正。收在《佛教史大宝藏论》中的一些经典,如:《圣显光明普放大乘经》、《金刚经》、《般若波罗密多五百颂》、《般若波罗密多二十五门大乘经》、《圣广大游戏大乘经》、《圣文殊师利游戏大乘经》、《圣僧伽吒经法门》、《解深密经》等,标明是用新语校正过的,所以这也都是吐蕃较早译出来的经典。保存至今的一份古藏文经卷题记中有赤祖德赞(热巴坚)偕同王妃属卢氏及钵阐布云丹等给沙州(今敦煌)颁赐佛经新译定本,并出资征调各部族僧人将此定本抄写,分藏河陇诸寺的记载。③

热巴坚还延续了赤松德赞时期设立的译经规则:一、除一切有部戒律外,其他戒律不得翻译。二、密宗诸经典不得翻译。在翻译的具体过程中,也产生了许多的细小原则或者说规定:比如在翻译文句次序上,如果不打乱梵文本身的次序,翻译成藏文后也通顺易解,而且词、句也卯合对应,那就不必打乱原有的次序;反之,如果打乱梵文原有的次序反而更通顺易解,则可以改变原文中词句的次序。对于一词多义的,在翻译时用一个词不能概括其全部,则可保留梵文原词,而不加翻译……④

这次厘定文字,对后世西藏佛经的翻译起到了规范化的作用,为佛教的进一步盛行铺平了道路,在西藏佛教发展史上有着重大的意义。

大约在 838 年左右,热巴坚被杀,达玛继位,前弘期结束,吐蕃的佛

---

① 五世达赖喇嘛:《西藏王臣记》,郭和卿译,第 70 页。
② 详细内容参见《新红史》,黄颢第 157 条注。
③ 黄文焕:《河西吐蕃文书中的"钵阐布"》,《中国民族古文字研究》,北京,中国社会科学出版社,1984。
④ 详细参见《〈贤者喜宴〉摘译(十三)》,黄颢注 24。

经翻译进程中止。

二、前弘期佛教思想及其影响

前弘期佛教初传吐蕃,时人对佛教教义的了解和接受自然有一个由浅入深的过程。所以当时在吐蕃最能为人所理解的依旧是佛教对善的强调以及由此而来的善恶因果观念。在桑耶寺建成之际,大臣们就认为佛教的经典太多,不能都加以学习,针对此,赤松德赞说:"向他们宣讲善行并让他们努力去做。"①所以,当时吐蕃的非僧侣集团如赞普和贵族大臣们对佛教了解最多的恐怕还是集中在这一点上。就赤松德赞本人而言,他在位时曾经颁布过两道兴佛诏书,在第一份诏书中,赤松德赞所阐发的佛学要义为:

> 在修习如来佛教诫本义之时,鉴于未正确领悟其法性,致使三界沦为痛苦之境地。自古一切(众生)无不生者,而生后即行有义及无义之事,随后又死,死后复生于天堂地狱。如是,扬善者为佛,所见最佳者为佛经,显示善业者系僧侣。故(三宝)当永久维护,则大地安好。②

善恶因果报应之说每每是佛教最先被接受和认知的教义,在这一点上,汉藏两地有着惊人的相似。汉代佛教初传东土,最先为时人所了解的也是三世因果之说。袁宏《后汉纪》中说:"王公大人观生死报应之际,莫不瞿然而自失。"

在僧侣集团内部,前弘期吐蕃的佛学思想首先是以寂护、莲花戒的中观自续派思想为主。土观大师说:"在前宏佛教时期,虽有少数唯识派宗见的班智达来藏,然主要的仍然是静命堪布及莲花戒论师之风规属于

---

① 拔塞囊:《拔协》,佟锦华、黄布凡译注,第46页。
② 巴卧·祖拉陈哇:《〈贤者喜宴〉摘译》(九),黄颢译注,《西藏民族学院学报》1982年第4期。

中观自续派见,此派较为发达。"①除了寂护、莲花戒的中观自续派教法之外,摩诃衍等僧人的禅学思想也曾盛极一时。吐蕃时代的佛学思想并没有随着前弘期的结束而湮没在历史的流程中,相反,它们在某种意义上成为后弘期佛教思想的骨架。

寂护和莲花戒在吐蕃活动的时间都不是很长,但他们的中观学名著《中观庄严论》(或译《中观庄严颂》)、《中观光明论》都先后译成了藏文,莲花戒在顿渐之争后所写的《修次三编》在西藏也颇有影响。而且寂护的弟子贝央和贝若咱纳、益希旺波等都是吐蕃时代佛教界举足轻重的僧人,并且活动的时间跨度也都比较长。再加上顿渐之争之后,赤松德赞明确要求吐蕃僧众放弃摩诃衍的禅学思想,弘传由莲花戒所传承的龙树思想,这就更进一步推动了寂护、莲花戒系佛学思想在吐蕃的传播。寂护莲花戒的佛学思想主要有两个方面:

1. 中观瑜伽行

寂护是瑜伽中观派的创始人,这一派将瑜伽行的学说纳入中观学说的体系之内。其主要特点就是:"他们首先说唯心无境,肯定了心,否定了境;后来再进一层,心亦不可得,把心也否定了。所以从瑜伽行派来看,在观行中,唯心说乃是达到说明心亦不可得的桥梁。"②这的确是他们思想中的一个主要方面,寂护在《中观庄严论》中说:"由依止唯心,当知无外事;次由依此理,当知心无我。"③莲花戒在《修习初篇》中也说:"如实观察心外,必无色法分别,是即最上相应胜行。若尔识之与色,云何有异,或不异者,识亦应有对碍义耶。不然,如梦分位所见不实。是故识外,如实伺察,极微量色,取不可得。以不可得故,如是成唯识,无复一切外义可有。唯心静住,外无分别。于伺察中,以离色法故,有所得相而为得者,毕竟无所得。是故,于诸色法,应观无色。彼若唯心,无实能取,亦

---

① 土观·罗桑却季尼玛:《土观宗派源流》,刘立千译注,第29页。静命即寂护。
② 吕澂:《印度佛学源流略讲》,第290页,上海人民出版社,2002。
③ 转引自印顺:《印度佛教思想史》,第377页,台北,正闻出版社,1988。

无所取,是二取性实不可得。离取舍故,即心无二,如是伺察,亦无二相。于真如所缘中,是心亦过。"①所以瑜伽中观派的典型特点是将瑜伽行派的"唯识"说引入中观派的思想体系中,首先通过"唯识无境"来破除外境,然后在能取所取这一对对立的范畴中,因为所取不存在,所以也就没有能取的心了。因为心、物在最后都被破除了,因此最后的旨归还是中观学的"万法性空"。寂护、莲花戒的这一思想在西藏后弘期的许多派别中都留下了烙印:

宁玛派:知境为心,知心为空,知空为无二双融。②

噶举派:应当将种种所现证成为心,将彼心相亦证成为幻事,将此亦抉择为无生,而对法无我理生起定解。③

萨迦派:即是应先决定此等外境只是心的迷现,离心而外,别无实有可得之义,乃至未得此觉验中间应当励力修习。④

这一点只有在格鲁派宗喀巴的思想中受到破斥:"与其先令执受内识实有、后仍破除,宁如最初即说无实为妙。如境无实,亦能通达识无实故。"⑤虽然格鲁派反对这种瑜伽中观思想融合的做法,坚持纯正的中观派立场,但瑜伽中观行的思想,是后弘期其他各派的理论基石之一,这充分体现了西藏佛教中观思想的印度晚期特色。

2."渐修"的修行观

寂护的弟子在顿渐之争中宣称:"顿渐不同,我等以渐门之道学诸佛典,依闻思修三慧而知其真义,随后乃学十法行。因修行故,即可于第一地中获得忍辱(度),复可得正性离生。继之于第九地时渐习正智,并学十度。经持续修习而获得圆满二资粮后,即可证得佛果。"这基本上是一

---

① 莲花戒造,施护译:《广释菩提心论》卷第三,《大正藏》第32卷,第567页下—568页上。
② 土观·罗桑却季尼玛:《土观宗派源流》,刘立千译注,第40页。
③ 措如·次郎:《藏传佛教噶举派史略》,王世镇译,第193页,北京,宗教文化出版社,2002。
④ 土观·罗桑却季尼玛:《土观宗派源流》,刘立千译注,第108页。
⑤ 宗喀巴:《辨了不了义善说藏论》,《宗喀巴大师集》(第四卷),第65页。北京,民族出版社,2001。

个完整的渐修过程:一个人在成佛前,首先要依据诸经典,以闻、思修的方式了知经的真义,然后对经典还应有十种法行(缮写、供养、布施、听闻、朗诵、记忆、演说、默念、思维和修习),然后进入菩萨的十地修行阶段,并以十度配十地,最后在两种资粮都圆满具备的情况下,证得佛果。这是一个漫长的渐修过程,一个逐渐上升、拔高的过程,在某种意义上,也是一个具体操作性更强的过程。这和摩诃衍所宣扬的"凡事无思、无分别、无伺察,此即无所得,由是顿悟者则与十地相等也"①的以顿悟为主禅学的方式正好相反。寂护、莲花戒的这种次第修行论也深深影响了后弘期各派。

对宁玛派而言,一般认为宁玛派和禅宗思想最接近,受摩诃衍的影响也最大。但那只是指宁玛派"九乘"教法中的"无上瑜伽密"而言的,而"九乘"本身还是一种由低到高的次第,"因修行人根器利钝不同,部分行者须由层次较低之次第起修,依其证量逐渐而上。于某一次第娴熟后,再进而修习更高次第"②。从修行内容上看,则要先证悟"人我空",进而证悟人、法二我皆空,从而最终体悟一切法空。只有利根人方可直入无上瑜伽境界,直见本心。

噶举派也承认人有本觉的佛性,要彻见它,只要"停止一切造作和努力,松松坦坦的放在那儿就对了!"③但这是米拉日巴等前代大师的主张,对根性要求很高,所以噶举派的真正开创者塔波拉杰将噶当派的次第论和米拉日巴的"大手印"修法结合起来,并在其名著《解脱道庄严论》中集中地体现了出来,这也和前弘期形成的重次第的修行传统不无关系。

萨迦派以"道果法"为本派的不二法门,但"道果法门算是从一个凡夫可以直修成佛的无上法门"④。所以,虽然萨迦派也承认众生有佛性,

---

① 以上引文见《〈贤者喜宴〉摘译(第十一)》。
② 敦珠法王等:《九乘次第论集》,许锡恩译,第43页,西宁,青海人民出版社,2005。
③ 《米拉日巴大师集》(下),张澄基译,第1176页,北京,民族出版社,2001。
④ 刘立千:《藏传佛教各派教义及密宗漫谈》,第85页,北京,民族出版社,2000。

但对于资质普通的人,也必须经历修善止恶、断二执证空性等过程。这都和同样持众生有佛性的汉地禅宗,尤其是南宗禅非常的不同。藏地佛教的顿悟是不离渐修的。

至于格鲁派更不用多费纸墨,宗喀巴的《菩提道次第广论》虽受阿底峡"三士道"影响颇深,但在具体的何道修何法上,则是融合了寂护、莲花戒的旨趣的。更何况宗喀巴本人还十分推崇莲花戒,在他的著作里大量引用了莲花戒的《修次三编》。

由于强调渐修,那么,在漫长的修习过程中的众多方便法门也受到重视。顿渐之争中,"渐门派"反对"顿门派"的重要原因之一就是禅宗僧人的顿悟成佛说破坏了智慧方便双修的原则:"只凭不思念,对己尚且无益,更怎能去成就他人之事?以此无经典依据、背离方便(没有方法)与智慧之法来诬蔑佛祖,实在是欺骗!"赤松德赞对顿渐之争所作的判词中也强调自此以后吐蕃"修心要方便、智慧双运"[①]。

除了寂护、莲花戒瑜伽中观派思想之外,禅宗的思想在吐蕃也很盛行。如前所述,吐蕃时代,汉地禅宗在西藏也曾经很兴盛,禅宗的许多思想在当时得到了一定的传播。8到9世纪传入吐蕃的禅宗派别可以确定的有净众、保唐宗;北宗;南宗。尤其是摩诃衍所传的禅法。

净众、保唐禅是形成于西蜀的一个禅宗派别。这一派肇始于智诜(609—702)。智诜的后学依次有处寂(669—736)、无相(684—762,又称金和尚),其禅法的主要内容便是著名的三句语:无忆,无念,末忘(这个"忘"字又被后来的弟子改为"妄")。大意当是要求人们采取自然无为的态度对待修行,不要记忆回想过去的经历景象;不要思念、追求未来将要发生的事情;经常保持这种状态,而不要求执意地忘记什么[②]。无相的嗣法弟子为无住(714—774),禅法以"无念"为主,要求排除对一切内外事

---

① 拔塞囊:《拔协》,佟锦华、黄布凡译注,第53、54页。
② 杨曾文:《唐五代禅宗史》,第219页,北京,中国社会科学出版社,1995。

物的思辨、分别的心理活动,在思想中断除一切是非差别观念。无住禅的重心已向南宗倾斜,反对北宗的"看净"法。在无住之后,净众一系逐渐湮没在南宗禅的主流之中了。

无住为净众、保唐系最后的一个著名人物,也是该派的集大成者。在藏文禅宗文献的诸禅师教义论说中,无住的"论说之多,仅次于摩诃衍"①。《五部遗教·大臣遗教》对之进行了成功的引用,将其"无忆是戒,无念是定,莫忘是惠"译为"不想是戒,不念是定,不生幻心是慧",②最大限度地靠近了原意。

根据各种史料分析,摩诃衍在吐蕃所传佛法当以北宗禅为主。首先,从录入戴密微《吐蕃僧诤记》中的敦煌文献来看,当时以莲花戒为首的印度僧人在和摩诃衍论辩中,多就《楞伽经》提问,而摩诃衍的回答中,也多引《楞伽经》作答,此外摩诃衍引的比较多的就是《思益经》和《般若经》。关于前两部经,据杨曾文的《唐五代禅宗史》记载,神秀著名的弟子普寂在神秀门下学习和修习七年,按神秀的吩咐读过讲述般若空理的《思益梵天所问经》和宣述如来藏自性清净心的《楞伽经》。神秀对他说:"此两部经,禅学所宗要者。且道尚秘密,不应眩曜。"③由此可以看出北宗是把这两部经的思想作为自己禅法的重要理论依据的。

张说在《大通禅师碑铭》中也说神秀"特奉《楞伽》,递为心要"。所以神秀的北宗对这两部经十分重视。但慧能的南宗已转向主要以《金刚经》为依凭。

从思想内容上看,吐蕃僧诤中,印度僧人的第一个问题就是:"今看心,除习气,出何经文?"④印度僧人对这个问题如此重视,据此判断这是摩诃衍在吐蕃宣传的一个重要观点。不仅在开篇,"看心"这个问题后来

---

① [日]木村隆德:《敦煌出土藏文禅宗文献的性质》,李德龙译,载《国外藏学研究译文集》(第十二辑),拉萨,西藏人民出版社,1995。
② 才让:《从〈五部遗教〉看禅宗在吐蕃的传播和影响》,《西藏研究》2002年第1期。
③ 杨曾文:《唐五代禅宗史》,第96页。
④ [法]戴密微:《吐蕃僧诤记》,耿昇译,第59页。

还被再次提及,摩诃衍在自己上给吐蕃赞普的奏章中也有这样的陈述:"其习禅者令看心"①。"看心"是北宗禅的一个重要修习方法,北宗禅的创始人神秀的《大乘无生方便门》中就有"看心若净名净心地"的句子。但这却是南宗禅非常反对的看法,慧能认为:"若言看心,心元是妄,妄如幻故,无所看也。若言看净,人性本净,为妄念故,盖覆真如,离妄念,本性净。"(《坛经》第 18 节)。

从这点上看,摩诃衍的思想也不属于南宗禅。另外,在关于"念"或"想"的问题上,南宗强调"无念者,于念而不念"(《坛经》第 17 节),也就是在念念相续中,不执著任何一个念头,落点在"不执著"。但摩诃衍认为"有无、净不净、空不空等尽皆不思不想。不思者亦不思,故《净名经》中说:不观是菩提"②,"于一切法无思无观,三业清净"③等,强调百物不思,这正是慧能所反对的:"若百物不思,念尽除却,一念断即死,别处受生。"(《坛经》第 17 节)依照他的观点,人的前念、今念、后念,念念相续,不曾断绝,这是一种自然的本来状况,如果认为应强行将其卡断,便意味着终止了生命的流程。

摩诃衍还在吐蕃宣传五方便门。敦煌出土的有关摩诃衍的藏文史料除了《顿悟大乘正理决》之外,另外两本比较重要的文书就是《禅定不观义》(P·116、P·117)和《禅定顿悟门》(S·468、S·709、P·117、P·812、P·813、P·827),"这些文书的内容是简述不思顿悟和五方便思想"④,这里提到的五方便,是北宗神秀所宣讲极具个人特色的主要法门。那么,摩诃衍的禅宗思想的脉络在此就更分明了。

摩诃衍传播的思想,主要是依据《金刚经》中的"离一切诸相即名诸佛"的思想,在吐蕃提倡"不思不观"的无分别说,这一点在汉藏文的记载

---

① [法]戴密微:《吐蕃僧诤记》,耿昇译,第 196 页。
② 同上书,第 105—107 页。
③ 同上书,第 115 页。
④ [日]冲本克己:《敦煌出土的藏文禅宗文献的内容》,李德龙译,《国外藏学研究译文集》第 8 辑,拉萨,西藏人民出版社,1992。

中可同时得到证实。根据汉文史料,摩诃衍认为:"不思不观,利益众生者,《入如来功德经》中广说,由如日月光照一切,如意宝珠具出一切。"①同时,藏文史料也将摩诃衍的观点总结为:"要想修佛,应无所思忆,心无所虑。如此修行,方能成佛。"②除了摩诃衍,当时在吐蕃的许多禅师都持这一观点。如静禅师(dzid-shin-shis)在僧诤中主张:"念分别不坏则应当禅定,因圆满遂生无分别智慧此则超脱三界。"禅定堪布伯禅师(sbab-shin-shis)也主张:"所谓无分别顿时领悟,犹如傲然之兽王雄狮,吼声四行不可惧。"③正因为当时在吐蕃活动的禅师们的最主要的观点就是这一无思无观的无分别说,所以《拔协》中所记的僧诤内容,莲花戒几乎都是围绕这一观点批驳摩诃衍。在修行实践上,禅宗的僧人们围绕着无分别说,强调对此是"顿入"、"顿悟"。

除了这两个宗派之外,南宗在吐蕃也有所传播,只是影响较前两个宗派就弱了许多。在敦煌出土的藏文禅宗文献中,就含有菏泽神会的语录,比较具体的如在以《禅定过失》为题的文书(S·709)中,有这样四句话:"'修心禅定,区别异端,断念误想,教示四过失'。这是用藏语音注并藏文翻译来记载菏泽神会批判北宗禅观点的四句话,即'凝心入定,住心看净,起心外照,摄心内证'。这是禅宗文献中用音注和藏译记载的唯一例证。可见,对这四句话是特别处理的"④,从这里也可以看出,8到9世纪的吐蕃,确实是对所有的佛教派别敞开了大门的,一方面摩诃衍在尽力地宣传"看净"、"坐禅"等北宗禅法,一方面吐蕃人又在翻译神会对北宗的批判论述,体现了一种兼容并包的精神。

---

① [法]戴密微:《吐蕃僧诤记》,耿昇译,第127页。
② 拔塞囊:《拔协》,佟锦华、黄布凡译注,第48页。
③ 《五部遗教》(藏文),第460页,北京,民族出版社,1986。
④ [日]木村隆德:《敦煌出土藏文禅宗文献的性质》,李德龙译。

第三节 前弘期的寺院及寺院经济

一、前弘期的寺院

后期所成的史料中,前弘期吐蕃所建立的寺院,数量极为庞大,形制非常的富丽堂皇,但是结合佛教在吐蕃发展的轨迹、赞普对佛教信仰的过程以及由此引发的对佛教投资的可能性的大小等问题进行考察,后世资料的记载其实有许多的夸大之词。

吐蕃的寺庙是在松赞干布时期出现的,吐蕃时代遗存下来的金石资料对此也有确切的记载。《噶迥寺建寺碑》中就说:"圣神赞普先祖赤松赞(弃宗弄赞)之世,始行圆觉正法,建逻些(拉萨)大昭寺及诸神殿,立三宝之所依处。"①

松赞干布时期建立的寺庙除了前文已经提到的大、小昭寺,藏文史书中记载还有四边压寺(mthav-vdul-gyi-gtsug-lag-khang-bzhi)、四再压寺(yang-vdul-bzhi)以及四压肢寺(ru-gnon-gyi-gtsug-lag-khang-bzhi)、九对治寺(kha-gnon-gyi-gtsug-lag-khang)和昌珠寺(khra-vbrug)等。②其中,昌珠寺是吐蕃时代除大、小昭寺、桑耶寺外较为重要的寺院。莲花生大师的本生传中昌珠寺和大昭寺是修行的神圣地。赤松德赞的第一道兴佛诏书的誓文也分置在大昭寺、小昭寺、桑耶寺以及昌珠寺。

据记载,除了赤尊公主、文成公主外,松赞干布的其他妃子也修建了寺庙。其中珀岗蒙妃(pho-gong-mong-bzav)修建了卡扎寺(mkhar-brag),象雄妃修建了叶尔巴寺(yer-pa),木雅妃修建了贡布更德霞岩洞寺(dgon-po-kun-tu-zhal),于阗妃修建了棋苑寺(mig-mangs-tshal-gyi-

---

① 王尧编著:《吐蕃金石录》,第160页。
② 详见巴卧·祖拉陈哇:《〈贤者喜宴〉摘译(三)》,黄颢译注,载《西藏民族学院学报》1981年第2期。

lha-khang)。① 由象雄妃所建的叶尔巴寺是吐蕃最古老的寺院之一,有寺钟并钟文流传于后世。

尽管后世的藏文史料对大、小昭寺的建筑规模进行了大力铺陈,但小昭寺显然十分窄小,只是一间神殿,里面供奉着一尊佛像。史书记载:"汉妃文成公主在她初到拉萨时驻扎过的地方,沿当时用布帛围圈的轮廓砌起院墙,用五百随从从汉地抬来的四根树干做立柱修建了惹冒切寺,该寺的大殿山门朝东而开。文成公主从汉地带来的释迦牟尼十二岁等身像,安立在神乐与龙喜二位大力士像抬着的宝座之上。"②通过这段史料可以看出,当时的小昭寺十分简陋。大昭寺的情况肯定要比小昭寺好许多,但肯定与经过历代修缮的大昭寺不可同日而语。从今天对大昭寺地基的实际勘测,也表明:"神殿内吐蕃时期的佛殿除释迦佛殿较高大外,其余皆低矮狭窄,一般范围多为 5×5 平方米。"③

继松赞干布之后,第二个在吐蕃修建神殿的是墀德祖赞。墀德祖赞为了供奉《分别经》和《金光明经》,分别修建了卡扎尔、枕桑、纳热、呷曲、玛撒巩等五座佛堂。所有后世的藏文资料均只记载了这五座寺庙的名称以及其储放经典的作用,因此,这五座寺庙很可能既无塑像更无僧人。

吐蕃前期这两位赞普所建立的寺庙,在玛祥·仲巴杰禁佛的时候,遭到不同程度的毁坏:"卡查神殿被彻底推翻。(查玛)珍桑神殿被毁,其间之钟被送到秦浦之岩石处,此钟即后来之桑耶格杰钟。将逻些毕哈尔神殿处当做作坊,屠宰牲畜之后,即将牲畜之皮盖于泥塑神像之上,神像手中拖着牲畜内脏及羊的腔体。"④毕哈尔神殿即指大昭寺。所以,松赞干布和墀德祖赞前期建立的寺庙,几乎都受到了破坏。

---

① 阿底峡发掘:《柱间史——松赞干布遗训》,卢亚军译,第 163 页,兰州,甘肃人民出版社,1997。
② 同上书,第 162—163 页。
③ 《拉萨文物志》,第 20 页。转引自石硕:《松赞干布时代佛教文化传入之实际面貌及地位》,《西南民族学院学报》2000 年第 3 期。
④ 巴卧·祖拉陈哇:《〈贤者喜宴〉摘译》(五),黄颢译注,《西藏民族学院学报》1981 年第 4 期。

到赤松德赞时期,吐蕃开始修建佛法僧三宝齐备的寺院。这种寺院的典型代表就是桑耶寺。除了桑耶寺,赤松德赞的妃子没卢氏墀洁莫赞修建了格吉寺;蔡邦氏美多纯(tshe-spong-bzav-me-tog-sgron)修建了三界铜殿;波雍妃洁莫尊(pho-yos-bzav-rgyal-mo-btsun)修建了乌才金殿(bu-tshab-gser-khang),其中乌才金殿比较精巧,"共十三种特殊建筑,颇为罕见稀有"①。此外,这一时期还在叶尔巴(yer-pa)和曲卧日(chu-bo-ri)修建了比较大的密宗修道场或修道处。所谓的修道处,主要以石窟和佛塔为主,和一般所说的寺院略有不同。

叶尔巴位于拉萨东郊,最早在此修建寺庙的是前面提及的、松赞干布的象雄王妃。赤松德赞时期在此修建修道场则是后来刺杀了达玛赞普的贝吉多吉,这个修道场建成后,此地集中了许多修道者,其中"一百零八位贤者获得修行成就"②。叶尔巴修道场也是被莲花生盛赞的修行三大圣地之一,是根器最高的修行者的首选之地,他认为:"修行弟子分高、中、下,高徒修行的地方是:桑耶青普山、雅而隆玻璃洞、叶尔达哇洞这三圣地",③"叶尔达哇洞"指的就是叶尔巴的修行石窟。这些石窟一直存留下来,《卫藏道场胜迹志》中载:

> 从拉萨沿藏河北岸逆流而行,便到扎耶巴(brag-yer-pa)。耶巴的达瓦浦(zla-ba-phug)岩洞内有邬坚大师的替身像和很多天然生成的神像。
>
> 此外还有多吉浦(rdo-rje-phug)、直布浦(dril-bu-phug)等岩洞,以及80位在耶巴得道者所住过的岩洞。④

至于曲卧日,地处现在的曲水县雅鲁藏布江南岸,从古至今都是西藏僧人的一个重要的修行场所,根据《卫藏道场胜迹志》载:"曲吾日山是

---

① 巴卧·祖拉陈哇:《〈贤者喜宴〉摘译》(七)》,黄颢译注,《西藏民族学院学报》1982年第2期。
② 巴卧·祖拉陈哇:《〈贤者喜宴〉摘译》(九)》,黄颢译注,《西藏民族学院学报》1982年第4期。
③《莲花生大师本生传》,洛珠加措、俄东瓦拉译,第626页,西宁,青海人民出版社,1990。
④ 钦则旺布:《卫藏道场胜迹志》,刘立千译注,第6—7页,北京,民族出版社,2000。

西藏幸福来源的圣山,山上有一百道泉水,一百个修道处。"①赤松德赞的王妃蔡邦氏晚年就在曲卧日择址修建了曲沃日寺。

总之,赤松德赞开始较大规模地修建寺庙,敦煌的吐蕃文献中记载他:"奉佛教为至高无上之教,自中央至边境广建寺庙,立佛法……"②

赤松德赞之子赤德松赞继立后,继续修建寺院,其中最著名的就是建于拉萨河下游的噶迥寺,噶迥寺的建寺碑文也成为吐蕃时代遗留下来的重要历史文献。除此而外,赤德松赞还给大昭寺修建了围廊,在大昭寺和桑耶寺等处建立了十二座讲经院,在叶尔巴和青浦继续修建修行院,大致也有十二座之多。

赤德松赞之后继立的热巴坚对佛教的信仰更为狂热,他修建的伍祥多贝美札西根佩寺,高九层,其形如大鹏展翅冲天。建寺的工匠都是从李域(于阗)和尼泊尔召请的。寺院的"下三层并其门楼等,皆用石建造。中三层并其门楼皆用砖建造。上三层并其门楼,皆用木建造。上有顶阁,共为九重。每顶阁之游廊间,为诸沙门讲经说法之处。其最上顶,有金龙玉龙,为风鼓荡,如伞盖旋转。中间墙围之上,有宝石墙砖,飞檐、栏杆,皆饰以流苏璎珞。复有伞盖、幢幡、宝鬘、铃铎、小玲,其声铿锵。大殿金盖之宝顶,高与山齐。此庙在吐蕃境内,绝其伦比"③。因为伍祥多贝美札西根佩寺的规模非常巨大,直到热巴坚被杀,达玛继位,寺院也没最终建成开光。热巴坚时代,吐蕃的赞普、贵族、王妃、僧侣、大臣都开始成为修建寺庙的主力。这一时期修建寺庙之多,以至于藏文史料将其夸大为一千零八处,其建寺的范围甚至已经到达汉地。据《汉藏史集》记载,热巴坚:

在汉地五台山修建了寺院,在沙洲的东赞地方、大海之中、铁树之上修建了千佛寺,在朗域地方修建了仁布寺,在苏毗修建了勒乌

---

① 钦则旺布:《卫藏道场胜迹志》,刘立千译注,第35页。
② 黄布凡、马德:《敦煌藏文吐蕃史文献译注》,第294页,兰州,甘肃教育出版社,2000。
③ 索南坚赞:《西藏王统记》,刘立千译注,第136—137页。

神幻寺,在其下方建了三宝源泉源寺,在吐蕃修建了强钦拉康,在娘若孜乃沙修建了有甲片状大门的寺庙。王妃属庐妃贝吉昂楚修建了赞塘玉拉康,娘氏妃却格拉姆修建了曼措达蔡寺,兄长达玛修建了止拉康,其妃赞蒙彭修建了雅隆如意宝树寺和普波切寺。各位尊胜咒师及大德等,修建了札拉贡布、叶尔巴杨温寺,娘·定增修建了谐拉康寺,勃兰伽·贝允修建了其蔡寺和梅域麦垅塘寺,噶瓦贝孜修建了噶瓦玉那寺,蔡邦·达桑热朵修建了堆垅勒玛寺,蔡邦·拉桑鲁贝修建了博东甲敦雄寺。据说,到这一时期,吐蕃王臣在汉地和吐蕃共建寺庙一千零八处。①

这里的一千零八处固然是一个极端夸大的数字,但当时修建了许多寺庙确实是毋庸置疑的。如资料中所提到的谐拉康是有碑可考的。此时也确实是吐蕃在沙洲(敦煌)佛事活动的高峰期,据考查,敦煌千佛洞现存的四百九十二个洞窟中可确认为吐蕃占领敦煌时期兴建的就有四十多个,而且其中多数建于热巴坚在位时期。②

由于热巴坚的佞佛,吐蕃社会的各种矛盾激化,终于引发了达玛灭佛。前弘期修建寺庙的进程也随着达玛的上台而终止了。

以上是吐蕃时代寺院的基本情况。但是,吐蕃修建寺庙的某些历史必须加以辨析,尤其是应该对出现于松赞干布时期的众多寺庙予以详考。在某种更为确切的意义上,有关吐蕃佛教早期历史的资料是匮乏的,甚至可以说是空白的,所有有关此时的历史记载都是后世追述而成的。并且这些后世的史书几乎全部出自高僧之手。在佛本生式的佛教史观的影响下,吐蕃的赞普不仅具备了亦人亦神的特质,而且他们几乎都是佛教的崇信者和保护者,这无疑降低了这些记载的真实性。而以伏藏方式出现的早期资料,如《松赞干布遗训》,其间更是充斥着过分成熟

---

① 达仓宗巴·班觉桑布:《汉藏史集》,陈庆英译,第107—108页。
② 同上书,第107页。

的佛教内容和过于夸张的神话色彩,如松赞干布的化身役使众多幻化的工匠修建大昭寺、松赞干布最后与赤尊公主和文成公主消融于观世音像中等。这就使得国外的研究者们将《松赞干布遗训》视为文学作品,而非历史文献。研究者们甚至过于极端地说:"藏文史料都充斥着神话传说的内容,这也正是藏文史书的特点。怎么可能期望这些充满着宗教幻想的山地人会具有历史真实性的观念呢?"①

正是在这样的一个文字史料背景下,在没有更多的考古资料、碑铭石刻加以佐证的情况下,研究者们甚至直接否定了松赞干布与佛教发生的关系。他们认为:"佛教传入吐蕃并不像本地传说。那样,就是在7世纪,吐蕃皈依佛教的时间也不是在松赞干布(卒于650年)和他的唐朝妻子文成公主(卒于680年)在位期间"②,这个时间被划在了赤松德赞时期。相应地,松赞干布修建的众多寺庙的历史记载也受到质疑,甚至否定。法国藏学家麦克唐纳夫人认为松赞干布修建十二座寺庙的记载是对阿育王修建八万四千座佛塔的情节的比对和翻版。她认为:"就像阿育王的范例来自远方的婆罗门王的范例,在西藏的松赞干布'姿态'也取自远方阿育王的范例。因为把八万四千座佛塔的建筑归诸松赞干布,不能把西藏与印度相区别。"③所以,在她看来,"十二"只是用来区分西藏和印度所选用的数字而已。

除此而外,8世纪慧超在途经吐蕃后,留下了记录:"国王百姓总不识佛,无有寺舍。"④慧超经过吐蕃时大约是赤德祖赞在位,距松赞干布之世已近百年了。此时的吐蕃在慧超的笔下还是无寺无佛法。所有的证据似乎都说明松赞干布时期,甚至一直到赤松德赞之前,西藏并无寺庙。

---

① [法]戴密微:《从敦煌写本看汉族佛教传入吐蕃的历史》,王尧主编:《国外藏学研究选译》,第28页,兰州,甘肃民族出版社,1983。
② [法]戴密微:《吐蕃僧诤记》,耿昇译,第233—234页。
③ [法]麦克唐纳夫人:《松赞干布时代的西藏宗教:作为历史的神话》,汪萍译,《国外藏学研究译文集》(第三辑),拉萨,西藏人民出版社,1987。
④ 《慧超往五天竺国传》,郑炳林:《敦煌地理文书汇辑校注》,第206页。

然而噶迥寺的建寺碑却清晰地留下了吐蕃赞普修建寺院的历史,明确记载了松赞干布"建逻些(拉萨)大昭寺及诸神殿"以及"父王赤松德赞(乞黎苏笼獵赞)之世,于札玛建桑耶寺等寺庙,中央及四境遍建神殿,立三宝之所依处"①。

通过这一碑文,首先可以明晰的是:不能像许多外国学者那样,将吐蕃早期的所有寺庙都划归赤松德赞。因为立碑者赤德松赞作为赤松德赞的儿子,不可能对父亲时代佛教的发展情况表述错误,出现张冠李戴的现象。

那么,如何解读慧超的记载呢?慧超经过吐蕃时,根据各种记载来看,大、小昭寺依旧是存在的。直到稍后的金城公主入藏,她还将封存在大昭寺的、由文成公主带去的释迦牟尼像取出来,重新加以供养。但是,慧超只到过吐蕃的西部,并未深入吐蕃腹地,在没有亲自到过大、小昭寺的情况下,再加上民众对佛教的浑然无知,会很自然地认为吐蕃"无寺舍"。这一点也引起了国外学者的注意:"唐朝取经朝圣和尚慧超于729年曾断言,吐蕃的赞普和国民对佛教一窍不通,那里没有任何寺庙。但是他确实仅仅是根据一些风闻而记载的。"②但这也至少说明了一点:松赞干布建立的寺庙基本没有什么社会影响。

至于包括昌珠寺在内的其他十二压胜寺,其出现的目的正如前文提到的那样是:经过文成公主堪舆,吐蕃的地形像一个仰卧的罗刹女,所以要在她身体的各个部分建神殿加以镇压。这样的一个出发点,"看不出与佛教思想有什么必然联系,更多地则是受土著本教的影响"③。更何况"十二"这个数字在西藏和本教的关系密切:据传说,吐蕃的第一任赞普聂赤赞普从天上降临人间(本教的观念),被十二个部落首领(也有人认为是十二个本教师)抬回做了赞普;莲花生入藏降服了十二个地方女神

---

① 王尧编著:《吐蕃金石录》,第160页。
② [法]石泰安:《西藏的文明》,耿昇译,王尧审订,第64页,北京,中国藏学出版社,1999。
③ 陈楠:《藏史丛考》,第3页,北京,民族出版社,1998。

等。因此,松赞干布时期也许的确修建了十二座神殿,但这些神殿所具有的宗教意味并不是来自佛教。从赤松德赞开始,佛教在吐蕃兴盛以后,这些神殿逐渐转换成佛教寺庙了。

二、前弘期的寺院经济

尽管在松赞干布时期就开始建立大昭寺等寺庙,但当时的寺庙只用来供奉文成公主和赤尊公主所带的佛像,并没有职业的僧人,因此也就谈不上所谓的寺院经济。一直到赤松德赞建成桑耶寺,度"七试人"出家后,寺院以及僧人们的生活来源等相关经济问题才提上了议事日程。在"七试人"出家后,为了扩大僧侣集团,赤松德赞就让没有子嗣的王妃和具有初步信仰的尚、论的子侄出家。这是一条带有强制性的命令,当时的吐蕃大臣对赞普的这一命令进行了讨价还价:

大臣们说:"若出家,生活没法解决!"赞普说:"生活由我王上供给!"大臣们又说:"如果不支兵差,不纳税,就会受到惩罚呀!"赞普答道:"对他们,我赐予豁免的特权,让他们做我的顶礼对象。"①

正是在这样的一个许诺和保障的背景下,吐蕃当时的出家人猛增到三百余人。在随后翻译佛经的活动中,赤松德赞也很好地履行了这一诺言,即"由赞普供给生活费用,向三百僧人供应十三种食品"②。由赞普给寺院提供供养在赤松德赞颁布的兴佛诏书中也得到证实:"彼诸寺院所需用三宝器物之顺缘,均应妥善考虑,并由上级官府贡献,任何时候不得减少不得废弃。从此以后,世世代代亦应如今之赞普父子一样发誓,并信守不渝。"③具体的供养数是赞普每年发给宗师(如益希旺波)粮食 70 克(1 克约合 28 市斤)、佛经班亲教师 35 克、学法僧徒 12 克。

但这一政策并没有持续很长时间,可能是当时的佛教领袖人物益希

---

① 拔塞囊:《拔协》,佟锦华、黄布凡译注,第 46 页。
② 同上书,第 47 页。
③ 巴卧·祖拉陈哇:《〈贤者喜宴〉摘译》(九)。

旺波看到了这种政策的不稳定性以及非长期性的特点,建议赞普应该给每座寺院两百户属民,给每个僧人三户属民作为生活供养。这一建议在"顿渐之争"后被落实为每座寺院一百户属民、每个僧人三户属民。同时赞普自己还给寺院和僧人提供费用,每寺每年150克青稞;对佛教宗师每年给予75克青稞、衣服一套9件、酥油1100两、马1匹、纸张14卷、墨3锭和够吃的盐;给青浦的25名修行僧每年每人青稞55克、酥油800两、衣服一套6件。供给普通修行僧每年每人青稞8克、纸张2卷、墨1锭。供给轨范师的学经弟子25人每年每人青稞25克、衣服一套3件。[①]

这个供养数量是相当大的,因为从这些规定的内容来看,虽然当时僧人的数量很少,但他们得到的供应的数量是很大的。当时僧人总数只有300多人,在吐蕃总人口中是极少数,但是他们占有的奴户达1 065户,按每户4口计算为4 260人,他们虽然没有私有的土地、牧场、牲畜,但每年从赞普府库得到的粮食总计达5 428克,这相当于542个农民一年的口粮。堪布和大修行者、经师等总共只有39人,但每年领得的酥油总计31 500两,以每个农民一年18斤计算,相当于180个农民一年所得。这些情况说明,当时出家僧人数量很少,但他们都是奴隶主,他们成为社会上拥有免差免税特权的阶层。[②]

但"三户养僧制"似乎并没有被彻底贯彻和执行下去。因为赤松德赞去世后,时隔一年多赤德松赞即位,史载:"其时,桑耶寺僧侣供食中断,只有说话的气力;寺院的仓库被毁;寺院的墙基处积满了鼠粪;所有僧舍的房门均被盗走。"[③]如果说每个寺院一百户属民,三户属民供养一个僧人的政策已经实行,就不会出现以上情况了。不仅如此,我们还可以发现,随着赤松德赞的离世,不仅僧人没有了生活来源,同时寺院也遭

---

① 娘·尼玛俄色:《娘氏教法源流》,408—409页。转引自恰白·次旦平措等著:《西藏通史(上)》,陈庆英等译,第155页,拉萨,西藏古籍出版社,2004。
② 东嘎·洛桑赤列:《论西藏政教合一制度》,陈庆英译,第19页,北京,中国藏学出版社,2001。
③ 巴卧·祖拉陈哇:《〈贤者喜宴〉摘译》(十二)》,载《西藏民族学院学报》1983年第4期。

到不同程度的破坏。由此可见当时僧人们从经济生活到政治地位,全部都处在赞普的庇护之下,没有形成任何稳定的、持续的政策,否则在赤松德赞时期僧人们风光的生活,就不会随着赞普的去世而急转直下了。这里最主要的原因大概是赤松德赞决定实行这一制度是在"顿渐之争"后,这应该是794年左右,而赞普本人则在797年就过世了。短短的三年时间内,这一项政策可能还没有来得及彻底实行。

正是因为这样,赤德松赞在位初期,寺院和僧人的供养仍旧由一些贵族集团承担,其中包括王妃、大臣以及赞普本人,并未再提到属民养僧的制度。例如,在桑耶寺僧人的供养断绝时,"格甸木向施主主母绛秋洁禀明。于是主母绛秋洁连续献出七克青稞麦、酥油、一颗金刚钻石,以使(寺院)不失去供养。为桑耶寺的每尊神像又提供了供神食品以及(做为量具用的)升、绳索等,并将面粉以每三个单位作为一份,将这些运到广场作为供养,献给全体僧侣及众生以便举行法会;大臣德陆玛献了(价值)二十五两黄金的镶玉腰带一件、两匹绸缎及三匹布;格甸木献了重三十二克的五种谷物。僧坚日赞献了一户属民。杰伦陆杰献了十一克青稞;佩巴延献了帔肩等等;主母贝氏献出了一匹坐骑、二百克青稞麦、一匹采缎、及一匹丝绸"[①]。在这段资料中,当时贵族们的供养小到寺院日常所用之物,大到黄金钻石,无所不包,其中最为通用的是供僧人们衣食所需的粮食和布匹丝绸。益希旺波之女坚日赛献出了一户属民,也是值得注意的。赤德松赞时,贵族们开始给寺院贡献属民和土地。赞普赐给娘·定埃增的诏书中就有"凡献与寺庙之奴户、地土、牲畜,其他臣民上下人等概无权干预"[②]的句子。此间的其他盟文中也提到"寺庙户籍文书",因此,从赤德松赞时期开始,寺庙真正拥有了奴户、土地,但这并不是国家赐予的,而是由贵族献给寺庙的。

---

① 巴卧·祖拉陈哇:《〈贤者喜宴〉摘译》(十二)》,载《西藏民族学院学报》1983年第4期。
② 王尧编著:《吐蕃金石录》,第127页。

赤德松赞成年以后,开始身体力行地支持佛教,其中的措施之一就是对寺院提供物资供养。而且,为了保持对寺院供养的持续性,他还特意和王妃大臣盟誓,在誓文中提到:"无论父祖子孙何代赞普之时,定为三宝之顺缘者,不使减低,不使毁坏,依例供养。若尔,除王臣众人如此立誓。今后凡新娶王妃,新委大臣,均应如此立誓。凡未有如此立誓者,定使其照此立誓,方能迎娶委派之。"①这次盟誓的内容只是为了兴佛,和任何一次重要政治盟誓一样,参与者有吐蕃所属的吐谷浑等诸小邦的汗王以及王公贵胄,但是,较为引人注目的是参盟者中空前地出现了王妃。所以,一则支持佛教已经不是赞普一个人能承担的事业了;二则王妃后族此时成为支持或打击佛教的一支主要力量。

到了热巴坚时代,藏文史料都记载此时吐蕃实行了"七户养僧制",即七户属民供养一个僧人的衣食。而且赞普如果看见僧人的衣服上有补丁,查问清楚了,便对这个僧人的属民严加惩处。建成于此时的江浦寺的寺碑,主要记载的是赞普颁赐的诏敕,其内容主要就是关于该寺的寺产问题的:

> 作为供养顺缘之奴隶、农田、牧场及供物、财产、牲畜等项,一应备齐,悉充赞普可黎可足猎赞之常川不断之供养功德。此神殿之名,亦由赞普颁诏敕赐,书于温江岛神圣大殿之后,颁诏概由王廷管理。作为寺产之民户及产业之上,不征赋税、不征徭役、不取租庸、罚金等项。颁诏敕授寺产寺属民户之文书。

> 此神殿之供养顺缘民户作功德回向及使用,亦如尚·聂多所施、所行,回向严以诏示。今后,倘聂多子嗣断绝,一切所辖之地土、所领之属民,赞普不再收回,并不转赐他人,均增赐为此神殿之供养顺缘。如此颁诏矣。②

---

① 恰白·次旦平措等著:《西藏通史(上)》,陈庆英等译,第175页。
② 王尧编著:《吐蕃金石录》,第180页。

这座由贵族尚·蔡邦·达桑聂多所建立的寺院,也由他本人提供了寺院的一应土地财产等所需,从这个时期起,寺院不仅拥有了属民,而且拥有了田产,并且为了保障这些寺属土地及民户不纳赋税、不征徭役等方面的特权,赞普还特意下诏书予以明申。所以后世的研究者认为在热巴坚以前僧人是拥有奴户,但没有土地、牧场、牲畜的奴隶主阶级,到热巴坚时期,因为寺院有了土地、牧场和牲畜,佛教僧人中的一部分,开始转化成拥有寺属庄园的地主阶级。①

除了贵族本人对寺院提供经济上的供养之外,这时候的赞普本人也在经济上资助着僧人。《拔协》中记载:"收敛吐蕃全境的国王私税,供给国王的比丘生活。"②这其中包括由赞普本人资助大规模的译经活动。

吐蕃时代所规定的属民养僧制,不仅在本土实行,而且已经延伸到了被吐蕃所攻占的周边地区的寺庙中。出土于今新疆的吐蕃时代简牍中有这样一条记载:

> 寺庙财产有十二"屯"半(二岗为一屯,每岗为两户,即共有五十户可征收劳役或财物)。去年以来发生战乱,属民……僧众生活无有收入,让我等六人(僧众代表)前去申请费用……现寺属民户官长,应由寺属民户之僧众……。③

这条简牍虽有残破,但该地的寺院拥有五十户属民却记载的非常明确。吐蕃在670年左右攻取安西四镇以后,河陇、西域一代逐渐都成为吐蕃的势力范围。在这些地区,吐蕃辖属下的寺院也都拥有寺属属民。在敦煌出土的P·T·1079和P·T·1080两个藏文卷子里都记载了寺庙比丘尼和比丘蓄私奴并且引发争端的内容。其中P·T·1079号卷子

---

① 东嘎·洛桑赤列:《论西藏政教合一制度》,陈庆英译,第20页。
② 拔塞囊:《拔协》,佟锦华、黄布凡译注,第62页。
③ 王尧、陈践编著:《吐蕃简牍综录》,第46页,北京,文物出版社,1986。

中还有："头年之冬沙州以下，肃州以上，集中僧统所属农户，根据田地好坏，制定承担赋税标准"①的记载，可见，吐蕃占领河陇一带以后，对寺属土地的管理已经非常成熟了。

同时，吐蕃时代寺院的财产是受法律保护的。敦煌出土的 P·T·1075 号"盗窃追赔律残卷"中有"尚论以下百姓以上之人盗窃佛像惩治之法"一条，该条规定："尚论以下，百姓以上之人，盗窃佛像一尊被擒，按佛像价值折成（黄金）两数、雪数计之。与钻入住家行窃惩治之法等同。"②热巴坚时的法律中，也有"盗窃僧人财物者，罚以……的珍宝"③的规定。

最后，需要注意的是：尽管藏文史料中都明确提到"三户养僧制"和"七户养僧制"这一吐蕃时代最重要的寺院经济形式，但具体的操作和实行细节则为史家所不载，因此，有关这一方面的探讨难以深入和细化。此外，在吐蕃本土和西域一带，僧人似乎并不直接和寺院的属民发生关系，寺属土地上赋税的征收是由贵族官员代为完成的。《贤者喜宴》中有这样一条记载：

> 所谓做为顺缘的属民系指桂、地方官长、执掌宫廷内府文书者、（显贵）之亲眷心腹以及持掌好根基者。④

这里提到的顺缘属民都是一些贵族，所以就连译注者黄颢先生也迷惑不解。但是，如果联系其他的资料，这一条资料就会得到合理的解释。热巴坚制定了许多崇佛的措施以后，一些崇信本教的大臣们向他发牢骚时提到："尚伦们为了完成国王的命令，每年让属民按期将差税献给出家人"以及"以后让庶民直接向出家僧人缴纳赋税，承担差役，我等没有必

---

① 王尧、陈践译注：《敦煌吐蕃文献选》，第 47 页，成都，四川民族出版社，1983。
② 同上书，第 38 页。
③ 拔塞囊：《拔协》，佟锦华、黄布凡译注，第 64 页。
④ 巴卧·祖拉陈哇：《〈贤者喜宴〉摘译（十）》，黄颢译注，《西藏民族学院学报》1983 年第 1 期。

要征集。"①所以,《贤者喜宴》中提到的贵族很可能是寺属土地赋税缴纳的督管者。前面提到的新疆出土的吐蕃简牍中也有"现寺属民户官长,应由寺属民户之僧众……"的残句,这非常可能是寺院希望由僧人亲任属民长官的一个请求。因此,西藏的僧侣集团虽然在后来变成了三大特权阶层之一,但在前弘期,他们与土地、属民的完全结合并没有形成。

---

① 恰白·次旦平措等著:《西藏通史(上)》,陈庆英等译,第190—191页。

第二章 五代十国时期佛教的发展

唐王朝覆亡后,从公元 907—959 年,凡五十余年间,经历后梁、后唐、后晋、后汉、后周五个朝代,史称五代时期。此时的中国,南北分裂,北方是五代更迭,南方则先有前蜀、吴、吴越、闽、南汉,继有荆南(又称南平)、楚、后蜀、南唐诸国。在历史上,则通常连同北方在后周时割据独立的北汉,合称十国。本章将叙述这一时期佛教的发展情况。

第一节 五代十国时期的社会与佛教

五代十国时期的中国佛教(或简称五代佛教),是隋唐佛教与宋代佛教之间的过渡阶段。区域佛教的持续发展,成为这一时期中国化佛教演进与变迁的重要表现。区域佛教的形成,意味着中国佛教多中心格局的逐渐确立。伴随着王室政局的动荡,隋唐以西京长安、东都洛阳为中心地区的佛教文化地理经历了逐渐变迁的过程,并在唐末五代时期表现得特别典型,最终确立了南唐金陵、吴越杭州、闽地福州等江南佛教文化中心,以及西南以蜀地佛教为中心的历史格局。

唐末五代的佛教分布,从其宗派来说,大致以禅宗为主体,于西南则扩展到巴蜀黔滇,于中南则有荆楚湘粤,于东南则有吴越闽赣。五代时期,中国佛教文化多中心的区域性特征,固然是由当时的行政格局、社会经济发展水平所决定的,但也有着地域文化因素的重要影响。因此,五代十国时期的中国区域佛教发展呈现出复杂的变迁形态,既有行政格局的主导作用,更有地域文化的影响因素。在此过程中,既有传统的佛教文化区域继续发挥影响,如北方地区的五台山佛教、江南地区的天台山佛教,更有新兴并迅速崛起的佛教文化区域,如巴蜀佛教、闽地佛教及在南中国开展的岭南佛教等。与此同时,佛教多中心地域的逐渐形成,对于后世中国文化形态的多区域发展,同样起着较大作用。

五代佛教的总体趋势,具体体现为王室官府普遍崇信佛教与广大民众对佛教的广泛信仰同时并进,在佛教诸宗派的发展上看,则表现出禅宗一枝独盛下其他诸宗派的相对式微。

王室官府普遍崇信佛教,主要表现于官府行香仪式的普遍盛行。对于官府到寺院行香,唐末朝廷虽有明令严禁,却收效不大。特别是国忌行香,更是五代诸王国所通行的共同活动,充分表达了参与佛寺活动的官方立场。如赞宁《僧史略》卷下记称,后晋、后汉、后周诸帝的生日,都曾举行百僧斋。广顺元年(951)五月,后周太祖追祭祖考,宰臣百官皆赴佛寺行香。

至于民众佛教的广泛流行,则表明佛教信仰与民俗文化的结合,导致俗信佛教的盛行,从而构成了五代佛教活动的一个显著特点。从唐末五代中国民众佛教的构成内容上看,则既包括观音、弥勒、文殊等菩萨信仰文化的流行,又包括民众围绕佛教信仰所展开的种种活动方式,特别是佛教结社。

这一时期,北方兵革时兴,社会秩序受到严重破坏,各割据政权出于充实国力的现实需要,往往对佛教实行严格的限制政策;南方各国虽有战乱,但社会比较安定,帝王大都热心护教,甚至利用佛教为各自小朝廷服务。比较而言,北方地区的佛教勉强维持,南方佛教则续有发展,其情况各不相同。随着帝王护教活动的影响,佛教文化重心自北向南渐移,并日益向民众渗透,进一步扩展其社会影响。

五代十国时期的佛教发展,突破了隋唐之前以中原、北方佛教为核心的存在格局,形成佛教多中心发展的趋势。中国佛教格局的多地域扩展,各竞其秀,既是五代佛教的基本样态,同时也对宋代佛教产生了较大影响。

唐末五代时期的北方佛教义学,整体上处于衰微状态。由于北方义学不主一宗,不似江南地区的义学复兴,或宗天台、或阐贤首,而是以疏通性相、精研大小乘经论的综合形式为主,更能体现并保持南北朝及隋唐时期佛教义学的研修风格。这种情形,也可以视为五代十国时期佛教多地域扩展的构成内容之一。

北地义学僧人经常讲习的佛教经论,包括有《法华经》、《涅槃经》、《仁王般若经》、《维摩诘经》、《弥勒上生经》等经典,以及《中观》、《唯识》、《俱舍》等论典,更视《百法明门论》、《因明正理论》为佛教义理的基础论典,敷讲普遍,讲述名家多出。如后梁彦晖(840—911),撰《百法论滑台钞》,后梁归屿撰《百法钞会要》,后唐虚受撰《俱舍疏钞》及《法华》、《百法》、《唯识义章》,后唐贞辩撰《上生经钞》,后唐可止撰《法华顿渐教义钞》,后周智江撰《百法瑞应钞》,北汉继伦撰《因明论演秘钞》、《法华经钞》等。后唐可周于乾宁四年(897)节《法华玄赞》为五卷《评经钞》,撰音训并解释道宣《法华经序》,弘传于浙江一带。皓端于杭州撰《金光明经随义释》,会通慈恩、天台两家宗要,而启发了天台内部异解的端绪。慈光悟恩(912—986)即曾从皓端听习经论,而后契入天台,著《玄义》、《文句》、《止观》、《金光明金錍》科总三十五帖,最终引发《金光明玄义》有关真心观的论难。

五代律学,继续保持中唐以来南山、相部、东塔三宗并行的格局。相对而言,在北方地区,东塔一系较为流行,著名的律师如贞峻(847—924),即在东京开宝律院为新章宗主。从乾化元年(913)以来,凡十年间,共计度僧尼三千余人。再如相国寺澄楚(889—959),亦为新章宗律主,后晋初年(936),诏入内道场,为皇宫妃主等落发受戒。据称,他一生临坛度僧尼八千余人。

至于江浙等南方地方,则以南山律为盛。律师元表原在长安西明参与法宝讲席,广明元年(880)来越州讲南山律钞,诸郡学人莫不趋集。其门人杭州景霄(?—927)著《简正记》二十卷。又有守言再传元解,后为南山宗正系。又法宝高足慧则(835—908)亦于广明中南来传律,其弟子希觉(864—948)著《集要记增辉录》(《集要记》为慧则之作)。其门下有赞宁(919—1001),为吴越僧统,同样是南山宗的有力宏传者。除南山律学之外,在吴越地区,还盛行菩萨戒之风。如从天台名僧羲寂受菩萨者,多达十万人之数,可见其盛。

经藏为佛教之本。五代时,佛教界写经阅藏之风虽然盛行,但南北所写经藏,其依据各有所本,同样体现南北差异。大致而言,北方僧人多依据《贞元录》入藏经,较《开元录》入藏者多出三百余卷。南方僧人则常依《开元录》写经。

在实际写经活动中,南北僧人皆有所增益,从而扩大了经藏的收录内容。南唐升元二年(938),李通玄所撰《华严经论》四十卷入藏。保大三年(945),僧恒安又从关右写到《贞元录》续入藏经,连同《千钵曼殊室利经》十卷,《一切经源品次录》三十卷,共三百七十三卷,编成《续贞元释教录》。

此外,与写经相关的佛教音义之作,亦相继有述。如汉中沙门可洪,自后唐长兴二年(931)到后晋天福五年(940),以十年之功,撰成《大藏经音义随函录》三十卷,订正了玄应、厚师(西川)、谦师(浙右)、郭迻(河东)诸家旧作的错误。再如行瑫(895—956)撰《大藏经音疏》五百余卷,几乎等于疏解一部大藏音义。此书曾风行两浙,后世散佚,仅见日本存有第三百零七卷写本一卷。

阅藏是佛教僧人修学的基本项目。研阅大藏,五代时不乏其人。当时讲家大德,往往遍览全藏。如后唐贞海阅藏两遍,三十余年间,讲《法华经》三十七遍。后汉从隐阅藏一遍,精通《弥陀》、《中观》、《百法》等经论。后周智佺阅藏三遍,主讲《百法论》。南唐文辇,虽以习禅为主,亦览大藏三遍。后周义楚,精于《俱舍》,讲《圆晖疏》十余遍,也阅藏三过,并纂成类书《释氏六帖》二十四卷,今犹存于世。

在五代战乱频仍之际,在佛教修行与寺院生活中,与丛林佛教的展开相并存,则有大量游方散僧的活动。五代行忏,盛行一时。

在佛教建筑及佛教艺术方面,五代时期的发展,远不及前代之盛,但仍出现一些新气象。较具代表性者有罗汉塑像和画像在江南的流行一时。如杭州雷峰塔有金铜十六罗汉像,烟霞洞有十六罗汉像,皆吴越时造。在僧俗间产生了一些画罗汉的名家,如后梁的李罗汉、后蜀贯休(禅月大师)等。特别典型的是,后梁明州奉化契此,俗称"布袋和尚",被视为弥勒化身,江浙间多有信者,并图画其像。五代南方佛塔修建,在材质上以砖石取代木材,加强安全性,在结构形式上附加雕刻,别具特色。如闽国在福州修造的崇妙保圣塔、吴越国在杭州修造的保俶塔、南唐时在金陵所改建的栖霞寺舍利塔及在苏州修造的虎丘云岩寺塔等,都是不可多得的佛教建筑样式。

第二节 五代北方佛教及周世宗灭佛运动

在北方地区,从后梁到后汉,各代对于佛教多因袭唐代旧规。如例行诞节诣寺行香、斋僧、僧道对论、赐紫衣师号、度僧等事,但对僧尼的管理,相对来说则比较严格。佛、道两教的最高行政管理机构为祠部(后梁),后唐则开设功德使,作为管理宗教事务的行政机构。在僧尼人口的控制方面,一向禁止私自度僧,后梁龙德元年(921)即再申明令,愿出家者须入京师比试经业。后唐、后晋也同此限制,并禁止新建寺院。在社会秩序及其教化上,佛教活动由祠部等机构负责行政管理。包括佛教在内的宗教势力,都表现出对于现实政治权力的依附性,从而较大地制约了佛教的自主发展。加之唐末五代相沿成袭的藩镇割据,属地佛教的发展,各竞其风,区域性特征颇为明显。

唐末五代的中国佛教格局,虽然仍表现为禅法一支独大,但由中唐时期的南北禅门分立,演进为诸家竞起,衍成宗门五家。"北有赵州,南有雪峰",时人所称,其来有自。天台、华严、唯识、净土、律宗及密教,皆有其余绪。但与禅宗相比之下,这些佛教宗派在当时的影响则相对有限。

所谓"北有赵州",即指唐末北方地区最具影响力的赵州从谂禅师。赵州圆寂于唐昭宗乾宁四年(897),寿高一百二十岁,其所开创的禅法世系,时称"赵州禅"。

神秀北宗为主导的中原地区,由于唐武宗的毁佛、愈演愈烈的藩镇割据及唐末黄巢的流寇冲击,丧失了朝廷的资助,影响力急剧萎缩。与此同时,江西、湖南、四川、浙江等地禅系迅速崛起,或北上渗透,或东西扩展,成为当时禅法修学的主流。其中,赵州禅风的兴盛,正是江西禅系(洪州禅)北上渗透的产物,对后世北方禅宗的兴盛,产生了重要影响。

从谂(787—897)为河北曹州人,于本州龙兴寺出家,受戒于嵩山琉璃坛。此后,南下求法于江西禅系的南泉普愿,颇受南泉器重,示之以"平常心是道",诫之以"拟向即乖",阐之以"道不属知,不属不知。知是妄觉,不知是无记。若真达不疑之地,犹如太虚廓然虚豁,岂可强是非耶?"据《景德传灯录》载,普愿门下有弟子十七人,其中十三人有《语录》行世,最著名者即为赵州从谂禅师。

赵州周旋于南泉之门,凡二十年。其后,又遍历诸方。"赵州八十犹行脚",这是中国禅史记载的著名事件,赵州禅师本人则因此而成为闻名遐迩的一代禅僧。赵州行脚的结果,终于因众请住赵州(河北赵县)观音院。此后四十年,赵州从谂一直住持观音院。

赵州禅法明确坚持"平常心即是道","平常心"即是道心,更是修行心。这是透达般若无相智慧的真心,所谓"一心不生,万法无咎",或者是"心若无异,万境一如"。赵州说法,通俗易晓,在时人及后世皆广为流传,成为自悟自心的重要资粮。如对"祖师西来意"的答复"亭前柏树子",成为"赵州柏树子"的典型公案。再如《五灯会元》所载"狗子无佛性"的话头,同样如此。一时间,赵州玄言,遍行天下,推为宗门妙唱。

赵州禅是经历会昌法难事件后禅宗大兴于北方的宗门代表。会昌法难之后,宗门得以迅速复兴,表明其禅法的较强适应能力。除赵州禅法盛行弘传外,临济义玄门下在北方佛教亦具有一定影响。

五代时期,北方佛教所受到的外力影响较大,因此其波动程度甚于南方地区。此外,北方佛教除禅宗的影响独显其优势外,不同于南方佛教禅教并兴,且广泛渗透于民众日常生活之中。

中国佛教史上向有"三武一宗"的破佛或禁毁佛教事件。"一宗"即指后周世宗柴荣。柴荣的后周政权是五代最后一个地方军阀割据势力。周世宗的破佛或禁佛活动,持续时间虽然不长,但规模较广,影响不小。自唐末至五代十国时期的藩镇割据、军阀混战,使维持佛教存续发展的三大因素,即寺院建设、僧人活动与经藏刊刻等活动,都不同程度地受到冲击。特别是会昌五年(845)毁佛事件之后,更使北方佛教遭到沉重打击,陷入佛教暗淡的沉寂状态。

当时的地方政权往往出于对社会经济、政治立场的考虑而申明其佛教政策。如明宗天成元年(926),对佛教采取保护与限制并举的政策。尝诏令天下,对于寺院修建及僧人出家,作出明确规定,称:"应今日已前修盖得寺院,无令毁废。自此以后,不得辄有建造。如要愿在僧门,并须官坛受戒,不得衷私剃度。"①翌年,更诏令天下,除并无名额寺院,以行政手段整肃佛僧混滥情形。后周太祖郭威(904—954),曾诏令废除都城开封寺院五十八所。而后周世宗继之推行佛教肃正政策,则对于五代时期的北方佛教格局产生了更为直接的冲击性影响。

欧阳修在《新五代史》中评论称:"世宗区区五六年间,取秦陇,平淮右,复三关,威武之声,震慑夷夏。而方内延儒学文章之士,考制度,修通

---

① 薛居正等:《旧五代史》卷三七,《唐书·明宗纪第三》,第513页。

礼,定正乐,议刑统,其制作之法,皆可施于后世。"周世宗博得"雄杰"、"贤主"之誉①,与其对佛教采取强制策略有较大关系。

显德元年(954),后周世宗柴荣(921—959)即位。在其即位的短短六年间(954—959),推行了税制、政制、刑政、乐制等领域的诸多改革。周世宗与后唐明宗,并称为五代"名君",即位第二年,"废天下佛寺三千三百六十。是时,中国乏钱,乃诏悉毁天下铜像以铸钱。尝曰:'吾闻佛说以身世为妄,而以利人为急,使其真身尚在,苟利于世,犹欲割截,况此铜像,岂其所惜哉?'"②《旧五代史》卷一一五《周书·世宗本纪二》对于此诏令则有更详尽的记载:

> 释氏贞宗,圣人妙道,助世劝善,其利甚优。前代以来,累有条贯,近年以降,颇紊规绳。近览诸州奏闻,继有缁徒犯法,盖无科禁,遂至尤违,私度僧尼,日增猥杂,创修寺院,渐至繁多。乡村之中,其弊转甚。漏网背军之辈,苟剃削以逃刑。行奸为盗之徒,托住持而隐恶。将隆教法,须辨否臧,宜举旧章,用革前弊。

> 诸道州府县镇村坊,应有敕额寺院,一切仍旧,其无敕额者,并仰停废,所有功德佛像及僧尼,并腾并于合留寺院内安置。天下诸县城郭内,若无敕额寺院,只于合停废寺院内,选功德屋宇最多者,或寺院僧尼各留一所,若无尼住,只留僧寺院一所。诸军镇坊郭及二百户以上者,亦依诸县例指挥。如边远州郡无敕额寺院处,于停废寺院内,僧尼各留两所,今后并不得创造寺院、兰若。王公戚里诸道节刺已下,今后不得奏请创造寺院及请开置戒坛。男子女子若有志愿出家者,并取父母、祖父母处分,已孤者取同居伯叔兄处分,候听许方得出家。男年十五以上,念得经文一百纸,或读得经文五百纸,女年十三以上,念得经文七十纸,或读得经文三百纸者,经本府

---

① 参见欧阳修:《新五代史》卷一二《周世宗恭帝本纪》,第 125 页。
② 欧阳修:《新五代史》卷一二《周世宗恭帝本纪》,第 125—126 页。

陈状乞剃头，委录事参军本判官试验经文。其未剃头间，须留发髻，如有私剃头者，却勒还俗，其本师主决重杖勒还俗，仍配役三年。两京、大名府、京兆府、青州各处置戒坛，候受戒时，两京委祠部差官引试。其大名府等三处，只委本判官、录事、参军引试。如有私受戒者，其本人、师主、临坛三纲、知事僧尼，并同私剃头例科罪。应合剃头受戒人等，逐处奏闻，候敕下，委祠部给付凭由，方得剃头受戒。应男女有父母、祖父母在，别无儿息侍养，不听出家。曾有罪犯，遭官司刑责之人，及弃背父母、逃亡奴婢、奸人细作、恶逆徒党、山林亡命、未获贼徒、负罪潜窜人等，并不得出家剃头。如有寺院辄容受者，其本人及师主三纲、知事僧尼、邻房同住僧，并仰收捉禁勘，申奏取裁。

僧尼俗士，自前多有舍身、烧臂、炼指、钉截手足、带铃挂灯，诸般毁坏身体、戏弄道具、符禁左道、妄称变现、还魂坐化、圣水圣灯妖幻之类者，皆是聚众眩惑流俗，今后一切止绝。如有此色人，仰所在严断，递配边远，仍勒归俗。其所犯罪重者，准格律处分。每年造僧帐两本，其一本奏闻，一本申祠部。逐年四月十五日后，勒诸县取索管界寺院僧尼数目申州。州司攒帐，至五月终以前文帐到京。僧尼籍帐内无名者，并勒还俗。其巡礼行脚、出入往来，一切取便。①

据上所述，后周世宗的禁佛诏令，针对当时僧制紊乱的情形，制定了大约十四条禁约，其内容涉及面颇广，旨在通过行政法令的形式，有效限制唐代以来北方佛教的繁杂状况。这些条令，通过削减佛教寺院，加强僧尼管理，强化佛教统制，登录僧尼总数等方式，整肃后周境内的佛教秩序。②

---

① 薛居正等：《旧五代史》卷一一五《周书·世宗本纪二》，第 1529—1532 页。
② 《五代会要》卷一六载为 33 600 所，《新五代史》为 3 336 所，《资治通鉴》卷二九二为 30 336 所。《五代会要》载僧 42 444 人，尼 18 756 人。《唐六典》卷四载天下寺院为 5 358 所，其中僧所 3 245 所，尼所 2 113。故史籍所载当时后周世宗废天下寺院三万余所，尚存疑问。《新五代史》、《佛祖统纪》卷四二及《五代宗教史研究》之《论考篇》，第 180 页。

其结果,"是岁,诸道供到帐籍所存寺院凡二千六百九十四所,废寺院凡三万三百三十六,僧尼系籍者六万一千二百人"①。

这些针对佛教的行政取缔措施,显然是对唐代朝廷崇佛之举的一种反动。不过,后来政令渐弛,寺僧仍归浮滥,并直接影响到国家急需的赋税、兵役。至后周世宗显德二年(955)更对佛教予以沙汰。诏令凡未经国家颁给寺额的寺院,基本上一律废除,仅在原无敕额寺院的地方许留一两所。又禁止私度,出家必须通过严格的读经试验,并禁令当时流行的烧身、炼指等眩惑世俗、残害肢体的行为。这一措施的结果是,后周境内的佛教寺院废除过半。因废寺院还连带将民间保存的铜制佛像全数没收,用来铸钱,以充实国家的经济。这对佛教本身来说,澄清了一切僧行紊乱的现象,使佛教弘法秩序得到一定程度的整顿。但经世宗破佛整肃措施的挫折,客观上使北方佛教更显衰落,加重了唐末五代战乱对佛教摧残的后果。

《佛祖统纪》还具体记载了显德二年(955),诏令禁佛的若干经过:"自今不许私度僧尼,及亲无侍养者不许出家。无敕寺舍,并须停废。九月,以久不铸钱,敕令除县官法物军器寺观钟磬钹铎之类听留外,自余民间铜器佛像,五十日内,悉令输官给其直。过期不输,五斤以上,其罪死……是岁,废寺三千三百三十六所,以所毁像铸周通钱。帝既并省寺院,敕男年十五已上,诵经百纸或读五百纸。女年十三已上,诵经七十纸。或读三百纸,陈状出家。本郡考试以闻,词部给牒,方得剃度。"②

总体来说,周世宗所强制推行的禁佛运动,各地执行情况并不平衡。《五代史记注》卷六六《楚世家周行逢》称:"尤崇信释氏,常设大会斋,缁徒毕集,行逢遍拜之。捧楹执帨,亲侍湔洗。因谓左右曰:吾杀人多矣,不假佛力,何以解其冤报乎?"此外,《三楚新录》记载:"(其子保权)及末

---

① 薛居正等:《旧五代史》卷一一五《周书·世宗本纪二》,第1531页。
② 志磐:《佛祖统纪》卷四二,《大正藏》第49卷,第392页中。

年,酷信释氏,每一岁之间,设大会斋者四季,无非破耗国用,仍度僧建寺,所在不辍。因暇复召群僧于府中讲唱而已。"王公宰臣对佛教崇信、酷信,如《资治通鉴》卷二九三载,当时有僧仁及,为周行逢所信任,"军府事皆预之,亦加检校司空,聚数妻,出入导从如王公"。

在唐末五代的佛教修行活动中,不仅通过头陀苦行、朝圣巡礼等方式来表达其信仰,更导致一些修行者出现烧身、燃臂、炼指等眩惑世俗、残害肢体的极端形态。在上层或官方所进行的佛教活动中,唐代王公贵戚节日行香的惯习,在五代时仍在继续。当时,政治、经济、军事、文化等领域的诸多变动,地方军阀的自主保护政策,州县等地方官员在内的行香活动,引发了寺僧干预世务的行为,甚至直接参与军政大事,并使佛教徒对于神通、感应之类的圣迹表示更多的关注。而一般庶民则往往以轮回转生、因果报应等方式作为自己的信仰表达。唐末五代社会各界的佛教信仰修行生活,特别是对民间社会伦理的广泛渗透,既不同于宋代士大夫对于参禅问道和佛教义理的高度关注,亦有别于盛唐时代所重视的佛教文化建设及佛教宗派的创建。

在有关五代宋初的僧传中,佛教活动的神秘性格得到了更进一步的体现。神异甚至怪异的佛教行为,固然成为周世宗禁佛的现实理由,然而,在五代时期,社会各界或祈福,或忏业,对于五代乱世之时,显然有着相当广泛的社会影响。

特别是对于王公大族及普通庶民的佛教崇信活动,在当时流传的传奇、话本、民间传说及更正式的历史文献中,记载颇多。这种情形的频繁出现,反映了佛教界教僧(类似后世的应赴僧、瑜伽僧)与学僧(或讲僧)的进一步分野,致使宋代佛教政策作出相应的制度调整,推行以修德崇教的文化策略。

第三节　南唐佛教与江南法眼禅系的兴盛

五代时期的南方佛教以南唐、吴越、闽国、蜀国、南汉等国为代表。

南唐(923—976)是以金陵为中心的南方"十国"割据政权之一。南唐地跨江淮平原,境内既富盐、茶之利,又盛产稻米桑麻,气候环境理想,水路交通发达。在南方诸国中,南唐地辖江南富庶之地,疆域最为广阔。"其地东暨衢、婺,南及五岭,西至湘湖,北据长淮,凡三十余州,广袤数千里,尽为其所有。近代僭窃之地,最为强盛。"①

自中唐以来,随着中国经济中心的进一步南移,江南社会文化取得较大发展。南唐建都金陵后,"地大力强,人材众多,且据长江之险,隐然大邦"②。在建朝之初,南唐一方面通过整治吏治、轻徭薄赋、休养生息、发展生产,另一方面兴科举,建学校,延揽南北人才,一时间文物称盛,"俊杰通儒,不远千里而家至户到"③。

与此相顺应,江南地区的佛教活动同样蓬勃展开。南唐所辖江苏、江西、福建、浙江及湖南等地,皆成为南唐佛教文化兴盛的主要地区。而北方与南唐几乎同时建朝的后晋政权,则面临契丹势力的强大压力,使佛教的发展严重受挫,益显当时佛教活动中心的南移现象。

与历史上其他时期一样,南唐的佛教政策,往往受到王室朝臣的导向性影响。南唐先主李昪以唐朝后裔自居,佛道兼崇。他尝向聂师道的弟子王栖霞问为政之道,晚年更向道士寻取长生不老之术。南唐谭峭撰有《化书》,成为五代十国时期最重要的道教著作之一。

南唐佛教的兴盛,主要表现在兴修庙宇、广招佛徒、表荐名僧、佛教仪式的社会化等方面。当时兴修的庙宇有同光三年(925)的钱塘孤山所建智果寺,金陵石头城所建清凉寺。广招佛徒,以开放度僧为典型。表荐名僧,是增强佛法教化影响的重要途径。南唐表荐名僧,赐号赏紫,不乏其人。如天成三年(928),召两街僧道,谈经于崇元殿,百官行香修斋于相国寺赐紫衣师号者达六十人。天福四年(939),僧尼赐紫衣师号者,

---

① 宋初薛居正语,引见《旧五代史》卷一三四《僭伪列传一·李璟传》,第1787页。
② 陆游:《南唐书》卷二,《中国野史集成》第4册,成都,巴蜀书社,1993。
③ 刘崇远:《金华子杂编》卷上。《元宗本纪第二》,第625页下。

更达一百零五人,寺宇赐名额者二十三座。①

至于佛教仪式的社会化,则体现为祈雨、祈雪等佛事活动普遍盛行。兴建金光明道场、消灾道场、看经道场诸事,在文献记载中,时有所见。其中,佛教仪式的社会化表现,最具典型意义的是官方"行香"活动。据《五代史注》引《西溪丛话》所述:"行香起于后魏及江左齐梁间。每燃香薰手,或以香末散行,谓之行香。唐初因之。文宗朝崔蠡奏,设斋行香,事无经据,乃罢。宣宗复释教,行其仪。朱梁开国,大明节,百官行香祝寿。石晋天福中,窦正固奏,国忌行香,宰臣跪炉,百官立班,仍饭僧数百,即为规式。国朝至今因之。"行香仪式在五代时期的社会化过程,往往伴之以官府朝臣饭僧供养,这成为佛教社会地位及其影响力的一大表征,造就了许多佛教名僧。如洛京福先寺道丕(899—955),庄宗赐署"广智","凡内建香坛,应制谈论,多居元席"。②

李先主佛、道兼崇,奠定了南唐佛教稳定发展的社会基础。南唐后主李煜统治时期,"宫中造佛寺十余,出余钱募民及道士为僧,都城至万僧,悉取给县官"③。宫寺与官僧的大量出现,成为南唐佞佛的典型表征。

南唐君臣之好佛,尤以后主李煜为最。李煜虽长于填词,但荒于政事,沉湎于酒色之中;又崇信佛教,造塔建寺,帑藏为之空虚。宫中造寺十余,城内建塔寺几满,都下供僧逾万。且广出金钱募民为僧,有道士为僧者予以二金。据称,当都城被宋兵围困之时,李煜尚于净室听沙门讲《楞严经》、《圆觉经》。对此,陆游《南唐书》对南唐佞佛之情形,有着文学化的描述:

> 南唐偏国短世,无大淫虐,徒以浸衰而亡,要其最可为后世鉴者,酷好浮屠也。初,烈祖辅吴,吴都广陵。而烈祖居建业,大筑其居,穷极土木之功。既成,用浮屠说……烈祖殂,及元宗、后主之世,

---

① 参见《册府元龟》卷五二。
② 赞宁:《宋高僧传》卷一七,《大正藏》第50卷,第819页上。
③ 欧阳修:《新五代史》卷一二《周本纪》,第119页。

> 好之遂笃。幸臣徐游,专主斋祠事,群臣和附,惟恐居后。宫中造佛寺十余,出金钱,募民及道士为僧,都城至万僧,悉取给县官。后主退朝,与后顶僧伽帽,服袈裟,课诵佛经;胡跪稽颡,至为瘤赘。手常屈指作佛印。僧尼犯奸淫狱成,后主每曰:此等毁戒,本图婚嫁,若冠笄之,是中其所欲。命礼佛百而舍之。奏死刑日,适遇其斋,则于宫中佛前燃灯,以达旦为验,谓之命灯;未旦而灭,则论如律……金陵受围,后主召小长老求助,对曰:北兵虽强,岂能当我佛力?登城一麾,围城之师为小却。后主真以为佛力,合掌叹异,厚赐之。城下军民,皆诵救苦菩萨,声如江涛。未几,梯冲环城,矢石乱下如雨。[①]

上述记载,颇见南唐君臣佞佛的浅薄之处。

当然,君臣好佛之浅薄,只是南唐佛教诸多面相之一。其实,南唐佛教的兴盛与发展,更表现了南唐为保存大量文化财富所作的努力。据记载,宋朝官方所收藏的图书中三分之一来自南唐。南唐为宋代结束战乱后致力于文献兴邦提供了丰富的资源。在佛教文献方面,南唐泉州招庆寺释静、释筠共同编撰的《祖堂集》二十卷,是我国现存最早的一部禅宗史料综集。本书的两位编撰者为雪峰义存的三传弟子,因此书中收录雪峰义存一系禅师的语录甚多,也是南宗禅在江南流传的重要历史文献。大约成书于南唐保大十年(952)。在《祖堂集》面世五十年后,《景德传灯录》才编集完成。

就南唐佛教的僧人活动而言,一时著称者有漳州罗汉桂琛及其门下。

福建漳州罗汉院桂琛(867—928,故称罗汉桂琛),浙江常山人,俗姓李。随本邑万岁寺无相披剃,登戒得法于玄沙玄备。后漳州牧王公请住城西石山地藏十余年,迁止罗汉院。援法眼文益。至是天成三年入寂,寿六十二。敕谥"真应禅师"。

[①] 陆游:《南唐书》卷一八《浮屠列传第十五》,《中国野史集成》第4册,第682页。

唐代江西、湖南为禅宗兴盛之地，五代时由于其地理位置的独特性，成为四战之地，禅宗传法受到一定的冲击。而政局相对安宁的福建，因为地方政权对佛法的一贯崇信，则成为禅宗传法的中心地区。赣僧入闽、浙僧入闽，在当时习以为常，导致了闽地禅佛教的大盛于世。

桂琛所传玄沙师备的禅旨，经其再传弟子的弘唱，以及当权者的热心护持，在南唐、吴越等江南地区得到较大发展，逐渐成为五代末期在江浙一带影响最广的一支禅系，即法眼宗禅派。

桂琛的嗣法弟子，宋代道原所纂的《景德传灯录》录有七人，即金陵清凉文益禅师、襄州清溪洪进禅师、金陵清凉休复禅师、抚州龙济绍修禅师、杭州天龙寺秀禅师、潞州延庆传殷禅师和衡岳南台守安禅师。这七位嗣法弟子，主要分布在江苏、江西、浙江、湖南等江南之地。其中，最著名者当推上首弟子文益禅师。

文益(885—958)，俗姓鲁，浙江余杭(今杭州)人。七岁时，依新定智通院全伟禅落发，后禀具戒于越州(今浙江绍兴)开元寺，时律匠希觉盛化于明州(今宁波)鄞山育王寺，文益前往听习，"究毘尼，探儒典"。南唐元宗迎住于金陵报恩禅院，署号"净慧禅师"。后迁任清凉寺，大阐法化。《金陵清凉院文益禅师语录》一卷行世。死后谥"法眼禅师"，再谥"大智藏禅师"，史称"净慧法眼禅师"，为后世法眼宗的实际创立者。

文益"傍探儒典，游文雅之场"，尝被视为孔门之子游、子夏，可见其文才。传称文益"三处法集，及著偈颂、真赞、铭记、诠注等，凡数十万言，学者缮写，传布天下"[①]。现存有径山沙门语风圆信、郭凝之编集的《金陵清凉院文益禅师语录》一卷。此外，尚有《宗门十规论》一卷、《大法眼禅师颂十四首》等。

在《宗门十规论》自叙中，文益清楚地呈明了此作的针对性："文益幼脱繁笼，长闻法要，历参知识，垂三十年。而况祖派瀚漫，南方最盛。于

---

① 道原：《景德传灯录》卷二四，《大正藏》第51卷，第4页上。

焉达者,罕得其人。然虽理在顿明,事须渐证。门庭建化,固有多方。接物利生,其归一揆。苟或未经教论,难破识情。驱正见于邪途,汨异端于大义,误斯后进,枉入轮回。文益中测颇深,力排匪逮。拒辙之心徒壮,鼹河之智无堪。于无言中强显其言,向无法中强存其法。宗门指病,简辩十条。用诠诸妄之言,以救一时之弊。"①

在《宗门十规论》中,文益列举了当时南方禅林日常修学存在的十种禅弊,如"自己心地未明,妄为人师";"党护门风,不通议论";"举令提纲,不知血脉";"对答不观时节,兼无宗眼";"理事相违,不分触净";"不经淘汰,臆断古今言句";"记持露布临时不解妙用";"不通教典,乱有引证";"不关声律,不达理道,好作歌颂";"护己之短,好争胜负"等。

文益在《宗门十规论》中,历述唐代禅宗"分门别派,山头众多,相沿成习"。惠能、神秀,虽同一祖,但见解有差别,世称南宗禅、北宗禅。惠能而下,行思、怀让,绍化一方,希迁、马祖,遂别洪州、石头二枝。从此而下,各分派列,皆镇一方。逮及近世,德山、林际、沩仰、曹洞、雪峰、云门等,各有门庭施设,子孙相继,护宗党祖,矛盾相攻,缁白不辨,是非锋起,人我山高。

论禅法的多样化及其弊端,则称"至于举令提纲,不知血脉,则称举唱宗乘,提纲法要。若不知血脉,皆是妄称异端……曹洞宗风,以敲唱为用;临济禅法,以互换为机。韶阳接人,则函盖截流;沩仰应化,则方圆默契。皆如谷应韵,似关合符。虽有规仪差别,皆无碍融会。近代宗师失据,学者无稽。用人我以争锋,取生灭为所得,接物之心安在,破邪之智蔑闻,棒喝乱施"。

《十规论》辨析当时丛林禅弊的一些成因,其中有"理事相违不分触净",指出"大凡祖佛之宗,具理具事。事依理立,理假事明。理事相资,还同目足。若有事而无理,则滞泥不通。若有理而无事,则汗漫无归。

---

① 《大正藏》第47卷,第36页中—下。

欲其不二,贵在圆融。且如曹洞家风,则有偏有正,有明有暗。临济有主有宾,有体有用……又如《法界观》具谈理事,断自色空。海性无边,摄在一毫之上。须弥至大,藏归一芥之中……不著它求,尽由心造。佛及众生,具平等故。苟或不知其旨,妄有谈论。致令触净不分,诡讹不辨。偏正滞于回互,体用混于自然。谓之一法不明,纤尘翳目,自病未能剿绝,他疾安可医治?"①

《十规论》针对"不经淘汰,臆断古今言句"的情形,强调参禅与教证的相关性,特别是抉择善知识以指路、亲禅侣以切磋。对于"不通教典,乱有引证"的现象,文益告诫说:"凡欲举扬宗乘,援引教法,须是先明佛意,次契祖心,然后可举而行,较量疏密。倘或不识义理,只当专守门风。如辄妄有引证,自取讥诮。"②

对于宗门不通声律、不达禅理却好作歌颂的风习,文益指出,宗门歌颂,格式多样,有短有长,谈古论今,或托事以伸机,或顺理以谈真,或逆事而矫俗,总归为阐扬一大事因缘,共赞诸佛三昧,以激昂后学,不可妄述。但在现实中,诸方宗匠,参学上流,以宗门歌颂为等闲之事,任情直吐,率意便成,同于俗语。可谓"呈丑拙以乱风,织弊讹而贻戚。无惑妄诞,以滋后羞"③。

唐末五代,丛林至盛,禅社甚多,聚众数百。其中虽不乏抱道之士,洁行之人,绍继祖席,兴建道场,朝请暮参,以续佛慧命,引道初机,然也充斥着沽邀声名、贪婪利养之辈,望风承嗣,窃位住持,护己之短,毁人之长,"以讦露为慈悲,以佚滥为德行。破佛禁戒,弃僧威仪。返凌铄于二乘,倒排斥于三学"。更有甚者,行不捡大节,自诩达人,"假如来之法服,盗国王之恩威,口谈解脱之因,心弄鬼神之事",败坏宗风。

文益《宗门十规论》是阐释唐代五代宗门分派、对治禅病的一部专

---

① 《大正藏》第47卷,第37页下。
② 同上书,第38页中。
③ 同上书,第38页下。

论,对于当时禅门所出现的种种流弊,颇显针砭,辨析得当,反映了五家禅法中最为晚出的法眼宗对禅风的关注与反思。

据称,文益在世时,法席高耸,多达五百余众。继文益之法者,尚有十数人为诸方导首。文益所开创的法眼一宗,多阐化于南唐、吴越,成为江南盛传的禅派。吴越境内的法眼禅系,以天台德韶为代表;南唐境内的法眼禅系,则以文遂禅师为代表。

文遂,生卒未详,俗姓陆,浙江杭州人。出家后,教禅并习,"尝究《首楞严经》十轴,甄分真妄、缘起、本末精博,于是节科注释文句交络"。完成后,呈至文益禅师。文益问,"《楞严》岂不是有八还义?"答曰:"是。"再问:"明还什么?"答曰:"明还日轮。"曰:"日还什么?"文遂懵然无对。净慧文益"诫令焚其所注之文",文遂自此服膺请益,始忘知解。①

文遂离开临川后,先往吉州(今江西吉安),住止观寺。宋乾德二年(964),南唐后主李煜请住金陵长庆寺,并相继住持清凉寺、报慈寺,署其号为"雷音觉海大导师",礼敬有加。

据《景德传灯录》卷二五、卷二六所载,大约与文遂同时或稍后在南唐都城金陵弘阐文益禅法者,还有金陵章义道钦禅师、金陵报恩匡逸禅师、金陵清凉泰钦禅师、金陵报恩玄则禅师、金陵报慈行言导师、金陵净德智筠禅师、金陵报恩法安禅师、金陵保安止和尚、金陵清凉休复禅师及其法嗣金陵奉先慧同禅师、苏州荐福绍明禅师等十余人。其中,最知名者为泰钦禅师。

泰钦(?—974),俗姓蒋,魏府(今属河北)人。从文益得法后,先住洪州幽谷山双林院,继住洪州上蓝护国院、金陵龙光院等,同样受南唐后主李煜的礼遇,最终得住清凉寺,故时称"金陵清凉泰钦禅师"。②

文益其他在金陵行化的弟子中,行言入主金陵报慈寺,署号为"玄觉

---

① 参见道原《景德传灯录》卷二五《金陵报慈文遂导师》,《大正藏》第51卷,第411页下。
② 参见道原《景德传灯录》卷二五《金陵清凉泰钦禅师》,《大正藏》第51卷,第411页下。

导师",鼎盛之时,听法者多达两千余众。智筠住持金陵净德寺,署号"达观禅师"。匡逸住持金陵报恩院,署号为"凝密禅师"。而高丽入华沙门慧炬,归国后,则更被尊为"国师",备享殊荣。

作为五家禅法之一,"法眼宗闻声悟道,见色明心。句里藏锋,言中有响。往往随顺器根,调停化法,亦犹相体裁衣,对病施药者耳"①。从禅法内容上看,文益及其门下所弘阐的法眼宗风,颇注重华严学与般若学的融会,成为唐末五代一家甚具代表性的禅法系统。其中,对古佛祖意、人天眼目、看话禅法等问题的辨析,更是为宋代禅风的全面推展,提供了必要的思考基础。五代禅法,已经出现禅净、禅律、禅教混融等趋势,并把中国地域佛教推向了一个新的发展阶段。

第四节 吴越地区的佛教

923年春,梁帝遣使册命吴越王钱镠为吴越国王。晋王李存勖即皇帝位于魏州牙城之南,国号大唐,改元同光。

五代时代的南方,虽出现各国割据的局面,如吴越、南汉、闽国等,但诸国之间大体相安,互不侵犯,有利于在各自境内实施一些改善民生的政策,使经济有所发展,社会基本安定。

在对待佛教方面,南方各国帝王多对佛教怀有浓厚信仰,特别是热心于佛寺兴建,如闽地在王氏家庭统治时,凡增建寺院二百六十七所,后改属吴越。在此后统治的二十七年间,又增建了二百二十一所寺院。到后周显德初大废天下佛寺,杭州寺院获存者仍达四百八十所,为吴越佛教的兴盛一时提供了必要的寺院基础,从而在短时间内聚拢大批出家僧人。

在度僧政策上,南方诸国,一直在度僧。闽地于后唐天成三年(928)度僧两万,自后闽僧日见增多,降至南唐,度僧仍极浮滥,金陵一地即有

---

① 惟则:《师子林天如和尚语录》卷九《宗乘要义》,《续藏经》第70册,第833页下。

数千人。

在推进建塔、造像、写经等兴教事业上,南方诸国同样堪称不遗余力。如闽王王曦于永隆三年(941)在福州乌石山麓建崇妙保圣塔,南汉王刘鋹于大宝十年(967)在广州造千佛铁塔。再如吴越王钱弘俶,于后周显德初年,效阿育王故事,铸造八万四千小铜塔,中纳《宝箧印陀罗尼经》印刷卷子,颁布境内,十年方竣。闽王王审知是大造佛像的典型,曾在后唐同光三年(925)冶铜铁三万斤来铸释迦、弥勒诸像。在写经方面,则有闽王室在后唐同光元年(923)写金银字藏经五藏等。

一、吴越佛教的繁盛

吴越(907—978)最先称王的是钱镠(852—932)。

钱镠,字具美,杭州临安人,谥武肃王。唐僖宗时,尝担任董昌偏将,以弩射死黄巢先锋,斩首数百,战功卓著,竟使巢部不敢犯临安。光启三年(887),董昌为都指挥使叛朝。镠以此奏闻昭宗。昭宗景福二年(893),出任镇海军节度使润州刺史。昭宗天复二年(902)封越,天祐元年(904)封吴王,进封天下兵马都元帅。至后梁开平元年(907),进封吴越王。后唐庄入洛,赐玉册金印,因称吴越王,立都杭州。此后,吴越国共历五世,凡七十二年间,其境内未受战乱之扰。宋太宗太平兴国三年(978),吴越国归顺北宋。

正如南唐金陵既是其行政中心,同时也是其佛教中心一样,吴越国立都杭州,使杭州成为江南佛教的另一中心。狭义上的吴越佛教,不妨说即是以杭州地区为新兴中心的佛教文化。而广义上的吴越佛教,则至少包括杭州、明州(今宁波)、台州三大中心。从此后宋明佛教的历史演进来看,金陵、杭州、明州成为江南佛教的三大中心都市。吴越佛教与南唐佛教一样,都重视佛教文献的搜集,关注佛法的社会教化功能,推进佛教与民俗社会的结合,从而促进了佛教知识的广泛普及,进一步巩固了江南佛教的历史地位,为宋代佛教的全面复兴奠定了基础,与北方长安、洛阳等传统佛教中心遥相呼应,真正实现了中国佛教弘化的多中心展开。

吴越佛教的兴盛一时,得缘于钱氏王室持续崇信佛教的政策导向。

武肃王钱镠,青年时代以信仰道教为主,经由兼奉佛、道,如与沈崧、皮光业、林鼎及闾邱方远、罗隐师徒等道士密相往来,①至晚年转为深信佛教。在具体崇佛措施上,钱镠晚年致力于在杭州修建寺院,特别是把五代节度使董昌故宅,重辟为开元寺。同时修复龙兴寺,开设戒坛,举行讲经活动。开元寺、龙兴寺皆为中唐朝廷敕赐匾额、举办全国性佛仪的官方寺院,两寺的修建及开放活动,具有明确的行政示范意义。在大兴寺院的同时,钱镠又广建寺塔,据称"寺塔之建,吴越武肃王倍于九国"②。

除大兴寺院、广建寺塔之外,延揽德识皆备的优异僧才,也是钱镠晚年崇信佛教的一大努力。

当时的僧才,不外乎三种类型,即渡江南下者、北上迁行者及浙籍本地僧。据文献记载:"僧侣者通于术数,居两浙,大为钱镠所礼,谓之国师。"③为了表达自己对佛法的崇信,开平四年(910),钱镠幼子令因出家为僧,赐紫衣,号"无相国师"。乾化元年(911),钱镠召沙门鸿楚于龙兴寺开度戒坛,并赐紫衣。乾化二年(912),杭州龙兴寺请沙门可周讲经,听讲者僧俗五百,钱镠复命其于天宝堂夜为"冥师"讲经。乾化三年(913),杭州瑞应幼璋禅师请钱镠每年于天台山建金光明道场,诸郡黑白大会,逾月而散。

钱镠兼容佛道的宗教政策,为吴越佛教的弘化扩展了广泛的活动空间。更重要的是,在对待佛教的具体导向上,由于无法强制推行定立一

---

① 钱镠与五代江南道士相往来及吴越道教的情形,参见[日]阿部肇一《中国禅宗史》第三章,第187—200页。
② 王昶:《金涂塔记》,《金石萃编》卷一一二。
③ 吴任臣:《十国春秋》卷八九,《文渊阁四库全书》史224册,台北,商务印书馆印行本。

宗,只能采取禅教兼举的现实方便,这就导致了不同宗派间开放辩论,自由发展。这种宽容开放的社会环境,对于吴越佛教的知识交流影响甚大,最终产生了永明延寿这样一流水准的佛教思想家,并为宋代佛教的全面复兴作了重要的理论准备。

钱镠的宗教政策,得到了后世钱氏诸王的继续推持。如文穆王钱元瓘继承钱镠的佛教政策,予高僧以优礼。比较典型的事件有,文穆王礼请禅僧雪峰义存的嗣法弟子道怤住持杭州天龙寺,其后又创龙册寺以居之,私署道怤为"顺德大师","吴越禅学,自此而兴"[1]。道怤原为越州人氏,出家于温州开元寺。后入闽随雪峰习禅。他是雪峰禅系北上弘化的禅僧代表。

吴越佛教至忠懿王钱弘俶(929—988)时,达到了鼎盛。

钱弘俶,被后世视为吴越钱氏诸王中的奉佛典型。"嗣位之初,凡两浙诸郡名山圣迹之处,皆赐金帛创建伽蓝。福州支提山乃天冠菩萨道场,王施七宝。铸天冠像一千身,仍创寺宇,宏丽甲于七闽焉。"[2]后周世宗显德二年(955)废佛之时,他曾制八万四千铜塔,中间封藏《宝箧印陀罗尼经》印刷卷子,颁布境内。其一生,在杭州等地兴建佛刹数以百计。

钱弘俶礼遇学僧,为数甚众,且不拘宗派所限。其中,最突出者有天台德韶、螺溪羲寂、永明延寿、僧统赞宁等一代名僧。天台德韶是清凉文益的法嗣。钱弘俶早年刺台州时,尝"延请问道"。钱弘俶即位之初,遣使迎请,"申弟子礼,尊为国师"。螺溪羲寂是天台学僧,钱弘俶为其在天台山建立螺溪道场。永明延寿为德韶法嗣,北宋建隆元年(960),钱弘俶礼请延寿先后住持重新扩建的灵隐寺及永明寺。钱弘俶推赞宁为两浙僧统,可谓慧眼识人。赞宁博学多识,著述甚丰,撰有《宋高僧传》、《僧史

---

[1] 参见赞宁:《宋高僧传》卷一三,《大正藏》第50卷,第787页上—中。
[2] 觉岸:《释氏稽古略》卷三,《大正藏》第49卷,第854页下。

录》等佛教史名著,影响独特。

吴越佛教是五代区域佛教发展的典型代表。与南唐佛教、闽国佛教、蜀地佛教及岭南佛教一样,从吴越佛教的展开中,可以充分看到王室对推进佛教活动的导向作用。吴越钱氏对佛教的理解并不见得有多少高明之处,但通过持续地资助佛教活动,却逐步奠定了江南佛教的中心地位,有效地改变了以北方佛教为中心的传统格局。

以吴越佛教为代表的江南佛教出现了一些新特点、新现象。首先,在佛教类型构成上,逐渐确立了山岳佛教(以天台山为中心)与都市佛教(以杭州、明州为中心)并行的形态。尽管山岳佛教与都市佛教相互补充,各竞其秀,但都市佛教的社会影响力却大有后来居上之势。其次,在佛教弘化形态上,禅教兼举,而以禅宗为主。在教门弘化上,则注重佛教文献的搜集与撰著。这种弘化格局,对宋代江南禅宗的盛传与义学的复振,产生了至关重要的影响。再次,在佛教弘化的社会效应上,开放佛教活动及其对民众生活的积极渗透,导致俗信佛教特别是菩萨信仰活动的趋盛,以至于出现了庶民佛教与王室佛教一时并兴的景象。所有这些,都表明五代佛教发展中所出现的一些新特点、新内容,并对宋代佛教的推展产生了直接而深刻的影响。其中,最具影响力的就是都市化佛教及菩萨信仰的兴盛。

吴越时期,其境内菩萨信仰日渐兴盛,蔚为大观,影响甚巨。观世音菩萨与文殊菩萨信仰在江南兴盛一时。其中,较典型的有杭州上天竺的观音异像。据《释氏稽古略》卷三载:"杭州上天竺僧道翊,一夕见山间光明,往视之得奇香木,命良工刻成观世音菩萨像。白光焕发,继以昼夜。汉高祖乾祐二年(949),有僧从勋者,以古佛舍利置菩萨毫相中,舍利时现冠顶。又庆元路(浙东道明州也)海中补怛洛伽山,乃菩萨示现之地。唐宣宗大中年间(847—860),西域天竺僧至洞中燔指祈祷,亲睹观世音菩萨妙相,与说法要,名迹始著。其后日本国僧慧锷者,自燕北五台山得菩萨画像,舍于山侧土人张氏。张奉之捐所居为观音院。昌国志云,梁贞明二年(916)始建寺也。"①

唐代所有各宗派,到了五代时,唯禅宗和天台宗因根据地在南方,弘法条件比较优越,因此迅速得以推展。由唐至宋,吴越地区禅宗的兴传,被学者区划为四个时期,即开拓期、伸张期、隆昌前期和隆昌后期。②

南方禅宗在唐末时,曹洞崛起,大振青原(行思)一系的宗风。同系德山门下的闽地禅僧雪峰义存(822—908)参学归来,构居福州西山的雪峰,唐末受到闽王王氏的优礼,十数年间,建寺造像,厚施养众。一时间,教化之盛,甲于天下,四方僧众趋集,冬夏常有千五百人。其门徒中又多杰出人才,如玄沙师备(835—908)、洞岩(越州)可休(874—940?)、鹅湖(信州)智孚、长庆(福州)惠棱、鼓山(福州)神宴,都得到闽王尊重,分灯化俗。其中玄沙从《楞严经》入道,识见尤属特别,化行尤广。继有罗汉(漳州)桂琛(867—928),曾参雪峰法会,但得旨于玄沙,门众推为上座,大弘玄沙之教,遍于全浙。

此外,雪峰义存另一门人云门(韶州)文偃(864—949)为南汉高祖所尊礼,教化很盛。其门下香林澄远(?—987)后更光大,衍成禅宗五家中最后一派——云门宗。此外,临济宗由兴化(魏府)存奖(830—888)、宝应(汝州)慧颙(?—952)相承;曹洞宗由洞山云居道膺一系同安道丕、同安观志相承;沩仰宗由仰山南塔光涌(850—938)一系相承;各弘化一方,与法眼、云门并行。中国化的禅家五宗,至此完全建立。

降及宋代建朝止,吴越国内的杭州、越州、婺州(今金华)、睦州(严州)、台州、湖州、嘉兴等地,皆兴建有雪峰弟子的寺院。如从福州传入杭州的较著名者有龙册道怤(868—937),兴建越州镜清禅院,继住杭州天龙寺。所有这些,都得益于吴越国所持续推行的佛教保护政策。

---

① 《释氏稽古略》卷三,《大正藏》第49卷,第853页上。
② 参见[日]铃木哲雄:《关于五代时期浙江禅宗之推移》,《禅文化研究所纪要》第六、七合并号(1976),第153页。

二、天台德韶与法眼禅系

据记载,法眼文益门下入室弟子,达四十三人,各导一方,知名者为智依、匡逸、文遂、行言、智筠、泰钦、慧济等人。其中,较著名的弟子有天台德韶(891—971),更被推尊为吴越国师。德韶门下则有永明延寿(904—975)沟通禅教,后著《宗镜录》一百卷,成为阐释佛教思想的著名大家。

德韶(890—971),浙江处州龙泉(今丽水市)人,俗姓陈。他十五岁出家,至本州龙归寺受业;十八岁,往信州开元寺受具足戒。后梁开平年间(907—911),诣投子山(今安徽潜山)谒微无学的法嗣大同禅师,为其发心参禅之始。后唐庄宗同光年间(923—926),仍参游诸方,谒洞山良价的弟子龙牙居遁禅师。其后,更参诣良价的另一位弟子疏山匡仁禅师。据称,德韶参禅求道期间,先后共参见了五十四位禅师大德,皆未契悟。最后前往江西抚州崇寿院谒法眼文益时,他已经倦于参问,但随众修禅而已。

某日,有僧在禅堂问法眼:如何是曹源一滴水?文益曰:是曹源一滴水。德韶于座侧闻之,豁然开悟,平生疑滞,涣然冰释。求印于法眼文益,颇得称许,并预记:"汝向后当为国王所师,致祖道光大。"①德韶尝有偈呈示文益:"通玄峰顶,不是人间。心外无法,满目青山。"据称,文益闻之,赞言"此一偈可起吾宗"。

离开江西后,德韶返回浙江,游天台山,参寻天台祖师智𫖮大量的遗踪,并在白沙创建寺院,传扬佛法,称"天台德韶",与天台智者同姓,时人谓之为智者后身再来,广为传颂。

吴越开运四年(947),时为王子的钱弘俶(忠懿王)正出任台州刺史,得闻德韶的大名,即遣人前往礼请,求法问道。德韶言之曰:"他日为霸

---

① 参见道原《景德传灯录》卷二五《天台山德韶国师》,《大正藏》第 51 卷,第 407 页中。另见惠洪:《禅林僧宝传》卷七、赞宁《宋高僧传》卷一三等。

主,无忘佛恩。"希望钱弘俶能够担当兴隆佛法的大任。

德韶身为金陵清凉文益禅师法嗣,在禅宗史上有承接曹溪真风之称,其禅法忠实于曹溪禅法中般若无相、无住、无念的正脉。《景德传灯录》卷二五《德韶传》记其上堂称:"祖师道:非风幡动,仁者心动,斯乃无上心印法门。我辈是祖师门下客,合作么生会祖师意?莫道风幡不动,汝心妄动。莫道不拨风幡,就风幡通取。莫道风幡动处是什么……如是解会,与祖师意旨有何交涉?……若于遮里彻底悟去,何法门而不明?百千诸佛方便,一时洞了,更有什么疑情?所以古人道,一了千明,一迷万惑……"①又称:"百千三昧门,百千神通门,百千妙用门,尽不出得般若海中。何以故?为于无住本建立诸法。所以道,生灭去来,邪正动静,千变万化,是诸佛大定门,无过于此。"②

《景德传灯录》还颇为详细地记载了德韶在般若寺开堂说法十二会的内容,阐扬般若、法身的妙旨。对于何为般若、何为法身的问题,德韶称:"若见般若,不名般若。不见般若,亦不名般若,般若且作么生说见不见?所以人道,若欠一法,不成法身。若剩一法,不成法身。若有一法,不成法身。若无一法,不成法身。此是般若之真宗。"③把慧能南宗禅的般若与法身相互圆通之义,落归于一心之参究。其颂曰:"暂下高峰已显扬,般若圆通遍十方。人天浩浩无差别,法界纵横处处彰。"④

自澄观、宗密以来,一心即法界,成为华严宗心性论与法界观统合的典型表述。天台德韶,是宗归禅法,但他同样主张,心清净,故法界清净,认为:"法界无边,心亦无际,无事不彰,无言不显。如是会得,唤作般若。"⑤天台德韶不仅力阐般若在参禅中的无上地位,更结合华严法界统观,强调理事圆融,为现实社会秩序提供佛法的应有支持。以"识心达本

---

① 参见道原《景德传灯录》卷二五《天台山德韶国师》,《大正藏》第51卷,第407页下。
② 道原:《景德传灯录》卷二五《天台山德韶国师》,《大正藏》第51卷,第409页中。
③④ 道原:《景德传灯录》卷二五,《大正藏》第51卷,第408页中。
⑤ 同上书,第409页下。

源"为沙门出家之本务。德韶认为,佛法现成,一切具足,参禅问道,既要注重和合共住,共相发明,更要令法久住,国土安乐。因此,在说法中,德韶每每宣称"国王万岁,人民安乐",更主张"天下太平,大王长寿,国土丰乐,无诸患难。此是佛语,古不易今,不迁一言,可以定古定今"。① 他以"臣僧"身份,深怀报恩之心,自觉地为吴越国的社会发展、民生安乐祈愿祝祷。他说:"国王恩难报,诸佛恩难报,父母师长恩难报,十方施主恩难报。况建置如是次第,佛法兴隆,若非国王恩力,焉得如此?若要报恩,应须明彻道眼,入般若性海始得。"②

天台德韶虽为法眼禅僧,但他自认与天台智者为"同姓",利用自己与吴越国王的特殊关系,积极投身于天台佛教的弘传活动中。

据《释门正统》卷二《羲寂传》记载,"初智者所说教迹,自安史挺乱以来。会昌籍没之后,当时硕德但握半珠,隐而不曜。所有法藏,多流海东。师痛念本折枝摧,力网罗之。先于金华古藏中,仅得《净名》一疏而已。后以钱忠懿王览内典,昧于教相,请扣韶国师。韶称师洞明台道,王召师建讲。遣使抵日本,求其遗逸……"③

当时天台宗僧羲寂(即螺溪法师),通过德韶的影响力,向吴越王奏议,遣使从新罗、日本回购散落已久的天台教典。吴越国王准其奏议,遣使十人赴日本,寻访天台教典,缮写备足,归国后安置于螺溪新建的定慧寺。同时,又向高丽派遣使者,将散佚的天台教籍,从高丽缮写回国,并吸引高丽天台学僧谛观法师携天台宗教典,抵开台螺溪。自此以后,天台教籍,再次得以完备,为宋代天台复振,提供了较好的文献准备。此外,德韶还为天台宗的十六位禅师请赐谥号,扩大了天台宗的影响。

宋太祖开宝五年(972)六月,天台德韶逝于莲华峰,享年八十二岁,僧腊六十五年。其嗣法弟子除永明延寿外,还有五云志逢、永安、道原等人。

---

① 道原:《景德传灯录》卷二五,《大正藏》第51卷,第409页下。
② 同上书,第409页中。
③ 《续藏经》第75册,第278页中—下。

德韶的这些嗣法弟子皆有撰著行世,如志逢撰《坐禅箴》,永安集成李通玄《新华严经合论》一百二十卷,道原则撰著名的《景德传灯录》三十卷。

《景德传灯录》以较大篇幅记述了文益、德韶、文遂等人行历及其传法情形。特别是卷二四记载了文益的传记及主要语录,而卷二五、卷二六则以"吉州青原山行思禅师第九世上、下"为题,记录了"金陵清凉文益禅师法嗣",共计六十三人。兹将与天台德韶同时或稍后时在吴越(以杭州为中心)弘传禅法的若干属于法眼系禅僧行历,略加记述。

报恩寺慧明禅师。慧明,俗姓蒋。幼年出家,三学精练,志探玄旨。南游于闽越之间,历诸禅会,莫契本心。后至临川,谒法眼文益,并嗣其法。不久,至鄞州(今浙江宁波)大梅山庵居。当时,在吴越国境内,禅学虽然盛行,但多以玄沙师备为正宗。极富辩论才能的慧明禅师,决心弘阐法眼之风。

其后,慧明迁居天台山白沙卓庵。据称,当时"他宗泛学来者,皆服膺矣"①。后汉乾祐年间(948—950),吴越忠懿王延入王府问法,命住资崇院。其时,慧明盛谈玄沙师备与地藏法眼的宗旨,引起了人们的关注,以至于吴越王命翠岩、令三等诸禅匠及地方名公,以定其胜负。宗门高下之争,时有所见。与慧明类似的,还有杭州永明寺道潜、灵隐上寺道耸等禅师,也都出现了类似的争论。这说明宗门中禅法竞争关系,在当时具有一定的普遍性。

天台德韶继法眼文益而起,禅教并弘,尤于华严义学颇多兴趣。德韶在临川疏山修学时,尝随尝作《四大等颂略》、《华严长者论》的光仁参禅。德韶门下,颇多博学多识之僧,先有杭州报恩光教寺永安禅师将李通玄《新华严经论》,与经文合并成一百二十卷,雕版印行,颁发天下。再有杭州五云山华严道场志逢,阐扬华严禅观。

据《景德传灯录》卷二六载,永安禅师(911—974),浙江温州永嘉人,

---

① 道原:《景德传灯录》卷二六,《大正藏》第50卷,第423页下。

俗姓翁。早年依本郡汇征大师出家。后唐天成（926—930）中，吴越忠懿王命汇征为僧正，永安随同赴杭州。但永安素不喜俗务，打算前往闽地参禅静修，后因路途阻艰，转往天台山，改投德韶国师门下，顿悟本心，得嗣其法。此后永安出山，受忠懿王之请，历住越州清泰院、居上寺等，后为杭州报恩光教寺第五世住持，署号"正觉空慧禅师"。"师以华严李长者释论旨趣宏奥，因将合经成百二十卷雕印，遍行天下。"①

杭州五云山华严道场志逢（浙江余杭人，909—985），天福中（936—947），游方抵天台山云居道场参天台德韶，并嗣其法。志逢"通贯三学，了达性相"，"吴越国王向其道风，召赐紫署普觉大师，初命住临安功臣院，玄侣辐凑"。他主张效法善财菩萨，广参问学，认为"教意祖意，同一方便，终无别理。彼若明得，此亦昭然"②。开宝初年（968），他担任普门寺开山住持，未几而请辞。稍后，将军凌超以五云山新创华严道场，奉施为终老之所。

吴越时期，由于国师天台德韶禅教兼弘的努力，不仅禅宗继续得到阐扬，而且天台、华严诸教都出现了复兴景象。就华严宗而言，包括李通玄《新华严经论》（后称《华严经合论》）在内的唐代华严教典，颇受关注。宗密而下，唐代华严转向教禅的会通。德韶及其门下的法眼禅僧，则进一步促进了华严禅在江南的兴盛一时。

当时吴越国的佛教势力，其影响还随着德韶弟子的弘化活动，进一步扩展到其他南方地区。如苏州安国长寿院朋彦法师（913—961），温州永嘉人，俗姓秦氏。他十四岁时于开元寺出家，初参婺州金鳞宝资和尚，后因慧明禅师激发，最终归嗣于天台德韶，悟正法眼，自此随缘，阐法盛化，获朝廷赐紫衣，署号"广法大师"。再如广州光圣道场师护禅师，闽越人，自天台德韶得法后，化行岭表。南汉国主刘氏，待以师礼，创大伽蓝，

---

① 道原：《景德传灯录》卷二六，《大正藏》第50卷，第423页下。
② 同上书，第422页中。

礼请主持,署号"大义"。

三、永明延寿与吴越佛教的繁荣

《景德传灯录》卷二五记载德韶嗣法者多达四十九人。这些门徒主要分布于吴越国境内,各有所阐,德韶门下徒众最著名者当推永明延寿。

永明延寿(904—976)是五代佛教诸多学僧中对后世影响最大的学僧,也是吴越佛教中最具代表性的僧人。延寿的一生,通贯于五代十国时期。其活动区域则主要集中于十国之一的吴越国,其重要活动皆与吴越王室关系密切。

延寿出生于浙江钱塘(今浙江杭州),①俗姓王,字冲元(一作仲玄)。他早年业儒,擅诗赋;及冠后归心佛乘,日唯一食;专持《法华》,二月成诵。延寿出家前,尝任库吏之职,督纳军需。因折官钱,买鱼放生,触犯条令,蒙吴越文穆王(钱懽,932—941在位)允准,延寿三十岁时得以出家。其剃度师为雪峰义存(882—908)的法嗣翠岩令参(生卒年不详)。令参尝先后主持永明寺和龙册寺。延寿削染登戒后,即在龙册寺执劳,朝供众僧,夜习禅法,并一度往天台山天柱峰,习定三个月。延寿习禅,精进异常,"有鸟类尺鷃巢栖于衣褶中"而不觉。更重要的是,延寿天台习禅,得遇法眼文益(885—958)的嫡传弟子、吴越国师德韶禅师(891—972)。据《景德传灯录》记载:"韶国师一见,而深器之,密授玄旨。仍谓师曰:'汝与元帅有缘,他日大兴佛事。'"②据此,延寿受德韶之密记,成为法眼禅系的第三代传人。无论是延寿的出家师令参,还是其嗣法师德韶,皆属雪峰禅系一脉,可见此系禅法在东南地区之盛。而天台山为流传江南的天台宗本山,延寿专诵《法华》,习禅于台岭,也可说是得圆其宿缘了。

---

① 对于延寿的籍贯,史有钱塘、余杭、丹阳诸说,此取赞宁《宋高僧传》之说。记载延寿生平、行化的历史文献及史料,不下二十余种,参见冉云华《永明延寿》第二章"延寿的时代、生涯及其著作",台北,东大图书公司,1998。
② 道原:《景德传灯录》卷二六,《大正藏》第51卷,第421页下。

尽管记载延寿生涯的文献众多,但对其行化历程,却语焉不详,时有出入。如宋代天台学僧宗晓《乐邦文类》记述了延寿在天台山国清行法华忏的一段神奇经历,表明延寿有两大夙愿:一愿终身常诵《法华》,二愿毕生广利群品。并上智者禅院,作二阄,一是"一心禅定阄",二是"诵经万善庄严净土阄"。结果"得诵经万善生净土阄,由此一意,专修净业"①。

　　除天台国清寺外,延寿还历住雪窦山资圣禅寺、振锡金华天柱峰,坐讽禅默,以山水为道场。建隆元年(960),诏住杭州灵隐寺,行方等忏,被后世尊为"灵隐中兴之祖",为灵隐新寺第一世。

　　一年之后,因延寿被诏住杭州另一名刹永明寺,离开了灵隐寺。此前,永明寺住持道潜,亦为法眼文益禅师之嗣,与延寿同门,寂于建隆二年(961)。延寿继道潜,为永明寺第二世,"居永明道场十五载,度弟子一千七百人"②。《乐邦文类》则称:"徒众常二千,日课一百八事,学者参问,指心为宗,以悟为决。日暮往别峰,行道念佛,旁人闻山中螺贝天乐之声。"③永明寺佛声浩荡,颇受忠懿王赞叹,发心立西方香严殿。

　　延寿晚年居永明寺,于度生弘化之余,潜心撰著,著述达六十一种之多。其中最重要的著作是《宗镜录》一百卷和《万善同归集》六卷,另存有《唯心诀》、《定慧相资歌》、《神栖安养赋》、《警世》、《心赋》、《观心玄枢》、《山居诗》、《自行录》、《三支比量义钞》等撰述,其余诸作则散佚无存。延寿的佛教撰著,总字数多达数百万言,不仅成为吴越佛教最具代表性的佛教思想家,更奠定其作为五代佛教第一人的历史地位。

　　《宗镜录》亦称《宗鉴录》、《心镜录》,是一部"佛学大全"式的撰著,凡一百卷。此书博引大乘佛教经典一百二十种,圣贤文集六十种,禅师语

---

① ③ 宗晓编:《乐邦文类》卷三《大宋永明智觉禅师传》,《大正藏》第47卷,第195页上。
② 道原:《景德传灯录》卷二六,《大正藏》第51卷,第422页上。

录一百二十种,凡三百家之多。① 据慧洪对此书的评述:"智觉以一代时教,流传此土,不见大全。而天台、贤首、慈恩性相三宗,又互相矛盾。乃为重阁,馆三宗知法比丘,更相设难。至波险处,以心宗旨要折中之。因集方等秘经六十部,西天此土圣贤之语三百家,以佐三宗之义,为一百卷,号《宗镜录》,天下学者传诵焉。"②在《净慈寺志》中,同样记载称,"……参错通贯此方异域圣贤之论三百家,领略天台贤首而深谈唯识,率斥三宗之异,而要归于一源。故其横生疑难,则钩深颐远。剖发幽翳,挥扫偏邪。其文光明玲珑,纵横放肆……"在某种意义上说,《宗镜录》不仅代表了当时以杭州为中心的吴越佛教的理论水平,更是对前代宗、教二门的论衡之作,堪称为吴越国诸多佛教各派学僧通力合作的结果,同时反映了当时中国佛教思想趋归禅教净合流的倾向。

《宗镜录》成书后,钱弘俶亲撰序文,秘于教藏。宋代元丰年间(1078—1085),始镂板印刷,颁施江南各著名寺院。据文献记载:"高丽国王览师言教,遣使赍书,叙弟子之礼。奉金线织成袈裟,紫水精数珠金澡罐等,彼国僧三十六人亲承印记。前后归本国,各化一方。"③《宗镜录》在当时佛教界的广泛影响,于此可见一斑。

延寿之学,会通禅教,归宗一心法门,兼祧禅、净,成为继唐代圭峰宗密之后博通禅教的佛教思想大家,无论是对禅教净合流的思想演进,还是对后世民众的佛教信仰,都产生了较大的影响。《万善同归集》六卷,因其力阐禅净兼行,其历史地位及影响力,几乎可以说不亚于百卷《宗镜录》。正是由于《万善同归集》的广泛影响,奠定了永明延寿在中国净土佛教史的祖师地位。如《梦梁录》卷一七"历代方外僧"条评议永明延寿之高行称:"盖杭之高僧,散圣弃儒,成道戒行精洁,学问孤高,博习教典,

---

① 参见冉云华《永明延寿》第二章"延寿的时代、生涯及其著作",第 54 页,台北,东大图书公司,1998。
② 惠洪:《禅林僧宝传》卷九,《续藏经》第 79 册,第 510 页中一下。
③ 道原:《景德传灯录》卷二六,《大正藏》第 51 卷,第 422 页上。

以训诸衲,著文翰,修忏仪诸经法,注宗镜,论心要,纂法语,睹鬼神以礼问,止潮水而击西兴,感群羊而跪听,坠大星以陨灵鹫,列朝宣讲,慧号锡顺。至于入灭,瑞光显然。盖丛林中素有儒者之风,故与公卿大夫及学士气味相投,皆乐与之交,讲论道要,题词咏诗,靡不起敬。"①

四、天台宗的盛弘:从羲寂到义通

自中唐以降,天台宗的传扬,主要以讲授"天台三大部"为主,其代表人物即是荆溪湛然(711—782)。五代十国时,承湛然之学的有羲寂及其门下的高丽学僧——宝云义通。

羲寂(一作义寂,919—987),字常照,俗姓胡,温州永嘉人。十九岁时,他于本邑开元寺出家受具戒;后赴会稽;从清律师研律三年;再至天台山国清寺,从清竦习天台教观。② 清竦法师为荆溪湛然的五传。当时,台宗文献,失而复得,羲寂成为五代时所发端的台宗中兴之祖。羲寂住持天台山螺溪传教院传授天台教观,时称"螺溪大师"。因吴越王钱俶赐号,亦称"净光大师"。由天台传教院住持比丘元悟编辑《螺溪振祖集》,收录其诗文,凡十五篇。③ 羲寂入灭于宋太宗雍熙四年(987),世寿六十九,僧腊五十。

羲寂是名副其实的天台宗僧。其一生居天台山四十余年,从禀其学者,多达两百余人,尝讲"天台三大部"(《摩诃止观》、《法华玄义》和《法华文句》)各二十余遍,这是羲寂直承湛然之学的具体表现。同时,他还兼讲《维摩诘经》、《金光明经》、《梵网经》各数遍,这三部佛经同样是天台宗传承中所推重的基本经典。此外,羲寂尝为学人讲湛然《金刚锦论》、相传为华严初祖杜顺所作的《法界还源观》及禅籍《永嘉集》等中土祖师撰著。

自唐武宗焚毁以来,历经五代兵乱,天台教典散佚严重。羲寂深受

---

① 吴自牧:《梦粱录》卷一七"方外高僧"条,第148页,北京,中国商业出版社,1982。
② 参见羲寂门人澄彧所撰《净光大师塔铭》,宗晓编《四明尊者教行录》卷七,《大正藏》第46卷,第927页上。
③ 《螺溪振祖集》和《宝云振祖集》,同收录于宗晓所编的《四明尊者教行录》卷七。

吴越国王钱弘俶的钦崇,赐号"净光大师",并赐紫衣,备享殊荣。羲寂住世时,吴越钱忠懿王尝撰《赐净光法师制》三道,不仅充分肯定羲寂弘扬天台教的非凡成就,更推崇其讲经弘法的名德。在羲寂入灭后,建塔亭,葬于国清寺东南隅。

羲寂精通律学,持戒谨严,"妙行孔修,慈心止足,衣惟大布,卧止一床。杖头但挂于瓶囊,庭内不施于局钥"①。他终生讲述,"有律虎义龙之称"。除弘扬天台义学外,羲寂之盛名还缘于广授菩萨戒,"与人授菩萨戒,约数十万"②。尤具影响者,吴越王钱弘俶本人最终成为羲寂的菩萨戒弟子。据记载:"师凡与台人授戒,有舍屠宰而执经论者,有不血食者,有至死不言杀者,有投高死而发愿者,有弃妻子而求为浮屠人者,有入山一步一礼血垂于额者,有火一臂一指以供佛者。"③吴越天台教的盛行,羲寂之力,无出其右,被后人推尊为"中兴教观之裔祖"。

羲寂中兴天台教观,最为人称道的突出成就,就是他说服钱弘俶,遣使海外,广搜天台教典,"以求遗逸"④。"(天台)一家之学,郁而复兴,师之力也。"⑤羲寂勤于著述,撰有《止观义例》、《法华十妙》、《不二门科节》各数卷,惜逸未传。

据《建传教院碑铭》载,羲寂法脉甚广,王卿朝臣,多有信施,广建伽蓝。其中,传教院即为一例。"凡重构忏堂、法堂、禅室、经室及隶寺宇制者,罔不毕备。中间内外,总一百三十余间。"⑥太平兴国二年(977),再建造弥陀佛殿。因此,羲寂不仅是五代时中兴天台教观之祖,同时更是中兴天台道场之祖。天台宗的传扬,基本上奠定了宋代江南禅教并立的格局,确立了浙江为宋代天台中心的历史地位,并在客观上对促进宋代

---

① ⑥ 引见钱俨:《建传教院碑铭》(撰于雍熙三年,986),宗晓编《四明尊者教行录》卷七《螺溪振祖集》,《大正藏》第46卷,第925页中。
② 澄彧:《净光大师塔铭》,宗晓编《四明尊者教行录》卷七,《大正藏》第46卷,第927页上。
③ 钱易:《净光大师行业碑》,宗晓编《四明尊者教行录》卷七,《大正藏》第46卷,第926页中。
④ 参见宗鉴《释门正统》卷二,《续藏经》第75册,第278页下。
⑤ 志磐:《佛祖统纪》卷八,《大正藏》第49卷,第191页上。

浙江华严教学的中兴,具有示范效应。

羲寂尝讲据传为唐代华严初祖杜顺所撰的《法界还源观》,这是五代天台宗僧讲述华严教典的典型例子。它不仅反映了华严观门在当时的影响,而且还直接影响到宋初天台学僧兼讲华严教观的风习。如灵敏对于台贤兼弘,直接培养了北宋专弘华严的长水子璇,使后者成为北宋华严中兴的最初倡导者。

羲寂因吴越王钱俶赐号"净光大师",追谥"九祖尊者",后世故称"净光尊者"。羲寂的传法弟子多达百余人,特别值得一书的是,羲寂门下的海东弟子达十人,"教流海国",成为当时佛教文化国际性交流的杰出僧人。天台德韶、螺溪羲寂与永明延寿,堪称吴越佛教之三杰,成为推动吴越佛教繁盛中最具影响力的佛教学僧。

在羲寂的海东弟子中,最知名者为谛观。

谛观入华,即拜羲寂为师,习天台止观。居螺溪十年,尽得其传,终寂于螺溪。谛观所撰《天台四教仪》两卷,为吴越佛教的重要著述,成为修学天台教观的教科书,对后世影响甚广。

因谛观早逝,未能广延羲寂的天台法脉。但羲寂中兴天台,"教流海国",并由其上首弟子、高丽学僧宝云义通再加弘阐。

宝云义通是宋代天台中兴过程中承前启后的关键人物。正是通过义通的持续努力,把以杭州为中心的吴越天台佛教,扩展到以宁波为中心的明州,衍成宋代天台学再光的另一个弘法重镇,影响甚巨。义通与羲寂之间的相承关系,类似于北宋华严宗再兴过程中晋水净源与长水子璇的关系。

义通(927—988),《释门正祖》卷二称其"演教观二纪,知礼遵式,弟子之上首也"①,称其"敷扬教观,几二十年"②。他是五代天台转入宋代

---

① 宗鉴:《释门正统》卷二,《续藏经》第75册,第279页中。
② 志磐:《佛祖统纪》卷八,《大正藏》第49卷,第191页上。

天台的重要僧人,俗姓尹,字惟远,高丽人,家世王族。自幼出家,初学《华严》、《起信》。后晋天福末年(947),游学中国。先随天台德韶习禅,颇有契悟。后至螺溪,从羲寂学,顿受其传,尽得天台一宗之道。

乾德年间(963—968),义通在螺溪居学二十载,打算渡海归国。途经四明,吴越王之子钱惟治,时任明州通判,询台宗心要,执俗家弟子礼。开宝元年(968),福州运使顾承徽舍宅造寺,初名为传教院,为义通住持之所,僧俗归心,法席大开。天平兴国七年(982),宋太宗赐额为"宝云寺"(一称"宝云禅院")。故称义通为"宝云大师"、"宝云义通"。吴越王钱俶尝撰有《宝云通公法师真赞》,摹刻诸石,文称:"不离三界,生我大师。白毫异相,满月奇姿。戒珠普照,慧海无涯。人天福聚,瞻之仰之。"①

义通著述,主要有《观经疏记》、《光明玄赞释》等,对四明知礼的影响颇大。其后,四明石芝沙门宗晓编《宝云振祖集》,收录义通诗文二十篇,现收于《四明尊者教行录》卷七中。

义通在宝云开法传教,凡二十年,受学者不可胜记。最著名者为法智知礼和慈云遵式,时称义通门下"二神足"。法智主延庆道场,中兴天台,时称"四明尊者"。慈云建灵山法席,峙立解行,世号"天竺忏主"。法智在明州,遵式在杭州,各竞其秀,台宗法脉,承绪未绝,开启了宋代浙江天台两大中心道场,与天台山鼎足而三,成为宋代江南区域佛教的一大亮色。

吴越天台,中兴于世,代承相继。从天台德韶至羲寂、谛观,更衍宝云义通,天台之道从"郁而复兴"到"勃然中兴"。② 经义通而至四明知礼、天竺遵式,吴越天台佛教终衍为分别以杭州与宁波(明州)为中心、地域鲜明、思想活跃、影响广泛的宋代天台。

---

① 宗晓编:《宝云振祖集》,《四明尊者教行录》卷七,《大正藏》第46卷,第931页上。
② 宗正在《明州宝云通公法师石塔记》中称:"天台之道,勃然中兴,师之力也。"宗晓编《四明尊者教行录》卷七附,《大正藏》第46卷,第930页上。

第五节　契此和尚与弥勒信仰的影响

自佛教传入中国后,神通广大的"神僧"形象,代不乏人,于唐代尤多。从佛教教化的社会效应来看,神僧应化的灵异性,总是与佛法教化的世俗性相互并进。据永乐皇帝朱棣御制《神僧传》所称:"神僧者,神化万变,而超乎其类者也。"①

唐中叶、五代是禅宗迅速扩展其社会影响的重要时期。上及朝廷帝师,下及民间行脚僧,禅宗的社会影响颇为广泛。当时禅僧的社会形象多种多样,成为禅法多样化的一种表现形态。禅师的多重身份,不仅体现出以参禅自悟自性的智慧特征,还被赋予教化民众的社会效应。这些禅僧形象,体现了当时禅宗影响民众的世间效应。唐五代禅僧的神化形象,既有人格性的应化之身,更有地域性的应化迹,构成了五代十国时期及其后世佛教区域化的内容之一。作为佛教人格形象与区域佛教文化相结合的产物,其中最为典型者,莫过于唐五代契此和尚被塑造为"布袋和尚"的"神圣化"过程。

在佛教信仰的层面上,五代吴越国时期,弥勒信仰受到了普遍的崇信。据《佛祖统纪》卷四二载:"景福元年,吴越王钱镠于剡县石城山建瑞相寺,以奉弥勒三生石像。"②五代正是以"神僧"契此禅师为原型的"布袋和尚"进行民间化形塑的重要时期。

根据现有文献,后人很难全面还原契此和尚出家行化的真正原貌。《宋高僧传》卷二一《感通篇》收录了《唐明州奉化县契此传》,最早完整地描述了契此行化的历程及其灵异性。文称:

  释契此者,不详氏族,或云四明人也。形裁腲脮,蹙頞皤腹。言语无恒,寝卧随处。常以杖荷布囊入廛肆,见物则乞。至于醯酱鱼

---

① 朱棣:明成祖编《神僧传》"序",《大正藏》第50卷,第948页中。
② 志磐:《佛祖统纪》卷四二,《大正藏》第49卷,第389页下。

蒩,才接入口,分少许入囊,号为"长汀子"、"布袋师"也。曾于雪中卧,而身上无雪。人以此奇之。有偈云:"弥勒真弥勒,时人皆不识"等句。人言慈氏垂迹也。又于大桥上立,或问:"和尚在此何为?"曰:"我在此觅人。"常就人乞啜,其店则物售。袋囊中皆百一供身具也。示人吉凶,必现相表兆。亢阳,即曳高齿木屐,市桥上坚膝而眠。水潦,则系湿草屦。人以此验知。以天复中,终于奉川,乡邑共埋之。后有他州见此公,亦荷布袋行。江浙之间,多图画其像焉。①

《宋高僧传》成书于北宋端拱元年(988)。据其记载,契此约出生于唐代,籍贯明州,有说其俗姓李。② 自号"长汀子",长汀为明州奉化的溪名。在历史文献记载中,契此向有游方和尚的形象,体现其行化活动的民间性与非主流性。此后的文献记载,则更具体化为"明州布袋和尚"、"四明布袋和尚"等,甚至更有俗称"布袋师"之名。

在《宋高僧传》记载中,颇引人注目的是,引述了契此遗偈"弥勒真弥勒,时人皆不识"之句,称其应化形象乃是"慈氏垂迹"。

所谓"慈氏",本是中国佛教传统中对弥勒菩萨的译称,同时也是恰如其分的尊称。佛教之慈,本具"与众生乐"之义,无论是给予众生以生命的喜乐,还是祈求现实生活的安乐,都可以理解为唐末五代是民生多艰境遇中的美好祈愿。此外,佛教之慈,更有着增佛种姓、助佛行化、成就化导众生之无量佛行的愿望。在此意义上说,五代时期开始盛传契此和尚的种种行迹,因其典型地体现应化世间的遍在性,更增添了佛法与禅道的民间化蕴意。

大凡佛教传统中的菩萨信仰,既有其宗教意义上的神圣性,同时也具不同于世间生活的神秘性。在佛教典籍的记述中,弥勒菩萨显密双行,神通广大。契此行化,同样体现了禅宗与密教相结合的某些特征,这

---

① 赞宁:《宋高僧传》卷二一《唐明州奉化县契此传》,《大正藏》第 50 卷,第 848 页中—下。
② 志磐《佛祖统纪》卷四二,称"师昔游闽中,有陈居士者,供奉甚勤。问师年几?曰:'我此布袋与虚空齐年。'又问其故?曰:'我姓李,二月八日生。'"《大正藏》第 49 卷,第 390 页下。

也是契此行化及其神圣化的一个考量维度。因此,在契此应迹行化的相关记载中,尤其提及现身"他州",有些记载则明确提到是"婺州东阳"。

《宋高僧传》虽没有记载契此示寂的时间,但其他文献则称寂于后梁贞明二年(917)。

景德元年(1004),东吴沙门道原撰《景德传灯录》,其书卷二七载《布袋和尚传》。其文字记述,更衍化出一歌二偈。而道原在其所撰的《五灯会元》卷二中,则把契此归列为"西天东土应化圣贤"之中,与唐末天台山丰干禅师、拾得子等"应化僧"并重。"感通"与"应化",都是着重于圣迹化的僧人形象。在中国佛教文学中,神僧有着不同的类型。既有学僧化的神僧,如天台祖师智者、华严禅师杜顺(法顺)等;亦有文人化的神僧,如寒山、拾得等;更有传奇性的神僧,如傅大士及济颠和尚等人。

从契此的法号中,"应化"至少有着应世而化与应法而化二义。所谓应世而化,世间教化的影响,《宋高僧传》的记载,更多地体现了契此"应世而化"的一面。所谓应法而化,则体现了应化灵异中与佛法(如般若、神通等)内容的相关性。在此后的记载中,更多地补充了契此"应法而化"的另一面。在这种补充过程中,尽管充满了文学化改造的痕迹,但同时也充实了契此行化及布袋和尚流传的内容。其中,最典型的文献记载是《景德传灯录》卷二七及《佛祖统纪》卷四二。

《景德传灯录》把契此归类为"虽不出世而有名于时者"。这种归类,其导向显然把契此纳入不居山林、非主流的禅僧之列。相对于《宋高僧传》的记载,《景德传灯录》则更直接以"明州奉化县布袋和尚"为题。布袋和尚,成为中国化行方僧的典型形象,受到了历代包括帝王、宰官居士及高僧们的传称。其形象之可爱,其行事之大度,表明从六朝隋唐以贵族甚至朝廷为主导的佛教活动,开始转向以民众及士绅为受众的佛教活动,从而表明了佛教中国化渗透与落实庶民社会的新面向。

契此以非主流禅僧的游方形象,挑战了当时身处丛林道场的禅衲子身份,完全是行化人间以传扬般若的行动化僧人。其中,最能体现其行

化关怀的是不同文献所记载的若干歌偈。其中,《景德传灯录》卷二七录有三首,第一首歌偈最长:

> 只个心心心是佛,十方世界最灵物。纵横妙用可怜生,一切不如心真实。
>
> 腾腾自在无所为,闲闲究竟出家儿。若睹目前真大道,不见纤毫也大奇。
>
> 万法何殊心何异,何劳更用寻经义?心王本自绝多知,智者只明无学地。
>
> 非圣非凡复若乎?不强分别圣情孤。无价心珠本圆净,凡是异相妄空呼。
>
> 人能弘道道分明,无量清高称道情。携锡若登故国路,莫愁诸处不闻声。①

心性自在,固为中国禅的精义所在,然而如何才能把自在的心性体现于现实的生命活动中,则需要有不同的智慧表达。在有关契此和尚行历的记载中,不仅有般若经教的记述,更有"祖师西来意"的禅宗表述。

第二首四句偈,称:

> 一钵千家饭,孤身万里游。青目睹人少,问路白云头。

这首诗偈,典型地塑造了契此和尚只身一钵、自在自乐的游方僧形象,一改当时流行的烧身、炼指等眩惑世俗、残害肢体的头陀苦行形象,颇为普通民众所喜闻乐见。

契此最著名的遗身偈,明确记载其入寂的时间、地点:"梁贞明二年丙子(916)三月,师将示灭,于岳林寺东廊下端坐盘石,而说偈曰:'弥勒

---

① 道原:《景德传灯录》卷二七,《大正藏》第51卷,第434页中。觉岸《释氏稽古略》卷三所收同。

真弥勒,分身千百亿。时时示时人,时人自不识。'偈毕安然而化。"①

据记载,契此迁化于岳林寺后,仍以不同的化身,出现于浙江等地。对此情形,《佛祖统纪》称:"四明奉化布袋和尚,于岳林寺东廊坐盘石上而化,葬于封山。既葬,复有人见之东阳道中者。嘱云,我误持只履来,可与持归。归而知师亡,众视其穴,唯只履在焉。"②这项记载,显然是移植中国禅宗达摩祖师"只履西归"之传记的结果,同时也表明了契此和尚的禅僧身份。

除《景德传灯录》外,其他一些文献所录的相关歌偈,更以不同内容充实了布袋和尚的慈心形象。最典型的是《五灯会元》卷二所记二偈。其一曰:

> 是非憎爱世偏多,子细思量奈我何。宽却肚肠须忍辱,豁开心地任从他。
>
> 若逢知己须依分,纵遇冤家也共和。若能了此心头事,自然证得六波罗。

时逢乱世的人生,似乎需要拥有一份能够超越是非爱憎的情怀,需要宽肚慈忍、豁达开心的生命态度,以便在六度万行之中,更真切地体现佛法的慈念本怀。这种生活态度,成为布袋和尚慈心形象的通俗诠释。

其二则称:

> 我有一布袋,虚空无罣碍。展开遍十方,入时观自在。吾有三宝堂,里空无色相。
>
> 不高亦不低,无遮亦无障。学者体不如,来者难得样。智慧解安排,千中无一匠。
>
> 四门四果生,十方尽供养。吾有一躯佛,世人皆不识。不塑亦不装,不雕亦不刻。

---

① 道原:《景德传灯录》卷二七,《大正藏》第51卷,第434页中。
② 志磐:《佛祖统纪》卷四二,《大正藏》第49卷,第390页下。

无一滴灰泥,无一点彩色。人画画不成,贼偷偷不得。体相本自然,清净非拂拭。

虽然是一躯,分身千百亿。①

人身即三宝,见性即佛身,从自在心到自在身,表达了佛教行化的自在性与生活性,似乎透露出禅法天然而成的自然意味。正是这种般若生活化与般若自然化的取向,把佛法的平等与慈悲、生命的共和与合敬及后世弥勒下生的现实化结合起来。在文学化塑造布袋和尚形象的背后,多少寄托了当时人们祈盼世间生活祥乐的内心愿景。

从作为游方禅僧的契此和尚逐渐改造为游化民间的布袋和尚的过程,最终定格于中国化的弥勒化身。所谓中国化的弥勒化身,准确地说更是禅宗化的弥勒化身,是人间化的弥勒形象。这一"人间弥勒"的形象,体现了佛法弘化的人间性与神圣性的平衡,成为中国佛教文学中深入民众、教化世人的禅僧形象的典型塑造。从布袋和尚身上,人们既可以看到中国禅宗发明自心、自悟自性的精神要义,经由从人心的尊严到人生的尊严,更反映了佛教对民生疾苦的关切。此外,契此游方的多地区性,同样暗示了游化人间、教化民众的自在性,从而赋予了"慈悲喜舍"这一传统佛教教化的民间内涵,以其神异性、传奇性体现佛教活动的教化取向。

从区域佛教的演进上看,唐末五代之后,吴越地区天台、杭州、宁波(奉化)、舟山(普陀山)分别成为济颠和尚、布袋和尚和观世音菩萨的示迹应化之地,不仅表明佛教信仰渗透民间生活的新趋向,更体现了社会各阶层参与佛教文化活动的创造性,构成了民俗佛教的佛教发展样式,在山林佛教、寺院佛教之外,提供了新的佛教文化样式,在民间社会中流传颇广。

宋代则是"布袋和尚"形象的文献记载确立时期。在《宋高僧传》、

---

① 普济:《五灯会元》卷二,《大正藏》第51卷,第68页上一中。

《景德传灯录》、《五灯会元》及《佛祖统纪》、《释氏稽古略》、《云卧纪谈》等佛教历史文献及相关史料中,皆有各种明确的文字记载。至元、明,则有念常《历代佛祖通载》、昙噩《明州定应大师布袋和尚传》、朱棣《神僧传》等相关记载。民国时期,刊刻《傅大士集》的兴慈法师,更编《明州定应大师布袋和尚传》一册,是将元代昙噩《布袋和尚传》重新编写而成。

在《云卧纪谈》卷下,记载了宋代明州民间对布袋和尚的崇祀活动,似乎把布袋和尚作为民间神祇加以崇信:

> 明州奉化县岳林寺,乃布袋和尚道场。崇宁间(1102—1106),董氏造阁,而任氏塑布袋像奉安其上。后董氏不平,移下其像而自塑焉。寻有善数术者云,董氏所舍者,只得六十年运,任氏始发耳。绍兴末(1162),阁经回禄,像俱为灰烬,逆其数,如所谓也。于时,饶道者然一臂,募缘重建阁,以任氏之像居中,祷祈必应。主僧莹禅师,字温叟,以三偈遗饶,曰:忘身一臂等闲然,勇猛头陀了胜缘。闹市门前打得着,始知无手解行拳。二曰:汝将粉骨报谁恩,稽首龙华补处尊。无指可弹犹省力,重重楼阁自开门。三曰:我亦将头入闹蓝,且图香火有同龛,布囊贮满一落索。巷尾街头学放憨。其号布袋者,以其杖荷布囊,而供身之具,尽贮于中。自称名契此,示寂于五季之梁贞明二年丙子岁(916)也。①

通过从五代到宋初契此和尚的塑造,可以看出佛教民间化是五代时期菩萨信仰扩展流行的重要基础,并且成为佛教中国化的构成内容之一。于此可见,佛教以不同途径渗透民间社会,构成了后世佛教中国化推展的一个方面,而民间佛教与区域佛教相互并进,则正是五代佛教的显明特色之一。

到元明时期,布袋和尚的形象达到佛教文学的又一高峰。元末明初的天台国清禅寺住持无梦昙噩撰有《明州定应大师布袋和尚传》,成为记

---

① 晓莹:《云卧纪谈》卷下,《续藏经》第86册,第675页中—下。

载布袋和尚内容最完整的传记之一。它不仅统合历史上有关布袋和尚的诸多记载文字,而且还记录了后世奉化岳林寺供奉布袋和尚及其感应的相关情形。如称:"嘉泰初(1201),阁势欲压,一夕风雨骤作,雷电交至。迟明,屹然中正。而题栱间,悉缀鳞甲萍藻迹。淮海肇禅师碑其事,以诧神明扶助之功焉。逮皇元阁崩于至元十九年(1282)九月九日,大师遗像独不坏,巍然相好。出瓦砾中,几上立像,亦复能跃至于后园丛林竹间。近远士庶停业罢市,作礼观瞻感叹。十八年,住山梵中遴材,嗣构五间。规模壮丽。观者伟之。复以奉安任氏所刻之像。此其迹也。若夫本者,则遍尘刹以皆存,历沙劫而不朽。正报既然,依报亦尔。微大师,吾谁与归。"①

在《明州定应大师布袋和尚传》中,还收录了释广如所撰的《布袋传后序》,更全面地记载了布袋作为游方禅僧的语录要集,同时还记载了明万历年间至清初奉化岳林寺兴复的相关情况。称:"自木南和尚继兴之后,几三百年。非惟梵刹倾颓,抑亦圣容衰落,独有龙目井安然如故。万历间,本寺住持南禅师,纠寺僧万金、万全共出衣资,重新大殿,稍稍落成,寥寥数冀。今守愚和尚,法缘明慈,协力募资,矢心兴建……"②

第六节 雪峰禅系与闽地佛教的发展③

作为十国之一的闽国(893—945),始于王潮为福建观察使据今福建之地。后梁开平三年(909),王潮弟王审知被封为闽王,领五州,治福州。王审知即为闽太祖。

王审知去世后,诸子内讧不已。龙启二年(933),王延钧称帝,都长乐(今福建福州),国号闽,是为闽惠宗(？—935)。天德元年(943),延钧

---

① 昙噩:《明州定应大师布袋和尚传》,《续藏经》第86册,第44页中—下。
② 同上书,第47页上。
③ 参见王荣国《吴越割据时期的福州佛教》,《中国思想与文化》,长沙,岳麓书社,2004。另见王荣国《福建佛教史》,厦门大学出版社,1997。

弟延政另于建州(今福建建瓯)称帝,建国号殷(943—951在位)。后闽内乱,殷改号为闽。后三年,为南唐所灭。闽国凡六主,共三十七年。

闽国的实际奠基者为闽太祖王审知。审知,字信通,光州固始人。唐僖宗时,黄巢寇乱,据闽岭五州之地。梁开平元年,以威武节度使王审知兼侍中,唐昭宗时受封为闽王。其子延钧,于后唐明宗长兴四年(933)改名鏻,即皇帝位,建元龙启,国号大闽。他在位当权三十年,在史书中颇有政声。闽地政权佛道兼崇,尤信神仙之术,尝作宝皇宫,以道士陈守元为宫主。"鏻好鬼神道家之说,道士陈守元以左道见信,建宝皇宫以居之。"①至闽康宗王昶(935—939在位),"昶亦好巫,拜道士谭紫霄为正一先生,又拜陈守元为天师。妖人林兴以巫见幸,事无大小,兴辄以宝皇语命之而后行。守元教昶起三清台三层,以黄金数千斤铸宝皇及元始天尊、太上老君像。日焚龙脑薰陆,诸香数斤,作乐于台下,昼夜声不辍,云如此可求大还魂丹。三年夏,虹见其宫中,林兴传神言,此宗室将为乱之兆也"②。这种佛道兼崇的作派,显然是出于为权力之争服务的政治目的。

当时,福建境内秩序,"一境晏然"。王审知"奉大雄之教,崇上善之因,象法重兴,道士如在"。他在福州建报恩寺、定光多宝塔,又"藏佛经于寿山,凡五百四十一函,总五千四十八卷"。王延钧称帝后,仍大崇佛教,尝度民两万为僧,膏腴上田悉赐僧寺。《旧五代史·闽世家》称"闽中多僧",诚为的论。

吴越国钱弘俶统治闽地后,开始在闽地兴建寺院,使佛教寺院数量大增。据宋梁克家《三山志》载,福州一地,"自晋太康始寺绍因于州北,既而终晋才益二寺。越二百载,齐之寺一,梁之寺十七,陈之寺十三,隋之寺三。唐自高祖至于文宗二百二十二年,寺止三十九。至宣宗乃四十一,懿宗一百二,僖宗五十六,昭宗十八。殚穷土木,宪写宫省,极天下之侈矣。而王氏入闽,更加营缮,又增为寺二百六十七,费耗过之。自属吴

---

① ② 欧阳修:《新五代史》卷六九《闽世家》,第848、851页。

越,首尾才三十二年,建寺亦二百二十一。"①从晋代到吴越割据福州期间,共计建寺781所。另据研究,吴越国统治期间,仅福州各地兴造的寺院,计闽县20座,怀安县30座,侯官县21座,长乐县19座,福清县15座,永福县9座,连江县17座,古田县51座,罗源县13座,闽清县8座,福安县23座,宁德县7座,福宁本州23座。福州辖区内总计256座。②至于福建全境兴造的寺院,当数量更多。在此之前,统治闽中的王氏家族,在五代前期其割据闽中近40年中,福建全境兴造了461座,其中福州215座,平均每年5.38座。吴越统治福州前后32年,共兴造寺院256座,平均每年8座。这个时期,成为宋代以前福建境内增建佛教寺院最多的时期。

除禅宗一枝独盛外,由于会昌法难和战乱频仍,其他佛教宗派基本上处在衰微状态,但各地仍有不同程度的流行。在闽国时期,天台宗、华严宗、唯识宗、净土宗、律宗、净土宗在福建有不同程度的流行,尤以闽南泉州为著。这种状况延续到南唐、留从效——陈洪进割据时期。吴越国统治的浙江,除了禅宗兴盛外,律宗、法华宗也都比闽地兴盛。但在吴越统治时,在闽地却鲜见这些佛教宗派僧人传法的记载。

随着佛教寺院的大量修建,闽地僧数大增,学修有成的高僧,更是代不乏人,尤以禅僧为盛。雪峰义存、玄沙师备都是当时著称一时的闽地僧人。其中,雪峰义存就是五代闽地佛教发展过程中最具代表的禅师。其传法以聚徒禅修为引导,以居位者为外护,对于闽地佛教的推展产生了很大影响。

雪峰义存(822—908),福建泉州南安人,俗姓曾。十二岁时从莆田玉润寺庆玄律师出家。十七岁,往谒芙蓉山恒照大师。唐宣宗中兴佛教后,雪峰历游吴、楚、梁、宋、燕、秦诸地,最后于幽州宝刹寺受具足戒,久

---

① 梁克家:《淳熙三山志》卷三三《寺观类一》,《四库全书》史部242册,第481页。
② 参见王荣国《福建佛教史》,第157页。

历禅会,历游吴越天台山国清寺、育王寺等。据记载,雪峰参禅,"三登投子,九到洞山,后仍缘契德山",表明其禅系嗣法于德山宣鉴。唐懿宗咸通年间(860—873),回闽地雪峰山创建禅院,徒侣翕然。唐僖宗赐号为"真觉禅师",并赐紫衣。史载"师居闽川四十余年,法席之盛卓冠天下,常不下一千五百众"。

雪峰弘化的足迹所至,甚至宣法于军旅之中。还归闽地后,更是取得了闽王的归崇。雪峰晚年,先后多次受召入内说法,而闽王则舍钱巨万,创建殿宇数百间。辑有《雪峰义存禅师语录》(又称《真觉禅师语录》)两卷。《景德传灯录》记其弟子五十六人,辑有机语缘者四十五人。雪峰一系曾被闽王赐紫袈裟的弟子,就有玄沙师备、洞岩可休、鹅湖智孚、招庆慧稜、鼓山神晏等五人,分别在福州、泉州、越州、信州等地传扬禅法,成为江南禅宗中举足轻重的一大禅派。其中在福州传禅的玄沙师备,被后世推尊为五家法眼宗的创宗祖师。此外,更有云门文偃,弘禅于广东韶州,成为云门宗的创宗祖师。雪峰门下,花开二枝,可见当时禅风之炽盛。

玄沙师备(935—908),福建闽县人,俗姓谢。三十岁时投芙蓉山训禅师剃落,往豫章开元寺受具足戒。后归雪峰,在宴坐之余,颇事农禅,帮助雪峰义存开辟雪峰山,被雪峰称为"苦行头陀"或"备头陀"。师备"达摩不来东土,二祖不往西天"之语,更为义存所肯定。后往住普应院,再迁玄沙山,故称"玄沙师备","提振宗网,遐迩推敬"。师备之法,禅教兼举,"阅《楞严经》发明心地,由是应机敏捷,与修多罗冥契。诸方玄学者,有所未决,必从之请益"。闽王立国,迎居师备于安国寺,待以师礼,赐紫衣,署号为"宗一禅师",其门下学侣多达八百余众。有《福州玄沙宗一禅师语录》(简称《玄沙语录》)三卷行世。

师备住持的安国寺,是晚唐至宋初南中国禅宗的重要道场之一。此寺在会昌法难中被毁废,由忠懿王钱弘俶予以重兴。"光化初,僧师备自雪峰来居焉。馆徒常千人。高丽、日本诸僧亦有至者。"师备于开平二年(908)去世,其徒慧球继之。慧球去世后,王审知延请义存法嗣弘瑫继主。几年后,弘瑫去世,其法嗣从贵、祥和尚相继住持。后晋开运年间(944—947),淮兵南下,蹂为荒墟,北宋大中祥符四年(1011)再予重建。

至于义存禅师所开创的福州雪峰寺,同样是晚唐江南禅宗的第一道场,禅宗史素有"北赵州,南雪峰"之誉。但雪峰义存去世后,雪峰寺在闽地禅宗丛林中却声誉不再。

雪峰义存与玄沙师备都主要生活于唐末时期。因此,五代时期闽地禅法的开展,主要由其门下所完成。

玄沙师备的嗣法弟子,基本上集中于闽地活动,成为五代时期推动闽地佛教发展的主体力量,对于闽地禅宗的作用极大。其中,师备门下影响最大的弟子,则是罗汉桂琛。

罗汉桂琛(867—928),浙江常山人,俗姓李。初谒云居道膺,再谒雪峰、玄沙二师,最终得法于"宗一禅师"玄沙师备。桂琛传禅,同样得到了闽地宰官的支持。漳州牧为他在闽城福州修建了"地藏精舍",卓锡三十年,聚徒两百余人。后往罗汉院,为众宣法,影响更大,故称"罗汉桂琛"。桂琛的禅法特点,主要是通过密法妙行相结合。这种传禅方式,在乱世时代无疑更能增加佛教弘法的效果。

法眼宗的创立者清凉文益于闽国初入闽在福州地藏院参桂琛得法,后一度在福州侯官甘蔗洲结庵,不久即移锡江西。闽国时期,法眼宗流行于江苏、江西、浙江等地。五代宋初,继承文益"衣钵"的法嗣德昭、道潜等人,更把法眼宗盛传于吴越钱氏统治的浙江。而法眼宗在福州的传布,则始于德韶法嗣守威、师术、义隆与慧明法嗣道诚。其后,又有清耸及其法嗣辩隆相继入闽。除清耸属文益的弟子外,其他禅师都是文益的二传弟子,从浙江杭州、天台等地入闽到传法。

中唐以后,闽地佛教即以禅宗为主,以青原系更占优势。晚唐禅宗,各立门派,五家竞立。南岳系分出沩仰宗、临济宗,青原系析为曹洞宗、云门宗、法眼宗。沩仰宗于晚唐传入福建。至闽国时,福州的双峰山、明月山以及东禅院仍有名僧双峰古、道崇、慧茂传法。曹洞宗于晚唐传入福建的福州与泉州。闽国时,曹洞宗在福州的传布情况不明。云门宗则于乾德二年(964)传入福建闽西。

从闽国时至吴越统治时期,闽地传法者,则以雪峰义存一门最盛,如慧稜法嗣光云、洪俨、慧朗、常慧、静禅师、清换、契讷、弘辩、可隆、守玭、令含、澄静,从展法嗣文钦、瀛和尚、契稳,神晏法嗣智俨、智嵩、文义、智岳、清谔,弘瑫法嗣师贵、义聪、从贵、藏用、彦端、志端、明禅师、祥和尚;岩头全豁门下,则有罗山道闲法嗣绍孜、义因、重满。以上属青原系第八代。此外,尚有青原系第九代禅师,如契符法嗣洞明,道希法嗣玄旨、清慕、志恩、玄亮。他们都属于玄沙师备的再传弟子、雪峰义存的三传弟子。

雪峰禅系在闽地的弘传弟子,则有神晏、从展、惟劲等人。

神晏,原籍大梁,居福州鼓山三十余年,受闽王器重,类似于"国师"的身份。鼓山于唐德宗朝建有华严寺,会昌排佛时被毁。五代初,神晏因王审知之请建禅院,开始成为禅宗大道场。神晏去世后,其法嗣智俨继主法席。在吴越统治时,智俨继续住持鼓山后退居东山眠龙寺。后由智岳(？—967)继席。智岳卒后,则有清谔继主鼓山法席。智岳与清谔均为神晏法嗣。

福州人从展(？—928),礼义存为师,后应漳刺史所请,住保福禅苑,人称"保福从展"。后获闽王归崇,得赐紫衣。其门下徒众不下七百人。《景德传灯录》记其弟子二十五人,多数都在闽地传扬禅法。

在闽地传习禅法之外,雪峰一系还有不少弟子到湖南等地弘传。其门徒中著作最丰的是惟劲,原籍福州。初参义存,后问法于师备。唐昭宗光化年间(898—901),入住南岳,住报慈院,因睹镜灯而悟"广大法界,重重帝网之门,佛佛罗光之像",因撰《五字颂》五章,阐扬华严禅的"理事无碍"观门。后梁开平三年(909),又撰《续宝林传》四卷,继中唐南岳沙门智炬《双峰山曹侯溪宝林传》,而记贞元以后(785)的中国禅法源流,颇具文献意义。对于经论都有所涉及,一改参禅求法的多样化,增添了新的内容。其他尚有七言《觉地颂》及《南岳高僧传》等行世。

自唐末至五代,王侯崇佛,禅道贵盛一时。后唐庄帝之于兴化存奖,南唐李昪之于清凉法眼,楚王马殷之于石门显蕴,吴越王钱镠之于镜清道符,钱俶之于天台德韶、永明道潜,闽王王审知之于雪峰玄沙,南汉王刘隐之于灵树如敏。可以说在每一位大德高僧的背后,都有王侯资助的社会背景。五代禅道大盛,端赖于王侯的热心外护。

五代时代,闽地与江浙丛林关系甚密。自虔诚信佛的王审知家族统治的唐末起,闽中寺院猛增,闽地佛教进入繁荣期。闽国灭亡后,南唐据闽北、闽西,留从效——陈洪进控制闽南漳、泉,吴越国割据闽东福州。吴越割据达三十二年,实行崇奉佛教政策,境内佛教盛极,成为当时佛教一大中心区域。

吴越国诸王都崇信佛教。上行下效,吴越国驻闽的官员,同样也大多崇奉佛教。据记载,闽县"河口弥勒院,高惠里,乾德二年(964)置。钱塘军将邓保洪戍于此,捐所创宅为之"。怀安县"越山吉祥禅院,乾元寺之东北,无诸旧城处也。晋太康三年,既迁新城,其地遂虚。隋唐间以越王故,禁樵采。钱氏十八年,其臣鲍修让为郡守,遂诛秽夷峨为佛庙,乾德二年也"①。

在吴越统治时期的闽地佛教,相较于闽国王氏,其崇佛热忱更高,使当地佛教持续发展,禅宗尤其兴盛,道场林立,名僧云集,为宋代福建禅宗寺院的极盛奠定基础。

第七节 云门禅系与岭南佛教的展开

云门禅系,其始源虽出于雪峰义存一脉,但其实际开创者则是禅修经历颇为复杂的文偃禅师。

---

① 引见梁克家《淳熙三山志》卷三三《寺观类一》,《四库全书》史部242册,第489页上。

文偃(864—949)①,浙江嘉兴人,俗姓张。出家于本邑空王寺,受具戒于常州。尝随志澄律师习《四分律》,并参百丈怀海门下黄檗系著名的睦州道踪禅师(俗称陈和尚、陈尊宿)。数载后,道踪指示往见雪峰义存。文偃遂入福州,随雪峰义存学,从此悟入。908年,义存去世,文偃前往广东,礼韶州曹溪祖塔,并谒韶州灵树院如敏。

　　此前,如敏在岭南行化四十年,以道行孤峻著称一时,颇受当地官民崇敬,南汉朝廷赐其号为"知圣禅师"。对于文偃的到来,据称如敏竟率众门迎,相见之下,两人更是心机相露,胶漆契合。文偃追随如敏八年,甚受赏识,不仅命居为第一座,而且还遗书嘱南汉国主,礼请文偃继任住持。

　　灵树如敏入寂后(918),南汉高祖刘岩(889—942)巡狩韶州,赐紫衣,诏入云门韶州第一座。令于韶州,"为军民开堂"。923年,领众开云门山,构筑梵宇,数载而毕,朝廷赠额"光泰禅院"。这是慧能南宗禅史上,建筑最具规模、最华丽的寺院。此后,"抠衣者岁溢千人,拥锡者云来四表",极一时之盛。926年,文偃受诏入内,赐号"匡真",故称"光泰禅院匡真禅师"。此后,朝廷赐赍有加。943年,刘晟称帝后,复诏文偃入内供养,赐其塔院为瑞云院、宝光塔。据雷岳《行录》评述称:"师自衡踞祖域,凡二纪有半。风流四表,大弘法化。禅徒凑集,登门入室者,莫可胜纪。"②"自知圣大师顺世,密授付嘱之词。皇帝巡狩,荣加宠光之命。足可以为祇园柱础,梵苑梯航。缁徒虔心以归依,仕庶精诚而信仰。"③

---

① 有关云门文偃的传记资料,主要为陈守中撰《大汉韶州云门山大觉禅寺大慈云匡圣弘明大师碑铭并序》(964),收于清陆增祥《八琼室金石补正》卷八〇,北京,文物出版社,1985。及雷岳撰《大汉韶州云门山光泰禅院故匡真大师实性碑并序》(958)。此外,尚有赜藏主所编《古尊宿语录》卷一八《云门山光泰禅院匡真大师行录》等。至于云门文偃的研究文献,则可参见阿部肇一《中国禅宗史》第二章"关于云门派系统"第一节"云门文偃的思想及其周遭",关世谦译,台北,东大图书公司,1986。及铃木哲雄《云门文偃与南汉》,《印佛研》第33卷第1号(1984)等。
② 雷岳:《云门山光泰禅院匡真大师行录》,《大正藏》第47卷,第575页下。
③ 文偃:《云门匡真禅师广录》卷下,《大正藏》第47卷,第576页上。

文偃秉性超迈，虽嗣义存之法，却脱离雪峰禅系的主流，以韶州云门山(今广东乳源县境内)以据点，大阐禅法，终立云门宗。云门禅系的传法中心为十国之一的南汉国(905—971)。南汉立国，凡六十多年间，其治地为南平广州。南汉高祖刘䶮，后由秦王弘度即皇帝位，更名为玢，是为南汉中宗。文偃及其门下在传扬云门系禅法的过程中，颇受南汉高祖及中宗的支持。

现存文偃《云门匡真禅师广录》三卷①，是研究文偃禅法思想及云门宗的基本文献。此书由北宋福州鼓山圆觉寺僧宗演所校勘而成，其中收录了文偃所撰的《遗表》、《遗诫》两则，述及自己"困风霜十七年，涉南北于数千里之外"，最终"始见心猿罢跳，意马休驰"②。云门文偃在生前与死后，都备受南汉朝廷的尊崇。入寂十七年后，文偃获谥"大慈云匡真弘明禅师"之号。即使是其门下弟子，受南汉赏赐者亦多达百人。其上足门人四十余人，散弘诸方，或性达禅机，或名高长者。在广州一带传法者，则或典谟法教，或领袖沙门。《景德传灯录》辑有机缘语者达二十五人。而身为云门宗第三世的宋代契嵩，在其《传法正宗记》卷八，则更称所谓"今天下尚之，号为云门宗者，所出法嗣凡八十八人"③。

云门禅法，主要分布于南中国地区，包括今天的广东、福建、江苏、四川、江西、湖南、湖北等地。其门下知名弟子，有德山缘密、双泉师宽、双泉仁郁、荐福存古、香林澄远、洞山守初、巴陵颢鉴等。自此及至宋代，文偃所开创的云门禅系，逐渐以岭南为中心弘扬开来，不仅使岭南成为五代时期南中国佛教的兴盛地区之一，更向北方地区扩展，成为宋代禅门一大显宗。

五代时期中国佛教的发展，明显体现出向都市中心周边地区聚集的

---

① 亦称《云门广录》，另在赜藏主所编《古尊宿语录》卷一五至卷一八，辑有《云门匡真禅师语录》。
② 文偃：《云门匡真禅师广录》卷下，《大正藏》第47卷，第575页上。
③ 契嵩：《传法正宗记》卷八，《大正藏》第51卷，第757页中。

趋势,即都市化佛教形成。南汉时期的岭南佛教,同样如此。在政治上,韶州虽然隶属于兴王府,而在佛教上的主从关系,则恰恰相反。韶州云门山以千人常住的著名佛刹,成为十国时期名副其实的南中国佛教中心,并与福建福州、江苏金陵、浙江杭州一起成为南中国地区的四大佛教中心都市。

  岭南佛教云门系的弘传扩展,在外在的社会环境上看,体现出被当时武力政治与文人政治交替进行利用的特点。南汉高祖以下诸王对云门禅系的大力赞助,使其势力在短时间内能够称盛一方。从后世的云门宗发展过程中,可以看出其善于利用种种社会文化资源,特别是行政资源,以扩大本宗的影响。如明教契嵩的《上仁宗皇帝书》及其"辅教"理论,正是这一特点的典型表现。但从其内在的禅法形态上说,则可以看到云门文偃所阐扬的"云门三句"和"一字关"(即所谓的"云门剑"、"吹毛剑"),自有其直截而独具的禅法风格,被视为"云门门庭"、"云门宗风"之所在。

  云门文偃的禅语禅话,主张"大用现前,不存轨则"①,颇多超脱常规之论。如所谓"打杀佛给狗吃论",称"举世尊初生下,一手指天,一手指地,周行七步,目顾四方云:天上天下,唯我独尊。师云,我当时若见,一棒打杀,与狗子吃却,贵图天下太平"②。再如"佛即乾屎橛说"之类,都是如此。或许正因为文偃多出格之语,宋代僧统赞宁所撰的《宋高僧传》,却对文偃这样重要的创派祖师视而不见,未列其传。

  据《云门广录》所载,文偃不仅对古德禅僧的机语信手拈来,而且对于《心经》、《华严》等经教同样熟悉。这种博学多识,使文偃能够像文益一样,对当时禅法修行中的种种进行中肯的评析。如他曾提出禅门修学的"两般病"说:"光不透脱,有两般病。一切处不明,面前有物,是一。又

---

① 文偃:《云门匡真禅师广录》卷中,《大正藏》第47卷,第554页下。
② 同上书,第560页中。

透得一切法空,隐隐地似有个物相似,亦是光不透脱。又法身亦有两般病。得到法身,为法执不忘。已见犹存,坐在法身边,是一。直饶透得法身去,放过即不可,子细点检来,有什么气息,亦是病。"①

在接引学人上,云门文偃的风格,颇具超宗越格之见。对此,后人评述称:"祖灯相继,数百年间,出类迈伦,超今越古,尽妙尽神,道盛行于天下者,数人而已。云门大宗师,特为之最。擒纵舒卷,纵横变化。放开江海,鱼龙得游泳之方,把断乾坤,鬼神无行走之路。草木亦当稽首,土石为之发光。"②

作为唐末五代超佛越祖分灯禅的代表宗派之一,文偃所创立的云门宗,向来以门庭高峻、禅风犀利而著称于世。对于"云门宗旨(或门庭)"或"云门宗风",后人多有评述。如智昭在《人天眼目》卷二中,曾评述"云门宗旨"称:"……绝断众流,不容拟议,凡圣无路,情解不通……大约云门宗风,孤危耸峻,人难凑泊;非上上根,孰能窥其彷佛哉?详云门语句,虽有截流之机,且无随波之意。法门虽殊,理归一致……"③至于"云门宗风"的具体内容,智昭更指出:"称提三句关键,拈掇一字机锋,藏身北斗星中,独步东山水上。端明顾鉴,不犯毫芒。格外纵擒,言前定夺。直是剑锋有路,铁壁无门。打翻路布葛藤,剪却常情见解。烈焰宁容凑泊,迅雷不及思量……此云门宗风也。"④元代禅僧惟则,在《宗乘要义》中比较唐末五代的五家宗风时,指出"云门宗格外纵擒,言前定夺。称提三句关键,拈掇一字机锋。截断众流,圣凡无路。人咸谓其孤危耸峻,难乎凑泊。非上根利器,不足以窥其彷佛。故曰临济痛快、沩仰谨严、曹洞细密、法眼详明,而云门高古也"⑤。

综合上述,后人对云门禅法的概括,不外乎"三句关键"(即"云门三

---

① 文偃:《云门匡真禅师广录》卷中,《大正藏》第47卷,第558页上。
② 苏澥:《云门匡真禅师广录》"序"(撰于1076年),《大正藏》第47卷,第544页下、第545页上。
③ 智昭:《人天眼目》卷二,《大正藏》第48卷,第313页上—中。
④ 同上书,第313页中。
⑤ 惟则:《师子林天如和尚语录》卷九《宗乘要义》,《续藏经》第70册,第833页下。

句")、"一字机锋"(即"一字关")。不过,历史上对于"云门三句"的表述,却有着不同的记载。其门人德山缘密记之为"函盖乾坤,截断众流,随波逐流"。此为著名的"德山句"。另据《云门广录》所记,则为"函盖乾坤,目机铢两,不涉春缘"①。从禅法传播的历史上看,缘密所记的"德山句"及其颂语,较具影响。在《云门广录》卷末,即收录了德山圆明缘密述《颂云门三句语》(并余颂八首),或许表明辑录者对德山阐释的认同立场。

据此,"德山句"及其颂语的具体内容是,其一"函盖乾坤":"乾坤并万象,地狱及天堂,物物皆真现,头头总不伤。"第二句"截断众流":"堆山积岳来,一一尽尘埃,更拟论玄妙,冰消瓦解摧。第三句"随波逐浪":"辩口利舌问,高低总不亏,还如应病药,诊候在临时。"②《人天眼目》更把文偃的"云门三句"与缘密的"德山句"并称,并引圆悟禅师的诠释:"师示众云,函盖乾坤,目机铢两,不涉万缘,作么生承当?众无对。自代云,一镞破三关。后来德山圆明密禅师,遂离其语为三句,曰函盖乾坤句、截断众流句、随波逐浪句。(圆悟曰,本真本空,一色一味,非无妙体,不在踌躇,洞然明白,则函盖乾坤也。又云,本非解会,排迭将来,不消一字,万机顿息,则截断众流也。又云,若许他相见,从苗办地,因语识人,即随波逐浪也。)"③以"云门三句"概括"云门宗旨"或"云门宗风",显然可视为云门宗超佛越祖的禅旨归趣。尽管对于"云门三句"的各家析解见仁见智,但文偃所开创的云门禅系,却以其"截断众流"、"不涉世缘"的果决,阐释了乱世禅修者的超脱心态,同时又以"总在这里"的平实性格,强调禅法实践的人间化。正是在此意义上说,"云门宗风"通过积极务实的思想取向,来推进禅法的革新与实践,从而更契应于当时禅风的变迁。

如果说雪峰义存所称的"无物可见",并非出于对世事的漠然无视,

---

① 云门示众云:"天中函盖乾坤,目机铢两,不涉春缘。作么生承当?代云,一镞破三关。《大正藏》第47卷,第563页上。其中,"不涉春缘",在有些文献中,或作"不涉万缘",或作"不涉世缘"。
② 文偃:《云门匡真禅师广录》卷下,《大正藏》第47卷,第576页中一下。
③ 智昭:《人天眼目》卷二,《大正藏》第48卷,第312页上。

而是表达了禅修者在乱世中的一种无奈,那么云门文偃的"函盖乾坤",则明确宣示了对世事的洞察与关注。当然,禅宗对于超越世间的意义性事物的强烈追问,仍需要借助于一定的现实因缘,所谓"理在事中"、"理事无碍"。从宋代云门宗风的阐扬中,可以看出这种务实取向的合理性,并使云门宗在宋代大发异彩,颇受士大夫的推崇。继文偃之后,云门宗对人间社会的关注,则在佛日契嵩《辅教论》思想中,得到了最彻底的表达。

第八节　禅教一致与华严禅在江南的推展

历经唐武帝"会昌法难"及后周世宗的禁佛条令,北方地区的佛教一度沉寂。与此不同,南方诸割据政权,则对佛教多有推崇之举,或兴建佛寺,或归崇佛僧。因此,五代时期的佛教文化重心日渐移至江南地区。

唐末五代,禅宗虽一枝独秀,但在五家分灯的过程中,法眼、云门等后起禅宗派系,都与南方朝廷及地方官府的关系密切,在禅法修行中,既倡导禅修证悟,亦重视禅教一致。受此影响,禅僧们看经习教,成为普遍流行的风习。在此意义上说,禅教一致的风行,同样成为五代区域佛教发展的一大现象。除天台宗在吴越地区呈现出复兴之势外,华严宗亦受到一定程度的关注。其中,浙江嘉兴(亦称嘉禾、秀州、秀水、长水等)、杭州等地则逐渐成为当时江南弘阐华严宗义学的中心区域,从而成为宋代华严复兴的先导。

当时华严与禅修的结合情形,广泛地体现于五代法眼宗、云门宗等禅僧语录中。如法眼文益,开示众僧参阅《华严经》、《涅槃经》、《般若经》、《法华经》等大乘佛典,其中尤推崇《华严经》。文益尝著《宗门十规颂》,有颂《华严六相义》之作,以理事观而论禅理。云门文偃尝称:"朝看《华严》,夜读《般若》。"[1]在《五灯会元》卷一〇中,还记载了文益曾询问弟

---

[1] 文偃:《云门匡真禅师广录》卷中,《大正藏》第47卷,第564页中。

子是否看过法藏所撰著的《妄尽还源观》、《百门义海》,可见他对华严教典的推崇。在对华严教理的摄取中,法眼宗自文益而德韶而延寿,无不基于理事圆融的原则,其他如灵隐清耸、永明道潜等人,无论是其禅修经历,或是传扬宗乘,也都有引华严入禅的识见。清耸禅师即通过研阅《华严经》而悟入心地法门,并因此得到文益的认可。道潜禅师则与法眼阐论华严六相圆融义。而最为典型的是永明延寿及其《宗镜录》,可谓是"宗归达摩,教尊贤首",突出如来藏自性清净心的归旨所在,阐扬禅教一致,援教入禅,以教证禅。

在撰写《宗镜录》时,延寿即曾召集吴越学有专攻的贤首教僧进行讨论,并且表明其明显的倾向性,主张"若依教是华严,即示一心之广大之文。若依宗即达摩,直显众生心性之旨"①。又称,"名《大方广佛华严经》者,大方广者是一心所证之法,佛华严者是一心能证之人。摄所归能,人法冥合,皆是一心"②。除了对华严教理的普泛阐释外,延寿还大量征引杜顺、法藏、澄观、宗密及李通玄等唐代华严祖师的教典,如称"杜顺和尚依《华严经》,立自性清净圆明体,此即是如来藏中法性之体,从本以来自性满足,处染不垢,修治不净,故云自性清净。性体遍照,无幽不瞩,故曰圆明"③。

从五代南方诸国与唐代华严的关系来看,颇引人注目的是对李通玄的推崇。特别是南唐王室,更对李通玄《新华严经论》信崇有加。据称:"烈祖(韶昇,937—947)辅吴,吴都广陵,而烈祖居建业。大筑其居,穷极土木之功。既成,用浮屠说……烈祖召予章龙兴寺僧智玄,译其旁行之书,又命书房,书《华严论》四十部,衮秩副焉。并图写制论李长者像,班之境内。此事佛之权与也,然烈祖未甚惑。"④尽管南唐烈祖李昇并未真

---

① 延寿:《宗镜录》卷三四,《大正藏》第48卷,第614页上。
② 延寿:《宗镜录》卷二五,《大正藏》第48卷,第556页中。
③ 延寿:《宗镜录》卷一,《大正藏》第48卷,第417页下。
④ 陆游:《南唐书》卷一五《浮屠》。

正属于佞佛国主,但他甚为推崇同为本姓的李通玄所撰《新华严经论》,客观上为《新华严经论》在后世的流行提供了文献基础。

五代时期,作为唐代华严"别系之学"的李通玄思想,在江南地区继续产生影响。如江苏松江县明行院,"藏乘二千余卷,枣柏大士(即李通玄)《华严合论》在焉"①。唐末五代时期,江南地区开始出现了一些专弘华严的教院。如浙江嘉兴的真如教院,始立于唐至德二年(757)。大中十年(856),裴休舍宅为寺,改称至德院,由无著住持。据《十国春秋》卷八九《吴越十三列传》称:"僧文喜,嘉兴义和镇人也。本姓朱子,七岁为僧,戒律精严。往参洪州仰山禅师,言下顿了。久之,礼五台,筑室千倾山。会王巢之乱,避地湖州,住仁王院。唐光启三年(887),武肃王诸住龙泉寺,已又住圣果,表荐赐紫加号,曰无著。"②无著于光化二年(899),迁化于崇福寺。崇福寺,"壁间绘善财童子五十三参相,皆仿庄严之妙"。无著被后人视为"神僧",明成祖《神僧传》卷八收录其传记,述称巡礼五台山、求见文殊大士的神奇感应。③ 这些江南教院所保持的华严信仰,成为宋代华严宗复兴的重要基础。宋代华严复兴的所谓"二水四家",其弘传区域主要就是集中这些教院。

---

① 杨潜:《绍熙云间志》卷中。
② 吴任臣:《十国春秋》卷八九《吴越十三列传》,《四库全书》史 224 册,第 164 页。
③ 参见明成祖编《神僧传》卷八《无著》,《大正藏》第 50 卷,第 1007 页中。

第三章　隋唐五代的僧官与度僧制度

殆至唐代,中国传统的佛教制度,大致是以"佛教戒律"、"国家管辖制"与"禅僧丛林制"、寺院经济四个层面并行的。其中,佛教戒律来源于印度,由佛陀所亲制,而"国家管辖制"与"禅僧丛林制"为中国佛教所独有。如果说律宗及其基本教义、禅宗的"清规"是佛教界自身所制定的行事、修行规范的话,由僧官制度、寺院寺职以及度僧、僧籍等各种管理制度所构成的"国家管辖制"则是以朝廷的意愿为主体所设定的对于僧团的管理制度。隋唐僧官制度与南北朝僧官制度的最大区别就是由僧人担任的僧官权力的虚化和由朝廷官员担任首长的管理佛教事务的机构权力的强化。这一"强"一"弱"的消长,以及政府对于度僧等僧团事务的制度性干预,是隋代之后国家政权控制佛教事务的基本方略。这些种种完善和强化在南北朝时期业已存在的"国家管辖制"的措施,标志着隋唐朝廷对于佛教教团和僧众管理的"官僚化"的最终完成。而这一管理体系和方法,成为以后各朝沿袭模仿的对象,对于中国佛教的发展产生了深远的影响。唐代寺院经济的高度发达,一方面成为这些制度的外在表现,另一方面也强化了这些制度的必然性。本章拟先从僧官、度僧、度牒制等方面论述隋唐五代佛教制度本土化的进展和成就。

第一节 隋代的僧官、寺职和度僧制度

如前所论,接续南北朝时期的发展势头,隋王朝在恢复佛教,僧尼人数、寺院数量以及寺院经济等方面都有重大发展。在此背景下,加强管理制度的建设在所难免,其具体内容可借用唐代中期的僧人神清的叙述说明之:"隋革周命,弘法尤盛。天下三藏,分置十统。"①神清所叙述的仅仅是朝廷僧官的设置,而隋代寺职的设置也渐趋完善。

一、隋朝的僧官制度

隋朝虽短,但在僧官制度的建设方面颇有建树,学界对于隋朝的僧官制度评价颇高。如中国台湾明复说:隋朝"涵纳汉魏以来胡汉各方的制度法规,经过一番撷英汰芜的作为,创出了一种宏伟优美的体制与政策,把僧政与僧官组织送到最高巅峰"②。而隋代在基本机制方面,继承了北齐、北周的僧官体制。不过,隋代的一个重大改变是由高僧充任的僧官逐渐从国家的佛教事务中淡出,而专门管理佛教僧团的内部事务。隋代改制之后,佛教事务的最高官署不再是"沙门统"主宰的办事机构,而是由朝廷官员充任的"鸿胪寺"的下属机构"崇玄署"。这表明,隋代皇权对于佛教的管理进一步得到强化,佛教僧团的自主权愈来愈弱了。

隋文帝杨坚于开皇年间连续下达诏书,重建了统管全国僧务的昭玄寺及其地方僧官。在中央,隋文帝将北齐时期"掌诸佛教"的昭玄寺与鸿胪寺主管外国僧人的职能合并,设置崇玄署。具体方案是在鸿胪寺下设典客、司仪、崇玄三署,每署各置令一人,至隋炀帝时,又再置少卿两人。崇玄署是中央政权的正式衙司,是管理佛教事务的最高机构。崇玄署令为"从八品",是有品级的朝廷官员。这与由僧人担任的"昭玄寺"中的僧

---

① 神清:《北山录》卷八,《大正藏》第52卷,第623页中。
② 明复:《中国僧官制度研究》,第54页,台北,明文书局,1981。

官是不同的。这样,隋代便建立起了由崇玄署和昭玄寺组成的两重中央佛教事务机构,加上各州郡县的"沙门曹"以及派驻各个佛寺的"寺监",构成了一个由朝廷衙署直通各个佛寺的自上而下的多层次的佛教事务管理机构。

昭玄寺的职位也如北魏、北齐,设置有沙门大统(或称"国统"、"沙门大昭玄统"、"昭玄大沙门统")、都统(或称"昭玄统")、都维那(或称"昭玄都")三种僧职。《隋书·百官志》记载:"昭玄寺,掌诸佛教,置大统一人,都一人,都维那三人。亦置功曹、主簿员,以管诸州郡县沙门曹。"[①]隋代僧官中,"大统"为昭玄寺的最高主管,但并不是最高僧官,不是佛教事务的最高级领导。《隋书》尽管沿用了北齐对于僧人僧官职责的叙述语"掌诸佛教",但已经名不副实,与前代已不可同日而语。隋代在各郡县设有僧官机构——沙门曹,其主要职责在于秉承崇玄署和昭玄寺的命令,处理地方僧务。其主要首领为"沙门统",或简称为"统"、"僧统"等;副手为"沙门都",也称为"都"、"僧都"等;"都维那",负责当地僧众的纲纪监督等事务。

隋代僧官任用是由皇帝直接敕命的,特别是中央僧官更是如此。《续高僧传》有几处敕命荐举僧官的记载,大概是隋文帝想通过荐举充实中央和各地的僧官队伍。

关于隋朝的"大统",从现行的记载看,僧猛和昙迁相继担纲。释僧猛于北周末大象二年(580)被敕住长安大兴善寺,"寻振为隋国大统三藏法师,委以佛法,令其弘护"[②]。关于此事发生的时间,《佛祖统纪》将其系于开皇元年(581),《释氏稽古略》卷二将其系于开皇二年。僧猛于开皇八年(588)四月圆寂。《佛祖统纪》记载:开皇七年,"诏昙迁法师为昭玄大沙门统"[③]。这一事件不见于《续高僧传·昙迁传》。但《续高僧传》记

---

① 魏征:《隋书》卷二七,中华书局校本,第 758 页。
② 道宣:《续高僧传》卷二三,《大正藏》第 50 卷,第 631 页上。
③ 志磐:《佛祖统纪》卷三九,《大正藏》第 49 卷,第 359 页下。

载了这一年隋文帝下诏专门征召十位高僧参与佛经翻译之事,昙迁也是在这一年从徐州进京的。《昙迁传》说:

> 时,洛阳慧远、魏郡慧藏、清河僧休、济阴宝镇、汲郡洪遵,各奉明诏,同集帝辇。迁乃率其门人,行途所资,皆出天府。与五大德谒帝于大兴殿,特礼接劳以优言。又敕所司,并于大兴善寺安置供给。[1]

昙迁进京后,与隋文帝关系非常紧密,并且建议文帝大赦私度僧人,仁寿年间崇拜舍利建塔供养之事也出于昙迁的建议。从这些记载看,有理由认为,僧猛在八十二岁圆寂之前一年,辞去了"大统"的职位,隋文帝敕命昙迁接任。昙迁法师圆寂于大业三年(607),大概一直任职到圆寂。值得注意的是,《续高僧传·灵裕传》有开皇十一年举"国统"的记载,其文曰:"仍诏所司咸集僧望,评立国统。众议咸属,莫有异词。"[2]灵裕固辞乃免。现有文献查不到最后获任的僧人。但从前引资料看,可能是昙迁辞职后没有找到合适的人选,因此昙迁可能最终未曾辞去职务。

关于隋代昭玄寺的"都统"和"都维那",赞宁说:"始以昙延为沙门大昭玄统,次则灵藏法师为大兴善寺主,寻署昭玄都。"[3]昙延、灵藏的任职时间很早。《历代三宝纪》说,开皇二年(582)七月,隋文帝为北天竺僧人那连提黎耶舍设立译场,下敕令"昭玄统沙门昙延、昭玄都沙门灵藏等二十余僧,监护始末"[4]。从这些资料推测,昙延、灵藏大概是在开皇元年或二年初,与僧猛先后被任命的。[5] 实际上,隋文帝在立国之初,就健全了中央僧官的员额。灵藏圆寂于开皇六年,昙延圆寂于开皇八年八月。从

---

[1] 道宣:《续高僧传》卷一八,《大正藏》第50卷,第572页下。
[2] 道宣:《续高僧传》卷九,《大正藏》第50卷,第496页中。
[3] 赞宁:《大宋僧史略》卷中,《大正藏》第54卷,第243页下。
[4] 费长房:《历代三宝纪》卷一二,《大正藏》第49卷,第103页上。
[5] 志磐《佛祖统纪》卷三九"开皇元年"条下说:"敕僧猛法师住大兴善寺,为隋国大统。"(《大正藏》第49卷,第359页下)觉岸《释氏稽古略》卷二"开皇二年六月"条下记载:"以法师昙延为昭玄统,敕对译经。又敕法师僧猛住大兴善寺,寻进为隋国大统三藏法师。"(《大正藏》第49卷,第807页下)

他们的圆寂时间看,在开皇六年之前,中央僧官似乎未曾缺位。

然《续高僧传·灵裕传》却记载:大约在开皇三年(583)左右,相州刺史樊叔略崇信僧人灵裕。"有敕令立僧官,略乃举为都统。"灵裕固辞乃免。如果不是昙延辞职的话,这里所说的"都统"很有可能指的是地方僧官。而从《灵裕传》下文看,中央僧官的荐举是由京城的高僧议论推荐再由皇帝钦定的,皇帝未曾相识交往的僧人恐怕不会有被荐举的机会的。《续高僧传·智聚传》记载了智聚任僧官的过程:

> 开皇十一年,爰降敕书,殷勤劳问……尚书令楚公素、左仆射邳国公苏威并躬到道场接足顶礼,咸舍净财,资庄形命。十三年敕置僧官,道俗稽请,居平等之任。聚以雅道斯人,直心应物。和合之众,清风穆如也。①

此中所言"平等之任"不详其所指,从后文所言以及此时昙迁在任"大统"等情况推断,智聚所任之职可能是"昭玄都"。

北周大象二年(581)恢复佛教,于东都洛阳和西京长安各立大陟岵寺,置菩萨僧,净影慧远被安置于少林寺。杨坚代周立隋之后,慧远重新剃发恢复比丘身份。慧远在洛阳大开讲会,"远近归奔,望气成津,奄同学市,所以名驰帝阙,皇上闻焉。下敕授洛州沙门都,匡任佛法,远辞不获免,即而位之"②。隋文帝听闻慧远之声名,诏命慧远为沙门都。慧远任沙门都后,依僧伽制度大饬僧纪,"至于治犯断约,不避强御;讲导之所,皆科道具。或致资助有亏,或不洒水护净,或分位乖法,或威仪失常,并不预听徒"③。洛州(今河南省洛阳市一带)僧伽律行因之丕变。

---

① 道宣:《续高僧传》卷一〇,《大正藏》第 50 卷,第 503 页上。
②③ 道宣:《续高僧传》卷八,《大正藏》第 50 卷,第 491 页上。

二、隋代寺职

如前所论,寺院的寺职,北朝称"三纲",南朝称"三官"。隋统一南北后,采纳了"三纲"的说法,两者的分歧也消失了。隋文帝于仁寿四年(604)下诏曰:

> 今更请大德奉送舍利,各往诸州依前造塔。所请之僧必须德行可尊,善解法相,使能宣扬佛教,感窹愚迷。宜集诸寺三纲详共推择,录以奏闻。①

"三纲"一词正式出现在皇帝的诏书中,说明社会上已经习用这种称谓了,更说明官方已经正式认可了以"三纲"管理寺院具体事务的模式。

隋代之寺职,据王昶《金石萃编》与陆增祥《八琼室金石补正》所收碑文或造像记所载,较重要者计可分为两类:其一,僧人出任者,如寺主、知事上座、断事沙门、都维那比邱、平等沙门、正定沙门、邑师等衔。其二,居士出任者,有都维那、维那、法义、典座、典录、营寺居士等职。② 在此需特别注意,现存文献中尽管发现有僧任"都维那"(或简称为"维那")和俗任都维那之分,但俗任都维那属于附属于寺院的居士组织之都维那,而并非作为寺内三纲的"都维那"。由居士担任的"都维那"及其他与寺职相同者,并非寺院"三纲"和寺职之一,而是依附于寺院的民间会社。如《全唐文·结金刚经会碑》记载:

> 济州历城县维那刘长清等八人,为(阙一字)中《金刚经》邑会之长。曾同邑内信直者十数公,俱礼南灵台山禅大德僧(阙一字)方为出世之师。师以太和六年授灵严寺,请命诣阙,进本寺图。将圣旨

---

① 道宣:《续高僧传》卷二一,《大正藏》第50卷,第611页下。
② 参见蓝吉富《隋代佛教史述论》。此著对于隋代的寺职考证颇详,唯下属判断不大能够成立:"其中都维那(又称维那)一职,为寺内三纲(寺主、上座、维那)之一。从碑文或造像记可知,隋代之寺院维那,是僧俗皆可出任的。"

再许,起置镇国般舟道场之鸿泽。师行能二备,慕止京畿。首末三秋,无疾而谢世。维那刘公等,痛惠焰绝照,法镜(阙一字)光,无明益昏,大道荒塞。乃率邑内诸人等家财,同心奉为没故禅大(阙一字)建此弥勒像一躯,侍菩萨两躯,于南灵台山先师宴坐之地,上答生前法海之恩惠矣。①

"维那"之义在佛教组织中也就是监督者和承担一定管理责任者,并不一定非得理解为由朝廷任命的寺职。

隋代佛寺"三纲"应该是寺主、上座、都维那,但作为僧职的"维那"的正式称呼是什么,众说纷纭。如有学者说:"隋与唐初,佛寺'三纲'中的'悦众'一职,称为'直岁'。"②这一观点是不符合事实的。首先,唐初至少在贞观年间,"三纲"的名目已经确定为上座、寺主和都维那。其次,"直岁"并非"悦众"或"都维那"的另一种称呼。在此,我们通过对一些例证的分析来说明隋代佛寺"三纲"的职名。

隋代"三纲"包含"寺主"和"上座"是没有疑义的。这方面的记载较多。如隋费长房编的《历代三宝纪》卷一二记载,开皇二年(582)在京城设立的那连提黎耶舍译场就是由"京城大德昭玄统沙门昙延、昭玄都大兴善寺主沙门灵藏等二十余德,监掌始末"③。释法愿于北齐时"为大庄严、石窟二寺上座。皇隋受命,又敕任并州大兴国寺主"④。释僧凤,在大业年间为崇敬寺主⑤。释法藏在北周时曾任陟岵寺主,隋文帝时受敕任济法寺"僧首","大业末岁,下敕九宫并为寺宇,度僧纲管,相续维持。以藏名称洽闻,乃补充太平宫寺上座。"⑥《续高僧传·昙迁传》记载:

---

① 董诰等编:《全唐文》卷九八八,第10224页。
② 张弓:《汉唐佛寺文化史》,第365页。
③ 费长房:《历代三宝纪》卷一二,《大正藏》第49卷,第103页上。
④ 道宣:《续高僧传》卷二一,《大正藏》第50卷,第610页上。
⑤ 道宣:《续高僧传》卷一三,《大正藏》第50卷,第526页下。
⑥ 道宣:《续高僧传》卷一九,《大正藏》第50卷,第581页下。

>自稠师灭后,禅门不开,虽戒慧乃弘而行仪攸阙,今所立寺既名禅定,望嗣前尘,宜于海内召名德禅师百二十人各二侍者,并委迁禅师搜扬。有司具礼,即以迁为寺主。既恩敕爰降,不免临之。①

此中所说,昙迁于仁寿初年任禅定寺寺主。综合这些资料,基本可以确定隋代的佛寺三纲的两种名称——寺主、上座。然而,也有例外。在隋朝修建的最重要的寺院中,"寺主"被称为"道场主","上座"也被称为"知事上座"。以下我们借助于对两寺僧职的分析来探索隋代寺院三纲的设置。

隋代最为重视的是皇家功德使。功德寺中,隋文帝在仁寿三年(603)为献后所立的禅定寺以及炀帝在大业初年为文帝所立的大禅定寺,最为宏伟,"天下伽蓝之盛,莫与为比"②。在初建之时,几乎将当时有名望的高僧硕学囊括殆尽。在道宣《续高僧传》中屡见某某僧敕住的记载。经检索《续高僧传》,禅定寺、大禅定寺历任"三纲"大致可以厘清。

关于禅定寺的"寺主",《续高僧传·昙迁传》记载:

>自稠师灭后,禅门不开,虽戒慧乃弘而行仪攸阙,今所立寺既名禅定,望嗣前尘,宜于海内召名德禅师百二十人各二侍者,并委迁禅师搜扬。有司具礼,即以迁为寺主。既恩敕爰降,不免临之。③

大业三年(607)十二月六日,昙迁圆寂于禅定寺,时年六十六岁。关于大禅定寺的寺主,《续高僧传·静端传》记载:"属高祖升遐,隋储嗣历,造大禅定,上福文皇。召海内静业者居之,以端道悟群心,敕总纲任,辞不获免,创临僧首。"④这条资料未曾明言静端为寺主,但考虑到下文已经有

---

① ③ 道宣:《续高僧传》卷一八,《大正藏》第50卷,第573页下。
② 宋敏求:《长安志》卷一〇《永阳坊》,《宋元方志丛刊》(1),第129页,中华书局影印本,1990。
④ 道宣:《续高僧传》卷一八,《大正藏》第50卷,第576页下。

"上座"的记载,加之从文中所述对于静端的赞语看,静端不大可能就任三纲之末,因此,基本上可以确定,大禅定寺首任寺主为静端。不过,静端于大业二年(606)冬十二月圆寂,春秋六十四,住寺未久。

道宣《续高僧传》关于两禅定寺寺职的记载有一难解之处,即三次出现了"道场主"的职名。《续高僧传·保恭传》记载:

> 仁寿末年,献后崩背,帝造佛寺,综御须人,金委声实,以状闻奏,下敕征入为禅定道场主,纲正僧网,清肃有闻。迄于隋代,常莅斯任。①

道宣的这段引文有一错误,即"仁寿末年"应为仁寿初年。之所以出现这样的错误,是有原因的。也许,道宣是想叙述,保恭是在仁寿末年就任"禅定道场主"的。《续高僧传·僧定传》有文说:"沙门保恭,道场上首,定之徒也。"②

此中说,保恭为"道场上首"。保恭于武德七年(624)六月圆寂,"春秋八十余矣"③。《续高僧传·童真传》记载,释童真,"大业元年,营大禅定,下敕召真为道场主。辞让累载,不免登之。存抚上下,有声僧网"。童真在大业九年(613),"因疾卒于寺住,春秋七十有一"④。《续高僧传·觉朗传》记载,释觉朗"大业之末,敕令知大禅定道场主,镇压豪横,恬然向风,渐润道化,颇怀钦重。不久卒于所住"⑤。保恭为"禅定道场主",童真和觉朗先后为"大禅定道场主",而童真和觉朗都是昙延的弟子。现在的问题是,"道场主"是一独立的寺职,还是"寺主"的另一种提法。"道场"本是指修道之所,而有关史籍都记载,隋炀帝下令将佛寺改名为"道场",但关于改名的范围则颇多异说。《隋书》卷二八《百官下》记载,炀帝

---

① 道宣:《续高僧传》卷一一,《大正藏》第 50 卷,第 512 页下。
② 道宣:《续高僧传》卷一九,《大正藏》第 50 卷,第 579 页上。
③ 同上书,第 579 页下。
④ 道宣:《续高僧传》卷一二,《大正藏》第 50 卷,第 518 页上。
⑤ 道宣:《续高僧传》卷二一,《大正藏》第 50 卷,第 612 页中。

仅仅将"郡县佛寺改为道场"①。而《佛祖统纪》卷三九则有另外的说法：大业九年，"诏改天下寺曰道场"②。两禅定寺自然属于国家大寺，如果认同前一说法，则禅定寺不该作"禅定道场"；如果跟从后一说法，则禅定寺可称为"禅定道场"。从"禅定道场"的寺名言之，"道场主"其实就是"寺主"的另外称呼。笔者起先倾向于将其作为独立寺职看待，后来从上述资料所显示的两座寺院"寺主"任职时间的可连续性考虑，基本认定"道场主"就是"寺主"，两者异名同实。前文已考，禅定寺的首任寺主为昙迁，大业三年在其六十六岁时圆寂，而保恭在仁寿末年接任。这可能是在僧迁离任的情况下发生的，而《僧迁传》说，僧迁"夙感风痿之疾，运尽重增"③，可见僧迁于圆寂前几年辞职也是可能的。而大禅定寺的三位"寺主"的任职时间恰好是可以连贯起来的。第一任寺主静端圆寂于大业二年。而关于童真，僧传说，大业元年就有敕命其任职的想法，不过其推辞数年，因此，在静端圆寂之后就任也是顺理成章的。童真圆寂之后，觉朗接任其职。

关于禅定寺、大禅定寺的上座，《续高僧传》也记载得很明确。《慧因传》说：释慧因，"仁寿三年，起禅定寺，搜扬宇内，远招名德，因是法门龙象，乃应斯会。既德隆物议，大众宗归，遂奉为知事上座，训肃禅学，柔顺诱附，清穆僧伦，事等威权，同思启旦"④。慧因"以贞观元年二月十二日卒于大庄严寺，春秋八十有九"⑤。《续高僧传·明瞻传》记载，释明瞻于大业二年（606）之后引起隋炀帝的注意，后来"敕令住禅定，用崇上德故也。众以瞻正色执断，不避强御，又举为知事上座，整理僧务，备列当时"⑥。释明瞻圆寂于唐贞观二年（628）十月。从这两条资料看，慧因可能在大业初年曾经去职，后由明瞻接任。这两则史料所用的"知事上座"

---

① 魏征：《隋书》卷二八，中华书局校本，1973年，第802页。
② 志磐：《佛祖统纪》卷二九，《大正藏》第49卷，第362页上。
③ 道宣：《续高僧传》卷一八，《大正藏》第50卷，第574页上。
④⑤ 道宣：《续高僧传》卷一三，《大正藏》第50卷，第522页中。
⑥ 道宣：《续高僧传》卷二四，《大正藏》第50卷，第633页上。

的名称未见于其他资料。

隋炀帝所立的大禅定寺的上座为灵幹。《灵幹传》记载:"大业三年,置大禅定,有敕擢为道场上座,僧徒一盛,匡救有叙。"①至大业八年(612)正月二十九日卒,春秋七十有八。

在隋代寺院"三纲"职名上,最复杂的是最后一"纲"。北朝的有关文献已经明确地将"三纲"固定在"维那"、"上座"、"寺主"上。按理在许多方面都继承北周制度的隋朝应该将"维那"作为"三纲"之一,也许资料散失过多,也许在隋朝"维那"真的并非"三纲"之一,从《续高僧传》以及遗存的碑石资料上仍然无法确定。在此只能依据《续高僧传》所保存的两禅定寺的寺官资料大致分析之。

《续高僧传》所保存的禅定寺的其余僧官资料很杂乱。我们首先分析可能为"三纲"之一的人员之资料:

其一,《昙藏传》记载:"献后既崩,召入禅定。性度弘裕,风范肃成,故使道俗推崇,纲维领袖,恒为接对之役也,宾客席上之美,谈叙旷世之能,见之今矣。"②从这段记载看,昙藏在禅定寺初建之时,肯定是寺内"三纲"之一,"道俗推崇,纲维领袖"就是证据。而且,根据《续高僧传》的记载,仁寿年间禅定寺的"上座"另有其人,在"寺主"和"三纲"之末的职务中,昙藏任"三纲"之末的可能性最大。此外,昙藏在唐初颇受重视,屡任大寺院的"三纲"。《昙藏传》记载:

> 大唐御世,造寺会昌,又召以为上座。抚接长幼,殊有奇功。贞观译经,又召为证义。时以藏威烈气远,容止清肃,可为兴善寺主。藏深怀礼让,用开贤路,乃荐蓝田化感寺闰法师焉,即依其言,举称斯目。③

昙藏圆寂于贞观九年(635)三月,春秋六十有九。

---

① 道宣:《续高僧传》卷一二,《大正藏》第 50 卷,第 518 页下。
②③ 道宣:《续高僧传》卷一三,《大正藏》第 50 卷,第 525 页下。

其二,《智兴传》记载,释智兴,"住禅定寺,今所谓大庄严也。初依首律师随从讲会,思力清撤,同侣高之。征难鳞错,词锋惊挺,又能流靡巧便,不伤伦次,时以其行无诤也。大业五年仲冬,次掌维那。时钟所役,奉佩勤至,僧徒无扰"①。这是道宣唯一留存的有关两禅定寺"维那"一职的记载。可惜,凭借此资料无法确认智兴确实是大业年后禅定寺的三纲之一。因为智兴圆寂于贞观六年(632)三月,春秋四十有五。隋大业五年(609),他年仅二十三岁。

其三,《法喜传》记载,释法喜"仁寿年内,文帝敕召追入京师,住禅定寺,供礼隆异,俭行为先,接抚同伦,谦虚成德。爰有佛牙舍利,帝里所珍,檠以宝台,处之上室,瓌宝溢目,非德不知。大众以喜行解潜通,幽微屡降,便以道场相委,任其监护。喜遂纲维供养,日夕承仰"②。法喜于贞观六年(632)圆寂,春秋六十有一。道宣说:"传者尝同游处,故略而述之。"③《续高僧传·善慧传》记载,大业末年孟冬十月,善慧归属"禅定寺,沙门法喜便脱衣迎之,引至房中,智观无滥。慧又师喜,两振芳规"④。这些资料显示法喜在禅定寺担任一定寺职,但未明言时间,而且《善慧传》仅言"沙门法喜"。法喜在仁寿年很年轻,即便是担任"三纲"之末也可能是在大业年间。

其四,《普旷传》记载,释普旷,"隋高晏驾,禅定欝兴,乃召居之。大业末年,又登纲任。大唐启运,别奉诏书,曩积芳猷,日别相见。武德三年三月,卒于慈门寺,春秋七十三"⑤。释普旷在周武帝灭法之后先被敕入通道观学士,后又被迫任岐山从事,然"剃发留须,头戴纱帽,缨其咽颔,用为常轨"⑥。普旷在隋代颇受僧俗尊敬,从文中看,他就任的是禅定寺"三纲"应该毫无疑义。

---

① 道宣:《续高僧传》卷二九,《大正藏》第50卷,第695页中一下。
②③ 道宣:《续高僧传》卷一九,《大正藏》第50卷,第587页中。
④ 道宣:《续高僧传》卷二八,《大正藏》第50卷,第688页中。
⑤⑥ 道宣:《续高僧传》卷一一,《大正藏》第50卷,第512页中。

我们将上文已经考证出的禅定寺的寺主(包括"道场主")、"上座"的就职年龄作了统计,发现最低年龄为五十八岁。尽管任佛寺僧职不一定完全依靠年资,但是,在这样一座僧众三四百人,连入寺院常住都要报告皇帝批准的国家大寺,年资和僧腊不够的僧人是不大可能进入三纲行列的。而其他三位所任之寺职,道宣表述得很模糊。唯一表述得明确的任禅定寺"维那"的法喜,基本上可以肯定不属于"三纲"之一。在《续高僧传》中有关隋代寺院维那的四五例都表明任维那的僧人都很年轻。如《道兴传》记载:

>　　兴知都维那。于时官府急切,不许客住,诸寺无停者,咸来即安抚。寺主曰:"依官制不许。何得停之?"兴曰:"官不许容针,私容车马,寺主岂不闻耶?"寺主大怒,曰:"年少不用我语!"兴曰:"此三宝也。敬则见善,嫌则感恶。"寺主愤恚还房。①

这一则故事发生在隋末的蜀地。根据道宣的记述,道兴在大业十三年(617)时仅二十五岁。从上文的语气看,道兴很大可能也不是三纲之一。

鉴于在现存的史料中,不大容易确认隋代"三纲"的末位的职名,因此异见不少,如蓝吉富先生说,隋代三纲之一的"维那",俗士也可以担任②;张弓先生则说,隋代佛寺"三纲"中的"悦众"一职,称为"直岁"。③而张先生所举的例子却不能证明"直岁"就是"三纲"之一。《续高僧传·道英传》记载:释道英,"后在京师住胜光寺,从昙迁禅师听采《摄论》","然其常坐,开目如线,动逾信宿。初无顿睫,后入禅定,稍程异迹。大业九年,尝任直岁,与俗争地,遽斗不息。便语彼云:'吾其死矣。'忽然倒仆,如死之僵。诸俗同评:'道人多诈。'以针刺甲,虽深不动,气绝色变,

---

① 道宣:《续高僧传》卷二二,《大正藏》第 50 卷,第 623 页中。
② 参见蓝吉富《隋代佛教史述论》。
③ 张弓:《汉唐佛寺文化史》,第 365 页。

将欲洪膪。傍有智者令其归命,誓不敢争,愿还生也。寻言起坐,语笑如常"①。此引文中的"禅定"不是禅定寺之禅定,而是坐禅之禅定。道英在任"直岁"之时,利用禅定诈死,迫使与寺院争夺土地的俗人让步。从这件事看,道英不像是专管寺僧纲纪的"维那",而是专门经营土地的寺院执事。《续高僧传·僧善传》记载了僧善之弟子僧袭,"本住绛州,结心定业,承习善公,不亏其化。晚住晋州宝严寺,充僧直岁,监当稻田,见杀水陆诸虫,不胜其酷"②。此位僧袭也是专营稻田的。从这些事例看,"直岁"实际上是专营农耕寺庄者,并不在寺院三纲之内。至唐代禅林将其立为六知事之一。"直"为"当值"之义。赞宁说:"或立直岁,则直一年,或直月,直半月。直日皆悦众也。"③佛教寺职在"百丈清规"流行之后,整体设置都为之一变,不能用中唐之后的名称逆推而解释隋代寺职。

笔者在此倒有一推想,隋代三纲之末的通行名称为"纲维"。如前举的禅定寺的寺职中,道宣叙述昙藏的所任时说"纲维领袖",叙述法喜时说"喜遂纲维",叙述普旷时说"又登纲任",而叙述智兴时仅说"次掌维那"。此外,《续高僧传·智琳传》记载:仁孝寺释智琳,于开皇十六年(596)被"闰州刺史李海游屈为断事,纲维是寄,允当金属"④。释慧旷,于开皇三年回到故乡襄阳,"于遍学道场传经引化。旷既律行严精,义门综博,道俗具瞻,纲维是奇,统掌八载,摄是乌回。后又奉敕移居兴国,寺任攸委,丝纶再降"⑤。将这些例证综合起来,已经足够说明隋代的寺院的三纲之末称为"纲维"。

---

① 道宣:《续高僧传》卷二五,《大正藏》第50卷,第654页上。
② 道宣:《续高僧传》卷一七,《大正藏》第50卷,第596页上。
③ 赞宁:《大宋僧史略》卷中,《大正藏》第54卷,第245页上。赞宁在上述引文后又说:"随方立之,都谓之三纲,杂任其僧纲也。"这是针对前述上座、寺主、都维那等的整体叙述而言的,并非说"典座"和"直岁"也是"三纲"之一。
④ 道宣:《续高僧传》卷十,《大正藏》第50卷,第504页上。
⑤ 同上书,第503页下。

三、赐额与度僧

关于佛寺的赐额制度,据学者考证,初兴于东晋初年①。当时随晋元帝南渡的高阳许询任会稽内史,曾"舍永兴、山阴二宅为寺","既成,启奏孝宗。诏曰:'山阴旧宅为祇洹寺,永兴新居为崇化寺。'"②晋穆帝为许询所立的寺院赐名,是文献所见敕赐寺院名额的较早记载。南北朝后期,勋臣贵戚构筑寺院,启请君王赐额的风气愈来愈盛。如梁光禄大夫江蒨梦饮慧眼水而眼疾愈,遂舍位于同夏县牛屯里的住宅为佛寺,并乞皇帝赐予嘉名。梁武帝回答说:"知卿第二息感梦,云饮慧眼水。慧眼则是五眼之一号,若欲造寺,可以慧眼为名。"③天监元年(502),韶州刺史侯敬中奏请建寺,梁武帝赐额"宝林寺"④。陈太建十年(578),陈宣帝为智顗的天台佛陇精舍敕赐"修禅寺"之名,并由"吏部尚书毛喜题篆榜,送安寺门"⑤。此例中,皇帝赐寺名,朝中重臣书写。这是赐额并赐榜额的早期事例。北朝也有类似的例子。如北魏黄门侍郎李裔舍位于元氏县山宅舍为佛寺,延昌(512—515)末,北魏宣武帝元恪"赐其'偃角'之名"。孝昌(525—527)时又改为"隐觉"⑥。

尽管赐额的做法起源于南北朝,但是这一时期佛教弘法正当盛势,各政权帝王大多取崇佛政策,并没有对佛寺数量实行限额控制。皇帝赐予寺额,仅仅是给寺院命名并借此以示奉佛重教。佛寺得到御赐名额,也等于领到了圣颁护符,借此得以提高佛寺的社会地位。然而,从这一时期的事例中,隋唐赐额制度的程序已经大致形成。也就是檀主先行奏

---

① 参见张弓《汉唐佛寺文化史》,第228页。此书对于晋唐时期的赐额制度研究甚详,本著关于这一问题的论述在资料方面多所吸收其研究。
② 许嵩:《建康实录》卷八《孝宗穆皇帝》,张忱石点校,北京,中华书局,1986年,第216页。
③ 姚思廉:《梁书》卷四七《江蒨传》,中华书局标点本,第656页。
④ 参见额哲克等修《同治韶州府志》卷二六《古迹略·寺观》。
⑤ 灌顶:《国清百录序》,《大正藏》第46卷,第793页上。
⑥ 沈涛:《常山贞石志》卷四《大唐开业寺李公之碑》,《石刻史料新编》第1辑第18册,第13226页,台北,新文本出版社,1982。

请,皇帝再赐寺名。

隋朝皇室重视给新建佛寺取名,给赐名额程序更为完备。或由皇帝亲自择定名称,或由寺僧拟名,皇帝审定,启请给赐。如"开皇五年,众僧遣法回向京师请灵岩寺额,将绢百匹、驴两头,除粮食。回至京师,逢通事舍人是灵岩檀越,为奏得额,不费一钱"①。这一事例中,齐州灵岩寺的寺名为僧人自拟,只是需要上报御批。而请求上报又须送礼托门子,僧人法回恰好遇见佛寺的施主,得以免礼奏报。《续高僧传·昙崇传》记载:"唐公素禀行门,偏所归信,遂割宅为寺,引众居之。敕以虚静所归,禅徒有誉,赐额可为'清禅'。"②仁寿元年(601),"左仆射虞庆则钦正高行,为僧人智正奏寺额,造仁觉寺,延而住之"③。

《长安志》卷十"建法尼寺"条记载,开皇初,隋文帝御拟"寺额一百二十枚于朝堂,下制云:'有能修造,便任取之'"④。于是天下僧俗建寺,皆依之取名。当时京城有位名叫田通的人,为"孤贫子,然唯有环堵之室。乃发愤诣阙,请额而置于所居"⑤。后来则建成"建法尼寺"。隋文帝对于佛教有一定的信仰,上文称他拟一百二十个寺额,是真实可信的。张弓先生将现存文献可考知的隋代佛寺名称作了排列,发现了一个以"法"、"化"、"善"、"觉"、"宝"、"藏"、"普"、"福"、"崇"、"圣"、"净"、"真"十二字为系列的寺额,共得八十五枚。⑥从这一序列看,佛教意蕴很深。这种表述显示,奏报寺额不仅仅是寺名的问题,其实也是批准建造的敕书。隋文帝曾经自拟寺额,颁于朝堂,任人选取造寺。据学者考证:"请得寺额者,上自后妃、王公、大臣,下至宦者、宫人、坊市贫人,分属各个阶层。颁出的寺额,也不问造于何处。有的建在京师,有的建在外地;京畿之

---

① 怀信:《释门自镜录》卷下,《大正藏》第51卷,第820页上。
② 道宣:《续高僧传》卷一七,《大正藏》第50卷,第586页中。
③ 道宣:《续高僧传》卷一四,《大正藏》第50卷,第536页中。
④⑤ 宋敏求:《长安志》卷一〇《颂政坊》,《宋元方志丛刊》(1),第125页。
⑥ 参见张弓《汉唐佛寺文化史》,第230—232页。

外,以河东、河南、河北请额较多;有远达丹阳、钱塘、庐山、成都者。"①这也从另外的角度说明隋文帝恢复被周武宗几乎毁灭的佛教的政策是谋划已久的。

隋代赐额之时,往往需要呈上新寺的布局示意图,或者暂拟名称的缘由。此可借玉泉寺的得名知晓。开皇十三年(593)五月,智顗"遣智邃奉书晋王,上玉泉伽蓝图",晋王杨广回答说:"奉旨于当阳造寺,既事出神心,理生望表,即当具奏嘉号。"②这是说,智顗造寺预先已经得到过批准,寺名问题转奏文帝即可。果然,隋文帝回应说:"皇帝敬问修禅寺智顗禅师:省书具至意。孟秋余热,道体何如? 熏修禅悦,有以怡慰。所须寺名额,今依来请。"③再如,智顗圆寂后,国清寺的得名经过也很典型。灌顶叙述说:大业元年(605),隋炀帝"敕江阳名僧云:'昔为智者创寺,权因山称,今须立名。经论之内有何胜目,可各述所怀,朕自详择。'诸僧表两名:一云'禅门',一云'五净居'。其表未奏,而僧使智璪启国清之瑞。敕云:'此是我先师之灵瑞,即用即用。'敕取江都宫大牙殿牓,填以雌黄,书以大篆,遣兼内史通事舍人卢政力送安寺门。国清之称,从而为始"④。而所谓瑞应则是:"昔陈世有定光禅师,德行难测,迁神已后,智者梦见其灵云:'今欲造寺,未是其时。若三国为一家,有大力势人当为禅师起寺。寺若成,国即清,必呼为国清寺。'"⑤看来,炀帝对于因智顗遗愿在天台山建造的佛寺的寺名,还是相当重视的。最后敕定的"国清寺"取其政治含义,僧俗两方都用心良苦。

四、"公贯"与"私度"

如前所论,中古以来的朝廷起先试图以"僧籍"约束僧尼数量的增

---
① 张弓:《汉唐佛寺文化史》,第 232 页。
② 志磐:《佛祖统纪》卷六,《大正藏》第 49 卷,第 183 页下。
③ 灌顶:《国清百录》卷二《文皇帝敕给荆州玉泉寺额书》,《大正藏》第 46 卷,第 806 页下。
④ 灌顶:《国清百录》"序",《大正藏》第 46 卷,第 793 页上。
⑤ 灌顶:《国清百录》卷三,《大正藏》第 46 卷,第 816 页上。

长,在这段时期,出家以"私度"和"敕度"两种形式并存。隋代有关佛教的制度大多继承于北周。隋朝立国之时,北方佛教尚未完全从周武帝毁灭佛教的惨状中恢复过来。有记载表明,在隋文帝开皇年间,被周武帝灭佛被迫还俗的僧尼大多未能合法地回归佛寺,见于史籍的"公贯"其实是在解决北周毁佛时还俗僧尼重新回归问题时而暂时存在的。

如前所论列,北魏末年佛教最兴盛时,僧尼总数两百万,接续东魏而远接北魏的北齐政权继承了数量巨大的僧尼队伍。《续高僧传·法上传》记载:北齐时期,"昭玄一曹纯掌僧录,令史员置五十许人,所部僧尼二百余万"①。周武帝于建德六年(577)正月灭北齐之后,下令在北齐之地沙汰僧尼,毁灭佛寺,大批僧尼逃往山林、民间。周武帝驾崩之后,周宣帝登位,宣政元年(578)九月十三日,长宗伯歧公奏请速准复教。第二年即大成元年(579)正月十五日,宣帝下诏遵重三宝,弘通教法,选旧沙门中德行清高者七人,在正武殿之西行道。二月二十六日让位静帝,改元大象,又敕曰:"佛法弘大而千古共崇,岂可舍而不行,自今已后,王公已下至黎庶,可修事而知朕意。"四月二十八日,下诏说:

> 佛义幽深,修行崇奉之徒,依经自检!遵道之人勿剃发,毁形则乖大道,宜须发严服而进高趣。今选旧沙门中,懿德贞洁而学业冲博,名实灼然而有声望者,一百二十人,令在陟岵寺为国行道,唯于京师及洛阳各立寺,其余州郡尚不许之。

尽管宣帝三次复兴佛教,但其意志尚不坚决,因此,并非允许昔日被迫逃往或还俗的僧尼回归,而只是挑选很少一部分以"菩萨僧"的身份为国修道。大象二年(580)五月二十五日,宣帝死,杨坚以丞相身份主政。当时有僧法藏"下山与大丞相对论三宝经宿,即蒙剃落,赐法服一具,杂彩十五段,青州枣一石。寻又还山,至七月初,追藏下山,更详开化。至十五日,令遣藏共竟陵公检校度僧百二十人,并赐法服,各还所止。藏独宿相

---

① 道宣:《续高僧传》卷八,《大正藏》第 50 卷,第 485 页上—中。

第,夜论教始。大定元年二月十三日,丞相龙飞,即改为开皇之元焉。十五日奉敕追前度者置大兴善寺,为国行道,自此渐开,方流海内"①。这一段话将周隋之际度僧的经过说得很清楚。也就是说,北周正式度僧是在静帝时由时任大丞相的杨坚完成的,但人数非常有限,仅仅一百二十人。

杨坚立隋之后的第一次度僧,与昙延有关。《续高僧传·昙延传》记载:

> 隋文创业,未展度僧。延初闻改政,即事剃落,法服执锡,来至王庭,面伸弘理。未及敕慰,便先陈曰:"敬问皇帝四海为务,无乃劳神。"帝曰:"弟子久思此意,所恨不周。"延曰:"贫道昔闻尧世,今日始逢云云。"帝奉闻雅度,欣泰本怀,共论开法之模、孚化之本。延以寺宇未广,教法方隆,奏请度僧以应千二百五十比丘五百童子之数,敕遂总度一千余人以副延请。此皇隋释化之开业也。尔后遂多,凡前后别请度者,应有四千余僧。②

另有记载:"开皇初年,敕遣苏威简取三千人,用充度限。"③尽管如此,隋文帝在登位的最初十年之内度僧仍然是有限的,史传中有关"公贯"的记载,说明的就是这一问题。

《续高僧传·昙迁传》记载:

> 十年春,帝幸晋阳,敕迁随驾。既达并部,又诏令僧御殿行道,至夜,追迁入内与御同榻。帝曰:"弟子行幸至此,承大有私度山僧,于求公贯,意愿度之如何?"迁曰:"昔周武御图,殄灭三宝,众僧等或划迹幽岩,或逃窜异境。陛下统临大运,更阐法门,无不歌咏。有归来投圣德,比虽屡蒙招引度脱,而来有先后,致差际会。且自天地覆载,莫匪王民,至尊汲引万方,宁止一郭蒙庆?"帝沉虑少时。方乃允

---

① 道宣:《续高僧传》卷一九,《大正藏》第50卷,第581页中。
② 道宣:《续高僧传》卷八,《大正藏》第50卷,第488页下。
③ 道宣:《续高僧传》卷一五,《大正藏》第50卷,第540页中。

焉。因下敕曰:"自十年四月已前,诸有僧尼私度者,并听出家。"故率土蒙度数十万人,迁之力矣。①

这一段对话有两大要点:一是"公贯",即官方在册的僧人,这与"私度僧"对应;二是"私度僧"的来源,依照昙迁的说法,主要是周武帝毁灭佛教时隐遁民间的僧尼。昙迁的说法是有道理的,晋阳过去属于北魏、东魏、北齐统治之地,僧尼本来就众多。而据记载,开皇初年最多的一年度僧也就四千多人,累计起来也就四万多。这与当时被迫还俗的两百万僧尼相比,差距非常之大。正因为此,在文帝同意将民间的"私度僧"合法化之后,一下子就有数十万人递入"公贯"②。开皇十四年(594),昙迁又上表隋文帝请求"诸废山寺并无贯逃僧,请并安堵。帝又许焉。寻敕率土之内,但有山寺,一僧已上,皆听给额,私度附贯"③。这是请求对于北周时期废弃的山中小寺,只要有一僧住锡,就颁给寺额,允许私度僧尼附入"公贯"。

搜检《续高僧传》的材料也可发现,在开皇十年之前,入"公贯"的名额限定确实很严。如《续高僧传·道正传》记载:

> 释道正,沧州渤海人。禀质高亮,言志清远,居无常处,学非师授……正任性行藏,都无名贯。经论讲会,莫不登践,皆听其深隐,略其繁长;周流两河,言议超邈,偏以《成实》知名幽冀。时有隶公贯者,引正住寺,为上簿书而志骇风云,曾无顾眄。还返林薄,嗣业相寻,综述宪法,流之于世。④

道正在开皇七年(587)来京城拜谒文帝,后来"又返东川,不悉终所"⑤。

---

① 道宣:《续高僧传》卷一八,《大正藏》第50卷,第572页下—573页上。
② 《续高僧传》卷十《靖嵩传》记载:"开皇十年,敕僚庶等有乐出家者并听。时,新度之僧乃有五十余万。"(《大正藏》第50卷,第501页下。)
③ 道宣:《续高僧传》卷一八,《大正藏》第50卷,第573页中。
④ 道宣:《续高僧传》卷一六,《大正藏》第50卷,第558页下。
⑤ 同上书,第559页上。

从这一叙述可见,道正传法多年,但仍然未列入"公贯"。释道英,"姓陈氏,蒲州猗氏人也。年十八,叔休律师引令出家,而二亲重之,便为取妇,五年同床,誓不相触。素在市贩,与人同财。乃使妻执烛,分判文疏,付嘱留累,遂逃而剃落,至并州炬法师下,听《花严》等经。学成返邑,其妻尚在。开皇十年,方预大度"①。道英圆寂于唐贞观十年(636),年七十七岁。他二十岁为沙弥,至三十一岁方才正式参加"大度"成为"公贯"僧。在隋文帝下诏私度僧入"公贯"的当年,也有一例类似的事例。《续高僧传·智舜传》记载:开皇十年隋文帝下诏并派遣"开府卢元寿指宣往意,并送香物如别。时,赵州刺史杨达以舜无公贯,素绝名问。依敕散下,方始知之,乃为系名同果寺。用承诏旨,而舜亦不临赴,山民为之起寺"②。

综合考察隋朝两代皇帝三十余年关于"度僧"的种种记载,可以得出如下结论:第一,在隋朝始终存在"私度僧"的问题,与"私度僧"对应的是"公贯"系籍僧。第二,隋朝前期"私度僧"问题很大一部分属于北周灭法的遗留问题,尽管隋文帝几次以大规模入"公贯"的方式试图解决这一问题,但至隋末"私度僧"仍然大量存在。这与隋朝在某种程度上默许"私度僧"的存在有关。③ 与这一条密切相关,第三,也有资料表明隋朝的"公贯僧"是指进入官方管理的佛寺的僧尼,而为数不少的"蓝若"或"佛堂"则是"无贯"、"无籍"的僧尼存身之所。如《续高僧传·智舜传》在叙述智舜开皇十年之前的行历时说:智舜"不隶公名,不行公寺,而内德潜运,远闻帝阙"④。《续高僧传·大志传》叙述说:释大志,"会稽山阴人,发蒙出家,师事天台智者颛禅师。颛睹其形神洒落,高放物表,因名为大志。开

---

① 道宣:《续高僧传》卷二五,《大正藏》第50卷,第654页上。
② 道宣:《续高僧传》卷一八,《大正藏》第50卷,第570页中。
③ 隋文帝、隋炀帝时代也屡屡想简括私度僧尼,但大都不了了之。如赞宁《宋高僧传·惠安传》记载:"文帝十七年,敕条括天下私度僧尼。勘安云:'本无名姓。'亡入山谷。"(《宋高僧传》卷一八,《大正藏》第50卷,第823页中)大业初年,隋炀帝也曾经下令简括私度。
④ 道宣:《续高僧传》卷一八,《大正藏》第50卷,第570页上。

皇十年,来游庐岳,住峰顶寺。不隶公名,不豫僧伍,诵《法华经》"①。还有,《续高僧传·世瑜传》记载:释世瑜,"大业十二年,往绵州震响寺伦法师所出家,一食头陀,勤苦相续。又往利州,入籍住寺。后入益州绵竹县响应山,独住多年"②。大业十二年(616),世瑜已经中年,在绵州出家修行一段时间之后,前往利州"入籍住寺"。这与前例"不隶公名,不行公寺"所昭示的"公名"、"公寺"的逻辑是一致的。

第二节 唐代僧官制度的完善

隋唐的僧官制度在基本倾向上是一致的,唐代基本沿袭了隋制。其具体内容可借用唐代中期的僧人神清的叙述说明之:"隋革周命,弘法尤盛。天下三藏,分置十统。今国家罢统立两录,而司于京邑(僧录掌京城,外州别立僧正),其三纲特以德望求人也。"③与隋代相比较,唐王朝通过对僧官的任命和控制,掌控佛教僧团的能力不断加强。

一、唐代佛教事务管理机构的变迁

唐代沿袭了隋代的僧官制度,但叠有变化而略显杂乱。中央主管权归属屡经变化,大致分为三个时期④:其一,唐初至武周延载元年(618—

---

① 道宣:《续高僧传》卷二七,《大正藏》第 50 卷,第 682 页中。
② 道宣:《续高僧传》卷二〇,《大正藏》第 50 卷,第 595 页上。
③ 神清:《北山录》卷八,《大正藏》第 52 卷,第 623 页中。
④ 参见张弓《汉唐佛寺文化史》,第 376 页。张先生的三阶段的归纳甚为明了,但在下文的具体论述中,却断言:"唐王朝扩大省司职掌,将原属鸿胪寺的一部分职权,移归尚书祠部。祠部与鸿胪寺共管佛教事务,是唐政府体制中三省与九寺职权重叠的一个史例。武周时期,省、寺共管的状况有所改变。"(第 376—377 页)这也许缘于两《唐书》以及《通典》、《唐六典》在叙述"鸿胪寺"、"祠部"的管理佛教职能时未曾明白地叙述清楚两者各自发挥功能的时间。其实,《新唐书》中已经明确说:"初,天下僧、尼、道士、女官,皆隶鸿胪寺,武后延载元年,以僧、尼隶祠部。"此中并未提及两者功能的交叉。可见,张先生所说的"省、寺共管"佛教事务时期是不存在的。

694),弘胪寺主管时期。其二,延载元年至天宝六年(694—747),祠部主管时期。其三,天宝六年至天复三年(747—903),功德使与祠部共管时期。以下分而述之。

唐高祖登位之初,沿袭隋代体制,在鸿胪寺下置"崇玄署"作为中央僧务的管理机构。如《新唐书·百官志》所记载:"初,天下僧、尼、道士、女官,皆隶鸿胪寺,武后延载元年,以僧、尼隶祠部。"①《旧唐书·职官志》记载:"崇玄署:令一人,正八品下。丞一人,正九品下。府二人,史三人,典事六人,掌固二人。"②唐初崇玄署隶于鸿胪寺。《旧唐书》还记载了鸿胪寺的具体职责:"凡天下寺观三纲,及京都大德,皆取其道德高妙、为众所推者补充。"③这是说,鸿胪寺的主要职责是主管寺院三纲的选任。这里需充分注意,"崇玄署"本来是鸿胪寺的下属,是鸿胪寺管理佛教事务的具体衙门。但是,在高宗仪凤三年(678),由于道教方面传说"老君降于北邙山之清庙,敕道士隶宗正寺,班在诸王之次"④。正因为如此,《旧唐书》在"宗正寺"项下叙述崇玄署时仅仅说:"令掌京都诸观之名数、道士之帐籍,与其斋醮之事。"⑤唐玄宗在开元二十五年(737)七月下诏重申:"道士、女冠宜隶宗正寺。"⑥根据两《唐书》的记载推测,鸿胪寺原来管理佛道的机构"崇玄署"连同道教事务的管理权一起转移到了宗正寺,这样,在鸿胪寺下已经没有专门管理佛教事务的衙门了,两《唐书》都记载,鸿胪寺"领典客、司仪二署"⑦。这样的局面延续了多长时间,由于资料的缺乏,难知其详。也许因为这一缘故,武则天"延载元年五月制:'天下僧

---

① 欧阳修:《新唐书》卷四八,中华书局点校本,第1253页。
② 刘昫等:《旧唐书》卷四四,中华书局点校本,第1881页。
③ 同上书,第1885页。
④ 志磐:《佛祖统纪》卷三九,《大正藏》第49卷,第369页上。
⑤ 刘昫等:《旧唐书》卷四四,中华书局点校本,第1881页。
⑥ 王溥:《唐会要》卷四九,第1006页,上海古籍出版社点校本,2006。关于此事发生的具体时间,《新唐书·职官志》将其归于开元二十四年(736)。
⑦ 刘昫等:《旧唐书》卷四四,中华书局点校本,第1885页;欧阳修:《新唐书》卷四八,中华书局点校本,第1257页。

尼隶祠部,不须属司宾'"①。延载元年为公元694年。"司宾"也就是鸿胪寺。武后光宅初年,曾改"鸿胪寺"为"司宾寺"。武后的这条制令将僧尼管理权统归祠部,"司宾寺"不再参与佛教事务的管理。这标志着由祠部掌管佛教事务的开始。

《唐六典·尚书礼部》云:"祠部郎中、员外郎,掌祠祀、享祭、天文、漏刻、国忌、庙讳、卜筮、医药、道佛之事。"隋朝礼部的祠部郎仅掌"医药、死伤、赠赐之事",不参与僧寺管理。唐王朝扩大省司职掌,将原属鸿胪寺的一部分职权,移归尚书祠部。这样,对于佛教的管理便由鸿胪寺转移到祠部管理。关于祠部对于佛教的管理权限,《旧唐书·职官志》有一记述:

> 凡天下寺有定数,每寺立三纲,以行业高者充。诸州寺总五千三百五十八所,三千二百三十五所僧,二千一百二十二所尼。每寺上座一人,寺主一人,都维那一人。凡僧簿籍,三年一造。凡别敕设斋,应行道并官给料。凡国忌日,两京大寺各二,以散斋僧尼。文武五品已上,清官七品已上皆集,行香而退。天下州府亦然。②

玄宗朝曾经几次议及佛教管理权的归属问题,起因都在于关于道教的管理权限的讨论。此如佛教方面的议论:"至高宗以道士隶宗正,违理失礼,其愚尤甚焉。"③高宗将佛、道两教的管理权分开,实际上是将道士、女冠当做自己的宗族来对待的。这一点遭到佛教方面的竭力反对,因此,才屡见重申之令。综上所述,本著认为并非至天宝二年(743)才完成僧寺管理权由鸿胪寺向尚书省的转移④,最迟在延载元年(694),僧尼管理

---

① 杜佑:《通典》卷二三,中华书局,1984年影印本,第137页。
② 刘煦等:《旧唐书》卷四四,中华书局点校本,第1831页。
③ 志磐:《佛祖统纪》卷三九,《大正藏》第49卷,第369页上。
④ 参见张弓《汉唐佛寺文化史》,第377页;白文固《唐代僧籍管理制度》,《普门学报》第15期,2003年5月,第236页。

权限已经转移到祠部。

唐代僧务机构设置的重要变化是"功德使"的出现。现存史籍中,可以考见的最早功德使是沙门广清。《佛祖统纪》卷四〇记载:唐中宗神龙二年(706),"圣善寺成,敕上庸公慧范如银青光禄大夫充寺主;沙门万岁加朝散大夫封县公,充都维那;沙门广清检校殿中监,充功德使"①。现今可以考见的玄宗朝任命的功德使是李元琮。② 李元琮也称李琮,本为大宦官开府仪同三司鱼朝恩的牙将,后被敕命为功德使开府仪同三司,实际也是一名宦官。根据唐人所撰《大唐故大德赠司空大辨正广智不空三藏行状》记载,天宝十三年(754),密宗高僧不空到武威住于开元寺,"与今之功德使开府李元琮授五部灌顶,并授金刚界大曼荼罗"③。尽管目前不能考知李琮的任用时间,但《佛祖统纪》所说应该是有根据的。④ 大历十一年李元琮死,十二月大兴善寺沙门惠朗上表说:"自国家特置功德使已来,众福日滋,群凶时灭;皇室起崇高之祐,缁门绝挫辱之虞。惟天所知,人罕悟矣。一昨元琮薨没,帝京僧侣相视黯然。"⑤惠朗等共同上表请求重新敕命功德使。此事的结果可能是任命刘崇训作"京城诸寺观修功德使",如大历十三年(778)十一月二十七日,代宗"宣敕语句当京城诸寺观修功德使、镇军大将军右龙武军将军知军事兼试光禄、上柱国彭城县开国伯刘崇训,《四分律》旧疏、新疏,宜令临坛大德如净等,即于安国寺律院,金定一本流行"⑥。此外,当时的"中使"李宪诚在大历十三年四月

---

① 志磐:《佛祖统纪》卷四〇,《大正藏》第49卷,第372页中—下。
② 《佛祖统纪》和《大宋僧史略》都记载:天宝六年(747)"敕天下僧尼属两街功德使,始令祠部给牒用绫素"。(志磐:《佛祖统纪》卷四〇,《大正藏》第49卷,第375页下。)有学者考证,这一材料来源于《唐会要》相关记载的误解,此条材料说的是会昌六年(846)的事情。(参见白文固《唐代僧籍管理制度》,收录于《普门学报》第15期。)
③ 赵迁:《大唐故大德赠司空大辨正广智不空三藏行状》,《大正藏》第50卷,第293页中。
④ 《全唐文》卷三四五中有《修造紫阳观敕牒》一件,是丹阳郡太守林洋的奏文,文内提到"修功德使元静先生李含光"和"修功德使程元暹"。此文写于天宝八载(749),是奉敕修造紫阳观完成之后的报告。可见,天宝年间已经设置了道观修功德使。
⑤ 圆照集:《不空表制集》卷五,《大正藏》第52卷,第853页中。
⑥ 圆照集:《大唐贞元续开元释教录》卷中,《大正藏》第55卷,第760页中。

多了一个头衔"内功德使"①,可见,李宪诚在这一年又被敕命为"内功德使"。

此外,王崇俊,皇开府仪同三司行左龙武军大将军事莒国公兼京城功德使,赠太子太保。王崇俊于永泰元年(765)死。

据现今资料检索,当时还有四位僧人任职功德使。第一位是不空的弟子惠晓,他于大历六年(771)八月二十五日被代宗敕命为"五台山修功德使",代宗的制文说:"为朕修功德,在寺依恒,二时粥饭及出入往来畜乘,一切供给勿令阙少。"②第二位是"句当京城诸寺观修功德使"释法高。法高在不空圆寂的大历九年(774)仅署名大兴善寺"都维那法高"③,大历十年(775)四月十七日代宗敕命法高任"句当京城诸寺观修功德使"并"依前句当都维那事"。④ 第三位是"句当京城诸寺观修功德使"释崇叡。在大历十四年(779)二月的敕文中有这样的文句:

> 敕句当京城诸寺观修功德使、牒律大德崇叡等,大安国寺奉敕金定律疏院牒得临坛大德崇叡等状称奉。⑤

可见,崇叡也是"功德使"。第四位是"常修功德使捡校殿中监大兴善寺沙门大济",此见于飞锡所撰写的《大唐故大德开府仪同三司试鸿胪卿肃国公大兴善寺大广智三藏和上之碑》中,大济为不空的及门弟子,在不空的葬礼上受敕命主持⑥。而第二年,即大历十年十二月在均州武当山慧忠圆寂之后,唐代宗"敕常修功德使检校殿中监兴唐寺沙门大济,早接道论,豁如披云,虽非门人,哀逾法嗣,凡有敷奏圣,皆允焉"⑦。唯一的差别

---

① 法高:《谢制补沙门惠朗充兴善寺上座表》,圆照集《不空表制集》卷六,《大正藏》第 52 卷,第 849 页中。
② 圆照集:《不空表制集》卷六,《大正藏》第 52 卷,第 858 页中。
③ 《三藏和上遗书一首》,圆照集:《不空表制集》卷三,《大正藏》第 52 卷,第 845 页上。
④ 圆照集:《不空表制集》卷六,《大正藏》第 52 卷,第 859 页下。
⑤ 圆照集:《大唐贞元续开元释教录》卷中,《大正藏》第 55 卷,第 761 页下。
⑥ 参见圆照集《不空表制集》卷四,《大正藏》第 52 卷,第 849 页中。
⑦ 赞宁:《宋高僧传》卷九,《大正藏》第 50 卷,第 763 页中。

是大济已改属兴唐寺。

关于大历末年暂时废除功德使的过程,《大唐贞元续开元释教录》有明确记载。大历十四年(779)"闰五月二十五日,句当京城寺观修功德使刘崇训,奉表上闻'请停京城修功德使'"①。唐代宗同意此奏,"是日宣付所司曰:'敕旨内外功德使宜并停。'自此僧尼悉属祠部"②。唐代宗也死于这一月末。

综合来说,代宗大历年先后任命了三位官任功德使和四位僧任功德使。存续时间不长,而且每位都承担了专项职责,并非统领全局的僧官。这是此一时期功德使的特征。然而,在功德使暂停八九年之后,唐德宗又重新任用功德使,而且又赋予了其统领全局的权力。"贞元四年,崇玄馆罢大学士,后复置左右街大功德使、东都功德使、修功德使,总僧、尼之籍及功役。"③从现存的史籍考察,贞元四年(788),即敕命特进左监门卫大将军窦文场和"句当右神策军使营幕使元从兴元元从镇军大将军行右监门卫将军知内侍省事上柱国太原悬开国伯王希迁"分任左、右街功德使。而至贞元十六年(800),右街功德使为第五(伍)守亮:"右神策军中尉兼右街功德使金紫光禄大夫行右监门卫将军赐紫金鱼袋第伍守亮"。④唐宪宗元和二年(807)二月,"诏僧尼道士,全隶左、右街功德使","祠部、司封不复关奏"。⑤ 至此,功德使已完全取得僧道管理权,唐政府在僧道管理体制上又出现了僧、道合管的局面。从职官体制上说,祠部是统掌佛教的主司,虽然唐宪宗诏令"祠部不复关奏"僧尼事务,但两街功德使只是控制祠部,并不能取代祠部职能。因为祠部衙司掌管全国僧尼籍账及度牒的运作机制,非一使所能取代。如唐文宗大和四年(830),"祠部

---

① 圆照集:《大唐贞元续开元释教录》卷中,《大正藏》第55卷,第761页下。
② 同上书,第762页上。
③ 欧阳修:《新唐书》卷四八,中华书局点校本,第1253页。
④ 圆照:《贞元新定释教录》卷一九,《大正藏》第55卷,第909页下。
⑤ 刘煦等:《旧唐书》卷一一四,中华书局点校本,第420页。

请令天下僧尼非正度者,许具名申省给牒,时入申者七十万人"①。唐宣宗会昌五月"敕杨钦义充两街功德使,令两街各增八寺,所度僧尼,仍令祠部给牒"②。这种主司之外又置功德使出令牵制主司的做法,使僧尼管理权限界划不清,一直影响到五代、宋、元时期的僧尼管理体制。贞元、元和新置的功德使,不同于大历功德使,它虽称差遣名义,但实际具有常官性质;除掌功德事务(功役)外,还统管"僧尼之籍"。尤其重要的是,贞元之后的所有功德使都是由朝廷官员担任的,而且由于此后唐代特定的政局,功德使大多数都是由宦官担任的。

唐武宗登基,唐武宗以佛教"非中国之教",将僧尼名籍系"主客",不隶祠部。《旧唐书》说:"会昌二年,以僧、尼隶主客,太清宫置玄元馆,亦有学士。"③唐代的礼部"主客郎中"掌"诸蕃朝聘之事",僧尼隶"主客",意在排斥贬低佛教。唐宣宗恢复佛教,又令"僧尼依前令两街功德使收管,不要更隶主客。所度僧尼,令祠部给牒"④,又恢复了功德使与祠部共管的体制。唐昭宗天复三年(903),朱温尽杀宦官,"内诸司使一切停罢,皆归省寺,功德使宰执带之"⑤。这样一来,由宦官充任功德使的局面结束了,代之以宰相等官员任功德使。但以功德使凌驾祠部之上,管理僧尼事务的体制仍然延续。

二、"十大德"与僧录

唐代僧官制度延续了隋代的制度,最高佛教事务机构的首长并非由僧人担任,由僧人担任的僧官的权限比之于隋代更加萎缩。总括而言,唐代僧官的设置有两大阶段,贞元之前,唯有"十大德"勉强充做僧官,而

---

① 志磐:《佛祖统纪》卷四二,《大正藏》第49卷,第385页上。
② 同上书,第386页中。
③ 欧阳修:《新唐书》卷四八,中华书局点校本,第1253页。
④ 王溥:《唐会要》卷四九《僧尼所隶》,第1007页。
⑤ 赞宁:《大宋僧史略》卷中,《大正藏》第54卷,第246页上。

贞元之后，尤其是元和之后，功德使统属之下的僧录勉强填补了僧官的权力空白。

关于唐初"十大德"的设置，《续高僧传·吉藏传》记载："武德之初，僧过繁结，置十大德，纲维法务，宛从初议。"①关于设立的时间，从《续高僧传·保恭传》所记，可推定为武德三年(620)②。禅师保恭于隋代为禅定寺(道场)主，后来"避官于蓝田悟真寺"。"武德二年，下敕召还依旧检校，仍改禅定为大庄严。及举十德，统摄僧尼，京辇诸僧，慑悼威严，遂不登及。高祖闻之曰：'恭禅师志行清澄，可为纲统。朕独举之。'既位斯任，诸无与对，遂居大德之右。"③保恭于武德四年(621)十二月十九日卒于大庄严寺。可见，最迟在武德三年即敕命了"十大德"。高祖所任用的"十大德"，其中，觉朗、保恭、吉藏、法侃、慧因、海藏、智藏、明瞻等大德，都是出生于南北朝后期的高僧，且与长安大禅定寺、大兴善寺有密切关系。其实，"十大德"的名称也是因袭隋朝的。《续高僧传·阇那崛多传》记载，隋文帝于开皇七年(587)，曾在大兴善寺置"十大德沙门"辅助崛多翻译梵文经典，"又置是大德沙门僧休、法粲、法经、慧藏、洪遵、慧远、法纂、僧晖、明穆、昙迁等，监掌翻事，铨定宗旨"④。隋文帝所设立的"十大德"不属于僧官体系。而唐武德年间的"十大德"可能与之有所不同。这里首先需要讨论"大德"的含义。

宋代赞宁将其列入"德号"之中。他说：

  德号之兴其来远矣。魏晋之世，翻译律本羯磨文中皆曰大德僧。经云"为大德天生。"《论》云："诸大德有神通者。"及诸传纪私呼僧中贤彦，多云大德，非国朝所补也。⑤

---

① 道宣：《续高僧传》卷一一，《大正藏》第50卷，第514页中。
② 一些现代佛教史著作，或笼统地说成武德初年，或说为武德元年(618)，或说为武德二年，或为武德三年，不甚统一。故作一简单考订。
③ 道宣：《续高僧传》卷一一，《大正藏》第50卷，第513页上。
④ 道宣：《续高僧传》卷二，《大正藏》第50卷，第434页中。
⑤ 赞宁：《大宋僧史略》卷下，《大正藏》第54卷，第249页下。

从现有史料看,朝廷以"大德"封僧应以隋文帝为开端,但文帝所封并非僧官。因此,唐高祖敕选"十大德"的初衷,可能是为了统筹管理僧众、教团等事,初具僧官的特征。而从现存的"十大德"的传记材料来看,实际上也起到了纲纪京城僧团的作用。但是,"十大德"是否常设"十员",颇有疑问。因为高祖初命的"十大德"大多年事已高,如保恭、吉藏、法侃等在建"十大德"两三年之内就先后圆寂了,现在的史料中,还未发现在贞观之前补选的材料。而唐初的佛教事实,道宣的《续高僧传》保存的还是较为完备的。因此,高祖以"大德"作为略备僧官之貌的名称是实,而以"十"为员额恐怕很偶然。这样看来,"十大德"恐怕仍然不属于严格意义上的僧官体系。赞宁将其列入"德号"而不入"僧官"确实恰如其分。

不过,也许由于高祖之做法的示范效应,武德之后,"大德"实际上成为唐代朝廷用于对于高僧的褒奖的普遍称号,即赞宁所说的"德号"。如《大慈恩寺三藏法师传》卷六记载:贞观十九年(645)六月玄奘于弘福译经时,另有"证义大德"十二人、"缀文大德"九人、"字学大德"一人、"证梵语梵文大德"一人等。《贞元释教录》卷一六亦举出"临坛大德"、"百座大德"、"三学大德"、"讲论大德"、"义学大德"、"翻经大德"、"译语大德"等名称。僧传中"某某寺大德"的说法很为常见。《续高僧传·空藏传》记载:

> 唐运既兴,崇缮法宇,有敕于金城坊建会昌寺,并请大德十人、度僧五十人,永用住持。以藏行德夙彰,又请住焉。①

释辩才"大历三载,追入充章信寺大德"②。再如贞元八年(792),唐德宗下诏为般若组织译场时说:

> 有敕令京城诸寺大德名业殊众者同译,得罽宾三藏般若开释梵本,翰林待诏光宅寺沙门利言度语,西明寺沙门圆照笔受,资圣寺道

---

① 道宣:《续高僧传》卷二八,《大正藏》第50卷,第689页下。
② 赞宁:《宋高僧传》卷一六,《大正藏》第50卷,第806页上。

液、西明寺良秀、庄严寺应真、醴泉寺超悟、道岸辩空并充证义。①作为"德号"的"大德"确实也具有"僧官"的少许味道,而其权限全凭"德号"之前所附丽的权属。

尽管很大可能武德三年敕选备足的"十大德",在自然减员之后没有再行补足,但在唐高宗、武后、中宗朝,"十大德"的名目出现过三次。第一次为唐高宗为沙门日照组织的译场。法藏《华严经传记》卷一记载:

> 高宗弘显释门,克隆遗寄,乃诏缁徒龙象、帝邑英髦,道诚(成)律师、薄尘法师十大德等于魏国西寺翻译经论。②

此一译场的主译人员中,有三位外国僧人,高宗敕命的"十大德"是:《开元释教录》列有九名,即"沙门道成、薄尘、嘉尚、圆测、灵辩、明恂、怀度等证义,沙门思玄、复礼等缀文笔受"③。《华严经感应传》记载:"道成、薄尘、圆测、意应等证义,复礼、思玄等执笔。"④此文补充意应一人,恰好成"十大德"之数。第二次是有关法藏受具足戒的记载中出现了"十大德"。《佛祖统纪》说:"则天有旨,命京城十大德为授满分戒,赐号贤首戒师。诏入大遍空寺,佐实叉难陀译《华严经》。"⑤关于法藏受具足戒的时间,史无明载,后有两说。从上引《佛祖统纪》的语句看,此时大概发生在实叉难陀译八十《华严经》之前,即证圣元年(695)之前不久。然清代续法在《法界宗五祖略记》中将此事说成上元元年(674)。中宗朝时,"十大德"也出现于相关的史料中。根据《全唐文》卷三九六《思恒律师墓志铭》记载,唐中宗召思恒"入内道场,命为菩萨戒师,充十大德,统知天下佛法僧事"。《全唐文》卷一七《林光宫道岸法师像赞》记载,道岸为中宗朝的另一位"十大德",中宗御制画赞曰:"戒珠皎洁,慧流清净,身局五篇,心融

---

① 赞宁:《宋高僧传》卷二,《大正藏》第50卷,第716页中。
② 法藏:《华严经传记》卷一,《大正藏》第51卷,第154页下。
③ 智昇:《开元释教录》卷九,《大正藏》第55卷,第564页上。
④ 胡幽贞刊纂:《华严经感应传》,《大正藏》第51卷,第175页下。
⑤ 志磐:《佛祖统纪》卷二九,《大正藏》第49卷,第293页上。

八定。学综真典,观通实性。维持法务,纲统僧政,律藏异分,传芳象教,因乎光盛。"①上述三次出现的"十大德"很大可能并非僧官,高宗朝的"十大德"显然是"译经十大德",而后面两次可能是"临坛十大德"。

从前面对于唐代朝廷管理佛教事务最高权力机构和官员的变迁中,可以归纳出这样的一个线索,即与隋朝一脉相承,唐代朝廷对于佛教的控制能力进一步增强。如果说隋代的中央僧官还可以算做僧官体系顶层的构成成分的话,而唐代一方面用频繁而多层次地给予僧人"德号"和政治待遇的办法笼络人心,另一方面,唐代的僧官实际上已经沦落为由官员充任的佛教事务机构及其官员的下属甚至附庸。前面的分析,我们努力地想从"十大德"的演变来管窥僧官在唐朝前、中期的踪迹和地位,而从其面貌仍然模糊的分析中,依稀可以看见的是僧人在佛教事务的管理体系中几乎没有固定的位置。而这一局面,随着功德使与祠部双重管理体制的形成,僧人在中央佛教事务衙门中终于谋得了固定的附庸位置,而且地方僧官在唐代中后期也逐步形成了。尽管不能与隋代之前相比,但比之唐代前期,由僧人充任的僧官的地位似乎有所提高。

在功德使固定设置之后,唐代中后期设立了由僧人担任的"僧录"。至于最初设立的时间,宋志磐《佛祖统纪》记载:"元和元年,敕沙门端甫录左街僧事,掌内殿法仪;沙门灵邃录右街僧事。"②赞宁的看法与此相似:"即元和中也。由此观之,僧录之起自端甫也。"③其实,这一说法是错误的。从现有史料考察,唐代僧录的设立最初在唐代宗大历年间(766—779),完备于唐德宗贞元年间(785—805)。这与前述"功德使"的设置时间是一致的。根据《宝应寺临坛大律师塔铭序》记载,宝应寺有僧圆敬,唐代宗召其入京为内道场僧录。④ 而据《佛祖历代通载》卷一四记载:"清

---

① 《全唐文》卷一七,第212页,中华书局影印本。
② 志磐:《佛祖统纪》卷四一,《大正藏》第49卷,第831页中。
③ 赞宁:《大宋僧史略》卷中,《大正藏》第54卷,第243页下。
④ 参见权德舆《权载之文集》卷二八。

凉受镇国大师号,进加天下大僧录。"①这里所说的华严宗祖师澄观被授予"天下大僧录"的名号,不见于其他记载。但也并非完全不可能。不过,尽管"僧录"的启用是在唐代宗朝,但真正作为僧官应是在德宗贞元年间。首先,如前所述,德宗曾经一度恢复使用了玄宗、代宗朝的功德使一职,与之配套的僧任僧录之任命也是自然的。具体例证就在贞元年间编订的《贞元新定释教录》中。此书卷一录有一段说明文字,其中有曰:"句当右街功德所都句当右街诸寺观释道二教事,千福寺上座僧灵邃进状。"②隔一段文字后,又说:

> 敕右街功德使牒,都句当大德灵邃,三朝先翻译未入目录经一百七十三卷,牒奉进止。前件经,宜令都句当大德灵邃与西明寺僧圆照,同取前件经,送光宅寺,令写入藏经者。③

此文后的日期为贞元十五年(799)十月二十三日。而此书的末尾署名为:

> 贞元十五年十月二十三日奉敕修撰,至十六年四月十五日毕进上。五月十日,敕下流行。翻经都句当右街诸寺观释道二教事、千福寺上座沙门灵邃奏撰,翻经临坛西明寺赐紫沙门圆照等奉敕撰。④

其后署名的是当时的右街功德使第伍守亮和左街功德使窦文场等。此位灵邃法师,赞宁《宋高僧传》卷二九有传,但却误为"云邃"。赞宁说:

> 释云邃,不知何许人也……累朝诏入内道场,顺宗已来掌领译务。宪宗初,句当右街诸寺观释道二教事,别敕充西明、千福两寺上座。⑤

---

① 念常:《佛祖历代通载》卷一四,《大正藏》第49卷,第690页下。
② 圆照:《贞元新定释教录》卷一,《大正藏》第55卷,第773页下。
③ 同上书,第774页上。
④ 圆照:《贞元新定释教录》卷一九,《大正藏》第50卷五,第909页上。
⑤ 赞宁:《宋高僧传》卷二九,《大正藏》第50卷,第894页上。

由于《贞元录》失传，赞宁未曾看到此书。因此，他关于功德使和僧录起于元和年间(806—820)的说法是错误的。前引材料已经清楚地说明，至迟在贞元年间(785—805)，宦官任功德使和僧任僧录的格局已经形成，而且从前引文字"敕右街功德使牒，都句当大德灵邃"等来推理，僧录的级别要小于功德使，僧录为功德使的下属。那么，为何赞宁会搞错呢？原因很简单，一是赞宁未看到《贞元录》；最重要的原因是，如前所考，贞元末年，功德使制度被唐代宗取消。而到了元和初年(806)，宪宗又重新下诏敕命功德使和僧录。赞宁仅仅看到了宪宗朝的有关材料，就此致误，也是情有可原的。

端甫、灵邃之后，任左、右街僧录者代有其人。僧俗文献中常有引述，不再赘述。应该指出，唐代僧录的名号也是随着时间的推移而变化的。由最初的左街、右街僧录发展到"两街僧录"。从现存文献考察，最迟在唐穆宗长庆元年(821)就有"两街僧录"之设。《宋高僧传·无业传》记载，因无业禅师素享德音，"穆宗皇帝即位之年，圣情虔虔，思一瞻礼，乃命两街僧录灵准公远赍敕旨迎请。"①而宪宗朝的左街僧录端甫圆寂于开成元年(836)六月，不大清楚右街僧录灵邃于此时是否在世。不过，《佛祖统纪》和《大宋僧史略》又记载"穆宗敕沙门惟英充两街僧统"②，"以龙兴寺僧惟英充翰林待诏兼两街僧统"③。这应该是一个特例，赞宁解释说："英通结中外，假卜筮惑人，故有是命。寻以非宜，罢之。"④开成元年正月，唐文宗"敕沙门云端充左右街僧录"⑤。在武宗毁佛的会昌初年(841)，"端公奉敕旨欲芟夷释氏。先下诏曰：'有佛教来，自古迄今，兴废有何征？应仰两街僧录与诸三学僧录具其事目进上。'咸推法宝大师玄畅序述编次。畅遂撰《三宝五运图》明佛法传行年代"⑥。《宋高僧传·玄畅

---

① 赞宁：《宋高僧传》卷一一，《大正藏》第 50 卷，第 773 页上。
② 志磐：《佛祖统纪》卷五一，《大正藏》第 49 卷，第 454 页上。
③④ 赞宁：《大宋僧史略》卷中，《大正藏》第 54 卷，第 243 页下。
⑤ 志磐：《佛祖统纪》卷四一，《大正藏》第 49 卷，第 385 页中。
⑥ 赞宁：《大宋僧史略》卷中，《大正藏》第 54 卷，第 243 页下。

传》则说：

> 时京城法侣颇甚彷徨，两街僧录灵宴、辩章同推畅为首，上表论谏。遂著历代帝王录，奏而弗听。①

赞宁在两本书中所用的"两街僧录"所指是否相同？另外，于开成年来唐土的日本僧人圆仁在其游记《入唐求法巡礼记》卷三中说：开成六年（841）正月九日，"保寿寺，令左街僧录、三教讲论、引驾大德体虚法师讲《法华经》"②。开成六年也即会昌元年（841），武宗已经登基。此处所说的体虚法师，日本僧人圆行于开成三年来长安求法时，"右街僧录、三教讲论、大德沙门体虚，奉本使仇骠骑帖三觉供奉大德六人就青龙寺与日本国传灯大法师位圆行语论本教玄理"③。可见，体虚法师先任右街僧录，后升任左街僧录。而赞宁在上引《大宋僧史略》中有一批注："章、晏二公受僧录，见《五运图》。"④可见，赞宁可能看到过玄畅所撰写的《三宝五运图》，灵宴、辩章为武宗时期的僧录应该不成问题。如此一来，在开成末年至会昌年间，文献中可靠见的"僧录"有四员，"左右街僧录云端"、左街僧录体虚以及赞宁所说的"两街僧录灵宴、辩章"。而从《宋高僧传·玄畅传》的叙述语气来看，似乎玄畅受命撰《三宝五运图》应晚于圆仁所说左街僧录体虚讲《法华经》的时间。因此，如果左街僧录、右街僧录并非可设两员的话，灵宴可能是接替体虚法师出任左街僧录的。

上述引文已经清楚地表明，在左、右街僧录之上设置"两街僧录"或称"左右街僧录"是唐代后期僧官体系的惯例。史载，唐宣宗于大中三年

---

① 赞宁：《宋高僧传》卷一七，《大正藏》第50卷，第818页上—中。
② ［日］圆仁：《入唐求法巡礼记》卷三，顾承甫、何泉达点校本，第147页，上海古籍出版社，1986。
③ 《灵岩寺和尚请来法门道具等目录》，《大正藏》第55卷，第1073页下。
④ 赞宁：《大宋僧史略》卷中，《大正藏》第54卷，第243页下。

(849)"敕沙门灵晏为左右街僧录"①,"八年敕三教首座辩章充左街僧录,沙门僧彻充右街僧录"②。可见,宣宗朝左右街僧录、左街僧录、右街僧录各一名。唐懿宗朝的"两街僧录"为"净光大师"僧彻,"左街僧录"为"惠照大师"清兰,"右街僧录"为"明彻大师"彦楚。据记载,懿宗咸通十一年(870),"十一月延庆节,敕两街入麟德殿讲论佛法。赐左街僧录清兰慧照大师,右街僧录彦楚明彻大师"③。而当时参加讲论的"续录两街僧事"的僧彻"当时号为法将,帝悦敕赐号曰净光大师"④。可见,唐懿宗朝有左右街僧录僧彻、左街僧录清兰、右街僧录彦楚同时任职。及至唐末,又设立"副僧录"。赞宁说:"昭宗乾宁中,改首座为副僧录,得觉晖焉。副录自晖公始也。"⑤其实,"副僧录"的全称应为"左右街副僧录"⑥。因为早在僖宗中和年间(881—885),觉晖已为"右街僧录"。史载,在广明元年(880)末,黄巢军队攻破长安城,当时的左右街僧录僧彻、左街僧录云皓、右街僧录觉晖都随皇帝逃出京城。《宋高僧传·僧彻传》记载:"以广明中,巢寇犯阙,僖宗幸蜀。其夕,彻内宿。明日仓黄与杜光庭先生扈从入于岷峨。"⑦《大宋僧史略》则说:

> 僖宗朝则有觉晖为僧录焉。中和巢寇犯阙时,僧录云皓与道门威仪杜光庭执香炉案等,随驾苍黄穿袜。行至武功,脚皆刨疼。及收复京师随回,方署录职。⑧

可见,唐僖宗时期的左右街僧录是僧彻、左街僧录为云皓、右街僧录为觉晖。唐昭宗时,觉晖则转升为左右街副僧录。

---

① 志磐:《佛祖统纪》卷四二,《大正藏》第49卷,第387页上。
② 同上书,第387页下。
③ 同上书,第389页上。
④ 赞宁:《宋高僧传》卷六,《大正藏》第50卷,第745页上。
⑤ 赞宁:《大宋僧史略》卷中,《大正藏》第54卷,第244页中。
⑥ 参见志磐《佛祖统纪》卷五一,《大正藏》第49卷,第454页中。
⑦ 赞宁:《宋高僧传》卷六,《大正藏》第50卷,第745页上。
⑧ 赞宁:《大宋僧史略》卷中,《大正藏》第54卷,第244页上。

总体观之,唐代的僧官在权力和地位等方面都远远逊色于唐代之前。唐代前期没有固定的僧官设置,唐代中后期在功德史制度建立起来后,方才设立了由僧人任职的僧录。但是,僧录实际上仅仅"司于京邑","外州别立僧正"①。

三、僧正与僧统

安史之乱后,唐朝各地出现了一些地方性的僧官,现在可以考知的有"僧正"、"僧统"等,典型的地域则有浙东僧官体系、五台山僧官体系以及敦煌及其附近地区僧官体系。

唐代宗之后,首先出现的是"僧正"。《宋高僧传·严峻传》记载:释严峻"大历元年思往清凉山……二年春,宜春太守俾僧正驰疏请召"②。这是唐代僧正首次见于史籍。传中提到的僧正应为袁州僧正。盖唐代废郡为州,天宝元年(742)虽曾改州为郡,但乾元元年(758)复改郡为州。此处称宜春太守,乃沿袭天宝年间的习惯。从此文义看,该僧正之职,在大历二年(767)之前已经设立,严峻只是其继任者。唐代的州级僧正是在安史之乱以后,中央权力下降,方镇位高权重的情况下,由方镇牧伯(节度使、州刺史)自行任命产生的。除上述材料所作的暗示外,还有许多材料可以予以证实。如释昙玭"大历初,乃归栖霞,其莅坛传戒十五会,讲训经律三十七座。州牧兰陵萧公高其人,谓标望风度,讵独邺卫松柏耶!乃命为僧正"③。昙玭为江南律学名匠,由当时的润州刺史(即州牧兰陵公)任命为州僧正。昙玭于贞元十三年(797)十一月六日丁亥,坐化于瓦官寺律堂。日本圆仁《入唐求法巡礼记》卷一记载:

---

① 神清:《北山录》卷八,《大正藏》第52卷,第623页中。
② 赞宁:《宋高僧传》卷一二,《大正藏》第50卷,第798页上。
③ 董诰等编:《全唐文》卷七四二《栖霞寺故大德玭律师碑》,第7680页。

>相公近者屈来润州鹤林寺律大德光义,暂置惠照寺。相公拟以此僧为当州僧正,便令住此开元寺。其僧正检领扬州都督府诸寺之事并僧等。①

此中所说的"相公"就是李德裕。"扬州节度使领七州:扬州、楚州、卢州、寿州、滁州、和州也。"②可见,这位光义律师身兼七州的僧正,其辖区与节度使同。由白居易撰的《大唐泗洲开元寺临坛律德徐泗濠三州僧正明远大师塔碑铭并序》则说得更为清楚:"元和元年,众请充当寺上座,明年官补为本州僧正。""旋属灾焚本寺,寺奸像灭僧溃者数年。师与徐州节度使王侍中有缘,遂合愿叶力,再造寺宇,乃请师为三郡僧正。"③明远一人兼任徐、泗、濠三州僧正,这一职位要比单纯的一州僧正高。此后,地方僧官发展为节度使所辖境一级,州又为一级。追溯渊源,则明远为其滥觞矣。

首先见于江南地区的州僧正或节度使辖区僧正,在唐后期可能成为全国范围内普遍设立的地方僧官。文献中可以考见的就有穆宗至文宗时期的东川涌潭僧正④,文宗太和年间(827—836)扬州僧正⑤,宣宗大中年间(847—859)敦煌管内释门都监察僧正等⑥。

除州、节度使辖区的僧正之外,唐后期还有某些寺院特别集中的地区的僧官系统,最完整的当数五台山僧官。五台山是佛教圣地,在唐代作为皇家道场,著名的大寺即有十所。在这么一个寺院特别集中的地区特设僧官,是唐后期的创举。僧无染"以贞元七年到台山善住阁院。时,

---

① [日]圆仁:《入唐求法巡礼记》卷一,顾承甫、何泉达点校本,第28页,上海古籍出版社,1986。
② 同上书,第13页。
③ 董诰等编:《全唐文》卷六七八,第6935页。
④ 赞宁《宋高僧传》卷六《神清传》记载:"东川涌潭僧正颜公,著碑本寺,讲律临坛。"《大正藏》第50卷,第741页上》
⑤ 《入唐求法巡礼记》卷一,第28页。
⑥ 董诰等编:《全唐文》卷七五〇《敦煌郡僧正慧苑除临坛大德制》:"敦煌管内释门都监察僧正兼州学博士僧慧苑……可充京城临坛大德,余如故。"(《全唐文》卷七五〇,第7771页)

有僧智颙为台山十寺都检校,守僧长之初也"①。《宋高僧传·智颙传》的记载又有不同:

> 元和中,众辟为五台山都检校守僧长。颙与时迁徙,固辞不允,遂登此职……宣宗即位,敕五台诸寺度僧五十人,宣供衣帔,山门再辟。颙为十寺僧长,兼山门都修造供养主。②

这两段文字有一些难解之处,句读不同,含义则不同。而且关于智颙任"僧长"的时间,也有两种说法。值得注意的是,在《无染传》后,赞宁有一段议论,其中又说"五台山自贞元中,智颙始封僧长矣"。这样,单从赞宁的叙述,无法得知智颙任僧长的时间。值得庆幸的是,将其与《广清凉传》中的相关记载相比照,事情的原委可大致得以澄清。首先,关于无染的一段,《广清凉传》记载如下:"以唐贞元七年至五台山,止善住阁院。时,院僧智颙为五台山十寺都检校,主厘僧务。师乃依颙,挂锡栖心。"③其二,关于智颙任僧长,《广清凉传》记载:"唐元和年中,众议请充山门僧首。固让不获,俛仰从命。"④其三,关于大中年间(847—859)的任职,《广清凉传》记载说:"宣宗践阼,重兴寺宇,敕五台诸寺度五千僧,再请颙为十寺僧首,并都修造供养主。"⑤将赞宁与延一的叙述比较,有三点重要差别:其一,《广清凉传》仅言元和年间智颙被推举为"山门僧首",未曾暗示贞元七年(791)之前智颙已任僧长。其二,赞宁说其职名为"僧长",延一说其为"僧首"。关于第一点差别,如果用《广清凉传》的说法去诠释《续高僧传》的记叙,则其隐晦难解之语,会豁然冰消。原来,智颙在元和年间被推举为"僧长"之前已经任职"都检校",元和年间再任新职,负更大的责任。正缘于此,《宋高僧传·无染传》多写了一句"守僧长之初也",

---

① 赞宁:《宋高僧传》卷二三,《大正藏》第50卷,第855页下。
② 赞宁:《宋高僧传》卷二七,《大正藏》第50卷,第881页中。
③ 延一:《广清凉传》卷中,《大正藏》第51卷,第1116页中。
④ 同上书,第1117页下。
⑤ 同上书,第1118页上。

其义应为"都检校"为"僧长"的最初来源。应该特别指出,正如魏道儒已经指出的,《宋高僧传》和《广清凉传》所记智颛的生卒年有误。①《宋高僧传》和《广清凉传》等都记载,智颛圆寂于大中七年(853),春秋七十七,僧腊五十八。贞元元年,澄观完成《华严经疏》后,"请颛为讲主",而按照两书的记载,贞元七年(791),智颛才十四岁。果真如此,智颛于贞元七年任"都检校"的可能性就不存在。但是,考虑到现有材料关于智颛对于五台山的贡献,尤其是对于澄观《华严经疏》的讲解等方面的贡献,智颛的世寿可能不止七十七岁。不过,无论智颛的生卒年是否有问题,五台山在元和年确立"僧长"制并推举智颛任之,是确定无疑的。而且这一五台山最高的僧官的名称有"僧长"、"僧首"以及"僧正"等三说,但其所指则相同。

关于五台山的首任僧长智颛,《广清凉传》还有一则饶有趣味的记载:

> 师自主寺务,凡十余载。有邻院僧义圆亦诸僧之翘俊者。以颛久典常住,意其利于资供。既生疑谤,乃构流言,谓:"颛心非平等,志务贪婪。修德竟时,岂当若是。"颛聆斯谤,遽求自退,众遂许之。师乃即日拱手而出。②

当夜,义圆梦见护法天神的呵责,"诘旦诣颛,礼足悔谢"③。

根据日本圆仁《入唐求法巡礼记》卷三叙述,圆仁于开成五年(840)巡礼五台期间,七月一日在金阁寺遇到"遍台供养主僧义圆亦归汾州去"④,"廿七日,粥后发,于此与供养主义圆头陀别矣。"⑤两者对照,圆仁所见与《广清凉传》所说似为一人。尽管义圆对其诽谤作了忏悔,但智颛

---

① 参见魏道儒《中国华严宗通史》,第187页注。
② 延一:《广清凉传》卷中,《大正藏》第51卷,第1117页下。
③ 同上书,第1118页上。
④ [日]圆仁:《入唐求法巡礼记》卷三,顾承甫、何泉达点校本,第126页。
⑤ 同上书,第136页。

的辞职已经生效,因为在太和年五台山有一位新的僧正行严。《广清凉传》记载,释愿成于"子衿之岁,出就黉舍,务学明敏,首冠群辈。厥后,弃俗辞亲,诣五台山,依佛光寺僧正行严为师,至大和五年受具"①。《宋高僧传》有《行严传》,其中有:"大和中,多行激劝,俾营福焉。自设大供,日计千人。闻见之流,皆鸣指赞叹曰:'行合解通,世之希宝也。助道之法,当如是修。'"②虽未提及任僧正之事,但若将两者合观,行严于大和初年(827),在智颙辞职的情况下,出任五台山僧正是完全可能的。在武宗灭佛之后,"宣宗践阼,重兴寺宇。敕五台诸寺度五千僧,再请颙为十寺僧首,并都修造供养主"③。至大中七年(853)夏四月,智颙告诉大众:"吾欲暂憩微骸,息心敛迹,佐助众务,吾无能为也。付诸俊哲,继吾遗躅。"④看来,智颙所承担的"僧首"之职,依然继续有僧继任,可惜史传未载其名号。此也可从五代宋初的僧人净业的形状看出。《广清凉传》记载:释净业,"年十三,依五台山真容院通悟大师为师……伪主刘氏深所崇仰,乃赐紫衣,加号广慧大师。至天会十一年,众请充山门都监。寻属宋太宗皇帝戎辂亲征,克平晋邑。师喜遇真主,乃率领僧徒,诣行宫修觐,陈其诚款,遂进《山门圣境图》……乃赐命服,改号崇教大师,仍擢为台山僧正"⑤。这位净业和尚在北汉天会十一年(967)任五台山山门都监,后来率众投奔大宋,被宋太宗擢为五台山僧正。由此可见,自从智颙升任五台山僧长之后,五台山僧长(僧正)代有其人,成为此山固定的地区僧官。

从上述分析中已经可以看出,五台山的最高僧官系统有一个形成的过程。智颙起先所任的"都检校",可能是从都维那、沙门都的称谓中演化来的。后来,五台山佛光寺有沙门法兴,"台山海众异舌同辞,请充山

---

① 延一:《广清凉传》卷下,《大正藏》第51卷,第1120页下。
② 赞宁:《宋高僧传》卷二七,《大正藏》第50卷,第883页上。
③ 延一:《广清凉传》卷中,《大正藏》第51卷,第1118页上。
④ 赞宁:《宋高僧传》卷二七,《大正藏》第50卷,第881页中。
⑤ 延一:《广清凉传》卷中,《大正藏》第51卷,第1123页下。

门都焉"。其职责为统摄僧众,"规范准绳,和畅无争"①。法兴圆寂于大和二年(828)春正月。"山门都"应该是"五台山十寺都检校"的简称,《广清凉传》卷下称之为"山门都纲"②。都维那或沙门都在北朝僧官中是沙门统的副贰,"山门都监校"或"山门都纲"在五台山僧官系统中也是僧长的副贰。由副贰之职代行僧长的职权,因此,智颙的官职名称叫"守僧长",后来则可能统一为"僧正"。此外,文献中屡次提到"山门都修造供养主",此职应为保证后勤供应、监管寺院营造的官职,一寺有一寺的"都供养主",十寺则有"山门都供养主"。经过如此梳理,可将五台山僧官系统归纳为三种僧职:僧长、僧首或僧正,五台山都检校,山门都修造供养主。从上述文献看,五台山僧官的最高一级僧职由皇帝或地方长官任命,都检校以下职务则由僧众推举产生。五台山的第一位僧长的任命和辞职似乎未有皇帝敕命和地方长官任命的记载,这也许正是其职衔前加一个"守"字的缘由。

五台山的僧官制度分工细密,体制完备。不过这一模式不独五台山如此,天台山也有类似设置,如唐末天台山国清寺的释清观,"天台山众列请为僧正,乃佯狂隐晦。州牧杜雄遂奏昭宗宣赐紫衣"③。正因为如此,朱弁在《台山瑞应记》中说:"如天台、五台,比州郡别置僧官,使董正其徒。"④

唐后期的地方僧官,除以僧正为名之外,还有"僧统"等名称。《宋高僧传·昙一传》记载:"至德之际,国步多艰,缁徒慢法,罕率经教。国相王公出镇于越,以一德名素高,请为僧统。"⑤此处所言的"国相王公"即王玙。他于上元二年(761)出任越州刺史,充浙江东道节度观察处置使,于宝应元年(762)罢任还朝。王玙以节度使的身份请昙一任僧统,则昙一

---

① 赞宁:《宋高僧传》卷二七,《大正藏》第50卷,第883页上。
② 延一:《广清凉传》卷中,《大正藏》第51卷,第1121页中。
③ 赞宁:《宋高僧传》卷二〇,《大正藏》第50卷,第842页中。
④ 张商英:《续清凉传》卷下,《大正藏》第51卷,第1133页中。
⑤ 赞宁:《宋高僧传》卷一四,《大正藏》第50卷,第798页下。

任职的起始时间应该在上元二年至宝应元年之间。浙东节度使统领越、衢、温、明、楚、台七州,昙一既被节度使请为僧统,所统应该为七州僧务。昙一于大历六年(771)圆寂。昙一之后,释神邕继任浙东僧统。关于神邕任僧统的时间,《宋高僧传·神邕传》未记具体时间,而《佛祖统纪》却将其列于天宝四年(745)之下,并且说浙西观察使陈少游请其与道士吴筠辩论,"旗鼓才临,筠竟败北。邕遂著《翻邪论》,以攻余党。少游闻于朝,命邕为僧统"①。这一记述有一重大错误:天宝二年,陈少游尚年幼,不大可能出任高职,而《旧唐书·陈少游传》则记载:"大历五年,改越州刺史、兼御史大夫、浙东观察使。八年,迁扬州大都督府长史、淮南节度观察使。"②可见,神邕出任的应该是浙东僧统。如果参照昙一圆寂的时间看,则可以推测由于昙一圆寂,浙东僧统出现空缺,因此,才有神邕的接任。《宋高僧传》说:"前后廉问皆延置别榻,请为僧统,以加崇揖之礼。"③这是说,神邕获得了历任节度使的崇信,任职时间很长。神邕于贞元四年(788)十一月圆寂,年七十九岁。神邕大概任浙东僧统直到其圆寂。浙东采用北朝系统的僧官名称,未必有什么深意,但是,南方的大部分地区都采用了南朝系统的僧正的名称。而在北方,至少在河西地区却采用了僧统、僧正两种名称,而以僧统为"道"或节镇僧官,以僧正为州一级僧官。现今的敦煌研究,已经将其揭示得很清楚,兹不赘述。

第三节 唐代寺职与师号、紫衣

如果说僧官制度是从"官方"层面贯彻政府对于佛教事务和僧团的管理职能的话,佛教寺院本身的高级管理人员则是连接僧团和政府的中介。隋唐时期接续南北朝佛教在这方面的探索,逐渐完备了寺院"三纲"

---

① 志磐:《佛祖统纪》卷四〇,《大正藏》第 49 卷,第 375 页下。
② 刘昫等:《旧唐书》卷一二六,第 3564 页。
③ 赞宁:《宋高僧传》卷一七,《大正藏》第 50 卷,第 816 页中。

制度,并且一度在佛寺中派遣"监寺"。

一、唐代"三纲"

"三纲"的异名和排列顺序问题,在唐初得到了较为彻底的解决。唐代政府法典《唐律疏议》中,明确规定"三纲"为上座、寺主、维那。《旧唐书·职官志》说:"凡天下寺观三纲,及京都大德,皆取其道德高妙、为众所推者补充,申尚书祠部。"①《大唐六典》卷四《尚书礼郎》"祠部郎中员外郎"条:"每寺上座一人,寺主一人,都维那一人,共纲统众事。"这里,将三纲的任职条件、员额、审批手续规定得很明确。不过,唐代仍然延续前代的惯例,高等级的佛寺②之"三纲"由皇帝敕命,地方佛寺和一般性佛寺则由节度使、州府官员任用,上报祠部备案。

关于唐代"三纲"的定型,有论者认为:"唐开元年间,佛寺'三纲'制正式形成。"③其实,现在留存的资料显示,至迟在贞观初年,"三纲"的职名和排序已经定型。唐高祖即位的第一年,就在京城建立会昌寺④,并任用了三纲。"唐运既兴,崇缮法宇。有敕于金城坊建会昌寺,并请大德十人,度僧五十人,永用住持。"⑤《续高僧传·昙藏传》说:"大唐御世,造寺会昌,又召以为上座,抚接长幼,殊有奇功。贞观译经,又召为证义。时,以藏威烈气远,容止清肃,可为兴善寺主。藏深怀礼,让用开贤路,乃荐蓝田化感寺闰法师焉。即依其言,举称斯目。"⑥昙藏于贞观九年(635)三月十八日圆寂于会昌寺,春秋六十有九。昙藏被高祖敕命为会昌寺上座,后又欲敕命他为兴善寺寺主,而他推荐闰法师代之,获准。可见,唐

---

① 刘昫等:《旧唐书》卷四四,中华书局点校本,第 1885 页。
② 关于晋唐佛寺等级、分类及其变迁,可参看张弓《汉唐佛寺文化史》第 221—227 页。
③ 张弓:《汉唐佛寺文化史》,第 366 页。
④ 《续高僧传·德美传》记载:"武德之始,创立会昌。"(《大正藏》第 50 卷,第 697 页中。)其他资料也显示会昌寺是高祖于武德元年在京师下令建造的几所寺院之一。
⑤ 道宣:《续高僧传》卷二八,《大正藏》第 50 卷,第 689 页中一下。
⑥ 道宣:《续高僧传》卷一三,《大正藏》第 50 卷,第 525 页下。

武德初年起,寺院仍然由"三纲"统领。尽管现存的武德年寺院三纲的资料不多,特别是"三纲"之末的任用资料更少,但也并非空白。《全唐文》卷九八六载有一篇《少林寺准敕改正赐田牒》,此文所撰日期为贞观六年(632)六月。文内称:

> 少林寺今得牒称:上件地往因寺庄翻城归国,有大殊勋,据格合得良田一百顷。去武德八年二月,蒙敕赐寺前件地为常住僧田,供养僧众。计勋仍少六十顷。至九年,为都维那故惠义不闲敕意,妄注赐地为口分田。僧等比来知此非理,每欲谘改。今既有敕普令改正,请依籍次附为赐田者。①

此文所载事件的原委如下:唐武德八年(625)二月十五日,高祖赐给少林寺四十顷土地作为"常住田"②,第二年,少林寺都维那惠义却以"口分田"的名义上报。太宗贞观六年下敕改正错报的土地类别。此牒文就是承办此事的官员奉皇帝的命令向少林寺主事僧僧彦询问的记录。文中说"故惠义",显示惠义已经圆寂。从文中惠义的作为看,他很大可能是"三纲"之一的都维那,而不是仅仅负责敲打钟磬的"维那"。

太宗贞观年继续延续了武德年的做法。如释宝袭的弟子昙恭,"贞观初年,敕征为济法上座,纲维僧务,传芳季绪。后召入弘福,又令知普光寺任。德为时须,故轮转无定。"③尤其是,《全唐文》卷二〇一收录的《开业寺碑》记载,始建于东魏的赵郡开业寺,由于北周灭法而被毁坏,"以贞观四年,还赐旧额为开业寺也。上座圆彻、寺主圆镜、都维那道英,大德僧道宽、智□、圆一、圆真、道通、慈伦、道名等,并董修戒范,持护律仪,腾逸气于三空,仙舟于八解"④。此文中明确地提到开业寺恢复的时

---

① 董诰等编:《全唐文》卷九八六,第 10196 页。
② 王昶:《金石萃编》卷七四,第 1261 页,《石刻史料新编》(2),台北,新文丰出版社,影印本,1982 年。
③ 道宣:《续高僧传》卷一二,《大正藏》第 50 卷,第 520 页中。
④ 董诰等编:《全唐文》卷二〇一,第 2039 页。

候,其寺寺职的设置和僧名。可惜,上述僧人不见于僧传载记。①

　　由这些资料,已经可以证明,至迟在贞观年间,佛寺寺职"三纲"已经固定为上座、寺主、维那,并且确定了上座为最高寺职的惯例。如贞观二十二年(648),皇太子李治为其母祈福,"新营道场,宜名大慈恩寺,别造翻经院……令法师移就翻译,仍纲维寺任。法师既奉令旨,令充上座"②。高宗永徽二年(651),"敕建西明寺,大殿十三所,楼台廊庑四千区,诏道宣律师为上座,神泰法师为寺主,怀素为维那"③。志磐在此说西明寺初建的时候维那是怀素,恐怕是有问题的。唐代至少有两位著名的"怀素",从志磐所说的看,应指唐初的怀素。然唐初的怀素(625—698),"俗姓范氏,京兆人。世袭冠冕,贞观十九年出家,师奘法师为弟子。而立性聪敏,专寻经论。进具之后,偏隶毗尼,依道成律师学《四分律》,不淹时序而为上首。先居弘济,后住太原"④。这一记载与道宣在《关中创立戒坛图经》中所说一致:乾封二年(667)仲春八日,"京师弘济寺怀素律师"⑤参与了西明寺道宣在关中建立戒坛的活动。可见,如果唐初在上述"怀素"之外,并无另外的沙门怀素的话,志磐所说怀素为第一任西明寺维那是不可靠的。但这一条资料的意义也是明显的,即志磐所依的资料显示,西明寺初建之时是"三纲"齐备的,而且三纲的名称与排序已经依次为上座、寺主、维那。这一点在下属资料中可以得到证实。显庆二年(657),由于慧立在与道士辩论中表现出色,"至七月内敕鸿胪卿韦庆俭补充西明寺都维那,性不习喧,诣阙辞退,所司抑之,不为通表。因理僧务,不坠彝伦"⑥。慧立"后授太原寺主"⑦。关于唐初西明寺的都维那还

---

① 《续高僧传》卷三〇《慧常传》的"附传"中说:"时,京师兴善有道英、神爽者,亦以声梵驰名。"(《大正藏》第 50 卷,第 705 页上)从内容看,此道英非开业寺的道英。
② 慧立本、彦悰笺:《大唐大慈恩寺三藏法师传》卷七,《大正藏》第 50 卷,第 259 页中。
③ 志磐:《佛祖统纪》卷二九,《大正藏》第 49 卷,第 367 页上。
④ 智昇:《开元释教录》卷九,《大正藏》第 55 卷,第 564 页下。
⑤ 道宣:《关中建立戒坛图经》,《大正藏》第 45 卷,第 817 页上。
⑥ 道宣:《集古今佛道论衡》卷丁,《大正藏》第 52 卷,第 389 页下。
⑦ 赞宁:《宋高僧传》卷一七,《大正藏》第 50 卷,第 813 页上。

有一则记载,需要注意。《全唐文》收有开元年间的《唐长安西明寺塔碑》,文内曰:"若普闻名称,时立威仪,行则上首,举为左臂者,上座道宣、寺主神察、都维那智衍、子立、传学、元则、栖禅、静定、持律、道成、怀素等人。"①如果认同上述句读,则西明寺的"都维那"可有数名。这将与隋代的情况很相似,"维那"仅仅是寺院中与丛林中的"执事"相当的中层管理者。事实可能并非如此。考虑到能够考见的僧人的情形,上述维那年齿差别很大,甚至有代际差别。如道成就是怀素之师。因此,此碑文实际上是将开元元年(713)之前西明寺的维那都罗列在后。而列于首位的智衍《续高僧传》中有"附传",智衍为灵润"之犹子也。幼携入道,勖以教宗。承明词义,深有会击。讲《摄论》、《涅槃》。近住蓝田之法池寺,统律成匠,亟动时誉"②。从语气看,道宣写此文时,智衍仍然住于法池寺。也许由于是"附传",更可能由于智衍任西明寺维那的时间不够长,道宣未提及智衍的这一段经历。不过,《唐长安西明寺塔碑》所提到的西明寺维那子立的情况则明确地证实了我们前述推理的正确。《宋高僧传·惠立传》记载:

> 沙门释慧立,本名子立,天皇改为慧立。俗姓赵氏,天水人也……敕召充大慈恩寺翻经大德,次补西明寺都维那,后授太原寺主,皆降纶旨,令维寺任。③

"次补西明寺都维那"一句说明,显庆二年(657)时,西明寺维那出现空缺,因此高宗敕命惠(慧)立接任。

从上述资料,特别是关于西明寺的资料的考辨分析,已经可以明白地推定,至迟在唐初贞观年间寺院"三纲"的名称与排序已经固定化。高宗之后的有关"三纲"之职名并列出现的文献资料很多,特别是在隋代不

---

① 董诰等编:《全唐文》卷二五七,第2598页。
② 道宣:《续高僧传》卷一五,《大正藏》第50卷,第547页上。
③ 智昇:《开元释教录》卷九,《大正藏》第55卷,第564页中—下。

甚清晰的"维那"一职,正式列入"三纲"序列,已经是不争的事实。如《大唐大慈恩寺三藏法师传》卷十在记叙玄奘圆寂之前(龙朔三年十月)的事情时,说到"时玉华寺都维那寂照,庆贺功毕,设斋供养"①。玄奘又"因向寺主慧德具说前事"②。《大唐大慈恩寺三藏法师传》未提到玉华寺的上座,然从相关记载推测,玉华寺的上座就是玄奘自己。还有一则记载,可作证明。圣历二年(699),八十卷《华严经》"初译之后,佛授记寺诸大德请藏和尚讲,敕令十月十五日开讲,便即入文。至十二月十二日晚上讲,讲至华藏世界海震动之文,其讲堂内及寺院中,忽然震动。于时,道俗数千共睹,叹未曾有。三藏法师实叉难陀及当寺大德明诠律师、德感法师述兹灵应,具以奏闻。都维那慧表署状为首,奏闻则天"③。可见,此时的佛授记寺的上座、寺主和维那俱全,且排序如上。

唐代寺院以上座、寺主、都维那为三纲。北宋前期,一些律宗和华严宗寺院仍循唐代制度,但也有寺院以住持、典座、维那为三纲。总体上说,唐末五代以后,由于禅宗风行、诸宗融合,佛教寺院多采用禅寺僧职的规定。特别是宋真宗时杨亿向朝廷进呈《百丈清规》之后,原来私定的清规由此获得了合法地位,全国丛林无不执行。隋唐以三纲管理寺院,形成三纲共议寺内重大事务的格局,一者持异议,事即难成,具有良好的相互制约机制。唐代后期以住持作为禅院僧首,便形成了住持独尊的局面,三纲中的另外两纲——上座、维那的地位下降,职权削弱,三纲便名存实亡了。

二、唐代的监寺

尽管"监寺"的功能在隋唐时期有一个波动的过程,但隋唐政府通过设立"监寺"来试图加强对于寺院具体事务的管理深度和强度的意图则是明确的。而作为政府控制佛寺数量的方法,"赐额"就是由朝廷颁给僧

---

① 《大正藏》第50卷,第276页中。
② 同上书,第276页下。
③ 澄观:《华严经随疏演义钞》卷一五,《大正藏》第36卷,第114页上。

团建寺的批文以及寺院的名称。称其为"赐"是因为其往往直接由皇帝圈定或者借皇帝敕命的形式。修建一座寺院,哪怕在与皇都远隔千里的穷乡僻壤,都要由朝廷甚至皇帝批准,这一程序本身就说明了朝廷对于佛教适度发展的极度关注。

值得注意的是,隋唐两代于寺院三纲之上设置"监寺丞",简称"监寺"或"监丞",使官府对于佛教僧团的监督伸展到佛寺之中。监丞之设,始于隋炀帝。《隋书·百官志下》记载:"炀帝即位,多所改革"①,"郡县佛寺改为道场,道观改为玄坛,各置监、丞"②。杜佑《通典·职官七》"崇玄署"条下则说:"隋初置崇玄署令、丞,至炀帝改郡县佛寺为道场,置道场监一人;改观为玄坛,监一人。"两书记载略有差异,对照其他材料真相即可大白。

其实,在炀帝之前类似的名称已经存在,如《金石萃编》卷三八《龙藏寺碑》就载有"监寺使"一职。此碑立于隋文帝开皇六年(586)十二月,其碑阴题名有如下四行:

　　前州仓曹佐监寺使张秤、前汾州统府录事监寺使魏让、前定州总管府学生监寺使段深、前定州总管府学生监寺使俗娄。③

碑文记述了恒州刺史王孝仙奉敕劝奖州人一万共造此寺的业绩。因此,碑阴所列之人都是对于造寺有较大贡献者。当时一座寺院由建造到日常生活和佛事活动,常常需得到民间社邑组织的支持,这些社邑组织常常会以僧官或寺职的名称作主事人的称谓,遗留于世的隋代碑石所见由居士出任的都维那、维那、法义、典座、典录、营寺居士等职都是如此。可见,此碑石中的"监寺使"应该是社邑中负责监护建寺的主事人的职名。"监寺使"原本是起源于民间的临时性差遣职务,在隋初已颇为流行。这

---

① 魏征等:《隋书》卷二八,第802页。
② 同上。
③ 王昶:《金石萃编》卷三八《石刻史料新编》第1辑第1册,第651页,台北,新文丰出版社,影印本,1982。

可能是"监寺"的来源之一。

"监寺"的另外一种来源可能是朝廷派驻译场的"监护官"和由于某些特殊事件而前往佛寺执行调查监督任务的"官使"。关于前者,在官方译场是一种惯例,一直持续到北宋最后一处译场的关闭。作为后者,现在可以查到的资料以梁、陈时代的为多。如梁简文帝曾经派遣三位朝廷官员作为"使者""监看"善觉寺修造佛塔。《广弘明集·谢敕善觉寺起刹启》中说:

> 伏见敕旨,使监作舍人王昙明、材官将军沈徽、御仗吴景等监看善觉寺起刹事,爰奉圣恩,曲降神力,命斯执事,修兹长表。①

天台祖师慧思被诬陷"北僧受齐国募,掘破南岳。敕使至山,见两虎咆愤,惊骇而退。数日更进,乃有小蜂来螫思额。寻有大蜂吃杀小者,衔首思前飞扬而去。陈主具闻,不以诚意。不久谋罔一人暴死,二为狾狗啮死。蜂相所征,于是验矣。敕承灵应,乃迎下都,止栖玄寺"②。在这一事件中,陈朝皇帝派遣使者前往南岳调查慧思掘地建寺之事,所派遣使者在宋代编写的《天台九祖传》中称为监使,文中有"监使同时共奏"③之语。这里,监督译场和修建塔寺的"官使"是持续一段时间住寺的官员,调查监督某事的使者是临时性的,事遂即撤。而隋炀帝在加强教团管理的过程中,受到上述民间、朝廷差遣等方面设置的启发,创立了官府派员长期驻寺监护寺院的官职,把其定名为"监寺"或"监丞"。隋代监寺一概由世俗人士担任,在记录隋代僧侣事迹的有关僧传中,常常有某僧担任寺主、上座、"纲维"甚至一般性寺职的记载,但并无某僧担任"监寺"的例子。④ ——此也可作为一个官任监寺的佐证。

唐初,原封不动地继承了"监寺"、"监丞"制度,如《通典》所说:"大唐

---

① 道宣:《广弘明集》卷一六,《大正藏》第52卷,第209页下。
② 道宣:《续高僧传》卷一九,《大正藏》第50卷,第563页中一下。
③ 士衡:《天台九祖传》,《大正藏》第51卷,第99页中。
④ 参见谢重光《晋唐僧官制度考略》,载《汉唐佛教社会史论》,第281页。

复置崇玄署。初又每寺观各置监一人,属鸿胪。"但《通典》又说"贞观中省"①,似乎监寺制度在唐初已经停废。但有大量记载说明,中唐之后,朝廷又恢复了这一制度,具体年月无从稽考,大致应在《通典》成书的贞元十七年(801)之后不久。因为圆仁《入唐求法巡礼记》卷一明确记载:"凡此唐国有僧录、僧正、监寺三种色:僧录统领天下诸寺,整理佛法;僧正唯在一都督管内;监寺限在一寺。自外方有三纲并司库。"②此书还在几处提到和监寺僧交往的情形,如开成三年(838)八月二十四日,圆仁一行到达扬州开元寺,住下不久,"三纲并寺和尚及监僧等赴集。上座僧志强、寺主令徽、都师修达、监寺方起、库司令端慰问"③。此方起确实是一位和尚,如九月"二日,监寺僧方起等于库头设空饭"④。由圆仁的记载看,中唐恢复的监寺丞似乎是由僧人担任的。然而,陕西扶风法门寺出土的《大唐咸通启送岐阳真身志文》和《监送真身使随真身供养道具及恩赐金银衣物帐》二碑均镌有"监寺高品张敬全"的名职。此碑镌于咸通十五年(877)正月,碑石现藏于法门寺博物馆。此位张敬全是朝廷宦官。由宦官任寺院的"监寺",与圆仁的亲身观察不符。经过仔细考核碑文,可以确定此位"监寺高品"是常驻法门寺的官员。具体理由如下:《大唐咸通启送岐阳真身志文》中有"仍令高品彭延鲁、内养冯全璋颁赐金银钱绢等"文字,而碑石最后的署名为"监寺使高品张敬全"。⑤《监送真身使随真身供养道具及恩赐金银衣物帐》内文有:

> 真身高品臣孙克政、臣齐询敬,库家臣刘处宏、承旨臣刘继钿与西头高品彭延鲁、内养冯全璋、凤翔观察留后元充及左右街僧录清澜、彦楚,首座僧澈、惟应,大师清简、云颢、惠晖、可孚、怀敬、从建、文楚、文

---

① 杜佑:《通典》卷二五,第704页,中华书局点校本,1988。
② [日]圆仁:《入唐求法巡礼记》卷一,顾承甫、何泉达点校本,第28页,上海古籍出版社,1989。
③ 同上书,第11—12页。
④ 同上书,第13页。
⑤ 李发良:《法门寺志》,第209页,陕西人民出版社,1995。

会、师益、令真、志柔及监寺高品张敬全,当寺三纲义方、敬能……。①此中,"西头高品"、"真身高品"都属于临时性的差遣,而"监寺高品"与当寺三纲连缀一起并且置于其前,一方面说明"监寺高品"属于常设之职,另一方面也说明"监寺高品"在寺院的地位要高于三纲。这也与圆仁所见不同。中唐之后,大多数寺院的"监寺"改由僧人担任,只是在少数直接受朝廷控制的寺院仍然保持唐代初年由朝廷派员的惯例。尽管如此,隋唐政府在"三纲"之上设置"监寺"的意图也许并没有改变多少。

尽管有唐末法门寺的特例,但仍然可以肯定圆仁所见的真实性,中唐恢复的"监寺"大多为僧人担任。这与隋代唐初概由俗官担任不同。由于监寺和三纲都为僧职,后来禅宗丛林的知事制度遂将监寺作为寺主的代称。宋释道诚在《释氏要览》中说:"监寺,《会要》云:'监者,总领之称。'所以不称寺院主者,盖推尊长老。"②宋朝睦庵编的《祖庭事苑》卷八中说:"此云寺主,即今监寺也……今吾禅门有内外知事,以监寺为首者,盖相沿袭而然也。"

三、师号、德号与紫衣

所谓"师号"与"紫衣"是朝廷给予高僧和高道的特别褒奖,前者起源于南北朝时期,后者则起源于唐代。这两种做法都被历代朝廷所沿袭,凡是获得这两种褒赐者,都具有特殊的身份和礼遇。

所谓"师号"是朝廷对于有德之僧所敕赐的称号,严格意义上的师号应该将僧尼示寂后追谥的称号("谥号")包括在内,为了与本节的论题一致,兹不涉及谥号的问题。从唐代朝廷对于僧人的褒奖序列言之,"师号"包含了"国师"、"大师"等几方面。

---

① 李发良:《法门寺志》,第212页。
② 道诚:《释氏要览》卷下,《大正藏》第54卷,第301页下。

中土朝廷给予高僧以"国师"的称号,来源很久,并非始于隋唐。宋志磐在《佛祖统纪》卷四三中述"国师"称号的由来时说:"自古人君重沙门之德者,必尊其位,异其称,曰僧录、僧统、法师、国师。入对不称臣,登殿赐高座,如是为得其宜。"①可见,古代帝王常常给予道行、学问俱佳的僧人以"国师"称号以示尊崇。不过,国师的称号,在印度和西域早已流行。《大宋僧史略》"国师"条说:"西域之法,推重其人,内外攸同,正邪俱有。昔尼犍子信婆罗门法,国王封为国师。内则学通三藏,兼达五明,举国皈依,乃彰斯号。"②《中阿含经·转轮王经》记刹利顶生王时说:"国师梵志案行国界。"③这是婆罗门为国师的例子。《出三藏记集·诃梨跋摩传序》又记载:佛灭九百年时,有个印度外道论师,想阻止巴连弗王崇敬三宝,就来到摩竭陀国活动。"王闻,不悦,即宣募境内有能辩屈之者,当奉为国师。"④诃梨跋摩应募而至,折服了这个外道,王及臣民非常高兴,即奉其为国师。《慈恩传》卷四记载,印度胜军论师"既学该内外,德为时尊。摩揭陀主满胄王钦贤重士,闻风而悦,发使邀请,立为国师,封二十大邑,论师不受。满胄崩后,戒日王又请为师,封乌荼国八十大邑,论师亦辞不受"⑤。佛教东传以后,西域也有国师的称号。如前秦建元十八年(382)时,西域车师前部王弥第来访长安,其国师鸠摩罗跋提同来,献胡语《大品般若经》一部。⑥此外,汉地高僧也有为当时西域国师的,如陇西高僧法爱,深解经论,兼通术数,为西域芮芮(亦称蠕蠕或柔然国)国师,俸以三千户。⑦

汉地僧人于内地获得"国师"称号的,现存的文献中数北齐时代的法

---

① 志磐:《佛祖统纪》卷四三,《大正藏》第49卷,第399页下。
② 赞宁:《大宋僧史略》卷中,《大正藏》第54卷,第244页下。
③ 东晋僧伽提婆译:《中阿含经》卷一五,《大正藏》第1卷,第521页下。
④ 僧祐:《出三藏记集》卷一五,《大正藏》第55卷,第79页上。
⑤ 慧立本、彦悰笺:《大唐大慈恩寺三藏法师传》卷四,《大正藏》第50卷,第244页上。
⑥ 参见《出三藏记集》卷八《摩诃钵罗若波罗蜜经抄序》。
⑦ 参见慧皎《高僧传》卷八《法瑗传》。

常为最早。据《佛祖统纪》卷三八记载:"天保元年,诏高僧法常入内,讲《涅槃经》,拜为国师(国师始此)。"①北齐天保元年即公元550年。北齐又"诏置昭玄上统,以沙门法上为大统,令史员置五十余人,所部僧尼四百余万,四万余寺,咸禀风教。帝筑坛具礼,尊为国师,布发于地,令上统践之升座"②。此外,西魏或北周时期,僧实也被封为"国师",然具体时间记载略异。唐法琳在《辩正论》卷三中说:周太祖文皇帝"造大福田寺,供养国师实禅师"③。道宣《续高僧传·僧实传》则记载:

> 周太祖文皇,以魏大统中下诏曰:"师目丽重瞳,偏同虞舜,背隆伛偻,分似周公,德宇纯懿,轨量难模,可昭玄三藏。"……至保定年,太祖又曰:"师才深德大,宜庇道俗,以隆礼典。"乃躬致祈请,为国三藏。实当仁不让,默而受之。④

道宣记述中未提及"国师"的名称,而"昭玄三藏"和"国三藏"为西魏时期和北周武帝时期中央僧官的称呼。元代编订的《释氏稽古略》中将《辩正论》所说系于大统十一年(545)。综合这些记载,僧实是否真正曾经被封为"国师",似乎有些问题,因此,赞宁的说法应该是不错的,即法常为汉地最早的最明确的"国师"。

南朝陈宣帝,曾以天台智𫖮为菩萨戒师,隋炀帝也同样以智𫖮为菩萨戒师,故有时也号为国师,如道宣在《续高僧传》卷一七中就称智𫖮为国师。不过,如《大宋僧史略》中所加之注所说,智𫖮的"国师"是"即无封署"⑤的。唐代三百年间,佛教各宗高僧被尊为国师的很多。如赞宁的归纳:

---

① 志磐:《佛祖统纪》卷三八,《大正藏》第49卷,第356页下。道宣《续高僧传》卷一六《法常传》也记载:"释法常,高齐时人。领徒讲律,有声漳邺,后讲《涅槃》并授禅数,齐主崇为国师。"(《大正藏》第50卷,第556页中)
② 志磐:《佛祖统纪》卷三八,《大正藏》第49卷,第357页上。
③ 法琳:《辩正论》卷三,《大正藏》第52卷,第508页中。
④ 道宣:《续高僧传》卷一六,《大正藏》第50卷,第558页上。
⑤ 赞宁:《大宋僧史略》卷中,《大正藏》第54卷,第244页下。

> 至则天朝，神秀领徒荆州，召入京师，中、睿、玄四朝，皆号为国师。后有禅门慧忠，肃、代之时，入宫禁中，说禅观法，亦号国师。元和中，敕署知玄曰悟达国师。①

嵩山老僧慧安被称为"老安国师"，慧忠被称为"南阳国师"，无业被称为"大达国师"。密宗方面，金刚智寂后，谥为灌顶国师。不空为帝灌顶，赐号"智藏国师"。净土宗有南岳法照为代宗时代的国师②。华严宗的澄观，于贞元十五年（799）入宫阐说华严宗旨，德宗赐以"大统清凉国师"之号；法藏则被封为"康藏国师"。南宋祖琇在《隆兴佛教编年》卷一五中说："吾释之盛，莫盛于唐，凡三百年间，以道德为天下宗师者不可悉数。"③从以上人物看来，这一说法是符合事实的。五代时期，"则蜀后主赐右街僧录光业为祐圣国师。吴越称德韶为国师，江南唐国署文遂为国大导师也"④。

关于朝廷给予僧人"大师"的师号，北宋初的赞宁在《大宋僧史略》卷下《赐师号》条有一说法被广泛引用，其文云：

> 师号，谓赐"某大师"也。远起梁武帝号娄约法师，次隋炀帝号智颛禅师，并为"智者"，而无"大师"二字。唐中宗号万回为"法云公"，玄宗开元中有慧日法师，中宗朝得度师义净，游西域回，进真容梵夹，帝悦赐号"慈敏"，亦未行"大师"之字。穆宗朝，天平军节度使刘总奏乞出家，赐紫衣，号"大觉师"（止"师"一字）。至懿宗咸通十一年十一月十四日延庆节，因谈论。左街云颢赐"三慧大师"，右街僧彻赐"净光大师"，可孚"法智大师"，重谦"青莲大师"。赐师号懿宗朝始也。⑤

---

① 赞宁：《大宋僧史略》卷中，《大正藏》第54卷，第244页下。
② 志磐：《佛祖统纪》卷五一记载："代宗诏南岳法照为国师。"（《大正藏》第49卷，第454页上）
③ 祖琇：《隆兴佛教编年》卷一五，《续藏经》第75册，第185页下。
④ 赞宁：《大宋僧史略》卷中，《大正藏》第54卷，第244页下。
⑤ 赞宁：《大宋僧史略》卷下，《大正藏》第54卷，第249页中。

赞宁所说的"师号"含义较为狭窄,特指"某某大师",并且严格限定在生前的赐予上。正是从这一意义上,赞宁说赐师号是从唐懿宗咸通十一年(870)开始的。今人将其意义扩大,认为"若是卒谥师号则在咸通十一年以前早就存在"①。实际上,具体时间是无法考订的。

此外值得注意的是"四大师"的提法。这一提法独见于宋代志磐编订的《佛祖统纪》。《佛祖统纪》卷三九说:唐太宗贞观二十年(646)七月,"诏法华智威禅师,补四大师、朝散大夫。"②在《佛祖统纪》卷五一"沙门封爵"条中说:"唐太宗敕沙门智威为四大师,封朝散大夫。高宗时,敕惠威为四大师,封朝散大夫。"③在《佛祖统纪》卷二三中说:"贞观二十年,召法华威禅师,授朝散大夫,引驾四大师。""永徽六年,召天宫威禅师,授朝散大夫,引驾四大师,与法华同职位。"④关于这一提法的缘由,志磐也有一解释:"耆老相传云:唐有四大师,谓引驾大师、护国大师。余二阙闻。今详考隋唐僧传,但有引驾之名,其员有四。"⑤这一解释相当模糊,可见唐代"四大师"之设在宋代留存的史料中已经模糊不清。

唐代还流行"大德"的称呼,赞宁称之为"德号"。"大德",音译自婆坛陀。于印度时,为对佛菩萨或高僧之敬称。又比丘中之长老,亦称大德。在隋唐时代,凡从事译经事业者,特称"大德"。《大慈恩寺三藏法师传》卷六即记载:贞观十九年(645)六月玄奘于弘福译经时,另有证义大德十二人、缀文大德九人、字学大德一人、证梵语梵文大德一人等。《贞元释教录》卷一六也举出临坛大德、百座大德、三学大德、讲论大德、义学大德、翻经大德、译语大德等名称。此外,统领僧尼之僧官,亦称大德。据《续高僧传》卷一一《吉藏传》载,唐朝武德初年,以僧众过繁,乃置十大德以纲维法务;《大宋僧史略》卷下德号条亦列出临坛大德、引驾大德等

---

① 黄敏枝:《宋代佛教社会经济史论集》,第445页。
② 志磐:《佛祖统纪》卷三九,《大正藏》第49卷,第366页上。
③ 志磐:《佛祖统纪》卷五一,《大正藏》第49卷,第453页下。
④ 志磐:《佛祖统纪》卷二三,《大正藏》第49卷,第248页上。
⑤ 志磐:《佛祖统纪》卷七,《大正藏》第49卷,第187页下。

名称。显然,"大德"之语在古代含义甚广,既是一种"德号",也是一种"僧职"。唐代朝廷所册封的"大德"多不胜数。如《佛顶尊胜陀罗尼经教迹义记》载有"沙门乘如等"给唐代宗的表文,其文末署名为"大历十一年二月二十二日京城释门众大安国寺上座内外临坛大德乘如等状进"①。《大周刊定众经目录》卷一五末尾编定者的署名中就有如下称呼:

> 天册万岁元年十月二十六日
> 都检校刊定目录及经真伪佛授记寺大德僧明佺
> 部检校刊定经目录及经真伪大福光寺大德僧道𡧃
> 大平寺刊定真伪经僧上座福庆
> 刊定真伪经大德僧思言
> 天官寺刊定真伪经僧昙懿
> 大福先寺刊定真伪经僧玄奉
> 佛授记校经目僧智方
> 大白马寺校经目僧明远。②

关于"大德"之"德号"的源流,赞宁也有一叙述:

> 至唐代宗,内出香一合,送西明寺故上座大德道宣掌内,始见史传。又代宗大历二年,安国寺律大德乘如奏亡僧物色,乞依律断轻重。③

这是说,"大德"用做中土僧人的称呼,见于史传者以道宣、乘如为最早,但赞宁经过对史料的考察,得出了这两例并非朝廷所敕补,而是"一期之推饰耳"。赞宁说:

> 大历六年辛亥岁四月五日,敕京城僧尼"临坛大德"各置十人,

---

① 《大正藏》第39卷,第1012页中。
② 《大正藏》第55卷,第475页上。
③ 赞宁:《大宋僧史略》卷下,《大正藏》第54卷,第249页下。

以为例程,有阙即填。此带"临坛"而有"大德"二字,乃官补德号之始也。宪宗朝,端甫为"引驾大德"。此带"引驾"为目。宣宗大中四年六月降诞日,内殿禅大德辩、肇二人。此带"禅学"得名。又大中中,敕补圣寿寺临坛大德赐紫,慧灵为总持寺上座,崇福寺讲论大德赐紫,叡川充寺主,福寿寺临坛大德赐紫,玄畅充都维那。大中十年,玄畅迁上座大德,玄则为寺主大德,坚信为悦众,并从敕补。敕补号益分明矣。懿宗咸通六年,西凉府僧法信禀本道节度使张义朝差,进乘恩法师所撰《百法论疏抄》,两街详定可以行,用敕宜依。其法信赐紫衣,充本道大德。又昭宗文德初生辰号嘉会节,诏两街僧道讲论至暮,各赐分物银器,僧道赐师号者,右街两人,紫衣各四人,德号各十人。①

可见,在唐代,"大德"一般是作为僧职和荣誉称号使用的,而且往往是由朝廷或者地方官员所册封的。

在此,应该特别指出三点:其一,现今出土的碑石文字中,有早于赞宁所说的敕补"大德"的最早例证大历六年(771)者。如1987年于法门寺塔下地宫之中出土了树碑于唐永昌元年(689)的《法门惠恭大德之碑》,并且还出土了惠恭"支提之塔"残碑,其铭曰:"大唐歧州歧阳县法门寺检校佛塔大德惠恭支提之塔"。可见,慧恭僧职的全称应该为"检校佛塔大德"。这位僧人活动于唐初武周之前。② 可见,作为德号的"大德"并不一定如赞宁所说开始于大历年间。其二,赞宁在下文中还说道:"为'引驾大德'者,唯端甫称之(唐宪宗时僧)。此必敕补,傥自号私署,安可称之? 此命近亦不闻矣。"③此说不确。根据现存日本圆仁撰《入唐求法巡礼记》卷三中的记载,京城中有体虚法师为"左街僧录、三教讲论、赐

---

① 赞宁:《大宋僧史略》卷下,《大正藏》第54卷,第249页下。
② 参见杨维中《唐初三阶教大德惠恭行历及其佛学思想》,《世界宗教研究》,1999年第1期。
③ 赞宁:《大宋僧史略》卷下,《大正藏》第54卷,第250页上。

紫、引驾大德",文溆法师为"内供奉、三教讲论、赐紫、引驾起居大德"①。可见,唐代的"引驾大德"并非端甫一人。其三,"引驾大德"与前述"四大师"中的"引驾大师"也许为同一职号。《佛祖统纪》卷四二中说:唐文宗太和三年(829),"引驾大师义林奏修慈恩塔,开椟之日,异香袭人,真身侧卧砖台,具四十齿"②。而关于端甫,志磐所述与赞宁略有不同。"开成元年正月,左街僧录、内供奉、三教谈论、引驾大师悟达法师端甫右胁而灭,荼毗,得舍利三百粒。"③而且,圆仁文中在文溆法师名下多了"起居"两字,是否"引驾大德"和"起居大德"是两种不同的职称呢?这是否可以补充志磐所说"四大师"除"引驾大师"、"护国大师"之阙遗呢?这些都有待史料来证实。

"紫衣"又称"紫服"、"紫袈裟",是廷赐给高僧大德的紫色袈裟或法衣。依佛制,紫衣属"五间色"之一,不属于如法的"坏色",因此佛制严禁之。唐代载初元年(690)七月,"怀义与法明等造《大云经》,陈符命,言则天是弥勒下生,作阎浮提主,唐氏合微。故则天革命称周,怀义与法明等九人并封县公,赐物有差,皆赐紫袈裟、银龟袋。其伪《大云经》颁于天下,寺各藏一本,令升高座讲说"④。佛制本来不许僧人用紫色、绯色,但自古中土朝廷官员皆着红、紫色之朝服,又设朱、紫、绿、皂、黄等绶绦,以区别官位之高低,因此,武后赐给僧人紫色袈裟,是将这些有功于新朝的僧人当做朝廷高官看待的意思。赞宁说"赐紫自此始也"⑤,是符合事实的。赞宁记载说:

> 则天之后中宗朝,以胡僧慧范修寺之功封县公,不行紫服。睿宗时亦无闻焉。玄宗友爱颇至,以宁王疾遣中使尚药,驰骛旁午,唯

---

① [日]圆仁:《入唐求法巡礼记》卷三,顾承甫、何泉达点校本,第147页,上海古籍出版社,1986。
② 志磐:《佛祖统纪》卷四二,《大正藏》第49卷,第385页上。
③ 同上书,第385页中。
④ 刘昫等:《旧唐书》卷一八三,第4742页。
⑤ 赞宁:《大宋僧史略》卷下,《大正藏》第54卷,第248页下。

僧崇宪医效。帝悦,赐绯袍鱼袋(赐绯鱼袋唯宪一人)。又开元二十年九月中,波斯王遣大德僧及烈至唐,敕赐紫袈裟一副,帛五十匹,遣还本国。天宝末,沙门道平住金城县寺,遇禄山逆乱。玄宗幸蜀,肃宗过寺,平恳劝论兵灵武。收复长安,肃宗遂以兵属之。用为左金吾大将军。至临皋遇贼大战,累次立功。后还乞为僧,敕配崇福、兴庆两寺,赐紫衣入内,奏对为常。代宗永泰年中,章敬寺僧崇慧与道士角术,告胜。中官巩庭玉宣赐紫衣一副(除鱼袋也)。① 次,镇国寺梵僧纪陀,年六百岁,临终遣弟子奉衣钵上皇帝,敕赐紫衣焉。德宗归心释氏,诏法师端甫入内殿与儒道论义,赐紫方袍。②

从赞宁的这一叙述看,武后之后赐给僧人紫衣者有玄宗、肃宗、代宗。应该指出,赞宁的叙说仅仅是罗列数人而已,实际获得紫衣的人数很多,譬如玄宗、肃宗朝的不空以及不空的弟子多人获得了紫衣。不空于"天宝六载,自师子国还,玄宗延入建坛,亲授灌顶,住净影寺。于时愆亢纳虑于隍,大师结坛应期,油云四起,霈然洪澍,遂内出宝箱,赐紫袈裟一副、绢二百匹"③。不空的付法弟子僧慧朗于大历九年(774)十一月二十九日获代宗赐紫衣。④ 惠果也于大历十一年"加持代宗皇帝应时便差敕赐紫衣一对"⑤。唐顺宗、宪宗、穆宗、文宗、武宗时期都有赐紫的惯例,但北宋时期赞宁"寻僧名,未见耳"⑥。不过,现存日本僧人圆仁所著《入唐求法巡礼记》卷三中关于"赐紫"的记述可以弥补赞宁的缺憾。

根据圆仁在《入唐求法巡礼记》卷三中的记述,当时的"赐紫"僧人至

---

① 圆照:《不空表制集》卷六收有《谢赐紫衣并贺表一首》,文云:"沙门崇惠言:昨奉观军容使宣进止,令于章敬寺登剑树渡火坑。伏奉中使巩庭玉宣进止赐紫僧衣一副者……大历三年十月二十九日安国寺沙门崇惠上表。"(《大正藏》第52卷,第857页中。)这与赞宁所说时间不一致,应以《不空表制集》所记载为是。要不,是前后两次赐紫?
② 赞宁:《大宋僧史略》卷下,《大正藏》第54卷,第248页下—249页上。
③ 圆照:《不空表制集》卷四,《大正藏》第52卷,第848页下。
④ 同上书,第851页上。
⑤ 《大唐青龙寺三朝供奉大德行状》,《大正藏》第50卷,第295页上。
⑥ 赞宁:《大宋僧史略》卷下,《大正藏》第54卷,第249页上。

少有:"云华寺赐紫沙门海岸法师","左街僧录、三教讲论、赐紫、引驾大德体虚法师","内供奉、三教讲论、赐紫、引驾起居大德文淑法师"。① 圆仁记录这些僧人的名号、僧职的时间在开成六年(841)正月改年号为会昌元年(841)之时,因此反映的是唐文宗执政末期上述僧人的情形。另外,《佛祖统纪·宗密传》记载:"太和九年,文宗诏问佛法大意,赐紫方服,号大德。"② 尤为重要的史料是,圆仁至长安恰逢唐武宗着手渐进式毁佛的进程,在《入唐求法巡礼记》卷三中几次记叙了皇帝召请僧、道入宫讲论,道士得到紫衣而僧人未得的事情。如会昌元年"六月十一日,今上降诞日,于内里设斋,两街供奉大德及道士集谈经。四对论议,二个道士赐紫,释门大德惣得不著。南天竺三藏宝月入内对君王,从自怀中拔出表进,请归本国"③。宝月的行为惹恼了皇帝,受到了惩罚。会昌二年"六月十一日,上德阳日,大内降诞降斋。两街大德对道士御前论议。道士二人得紫,僧门不得著紫"④。《入唐求法巡礼记》卷四又记载,会昌三年六月十一日,"依旧例入内,大德对道士论议,道士二人敕赐紫衣,而大德惣不得著紫"⑤。会昌四年,武宗干脆废除了圣诞日佛、道论议的惯例,仅敕道士入宫祈祷。从这一记述看,在武宗之前,在皇宫内举行的讲经法会及佛道辩论,都会给参与者以"赐紫"的礼遇。武宗信奉道教而厌恶佛教,登位前三年未废除圣诞日佛道论议的惯例,但却仅仅给予道士赐紫,故意冷落佛教,使得来唐的印度僧人愤而抗议。考虑到武宗对于佛教的态度,在宫廷的佛事活动之后给予僧人赐紫,至少是在武宗之前的唐文宗时代就已经成为惯例。

唐宣宗大中年间(847—859)佛教得以从会昌法难中逐渐恢复,恢复赐紫于僧人的惯例也是题中应有之意。现见于记载的是大中二年"安国

---

① [日]圆仁:《入唐求法巡礼记》卷三,顾承甫、何泉达点校本,第147页。
② 志磐:《佛祖统纪》卷二九,《大正藏》第49卷,第293页下。
③ [日]圆仁:《入唐求法巡礼记》卷三,顾承甫、何泉达点校本,第152页。
④ 同上书,第157页。
⑤ 同上书,第171页。

寺沙门修会,以能诗应制,尝从上乞紫衣。上曰:'不于汝吝。但汝相有阙故耳。'及赐,一夕暴亡"①。释广修"宣宗重兴佛法,召入对御前草圣遂赐紫衣,仍预临洗忏戒坛,号十望大德"②。此外,大中年间获得赐紫的僧人仅赞宁在《大宋僧史略》所举就有:

> 大中四年六月二十二日降诞节内殿,禅大德并赐紫,追福院主宗苣亦赐紫。次有沙州巡礼僧悟真至京,及大德玄畅句当藏经,各赐紫。又法乾寺都捡挍僧从㻛赐紫。帝幸庄严寺礼佛牙,慧灵律师赐紫,崇福寺叡川赐紫。③

根据《宋高僧传·慧灵传》记载:"大中七年,宣宗幸庄严寺礼佛牙,登大塔宣问耆年,乃赐紫衣。"④而叡川赐紫也应该是在此年。因为此年三月十一日,宣宗令三教首座辩章勾当修复总持寺,"其年六月,敕补灵为新寺上座矣"⑤,并且敕命"崇圣寺赐紫叡川充寺主,福寿寺临坛大德、赐紫玄畅充都维那"⑥。宣宗之后诸帝,赐紫给僧人者更多,兹以赞宁所归纳作结,不再详考。其文云:

> 懿宗咸通四年,有西凉府僧法信,进《百法论疏抄》,勘实赐紫。十一年十一月十四日延庆节,两街僧道赴内,于麟德殿讲论,可孚赐紫。又日本国僧圆载住西明寺,辞回本国,赐紫遣还。十二年延庆节内殿讲论,左街清韵、思礼、云卿等五人,右街幼章、慧晖、清远等四人,并赐紫(寻街分各赐紫衣,自咸通始也)。僖宗、昭宗赐诸道所荐僧紫衣极多,不录。梁祖乾化元年十一月,有回纥入朝,僧凝卢宜李思宜延篯等,各赐紫还蕃。又潭州僧法思、桂州僧归真,面乞赐

---

① 志磐:《佛祖统纪》卷四二,《大正藏》第49卷,第387页上。
② 赞宁:《宋高僧传》卷三〇,《大正藏》第50卷,第895页中。
③ 赞宁:《大宋僧史略》卷下,《大正藏》第54卷,第249页上。
④⑤ 赞宁:《宋高僧传》卷一六,《大正藏》第50卷,第807页中。
⑥ 同上书,第807页下。

紫,庄宗喜赐僧紫衣。晋汉周皆尔。①

五代时期,虽然战乱不停,但那些割据一方的小国对于高僧的赐号仍然流行,西蜀后主赐无业为祐圣国师,吴越王以天台德韶为国师,南唐以文遂为国大导师,闽王王审知以鼓山神晏为兴圣国师。

应该指出,对于兴起于唐代的赐紫风气,佛教内外非议者颇多。在赐紫衣更趋流行的宋代,反对者仍然不绝如缕。宋元照《四分律行事钞资持记》在追述了紫衣形成的过程后说:"由此弊源一泄于今不返,无知俗子滥迹释门,不务内修唯夸外饰,矧乃辄预耆年之上,借称大圣之名,国家之所未详,僧门之所不举。致使贪婪悭恪之辈,各逞奢华,少欲清净之风于兹坠灭。"②在《佛制比丘六物图》中,元照说:"轻纱紫染,体色俱非,佛判俗服,全乖道相,何善之有?"③这确实是值得深思的。

第四节 赐额与度僧

中国佛教发展过程中,政府对于僧团的控制能力和控制方法一直处在不断强化的通道之中。南北朝佛教大发展的局面凸现了寺院和僧尼数量扩张对于政府和社会的张力。而隋唐政府在不断的探索中逐渐地找到了控制寺院和僧团扩张的办法:其一,是通过"赐额"制度控制寺院数量。其二,通过参与度僧的过程而限制僧尼人数扩张和保证僧尼素质。其三,通过"戒牒"和"僧籍"管理限制甚至杜绝"私度"的发生,以达到限制僧团规模的目的。隋唐朝廷确立的僧官制度和寺职格局,其基本构想就是强化政府对于佛教事务的控制力度和干预强度,而佛寺管理、度僧、僧籍、度牒等制度的完备充分显现出了政府强化对于佛教事务之控制的意图。

---

① 赞宁:《大宋僧史略》卷下,《大正藏》第54卷,第249页上。
② 元照:《四分律行事钞资持记》下,《大正藏》第40卷,第361页下。
③ 元照:《佛制比丘六物图》,《大正藏》第45卷,第901页中。

一、唐代的赐额制度

"赐额"含义的丰富和赐额制度的完善是在唐代完成的,具体表现在以下三方面①:其一,所赐之佛寺名称除佛教本身的含义之外,更多的是与朝廷的政治生活密切相关。其二,唐代寺院的名称也多含有尽忠尽孝、祈祷祈福、兴国安邦的儒家文化底蕴。其三,唐代佛寺有定数定额,因此,赐额制度含有明确的限制佛教数量的含义。以下分而论之。

如前所述,唐代统治者利用佛教的政治目的是相当自觉和明显的,因此,敕建佛寺以及颁赐寺额中不可避免地贯彻了政治意图和理念。如唐高祖于武德元年(618),"以沙门景辉尝记帝'当承天命',为立胜业寺。以沙门昙献于隋末设粥救饥民,为立慈悲寺。以义师起于太原,为立太原寺。又诏并州立义兴寺,以旌起义方之功"②。此中,"胜业寺"、"太原寺"、"义兴寺"之名以及立寺之目的都是为了彰显其起兵夺取政权的伟业和合法性。太宗于贞观元年(627)"诏以皇家旧宅通义宫为兴圣寺"③,其意图也是如此。贞观三年,太宗下诏在其破敌的战场建立的七所佛寺,其寺名分别为昭仁寺、普济寺、慈云寺、弘济寺、昭觉寺、等慈寺、昭福寺。太宗说自己在这些战场亲自手刃千人,于其地建寺,除昭示武功以彰显篡夺本属其兄之帝位的合法性之外,更大的政治目的则在于说明其杀戮敌人而"仁"、"济"、"慈"蕴含于其中矣。这一政治意图在古代的人文背景下还是容易被接受的,如宋代志磐的评论:

> 或谓太宗手自诛杀,真忍人也。殊不知隋为不道,天将兴唐。太宗方间关于军伍之中,当梗化害政,适在目击,不亟剪去,则有妨于机事。奉天命以除残贼,非如桀纣无辜杀人贯盈罪恶之比。天下

---

① 三方面的分类参照了白文固《唐代僧籍管理制度》,载《普门学报》,2003年第15期。
② 志磐:《佛祖统纪》卷三九,《大正藏》第49卷,第362页中。
③ 同上书,第363页中。

既定,仁心自存,唯知佛法,可为拯济。建斋行忏,惠及幽关,盖所以拔沉苦以遂有生,真仁恕之君也。①

此段话也就是七所佛寺之名所蕴含的意义。武后觊觎帝位,僧徒为之制造舆论,于载初元年(690)表上《大云经》等,武则天敕两京、诸州各置佛寺一所,赐额"大云寺"。神龙元年(705)正月,武则天还政于中宗,中宗曾有被废幽均州、房陵的坎坷经历,现在复登极位,以为"中兴",便令两京及天下诸州各置"中兴寺"一所。为此,右补阙张景源认为不妥,便上疏曰:"夫言中兴者,中有阻间,不承统历",而中宗当皇帝是"既奉成周之业,实扬先圣之资,君亲临之,厚莫之重。'中兴'立号,未益前规"。为表示"前后君亲,俱承正统"的继统关系,他建议应该赐额"龙兴"。②中宗采纳张氏建言,将天下"中兴寺"又都改额为"龙兴寺"。玄宗即位,励精求治,欲做一个继往开来的明主,故于开元二十六年(738)六月,"敕每州各以郭下定形胜观寺,改以'开元'为额"③,结果旧日的"大云寺"全改额为"开元寺"。此外,唐代以"兴国安邦"为主题的寺额,也很常见。如景云元年(710),睿宗敕舍龙潜旧宅为安国寺。开元二十年(732),敕改无极寺额为兴唐寺。会昌六年(846),依功德使奏请,上都左街允留寺依次改额为"护国"、"保唐"、"安国"、"唐安"、"唐昌"、"延唐"等名额。依上引资料可知,唐代寺院赐额往往与帝王的政治生活相联系,所谓立寺赐额,也成为贯彻君王政治意图的工具和中介。

前述隋文帝御拟寺额,寺名皆散发着浓厚的佛家文化气息,而唐代寺院赐额,多有儒家文化特色。首先,取精忠尽孝或祈福祈寿字义的寺额,如贞观八年(634),太宗为太穆皇后追福,立弘福寺。贞观二十二年(648),太子李治在隋无漏废寺旧址建慈恩寺,为文德皇后荐福。神龙二年(706),中宗为武太后追福,立圣善寺,寺内建报慈阁。同时别立崇恩

---

① 志磐:《佛祖统纪》卷三九,《大正藏》第 49 卷,第 363 页中。
② 王溥:《唐会要》卷四八《议释教下》,第 992 页。
③ 王溥:《唐会要》卷五〇《尊崇道教·杂记》,第 1029 页。

寺。文明元年(684),睿宗敕以萧锐旧宅建献福寺(后改为荐福寺),为高宗荐冥福。以上都是皇室子孙为父母立寺取额,以示尽孝祈福的事例。另外有臣下奏改寺名,表示向君王献忠祈祷者,如会昌六年(846),依功德使奏请,上都右街允留寺依次改额为万寿、崇圣、圣寿、福寿,企盼君王龙体安泰,万寿无疆。唐代寺院赐额中所蕴含的这些献忠尽孝、兴国安邦的儒家文化内涵,一方面是作为治国核心理念的儒学不可避免地渗透使然,另一方面也反映了统治者信仰佛教或者利用佛教的内在动机实际是偏于忠孝福业的。

隋朝立国之初就下敕实行"有僧行处,皆为立寺"①的政策,以后又多次重申。如开皇十四年(594),高僧昙迁上奏文帝"诸废山寺并无贯逃僧,请并安堵。帝又许焉。寻敕:'率土之内,但有山寺,一僧已上,皆听给额,私度附贯'"②。在这样的政策背景下,隋代佛寺数量增加很快。"自开皇之初,终于仁寿之末,所度僧尼二十三万人,海内诸寺三千七百九十二所。"③至大业末年,"杨氏二君三十七年,寺有三千九百八十五所,度僧尼二十三万六千二百人"④。炀帝增加的佛寺不到两百所。隋朝末年,天下战乱不休,寺院隳废,僧众失散。然而唐初立国之后,并未如隋文帝时期大力恢复佛寺,而是采取稳健的策略。有文献可征,高祖早在统一全国之前,就采取了"州别一寺,但三十僧"⑤。尔后,每征服一地都依此为据对当地的佛寺和僧尼进行沙汰。如武德四年(621),"扫定东夏。有敕伪乱地僧是非难识,州别一寺,留三十僧,余者从俗"⑥。武德七年,平定吴越,"僧众五千晏然安堵。左仆射房玄龄奏称:'入贼诸州僧尼

---

① 道宣:《续高僧传》卷一五《义解篇论》,《大正藏》第50卷,第549页上。
② 道宣:《续高僧传》卷一八,《大正藏》第50卷,第573页中。
③ 法琳:《辩正论》卷三,《大正藏》第52卷,第509页中。
④ 同上书,第509页下。
⑤ 道宣:《续高僧传》卷二五,《大正藏》第50卷,第663页下。
⑥ 道宣:《续高僧传》卷二四,《大正藏》第50卷,第633页下。

极广,可依关东旧格,州别一寺,置三十人,余者遣归编户'"①。可见,武德年间,对于佛教的规模控制得很严格。② 贞观年间,建寺数量日渐增多,至贞观二十二年,"计海内寺三千七百一十六所"③,基本恢复到了隋末的水平。唐高宗于乾封元年(666)封禅泰山,因而下诏令"天下诸州,各营一寺,咸度七僧"。其时全国有 358 州,这样,"三代已来一国寺有四千余所,僧尼六万余人"④。武后崇佛,多筑寺院,中宗君临天下,朝臣、中官奏请筑寺度僧不休。到玄宗开元(713—741)后期,天下共有敕额寺院达 5358 所⑤。至会昌年间灭佛运动时,共拆寺 4600 余所,拆招提、兰若 4 万余所,还俗僧尼 260 500 人,解放奴婢 15 万人。如果加上未实行毁佛的数镇的寺数,可见,法定的佛寺数量在一百年间几乎没有增加多少。从这个角度上说,有学者所说的开元年间的佛寺数量是"以后唐朝寺系规模的'定数'"⑥的看法,是很有道理的。全国五千余所佛寺,二十余万僧尼,大约是唐王朝五千万人口的社会生产力规模所能供养之佛寺及僧尼的临界数。超过这个定数,生产制度就会失衡,导致社会动荡。也正因为如此,从唐玄宗朝伊始,各代君王一直注意抑制寺院的过分增加,海内有额佛寺大体保持在五千余所的限额内。在此背景下,就有了"有额寺"和"无额寺"的区分,无额寺实际上就是非法寺域。因此,争取将无额寺转为有额寺就是佛教寺院生存和扩大的重要途径,"赐额"的重要性愈来愈突出。

由上述情形决定,唐代佛寺赐额,寓有控制私创寺院的用意。一般情况下,国家是禁止创立寺院的,先天二年(713)五月,玄宗"敕王公以

---

① 道宣:《续高僧传》卷二一,《大正藏》第 50 卷,第 603 页下。
② 关于武德年间的僧尼数量,武德四年,道士傅奕在《上减省寺塔僧尼益国利民事十一条》中说,大唐僧尼二十万,遭到僧人的反驳。其文曰:"又大唐寺籍佛、道二众不满七万,如何面欺上帝二十万众乎?"(道宣:《广弘明集》卷七,《大正藏》第 52 卷,第 134 页中。)
③ 慧立本、彦悰笺:《大唐大慈恩寺三藏法师传》卷七,《大正藏》第 50 卷,第 259 页上。
④ 道世:《法苑珠林》卷一〇〇,《大正藏》第 53 卷,第 1027 页下。
⑤ 刘昫等:《旧唐书》卷四三《职官志·祠部郎中》,第 1831 页。
⑥ 张弓:《汉唐佛寺文化史》,第 109 页。

下,不得辄奏请将庄宅置寺观"①。开元二年(714)二月,玄宗又敕令:"天下寺观,屋宇先成,自今已后,更不得创造。"②即便是唐代几次因政治目的大规模颁发寺额的情形,也是以旧寺改额的形式实现的。武周立大云寺,中宗立龙兴寺,玄宗立开元寺,都是如此。如宣州宣城有东晋时建立的永安寺,武周时改额为大云寺,开元时改额为开元寺。③ 梁武帝所赐韶州宝林寺,神龙元年(705)改额为中兴寺。④ 这些材料说明,唐代建立新寺院不是非常容易,除非有明显的政治需要或特殊的事由。如天宝十三年(754),"诏置护国寺于河阴,御题虽挂,一箦未覆,苍然古原,架构无时"⑤,后经多方努力方才建成。可见此寺的建造,是赐额在先,建造在后的。又如宣州官府在九华山为金地藏造寺而无额,至"建中初,张公严典是邦,仰师高风,施舍甚厚,因移旧额,奏置寺焉"⑥。这是将此地的旧寺之额移给新建寺院方才得到皇帝的批准。中和元年(881),福州长乐县建一寺而无额,直到光化三年(900),住持僧道御"绘图以进",呈上该寺的布局图,朝廷才"诏赐石门寺额"。⑦ 可见寺额的来之不易。

由于唐代寺额控制很严,因此,民间私创寺院的风气较盛。会昌灭佛,拆毁招提、兰若四万余,几乎等于有额寺院的十倍。在唐代人的宗教生活中,有君主赐额的寺院称敕额寺或有额寺,亦即合法建立寺,敕额寺的名额为"竖额"。与之对立的是无额寺,也就是私自建立的非法寺,无额寺的名额为"横额"。照习惯,私建寺不得名"寺"或"院",只能称招提、兰若。如元和二年(807),薛平奏请为中条山"兰若"赐额"大和寺",司马光解释说:"盖官赐额者为'寺',私造者为'招提'、'兰若'。"⑧私创寺院不

---

① 王溥:《唐会要》卷五〇《尊崇道教·杂记》,第1028页。
② 王溥:《唐会要》卷四九,第1007页。
③ 《嘉庆宁国府志》卷一四《营建志·寺观·宣城》。
④ 《同州绍州府志》卷二六《古迹略·寺观》。
⑤ 董诰等编:《全唐文》卷六八七《护国寺威师碣》,第7037页。
⑥ 董诰等编:《全唐文》卷六九四《九华山化成寺记》,第7129页。
⑦ 《民国连江县志》卷九六《名胜·寺观》。
⑧ 司马光编著:《资治通鉴》卷二四八,"唐武宗会昌五年八月壬午"条;《考异》,第8017页。

得称"寺",可见"有额寺"与"无额寺"的区分十分明显。朝廷是深知民间私造寺院之行为的,也曾经采取过限制措施,如:"太极元年五月十三日,改元延和。是岁刑部尚书王志愔为采访使,至浚郊宣敕:'凡寺院无名额者并令毁撤,所有铜铁佛像收入近寺。'"①朝廷查禁无额佛寺,从此正式开始。唐文宗太和四年(830),应祠部奏请下诏:

> 应诸州府度僧尼道士,及创造寺观,累有禁令,尚或因循。自今以后,非别敕处分,妄有奏请者,委宪司弹奏,量加贬责……又诸州府及两京,除旧寺破坏要修理外,并不创建造寺,仍请具每州县管寺几所,每寺管僧尼几人并请具寺额僧尼名申省。如有创造寺舍,委本管长吏切加禁断……其天下州府村坊佛堂、普通私色、兰若义井等,并请割属当州府寺收管。②

看起来,政令颇为严厉,但从会昌灭佛时所取缔的无额寺院的数量来看,效果并不明显。

二、"私度"与"官度"

唐代僧人义净在比较中国与印度在剃度方式的差异时曾经说:天竺之"众僧名字,不贯王籍,其有犯者众自治罚"③,而"神州出家,皆由公度"④。这是说,中土与印度在僧团管理方面最大的差别在于出家需获得官府的批准。义净所说的是唐代已经定型之后的情况。如前所考察,从东晋、北魏开始,历代朝廷就意识到僧尼人数过多会对朝廷的统治造成威胁,因此,一直在探索控制僧尼数量的方法和渠道,而出家批准制度和寺院赐额制度就是其中的成果之一。但是,度僧批准权限的官方化,成效并不大,一个重要的原因在于朝廷对于"私度"僧尼取缔不力。有唐一

---

① 赞宁:《宋高僧传》卷二六《慧云传》,《大正藏》第 50 卷,第 874 页下。
② 董诰等编:《全唐文》卷九六六《请申禁僧尼奏》,第 10032—10033 页。
③ 义净:《大唐西域求法高僧传》卷上,《大正藏》第 51 卷,第 6 页上。
④ 义净:《南海寄归内法传校注》卷二《衣食所须》,《大正藏》第 54 卷,第 219 页中。

代,一方面表现为官方对于度僧的干预程度的力度的不断加强,并且逐步建立起了"试经"、"度牒"制度、"监坛"等度僧制度;另一方面,"私度"的禁绝又导致"度牒"的商品化弊端,滥度之风甚为炽烈。以下分而论之。

唐初,"私度"与"敕度"的对立仍然很严重,并且与隋代对于私度的默许不同,唐高祖、唐太宗时期,对于私度的禁令很严厉。《续高僧传》记载:

> 贞观三年,天下大括义宁私度,不出者斩。闻此咸畏,得头巾者,并依还俗。其不得者,现今出家。①

从上下文并参照别处记载,"义宁私度"是指义宁年以后所发生的"私度"事件。义宁二年(618)五月高祖登基立唐,唐太宗在贞观三年(629)对于唐朝立国以来的私度僧尼进行了一次较为严格的清查,威逼很多僧尼还俗。《续高僧传·法冲传》记载:

> 贞观初年,下敕有私度者处以极刑,冲誓亡身,便即剃落。时峄阳山多有逃僧避难,资给告穷,便造诣州宰曰:"如有死事,冲身当之。但施道粮,终获福祐。"守宰等嘉其烈亮,昌网周济,乃分僧两处各置米仓可十斛许,一所徒众四十余人纯学大乘,并修禅业。②

从逃僧避难山中以及法冲所说"如有死事,冲身当之"等语观之,当时的政令颇为严峻。此年,还发生了一件事情。《续高僧传·明净传》记载:

> 贞观三年,从去冬至来夏,六月回然无雨……有潘侍郎者曾任密州,知净能感,以状奏闻,敕召至京,令住祈雨。告以"所须一无损费,惟愿静念三宝,慈济四生,七日之后,必降甘泽。若欲酬德,可国

---

① 道宣:《续高僧传》卷二〇,《大正藏》第50卷,第606页上。
② 道宣:《续高僧传》卷二五,《大正藏》第50卷,第666页上。

内空寺并私度僧并施其名,得弘圣道"。有敕许焉。①

然而,明净的目的并未达到,"遂以有年,敕乃总度三千僧,用酬净德"②。这是说,太宗并未实现当初让私度僧合法化的承诺,仅仅在度僧总数上扩大了一些。此外,《续高僧传·灵润传》记载:

> 贞观年中,有僧因事奉敕还俗,复经恩荡,情愿出家。大德连名,同举得度。上闻天听,下敕深责,投诸南裔,骦州行道。于时诸僧创别帝里,无非怆绝。③

这则记载是说,京城的诸位大德联名推荐将昔日敕命还俗的僧人重新给予"官度",被人检举报告太宗。太宗下令将牵涉其中的诸位大德逐出京城至外邑传道。这一件事发生在灵润于贞观八年(634)至弘福寺之后。

也有史料表明,高宗朝对于私度僧的查禁仍然很严。《续高僧传·善伏传》记载:"释善伏,一名等照。姓蒋,常州义兴人。"在贞观三年(629)"后逃隐出家,志乐佛法……其授戒功验,人神敬仰,有陵犯者,立见祸害……有义兴令,素不信,嫌伏动众,将加私度之罪"。但并未实行,至永徽二年,"被括还家。然志好出俗,见家如狱,复往山居"④。这位善伏,始终逃亡山林,未曾经过官方度僧手续。《宋高僧传·惠符传》记载,释惠符于开元年间,被以私度告官,受到官员的质问,"官吏知非常而纵之"⑤。不过,尽管唐代禁止私度甚为严厉,要彻底解决问题,仍然是不可能的。《续高僧传》记载了一位与唐高祖有非常交情的僧人志超,在太宗查禁私度很严厉的时期,仍然坚持"有来投造,无不即度,授以戒范。进止威仪,摄养将迎,礼逾天属。时遭严敕,度者极刑,而曾无介怀,如常剃

---

① 道宣:《续高僧传》卷二〇,《大正藏》第50卷,第594页中。
② 同上书,第594页下。
③ 道宣:《续高僧传》卷一五,《大正藏》第50卷,第546页中。
④ 道宣:《续高僧传》卷二〇,《大正藏》第50卷,第603页上。
⑤ 赞宁:《续高僧传》卷一九,《大正藏》第50卷,第829页下。

落。自隋唐两代亲度出家者近一千人"①。

与唐前的各代不同,唐代对于"私度"的打击使用了世俗法律的形式。在唐前期修成的《唐律疏议》卷一二载:

> 诸私入道及度之者,杖一百(若由家长,家长当罪)。已除贯者,徒一年,本贯主司(谓私入道人所属州县官)及观寺三纲知情者,与同罪。若犯法合出观寺,经断不还俗者,从私度法。即监临之官,私辄度人者,一人,杖一百;二人,加一等。②

所谓"私入道",《唐律疏议》解释说:"谓为道士、女冠、僧尼等,非是官度而是私入道。"③将"私度"纳入刑律的范围给予严厉的处罚,唐律开了一个先例。唐代皇帝不断颁出诏令禁断私度或朝臣奏请打击私度,如唐睿宗朝诏令:"私度之僧,即宜禁断。"④唐玄宗天宝五年(746)二月,京兆尹萧炅奏请,若有"私度僧尼等,自今已后有犯,请委臣府司,男夫并一房家口,移隶碛西"⑤。唐宪宗曾诏令:"男丁女工,耕织之本,其百姓有苟避徭役,冒为僧道,而实无出家之事业者,所在有司科奏之。"⑥大和四年(830),有人向唐文宗奏言:

> 缁黄之众,蚕食生人,规避王徭,凋耗物力,应诸州府度僧尼道士及创造寺观,累有禁令……。自今以后,非别敕处分,妄有奏请者,委宪司弹奏,量加贬责。百姓中苟避徭役,冒为僧道,所在长吏,重为科禁者。⑦

从诏令的角度已经可以见出唐朝廷对于"私度"严厉打击的态度之一贯性。

---

① 道宣:《续高僧传》卷二〇,《大正藏》第50卷,第592页下。
② 长孙无忌等撰:《唐律疏议》卷一二《户婚》,第235页,北京,中华书局,1983。
③ 同上书,第235页。
④ 董诰等编:《全唐文》卷一九唐睿宗《申劝礼俗敕》,第223页。
⑤ 王溥:《唐会要》卷四九《杂录》,第1008页。
⑥ 志磐:《佛祖统纪》卷四〇《法运通塞志》,《大正藏》第49卷,第380页中—下。
⑦ 董诰等编:《全唐文》卷九六六《祠部·请申禁僧尼奏》,第10032页,北京,中华书局,1983年影印本。

除法律明文禁止私度僧尼之外,唐朝廷还在度僧制度层面对于本应由佛教自主行使的度僧程序进行强力干预。从唐中期之后,由朝廷主导的度僧程序由敕度——举荐或考核——度牒——僧籍以及"监坛"制度等环节构成。① 当然,这些环节不是一次形成的,而是经过一百多年逐渐形成的。

"敕度"即由朝廷有关衙门甚至皇帝亲自下诏度僧,是北魏以后的一贯做法。高祖、太宗以来,李唐王朝也同样实行这一方法。据《全唐文》卷五载:

> 其天下诸州有寺之处,宜令度人为僧尼,总数以三千为限。其州有大小、地有华夷,当处所度多少,委有司量定。务须精诚德业,无问年之幼长。其往因减省还俗及私度白首之徒,若行业可称,通在取限。必无人可取,亦任其阙数,若官人简练不精,宜录附殿失。②

《度僧于天下诏》是贞观九年(635)度僧诏令,基本上反映了唐初官方度僧政策,并规定所有寺院必须遵循所司制定的条制。太宗朝度僧实行的是官府、佛寺三纲或者大德荐举的方法确定人选,前文所举灵润等京城数位大德因举荐非其人而被告发治罪,就是一例。太宗朝之后,又推行了"试经制度"。

对于实行试经度僧制的确切年代,现存文献有三种不同记载:

第一,高宗显庆三年(658)说。如《大唐大慈恩寺三藏法师传》卷十记载:显庆三年,玄奘移居西明寺,又"敕先委所司简大德五十人,侍者各一人,后更令诠试业行童子一百五十人拟度。至其月十三日,于寺建斋度僧,命(玄奘)法师看度"③。

第二,唐中宗神龙元年(705)说。如《佛祖统纪》卷四〇云:"神龙元

---

① 参见湛如《汉地佛教度僧制度辨析——以唐—五代的童行为中心》,《法音》1998年第12期。
② 董诰等编:《全唐文》卷五,第66页。
③ 慧立本、彦悰笺:《大唐大慈恩寺三藏法师传》卷一〇,《大正藏》第50卷,第275页下。

年……诏天下试经度人。山阴灵隐僧童大义,年十二,诵《法华经》,试中第一。"①《宋高僧传》卷一五《唐越州称心寺大义传》记载:

> 释大义,年十二,请诣山阴灵隐寺求师,因习内法,开卷必通,人咸叹之。属中宗正位,恩制度人,都督胡元礼考试经义,格中第一,削染,配昭玄寺。②

《佛祖统纪》和《宋高僧传》可能使用了同一个资料,因而得出了相同的结论。

第三,神龙二年(706)说。如《释氏稽古略》卷三云:"神龙二年……八月,诏天下试童行经义,挑通无滞者度之为僧。试经度僧从此而始。"③

这些资料尽管略有分歧,可能源于所搜检的材料不同,但基本可以断定,"试经制度"最早实行于唐高宗时期,而到唐中宗朝已臻于完备,以后各朝皆沿袭了这一做法。

唐肃宗至德元年(756)十二月,"敕五岳各建寺,妙选高行为之主,白衣诵经百纸,赐明经出身为僧"④。至德二年(757),又诏令"白衣能诵经五百纸者度为僧"⑤。据《宋高僧传》卷一五的记载,道标自幼颖悟非凡,有大沙门曾预言其应归释氏,道标后来投灵隐山白云峰海和尚座下。至德二年,肃宗诏令白衣通七百纸者得度,道标首中其选⑥;湖州八圣道寺的真乘熟记五百纸而得度⑦。宋本觉《释氏通鉴》卷九载:

> 乾元元年,大赦改元。复以载为年,帝于禁中立内道场,讲诵赞呗。寻敕五岳各建寺,选高行沙门主之,听白衣能诵经五百纸者度为僧。⑧

---

① 志磐:《佛祖统纪》卷四〇,《大正藏》第49卷,第371页中。
② 赞宁:《宋高僧传》卷一五,《大正藏》第50卷,第800页上。
③ 觉岸:《释氏稽古略》卷三,《大正藏》第49卷,第822页下。
④ 志磐:《佛祖统纪》卷四〇,《大正藏》第49卷,第376页上。
⑤ 祖琇:《隆兴编年通论》卷一七,《续藏经》第130册,第590页下。
⑥ 赞宁:《宋高僧传》卷一五,《大正藏》第50卷,第803页下。
⑦ 同上书,第803页中。
⑧ 觉岸:《释氏稽古略》卷三,《大正藏》第49卷,第827页下。

大历八年(773),唐代宗曾"敕天下童行策试经、律、论三科,给牒放度"①。唐代宗规定试经者须经过经律论三科的综合考核方能得度。

大历年间是唐代官方试经度僧的重要时期,不仅增添了考试科目,而且所测试经典的数量也达到顶峰,严格规定试经者必须熟背《法华经》、《楞严经》等四部经典,使当时佛教界都有"敕条严峻"的感叹。据《宋高僧传》卷六载:"于时敕条严峻,出家者限念经千纸,方许落发,清即诵《法华》、《维摩》、《楞伽》、《佛顶》等经。"②据《开元释教录》卷一九得知,《法华经》八卷,一百五十二纸;《正法华经》十卷,一百九十纸;《维摩诘所说经》三卷,六十一纸;《维摩诘经》二卷,五十五纸;《入楞伽经》十卷,一百七十四纸;《大乘入楞伽经》七卷,一百三十七纸;《佛顶尊胜陀罗尼经》两译共十五纸。③ 神清得度时所背诵的四部经,据《开元录》的记载,其总数才四百三十三纸,而这一数字还不到千纸试经的一半,可见大历年间的剃度之难。敬宗宝历元年(825)诏令背诵一百五十纸者得度为僧,背诵一百纸者度为尼,由两街功德使任命戒行清净的大德主持试经工作。试经纸数的减少主要与戒坛废弛、久不度僧有关。④ 宣宗大中十年(856)所颁布的度僧条令指出,以佛教的戒定慧作为衡量得度者的条件。⑤

从以上有关唐代测试经业的零碎资料中,我们还可以得出以下认识:第一,试经活动有时由中央有关官府主持,如高宗时试经度人,由相关"所司"诠试;有时又由地方官主持,如中宗朝度人,由"都督胡元礼考试经义"。第二,经业测试之试课分为经、律、论三科。第三,大多情况下,测试经业仅仿照科举考试而进行。但个别事例,完全将试经纳入科举范畴,比如肃宗令白衣能诵经百纸者,赐明经出身,便为一例。第四,"试经"也被当做拣择僧尼的手段。如开元十二年(724)六月二十六日,

---

① 志磐:《佛祖统纪》卷四一,《大正藏》第49卷,第379页上。
② 赞宁:《宋高僧传》卷一五,《大正藏》第50卷,第807页上。
③ 智昇:《开元释教录》卷一九,《大正藏》第55卷,第682页中—下、第683页中、第685页下。
④ 赞宁:《宋高僧传》卷三〇,《大正藏》第50卷,第894页上。
⑤ 志磐:《佛祖统纪》卷四二,《大正藏》第49卷,第388页中。

唐玄宗"敕有司,试天下僧尼,年六十已下者,限诵二百纸经,每一年限诵七十三纸。三年一试,落者还俗"①。唐文宗太和九年(835),李训表奏:天下"僧尼猥多,耗蠹公私"。旋即,文宗"诏所在试僧尼诵经,不中格者皆勒还俗"②。这两次测试的对象均是已出家的僧尼,试经的同一目的是拣择沙汰僧尼。

三、名籍与度牒、戒牒

经过"试经"等正式手续而得以出家者方才为合法的僧尼,这就是与"私度"僧尼对应的"官度"僧尼。

从上文所引的资料已经可以见出,唐初官方已经有了僧尼的名籍。"唐官方的僧尼名籍,由州县功曹逐寺营造。唐玄宗以前,僧尼籍只存州县备案。"③唐玄宗《括检僧尼诏》中说:

> 僧尼数多,逾滥不少。先经磨勘,欲令真伪区分,仍虑犹有非违,都遣括检闻奏。凭此造籍,以为准绳。如闻所縣条例非悭,致奸妄转更滋生。因即举推,罪者斯众。宜依开元十六年旧籍为之,更不须造写。④

从这一诏令看,唐朝廷一直是以"官度"以及简括之后所造的名籍为基础管理僧尼的。"以旧籍为之",一方面是为了杜绝在"旧籍"之上的非法新增,另一方也说明官方确实保存了"官度"僧尼的名册。

为了使名籍能更好地反映僧尼人数的变化,开元十七年(729),玄宗"敕天下僧尼三岁一造籍"⑤。《新唐书》的记载更明确一些:凡僧尼"每三岁州县为籍,一以留县,一以留州。僧尼,一以上祠部;道

---

① 王溥:《唐会要》卷四九《杂录》,第1008页。
② 司马光编著:《资治通鉴》卷二四五,"大和九年七月丁巳"条,第7906页。
③ 张弓:《汉唐佛寺文化史》,第382页。
④ 董诰等编:《全唐文》卷三〇,第330页,中华书局影印本,1983。
⑤ 志磐:《佛祖统纪》卷四〇,《大正藏》第49卷,第374页中。

士、女冠,一以上宗正,一以上司封"。若"新罗、日本僧入朝学问,九年不还者,编诸籍"①。自开元十七年诏行僧道籍账制度后,供账的基本政策为以后各朝所因袭,按祠部的奏文所称,僧尼籍账要写清楚其法名、俗姓、乡贯、户头、所习经业及配住寺人数等。天宝八年(749)十一月十八日敕,"诸州府僧尼籍账等,每十年一造,永为例程"②。但是,至唐文宗太和四年(830),因为"诸州府近日因循,都不申报,省司无凭收管造籍",特上《请申禁僧尼奏》获准。该令规定:

> 起今已后,诸州府僧尼已得度者,勒本州府具法名俗姓,乡贯户头,所习经业,及配住寺人数,开项分析,籍帐送本司,以明真伪。又将诸州府及京城应置方等受戒僧尼身死及还俗者,其告牒勒本寺纲维当日封送祠部。其余诸州府,勒本州申送,以凭注毁。又诸州府僧尼籍帐,准元敕十年一造,今五年一造。③

这是说,京师寺院三纲或州府功曹,将僧尼死亡、还俗的事牒(或符)要及时上报祠部,祠部以牒符为凭,从僧尼籍账中注销其名。还俗僧尼在"注毁"僧籍的同时,还要办理"附籍"手续。所谓"附籍",就是还俗僧尼由寺院返归乡里,要重新附入户部管理的户籍。若僧尼还俗,未及时按规定办理"注毁"僧籍和"附籍"民籍的手续,寺院三纲及经业师主要受到处罚。唐代僧尼的名籍在敦煌文献中保存了一些,经过学者对照,与上述文宗朝的命令所列格式没有大的区别。

政府既然掌管僧尼的簿籍,就必然要发给已登记的僧尼一张凭证,以资查考,这便是"度牒"。度牒制度始于何时,现在很难确定其年代。在北魏时,僧人赴各地旅行,需要各地政府的证明文件。《魏书·释老志》记延兴二年(472)诏书说:"若为三宝巡民教化者,在外赍州镇维那文

---

① 欧阳修:《新唐书》卷四八,第1252页,中华书局标点本。
②③ 董诰等编:《全唐文》卷九六六《祠部·请申禁僧尼奏》,第10032页,北京,中华书局,1983年影印本。

移,在台者赍都维那等印牒,然后听行。"①所谓文移、印牒,都是临时的旅行证明文件,不能算做正式的"度牒"。有关"度牒"初授年代,宋元有两种说法,但都将其系之于天宝年间。《佛祖历代通载》卷一三:天宝五年(746)丙戌"五月,制天下度僧尼,并令祠部给牒。今谓之祠部(牒)者,自此而始也"②。《编年通论》、《释氏稽古略》、《释氏通鉴》等佛教史传著作的记载,均同于《佛祖历代通载》。至于《大宋僧史略》的天宝六年说来源于对《唐会要》的记载的误解,不足凭信。③ 不过,也有学者认为,将使用"度牒"的起始年确定为天宝五年也是有问题的,近年有日本学者更将其前移至贞观十一年(637)之前。④ 从现有资料看,将度牒的使用确定为贞观年间,推理成分甚大,直接证据不大充足。但完全可以肯定,唐朝使用度牒的时间绝对不会晚于天宝五年。

随着度牒的产生,渐次形成了一套严密的申请颁发度牒的办事程序,照唐宣宗朝祠部司官员的说法是:凡官度僧尼,要"具乡贯、姓号,申祠部上文牒"⑤。所称"请告牒"是请给度牒,一般说,度牒的颁出在尚书祠部,但祠部仅是承命办事而已,实际决定剃度权的是中书门下。可以以《不空表制集》中所载的广德二年(764)十月十九日《降诞日请度七僧祠部敕牒》来说明度僧的批准程序:

> 僧慧通,年五十五(绛州曲沃县,俗姓王,无籍,请住千福寺)。
> (僧)慧云,年二十三(京兆府长安县,俗姓段,无籍,请住大兴

---

① 魏收:《魏书》卷一一四,第3038页。
② 念常:《佛祖历代通载》卷一三,《大正藏》第49卷,第596页中。
③ 王溥:《唐会要》卷四九《僧尼所隶》条云:"会昌五年七月,中书门下奏:奉宣,僧尼不隶祠部,合系属主客,与复合令鸿胪寺收管。宜分析奏来者,天下僧尼,国朝已来并隶鸿胪寺,至天宝二年隶祠部……六年五月,制僧尼依前令两街功德使收管,不要更隶主客,所度僧尼,令祠部给牒。"(第1006—1007页)白文固先生说:"从上下文义看,省去年号的'六年五月'显然是会昌六年五月,并非是天宝六年五月,僧志磐和丁福保均将其误为天宝六年,这就是他们将始给度牒的时间弄错的原因所在。"(《唐代僧籍管理制度》,收录于《普门学报》第15期。)这一考证是对的,《唐会要》的原意确实如此。
④ [日]储户立雄:《中国佛教制度史的研究》,第227页,东京,平河出版社,1990年。
⑤ 王溥:《唐会要》卷四八《议释教下》,第988页。

善寺)。

僧慧琳,年三十(虢州阌乡县方祥乡阌乡里,俗姓何名光王,兄畎为户,请住大兴善寺)。

僧慧珍,年三十三(京兆府万年县洪洞乡福润里,俗姓王名庭现,伯高为户,请住大兴善寺)。

僧法雄,年二十八(京兆府富平县赤阳乡昆山里,无籍,请住静法寺)。

僧法满,年十八(京兆府万年县崇德乡文圆里,俗姓胡,祖宾为户)。

僧慧琎,年四十。

右兴善寺三藏沙门不空奏:上件僧等自出家来,常寻法教,不阙师资,戒行精修,实堪为器,比虽离俗,迹昌私名。今因陛下开降诞之辰,朝贺欢欣之日,伏请官名以为正度,用资皇祚以福无疆。如天恩允许,请宣付所司。

中书门下牒祠部:

牒奉敕宜依,牒至准敕,故牒。

广德二年十月十九日

中书侍郎平章事杜鸿渐

中书侍郎平章事元载

黄门侍郎平章事王(使)

检校侍中李(使)

检校右仆射平章事(使)

太尉兼中书令(使)

尚书祠部牒三藏不空:

牒奉中书门下敕牒如右,牒至准敕,故牒。

广德二年十月十九日,令史牒。

主事。①

这件《敕牒》文字可分为三个部分去理解：第一部分为大兴善寺不空所奏"请度七僧名籍簿"，内含法名、年龄、贯属、俗姓名、户籍状况、请住寺院等项；第二部分为中书门下给祠部的"宣敕牒"，剃度僧尼，以中书门下颁出的敕牒文式批准，反映了唐代政府在控制度人为僧问题上的严格态度。唐宋时期，凡拨放度牒、敕赐寺额名额，遴选大寺寺主、住持者，多以敕牒宣命。第三部分为祠部给不空的"准度牒"。从这段文字可以见出度牒颁出的规范程序：凡剃度僧尼，须由贵戚、臣僚或名僧上表奏，并提出剃度名额及剃度者的名籍，经皇帝制可后由中书门下向祠部发出敕牒，再由祠部向表奏者（或僧司）转发准度牒并填写颁出实名度牒。实名度牒是依据表奏者提供的情况填写的，通常情况下，尚书祠部发出的都是已填写好的实名度牒，唯有卖度牒之举才颁出空名度牒。所称空名度牒，也就是空白度牒，它可由买主按意愿填写。如上录的不空请度的慧通等七人，身份为"僧"，不空称他们"自出家来，寻常法教，不阙师资"，显然这七人早入寺为僧了，但未取得合法的身份，不空才"伏请官名以为正度"为比丘，以便获得度牒。——这一记载应该是"私度僧尼"取得度牒转为合法僧尼的例子。

唐文宗时期，更有一次大规模地使私度僧合法化的举措，大和四年(830)，"祠部请令天下僧尼非正度者，许具名申省给牒，时入申者七十万人"②。而"官度"的合法僧尼应该是由行者、童子或者在家弟子经过朝廷或者地方政府批准取得度牒而首先成为沙弥、沙弥尼，再成为比丘、比丘尼。这一程序就是"童行制度"。

---

① 圆照：《代宗朝赠司空大辨正广智三藏和上表制集》卷一《降诞日请度七僧祠部敕牒》，《大正藏》第52卷，第831页上。
② 志磐：《佛祖统纪》卷四二，《大正藏》第49卷，第385页上。70万的数字可能有些夸张，因为会昌法难中被迫还俗的僧尼为23万，尽管23万的数字也不是会昌年间僧尼的全部，但差别应该不会太大。十年之内僧尼人数不增反降，令人疑惑。

童行是中国佛教度僧的特殊制度。这种制度规定,由童行剃度为沙弥,再由沙弥受戒为僧尼,均需依照既定的律令手续办理,否则属于私度的违法行为。童行制度在中土早就有之,不过,在唐代实行度牒制度之后,在某种程度上加强了这一制度,使其趋于严密,甚至在一定程度上成为进入合法僧尼的必要程序。《不空表制集》中,记载了唐代从剃度到国家公认的正式僧侣之种种手续,如:

> 行者毕数延,年五十五,无州贯。诵梵本《贤护三昧经》一部,并诵诸陀罗尼,请法名惠达,住庄严寺。
> 行者唐守忠,年四十三,无州贯。诵经一百二十纸并诵诸陀罗尼,请法名惠观,住东京广福寺大弘教三藏卢舍那院。
> 行者毕越延,年四十三,无州贯。诵梵本《楞伽经》……
> 童子石惠璨,年十三,无州贯。诵梵本《大孔雀王经》一部……
> 童子罗诠,年十五,无州贯。诵梵本《出生无边门经》……
> 右特进试鸿胪卿大兴善寺三藏沙门大广智不空奏:前件行者、童子等,并素禀调柔,器性淳靧,服勤经戒,讽诵真言,志期出家,精修报国。今因降诞之日,请度为僧,各配住前件寺。冀福资圣寿,地久天长。中书门下牒。大广智不空牒奉敕宜依牒至准敕故牒。大历二年十月十三日牒。①

这是逢皇帝圣诞之时,不空为行者、童子请求官度的奏文。被推荐者的年龄、籍贯、所习经业、法名及配住寺院等均一一举出。这里的"志期出家",按照佛教的一般仪轨,在家的弟子先须受十戒而成为沙弥或沙弥尼,经过一段时间后才能受大戒成为比丘、比丘尼。此件文书中的行者、童子都属于在俗弟子,因此,按照一般程序,不空应该是请求朝廷批准度其为沙弥。

---

① 圆照:《代宗朝赠司空大辨正广智三藏和上表制集》卷二,《大正藏》第52卷,第835页下—836页上。

关于度僧的程序，《全唐文》卷九六六载："诸州府僧尼已得度者，勒本州府具法名、俗姓、乡贯、户头、所习经业及配住寺人数，开项分析，籍帐送本司，以明真伪。"[1]与此相关资料还屡见于敦煌文书，池田温先生在《中国古代籍帐研究》一书[2]中，录有敦煌文书的 P.4072—3《请准乾元元年敕假授新度僧道张嘉礼等度牒状》，现将其抄录如下：

（前缺）

1　合管内六军州，新度未度得祠部告牒僧尼道士女道士，已奏未□□□

2　陆佰陆拾陆人计率得写告牒钱共壹仟肆佰陆拾伍贯□□□□

3　三佰贰拾柒人僧，壹佰陆拾玖人尼，壹佰三拾柒人道士，三拾三人女道士□□

4　张嘉礼年拾伍法名□□沙州　敦煌县　神沙乡　灵里□□兄庆为户

（后缺）

池田温先生已指出，在本件文书有尚书祠部之印三颗。作为纳钱度僧的度牒，被度者自己署名，由地方官府做成正式文书，报中央祠部审批发牒。与此同时的文书还有 P.3952《请准乾元元年(758)敕假授新度僧道罗法光等度牒状》(据法国国立图书馆藏东方部原件录文)：

（前缺）

1　□□□□□□□□□□□□

2　□□□□□率得写告牒钱共当壹阡□□□□

3　□□□□柒人僧，壹佰陆拾玖人尼，壹佰三拾柒人道士□□□

---

[1] 董诰等编：《全唐文》卷九六六，第10032页。
[2] ［日］池田温：《中国古代籍帐研究》，第124页，东京大学出版会，1979。

4　罗法光年拾玖法名明严沙州敦煌县丛化乡慕道里□□为户
5　以前侍御史判凉州长史杨休明奏,奉乾元元年□
6　月六日,敕委臣勾当前件道僧告牒,各勒纳钱□□□□□
7　□并令所度人自写,差使送付所司,其了限各听
8　本勾当使审自商量奏闻者,臣准以今年正月
9　一日奏请,限三月三十日奏毕,天书焕然,特蒙允许□
10　□道应度人等,或先未经奏,或敕以颁行,词部告□
11　□□请授,臣以准敕勘责,各具乡里户贯姓名、法号
12　□配寺观,谨件如前。其钱各令军州长官征纳,别
13　□贮讫其告牒续勒自写,差使送付所司□□□□
14　□□□所司勘会,准充元敕处分。

（后缺）

由地方政府负责将得度者的法名及乡贯等详细的资料申报祠部,祠部据此发放度牒。从中央到地方,已形成了对僧籍管理的严密体系,其目的即"以明真伪",同时亦是中央及地方政府的财政来源之一。

度牒制度产生后,不仅渐次形成了一套较为严格的度牒颁出办法,而且形成了对亡僧、逃僧所遗留度牒的收缴销毁办法,如建中三年(782),德宗敕令"僧尼有事故者,仰三纲申州纳符告注毁,在京者于祠部纳告"①。据宋僧志磐解释,唐之符告与品官告身同,令文的"符告"即指度牒。由此看出,在德宗君临天下时,已形成了一套对亡僧、逃僧所遗留度牒的收缴办法,这种做法直接影响到宋代度牒的管理制度。

由上所述可知,唐代度僧的完整程序如下:申请出家——比试经文——戒坛受戒——祠部发牒等程序。从提出申请出家到获得官方颁发的度牒,所经历的手续较为严密,试经是取得出家资格的第一步,而进入官坛受具是第二步,获得度牒后才使僧籍得到落实,而私度或无籍属

---

① 志磐:《佛祖统纪》卷四〇,《大正藏》第49卷,第379页中。

于违法。度僧的最后审查权利仍属于祠部,私度僧尼被严格禁止。唐代初期之后,国家政权对教团的管理,其政策的中心就是官度僧尼,而官度僧尼的焦点就是由官方颁发度牒。① 可以说,童行制度的成立与度牒有着密切关系,而度牒的出现,是印度佛教律制与中国国家权力及礼制进一步结合的表现。

唐代将度僧纳入国家管理的直接后果是僧尼受戒给牒必须纳钱,官府也得到不少好处。起初,有权势者私下纳钱买度,谋取私利。早在中宗时期,已有鬻卖剃度之事,不过以往卖度,钱入私家,玄宗朝卖度牒,钱始归公府而已。《新唐书》卷一二二《魏元忠传》记载,魏元忠曾向唐中宗进谏说:"今度人既多,缁衣半道,不本行业,专以重宝附权门,皆有定直。昔之卖官,钱入公府,今之卖度,钱入私家。以兹入道,徒为游食。"②从魏元忠的话中可以看出,不仅中宗朝已有卖度之事,且卖度名额"皆有定直"。以此推知鬻卖剃度活动已非个别现象。唐中宗景龙二年(708),就有卖度牒的弊政,即如身份很低的屠沽,用钱三万也可得度。③ 又景云二年(711)七月,左拾遗辛替否向唐睿宗进谏曰:"当今出财依势者,尽度为沙弥,避役奸讹者尽度为沙弥;其所未度,惟贫人与善人耳。"④"出财"与度僧构成因果联系,说明其剃度亦属卖度。不过,当时的卖度活动是地方官图谋诈财、以饱私囊的行为。而属于国家的公卖剃度活动,确实发生于唐玄宗统治末期,这是资料所见佛教发展史上最早的官府卖度事,实行的目的是为了筹集军资。应该说,它是作为军事非常时期的一项非常性政策而出现的。

在安史之乱期间,朝廷至少三次大规模买卖度牒。⑤ 第一次为天宝

---

① 参见湛如《汉地佛教度僧制度辨析——以唐—五代的童行为中心》,《法音》,1998 年第 4 期。
② 欧阳修:《新唐书》卷一二二《魏元忠传》,第 4346 页。
③ 司马光编:《资治通鉴》卷二〇九,第 6623 页。
④ 王溥:《唐会要》卷四八《议释教下》,第 997 页。
⑤ 详细考证参见:曹旅宁《唐代度牒考略》,载《陕西师范大学学报》,1990 年第 2 期;白文固《唐代僧籍管理制度》,《普门学报》,2003 年第 15 期。

十四年(755),"及安禄山反,司空杨国忠以为正库物不可以给士,遣侍御史崔众至太原,纳钱度僧尼道士,旬日得百万缗而已"①。其事大致发生在安禄山起兵至马嵬驿之变前,即天宝十四年十一月至天宝十五年六月间,估计发生在天宝十四年(755)底的可能性更大些。实行地区是在以太原府为中心的河东道辖境,大体包括当时的泽、绛、晋、潞、汾、仪、岚、代等十八州府地区。卖度的经济效果十分突出,旬日间得钱百万缗。第二次官卖剃度的具体时间,《新唐书》的记载不够具体,仅云"明年,郑叔清与宰相裴冕建议"如何,但《旧唐书·肃宗纪》的记载补充了这一点,其曰:至德元年(756)十月"癸未,彭原郡(治所在今甘肃庆阳南)以军兴用度不足,权卖官爵及度僧尼"②。《佛祖统纪》亦云:至德元载,"帝在灵武,以军须不足,宰相裴冕请鬻僧道度牒,谓之香水钱"③。由此可知,唐政府第二次鬻卖度牒活动发生在肃宗改元后的至德元年,卖度政策与卖官鬻爵同时实行。按《旧唐书·肃宗纪》的提法,实行地区主要在彭原郡,而按《新唐书》的说法,是"诸道召人纳钱",由"度道士僧尼不可胜计"推测,度僧那么多,不可能限于一郡一府。《宋高僧传》也记载:安禄山举兵西向,西京板荡,财用不济,遂"用右仆射裴冕权计,大府各置戒坛度僧,僧税缗谓之香水钱,聚是以助军须"④。由此可知,唐政府在肃宗至德元年,由裴冕等建议,实行了第二次官卖度牒活动,可能这次卖度是从彭原郡率先实行,然后推行到唐政府政令尚通达的其他州府,僧尼所纳之钱谓之"香水钱",实行卖度的目的还是敛财以助军需。至于度牒的价格,各文献均无直接记载。宋僧志磐在《佛祖统纪》卷四〇中说:至德元年十二月,肃宗敕"纳钱百缗者许请牒剃度"⑤。依此推论,每道度牒纳钱百缗,可能是当时鬻卖度牒的通行价格。唐政府在第二次官卖度牒后不久,又

---

① 欧阳修:《新唐书》卷五一《食货志》,第1346页。
② 刘昫等:《旧唐书》卷一〇,第244页。
③ 志磐:《佛祖统纪》卷四〇,《大正藏》第49卷,第375页下。
④ 赞宁:《宋高僧传》卷五,《大正藏》第50卷,第757页上。
⑤ 《大正藏》第49卷,第376页上。

实行了第三次官卖度牒活动。从上引《新唐书·食货志》载"及两京平"一句看出,第三次官卖度牒活动发生在唐军第一次收复两京后。唐军第一次收复长安是在至德二年(757)九月间,收复洛阳是在至德二年十月间。由此推知,唐政府的第三次卖度活动大致发生在至德二年十月以后。这次卖度地区主要限于"关辅诸州",纳钱得度的僧尼有万人之多。安史之乱以后,国家财政逐渐稳定,大历十四年(779)代宗始令"自今更不得奏置寺观及度人"①。但是,此后见于记载的朝廷以及地方政府买卖度牒的事件仍然不绝如缕,如徐州节度使王智兴于泗州置僧坛度人以图厚利引起朝野批评,就是突出的一例。

　　从整个度僧程序上说,取得度牒意味着政府对于童行转变成沙弥、沙弥尼的认可,而出家为僧尼的最主要程序应该是受戒。在中国佛教教团自主发展的时期,受戒完全是由教团依照佛教律本的规定自主负责的,受戒过程很隆重庄严,这一点在唐代律宗的相关仪轨中即可见到。然而,在唐代中后期,随着朝廷对于僧团的干预程度日益加深,特别是在唐代中期鬻卖度牒越来越普遍的情形下,不如法授戒的情形较为普遍地出现,如被时人所诟病的泗州的滥度事件就是一个典型。《旧唐书·李德裕传》记载:

> 王智兴于所属泗州置僧尼戒坛,自去冬于江、淮已南,所在悬榜招置。江、淮自元和二年后,不敢私度。自闻泗州有坛,户有三丁,必令一丁落发,意在规避王徭,影庇资产。自正月已来,落发者无算。臣今于蒜山渡点其过者,一日一百余人,勘问唯十四人是旧日沙弥,余是苏常百姓,亦无本州文凭,寻已勒还本贯。访闻泗州置坛次第,凡僧徒到者,人纳二缗,给牒即回,别无法事。②

从文字的叙述看,王智兴所设的戒坛应该是授受具足戒的戒坛,本应有

---

① 刘煦等:《旧唐书》卷一二《德宗本纪》上,第321页。
② 刘煦等:《旧唐书》卷一七八,第4514页,中华书局标点本。

三师、六师严格、严肃地授受,尤其是只有符合条件的沙弥、沙弥尼才有资格,而李德裕抽检的一百人中沙弥仅有十四人,其余全是百姓。《旧唐书》将李德裕的上书系于长兴四年十一月(824),从李德裕的上书来看,这一事件大概持续了一年。王智兴鬻卖度牒敛财而不遵从受戒的仪轨,可能是后来启用"戒牒"的缘由之一。而最直接的原因恐怕是为解决会昌法难中被迫还俗僧尼的重新受戒问题。

唐宣宗大中二年(848),"敕上都、东都、荆、扬、汴、益等州建寺立方等戒坛,为僧尼再度者重受戒法。五台山建五寺,各度僧五十人"①。"方等戒坛"的设立并非始于宣宗时,但唐宣宗下令重设有其特殊考虑:

> 宣宗以会昌沙汰之后,僧尼再得出家,恐在俗中,宁无诸过?乃令先忏深罪,后增戒品。若非方等,岂容重入?取其周遍包容,故曰"方等戒坛"。②

大中六年,"宰臣言:'度僧不精,则戒法堕坏。造寺无节,则费财过多。乞今后胜地名山许令修建,复旧宫度僧尼,仰本州律师精择有道性者。'制可"③。这显示,在宣宗允许先前还俗的僧尼重新受戒的同时,严格受戒仪轨也成为当时佛教发展的重要考虑。大中十年,宣宗又下诏,"敕每岁度僧,依本教于戒、定、慧三学中择有道性通法门者度之,此外杂艺一切禁止。"④这一诏令涉及的是沙弥、沙弥尼的授戒问题。也就是在这一年,唐宣宗下诏,"敕法师辩章为三教首座,初令僧尼受戒给牒"⑤。这一年被认为是中土颁发"戒牒"的开始。从此,由官府颁发的"戒牒"也成为得度的许可证之一。它的作用在于强化僧尼出家受戒的严肃性,并加强对僧尼持戒意识的警醒,弥补度牒在控制剃度方面遗留的漏洞。戒牒作

---

① 志磐:《佛祖统纪》卷四一,《大正藏》第49卷,第387页上。
② 赞宁:《大宋僧史略》卷下,《大正藏》第54卷,第250页下。
③ 志磐:《佛祖统纪》卷四一,《大正藏》第49卷,第387页下。
④ 同上书,第388页中。
⑤ 觉岸:《释氏稽古略》卷三,《大正藏》第49卷,第840页上。

为度牒的补充证件,其与度牒相辅相成,相得益彰,加强了朝廷对度僧各个环节的控制。

唐末五代的"戒牒",在保存至今的敦煌文献中发现了数十件。但是,这些戒牒多是向在家信徒传授五戒、八戒戒法,向出家信徒传授菩萨戒法的授戒牒有三件,授大戒即具足戒的仅一件,授十戒的则一件也没有。[1] 可见,"戒牒"不仅仅是僧尼的专利,也可向在家的居士颁发戒牒。唐末宋初的敦煌设有方等戒坛,方等道场司主持的方等戒坛的授戒对象是沙弥、沙弥尼和式叉尼,所授戒法是具足戒。这与大中年间内地所设方等戒坛是一致的。可见,沙弥、沙弥尼授受具足戒,获得"戒牒"是成为比丘、比丘尼的权威证明。这一颁发"戒牒"以资监督受戒的做法,被以后的宋王朝所沿袭。

---

[1] 参见郝春文《唐后期五代宋初敦煌僧尼的社会生活》,第218页,北京,中国社会科学出版社,1998。

第四章　隋唐五代佛教经录和佛教史著

隋唐佛教的繁荣是全方位的,其成就也体现在佛教史籍的编撰等方面。从现有记载可知,隋代史官王劭受文帝之命为智仙尼作传,如《续高僧传·道密传》记载:"同命史官王劭为尼作传"[1],这大概是隋代最早的佛教史传。后来,王劭又奉命撰写记述文帝安奉舍利的过程和瑞相的《舍利感应记》。隋文帝着力于翻译佛典,因此,隋代有三部佛教经录问世。至唐初,一代高僧道宣着力于佛教资料的保存和僧人事迹的收集、表彰,撰著《广弘明集》、《集古今佛道论衡》、《释迦氏谱》、《释迦方志》、《神州三宝感通录》和《续高僧传》、《大唐内典录》等。唐代佛教经录的编纂也很繁荣,先后出现十余部经录,尤其是《开元释教录》,堪称佛教经录的巨著。与前一代佛教经籍相比,唐代佛教宗派史籍的出现和成熟尤其值得大书特书,堪与宗派佛教的繁荣相得益彰。本章以现存的著述为主,选择若干影响较大的著述来管窥隋唐五代时期佛教史籍的历史成就和不朽价值。

---

[1] 道宣:《续高僧传》卷二六,《大正藏》第50卷,第667页下。

第一节　隋唐五代经录的编纂

作为记载佛典翻译情形的经录,隋唐时期的经录成就很大,曾经存在过的经录很多。现存的有十几部,其中最重要的是《历代三宝纪》和《开元释教录》。唐代经录编撰的成熟完善,一方面是教界试图与中国本土史学传统相匹配的结果,另一方面也反映了佛典繁杂、译本众多,在保藏和阅读方面都存在不少难处,经录的编纂成为解决这些难处的有效方法之一。① 唐代所编纂的较为完备的经录,为宋代之后刊刻大藏经提供了有效的知识储备。

一、隋代经录的编纂

前代译经既多,入隋又增新译。根据文献所载,隋代撰经录者,先后有法经、费长房、彦琮、灵裕、智果等人,而见于著录的有法经《大隋众经目录》、费长房《历代三宝纪》、释彦琮《众经目录》、《昆仑经录》、释灵裕《译经录》、释智果《众经目录》,而今尚存的有法经《众经目录》、费长房《历代三宝记》、彦琮(悰)《众经目录》。

1. 法经《众经目录》

关于法经编集《众经目录》之事,此书卷七有法经等奏表。其文说:

> 大兴善寺翻经众沙门法经等敬白皇帝大檀越:去五月十日,太常卿牛弘奉敕,须撰《众经目录》,经等谨即修撰,总计众经合有二千二百五十七部,五千三百一十卷,凡为七卷。别录六卷,总录一卷。缮写始竟,谨用进呈。②

此文末尾署"开皇十四年七月十四日,大兴善寺翻经众沙门法经等",由

---

① 本节是在吸取学术界相关研究成果的基础上编写而成的。
② 法经:《众经目录》卷七,《大正藏》第55卷,第148页下。

此可知，本目录于开皇十三年(593)五月开始着手编撰，完成于历经一年余，完成于开皇十四年七月十四日，总计收录有经典2 257部，共有5 310卷，全书共分七卷，其中"别录"六卷，"总录"一卷。"总录"为第七卷，前面是法经等的表文，后面是全书的总目。

关于编写此书的体例，法经的表文有一解释：

> 独有杨州律师僧祐撰《三藏记录》，颇近可观，然犹小、大雷同，三藏杂糅，抄集参正传记乱经，考始括终，莫能该备。自外诸录，胡可胜言？僧众既未获尽见三国经本校验异同，今唯且据诸家目录，删简可否，总摽纲纪，位为九录，区别品类，有四十二，分九。初六录三十六分，略示经律三藏大小之殊，粗显传译是非真伪之别。后之三录，集传记注。前三分者并是西域圣贤所撰，以非三藏正经，故为别录。后之三分，并是此方名德所修，虽不类西域所制，莫非毗赞正经，发明宗教，光辉前绪，开进后学，故兼载焉。[①]

上文指出，前代经录唯有《出三藏记集》成就大，缺陷是未曾分别大乘、小乘经典。法经力图在此有所突破。方法是将全部佛教典籍分为九部分即"九录"，前六录每一录又分为"六分"，此后面三录则分为"六分"，共成四十二分。

根据卷七《众经总录》所载，其"别录"之"九录"目录如下：

第一卷至第二卷，大乘修多罗藏录第一，合七百八十四部一千七百一十八卷。

第三卷至第四卷，小乘修多罗藏录第二，合八百四十二部一千三百一卷。

第五卷，大乘毗尼藏录第三，合五十部八十二卷；小乘毗尼藏录第四，合六十三部三百八十一卷；大乘阿毗昙藏录第五，合六十八部二百八十一卷；小乘阿毗昙藏录第六，合一百十六部四百八十二卷。

第六卷，佛灭度后抄录集第七，合一百四十四部六百二十七卷；佛灭

[①] 法经：《众经目录》卷七，《大正藏》第55卷，第148页下—149页上。

度后传记录第八,合六十八部一百八十五卷;佛灭度后著述录第九,合一百一十九部一百三十四卷。

由上述内容得知,本书将佛教经典依其性质,区分为经(修多罗)、律(毗尼)、论(阿毗昙)、撰集,再将经、律、论分别为大、小乘,这是中国佛经目录始分大、小乘及经、律、论次第的经录,每一录分为六分(一译、异译、失译、别生、疑惑、伪妄),每一部佛经再根据其传译的情形分入六分中,这种分类方式,比起梁僧祐《出三藏记集》在分类方法上已有长足的进步。这是前五卷的内容。第六卷所收的"佛灭度后抄录集第七"分为"西方诸圣贤所撰集"和"此方诸德抄集"两部分著录,"佛涅槃后传记录第八"分为"西域圣贤传记"和"此方诸德传记"两部分著录,"佛灭度后著述录第九"分为"西域诸贤著述"、"此方诸德著述"两部分著录。

大体而言,在撰集、传记、著述这三个部分,依其所收录的典籍来看,"撰集"部主要收录抄自佛教经、律、论诸典而成的著作。"传记"主要收录僧俗传记(例如《西域圣贤传记》、《高僧传》)和一些佛经译经的后记,这些经记都是中国僧人所著。"著述"主要记载经、律、论译本的序言,亦即所谓经序等。

法经编写《众经目录》是对前代经录的总结提升,分类方法是撷取前代诸经录分类之长而加以改良。法经对于经典收录的删简可否,总标纲纪,非常谨慎。这是本书最大的优点。这一条虽说是优点,但也在客观上造成后世特别是当代佛教目录学家的困扰。当代学者往往以法经的严谨来对照费长房的所谓"轻率"和"庞杂"。但是对于著录经典,只记时代,不详年月,对于经典的存佚并不考究,排次不依时代,不注引用出处,尤对于当时阙本之经典,全无记载,更是最大的缺失。这两条缺失,与费长房的《历代三宝纪》的"全面"相对照,造成当代学者对于费长房的怀疑。

2. 费长房《历代三宝纪》

在法经《众经目录》编订三年之后,费长房编订出《历代三宝纪》十五卷奉献朝廷,获得朝廷批准而流通。这一部经录,由于其资料的完备而成为隋唐经录中仅次于《开元释教录》的佛典目录学巨著。

关于费长房的生平事迹,《续高僧传》卷二《沙门达摩笈多传》中有一附传,其文说:

> 时有翻经学士成都费长房,本预细衣,周朝从废因俗,传通妙精玄理。开皇之译,即预搜扬,敕召入京,从例修缉,以列代经录散落难收,佛法肇兴年载芜没,乃撰《三宝录》一十五卷,始于周庄之初,上编甲子,下舒年号,并诸代所翻经部卷目,轴别陈叙,函多条例……录成陈奏,下敕行之所在流传,最为该富矣。①

从这一记载可知,费长房原本是僧人,在北周武帝毁佛中被强制还俗。隋文帝组织译场即被征召参与翻译,因此有"大兴善寺翻经学士"的称呼,而"成都费长房"的记载说明其籍贯是成都。现存费长房《上开皇三宝录表》有文说:

> 臣窃寻览,自汉魏已来,代有翻译,而录目星散,经多失源,世罕缀修,时致间绝。缘此佛以正法付嘱国王,是知教兴寄在帝主。伏惟陛下应运秉图,受如来记,绍轮王业,统阎浮提。愍世间昏,开慧日照,广缉经像,大启伽蓝,阐解脱之门,导天人之路,建善舟楫,济拔苍生,斯实旷古一代盛欤!岂臣庸微,轻敢妄述?但昔毁废,臣在染衣,今日兴隆,还参法侣,时事所接,颇预见闻。因纲历世佛法缘起,始自姬周庄王甲午佛诞西域,后汉明皇永平丁卯经度东岁,迄今开皇太岁丁巳,历一千二百七十四载,其间灵瑞帝主,名僧代别显彰,名《开皇三宝录》,凡十五卷,庶法无隐,冀经有弘,不任下情,惶悚战惧,轻冒奉表上录以闻,伏愿天慈,垂神降省。②

此文中的重要信息有二:一是费长房关于自己身份的讲述,二是编集此

---

① 道宣:《续高僧传》卷二,《大正藏》第50卷,第436页中。
② 费长房:《历代三宝纪》卷一五,《大正藏》第49卷,第120页上—中。

录属于自发行为,并非朝廷下诏。

《历代三宝纪》卷一五附有《开皇三宝录总目序》,署名是:"开皇十七年十二月二十三日,大兴善寺翻经学士臣成都费长房"①。开皇十七年(597)十二月二十三日便是此书写成上奏朝廷的时间。此文简单交待了此书的撰集过程:

> 臣幸有遇,属此休时,悉预译经,禀受佛语,执笔暇隙,寝食敢忘。十余年来,询访旧老,搜讨方获。虽粗缉缀,犹虑未周,广究博寻,求敬俟来俊。②

依据此说可知,费长房撰集此书历时十余年。

对于佛典翻译的历史记载,费长房很不满意。他说:"自汉魏已来,代有翻译,而《录目》星散,经多失源,世罕缀修,时致间绝。"③此种情形的根本原因在于"时代散聚,经典离合"④。具体言之,情形如下:

> 帝世交参十有六代,翻彼域语作此方言,相承迄今五百余祀。古、旧二录条目残亡,士行、道安创维其缺,尔来间有祖述不同,各纪一方,互存所见,三隅致隔,故多失疑。又齐、周、陈并皆翻译,引刊录目,靡所遵承,兼值毁焚,绝无依据。⑤

如此种种情形,都增加了编写经录的难度。但费长房知难而上,极力搜集资料,力图尽可能细致地记录佛典翻译的基本情况。

关于他所依凭的资料,费长房说:"今之所撰集,略准三书以为指南,显兹三宝。"⑥费长房"傍采隐居历年国志、典坟,僧祐《集记》,诸史传等,仅数十家。摘彼翠零,成斯纪翩"⑦。对于开皇十四年(594)法经撰成的

---

①③ 费长房:《历代三宝纪》卷一五,《大正藏》第49卷,第120页中。
②⑤ 同上书,第120页下。
④ 费长房:《历代三宝纪》卷四,《大正藏》第49卷,第49页下。
⑥ 费长房:《历代三宝纪》卷一五,《大正藏》第49卷,第120页上。
⑦ 同上书,第120页下。

《众经目录》,费长房颇有微词。他说:"法经等既未尽见三国经本,校验同异,今唯且据十余家录删简,可否总标纲纪?"①有鉴于此,费长房要重新综理各代经录,编成一套更完备的经录。根据统计,《历代三宝纪》所引用而注明的经录总计二十四种,此外还有《像法正记》、《萨婆多记》、《魏正录》、《名僧传》等相关资料。②

《历代三宝纪》共分四部分:

第一部分"帝年"(卷一至卷三):以周庄王十年(前687)为释迦降生之年开始,到隋开皇十七年(597)止,上列各朝帝王、年号和干支,下记佛教的兴替、佛典的传译,旁及当时史事。这一部分实际上是佛教大事年表。

第二部分"代录"(卷四至卷一二):以王朝为线索,把每个不同历史时期的佛教译著作了统一的阐述。这一部分所载从后汉到隋共十六代,每代前有叙录一篇,说明当时的政治情况及与佛教的关系。在每部分里以译述者为线索,考订他们译经的卷数、部类、经名异称、第几次翻译、译经年代和地点、参与工作的人员、曾经著录的经录,以及译人的传记等。

卷四为后汉译经,卷五为魏吴译经,卷六为西晋译经,卷七为东晋译经,卷八为苻秦、姚秦译经,卷九为西秦、北凉、北魏、高齐、陈氏译经,卷十为刘宋译经,卷十一为齐、梁、周译经,卷十二为大隋译经。

第三部分"大小乘录入藏目录",收佛典一〇七六部,三三二五卷。卷一三为"大乘录入藏目",分为"大乘修多罗有译"、"大乘修多罗失译"、"大乘毗尼有译"、"大乘毗尼失译"、"大乘阿毗昙有译"、"大乘阿毗昙失译"等六部分。卷一四为"小乘录入藏目",分为"小乘修多罗有译"、"小乘修多罗失译"、"小乘毗尼有译"、"小乘毗尼失译"、"小乘阿毗昙有译"、"小乘阿毗昙失译"等六部分。

---

① 费长房:《历代三宝纪》卷一二,《大正藏》第49卷,第105页下。
② 苏晋仁:《〈历代三宝纪〉之研究》,载张曼涛主编《中国佛教史学史论集》,第95—96页,台北,大乘文化出版社,1978。

第四部分为"总目"(卷一五):此部分载有《上开皇三宝录表》、《开皇三宝录总目序》、全书总目和历代经录目录。

本书的特色在于:第一,尝试以历时纪年方式表述佛教经典翻译的成就。于纪年中特崇南北朝之齐、梁而贬黜北魏,其编年之先后为:晋、宋、齐、梁、周、隋。第二,按历史顺序记叙的历代译经目录。第三,本书把目录和传记合并叙列,对于了解一个翻译家的具体情况有很大的便利。第四,记录了隋代以前已佚的和现存的佛经目录。第五,本书在每经之下都注明出处,借此保存了已经失传的经录资料。第六,首创"入藏录"。第七,本书除著录译经外,还记载当时的佛教著述,这里面包含有注疏、论著、传记、目录、类书等,很多是现已不传的书。

由于上述第一、第三方面的特点,关于《历代三宝纪》的性质历来有不同看法,有些藏经将其归入佛教传记类而并非佛典目录。当代学者以为这样一种编排,是古人对其最明显的批评。由于第四、第六方面的特点,此书被后来的佛教史家批评为伪滥。如道宣评论说:"然而瓦玉杂糅,真伪难分,得在通行,阙于甄异。"[1]智昇在引用认同道宣的说法之后说:"余检长房《入藏录》中,事实杂谬。其阙本疑伪皆编入藏,窃为不可。"[2]此后,智昇又列出此书的"十误"。道宣、智昇的这些评价,影响很大,近现代学术界甚至将其当做有意作伪的典型,伤及费长房的人格。笔者经过较为仔细的查考认为,道宣的批评代表了当时一些人对此书的看法,道宣自己编集的《大唐内典录》的大多数资料都来源于此书。而智昇所说的"十误"有些存在可辨析之处,几处确定无疑的错误也是由于费长房将不同经录的记载并列抄入所致。对照几部经录的编撰方式,《出三藏集记》编写者对资料的抉择过多,有时难免主观性过强。而法经《众经目录》将《出三藏集记》可能有的缺陷发挥到极致,删减了许多重要信

---

[1] 道宣:《续高僧传》卷二,《大正藏》第50卷,第436页中。
[2] 智昇:《开元释教录》卷一〇,《大正藏》第55卷,第576页下。

息。然而费长房的做法与此相反,完全忠实于自己所看到的材料,其基本的编写方法就是照原样抄写资料,此书的所谓"伪滥"即源于此。费长房此录的成就在于此,缺陷自然集中于此。它的最大失误是未曾查阅对照译本。后来,智昇克服了费长房的这一缺陷,因此取得了成功,获得后世很高的赞誉。然智昇除前述"十误"之外,也与道宣一样,几乎抄入了《历代三宝纪》的所有著录。

3. 彦琮《众经目录》、《昆仑经录》

彦琮是隋代重要的僧人之一,对这一时期的佛教发展作出了重大贡献。除参与了隋代大部分佛典翻译之外,他先后编集了两部佛教经录。

释彦琮(557—610),赵郡柏仁(今河北隆尧县)人,俗姓李。少时天资聪慧,十二岁能诵《法华经》。十四岁入晋阳(今太原),与卢思道、元行恭等建斋房,讲《大智度论》。隋开皇十二年(592),彦琮奉诏入长安,住兴善寺,掌翻译事,并与陆彦师、薛道衡等人创著《内典文全集》。彦琮圆寂于大业六年(610)七月二十四日,归葬于故里宣务山。其墓现在被发现,位于宣务山之东坡,为一棺形石室,长5.2米,头高2.6米,尾高2米。石棺中有一洞,深2.5米,高0.8米,口宽0.75米。棺之左侧有石阶,拾级而上可达棺口。棺口处刻有"隋国译经法师彦琮遗身"和"大业六年七月二十四日无常"字样。

彦琮著述颇丰,《历代三宝纪》卷一二著录有"《达摩笈多传》四卷,《通极论》一卷,《辩教论》一卷,《通学论》一卷,《善财童子诸知识录》一卷,《新译经序》合一卷"①等六部九卷。

关于彦琮撰集《众经目录》之事,道宣《续高僧传》卷二记载:"仁寿二年,下敕更令撰《众经目录》,乃分为五例,谓单译、重翻、别生、疑伪,随卷有位,帝世盛行。"②道宣在《大唐内典录》卷一〇著录说:

---

① 费长房:《历代三宝纪》卷一二,《大正藏》第49卷,第106页中。
② 道宣:《续高僧传》卷二,《大正藏》第50卷,第437页中—下。

隋仁寿年《内典录》五卷,京师延兴寺释玄琬传云:"文帝敕大兴善寺大德与翻经沙门、学士披捡,法藏详定此录。"①

此文中的法藏,应该是《续高僧传》卷一九《唐终南山紫盖沙门释法藏传》所写的法藏(?—629)。根据道宣记载,法藏在周武帝灭法后移居深山,杨坚于大象二年(580)五月,作北周相后的第二月,法藏下山与杨坚谈论佛教,并且承蒙杨坚批准,重新剃度,恢复僧形。此年七月十五日,杨坚遣法藏与竟陵公一起主持将陟岵寺的一百二十位"旧沙门"重度为僧,并赐法服。大定元年(581)二月十三日,杨坚立隋,二月十五日,法藏"奉敕追前度者置大兴善寺为国行道,自此渐开,方流海内"②。陟岵寺被改为大兴善寺,一百二十位僧人于此寺"为国行道"。由于这一因缘,法藏在隋代影响很大。大业二年(606),"元德太子薨,凡营福业,经像佛殿,皆委于藏。大业末岁,下敕九宫,并为寺宇度僧纲管,相续维持。以藏名称洽闻,乃补充太平宫寺上座,绥缉少达,无替所临。及大唐建议,人百一心"③。法藏于贞观三年(629)圆寂于鄠县观台。道宣在此传中并未提及法藏修订《众经目录》之事,但从法藏所受朝廷信任以及行历看,道宣在《大唐内典录》中所说应是事实。

现存于《众经目录》卷首的序文说:

皇帝深崇三宝,洞明五乘,降敕所司,请兴善寺大德与翻经沙门及学士等,披检法藏,详定经录,随类区辩,总为五分。单本第一,重翻第二,别生第三,贤圣集传第四,疑伪第五。别生疑伪不须抄写,已外三分《入藏见录》。至如《法宝集》之流,《净住子》之类,还同略抄,例入别生。自余《高僧传》等,词参文史,体非淳正,事虽可寻,义

---

① 道宣:《大唐内典录》卷一〇,《大正藏》第 55 卷,第 337 页下。
② 道宣:《续高僧传》卷一九,《大正藏》第 50 卷,第 581 页中。
③ 同上书,第 581 页下。

无在录。又勘古目,犹有阙本。昔海内未平,诸处遗落。今天下既壹,请皆访取,所愿仁寿长延,法门具足,群生有幸,方益无穷,合成五卷,显之于左。①

依据上述资料可知,仁寿二年(602)隋文帝下诏令彦琮等人编定《经录》。彦琮等人编成的时间未见记载,也许为时不长。此序文概述的《众经目录》的结构,与现存本子的结构有不一致之处。

现依正文将其体例分述如下:

第一卷,单本,"原来一本,更无别翻"②。其中,大乘经单本159部558卷,大乘律单本14部30卷,大乘论单本42部111卷,小乘经单本102部417卷,小乘律单本29部267卷,小乘论单本24部304卷。

第二卷,重翻本,"本是一经或有二重翻者,乃至六重翻者"③。其中,大乘经重翻172部416卷,大乘律重翻3部3卷,大乘论重翻8部52卷,小乘经重翻94部112卷。

第二卷还有"圣贤集传"部分,此部分的收录原则是"贤圣所撰,翻译有原"④,此部分收录的原则是翻译出的域外圣贤所撰集的经典,共合411部164卷。

以上三部分构成《入藏见录》的内容,如文中所说:"已前二卷三分合六百八十八部二千五百三十三卷《入藏见录》。"⑤

第三卷,"别生"部分所收的是"于大部内抄出别行"⑥的经典,共收810部1288卷。其中,大乘别生121部138卷,大乘别生抄117部137卷,小乘出别生352部352卷,小乘别生抄213部326卷,别集抄7部334卷。

---

① ③ 彦琮撰:《众经目录》卷二,《大正藏》第50卷,第156页上。
② 彦琮撰:《众经目录》卷一,《大正藏》第50卷,第150页下。
④ 彦琮撰:《众经目录》卷二,《大正藏》第50卷,第161页中。
⑤ 彦琮撰:《众经目录》卷一,《大正藏》第50卷,第150页中。
⑥ 彦琮撰:《众经目录》卷三,《大正藏》第50卷,第162页上。

第四卷,"疑伪",此部分的收录原则是"名虽似正,义涉人造"①,共收209部491卷。

第五卷,"阙本",此部分的收录原则是"旧录有目,而无经本"②,共收378部610卷。

将此书正文的排序与《序》文对照则可知,两者分类的次第不同。《序》文将"别生录"置于"圣贤录"之前,正文中正好其位置对调。此外,有学者以为第五卷"阙本"序言中并未提及,这是对《序》文的误解。其实《序》文中的"又勘古目,犹有阙本"诸句讲的就是"缺本"部分,不过未以序数明显标示而已。

彦琮是一代高僧,成就是多方面的。但毋须讳言,由他领衔编写的《众经目录》对于欲借助此录而搞清楚佛典翻译之实情者来说,几无价值。正如近代目录学家姚明达的评论:"然取则过严,立类太少。至如传记抄集,有独立成类者,有附于别生者,有弃而不收者,为例不纯,一致于此。从此分类法论之,较之法经前录,疏舛多矣。"③此录最大的问题是著录太简单,漏掉了许多必要的环节。而经录的基本的史学功能其实在于史料的丰富和记录抉择的依据,而此著只有结论而无资料和推理过程。而当代有些学者不辨此录的编写实情,反而以此对勘《历代三宝纪》进而批评费长房"伪造"文献。如有学者已经指出的,此录最大的特色是确定了688部2 533卷的《入藏见录》。这已被唐代静泰编定《大唐东京大敬爱寺一切经论目》时所继承。

彦琮又撰有《昆仑经录》五卷,这是大业中隋平林邑所获的佛经,合564夹,1 350余部,是用多梨树叶昆仑文写的,有命付琮执笔,并使编叙目录,渐次翻译。此录分:一、经,二、律,三、赞,四、论,五、方,六、字,七、杂书七类,是一部专记昆仑文经典的目录。此时,又命释智果于东都内

---

① 彦琮撰:《众经目录》卷四,《大正藏》第50卷,第172页中。
② 彦琮撰:《众经目录》卷五,《大正藏》第50卷,第175页上。
③ 姚明达:《中国目录学史》,第202页,上海世纪出版集团,2005。

道场撰《诸经目》,分为:一、经,二、疑经,三、论,四、戒律,五、记。经、论、戒律中每类又分大乘、小乘、杂经三类,共十一类,与法经、彦悰两录颇相近。

隋炀帝登基后,在洛阳设立译经馆,彦琮为其骨干。道宣说:

> 大业二年,东都新治,与诸沙门诣阙朝贺,特被召入内禁,叙故累宵,谈述治体,呈示文颂。其为时主见知如此。因即下敕,于洛阳上林园立翻经馆以处之,供给事隆,倍逾关辅。新平林邑所获佛经,合五百六十四夹,一千三百五十余部,并昆仑书,多梨树叶。有敕送馆,付琮披览,并使编叙目录,以次渐翻。乃撰为五卷,分为七例,所谓经、律、赞、论、方、字、杂书七也,必用隋言以译之,则成二千二百余卷。[①]

此录习称为《昆仑目录》,实际内容是以梵文书写的佛典,以七部分编排,以方便日后翻译。可惜,由于隋王朝在国日短,这一使命未曾完成。这批写本也不知所之。

二、初唐诸部经录

唐代接续前代编集经录的传统,不断有经录著作问世。其中,玄琬《众经目录》五卷是唐代第一部经录。此后,初唐僧俗编写成的经录十几种。现存的则有道宣《大唐内典录》十卷、静泰《大唐东京大敬爱寺一切经论目》五卷、静迈《古今译经图纪》四卷、明佺等撰《大周刊定众经目录》等五种。

1. 玄琬《众经目录》、静迈《古今译经图纪》

释玄琬(562—636),俗姓杨,本弘农华州(今陕西省华县)人,远祖徙至雍州新丰(今陕西省西安市临潼区新丰镇)。玄琬十五岁时出家,事沙

---

① 道宣:《续高僧传》卷二,《大正藏》第 50 卷,第 437 页下。

门昙延法师。《续高僧传·玄琬传》记载：

> 琬位居入室，恭恪据怀。及进具后，便随洪遵律师，伏膺《四分》，冠冕遮性，镕汰持犯。涉律三载，便事敷演。使于后进乐推，前英叹美，乃旋踵本师。涅槃真体，捃摭新异，妙写幽微。①

玄琬先是皈依昙延为沙弥，受具足戒后，又跟从洪遵律师研习《四分律》三年。其后，再回归昙延门下，时为开皇三年(583)。而昙延法师圆寂于开皇八年八月十三日。

《续高僧传·玄琬传》又记载：玄琬"又欲钦佩唯识，包举理性，于昙迁禅师禀学《摄论》，并寻阅众锋，穷其心计。《法华》、《大集》、《楞伽》、《胜鬘》、《地论》、《中》、《百》等，并资承茂实，研核新闻，环循弥讨。其际搜会，擢其玄理"②。看来，玄琬跟从昙迁全面地学习了唯识经典以及中观、如来藏类经典。

玄琬在隋唐之际，除宣讲经论之外，最突出的还有两件大事：一是完成了其师昙延未了的愿望，"延师存日，愿造丈六释迦，经略未圆，奄便物故"③。仁寿二年(602)七月十五日"长安延兴寺铸丈六金铜佛像，天雨宝屑银华"④。而"金像之大，有未过也"⑤。其二，玄琬"又造经四藏，备尽庄严，诸有缮写，皆资本据"⑥。道宣传文说：

> 寻有别敕，于苑内德业寺，为皇后写现在藏经。当即下令，于延兴寺更造藏经，并委其监护。琬以二官所寄，惟谷其诚，祗奉不难，义须弘选。自周季灭法，隋朝再兴，传度法本，但存卷秩。至于寻检文理，取会多乖，乃结义学沙门，雠勘正则。其有词旨不通者，并谘而取决，故得法宝无滥于疑伪，迷悟有分于本

---

① ② ③ 道宣《续高僧传》卷二二，《大正藏》第50卷，第616页上。
④ 觉岸：《释氏稽古略》卷二，《大正藏》第49卷，第809页下。
⑤ ⑥ 道宣《续高僧传》卷二二，《大正藏》第50卷，第616页上。

末,纲领贞明,自琬始也。①

根据《释氏稽古略》卷三记载:贞观五年(631),唐太宗"敕法师玄琬于苑内德业寺,为皇后写佛藏经。又于延兴寺更造藏经,并委琬监护"②。这是玄琬于唐代造两部藏经的记载,而前引传文说玄琬一共造了四部写本藏经,其余两部的编订抄写时间不详。

应该特别指出,《续高僧传》中称玄琬为律师,而一般将纯粹的涅槃师、地论师、摄论师称之为"论师"。可见,玄琬尽管师承了涅槃师昙延和摄论师昙迁,但其在当时也被当做《四分律》的传承者。根据《续高僧传·玄琬传》记载:

> 逮贞观初年,以琬戒素成治,朝野具瞻,有敕召为皇太子及诸王等受菩萨戒,故储宫以下师礼崇焉。有令造普光寺,召而居之。供事丰华,广沾会响。又别敕延入,为皇后六宫并妃主等受戒。③

在授戒仪轨方面,玄琬也有创设:"至于授受,遮难滋彰,乃莹饰道场寻诸忏法。每春于受戒之首,依二十五佛及千转神咒,洁斋行道。使彼毁禁之流,澄源返净,登坛纳法,明白无疑。并传嗣于今,住持不绝。"对此,道宣总结说:

> 然其匠训于世,三藏含之,偏以苦节自修德,以律仪驰誉。言为世范,缁素收归,华夷诸国僧尼从受具戒者三千余人,王公僚佐爰及皂隶,从受归戒者二十余万。④

这是说,玄琬对经、律、论三藏都有弘扬,然律学方面的影响更大些。

贞观十年(636)冬,玄琬遘疾,上表于太宗:

---

① 道宣《续高僧传》卷二二,《大正藏》第50卷,第616页中。
② 觉岸:《释氏稽古略》卷三,《大正藏》第49卷,第814页下。
③④ 道宣:《续高僧传》卷二二,《大正藏》第50卷,第616页中。

> 伏以僧尼等不依戒律致犯刑章,闻彻阙庭尘劳听览,琬等僧徒无任惭惧。但恐余年昏朽,疾苦相仍,弱命不存,洪恩未答。遂于经中,撰《佛教后代国王赏罚三宝法》及《赡养苍生论》并《三德论》各一卷,伏愿圣躬亲降披览。①

此年十二月七日,玄琬圆寂于延兴寺房,春秋七十五。

《大唐内典录》卷五著录玄琬著作如后:"《三德论》一卷,《入道方便门》二卷,《镜喻论》、《无拟缘起》一卷、《十种读经仪》、《无尽藏仪》、《发戒缘起》二卷、《法界图并十不论》,《礼佛仪式》二卷,右九部一十二卷。"②

关于玄琬编集《众经目录》的史事,道宣《大唐内典录》卷七著录:"《众经目录》五卷,九十纸,唐贞观初普光寺玄琬撰"③。同书卷五有记载:

> 又以法流东渐,三被诛残,虽后鸠拾,不无纰紊。琬欲澄一文义,该贯后贤,乃集达解名德三十余人,亲面综括,披寻词理,经延岁序,方乃究竟。即写净本,以为法宝正则,故方隅道俗,欲写藏经,皆就传本以为揩准。④

此一段文字是附于玄琬上述九部著述后面的,应该是指此而言的,叙述的并非《众经目录》的编写事宜。由于此经录不存,无从知道全貌,只能通过史籍的零星记载推知其大概。

《开元释教录》说:

> 唐《众经目录》五卷,贞观初,普光寺沙门玄琬撰。出《内典录》
> 右《内典录》中引用,云:唐旧录,未见其本。似取隋五卷《众经

---

① 道宣:《续高僧传》卷二二,《大正藏》第 50 卷,第 617 页上—中。
② 道宣:《大唐内典录》卷五,《大正藏》第 55 卷,第 281 页上—中。
③ 道宣:《大唐内典录》卷七,《大正藏》第 55 卷,第 302 页中。
④ 道宣:《大唐内典录》卷五,《大正藏》第 55 卷,第 281 页中。

录》编新经入,余者大同。①

根据《开元释教录》卷一〇的说法,玄琬撰《众经目录》五卷,是就隋代彦琮所编经录补入后来所译之经而成。

唐玄奘的弟子静迈撰集《古今译经图纪》四卷,属于经录的特殊形式。

静迈是玄奘译场中为数不多的始终参与翻译活动的助译僧。贞观十九年(645)正月三月一日,玄奘法师自洛阳还至长安,即居弘福寺将事翻译。四月一日,证义大德谙解大小乘经论,为时辈所推者一十二人至,又有缀文大德九人至,缀文大德九人就有静迈,当时称其为"简州福聚寺沙门静迈"②。《开元释教录》卷八著录:"《本事经》七卷,见《内典录》,永徽元年(650)九月十日于大慈恩寺翻经院译,至十一月八日毕,沙门静迈、神昉等笔受。"③《广弘明集》卷二五载有《玉华宫寺译经沙门静迈等上拜父母有损表一首》④,此表是针对高宗于显庆二年(657)下发的僧尼须拜父母的诏令而奏报的,文尾标的时间是八月二十五日。从这些资料可知,静迈跟玄奘辗转于弘福寺、大慈恩寺以及玉华宫寺译场,时间长达十九年。

关于《古今译经图纪》的来由,《开元释教录》卷八叙述说:

《古今译经图纪》四卷,右一部四卷其本见在。

沙门释靖迈,简州人也。以博学驰誉,大唐三藏翻译众经,召充缀文大德。后大慈恩寺翻经堂中壁画古来传译缁素,靖迈于是缉维其事,撰成《图纪》,题之于壁。但略费长房《录》,续逮皇朝,直述译经,余无所纪。⑤

---

① 智昇:《开元释教录》卷一〇,《大正藏》第55卷,第574页上。
② 《大唐大慈恩寺三藏法师传》卷六,《大正藏》第50卷,第253页下。
③ 智昇:《开元释教录》卷八,《大正藏》第55卷,第557页上。
④ 彦悰纂录:《集沙门不应拜俗等事》卷六,《大正藏》第55卷,第290页下—291页上。
⑤ 智昇:《开元释教录》卷八,《大正藏》第55卷,第562页中。

依据此说可知,贞观二十二年(648),太宗敕令建立大慈恩寺,并命于该寺翻经堂内壁描绘"古今译经图变"。静迈受敕命撰成《古今译经图纪》四卷,并且将该书题于佛寺之壁。智昇在《开元释教录》卷一〇中又说:"大慈恩寺翻经堂内壁画'古今翻译图变',靖迈因撰,题之于壁"①,乃于画上记载各译师小传与所译经典,即成此图纪。由于上述目的,此书仅仅是将费长房《历代三宝纪》中的译者单独列出,并且将费长房的编目部分改写成文字叙述,由此构成译家小传的形式。智昇说:"但略费长房《录》,翻经之者纪之,余撰集者不录,逮至皇朝,总成四卷。房所错者,此亦同然,更欲广陈,恐繁故止。"②

尽管有上述缺陷,但此书的形式还是受到时人的重视,智昇接续而撰《续古今译经图纪》一卷。智昇在其书前有一小序:

> 《译经图纪》者,本起于大慈恩寺翻经院之堂也。此堂图画古今传译缁素,首自迦叶摩腾,终于大唐三藏。迈公因撰,题之于壁。自兹厥后,传译相仍,诸有藻绘,无斯纪述。昇虽不敏,敢辄赞扬,虽线麻之有殊,冀相续而无绝。幸诸览者,无贻诮焉。③

可见,这一部书的体例是由其特殊需要决定的。

《古今译经图纪》四卷所立主译的小传如下:第一卷,后汉,叙述11人;曹魏和孙吴,各有5人。第二卷,西晋,有8人;东晋,有15人。第三卷,前秦,有6人;后秦,有5人;西秦,有1人;北魏,有3人;北凉,有8人;刘宋,有16人。第四卷,南齐,有8人;北魏,有4人;梁,有3人;东魏,有1人;北齐,有2人;陈,有2人;北周,有4人;隋,有3人;唐,有2人。以上共有112人的事迹。文中于每人传末,都附有其人所译经典的经目、部数和卷数,因此《图纪》被视为一部经录而非译人的类传。全书共收75部1335卷。此外,《图纪》记载了东汉、孙吴、西晋和东晋的失译

---

①② 智昇:《开元释教录》卷一〇,《大正藏》第55卷,第578页下。
③ 智昇:《古今译经图纪》,《大正藏》第55卷,第367页下—368页上。

经底经目。

2. 道宣《大唐内典录》

道宣所撰集的《大唐内典录》是《开元释教录》之外,唐代最有影响的佛教经录。

对于撰集《大唐内典录》的缘起和初衷,道宣有一说明:

> 详夫爰始梵文,负之亿计香象。今译从于方言,大约五千余卷。迁贸更袭,浇薄互陈。卷部单重,疑伪凡圣,致使集录奔竞三十余家,举统各有宪章,征核不无繁杂。今总会群作,以类区分,合成一部,开为十例,依条显列,无相夺伦。文虽重张,义绝烦乱。若夫大圣彝训,其流曰经,述经叙圣,其流曰论。莫非徙滞之方略,会正之格言。珍重则超生可期,疑谤则劾尤斯及。故试铨广余,随更陈序之云尔。①

从上文的表述观之,道宣的目标是改革经录体例。

关于此书的完成时间,《大唐内典录》卷一○后附有一后记,可以推知其完成的准确时间。其文说:

> 余以从心之年,强加直笔,舒通经教,庶几无没。幸冀后贤捃其远致,使法宝流被,津润惟远,岂不好耶?龙朔四年春正月于西明寺出之。②

而《开元释教录》卷八著录为:"《大唐内典录》十卷,见《内典录》,麟德元年于西明寺撰。"③龙朔四年(664)三月高宗改元麟德,因此,智昇所说的麟德元年也就是龙朔四年。道宣后记说于此年正月"出之",纪年最准确。

此录综合了隋代《法经录》和《三宝纪》的优点而成,唐代的智昇对其

---

① 道宣:《大唐内典录》卷一,《大正藏》第55卷,第219页上。
② 道宣:《大唐内典录》卷一○,《大正藏》第55卷,第342页上。
③ 智昇:《开元释教录》卷八,《大正藏》第55卷,第561页下。

评价颇高,《开元释教录》卷一〇有文说:

> 宣公所撰,类例明审,实有可观,作者之风,见于兹矣。然少有差杂,未能尽善。述作之事,诚谓难哉！今略叙数科,以详厥误。非欲指陈臧否,实惟甄异是非。①

智昇指出道宣所犯八个失误。

《大唐内典录》共分十录,其内容结构如下:

第一录"历代众经传译所从录",即以隋代费长房的《历代三宝记》为基础,辨其真伪而去其芜杂,揭示群经翻译的先后次序及传译来历。对于一经多译者,分别注明"初出"、"第二出"、"第三出"等,以明传译版本次序;并于各经之下注明最早见于何种目录,以明渊源来历。

第二录"历代翻本单重译有无录"、第三录"历代众经分乘入藏录"、第七录"历代诸经支派陈化录"、第八录"历代所出疑伪经论录"四录的内容来源于法经的《众经目录》。法经《众经目录》将各类佛经分别按一译、异译、失译、别生、疑惑、伪妄编排,著录前三类而附存后三类。今《大唐内典录》则将后三类另篇著录,而将"疑惑"和"伪妄"合二为一。

第四录"历代众经举要转读录"是道宣的独创。于此录,道宣对各经译本择其善者推荐给读者。因为这时的佛经已浩如烟海,出现了一经多译、摘抄别行等纷繁复杂的现象,读者难以选择。本录择善推荐,于读者很有裨益。例如:《华严经》共有十四种译本,此录只着重推荐佛陀跋陀罗译的六十卷本;又如《涅槃经》共有五种译本,这里只着重推举昙无谶译的四十卷本。《内典录》首创此举,成为后世导读书目推荐善本之先河。

第五录"历代众经有目阙本录",创立了"有目阙本"的纪录。凡见于前代经录著录而今已亡佚的佛经,均录而备查。

第六录"历代道俗述作注解录"专录注疏著作,使读者便于寻览。

---

① 智昇:《开元释教录》卷一〇,《大正藏》第55卷,第578页中。

第九录"历代众经录目始终录"专门著录历代经录,"经录代出,须识其源"。

第十录"历代众经应感兴敬录",记录阐述佛教教义的著作。

《大唐内典录》汇集了《法经录》和《长房录》两录的长处而弥补了前人的缺陷,因此而成为一部结构更为合理、内容更为丰富的佛经目录。关于佛教经录,梁启超概括说:"经录之学,至隋而殆已大成,综其流别,可分两派:其一,专注重分类及真伪,自僧祐、李廓以下皆是,至隋法经集其成……其二,专注重年代及译人,竺道祖以下凡以朝代冠录名者皆是,至隋费长房集大成。"①道宣充分注意到这两种偏向,力图集两派所长而去其短,重加以合理的组织。道宣对于经录结构、体例的探索,得到后世的高度评价,如后来智昇的撰集《开元释教录》即大体依仿《大唐内典录》而成。然而,从史料价值来说,道宣撰写此书未着力于资料的收集以及核对,仅仅是简单地将法经《众经目录》和费长房《历代三宝纪》的相应部分抄录组合在一起,并非发现两者在细节部分的差异比比皆是。由于道宣的历史地位和后世对其史学功力的高度称许,许多学者往往以此书的记载为参照系之一而指责费长房"伪滥"甚至有意作伪。这是非常遗憾的。

3. 静泰等《众经目录》

关于静泰等于麟德二年(665)编订的佛典目录,有两个名称,一个是《大唐东京大敬爱寺一切经论目》,一个是《众经目录》五卷。后文的分析考辨将要说明,这实际上是两本不同的书,前一个简称为《入藏见录》或《见定依写流行入藏目》,后一个称为《众经目录》,前一个一卷,后一个五卷。现存的本子称之为《众经目录》,而在卷一前加上静泰撰写的《大唐东京大敬爱寺一切经论目序》及其说明文字。

---

① 梁启超:《佛家经录在中国目录学之位置》,载《佛学研究十八篇》,第299页,上海古籍出版社,2009。

有关静泰法师的生平事迹,现存文献仅有道宣《集古今佛道论衡》卷四中的零星记载。此书卷四较为详细地记载了受高宗征召,静泰代表佛教一方与道士李荣的辩论。道宣拟的标题是《今上在东都令洛邑僧静泰与道士李荣叙道事》,文中说:

> 显庆五年八月十八日,敕召僧静泰、道士李荣在洛宫中。帝问僧曰:"《老子化胡经》述化胡事,其事如何?可备详其由绪。"①

由此可知,此次辩论发生于显庆五年(660)八月十八日,僧人静泰受诏与道士李荣于洛阳宫中就《老子化胡经》进行辩论。此后,道宣较为详细地记述了辩论的基本过程,文字甚长,不再引述。仅将结果引述如下:

> 李荣奏言:"道之与佛,非荣、泰等之所言。"委时,又请休。静泰奏言:"李荣知难而退。重乞天鉴,夜久更阑,恐疲圣旨。"帝令休。荣遂走下基云去也。于时静泰脚痹未行,少选停立。泰自奏言:"静泰先患风痹。"帝令人扶之。荣于阶下云:"静泰已死,两人扶侍。"泰云:"帝者之前,理须战栗。辞而复语,一何失敬也!"明日,帝令给事王君德责李荣曰:"汝比共长安僧等论激,连环不绝,何意共僧静泰论义,四度无答?"李荣事急,报云:"若不如此,恐陛下不乐。"由是失厝,令还梓州。形色摧恶,声誉顿折。道士之望,唯指于荣。既其对论失言,举宗落采。②

上引文字叙述的是这一辩论的结局部分。值得注意的是文中所说的静泰辩论结束后身体状况欠佳,遭到李荣嘲笑的情节。而文中也肯定李荣在长安城中与僧人辩论多次取胜。李荣后来被贬谪梓州,关于李荣被贬谪的原因,从道宣的叙述可知是因为,辩论结束之后第二日他回答皇帝的问话涉嫌"欺君之罪"。

---

① 道宣:《集古今佛道论衡》卷四,《大正藏》第52卷,第391页中。
② 同上书,第392页下。

在记述了上述辩论之后,道宣对静泰的生平事迹作了简要叙述。其文说:

> 泰本洛阳人,素有远识之量。虽略通玄理,而以才辩见知。上幸东都,多营法祀,昼览万机,夜通论道,礼诵余暇,偏重义宗。道士李荣,老宗魁首,恃其管见,亲预微延,屡遭勍敌,仍参胜席。故泰为众乐推,登锋奋击,挫拉若摧枯,潜声如舌结。面陈泰是,斯即心伏魂飞,况对天颜褒贬,足称画一。此则千载之龟镜也。①

这段文字说明,静泰特长在于辩论,而"素有远识之量"以及"略通玄理"之说表明,道宣对其义学修养并不太看重。上引文字的最后数句是说,在皇帝面前讲话辩论,要特别谨慎敬畏。而李荣被惩处,主要原因在于此。

在此辩论之后,静泰的才能获得高宗皇帝的注意。道宣记述说:

> 初以言辩见知,具问才术。东台侍郎上官仪云:"又能赋诗。"上令作之,应命便上。帝重之,欲令观国登庸,问:"欲还俗不?须何等官?"泰答:"凤昔素心,常怀出俗,远同法王之弃俗,近喻巢许之解网,俗荣非其所慕。伏愿不亏发趾之心。"上大幸之。便敕所司:"东都敬爱寺大德未临,可以泰居之。其所须侍者,任取多少。"诸余大德例止一人,泰别敕垂顾,使将五人入寺。尔后频登荣观,事多不录。②

上述引文揭示了静泰由洛阳某寺进入大敬爱寺的经过以及受到朝廷优礼的情况。高宗之所以敕令静泰领头编集经录也应与此有关。

关于此经录编集的过程,现存于《众经目录》卷一之首的由静泰撰写的《大唐东京大敬爱寺一切经论目序》有明确的说明。文中说:

> 晋道安创裁目录,齐法上亦为条例,非无小异,张置大同。莫不

---

① 道宣:《集古今佛道论衡》卷四,《大正藏》第52卷,第392页下—393页上。
② 同上书,第393页上。

> 以单译居第一，重翻处第二，梵集配第三，别生安第四，疑伪充第五。位虽列五，缮写唯三。良以别生与本部不殊，疑伪固非留限，芟夷芜秽，洗拂尘瑕，坦矣法畴，差无稂莠。①

这是对于历朝经录之体例的评论。此后，文中叙述了编写此书的缘起：

> 我皇驭历，道应天飞，廓五梵而论都，奄四州而作后，拔十善以陶化，凭五衍而贞风，广树仁祠，大隆教义。显庆年际，西明寺成御造藏经，更令隐炼区格尽尔，无所间然。律师道宣又为录序，殷因夏礼，无革前修，于三例外附申杂藏，即法苑法集、高僧僧史之流是也。颇以毗赞有功，故载之云尔。②

> 皇太子列耀紫微，承扉闱闱，铣华云蔚，瑶躬岳峙，内精七净，外畅九言，挹梓图恭，佩瑜端孝，爰崇净域荐祉二皇，元良三宝，永贞四众。龙朔三年正月二十二日，敕令于敬爱道场写一切经典。③

由上文可知，唐高宗于显庆年间曾下令在长安西明寺编集抄写"藏经"。此事由道宣主持完成。而这一次编集"藏经"是由皇太子提议的。龙朔三年（663）的皇太子是李弘。显庆元年（656），原本的太子李忠被废，改立李弘为皇太子，李弘时年七岁。龙朔三年时他也年仅十三岁。以皇太子名义下诏编集抄写佛教"一切经"，大概是太子为了表明迎合高宗、武后奉佛的立场。麟德元年（664）正月二十六日，高宗下敕"取履味沙门十人，概明玉、神察、道英、昙邃等，并选翘楚，尤闲文义，参覆量挍，首末三年。又置官寮，是涂供给，敕使洛州长史银青光禄大夫南康郡开国公韩威、判官洛州司功参军李亮、台使郑州司士参军卢行讷、判官王屋县尉郑祖均等，精加捡覆"④。

---

① 静泰：《众经目录》卷一，《大正藏》第55卷，第180页下。
② 同上书，第180页下—181页上。
③ 同上书，第181页上。
④ 同上。

由上引静泰的叙述可知,此经录由龙朔三年(663)正月开始编集,三年之后的麟德二年(665)某月完成("首末三年"应该是三个年头的意思)。受诏进入此班子的僧人,"随访随写,真所谓伟哉法宝,内外无瑕,洞矣法流,皎镜深浅,纯一无杂,具足清白而已哉。并毫疏寒兔,纸落秋蒲,题华碧字,轴贞香木;所冀天衣销石,不坠斯文;地墨穷界,微言尚在"①。至此,形成一部手写本大藏经。现存的这本书,就是静泰等僧编集的这部藏经的目次。静泰说:"静泰不惟鄙昧,辄撰斯文,敢事加损,还循旧辙,三章久布,画一承风,明诚古人,请袪杂藏。恐文溺质,用除滥觞,合成五卷。"②

静泰《大唐东京大敬爱寺一切经论目序》文说:经过首尾三年的编集,"写旧经论七百四十一部二千七百三十一卷。又写大唐三藏法师新译经论七十五部一千三百三十五卷。合新旧八百一十六部四千六十六卷入藏。其有古来有目而无本者,合三百八十二部,七百二十五卷"③。新旧816部4066卷应该是奉朝廷之命编订抄写的《一切经》所包含的经律论的总数。

在此书序文后面又有一说明文字:

> 《入藏见录》六百八十九部二千五百三十二卷。仁寿二年,勘定三十一部一百五十八卷。贞观九年,奉行二十部二十一卷。贞观九年,于阗本内访得入藏,翻得六十部,六百七十卷。贞观已来,玄奘见所翻,显庆四年西明寺奉敕写经,具录入目施一十五部六百六十四卷。显庆已来,玄奘法师后所译得,龙朔三年敬爱寺奉敕写经具录入藏。④

要理清上述文字的准确含义,有几个背景需要澄清:其一,《入藏见录》是

---

① 静泰:《众经目录》卷一,《大正藏》第55卷,第181页上。
② 静泰:《大唐东京大敬爱寺一切经论目》卷一,《大正藏》第55卷,第181页上—中。
③ 静泰:《众经目录》卷一,《大正藏》第55卷,第181页上。
④ 同上书,《大正藏》第55卷,第181页中。

指隋代彦琮《众经目录》所确定的目录。但彦琮《众经目录》列入 688 部 2 533 卷,而上引静泰文中的数字为 689 部 2 532 卷。中间的差额不知何因造成。其二,"仁寿二年,勘定三十一部一百五十八卷"的含义应该是指勘定出的彦琮《众经目录》编定之后至贞观九年之间的译籍数量。① 其三,现流行本静泰撰《众经目录》卷一末尾有一注文:

> 此二卷《入藏目》,贞观九年四月,奉敕苑内写一切经。大总持寺僧智通,共使人秘书郎褚遂良等,附新译经挍定申奏,奉敕施行。②

此后的文字是对此目将《大集经》重收所作的辨析。后又说:

> 贞观十一年四月,皇太子于延兴寺造一切经。有人将六十卷《大集》本来,诸德莫之能定,遂抄入藏。仍五本重抄,目复不改。智通睹此参差,处处寻勘,乃见八卷《金光明序》……六十卷《大集》,岂得独行?幸冀来哲,详而体焉。③

这一段文字,揭示出一个重要事实:贞观九年(635)和贞观十一年朝廷下令编订抄写"一切经",形成"入藏目"。而在确定"入藏目"时,围绕《大集经》出现分歧。这是因为《大集经》等翻译时一部分内容是收集已有翻译而成的,如仍然将被收入的单本译经单独排入,则算重收。如果将这一注文与上引静泰之文联系起来,是否可以如此理解静泰所说:大总持寺僧智通于贞观九年编订《入藏录》时,又奉命入藏 20 部 21 卷。贞观九年之后,于阙本内访得 60 部 670 卷入藏。其三,贞观十九年(645)以来至龙朔三年(663)玄奘翻译出的佛典。将静泰所说的上述数字相加,即得《大唐东京大敬爱寺一切经论目》的数目。

---

① 不如此,此语殊不可解。因为此前的《历代三宝纪》所说的"入藏录"并非 689 部 2 532 卷。要不,静泰上文所说《入藏见录》另有所指,待考。
② 静泰:《众经目录》卷一,《大正藏》第 55 卷,第 188 页下—189 页上。
③ 同上书,第 189 页上。

现存的静泰《众经目录》卷一前所附的《大唐东京大敬爱寺一切经论目》中的"入藏录"数目有两个：一是静泰序文所说的"八百一十六部四千六十六卷入藏"①，二是《众经目录》卷首的说明文字"已前二卷三分，合八百一十九部四千八十六卷"②。关于其中的差异，笔者经过初步查考，《众经目录》卷二"贤圣集传"五十部中列入了以下两部："《众经目录》五卷，九十纸。《见定依写流行入藏目》一卷。"③这两本书不知所指，以《众经目录》为名的著作有好多，而后者则是唐初编订写本藏经的目录，贞观以来也有好几部。包括静泰自己所编定者也称此二名。这两部书列入"入藏录"，很大可能是指静泰等编定者。如此，还差一部二十卷，待考。

关于静泰所编《众经目录》，智昇著录说："《众经目录》五卷，于隋录内加奘译经，余皆无异。大唐大敬爱寺沙门静泰撰。"④智昇此中所说"隋录"是指彦琮《众经目录》。但现在流通本《众经目录》在卷一标示"隋开皇十四年敕翻经沙门法经等撰"，似乎多余，疑为后来抄本混入。但彦琮《众经目录》是在法经《众经目录》基础上删繁就简补充后译而成，静泰经录又是在彦琮《众经目录》基础上补充后译而成。在文中，静泰多次提及法经《录》即是明证。

综上所述，静泰所编《众经目录》五卷实际上是由两部分组成，前两卷为《大唐东京大敬爱寺一切经论目》即《入藏录目》，后面则是"别生"、"疑伪"和"缺本"。其中，第三卷收"别生"本810部1288卷，第四卷收"疑伪"208部496卷，第五卷收"阙本"382部725卷。

4. 明佺等《大周刊定众经目录》

武周时期，武皇令明佺等僧人撰成《大周刊定众经目录》15卷。

---

① 静泰：《众经目录》卷一，《大正藏》第55卷，第181页上。
② 同上书，第181页中。
③ 静泰：《众经目录》卷二，《大正藏》第55卷，第196页下。
④ 智昇：《开元释教录》卷一〇，《大正藏》第55卷，第574页上。

关于此经录的编集过程,卷首的《序》文说:

> 我大周天策金轮圣神皇帝陛下……乃下明制,普令详择,存其正经,去其伪本,谨按梁朝释僧皎、释僧祐、释宝唱、隋朝僧法经等所撰《一切经目录》,隋朝翻经学士费长房所撰《开皇三宝录》,唐朝僧道宣所撰《内典录》等,已编入正目,大小乘经律论并贤圣集传,合二千一百四十六部六千二百三十五卷。其后唐朝至圣朝新译经论,及有虽是前代旧翻而未经入目,并虽已入目,而错注疑伪,审共详挍,事须改正者,前后三件,大小乘经律论,合一千四百七十部二千四百六卷。悉依明旨,咸编正目。今新入正目,及旧入正目,大小乘经律论,并贤圣集传,都合三千六百一十六部八千六百四十一卷。其间有名阙本,有本失译,见行入藏,及翻译单重,三藏不同,两乘各异,并备出条件,撰为目录,合一十四卷,号之曰《大周刊定众经目录》。其伪经既不是正经,伪目岂同于正目?编之卷次。窃将未允,然恐须明示远近,故别为一轴传写焉。①

依据上述叙述,此经录是在道宣《大唐内典录》的基础上增补而成的。

关于《大周刊定众经目录》的编订时间,《大周刊定众经目录》卷一四末尾有一小注:"天册万岁元年十月二十六日,都检校刊定经目及经真伪佛授记寺大德僧明佺。"②而此书卷一五末尾则有参与编订者的名录:

> 天册万岁元年十月二十六日,
> 　都检校刊定目录及经真伪佛授记寺大德僧明佺,部检校刊定经目录及经真伪大福光寺③大德僧道夐;

---

① 明佺:《大周刊定众经目录》卷一,《大正藏》第55卷,第372页下—373页上。
② 明佺:《大周刊定众经目录》卷一四,《大正藏》第55卷,第472页上。
③ 应作"大福先寺",此段引文中的"大福光寺"都应如此。

大平寺刊定真伪经僧上座福庆,刊定真伪经大德僧思言,天宫寺刊定真伪经僧昙懿,大福先寺刊定真伪经僧玄奉;①

佛授记校经目僧智方,大白马寺校经目僧明远、校经目僧法冲、校经目僧云璇、校经目僧承祚、校经目僧行光、校经目僧宏观、校经目僧元齐、校经目僧灵幹、校经目僧慧伞、校经目僧彦旭、校经目僧义宣、校经目僧知恩、校经目僧明献、校经目僧义贞,大福光寺校经目僧审言、校经目僧怀琰、校经目僧慈训、校经目僧怀感、校经目僧义空、校经目僧无等、校经目僧怀道、校经目僧澄性、校经目僧彦汪、校经目僧惠觉、校经目僧贞邃、校经目僧惠贞、校经目僧待真、校经目僧会一、校经目僧玄查、校经目僧慧献、校经目僧晞道、校经目僧崇彦,中大云寺校经目僧垂幽、校经目僧灵浚、校经目僧神䳑、校经目僧有大、校经目僧慧观,大白马寺校经目僧昙景、校经目僧道绰,太平寺校经目僧都维那承办、校经目僧休祥、校经目僧行充,天宫寺校经目僧明绍;②

检校僧大福光寺都维那崇业,检校僧大福光寺主慧澄;③

翻经大德授记寺都维那玄疑,翻经大德崇光寺都维那文彻,翻经大德中大云寺都维那象城县开国公玄范,翻经大德佛授记寺主昌平县开国公德感,翻经大德大白马寺都维那义合,翻经大德大福光寺都维那豫章县开国公惠俨,翻经大德长寿寺主智潋,翻经大德佛授记寺文才,翻经大德大慈恩寺英芝,翻经大德大福光寺波仑,翻经大德大福光寺复礼,翻经大德荆州玉泉寺弘景,翻经大德崇先寺上座法宝,翻经大德佛授记寺神英,翻经大德大福光寺圆测,汉三藏翻经大德大福光寺义净,婆罗门翻经三藏法师菩提留志,婆罗门翻经

---

① 明佺:《大周刊定众经目录》卷一五,《大正藏》第55卷,第475页上—中。
② 同上书,第475页中—下。
③ 同上书,第475页下。

三藏法师宝思惟。①

上述名单很长,细观此名录则可知,此名单基本上将当时最有名的僧人囊括殆尽。而上述名单的职衔可分为五大类:第一类即"都检校刊定目录及经真伪佛授记寺大德僧明佺"和"部检校刊定经目录及经真伪大福光寺大德僧道夐",从具名位置可知,前者是主官,后者则是副职。第二类是"定真伪经僧"四名。第三类是"校经目僧",共四十四名。第四类则是"检校僧",从职名判断应是以监督为职责。第五类则是"翻经大德",共十八名。此外,此名单出现于卷一五以及"武周刊定伪经目录"的标示都表明,这一名单并非是全程参与此经录编订的人员,而是刊定伪经的人员。而此卷在三阶教经典下有一说明:"奉证圣元年恩敕,令定伪经,及杂符箓等遣送祠部进内。"②证圣元年(695)九月改元为天册万岁,可见,此工作是从此年九月前开始的。而天册万岁元年(695)十月二十六日应该是此经录最后完成的时间。

关于领衔编订此录的明佺,所知不多。唯一的资料还是智昇《开元释教录》中留下的。其文说:

《大周刊定众经目录》十五卷,右一部十五卷其本见在。

沙门释明佺,东都佛授记寺僧也。尤精律学,兼闲经论。天后天册万岁元年乙未敕刊定经目,佺首末条录,编比次序。与翻经大德二十余人同共参定。③

智昇上文说,明佺精通律学,兼通经论。北宋赞宁在《宋高僧传》卷二《周洛京佛授记寺慧智传》中附有《明佺传》④,但没有任何新材料,全出于智昇上述文字。

---

① 明佺:《大周刊定众经目录》卷一五,《大正藏》第55卷,第475页下—476页上。
② 同上书,第475页上。
③ 智昇:《开元释教录》卷九,《大正藏》第55卷,第565页下。
④ 赞宁:《宋高僧传》卷二,《大正藏》第50卷,第719页中。

《大周刊定众经目录》结构及其所收佛典数量,此书卷一之首有罗列:"大小乘经律论及贤圣集传,合三千六百一十六部八千六百四十一卷。其见定入藏流行部卷,不在此数。"①这里提供了此书的结构线索。《大周刊定众经目录》可分为三大部分,第一部分即第一卷至第十二卷,共收"大小乘经律论及贤圣集传"3 616 部 8 641 卷,第十三至十四卷则为"见定流行入藏录",共 860 部 3 929 卷,393 帙。② 第十五卷为"伪经目录",共收 228 部 419 卷。

《大周刊定众经目录》第十五卷不仅叙列了历代经录所记的伪经,而且详细记载了隋唐三阶教著作的名称和卷数,此录说"三阶杂法二十二部二十九卷"③。由于三阶教多次遭到朝廷敕令禁断,著作散佚严重,因而此录为后世学者研究三阶教提供了线索。

如上文所叙述,《大周刊定众经目录》收录佛典的数量超过了此前的经录,但由于材料取舍方面的不谨慎,遭致后世的批评。如智昇批评说:"虽云刊定,繁秽尤多;虽见流行,实难凭准。"④这一评论几成定论。

三、智昇及其《开元释教录》

唐代佛教经录的集大成著述是《开元释教录》,此后的写本藏经和刊刻本藏经都以此录所确定的体例为依据编排。这一著作的问世,标志着佛教经录这一著作体裁经过数百年的发展,达到了顶峰。这是盛唐佛教的最大贡献之一。

1. 智昇生平及其著述

关于智昇的生平,目前所知不多。《宋高僧传》卷五有《唐京兆西崇

---

① 明佺:《大周刊定众经目录》卷一,《大正藏》第 55 卷,第 373 页上。
② 参见明佺《大周刊定众经目录》卷一三,《大正藏》第 55 卷,第 458 页中。
③ 明佺:《大周刊定众经目录》卷一五,《大正藏》第 55 卷,第 475 页上。
④ 智昇:《开元释教录》卷九,《大正藏》第 55 卷,第 565 页下。

福寺智昇传》,但非常简略,生卒年也一概未写,大概赞宁也未获得什么资料。

关于智昇的籍贯、出身门第,赞宁未明确标示,在《宋高僧传·智昇传》中说"未详何许人也"①,不过在《宋高僧传》卷七末尾的"论"中,赞宁称赞说:"智昇自名流而出,伟欤!"②此中的"名流"在唐代的背景下应该是说智昇出自名门望族。在《开元录》卷九中智昇有几句自我介绍,其中有"升早预释流,志弘大教。但才微力寡,无遂本怀;挽仰之间,亟经寒署"③等语。依据此说可知,智昇自幼出家,秉皈释门,发心编写经录时僧腊已高。《宋高僧传·智昇传》说智昇"义理悬通,二乘俱学。然于毗尼,尤善其宗。此外文性愈高,博达今古"④。可见,他主修律学,博通二乘,在当时应该已具有一定威望。

关于智昇,还有一项弥足珍贵的记载,即房山云居寺"金仙公主塔"背面的《山顶石浮图后记》碑。《山顶石浮图后记》碑文如下:

> 大唐开元十八年,金仙长公主为奏圣上,赐大唐新旧经四千余卷,充幽府范阳县为石经本。又秦范阳县东南五十里,上垈村赵襄子淀中麦田庄,并果园一所,及环山林麓,东接房南岭,南逼他山,西止白带山口,北限大山分水界,并永充供给山门所用。又委禅师玄法,岁岁通转一切经,上延宝历,水福慈王;下引怀生,同攀觉树。粤开元廿八年庚辰岁朱明八日,前莫州吏部常选王守泰记山顶石浮屠后。送经京崇福寺沙门智昇,检校送经临坛大德沙门秀璋,都检校挥师沙门玄法。

此石碑立于唐玄宗开元二十八年(740),碑文由王守泰撰写。金仙公主为唐玄宗李隆基第八妹,信奉道教,但她积极支持佛教徒刊刻石经的事

---

① ④ 赞宁:《宋高僧传》卷五,《大正藏》第50卷,第733页下。
② 赞宁:《宋高僧传》卷七,《大正藏》第50卷,第753页下。
③ 智昇:《开元释教录》卷九,《大正藏》第55卷,第572页中。

业,奏请唐玄宗御赐云居寺经本和大面积土地、山林、果园,并派长安崇福寺沙门智昇、临坛大德沙门秀璋、禅师玄法等一起送经至石经寺。

智昇在《开元释教录》卷九中著录了自己的著述:

> 《开元释教录》二十卷,上帙总录,下帙别录。十八年庚午,于西崇福寺东塔院撰。
> 《续大唐内典录》一卷,同前,十八年撰。
> 《续古今译经图纪》一卷,同前,十八年撰。
> 《续集古今佛道论衡》一卷,同前。
> 《集诸经礼忏仪》二卷,同前。
> 右上五部二十五卷,智昇所撰。①

智昇将上述五部著作的撰集时间都标为开元十八年(730),大概是定稿时间或者公开流通的时间。从后文将要引述的资料可知,他撰集这些著作,有一个长期积累和写作的过程。上述著作都保存至今,也可见出后世的重视。

对于自己撰集经录的缘起,《开元释教录》卷九有智昇自己的介绍,其文说:

> 昇早预释流,志弘大教。但才微力寡,无遂本怀。俛仰之间,亟经寒暑,曾未能宣传正法,荷担菩提。而近阅藏经,仍探众录,睹其差谬,或所未安。狂简斐然,考成斯记。虽文词靡叙,而事有所凭。但鄙见未弘,固多疏阙耳。其《续内典录》等附于本部之末,幸诸来哲无贻诮焉。②

这段文字说明了智昇自己将编集经录当做"宣传正法"和"荷担菩提"的方法。在他阅藏过程中,发现了经录的混乱之处,于是下定决心修订出

---

① 智昇:《开元释教录》卷九,《大正藏》第55卷,第572页上—中。
② 同上书,第572页中。

更为完善的经录来。

《开元释教录》卷一之首,有智昇的序文:

> 夫目录之兴也,盖所以别真伪,明是非,记人代之古今,标卷部之多少,撮拾遗漏,删夷骈赘,欲使正教纶理,金言有绪,提纲举要,历然可观也。但以法门幽邃,化网恢弘,前后翻传,年移代谢,屡经散灭,卷轴参差。复有异人,时增伪妄,致令混杂,难究踪由,是以先德儒贤,制斯条录,今其存者,殆六七家。然犹未极根源,尚多疎阙。昇以庸浅,久事披寻,参练异同,指陈臧否,成兹部帙,庶免乖违,幸诸哲人,俯共详览。①

智昇在此文中简要地叙述了自己对佛典翻译之载记以及流通过程中产生的妄增和误传的忧虑。于是以追根求源之心,比勘经录载记之异同,"指陈臧否",力图编集出较为可信的佛典目录。

智昇在编集《开元释教录》过程中,接续前代僧人相关体裁,编集出《续大唐内典录》一卷、《续集古今佛道论》一卷、《续古今译经图记》一卷。前两者是续道宣《大唐内典录》一卷和《集古今佛道论》而作,后者则是续静迈《古今译经图纪》而作。

《集诸经礼忏仪》两卷,是各种忏法仪式最初的综合刊本,后世引用者也颇多。

2.《开元释教录》内容及体例

由于智昇具有严谨求实的态度和追根求源的精神,因此,他所编定的目录,无论是在体例上还是在数据的考辨等方面都是前无古人的。

《开元释教录》二十卷,分为二帙,结构内容如下:

上帙《总括群经录》又名《总录》,以译人为主,分19个朝代记载,末附诸家目录,凡十卷。分为两部分:

第一,历代出经录,第一卷至第九卷。记述从东汉永平十年(67)到

---

① 智昇:《开元释教录》卷一,《大正藏》第55卷,第477页上。

唐玄宗开元十八年(730)共664年,19个朝代,僧俗176位译撰者译撰的汉文佛教典籍2 278部,7 046卷。每位译撰者均附有简略的小传。第一卷汉、魏,第二卷吴、晋,第三卷东晋、苻秦,第四卷姚秦、西秦、前凉、北凉,第五卷宋,第六卷齐、梁、元魏、高齐,第七卷周、陈、隋,第八卷、第九卷唐。每个朝代先记其国姓、都城、几帝几年、译者几人、所出经几部几卷、见存几部、亡几部,然后按人记其所出经及本传,凡176人。

第二,第十卷,叙列古今诸家目录。记述自《古录》至《开元录》历代经录共41家。其中31家只存其目,未见其本。其余9家系智昇亲睹其本,另一家即《开元录》本身。

下帙《分别乘藏录》又名《别录》,分为七部分:

第一,有译有本录第一,第十一卷至第十三卷,又名《广录》。智昇勘定众经后,把内容无误确属"真经",译人、译时已经考证,且亲眼所见,现有经本者依大小乘经律论、贤圣集传等子目分类后归入此录,共收经1 124部、5 048卷,分为480帙。每部经并兼述译人时代。有的还附有简单的考证与说明。智昇在佛藏结构体系方面的贡献主要体现在这里。

第二,有译无本录第二,第十四、第十五卷。智昇将内容亦属"真经",译人、译时无疑问,但未能搜得其本的经典也依大小乘、经律论、贤圣集传等分别收入此录,共收经1 148部,1 980卷。每部经亦兼述译人时代,该有译无本录可供后人查访佚本时参考。

第三,支派别行录第三,第十六卷。智昇将一些从大部抄出别行的典籍依照大小乘、经律论、贤圣集传的顺序收入此录。智昇认为,为了随机说法,化度众生,有时亦需要从大部别出一些内容,单独流行。但是,这样做也可能造成典籍的混乱,使后人迷失这些典籍的真正出处。为此编纂该录,"庶使将来学者,览派知源"[①],该录共收经典682部,812卷。

第四,删略繁重录第四,第十七卷上。该录著录了从大部中别出、略

---

① 智昇:《开元释教录》卷一六,《大正藏》第55卷,第651页上。

出的经典,以及同本异名的经典。智昇认为,其中列举的这些经典没有必要略出别行,称它们是"年岁久淹,共传讹替,徒盈卷帙,有费功劳①",主张全部删除。这部分共著录经典 147 部,408 卷。

第五,补阙拾遗录第五,第十七卷下。该录著录旧录阙题,新译未载等一些应入藏的典籍。这些经典实际均已编入《有译有本录》中,但它们都是智昇新搜求而得,前此未曾入藏过,为了引起人们的重视,故单列一录。这部分共收经典 306 部 1 111 卷。

第六,疑惑再详录第六,第十八卷上。这部分著录真伪难辨,尚须考证的疑经"真伪交参,是非相涉,故为别录,以示将来。庶明达高人,重为详定"②。共收 14 部 19 卷。

第七,伪妄乱真录第七,第十八卷下。这部分著录伪经,"庶泾渭殊流,无贻后患"③。共收经 392 部,1 055 卷。

《开元录》至此实际已结束。但智昇又别撰《入藏录》两卷,作为第十九、二十卷,附于全书之后。

《入藏录》实际是《别录》中《有译有本录第一》的略出本。智昇认为《有译有本录》中的经典都是应当入藏的,但《有译有本录》的内容比较繁杂,除了经名、卷数、合帙、异名、异卷(即不同的分卷情况)、译者、译时之外,还包括关于出处的说明,同本异译或单译的说明,关于第几译的说明,与诸经录记载异同的说明,还有关于内容的某些考定,等等。智昇把它称为《广录》。《广录》详则详矣,但作为一个随架目录却嫌繁琐,不便于使用,智昇又编了一部简明扼要的《入藏录》。

此外,现存《开元释教录略出》四卷,题"释智昇撰",一般以为这是智昇为了《开元录》组织绵密,不易检寻,故将书中的《有译有本录》改写成这一简明目录,删去考证的话,而依千字文将经目编次。而方广锠先生

---

① 智昇:《开元释教录》卷一七,《大正藏》第 55 卷,第 662 页中。
② 智昇:《开元释教录》卷一八,《大正藏》第 55 卷,第 671 页中。
③ 同上书,第 672 页上。

则据其使用千字文编次经典帙号以便检索一点,考知此法绝非智昇所创,《略出》更非智昇所撰,而是有人将《开元录》中的《有译有本录》与《入藏录》结合起来,勘酌损益,删略繁重,附上千字文帙号,成了一部分简明扼要,切合实用的随架目录。此说是符合实际的。

3.《开元释教录》的影响

《开元释教录》分类体系严谨完备、著录详尽,充分发挥了目录学的推荐作用。它以"总括群经录"为纲,以备参考,使读者明了佛经发展沿革及诸家派别;以"大小乘入藏录"为现存佛经的分类目录,以备按类查书;别录中有译有本录等七录,把佛经中的一些译本、别行、异名、阙题、疑惑、伪妄等重大问题,都专门作了分析解答,共同构成佛经目录的整体。智昇对佛经纷杂繁复的情况,了解得十分清楚,所以他对佛经目录学有深刻的认识,集前人之所长,去前人之所短,努力克服佛经的种种复杂情况带来的困难,完成这部空前绝后之作,达到我国佛经目录学的最高峰。

长期以来,各家对智昇及《开元释教录》评价甚高。宋赞宁在《宋高僧传·智昇传》中称赞说:

> 乃于开元十八年岁次庚午,撰《开元释教录》二十卷,最为精要,何耶?诸师于同本异出、旧目新名,多惑其文,真伪相乱。或一经为两本,或支品作别翻,一一裁量,少无过者。如其旧录,江泌女子诵出经,黜而不留,可谓藻鉴。杜塞妖伪之源,有兹独断。后之圆照《贞元录》也,文体意宗,相岠不知几百数里哉!麟德中,道宣出《内典录》十卷,靖迈出《图纪》四卷,昇各续一卷。经法之谱,无出昇之右矣。①

梁启超先生也称赞说:"《开元录》一书,踵《内典录》之成规,而组织更加

---

① 赞宁:《宋高僧传》卷五,《大正藏》第50卷,第734页上。

绵密,资料更加充实,在斯学中,兹为极轨。"①陈垣先生赞《开元录》"集诸家之成,而补其阙漏,订其讹误。有旧录以为失译而并未失译者,有旧录未详时代而今已知其时代者,有旧录译人误而今特正之者,可称后来居上"②。唐释智昇于开元十八年(730)完成的《开元释教录》,集前代之大成,创一时之新风,垂千年之典范。他在大藏经结构体系及佛教经录方面的成就,体现了我国古代佛教文献学、古代汉文文献学的最高水平。③从晚唐会昌废佛到北宋《开宝藏》的刊刻,是汉文大藏经的全国统一化阶段。由于主客观种种原因,全国的大藏经逐渐统一到以《开元释教录·入藏录》为基础的形态上。

四、圆照及其所编经录

中唐时期,佛教经典的翻译渐渐沉寂,特别是元和年之后,官方组织译场翻译佛典闻所未闻。在此背景之下,佛教经录的编撰自然高潮不再。这一时期,现存的经录仅有三部,即释圆照奉命撰《大唐贞元续开元释教录》三卷、《贞元新定释教目录》三十卷以及五代南唐释恒安《续贞元释教录》一卷。

1. 圆照行历概述

圆照是中唐时期最重要的高僧之一,对中唐佛教的发展作出了卓越贡献。他也是唐代除道宣、智昇之外,编集、撰著历史文献最多的高僧之一。由他领衔编集的两部经录,尽管在体例方面创新不多,但在保存原始史料方面功不可没。

圆照,俗姓张,京兆蓝田(今陕西蓝田县)人,生卒年代不详。圆

---

① 梁启超:《佛家经录在中国目录学之位置》,载《佛学研究十八篇》,第303页,上海古籍出版社,2009。
② 陈垣:《中国佛教史籍概论》,第15页,北京,中华书局,1988。
③ 参见党燕妮《从〈开元释教录〉看佛经目录的目录学意义》,《图书馆工作与研究》,2005年第1期。

照十岁时便从西明寺景云律师出家,"照当应法乃受近圆。谨愿执持如怀宝器,寻究经论,访问师承"①。对于《维摩》、《法华》、《因明》、《唯识》、《涅槃》、《中观》、《华严》等经,"或深入堂皇,或略从染指。仍旁求于儒墨,兼擅美于风骚,律藏珠珍专探日用。后则霜坛秉法,雁序度人"②。对于律藏,则更为用心,后来圆照也就以律学见长。除了佛教的经、律、论外,圆照不仅"仍旁求于儒墨",而且还能"兼擅美于风骚",对于儒、墨各家以及对于诗歌文章,都有相当的造诣。

圆照是开元年之后佛典翻译中最重要的助译僧之一。依据文献记载,玄宗下诏甄选高僧参与翻译工作,圆照即入译场。如《宋高僧传·圆照传》记载:"洎乎开元年中,敕选名德僧参其译务,照始预焉。"③此后,唐德宗贞元年间(785—804),圆照还多次参加译场的译经工作。贞元八年(792)北印度僧智慧主持翻译《大乘理趣六波罗蜜多经》十卷、《华严长者问佛那罗延力经》一卷、《般若心经》一卷等,圆照担任笔受。贞元十二年中印度僧莲华带来梵文《华严经》后半部,唐德宗诏于崇福寺翻译,圆照担任笔受。贞元十九年前后,中印度僧牟尼室利译《守护国界主陀罗尼经》,圆照同样担任笔受。从开元年(713—741)始,圆照就开始参与佛典翻译,居功甚伟。而朝廷之所以敕命他领衔编集经录,也与此有关。

圆照最大的功绩是受诏领衔仲裁有关《四分律疏》的争议。唐代宗年间,律学中的旧疏(法砺的《四分律疏》)与新章(怀素的《开四分律记》)之争日趋尖锐。唐代宗大历十三年(778)十一月二十七日,"宜令临坛大德如净等,即于安国寺律院佥定一本流行。是日也,使司录敕传牒两街临坛大德一十四人。二十九日平明,尽集安国"④,"西明寺圆照笔受正字佥定"⑤。主持此项工作的如净、圆照等人对于新旧两疏采取兼收并蓄、择善而从的方针,而不是简单地肯定一种,排斥另一种。至唐德宗建中

---

① ② ③ 赞宁:《宋高僧传》卷一五,《大正藏》第50卷,第804页中。
④ 圆照:《大唐贞元续开元释教录》卷二,《大正藏》第55卷,第760页中。
⑤ 同上书,第761页上。

元年(780)刱定律疏院修成《新刱定疏》十卷并缮写进呈。圆照等还建议,"新旧两疏许以并行,从学者所好"①,结果为朝廷所采纳。对于圆照对律宗的贡献,赞宁评价说:

> 照于律道,颇有功多。肃、代二朝,尤为杰立,累朝应奉赐紫、充临坛两街十望大德、内供奉检校鸿胪少卿,食封一百户。后终于别院,春秋八十二。法腊五十八云。②

但赞宁未记载具体的时间。

圆照一生编撰了许多书。除两部经录之外,著作方面有《大唐安国寺利涉法师传》十卷、《般若三藏续古今翻译图记》二卷、《大乘理趣六波罗蜜多经音义》二卷、《三教法王存没年代本纪》一卷、《佛现八相身利益人天成正觉论》一卷、《判方等道场欲受近圆沙弥忏悔灭罪辨瑞相记》一卷、《五部律翻译年代传授人记》一卷、《庄严寺佛牙宝塔记》三卷、《无忧王寺佛骨塔记》三卷等。他所编辑的文集与各种资料则有:《两寺上座乘如集》三卷、《集景云先天开元天宝诰制》三卷、《肃宗代宗制旨碑表集》二卷、《不空三藏碑表集》七卷、《隋传法高僧信行禅师碑表集》三卷、《刱定律疏一行制表集》三卷、《翻经大德翰林待诏光宅寺利言集》二卷、《传法三学大德碑记集》十五卷、《建中兴元贞元制旨释门表奏记》二卷、《御题章信寺诗太子百寮奉和集》三卷。

2.《大唐贞元续开元释教录》

释圆照奉唐德宗之命撰《大唐贞元续开元释教录》三卷,记录唐玄宗、肃宗、代宗、德宗四朝的译经。

关于此书撰集的经过,圆照在《大唐贞元续开元释教录》卷二著录了自己撰集的《唐朝传法三学大德碑记集》一十五卷、《建中兴元贞元制旨释门表奏集》二卷、《御题章敬寺诗太子百寮奉和诗集》三卷、《大唐贞元

---

① 赞宁:《宋高僧传》卷一五,《大正藏》第50卷,第805页中。
② 同上书,第805页下。

续开元释教录》三卷四部著述之后,有一段说明文字:

> 伏以开元十八年岁在庚午,沙门智昇修《释教录》,泊今甲戌又经六十五年,中间三藏翻经藏内并无收管,恐年代浸远,人疑伪经。又先圣大历七年许编入录,制文如上,宣示流行。圆照素无艺能,不揆愚拙,谨随闻见,励已书之,录成三卷。伏冀,圣祚遐长,福延万叶,文武百寮,尽孝尽忠,三宝永兴,远安迩肃。如圣恩允许,伏乞宣布流行,轻冒天威,伏深战越谨进。
>
> 贞元十年十二月二十五日,翻经临坛西明寺沙门圆照状进。①

《大唐贞元续开元释教录》卷三末尾有一上德宗皇帝的奏表:

> 右沙门圆照启:去年四月,皇帝降诞日面奉,令旨许修撰上件《释教录》,比为缮写,挍勘未周,不获启上。伏以,开元十八年岁在庚午西崇福寺沙门智昇修《开元释教录》二十卷,泊去年甲戌,又经六十五年。中间三藏翻经藏内无凭收管,恐年代浸远,人疑伪经,先圣大历七年许编入录,制文具如上卷,令宣示中外流行。又修经律疏义,已制流传。又贞元新集者,共有八十六卷。或先皇制旨,或今上湛恩留奖劝释励已书之,录成三卷。并《问佛那罗延力经》等三经十二卷。伏冀:上资圣祚,宝历遐长。殿下诸王,福延万业。文武百辟,尽孝尽忠。三宝永兴,远安迩肃。如或上闻圣慈允许,伏乞宣布天下流行,轻冒威严,伏希详览。②
>
> 谨奉启,贞元十一年四月二十四日,翻经临坛西明寺沙门圆照启上。③

从上引文字可知,此书的编集开始于贞元十年(794)四月。在德宗皇帝降诞日,圆照面见皇帝时德宗下令编集经录。德宗皇帝生于天宝元年

---

① 圆照:《大唐贞元续开元释教录》卷二,《大正藏》第55卷,第766页上。
② 圆照:《大唐贞元续开元释教录》卷三,《大正藏》第55卷,第770页上一中。
③ 同上书,第770页中。

(742)四月十九日,因此,圆照的编集工作应该是从贞元十年四月十九日后某日开始的。此书卷二后附的表文署的时间是贞元十年十二月二十五日,卷三附的表文署贞元十一年四月二十四日。这样的三个时间,特别是卷二的表文和卷三的表文相隔四月,且都有请求批准流通的意思在内,较为奇怪。按照一般道理推测,圆照于贞元十年十二月二十五日将完成的《大唐贞元续开元释教录》三卷奉献给朝廷,可能未获得回复,于是于贞元十一年四月二十四日又将修订本再次进奉。因此,此书初步完成时间为贞元十年十二月二十五,最终完成时间是贞元十一年四月二十四。

《续开元录》的结构是"上卷翻经,中卷疏记集,下卷入藏录"①。其上卷"翻经"部分,记载了法月、金刚智、不空、智慧、般若诸梵僧译出各经及翻译经过。在这一部分,圆照详细抄录了不空、般若等沙门的上奏和帝王批答的详细内容,兼附上一些自己对事件的说明。这些表奏基本上是原文照抄,是当时译场运作过程的忠实记录,弥足珍贵。本卷所收经典,除了卷数之外更标示纸数,仍是《大唐内典录》和《开元释教录》的旧规。

《续开元录》卷中是"疏记集",即中国佛学著作,所收是《开元录》所未收的此类作品,卷中对于僧徒修撰经疏书成后的上表和帝王批答,也详细抄撷原文。此外,圆照也为著疏的作者撰写简单的传记。圆照也将自己的16种共54卷作品的书目作了记载,但仅记卷数而无纸数。

《续开元录》下卷的"入藏录",是记开元十八年(730)以后的玄宗、肃宗、代宗、德宗四朝新译的佛经和新撰的中华佛学著述的入藏录,本卷所收经目,是兼记卷数和纸数的。

3.《贞元新定释教目录》

在编集了《大唐贞元续开元释教录》后,圆照又受德宗诏令撰集出《贞元新定释教目录》三十卷。

关于《贞元新定释教目录》的撰集过程,此书卷一之首有一序文,序

---

① 圆照:《大唐贞元续开元释教录》卷二,《大正藏》第55卷,第766页上。

文的前半段全文引用了智昇《开元释教录》的序文：

> 谨按《旧录》云："夫目录之兴也,盖所以别真伪,明是非……。"伏从庚午以来增七十祀,三藏继踵,于今四朝。圣上钦明,翻译相次,一百余部经律。特明累降鸿私,许令修述。圆照等才智短浅,思不延文,祇奉皇恩,俛仰恭命。今所译者,约以类分,随三藏文,相次附入。自惟以索继组,以砾次金,疑则阙之,以俟来哲也。①

依据上文叙述可知,此经录的编集开始于贞元十五年(799)。德宗命圆照修一部经录,圆照于第二年完成。

《贞元新定释教目录》的体例和内容都是承袭《开元释教录》而来,被史家批评。如赞宁在《宋高僧传·智昇传》中说："后之圆照《贞元录》也,文体意宗,相岠不知几百数里哉!"②此书所收起于东汉明帝永平十年(67)至唐德宗贞元十六年(800),凡734年间之大小乘经律论、贤圣集传等之传译,并录出失译阙本。《贞元新定释教目录》的内容,几乎十之八九是抄袭自《开元录》,其较大成就是将《开元录》至《贞元录》间新译出的一百余部经典附增在内,因此其地位远在《开元录》之下,后世仅参考其"增补"的部分而已。

全篇分总、别二录。总录分"特承恩旨录"及"总集群经录";别录分"分乘藏差殊录"及"明贤圣集传录"。

《贞元录》卷一"特承恩旨录"中,载有贞元十五年唐德宗准许入藏的新译经目以及一同参验译籍僧人和大臣的名字。如崇福寺新译《华严经》四十卷下的文字是：

> 左右监门卫将军知内侍省事马承倩奏:臣得光宅寺写一切藏经院捡挍写经,僧智通状称,捡藏经《开元目录》,上都华严寺沙门玄逸撰集《释教目》内未入藏经数。中书门下牒,右街功德使牒,奉敕宣

---

① 圆照:《贞元新定释教目录》卷一,《大正藏》第55卷,第771页上。
② 赞宁:《宋高僧传》卷五,《大正藏》第50卷,第734页上。

> 令所司附入目录牒。至准敕故牒。
>
> 贞元十五年九月八日牒中书侍郎平章事郑余庆
>
> 门下侍郎平章事崔损
>
> 捡挍右仆射平章事韦(使)。
>
> 捡挍左仆射平章事刘(使)。
>
> 右仆射平章事贾耽。
>
> 捡挍司徒兼中书令浑(使)。
>
> 捡挍大尉兼中书令王(使)。①
>
> 百九十一卷经,当街新译《华严经》等及三朝先于京城等处翻译,未入《开元目录》经,总二百三十二卷(又新编上十卷)四十卷新译《华严经》等准,敕《见入目录》。②

上述文字说明,当时编集经目是以"入藏"为目的的,凡是以前未曾收入以及后来译出的典籍都经过任命的僧人和朝官一起确认报请朝廷批准方才得以入藏。再如此录关于阗三藏尸罗达摩译籍的入藏说明如下:

> 已上二经共十卷,并于阗三藏尸罗达摩于北庭译。右句当右街功德所都句当右街诸寺观释道二教事、千福寺上座僧灵邃进状。
>
> 前件经谨具分析,如前其新译《花严经》状,准今年九月八日敕,入《开元目录》,其先翻译及安西所进经得翻译,临坛大德圆照等状上件经未入目录,伏缘是三朝翻译,时乞闻奏,请同新《花严经》例,入《开元目录》。则天下诸寺依目传写,皆入"一切经藏",庶免失坠金言广敷。仍请改旧目为《贞元新定释教目录》,岂唯事超昔帝,抑亦道冠真宗,介福无穷,上资皇祚。
>
> 中书门下牒,僧灵邃牒,奉敕宜依。牒至准敕故牒。
>
> 贞元十五年十月二十三日牒。

---

① 圆照:《贞元新定释教目录》卷一,《大正藏》第 55 卷,第 771 页下。
② 同上书,第 771 页下—772 页上。

中书侍郎平章事郑余庆。

门下侍郎平章事崔损。

捡挍右仆射平章事韦使。

捡挍左仆射平章事刘使。

右仆射平章事贾耽。

捡挍司徒兼中书令浑使。

捡挍太尉兼中书令王使。①

敕右街功德使牒都句当大德灵邃三朝先翻译未入《目录》经一百七十三卷,牒奉进止。前件经宜令都句当大德灵邃与西明寺僧圆照,同取前件经,送光宅寺,令写入藏经者,准敕牒都句当大德灵邃者故牒。

贞元十五年十月二十三日牒使右监门卫将军第五守亮。

捡挍太尉兼中书令王使。②

这一文件很重要,它说明了德宗命令僧人和朝臣编集此经录的目的和过程,即要求"天下诸寺依目传写"形成更完备的"一切经藏"。编订的最简便方法便是在智昇《释教录》的基础上补入《开元释教录》漏掉的和新出的译籍即可。这样就解释了为何此录的大部分是抄移自《开元释教录》。而且上述文字记载说明,此录编集的参与者还有灵邃、智通等僧人。

五、南唐释恒安《续贞元释教录》

《续贞元释教录》之后,有南唐僧人释恒安撰《续贞元释教录》一卷。

关于《续贞元释教录》的编写,此书卷尾有编者恒安上奏南唐皇帝的表奏:

---

① 圆照:《贞元新定释教目录》卷一,《大正藏》第55卷,第773页下。
② 同上书,第774页上。

> 臣顷者，远持经典，却复神都，寻奉皇恩，流行编录，实增庆感，罔昧诚衷。臣诚欢诚惧，顿首顿首。伏惟皇帝陛下……今不量窥管，辄以所取到新译《贞元录》藏大小乘经律论及续计《大佛名经千钵经》等共一百三十八部，计三百七十二卷，部帙次第，及先编入藏新《花严论》等，集为大唐保大乙巳岁《续新译贞元释教录》一卷，计一十七纸，切虑年代寝远，幸为斯记。伏乞皇帝陛下圣慈俞允，令编入所将到《贞元录》藏经等部帙内收计数写录施行，上资邦国。其新经目一卷，谨随表进呈，伏赐见览。①

此文说，此经录完成于南唐保大三年（945）。此奏表所署时间为保大四年十一月。此奏表上报后的批文是：

> 准僧录司准尚书都省以所进呈，大唐保大乙巳岁《续新译释教录》一卷，奉御批下司者，寻令右街僧录司，给下编入《新译贞元录藏经》内计数，写录施行，并具事由已具奏闻者。
> 保大四年丙午十二月十五日下。

这一批文的意思是将此录所载入的"新译"计入《贞元录》藏经中流通。

关于《续贞元释教录》的编订过程，此录卷首有序文叙述说：

> 唯江表已来，其间一两部虽有余，未编藏内。但（恒安）顷于天祐丁丑之岁，届于江表，历谒名山，参寻知识，以问参之外，看览藏经之次，因共道友言论。述其《贞元藏》，歔遂启私，恳誓取兹经，将还上国，冀资皇化，永福邦家。以潜赖圣朝，仰凭叡力，于大唐升元二年，特远游礼五台山，回于关右已来，写录得前件《贞元录》藏经律论等，于大唐保大三年，却回帝阙。自贞元甲戌岁今计一百五十二年矣。寻又伏蒙今上皇帝陛下天恩俞充，写录施行，敕下所司永编诸藏，仍令朝散大夫行尚书驾部员外郎知制诰、云骑尉、赐紫金鱼袋乔

---

① 恒安：《续贞元释教录》，《大正藏》第55卷，第1053页上—中。

匡舜制序,贯在经前。非独济利于一时,抑乃舟航于千古。

又阙下升元寺西藏院先收,得《千钵曼殊室利经》一部十卷,亦是《贞元录》内三藏金刚智所译,贞元目中遗漏不载。寻具事由,请寄于本部中收,计数施行。又《一切经源品次录》一部三十卷,在《贞元藏》外,今亦计数在后。

又李长者《华严论》一部四十卷,僧勉昌于升元二年进上。光文肃武孝高皇帝,今礼部侍郎孙忌撰序,编于藏内,除《开元录》藏经数外,今都新计数。总共一百四十部,计四百一十三卷(内《续新经目一卷》)合四十三帙,其所新载经文目录等具列如左。

此文说,当时南方写本藏经依据《开元释教录》,而北方则依据《贞元录》写藏经。南唐升元二年(938)曾由僧勉昌请编李长者所撰《华严经论》四十卷入藏。保大三年(945)僧恒安又从关右写到《贞元录》续入藏经,连同《千钵曼殊室利经》十卷,《一切经源品次录》三十卷,编成《续贞元释教录》,请写录施行,这样南方就也有《贞元录》入藏经的写本了。

关于《续贞元释教录》所收的新籍,此书卷首有一说明:"新添一百三十七部,共三百四十三卷(并《千钵经》在内),合三十帙(零卷散在诸帙内,兼其旧本新译,请细详译人前后)。贞元品次录一部三十卷,合三帙(在《贞元藏》外)。《花严论》一部四十卷,合四帙(新编入藏)。大唐保大乙巳岁《续新译贞元录》一部一卷(在《续开元录》同帙),新编入藏《续新译贞元录》藏,大小乘经律论目录品次录,《千钵经》等,见计抄写卷帙数目,都一百三十九部,共三百七十三卷,合三十九帙,新经目在内兼其《佛名经》十六卷,收今十八卷成,故大数外长有二卷。旧五千六百纸(每纸二十八行成),新六千三百八十纸(每纸二十五行成目录每纸或二十二行成),《花严论》一部四十卷(纸数在外)。一次列见将到《贞元录》藏新译大小乘经律论及《贞元目录》并品次录等,都合一百三十五部,计三百四十三卷。元进状并品次录,共一百三十二部。于中有三部数不收载著,

253

其卷数即仍旧。今合计一百三十五部。"①此经录重视者不多,上述数字待查。

第二节 道宣的佛教史学著述

作为南山律宗的创始者,道宣对于唐代佛教的贡献卓著。道宣也秉承律学前辈僧祐的遗风,孜孜不倦地在佛教史学领域耕耘,取得了伟大成就。依据史籍记载统计,道宣的著作约有四十种,部分已佚失,但主要的代表性作品都存留至今。根据内容和写作的时间,道宣的著作可分为三类,即律学著作、史事编撰和"感通"作品。道宣重要的史学著述有《释迦方志》、《集古今佛道论衡》、《广弘明集》、《大唐内典录》和《续高僧传》五部。《大唐内典录》已见于上节论述。在此,对其余四部史学著述略作论述。

一、《续高僧传》

道宣接续慧皎《高僧传》的传统,撰写僧传一部,世称《续高僧传》或《唐高僧传》。

道宣有《续高僧传》的序文说明其撰写此书的意图:

> 昔梁沙门金陵释宝唱撰《名僧传》,会稽释惠皎撰《高僧传》,创发异部,品藻恒流,详核可观,华质有据,而缉哀吴越,叙略魏燕。良以博观未周,故得随闻成采,加以有梁之盛,明德云繁,薄传五三,数非通敏,斯则同世相侮。事积由来,中原隐括,未传简录。时无雅赡,谁为谱之?致使历代高风,飒焉终古。余青襟之岁,有顾斯文,祖习乃存,经纶攸阙,是用凭诸名器,竚对杀青。而情计栖遑,各师偏竞,遂听成简,载纪相寻,而物忌先鸣,藏舟遽往,徒悬积抱,终掷

---

① 恒安:《续贞元释教录》,《大正藏》第55卷,第1048页上—1049页上。

光阴。敢以不才,辄陈笔记,引睐闻见,即事编韦,谅得列代,因之更为冠冕。①

此段文字叙述了自己为弘法先贤高僧传续事迹的夙愿和长期的资料准备。而"自汉明梦日之后梁武光有已前,代别释门,咸流传史。考酌资其故实,删定节其先闻,遂得类缵前驱,昌言大宝,季世情慗,量重声华。至于鸠聚风猷,略无继绪。惟隋初沙门魏郡释灵裕,仪表缀述,有意弘方,撰《十德记》一卷,偏叙昭玄师保,未奥广嗣通宗。余则孤起支文,薄言行状,终亦未驰高观,可为长太息矣"②。道宣概括说,梁武帝之前已有僧传叙述弘法高僧之事迹,而梁武帝之后至唐初,则这类著作寥寥无几。道宣由此说及自己撰写此书的经过,其文说:

今余所撰,恐坠接前绪,故不获已而陈之。或博谘先达,或取讯行人,或即目舒之,或讨雠集传;南北国史,附见徽音;郊郭碑碣,旌其懿德,皆撮其志行,举其器略,言约繁简,事通野素。足使绍胤前良,允师后听。③

这一悉心广泛收集资料的严谨求实态度,是此僧传获得高度成功的坚实基础。

关于《续高僧传》所收人物的截止年限和人数,道宣在《序》文中说:

始距梁之初运,终唐贞观十有九年,一百四十四载。包括岳渎,历访华夷,正传三百四十人,附见一百六十人。④

然而,今传各种版本的《唐高僧传》所收人物的截止年限及人数,与上面所述有很大的出入。以《大正藏》本(底本为丽藏本)为例,卷四《玄奘传》有"今上嗣藤,素所珍敬,追人优问,礼殊恒秩。永徽三年,请造梵本经

---

① 道宣:《续高僧传》卷一,《大正藏》第 50 卷,第 425 页上一中。
②③④ 同上书,第 425 页中。

台,蒙敕赐物,寻得成就"①。这里的"今上",显然是指唐高宗,"永徽"是高宗的年号。传中叙述玄奘在显庆、龙朔年间的活动,麟德元年(664)玄奘卒时的情形,也发生在高宗朝。此外,同卷的那提卒于龙朔三年(663),卷一三的慧璧(又作"壁")于贞观之末犹健在;卷一五的道洪卒于贞观末,义褒卒于龙朔元年;卷二〇的智磙卒于贞观二十二年(648);卷二九的智通卒于贞观二十三年,都是贞观十九年以后的事。以《明藏》本为例,卷二五的道唯卒于永徽四年(653),支爽卒于永徽三年,惠仙卒于永徽六年,惠宽卒于永徽四年,僧伦卒于贞观二十三年,静之卒于显庆五年(660),智岩卒于永徽五年;卷二六的善伏卒于显庆五年,法融卒于显庆二年,惠方卒于贞观二十一年,道信卒于永徽二年,卷二八的明导在麟德元年仍在世,《昙光传》中有"今麟德二年,东都讲说,师资导达,称所善焉"之语。所有这一切均表明,今传的《唐高僧传》已非道宣自序中所说的那个本子。"唐贞观十有九年"(645),当是指此书原本的撰成时间,之后又有增补,最后之截止时间是麟德二年(665),与初成之时相距二十年。②

在《大唐内典录》卷五,道宣在著录《续高僧传》之后,又著录了《后集续高僧传》十卷。而到智昇作《开元释教录》时,已不见《后集》,智昇也不知究竟,他说:"《内典录》中更有《后续高僧传》十卷,寻本未获,故阙。"③今本《唐高僧传》所收的卒于贞观十九年(645)以后的僧人的传记,无论是结构内容,还是用词遣句,均与卒于贞观十九年以前的僧人的传记珠联璧合,一气呵成,可以肯定它们同样是道宣的手笔。故智昇之所以不见有《后集续高僧传》行世,是因为它早已合入《续高僧传》,并仍作三十卷的缘故。唐道世作《法苑珠林》,引用《唐高僧传》有数十处,其中也有

---

① 道宣:《续高僧传》卷四,《大正藏》第50卷,第457页上。
② 参见陈垣《中国佛教史籍概论》的考证。至今仍然有学者坚持道宣序文中所说的下限,认为晚于贞观十九年的传记属于后人伪托。
③ 智昇:《开元释教录》卷八,《大正藏》第55卷,第562页上。

卒于贞观十九年以后的僧人,如卷六五引智聪那出于《唐高僧传》。《法苑珠林》作于总章元年(668),离道宣的卒年乾封二年(667)仅隔一年。这说明《续高僧传》与《后集续高僧传》在道宣在世之时,已经合并。合并者极可能是道宣本人。因此,今本《唐高僧传》所收的僧人,上始梁初,下迄唐麟德二年(665),其实际人数多于道宣在书序中说的数字也是其来有自,不难理解。据卷目统计,丽藏本所收,正传414人,附见202人;明藏本所收,正传485人,附见209人。

《续高僧传》的突出优点是搜集全备、考索细微。它补充了《高僧传》作者惠皎遗缺的重要僧人。有《高僧传》出于"同业相侮"的缘由没有收入的梁代僧人;有《高僧传》因南北阻绝而未收录的北魏僧人;有《高僧传》仅存其名而道宣搜获资料,重新撰写其传的僧人。通过道宣的补佚增广,中国佛教中上一批重要僧人的行迹著述得以彰显,如卷七的道宠、卷一六的佛陀禅师等。此外,梁至唐初佛教各宗派代表人物的历史活动也赖《续高僧传》流传下来,如成实师三大家僧旻、法云、智藏,净土宗奠基人昙鸾,三论师法朗,地论师南北道代表道宠、慧光,禅宗创始人菩提达摩,三论宗创始人吉藏等人事迹。对于每一位传主,道宣都有详悉的说明,有的达数千以至上万字,最长的是玄奘传,有两万字,平均每传的字数,在历代僧人总传中是最多的。

作为自觉接续慧皎《高僧传》之传统的著述,道宣在全书体例方面沿袭了慧皎的做法,也将其分为"十科",但对其作了适当合并以及不同语词的概括。具体是:将"神异"改为"感通"、"亡身"改为"遗身"、"诵经"改为"读诵",合"经师"、"唱导"为"杂科声德",新增"护法"一篇。将"亡身"改为"遗身",用辞更加委婉。"诵经"改为"读诵",文题更显贴切。"神异"改为"感通",同时照顾到佛教神通和感应两个方面的情况。合"经师"、"唱导"为"杂科声德"是因为两者或指善于运用语言技巧讽诵长行,歌唱偈颂,或指杂序因缘,傍引譬喻宣讲佛理的僧众,他们都是以声糅文,开悟听众的,意义相近,故归一类。新设"护法"一篇,突出了在历代三教之争及帝王限制佛教活动甚至灭法等决定佛教命运的关键时刻,能挺身而出,维护佛法的刚毅之士,表现了道宣的远见卓识和佛学家的使命感。《续高僧传》规范了以后僧人总传的体例和撰写方法,其后的另一部总传《宋高僧传》即"循十科之旧例,辑万行之新名"[①]。

二、《广弘明集》、《集古今佛道论衡》

佛教传入中国之后,佛道之间的争论便逐渐成为一个重要问题。道宣编纂《广弘明集》和《古今佛道论衡》等著述客观上保存了古代文化资料,而主观上则是为了弘扬佛法和护持佛教。

从体裁上说,道宣《广弘明集》就是接续僧祐《弘明集》而撰集的,因而名之为"广"。僧祐生于南北分裂的时代,未免偏重南朝资料;而道宣生在隋唐混一之后,南北资料皆能接触到,于是扩大搜罗范围,故他的书不称"续"而命名称之为"广"。

《弘明集》对所收文献不分类,而《广弘明集》则分为10篇,篇目与内容如下:第一,归正篇,收录有关帝王、大臣或儒士归向佛法的文献共15篇。第二,辩惑篇,收录有关佛教僧俗跟反佛的帝王、大臣以至道士辩论的文字,共收19篇。但其中第五篇文字称为"列代王臣滞惑解",内中含24篇文字,故实有42篇文字。第三,佛德篇,收录赞诵佛陀德行的文献34篇,除了两篇属沙门执笔之外,其余都是皇帝、大臣、儒士所撰。第四,法义篇,收录有关佛教教义讨论的文字,共80篇,多数由皇帝、太子和王臣执笔。第五,僧行篇,收录有关僧人德行的文献,有诏书(包括沙汰僧尼的诏书)、诔文、书信等,共36篇。第六,慈济篇,收录有关鼓吹慈悲与戒杀的文字5篇,均俗人执笔。第七,戒功篇,收录有关受"菩萨戒"好处的文字,共9篇,多数由俗人执笔。第八,启福篇,收录有关度僧、建寺、赐袈裟、造像、铸钟等的功德的文字,共有38篇。第九,悔罪篇,收录有

---

① 赞宁:《续高僧传》卷一,《大正藏》第50卷,第709页下。

关归信佛教后悔过前非的文字，共6篇，均为帝王及大臣所撰。第十，统归篇，收录无法在书中归类的有关佛教的诗赋，共51篇，由僧徒、帝王和官贵赋咏。

《集古今佛道论衡》四卷是"唐龙朔元年于京师西明寺实录"①，至麟德元年(664)才最后撰定。丽刻本卷四续附首云"唐麟德元年于京师西明寺撰述"。

佛法从后汉明帝时传入中国，到唐高宗麟德年间，约六百年，其间佛道争论的事情很多，本书只录其有代表性的事件或言论30篇(附录未算在内)。第一卷录后汉明帝时事1篇，三国吴主孙权时事1篇，元魏时事1篇，刘宋文帝时事1篇，元魏明帝时事1篇，梁武帝时事1篇，北齐文宣帝时事1篇，共7篇。附录曹植、孙盛等论文3篇。第二卷录北周武帝时事3篇，北周宣帝时事1篇，隋文帝时事2篇，共6篇。第三卷录唐高祖时事3篇，唐太宗时事7篇，共10篇。第四卷录唐高宗时事7篇，附录道士郭行真舍道归佛文16章。

本书保存了许多思想史料，例如第四卷收集了唐初佛、道交涉事件七桩，《广弘明集》中未曾收录，而亦不见于他书。再如玄奘翻译《老子》与道士等论议一事，就较《续高僧传·玄奘传》所载详细，这都是很有价值的记载。道宣入灭后约五十年，唐玄宗开元年间，西崇福寺沙门释智昇又撰《续集古今·佛道论衡》一卷。由此可见，道宣此书对于论著体裁上的影响。

三、《释迦方志》

道宣综合了西行僧、俗的游记，撮其要点而写成《释迦方志》二卷。
关于此书的写作动机，道宣说：

> 自佛教道东，荣光烛汉，政流十代，年将六百，辀轩继接，备

---
① 《大正藏》第52卷，第363页上。

> 尽观方。百有余国,咸归风化,莫不梯山贡职,望日来王。而前后传录,差互不同,事迹罕述,称谓多惑。覆寻斯致,宗归译人。昔隋代东都上林园翻经馆沙门彦琮著《西域传》一部十篇,广布风俗,略于佛事,得在洽闻,失于信本。余以为八相显道,三乘陶化,四仪所设,莫不逗机,二严攸被,皆宗慧解。今圣迹灵相,杂沓于华胥;神光瑞影,氤氲于宇内。义须昌明形量,动发心灵。洎贞观译经,尝参位席,傍出《西记》,具如别详,但以纸墨易繁,阅镜难尽,佛之遗绪,释门共归,故撮纲猷,略为一卷。贻诸后学,序之云尔。①

道宣参与玄奘译场,拜谒西来高僧,大量接触梵文资料,认为《大唐西域记》"文广难寻,故略举其要",因此撰成此书。

关于撰写时间,《释迦方志》卷二末尾有一小注:

> 大唐永徽元年岁维庚戌,终南太一山丰德寺沙门吴兴释道宣,往参译经,旁观别传,文广难寻,故略举其要,并润其色,同成其类,庶将来好事用裨精爽云。②

可见此书撰写于永徽元年(650)。

《方志》共分八篇,具体内容简述如下:

第一"封疆篇",本篇专述佛教传播所及的世界。这世界由"周轮铁山"包围着,铁山以外"空不可测"。

第二"统摄篇",述"周轮铁山"以内的世界大况,即佛家常谈的东方毗诃洲、南方瞻部洲、西方瞿陀罗洲和北方拘芦洲以及三千大千世界的大概。以上两篇,内容都非常简略。

第三是"中边篇",本篇进入真实地理的描述。所谓"中"指中天竺,而"边"则指"中天竺"以外的各地。

---

① 道宣:《释迦方志》卷上,《大正藏》第51卷,第948页中。
② 道宣:《释迦方志》卷下,《大正藏》第51卷,第975页上。

第四"遗迹篇",本篇述佛法所被的西域与天竺诸国,即意谓佛陀所亲身教化之迹,卷上的下半至卷下的上半,所述主要是突厥以南一百五十国。虽然这部分是转手资料,但由于它并非尽据《大唐西域记》,因此本篇记载了现在青海省的青海湖在唐初的面积和湖中的海心山,更记载了唐时通过青海进入吐蕃(今西藏),再越过喜马拉雅山进入尼波罗(今尼泊尔)的商道兼求法路线。

第五"游履篇",本篇述华人僧俗西行事述,自汉代的张骞、蔡愔始,至唐代的玄奘三藏,共收六十一人的历程。其中所述昙猛和道药的事不见于僧传,而成光子事更因是俗人而为僧史所不收。而上述三人事,都是中西交通史的史料。

第六"通局篇",本篇专记自周昭王以迄陈文帝近两千年间的佛教灵异事。

第七"住持篇",本篇略述佛教所称世界的"成、住、坏、空"和"法灭"时的"诸比丘等同流俗,惟有剃发袈裟而已"的可悲局面。

第八"教相篇",本篇述佛法传入中国之后,自晋武帝以迄隋炀帝数百年间的增长情况。尽管此书所写并非来源于自己亲历,但此书不但显示了道宣鼓励西行求法的热忱,而且也保存了后来遗失的若干资料,因而具有明显的历史价值。

第三节 《大唐西域记》及其他西行游记

翻开中国佛教史,唐代西行求法的高僧不乏其人,而其中最为著名者当推玄奘、义净;他们留下的《大唐西域记》、《大唐西域求法高僧传》和《南海寄归内法传》,是研究佛教史及7世纪印度、中亚及南海各国社会历史的重要资料。到了8世纪上半叶,又有新罗僧人慧超从中国踏上征程,也留下文字记载。本节将对唐代求法僧所撰写的西行游记作些论述。

一、《大唐西域记》

《大唐西域记》是玄奘返回长安后,遵照唐太宗的旨意口授,由辩机笔录而成的。作为玄奘现存的唯一一部著作,《大唐西域记》备受世界各国学者重视。特别是在印度历史以及中西交通史中的历史贡献方面,此书是无与伦比的。

1.《大唐西域记》的成书因缘

关于《大唐西域记》的成书因缘,《慈恩传》卷六里有明确记载。贞观十九年(645)正月,玄奘自印度归来,回到长安,受到朝野人士盛大欢迎。太宗适在东都洛阳,玄奘略事休息,二月便赴洛阳,谒见太宗。《慈恩传》卷六说:

> 壬辰,法师谒文武圣皇于洛阳宫。二月己亥,见于仪鸾殿,帝迎慰甚厚,既而坐讫……①

> 帝又谓法师曰:"佛国遐远,灵迹法教,前史不能委详。师既亲睹,宜修一传,以示未闻。"②

而《行状》也记载:

> 贞观十九年春正月,到长安……二十五日送经像于弘福已,谒帝于洛阳。三月一日,奉敕还京师,即于弘福翻译及修《西域记》。至二十年秋七月十三日,进新翻经,并请仰制经序,及进《西域记》。③

可见,玄奘是奉太宗之命修撰此书的。

贞观二十年(646)秋,《大唐西域记》完成。玄奘将此书与所译经论一起,呈献于太宗。《慈恩传》卷六载有玄奘的表文,其文说:

---

① 慧立、彦悰:《大慈恩寺三藏法师传》卷六,《大正藏》第50卷,第253页上。
② 同上书,第253页中。
③ 冥祥:《大唐故三藏玄奘法师行状》,《大正藏》第50卷,第218页上。

> 玄奘……所闻所履百有二十八国,窃以章彦之所践藉,空陈广袤;夸父之所凌厉,无述土风。班超侯而未远,张骞望而非博。今所记述有异前闻,虽未极大千之疆,颇穷葱外之境,皆存实录,匪敢雕华。谨具编裁,称为《大唐西域记》,凡一十二卷,缮写如别。望班之右笔,饰以左言,掩博物于晋臣,广九丘于皇代。但玄奘资识浅短,遗漏寔多,兼拙于笔语,恐无足观览。①

太宗接到玄奘所呈"表"文及《西域记》等书之后,亲自答书与玄奘,文曰:"省书具悉来意。法师凤标高行,早出尘表……朕学浅心拙,在物犹迷。况佛教幽微,岂能仰测……新撰《西域记》者,当自披览。"②

从上述文献可知,《大唐西域记》的著作权应该属于玄奘,智昇《开元录》说:"沙门辩机承旨缀缉"③。道宣的《续高僧传》卷四《大慈恩寺释玄奘传》说:"……(玄奘)微有余隙,又出西域传(记)一十二卷,沙门辩机,亲受时事,连纰前后。"④我们从"承旨缀缉","亲受时事,连纰前后"等文字,大体可以知道辩机在此书成书过程中的作用。

2. 辩机行历概述

在当代,辩机是位被历史迷雾遮蔽的僧人,原因在于今人轻信《新唐书》、《资治通鉴》关于他与高阳公主通奸而被杀的记载,而无论从文献考据还是事理上推断,此事都绝非真实。近代坚称此事为真的最有力之文是陈垣撰《〈大唐西域记〉撰人辩机》,而考之以其论证,证据薄弱,难以成立。而反驳其说最为有力的文章则是幻生法师《〈《大唐西域记》撰人辩机〉读后述感》⑤,然此文的结论却是:《新唐书》的高阳公主传记,记载辩机被杀的事,虽然在历史文献中属于一个孤独的资料。但是,我们没有

---

① 慧立、彦悰:《大慈恩寺三藏法师传》卷六,《大正藏》第50卷,第254页中—下。
② 同上书,第254页下。
③ 智昇:《开元释教录》卷八,《大正藏》第55卷,第557页中。
④ 道宣:《续高僧传》卷四,《大正藏》第50卷,第455页上。
⑤ 载《沧海文集》,第143—167页,新竹,正闻出版社,1991。

发现强有力的足以推翻此一资料的文献之前,当然不容许我们排除它所代表的真实性。"幻生此文仅仅主张此事的发生是太宗用以警告高阳公主的手段,而辩机确实是冤枉的。

《新唐书》卷八三《高阳公主传》记载:

> 合浦公主,始封高阳。下嫁房玄龄子遗爱。主,帝所爱,故礼异它婿。主负所爱而骄。房遗直以嫡当拜银青光禄大夫,让弟遗爱,帝不许。玄龄卒,主导遗爱异赀,既而反谮之,遗直自言,帝痛让主,乃免。自是稍疏外,主怏怏。会御史劾盗,得浮屠辩机金宝神枕,自言主所赐。初,浮屠庐主之封地。会主与遗爱猎,见而悦之,具帐其庐,与之乱。更以二女子从遗爱,私饷亿计。至是,浮屠殊死,杀奴婢十余。主益望,帝崩,无哀容。又浮屠智勖迎占祸福,惠弘能视鬼,道士李晃高医,皆私侍主。主使掖廷令陈玄运伺宫省禨祥,步星次。永徽中,与遗爱谋反,赐死。显庆时,追赠。①

《资治通鉴》卷一九九"永徽三年"的记载与此相似。

从史料学上说,早于《新唐书》的《旧唐书》未曾提到这一事件,这是很奇怪的。《新唐书》与《资治通鉴》,其史料都是属于同一来源,不能作为彼此互证;至于以后出现的史书,其中或有所记,都是根据《新唐书》而来的,不能用做文献资料的旁证。《旧唐书》没有高阳公主的传记,在房遗爱一段文字里,也未说到辩机因与高阳公主相恋而被杀的事,《新唐书》的列传作者——宋祁,不知道根据什么史料而记载此事的?陈垣教授也没有能够为之找出证据来,仅仅在文章里说:"《新唐书》所得新史料,而据以增入者也。""新史料"是根据什么典籍而来的?其可信的程度又是怎样?这是值得怀疑的。

笔者非常怀疑关于辩机被杀的记载是出于唐末之后的民间传闻,缺乏基本的事实依据,《新唐书》记载的此事的具体细节显得过于蹊跷。

---

① 欧阳修:《新唐书》卷八三,中华书局校本,第3648页。

首先,关于高阳公主的年龄。为证成其说,陈垣先生又断定"太宗卒年,公主亦谅不过三十"。依照幻生法师的推断,高阳公主死的时候,最多是二十三或二十四岁。而贞观十九年(645)时,其可能最多二十岁。

关于辩机与高阳公主认识、交往的可能地域问题,也显得不合情理。辩机是长安大总持寺道岳的弟子,但贞观十九年朝廷征召译经僧时,记载的是"会昌寺沙门辩机"①,而在许敬宗《瑜伽师地论》的"后序"中却变成"大总持寺沙门辩机"②。可见,辩机的寺籍前后是有变化的。先是会昌寺,后又转移至大总持寺。至于他到会昌寺的时间则无从知晓。《新唐书》说他在"庐主之封地"(即在高阳公主的封地建"庐",佛教应称之为精舍)与高阳公主私通。"庐主之封地"在什么地方?陈垣先生也没有能够考定出来,他的大文中只说:"其寺必在郊坰可猎之地,盖另一伽蓝也。"大总持寺在长安西南的永阳坊,会昌寺在长安西北的金城坊,两寺都在城内,有名有址可寻。唯有"庐主之封地",不知在何处?《新唐书》的新史料,不知是根据什么而记载的?我们更不知道辩机是在何时移住到这个地方来的?

陈垣先生对于辩机年龄的考证,根本不可能成立。陈垣考证,辩机出家之年至迟当在贞观八年(634),时年十五。贞观十九年开始译经。大约在贞观二十二年七月至二十三年五月之间被戮,享年约为三十左右。笔者认同幻生法师的判定,这一说法是完全错误的。

辩机在《大唐西域记·记赞》中自述自己的历程:"年方志学,抽簪革服,为大总持寺萨婆多部道岳法师弟子。"③可见,辩机十五岁出家为沙弥。而道岳是长安大总持寺僧人,精通《俱舍论》。道岳在隋炀帝大业八年(612)住到大禅定寺。此寺于唐武德元年,改为大总持寺。我们看看道岳于唐初的几件事:

---

① 慧立、彦悰:《大慈恩寺三藏法师传》卷六,《大正藏》第50卷,第253页下。
② 许敬宗:《瑜伽师地论》卷一,《大正藏》第30卷,第283页下。
③ 辩机:《大唐西域记》卷一一,《大正藏》第52卷,第947页上。

唐武德八年(625),玄奘法师入长安住大觉寺,跟从道岳法师学习《俱舍论》。

贞观三年(629)三月至贞观七年春,印度僧人波罗颇迦罗蜜多罗先后在大兴善寺和胜光寺翻译佛典,道岳任证义,协助其译出《宝星经》一部七卷、《般若灯论》一部十五卷、《大庄严论》一部十三卷,凡三部合三十八卷。

贞观八年秋,皇太子李承乾召道岳住普光寺,任上座。

贞观十年春二月,道岳圆寂于普光寺,春秋六十九。

从辩机自述"为大总持寺道岳法师弟子",因此,陈垣推定辩机从道岳出家,最迟是在贞观八年(634)。在辩机出家时间未有记载的情况下,这一推断,本来是没有问题的,但陈垣在论证辩机与高阳公主私通之可能性时,却取的是这一年出家。因为他要证明"公主与遗爱、辩机,皆同属青年",以夯实"一见钟情"的因缘。这一"障眼法"不能证实陈垣先生所说"辩机既为公主所悦,则谓其被杀之日,年在三十左右,即后有新史料发现,亦当无大误"。依照陈先生的推断,辩机贞观八年从道岳出家,从贞观八年到贞观十九年,辩机二十六岁,参加译经。而辩机的被杀,是在贞观二十二年至二十三年之间,那时辩机正好是二十九岁至三十岁。

陈垣先生上述推断之所以不能成立,最主要的漏洞是,如果辩机的行历真是如此的话,他是不可能入选的。玄奘译场第一批助译僧是太宗令房玄龄从各地德高望重的僧人中选拔出来的,辩机与道宣、慧立等九人作为"缀文大德",得以进入弘福寺玄奘译场。当时道宣五十岁,慧立三十一岁。慧立也是十五岁出家,是为贞观三年(629)。依照当时的佛教仪轨,二十岁受具足戒成为比丘,之后则需要以两三年时间学习戒律,然后再学习经论。慧立十五岁为沙弥,贞观十九年(645)三十一岁参加译经,有十六年历练学习时间。从辩机、慧立所承担的任务看,是以文学见长而被征选的,因此年轻一些是可能的。但也不大可能如陈垣先生所说,辩机做比丘六年就进入玄奘译场。要知道,即便是玄奘自己亲自游

第四章 隋唐五代佛教经录和佛教史著

说其出家的大乘基,也是十七岁跟从玄奘出家为沙弥,二十三岁受大戒,二十五岁方才正式进入玄奘译场,侧身于助译僧行列,参与佛典翻译的。

至于辩机进入玄奘译场时年龄到底若何,不易确切断定,但依照佛教仪轨,慧立的情形恐怕是一个底线。在此也可以借助于道岳与辩机建立"确实"的师徒关系的角度作一推断。

辩机自述自己是道岳弟子,并且特意标出"萨婆多部道岳法师弟子",是不是暗示自己精于其师擅长的《俱舍论》呢?查阅僧传可知,古代的僧人出家为沙弥、受大戒以及后来参学会有不同名目的"师",而从学业或者法脉传承的角度言之,正式的严格的师徒关系是很重要的。僧传中所展现,跟随其出家为沙弥的师父即剃度师并不必然是其法脉意义上的"师父",跟随受大戒的"三师七证"以及受具足戒后跟从其学戒的"戒师",也是如此。而严格的师承关系必须是师徒双方和当时的佛教界都认可才可成立。当然也有攀龙附凤的情况,但一般是当事人都已经不在世之后由其弟子去做的。从这些背景考虑,笔者认定,道岳与辩机一定是实质性的师徒关系,玄奘曾经就道岳参学《俱舍论》,而辩机在说自己是道岳弟子时,道岳的其他弟子以及道岳的师友等都还健在。

仔细揣摩辩机所说"年方志学,抽簪革服,为大总持寺萨婆多部道岳法师弟子"数语,如果他所叙述的两件事情之间没有间隔的话,道岳就是辩机的剃度师。而如果在未曾出师学成之前,剃度师圆寂的话,沙弥必将另择良师,如果这一道理可以成立,考虑到辩机跟从道岳学习达到学有所成的地步需要的最短时间,并且参照道岳的上述活动,则可知,在贞观三年(629)至贞观七年春,道岳主要的精力投在助译上,即便是收辩机为徒,也没有多少空闲可以教诲辩机。因此,在推定辩机精通道岳所学的前提下,则可得出辩机出家为沙弥最迟不会晚于贞观元年(627)。

依照上述理由,笔者推断,辩机进入玄奘译场不会小于三十四岁。

玄奘译场设立之后,很是繁忙,而从现在的记载看,辩机的任务相当繁重,而且当时译经是集中一处地方的。如果确实有私情发生,一定是在贞观十九年之前。而且,如果辩机因此事而被杀,无论对政界还是教界都是一件大事,奇怪的是,现存可以查考到的唐代形成的佛教史籍都未曾记载此事。更奇特的是,唐初记载玄奘活动的几种文献都没有删去有关辩机曾经参与过的活动的记载。而以写作这些文书的僧人出于为辩机打抱不平的角度出发故意写入辩机名号来作解释,显得过于离奇。在当时情形下,一位写作者如此做还可理解,而道宣、惠立以及后来的几种经录都以如此心态来做,而且在涉及《大唐西域记》署名时甚至有过分强调辩机之贡献的嫌疑。这种种事实,都使得笔者坚信《新唐书》所记载的辩机被杀事件一定出于"小说家"言,不足凭信。

在此,将史籍记载的辩机在玄奘译场的所为罗列如下:

《慈恩传》记载:贞观十九年(645)六月,朝廷征召的助译僧人到达弘福寺,其中缀文大德九人中有"西京会昌寺沙门辩机"。

《开元释教录》卷八记载:《六门陀罗尼经》一卷,贞观十九年七月十四日于弘福寺翻经院译,沙门辩机笔受。

《佛地经》一卷,贞观十九年七月十五日于弘福寺翻经院译,沙门辩机笔受。

《显扬圣教论颂》一卷,贞观十九年六月十日于弘福寺翻经院译,沙门辩机笔受。

《天请问经》一卷,贞观二十二年三月二十日于弘福寺翻经院译,沙门辩机笔受。

关于辩机参与《瑜伽师地论》翻译的情况,许敬宗制《瑜伽师地论·后记》中说:贞观二十一年五月十五日,肇译《瑜伽师地论》,"《摄决择分》,凡三十卷,大总持寺沙门辩机受旨证文"①。贞观二十二年五月十五日完成。一百卷中,辩机担任证文的量最大。

关于《大唐西域记》的撰写,《开元释教录》卷八记载:"《大唐西域记》

---

① 《瑜伽师地论》卷一,《大正藏》第30卷,第283页下。

十二卷,见《内典录》,贞观二十年奉敕于弘福寺翻经院撰,沙门辩机承旨缀缉,秋七月绝笔。"①辩机所撰《大唐西域记·记赞》说:

> 辩机远承轻举之胤,少怀高蹈之节。年方志学,抽簪革服,为大总持寺萨婆多部道岳法师弟子。虽遇匠石,朽木难雕,幸入法流,脂膏不润,徒饱食而终日,诚面墙而卒岁。幸藉时来,属斯嘉会,负燕雀之资,厕鹓鸿之末。爰命庸才,撰斯方志,学非博古,文无丽藻,磨钝励朽,力疲曳蹇。恭承志记,伦次其文。尚书给笔札而撰录焉,浅智褊能,多所阙漏,或有盈辞,尚无刊落。昔司马子长良史之才也,序太史公书,仍父子继业。或名而不字,或县而不郡。故曰一人之精思繁文重,盖不暇也,其况下愚之智,而能详备哉!……②

此文文笔优美,堪称美文。然揣摩文意,谦逊的语言外表下,似乎透露出辩机自己所花费的心血和巧思是巨大的这样的意思。

3.《大唐西域记》的历史价值

《大唐西域记》十二卷,共十余万字,书前冠以于志宁、敬播两人所写的序文。卷一记载了今天新疆和中亚的广大地区,是玄奘初赴印度所经之地。卷二之首有印度总述,然后直到卷一一分述印度各国的概况,其中摩揭陀一国情况占去了第八、九两整卷的篇幅。卷一二记载了玄奘返国途中经行的帕米尔高原和塔里木盆地南缘诸国概况。全书共记述了玄奘亲身经历的一百一十个国家和得之以传闻的二十八国的情况,书中对各国的记述繁简不一,通常包括国名、地理形势、幅员广狭、都邑大小、历时计算法、国王、族姓、宫室、农业、物产、货币、食物、衣饰、语言、文字、礼仪、兵刑、风俗、宗教信仰以及佛教圣迹、寺数、僧数、大小乘教的流行情况等内容。全书内容丰富、文字流畅、叙事翔实,再加上执笔人辩机学精内外典,文笔优美简洁,使全书增色不少。

---

① 智昇:《开元释教录》卷八,《大正藏》第55卷,第557页中。
② 《大唐西域记》卷一二,《大正藏》第52卷,第947页上一中。

《大唐西域记》业已问世一千三百多年,随着时光的流逝,更加显示出这部著作的灿烂光辉。此书是印度古代地理、宗教史的基本史料,7世纪前后印度混沌的历史地理,有赖此书得以在幽暗中略睹光明、散乱中稍有秩序。

从历史地理而言,《大唐西域记》也有独特的价值。它记载了东起我国新疆、西尽伊朗、南到印度半岛南端、北到吉尔吉斯斯坦、东北到孟加拉国这一广阔地区的历史、地理、风土、人情,科学地概括了印度次大陆的地理概况,记述了从帕米尔高原到咸海之间广大地区的气候、湖泊、地形、土壤、林木、动物等情况,而世界上流传至今的反映该地区中世纪状况的古文献极少,因而成了全世界珍贵的历史遗产,成为这一地区最为全面、系统而又综合的地理记述,是研究中世纪印度、尼泊尔、巴基斯坦、斯里兰卡、孟加拉国、阿富汗、乌兹别克斯坦、吉尔吉斯斯坦等国以及克什米尔地区和我国新疆的最为重要的历史地理文献。

从历史而言,此书保存记录了西亚、南亚广大区域内的国家、地区的社会历史变迁及当时的状况。至于佛教史料,那就更多了。现在几乎找不到一本讲古代印度问题而不引用《大唐西域记》的书,因为玄奘此书中有些资料,是任何其他书中都找不到的。此书对印度历史上许多事件都有所记述,如对迦腻色迦王的记载,为这个热点问题研究提供了宝贵资料。关于戒日王的记载是研究中印关系的重要史料,历史学家据此还写成了多种研究戒日王的专著。人们如果想了解阿富汗境内睹货逻(吐火罗)故国的地理布局、巴基斯坦境内健驮罗、乌苌地区情况、我国新疆和田文化遗址的分布等,舍此书而别无他求。近代以来,阿富汗、巴基斯坦的考古调查与发掘时常以此书为参照。印度的考古工作更是如此,1971—1974年印度考古学家在北方邦的比普拉瓦重新进行发掘,确认了这是玄奘书中迦毗罗卫的真正故址。

从佛教史言之,此书完备地叙述了西域、印度诸国各地佛教现状,并远述佛陀时代的历史与传说,且详细记载西域、印度各地疆域、风情、语言等资料,因此,在佛教史及学术史方面具有弥足珍贵的价值与贡献。书中详载各国流传的宗教实际状况,反映了印度各种宗教及佛教各派别的分布和消长,是研究印度佛教史的重要资料。它记载了马鸣、龙树、提婆、无著、世亲与阿育王、迦腻色迦王等印度佛教史上重要人物的一系列传说,为佛教史研究提供了许多新材料。有关佛教遗址的标示,对于19世纪以来勃兴的印度、西域等地佛教遗迹的实地考证,极具指南的价值。如近代印度重要遗址那烂陀、王舍城、鹿野苑、迦毗罗卫等地的发现,都与《大唐西域记》提供的资料有密切关系。

总之,《大唐西域记》在佛教史学及古代西域、印度、中亚、南亚的史地、文化上,乃至于中西交通史料上,均富有极高的价值,因此深受欧、美、日各国学者重视,广泛流传于世界。在当今印度,玄奘的名字几乎家喻户晓,妇孺皆知,而玄奘本人也久已成为中印友好的化身。

二、《大唐西域求法高僧传》、《南海寄归内法传》

唐高宗咸亨二年(671)十一月间,义净从广州搭乘波斯商船泛海南行,经历南海,巡礼天竺。武周垂拱三年(687),他返国重经室利佛逝,停留在那里从事译述。武周天授二年(691),他在室利佛逝遣大津归国,请求国家在印度造寺,以供去印的中土僧人住宿,顺便把自己停留期内新译经论和撰述交托大津带回,《大唐西域求法高僧传》、《南海寄归内法传》便是其中的两部。义净所著的《大唐西域求法高僧传》、《南海寄归内法传》等,都是研究7世纪下半叶印度及南海诸国社会历史的重要资料。

1.《大唐西域求法高僧传》

《大唐西域求法高僧传》是一部以唐初赴印度求法的僧人(玄奘除外)的行履事迹为记叙对象的传记,简称《西域求法高僧传》或《求法高僧传》,二卷,约成于天授二年(691)前后,时作者居于南海室利佛逝(今苏门答腊)。

《求法高僧传》收录了从太宗贞观十五年到武后天授二年五十年间

中国僧人和朝鲜、越南僧人以及中亚细亚僧人西行求法的一些事迹。正传收五十六人，大体上按照西行求法的年代为顺序排列。传中记述当时的中国僧人玄照、道希、师鞭、道方、道生、常愍、常愍弟子、末底僧诃、玄会、质多跋摩、文成公主奶母两子、隆法师、明远、义朗、义朗弟子（义玄）、益州智岸、会宁、信胄、彼岸、高昌智岸、昙润、义辉、唐僧三人、道琳、昙光、一唐僧、慧命、玄逵、善行、灵运、僧哲、智弘、无行、法振、乘悟、乘如、大津及附传贞固、僧伽提婆、道宏、法朗等四十四人，朝鲜僧人阿离耶跋摩、慧业、玄太、玄恪、二新罗僧、慧轮、玄游等八人，越南僧人运期、木叉提婆、窥冲、慧琰、智行、大乘灯等六人，中亚细亚僧人佛陀达摩、僧伽跋摩两人的西行求法情况，大部分是每人一传，也有几篇是两人或三人的合传。各传篇幅一般多是数十字乃至一千多字的短文，其中有些传后还附有四言或五、七言感叹或赞颂的诗偈。书后附《重归南海传》，又记载武后永昌元年(689)，随义净重往室利佛逝的四位中国僧人的事迹。

《大唐西域求法高僧传》没有采用传统的僧传模式，而是按僧人出行时间的先后总为一传，分别叙述他们的籍贯、生平、出行路线、求法状况。多叙述简略，有的仅三十余字，比如木叉提婆篇、慧琰大师篇。只有少数的几位僧人着墨较多，比如玄照法师、道琳法师等。着墨多少可能与义净掌握的资料多寡有关。但无论详略，其叙述总是按照籍贯、生平、出行路线、求法状况的顺序下来，无则缺省。依此看来，该书似乎是一部"行状"的集合。

《大唐西域求法高僧传》编纂手法独特，在史学史上，尤其在佛教史上有着特殊的价值。从史学史角度看，《大唐西域求法高僧传》因人立传，连类成篇，是一部传记著作。整体编排上，作者将所叙述僧人按出行时间先后排列，正如义净在《序》中所说，"其中次第，多以去时年代近远、存亡而比先后"①。在此原则之下，又以地域、出行路线再行排列顺序。如此便形成了这样的结构：以出行早晚确定先后，同一时间内的则以地

---

① 义净：《大唐西域求法高僧传》卷一，《大正藏》第51卷，第1页上。

域原则排列,同地域者则又以出行路线不同再次排序,走陆路的在前,走海路的在后。如此整然有序的结构独具匠心。

《大唐西域求法高僧传》是研究中国佛教史的重要材料,不仅如此,这部书还包含了很多史料,具有很高的史学价值。《大唐西域求法高僧传》有很多求法路线的记载。义净以前,僧人们西行求法主要走陆路,即通过今新疆、中亚往来的"丝绸之路"。从义净这个时期始,海路就逐渐成为主要通道。义净书中很详细地记载了从南海往印度的交通情况。比如,对多条南海交通路线的记载,从广州登舶或从交趾,反映了唐初及以后中印交通发展的新趋势。义净在书中记载了很多印度及南海一带的风俗、物产、宗教、文化等方面的情况,是研究初唐时期中印关系及东南亚关系的重要资料。

2.《南海寄归内法传》

《南海寄归内法传》(简称《南海寄归传》)四卷是唐义净于南海室利佛逝国停留时撰写的。此书是义净叙述自己在印度和南海一带亲身的见闻,"谨依圣教及现行要法"[①],对当时这些地区的佛教,尤其是佛教的宗教组织、戒律、寺院生活等状况所作的综合记录,同时还涉及社会历史、文化教育、地理交通甚至医药等方面的一些情况。这部书现已成为研究这一时期中外交通、印度及南海地区佛教历史的重要文献。

义净在《南海寄归内法传》中记述他在印度和南海各地所见闻的僧徒日常行事的法式的用意在于,针对当时中土僧徒践行上失当之处,依据佛教内法规则加以纠正。书前有自序,末附结语,敬向国内诸大德,说明身在海外,恐难面叙,故先寄此以供采择。此书题为《南海寄归内法传》,也即由于此故。

本书叙述西方师资现行各事,共四十章,大都依据根本说一切有部的传统,对于日常主要行事,作了明确的介绍。在四卷中,卷一叙破夏非

---

① 义净:《南海寄归内法传》卷一,《大正藏》第54卷,第206页上。

小等九章,卷二叙衣食所需等九章,卷三叙受戒轨则等十二章,卷四叙灌沐尊仪等十章。其中很多和戒律中"作持"部分即《百一羯磨》的作法以及十七事所规定的有关。义净去西方求法时,本已随处留心这些。他在那烂陀寺学习,不但获见完本的《百一羯磨》(中国前此所传的羯磨都不完备),还翻译了毗舍佉所作《有部毗奈耶颂》,详细研究过十七事中重要内容。《南海寄归传》的写作,就是在这一基础上针对中土所疏忽或误传的地方,作了重点的叙述。本书卷末,附叙他自己的亲教、轨范二师的学行、教导,以及辞师泛海西行,巡礼留学,归途停留室利佛逝的经过。

本书所述,虽以有关戒律的各节为主要部分,但也连带述及佛教部派的传播、寺院的制度和学风,当时著名大德以及一般社会风俗诸方面。

义净对梵文音义的汉译极其认真,本书涉及各项名物时,凡旧译有不合处,他都随处校正。他又主张总习梵文,无劳翻译之重加隔阂,故本书对声明初基介绍特详。又以中土持律,诸部互牵,因而部别之义不明,开遮之理莫分,主张严依部执,各守规制。

在隋唐之前,在中土力图谨守天竺原有制度的主张仍然占据上风。在律宗兴起之后,这一原封不动移植印度佛教戒律仪轨的呼声渐渐消歇了。而义净大师力图从印度寻找纯粹律典及其解释的努力,竟然成为这一向度的绝唱。如王邦维先生所说:"义净在《寄归传》里详细地记载了当时印度佛教寺院生活的各方面的情况,作为一位中国僧人,他这样做的最终目的,是想用印度'正统'的典籍,来纠正中国佛教的'偏误'。"①义净在《南海寄归传》的序文中,对当时持律者诸部互牵,混淆派别;律家章疏繁杂,不切践行等,都表示不满。其内文的结构与总体写法,处处都贯穿了以天竺之制度、戒律之严整对照中土现状的用心。可惜义净的主张没有发生多大影响,所传"根本说一切有部"律仪,随着他的去世,就归寥

---

① 义净原著、王邦维校注《〈南海寄归内法传〉校注》,王邦维撰《义净与〈南海寄归内法传〉——代校注前言》,第90页,北京,中华书局,1995。

寂了。其中的原因确实耐人寻味。

佛教传入中土之后，由于中印两国的地理环境、佛教礼仪的不同以及中国佛教所受固有礼仪文化的影响，在"法相服饰"、"起居饮食"等方面屡起争论。庐山慧远曾经就沙门袒服问题与当时的官员发生过激烈争论。慧远认为，袒服是沙门出家的标志，放弃袒服的形式，沙门就会失去独特的面貌。慧远很坚决地说，信奉佛教，出家为僧，就要袒服。尽管慧远在辩论中取得了胜利，但最终结果如何呢？袒服还是逐渐消失了。据赞宁《大宋僧史略》卷上"服章法式"条、《敕修百丈清规》卷五"辨道具条"等之记载：后魏之时，请僧人于宫中自恣，宫人见僧偏袒右肩，不以为善，乃作偏袒肩衣，缝于僧祇支之上，称为"偏衫"。也就是缝合僧祇支与覆肩衣，另加襟而成为一种具有两袖，前后面皆开，而于背面交叉之上衣，交叉处以纽扣扣合，相当于袍服、钝色之上衣。又据《〈四分律〉搜玄录》载，右肩之偏衫乃后魏之慧光律师所裁制。这种偏衫至隋唐时期已经大为流行，而义净却大为不满，在《南海寄归内法传》中说：

> 且如神州祇支偏袒核膊，方裙、禅裤、袍襦，咸乖本制，何但同袖及以连脊？至于披著不称律仪，服用并皆得罪。颇有著至西方，人皆共笑，怀惭内耻，裂充杂用。此即皆是非法衣服也。若默而不说，知者无由。如欲直言，复恐闻者见怨。是以杼轴于短怀，沈吟于进退。愿智者详察，识衣服之本仪也。①

然而，从实际效果看，义净的意见并未被采纳，也就未能见到成效。

此外，义净还对中、印的礼俗与坐姿、食法作了对比。在《南海寄归内法传》卷三中，义净说：

> 凡礼拜者，意在敬上自卑之义也。欲致敬时，及有请白，先整法衣，搭左肩上，厌衣左腋，令使著身，即将左手向下，掩摄衣之左畔，

---

① 义净：《南海寄归内法传》卷二，《大正藏》第52卷，第214页上。

> 右手随所掩之衣裾。既至下边,卷衣向膝,两膝俱掩,勿令身现。背后衣缘,急使近身。掩摄衣裳,莫遣垂地。足跟双竖,脊项平直。十指布地,方始叩头。然其膝下迥无衣物,复还合掌,复还叩头,殷懃致敬,如是至三,必也。寻常一礼便罢,中间更无起义。西国见为三拜,人皆怪也。若恐额上有尘,先须摩手令交,然后拭之。次当拂去两膝头土,整顿衣裳,在一边坐。或可暂时伫立,尊者即宜赐坐。必有呵责,立亦无伤。斯乃佛在世时,迄乎末代,师弟相传,于今不绝。如经律云:来至佛所,礼佛双足,在一边坐。不云敷坐具,礼三拜,在一边立。①

在上文中,义净显然对于中土繁缛的礼节大为不满,但在儒家之礼俗占据上风的情形之下,佛教礼仪只能向儒家靠拢,最终流行的仍然是三拜、九拜、甚至百拜的礼仪。关于食法,义净说:

> 西方食法,唯用右手。必有病故,开听畜匙。其箸则五天所不闻,四部亦未见,而独东夏共有斯事。俗徒自是旧法,僧侣随情用否。箸既不听不遮,即是当乎略教。用时众无讥议,东夏即可行焉。若执俗有嗤嫌,西土元不合捉。略教之旨,斯其事焉。②

中土用筷子由来已久,中土的佛教徒自然应该使用筷子。但义净却说,若众人没有讥议,即可用之;若有人讥议,因为西土没有用之,因而中土僧尼也应该废弃不用。在印度佛教制度引进后因不合中土文化与政治文化情势而有意改变的事例不胜枚举的情形之下,义净这样过分拘泥于天竺之法的观念,自然很难被人所接受。尽管在三教争论的文献中,佛教方面往往喜欢以天竺之法不可改变为理由与儒、道辩论,但中国佛教占据主流的,仍然是制度的中国化向度。正因为如此,尽管符合中国情况的制度方面的变革刚刚出台之时,看似反对者甚众,力量十分强大,根

---

① 义净:《南海寄归内法传》卷三,《大正藏》第52卷,第222页下。
② 义净:《南海寄归内法传》卷二,《大正藏》第52卷,第218页上。

据十分充足,但最终的事实却是逐渐地走向中国化。义净的努力成为空谷绝响。

三、《往五天竺国传》、《悟空入竺记》

《往五天竺国传》原有楮纸写本残卷藏于敦煌石室,1905年为伯希和(P. Pelliot)夺去后存巴黎法国国家图书馆,编号为"伯3532"。原写本首尾残损,故书名及作者均不得而知。伯希和初步认为此书即慧琳《一切经音义》卷一〇〇中所引的《慧超往五天竺国传》。自伯希和将此消息公布于世,即引起了各国学者的重视。

《往五天竺国传》一卷开卷处有缺句,内文亦颇有缺字。据这残卷,知道这位中华邻国的古时沙门谈及中天竺、阇兰达罗国、苏跋那具怛罗国、迦罗国、迦叶弥罗国、建驮罗国、乌长国、拘卫国、览波国、罽宾国、犯引国、吐火罗国、波斯国、大寔(大食)国、安国、曹国、史国、石骡国、米国、康国、跋贺国、骨咄国、突厥国、胡蜜国、九个识匿国、疏勒国、龟兹国、于阗国等二十几国的情况,或记亲践之地,或得之传闻。其书之末称慧超于唐开元十五年(727)进入唐境的安西都护府辖地。故这一残卷可提供《大唐西域记》以后的印度和西域诸情况。

《高僧传》中慧超无传,因此其生平事迹不详。仅知慧超为新罗人,其出生年月与地点(是汉地或原籍新罗),何时入唐,均无法确知。目前只能根据若干不完全的资料作一些近似的推测。他可能出生于唐武则天圣历三年(700),也有人认为他生于长安四年(704),其理由是密教大师金刚智于玄宗开元七年(719)抵广州,慧超在此与他相会。金刚智收慧超为弟子,时年十六岁。此后约于开元十一年,慧超即往天竺巡礼。

由于残卷首尾不全,无法确定慧超出发年月,可能去时取海道,因慧琳《音义》所引本书上卷中的阇蔑、裸形国事都是南海中国家,又从现存本书中所载各国顺序,也不难窥见其行程是先在东天竺诸国巡礼,然后再巡礼中天竺、南天竺、西天竺及北天竺诸国,最后辗转经中亚各地,于开元十五年(727)十一月上旬行抵安西。

慧超回归汉地之后,曾在长安大荐福寺继续在金刚智门下受业,兼作金刚智的助手,据《大乘瑜珈金刚性海曼殊室利千臂大教王经》序言称,慧超于开元二十一年(733)开始学习此经达八年之久。此后,开元二十九年(741)元月六日由金刚智主译此经,慧超"笔受"。天宝元年,译事因金刚智去世而中辍,此后慧超又在不空教导下,研究此经后半部。最后,德宗建中元年(780),慧超于五台山将此经录出。这篇序言虽是有关慧超师承的唯一记载,但序言中矛盾之处不少。因此关于此经译文及序言的真实性,学者颇有争议。慧超似卒于建中(780—783)年间,因建中二年之后无任何关于他的记载。

《悟空入竺记》原名《十地经等后记》,原附于《十力经》卷首,唐释圆照撰。

这篇《十地经等后记》所叙述的,是释悟空(750？—789？)自印度取得《十地经》、《回向轮经》和《十力经》并译成汉文的经过,大抵《大正藏》编者认为它所述是一位求法沙门的取经历程,故将它也编入《游方记抄》中独立单行。

《入竺记》称悟空原名车奉朝,是一位"四门府别将",于天宝九年(750)奉命保护宦官张韬光出使乾陀罗国。及至任务已毕回程之际,车奉朝得重病不能随行,留在乾陀罗治病,病中许愿归佛,痊愈后拜舍利越摩三藏为师剃度,蒙其师赐号达摩驮都,义为"法界"。之后,这位法界法师便在五天竺访师参学,到过乾陀罗国、迦湿弥罗国、中天竺、乌仗那国、吐火罗国五国。这位"法界"师在外国三年,回到唐境的安西都护府,在此与龟兹勿提提羼鱼三藏合译《十力经》。然后,法界进至北庭都护府,与于阗尸罗达摩三藏共译《十地经》和《回向轮经》。

到了唐德宗贞元六年(790),法界随唐宣慰使宦官段明秀入京,献出译经及在域外取得的佛牙和佛舍利,德宗以法界未脱军籍,加升壮武将军守左金卫大将军作为褒赏,并赐改法号为"悟空"。

第五章　隋唐五代的寺院经济

隋唐五代不但延续南北朝时期寺院经济的发展势头，而且在许多方面都跃上了一个新台阶。隋唐寺院经济的高度发达，固然是佛教繁荣的标志之一，而且以特定寺院为祖庭或者核心的宗派佛教也需要寺院经济为其奠定基础。然而，唐代寺院经济的高度发达，在初唐就已经引起社会的非议，中唐之后，随着唐帝国在政治经济等方面逐渐陷入危机，过分发达的寺院经济反倒为佛教招来了重大祸患——"会昌法难"。可见，寺院经济固然是佛教发展之所必需，但其发展也要有一个"度"，即与整个社会保持协调和良性互动，否则，无益于佛教的正常持续发展。

第一节　隋唐寺庄的形成

在土地来源方面，隋唐朝廷以及皇室成员对于佛寺的赏赐更加丰厚。如隋开皇中，文帝下诏赐给少林寺土地一百顷，唐武德八年（625）二月十五日，高祖又赐给少林寺"寺前地肆十顷为常住田"[①]；嵩岳寺在唐初

[①] 王昶：《金石萃编》卷七四《赐少林寺谷坞庄碑》，《石刻史料新编》第 1 辑第 2 册，第 1260—1261 页。

获得朝廷所赐田碾四所。贞观三年(629),唐太宗在自己昔日打仗的战场建造七所寺院,并下诏:"右七寺并官造,又给家人、车牛、田庄,并立碑颂德。"① 贞观二十二年(648),太宗敕建慈恩寺时赐给寺院同州庄园。② 高宗建长安西明寺,"赐田园百顷,净人百房,车五十辆,绢、布二千匹"③。洛京佛授记寺僧德感,因助义净译经有功,高宗授其昌平县开国公,"累井田至三千户"④,即赐给德感拥有三千户庄客的庄田。"净人百房"与"三千户"等,都是依附在原来土地上的部曲、奴婢,他们与庄园被一同赐给寺院后,身份改为隶属于寺院的"家人"、"净人"。景云二年(708),唐睿宗在长安永兴坊建荷恩寺,在麟游县为寺院置普润庄。⑤ 唐中宗女金仙公主将其食封范阳县上垡村"赵襄子淀中麦田庄并果园一所及环山林麓",捐施给云居寺,"永充供给山门所用"⑥。睿宗女李华又食封一千四百户,开元二十二年(734)公主亡故,"分封一半施寺、观家",公主府中的奴婢"一切总放","不情愿者,于诸庄安置"⑦。这是将公主的食封田庄布施为寺庄。唐玄宗在成都时,"内侍高力士奏:'城南市有僧英乾于广衢施粥,以救贫馁。愿国运再清,克复疆土。欲于府东立寺,为国崇福。'上皇说:'御书大圣慈寺额毣,赐田一千亩。'"⑧ 唐代宗于宝应年间(762—763),下敕将岐陇之间原属官马坊的肥沃良田,"赐诸寺观凡千余顷"⑨。唐昭宗重修五台山寿宁寺,"拨州田百顷充常住"⑩。这些由皇帝以及皇

---

① 道宣:《广弘明集》卷二八,《大正藏》第 52 卷,第 329 页上。
② 怀感:《释门自镜录》卷下记载"唐京师慈恩寺僧玄辩被冥官追捉事",文中说:"玄辩,俗姓王,长安人也。幼入缁门,少参流俗,虽沾法雨,不萌焦种。曾为众差充同州壮直岁。"(《大正藏》第 51 卷,第 821 页下。)
③ 苏颋:《唐长安西明寺塔碑》,《全唐文》卷二五七,第 2597 页。
④ 赞宁:《宋高僧传》卷四《德感传》,《大正藏》第 50 卷,第 731 页下。
⑤ 王世平、朱捷元:《西安东郊新发现的唐法律墓志及塔铭》,《考古与文物丛刊》第 3 号,1983。
⑥ 王守泰:《记山顶石浮图后》,《全唐文》卷三五三,第 3576 页。
⑦ 王昶:《金石萃编》卷七八,《大唐故代国长公主碑》,《石刻史料新编》第 1 辑第 2 册,第 1333 页。
⑧ 志磐:《佛祖统纪》卷四〇,《大正藏》第 49 卷,第 376 页上。
⑨ 刘煦等:《旧唐书》卷一四一《张孝忠附茂宗传》,第 3861 页。
⑩ 《山西通志》卷一七一《寺观》。

室成员赏赐给寺院的庄田,以京畿为多,散布于各州并远达江南。

隋唐时期,官僚贵族以及中小地主对于佛寺捐献的土地数量庞大,是隋唐寺院经济的支柱。如隋朝司徒陈杲仁将其"别业"舍给景星寺,该处"红沼夏溢,芰荷发而惠风香;绿田秋肥,霜露降而嘉禾熟"①。可见,此"别业"成为寺院的田庄。唐代初年,尽管遭受隋末战争之害,但在遭受损害较轻的南方仍然有贵族和中小地主将土地捐献给寺院。唐德宗时,宰相陆贽为衢州郑觉寺"捐助四千余亩以饭僧"②。唐穆宗时,浙西观察使李德裕施俸,为润州上元县开善寺"置膏腴之田,以供香火之用"③。唐宣宗时,宰相裴休为灵祐的大沩山密印寺"置田三千七百亩"④。唐懿宗时,岭南节度使韦宙"以俸钱买田园",捐施给广州清远县广庆寺。⑤ 唐昭宗时,明州刺史黄晟为奉化县瀑布寺"舍田三千三百亩以赡之"⑥。乾宁元年(894),上饶太守危昌"舍禄下水田庄一所,并火幕、牛犊等"⑦;浔阳太守陈单以俸禄置庄两所,杨吴抚州节度使李德诚以俸禄置庄一所,捐施给临川县疏山白云禅院。⑧ 天复三年(903),吴将吕舟以俸禄置田小洞庄,捐施给洪州分宁永安寺。⑨

以上这些事例,都是官僚贵族捐施寺院土地的情况。民间人士捐施者更多。如六祖慧能南归韶州曲江县宝林寺,得里人陈某施地。广州宝严寺获得商人多次捐施,"锱藏巨亿,更入僧田"⑩。唐代宗时,吴兴张氏后人张宗达出家为僧,为苏州法华道场"置庄二所,世田为义"⑪。下层农

---

① 董诰等编:《全唐文》卷九一五《陈公舍宅造寺碑》,第9532页。
② 《衢州府志》卷二六《寺观》。
③ 《古今图书集成·神异典》卷一一四《上元县开善寺修志公和堂石柱记》。
④ 《长沙府志》卷三五《方外志》。
⑤ 《广州府志》卷八九《古迹略》。
⑥ 《宁波府志》卷三三《寺观》。
⑦ 董诰等编:《全唐文》卷九二〇《疏山白云禅院记》,第9592页。
⑧ 同上书,第9593页。
⑨ 《江西通志》卷一二一《寺观》。
⑩ 王勃:《广州宝严寺舍利塔碑》,《全唐文》卷一八四,第1872页。
⑪ 董诰等编:《全唐文》卷九一八《支硎山报恩寺大和尚碑》,第9567页。

民也有被迫或者主动捐施土地给予寺院的,这样的例子还有很多,恐繁,兹不举例。虽然每次面积不多,但却最惹社会非议,长此以往,也引起社会的动荡和失地农民的不满。这样的一种做法,实际上对于佛教的发展相当不利。

寺院主动购置土地也是寺院地产的另一重要来源。如唐肃宗时,扬州六合县灵居寺"崇常住业,置鸡笼墅,肥地庄,山原连延,亘数十顷"。此寺后废,"庄墅典卖"。宪宗元和八年(813),僧正积聚资财"收复常住旧典赁田三千余顷"[1],寺院的寺庄得以恢复旧观。寺院卖地的资金,有的来源于自己的经营,而更多的则来源于募化。譬如唐代杭州灵隐山天竺寺僧道标,"永泰初,受具品于灵光寺颙律师。以护戒严谨,为众所推,经一十二载,为置田亩,岁收万斛,置无尽财与众共之"[2]。"永泰年"为唐代宗时期,为公元765年。道标设六戒坛度僧,在十年间积累了许多钱财,并以之为天竺寺置田亩,从其土地每年可得一万斛粮食。还有,顺宗朝的宰相韦执谊以书帖致官寺僧善见,付托其待"所管施利钱银到后","将钱三百贯内二百八十贯充买庄,余者买取菜园一所"[3]。这两例属于以经营所得置办土地田园的实例。唐穆宗时,杭州龙兴寺沙门南操设"华严经社",从"众中募财,置良田十顷,岁取其利"[4],最终想"于众中率财置田千顷,以给斋用"[5]。这是以募化来购置土地的例子,兹不举例。总而言之,寺僧以各种形式积聚或募化钱财然后为寺院购置土地,是唐代佛教界的普遍做法。

对于唐代佛教土地经营影响最大最深的因素是国家法定"口分田"制度的实施。这是唐王朝不同于以前各代的地方。唐代实行的是给予每人八十亩的"口分田"、二十亩的"永业田"的均田制。这一制度中有

---

[1] 董诰等编:《全唐文》卷七四五《大唐扬州六合县灵居寺碑》,第7714页。
[2] 赞宁:《宋高僧传》卷一五,《大正藏》第50卷,第803页下。
[3] 董诰等编:《全唐文》卷四五五《与善见禅师帖》,第4648页。
[4] 《文苑英华》卷八一九《华严经社石记》,第4326页,中华书局影印本,1961。
[5] 志磐:《佛祖统纪》卷四二,《大正藏》第49卷,第384页下。

僧、道授田的规定。《大唐六典》卷三"户部"条记载:"凡道士给田三十亩,女冠二十亩,僧尼亦如之。"《法苑珠林》记载:唐太宗贞观二十二年(648),"得田令官奏云:'如佛教,依内律,僧尼受戒,得荫田,人各三十亩'"①。两种资料所说一致,然关键是对其的认识问题。有学者经过研究认为,贞观年间的这条政令,其义并非官府给僧尼授田,而是对以前寺院所占土地的法律认可,此政令的实质反而是对于佛寺土地的数量给予一个限额。② 这也许是实情。因为从南北朝时期、隋代以至唐初,佛寺占田数量已经非常多,特别是大寺可能已经超过这个数目。据《法苑珠林》记载:"若是国家大寺,如似长安西明、慈恩等寺,除口分地外,别有敕赐田庄,所有供给,并是国家供养。"③可见,唐代寺院确实有"口分田"存在。

  不管唐代设置"口分田"和"常住田"的初衷是对佛寺占有土地数量的限制,还是试图对于寺院活动所需费用提供稳定的来源,唐代寺院在占有、经营土地合法化的背景下,寺院经济高度发达起来了。唐代寺院,特别是大寺的富有是众所周知的。而大、中型寺院的土地配置恐怕远远超过了均田令的标准。譬如浙江天童寺有田一万三千亩,"跨三都五县,有庄三十六所"④。而山东长白山礼泉寺有庄园十五所⑤,可能超过了十顷"常住田"限额。佛教经济经过初唐的发展,寺院地产迅速膨胀。武后时,已经形成"所在公私田宅多为僧有"⑥的局面,成为严重的社会问题,朝廷被迫采取抑制措施。唐隆元年(710)七月十九日,朝廷下《诫励风俗敕》,文中说:"寺观广占田地及水碾硙,侵损百姓,宜令本州长官检括。依《令式》以外,及官人、百姓将庄田、宅舍布施者,在京并令司农卿即收,

---

① 道世:《法苑珠林》卷五五,第708页上。
② 参见:[日]森庆来《关于唐均田法中的僧尼给田》,载《历史学研究》第四卷第一期;[日]道端良秀《唐代佛教史研究》,昭和三十二年版,第500页。转引自张弓《汉唐佛寺文化史》,第298页。
③ 道世:《法苑珠林》卷七七,《大正藏》第53卷,第750页中。
④ 《天童寺志》卷八。
⑤ [日]圆仁:《入唐求法巡礼行记》卷二,第99页。
⑥ 司马光编著:《资治通鉴》卷二○五,第6498页。

外州给贫下课户。"① 玄宗先天二年(713),敕令"王公以下,不得辄奏请将庄宅置寺观"②。而开元十年(722)正月二十三日,玄宗下诏祠部曰:

> 天下寺观田宜准法据僧尼、道士合给数外,一切官收,给贫下欠田丁。其寺观常住田,听以僧尼、道士、女冠退田充,一百人以上不得过十顷;五十以上不得过七顷;五十人以下不得过五顷。③

这里所说的"准法"是指唐初的均田令中对于僧尼"荫田"以及给予佛寺"常住田"的规定。受田人死亡的,口分田要退还官府重授。从玄宗的敕令反观,至此时,僧尼圆寂而未退还口分田的情形大概相当严重,因此才有下诏核定之必要。此一道诏令是明显的限制性政策。

尽管朝廷面对寺院拥有过量土地的事实,采取了一些限制措施,但从事实层面看,并未产生多大作用。洛阳昭成寺所属的"僧朗谷庄"可看做唐代寺庄发展的一个缩影。洛阳昭成寺本来是唐中宗韦皇后置建的安乐寺,后来睿宗为昭成皇后追福而改名"昭成寺"。此寺的"僧朗谷庄"位于河阴县,即今河南省荥阳县广武区桃花峪。由于肃宗、玄宗、代宗、德宗四帝都是昭成皇后子孙,因此,此寺在 8 世纪初至 9 世纪初的百年之间,备受尊崇。僧朗谷庄仅是昭成寺的产业之一。广德元年(763)时,该寺庄仅有土地 30 亩。至贞元二十一年(805)时,扩张为 1 791.5 亩,四十年间增加了 60 倍。其中,捐施土地 36 起共 811.5 亩,卖地 34 起共 980 亩。卖地有被迫的情形,如一位业主因"官事不办"而将一顷 25 亩地被主事僧强行购买,一位乡民因为负债而将 22 亩土地被迫卖给寺庄。在这四十余年中,僧朗谷地及其附近原属七十余户的土地近 1 800 亩被昭成寺兼并。④ 如此案例,还可以找出许多。这说明,在寺院拥有土地、经营地产合法化的唐代,寺院通过各种手段扩大地产是一种必然的追

---

① 《文苑英华》卷四六五,第 2374 页,北京,中华书局,1966。
② 王溥:《唐会要》卷五〇《杂记》,第 1028 页。
③ 王溥:《唐会要》卷五九《祠部员外郎》条,第 1207 页。
④ 参见《唐昭成寺僧朗谷果园庄地亩幢》,《学术研究》,1980 年第 3 期。

求。关于寺院占有土地的情形,唐代宗时:"凡京畿之丰田美利,多归于寺观,吏不能制。"①由此可见,开元年间的限制,其作用是有限的。

第二节 "直岁"、"净人"与"寺户"

如前所述,早期佛教寺院也可能有少量的世俗劳动力参与寺院的种植以及其他经营活动,但土地主要由僧人耕作。隋唐时期,这一做法仍然流行。不过,对于这一潮流,反对的声音不绝如缕。最典型的说法则是唐初南山律宗的创始者道宣。他说:

> 田园务,俗鄙儒士尚不窥临,况复出世五众?理非身所监护,故《智度论》中云"下邪命"者,谓耕田种植,取利活命。离此经营,方名正命。今亲自执役,或教人栽种,污家恶行,生过妨道,染谤尤深,故入"重摄"。②

道宣以为,僧人从事田园劳务,是"招讥、障道之元首"③,属于犯重戒的行为。不过,道宣的警告,并未对方兴未艾的寺院经济起降温作用。现实的发展则是禅宗从教义、修行方法以及仪轨、制度等方面将耕作、商贩活动等合理化、合法化。在此我们先搁置这一问题的讨论,直接切入隋唐时期形成的从事寺院经济活动的两类主体:作为领导、监督以及部分参与经济活动的僧人,以及作为寺院经济活动的承担者的劳动者。

寺院从事经济活动从东晋南北朝开始萌芽,至隋唐时期步入成熟期。下文将会说明,隋唐宗派形成的条件之一就是与独特的"教"、"观"及义理之学建立起固定联系的"宗法继承制"的寺院或寺院群的形成。可以说,隋唐每一宗派的开创者或"中兴者"首先应该是卓越的经营者和经济活动的管理者。在隋唐史料中,这样的杰出者为数不少。

---

① 刘昫等:《旧唐书》卷一一八《王缙传》,第3417页。
②③ 道宣:《量处轻重仪末》,《大正藏》第45卷,第850页上。

《续高僧传·慧胄传》记载：

> 释慧胄，受具已后，师表僧祇。后往京师清禅寺，草创基构，并用相委，四十余年，初不告倦，故使九级浮空，重廊远摄，堂殿院宇，众事圆成。所以竹树森繁，园圃周遶，水陆庄田，仓廪碾硙，库藏盈满，莫匪由焉。京师殷有，无过此寺。终始监护，功实一人。年至耳顺，便辞僧任。众以勤劬经久，且令权替，及于临机断决，并用咨询。寺足净人，无可役者，乃选取二十头，令学鼓舞，每至节日，设乐像前，四远同观，以为欣庆。故家人子女，接踵传风。①

慧胄约卒于公元627至628年。清禅寺经过慧胄四十余年的经营，发展成为长安一带最殷富的寺院。"观乎胄公选取寺中遇剩的净人（供役寺中的俗家男子）训练成鼓舞表演员，以备节日中在佛像前演出来吸引群众，用作弘法之助，足见他是一位懂得物尽其用的天才企业家，无怪深受寺僧敬佩，即使六十岁退休而后，寺中重要事务仍要咨询这位退休老人了。"②

再如《宋高僧传·道标传》记载：释道标，"至德二年诏白衣通佛经七百纸者，命为比丘，标首中其选，即曰得度，蒙配天竺寺焉。永泰初，受具品于灵光寺颢律师，登以护戒严谨，为众所推。毗奈多罗之言，罔不该贯。凡度人戒，计六坛为众纠绳。经一十二载，置田亩岁收万斛，置无尽财与众共之。贞元之中，以寺务克丰，我宜宴息，乃择高爽，得西岭之下，葺茅为堂，不干人事，用养浩气焉"③。道标的生卒年为公元740年至823年。从此文看，道标实际上是用度僧所收的"供养"为天竺寺建立了岁收万斛的寺田以及"无尽财"。道标十二年来为寺院奠定了经济基础，也可见这位律学沙门的产业头脑。

---

① 道宣：《续高僧传》卷二九，《大正藏》第50卷，第967页下。
② 曹仕邦：《从宗教与文化背景论寺院经济与僧尼私有财产在华发展的原因》，《华冈佛学学报》，1985年第8期。
③ 赞宁：《宋高僧传》卷一五，《大正藏》第50卷，第803页下。

道标由于具备经济天分和为僧众奉献的高风亮节而为同侪所敬服,但也有寺院经营活动的领导者由于被误解而遭受非议的例子。《宋高僧传·智颙》记载:释智颙,"元和中,众辟为五台山都检校守僧长"①。后来,"众请为华严寺都供养主。时德不孤有,法照无著,澄观之出世也。当观师制《华严经疏》,海众云集,颙为讲主,日供千僧,十有余祀,食无告乏,皆云有无尽藏之米面也。岁久,颇见丰盈,有邻院僧义圆,谓颙久知常住,私有谤言,非平等心,是贪饕者也。夜有神人报圆曰:'汝发轻言,若不悔过,当坠恶道。'圆乃诣朝鸣足忏谢"②。智颙担任五台山供养僧众的"都供养主",由于经营无尽藏有成绩,即使日供千僧十余次仍能"岁久,颇见丰盈",引起五台山邻院僧人妒忌而出流言中伤。

　　由于寺院经济活动的重要性,隋唐时期的寺院"三纲"往往参与其中,或者以"维那"总负其责。而唐代"百丈清规"中将领导寺院经济及各项管理职能的寺职称之为"直岁"。据《禅苑清规》卷三略云:

> 直岁之职,凡系院中作务,并主之。所为院门修造,寮舍门窗墙壁,动用什物,逐时修换严饰。及提举碾磨,田园庄舍,油坊、后槽、鞍马、舡车、扫洒、栽种、巡护山林、防惊贼盗、差遣工人、轮撰(选?)庄客,并宜公心勤力,知时别宜。如有大修造、大作务,并禀住持人矩划,及与同事商议,不得专用己见。③

定稿于元代的《敕修百丈清规》称:

> 直岁,职掌一切作务。凡殿堂寮舍之损漏者,常加整葺。动用什物,常阅其数。役作人力,稽其工程,黜其游堕、毋纵浮食、蠹财害公。田园庄舍,碾磨碓坊,头匹舟车,火烛盗贼,巡护防警,差拨使

---

① ② 赞宁:《宋高僧传》卷二七,《大正藏》第50卷,第881页上。
③ 《禅苑清规》卷三,《续藏经》第111册,第447页上。

令,赏罚惟当。并宜公勤,劳逸必均。如大修造,则添人同掌之。①

此中,"直"为"当值"之义。赞宁说:"或立直岁,则直一年,或直月,直半月。直日皆悦众也。"②从《敕修百丈清规》看,"直岁"的执掌很繁杂,但农耕寺庄以及各种经济活动,均在其职责之内。"直岁"实际上是寺院各种经济活动的高级领导者。

尽管"直岁"的职责等方面的规定在"百丈清规"中才趋于明确。但有关此职的记载早在隋代就有了。如《续高僧传·道英传》记载:胜光寺的释道英,"大业九年,尝任直岁,与俗争地,遽斗不息。便语彼云:'吾其死矣。'忽然倒仆,如死之僵。诸俗同评:'道人多诈。'以针刺甲,虽深不动,气绝色变,将欲洪膆。傍有智者令其归命,誓不敢诤,愿还生也。寻言起坐,语笑如常"③。道英在任"直岁"之时,利用禅定诈死,迫使与寺院争夺土地的俗人让步。这位僧人是寺院经济活动的优秀领导者,他"晚还蒲州住普济寺,置庄三所,麻麦粟田,皆在夏县东山深隐之所。不与俗争,用接羁远,故使八方四部,其归若林。昼则厉众僧务,躬事担运,难险缘者必先登践;夜则跏坐为说禅观"④。可见,道英"作务"与禅修两不误。道英圆寂于贞观十年(636)九月,春秋七十七。《续高僧传·僧善传》记载了僧善之弟子僧袭,"本住绛州,结心定业,承习善公,不亏其化。晚住晋州宝严寺,充僧直岁,监当稻田,见杀水陆诸虫,不胜其酷。因掷弃公名,追崇故业"⑤。此位僧袭也是专营稻田的,因为经常见到耕作时的杀生现象,后辞去"直岁"之"公名",专事禅修。僧善圆寂于大业初年,僧袭圆寂于贞观十五年(641),春秋六十四。

从唐初的资料显示,"直岁"的执掌与《敕修百丈清规》所规定的相似。《续高僧传》中有数例表明,"直岁"执掌耕作、寺院的财库、修造等事

---

① 《敕修百丈清规》卷四,《大正藏》第 48 卷,第 1132 页下。
② 赞宁:《大宋僧史略》卷中,《大正藏》第 54 卷,第 245 页上。
③④ 道宣:《续高僧传》卷二五,《大正藏》第 50 卷,第 654 页上。
⑤ 道宣:《续高僧传》卷一七,《大正藏》第 50 卷,第 596 页上。

务。而从唐初释怀信编的《释门自镜录》中有关"直岁"的数例也可得出同样的推论。唐京师慈恩寺僧玄辩,"俗姓王,长安人也,幼入缁门。少参流俗,虽沾法雨,不萌焦种。曾为众差,充同州庄直岁,乃弗思业累,畅此无厌,私用众胡麻三十硕、大豆二十硕。既苞藏积岁,莫知陈忓,至永昌年中,忽遇苦患,自见身在火坑中"①。这一例,"直岁"为负责管理"寺庄"的寺职。唐国清寺僧智环,"不详其氏姓,出家住天台国清寺。次当直岁,乃将小布十端贷始丰县丞李意及,毕竟不还。后环身死,作寺家奴,名师立,背上有文作智环之字,现在同见。其李意及死后,作寺家奴,名士嵩,背上亦有李意及名字"②。这一例中,天台国清寺直岁将寺院的布匹贷给县丞,此人未还贷,也许僧愧未曾尽到督察的责任,因而传闻其也受到报应的惩罚。还有,"法界寺尼妙觉身当直岁,将钱二十六贯凭开业寺僧玄湛,籴官粟二百硕,欠一十三贯钱粟,未还其钱,官典腹内其僧,苦索不得"③。这一事件的真相是:作为直岁的妙觉通过开业寺僧玄湛为寺院籴官粟,然仅仅籴得一半,玄湛将其余的钱十三贯不曾归还法界寺。四年之后,此钱经多方追讨才得以还清。此例的蹊跷之处在于,此位直岁"籴官粟"的目的是寺院自用,还是积贮用以为寺院赢利;另外,她为何要通过别寺的僧人去做呢?而"官典腹内其僧"、"此钱僧玄湛将付官典"数句似乎显示,玄湛将钱已付给官家而米未曾籴得。可见,这一事例也可能属于寺院的经营活动,不过出现了意外的失误。

毫无疑问,佛寺经济活动的主导权在于佛寺的主事僧,而"直岁"仅仅是其中之一。有资料显示,寺院的寺主、维那等"三纲"也会在一定程度上参与重大经济活动的决策和监督。但是,寺院经济活动的承担者无疑是众多的下层僧众以及依附于寺院的各类民众。道宣在叙述荆州河

---

① 怀信:《释门自镜录》卷下,《大正藏》第51卷,第821页下。
②③ 同上书,第820页下。

东寺时说:

> 荆州河东寺者,东、西二寺因旧广立。自晋、宋、齐、梁、陈代,僧徒常有数万人。陈末隋初,有名者三千五百人,净人数千,殿一十二间,唯两柱通梁,五十五尺,栾栌重迭,国中京观即弥天释道安使弟子翼法师之所造也。自晋至唐,曾无亏损,殿前有四铁镬,各受十余斛,以种莲华。殿前塔宋谯王义季所造,塔内塑像及东殿中弥勒像,并是忉利天工所造,西殿中多金铜像。宝帐飞仙,珠幡华佩,并是四天王天人所造。寺内僧众兼于主客,出万余人。①

道宣这里所说的"净人"和"主客"应为同义语,是指依附于寺院的非出家人。净人的出现来自于比丘持戒与现实生活之间的矛盾,因为比丘不得自捉、自畜"不净物"。道宣在《行事钞·净残篇·畜宝戒》中认为,以下八项内容为不净财:

> 一、田宅园林;二、种植生种;三、贮积谷帛;四、畜养人仆;五、养繁禽兽;六、钱宝贵物;七、毡褥釜镬;八、像金饰床及诸重物。②

但是,由于现实生活离不开这些东西,各种事务便需要由另外一些人来从事,以便使僧人能够清净持戒。这样,为僧作净的"净人"便应运而生。

我国寺院之有净人始于晋代,有些寺院拥有相当数量的净人。比如,长安清禅寺在隋末唐初时"寺足净人"③,长安西明寺一次就获得唐高宗赐的"净人百房"④。那么,晋唐时期的净人发挥了什么作用呢?《续高僧传·道亮传》说:

> 释道亮,姓赵氏,赵州栾城人。十五厌于世网,投州界莎坦禅坊

---

① 道宣:《律相感通传》《大正藏》第45卷,第877页下—878页上。
② 道宣:《四分律删繁补阙行事钞》卷中,《大正藏》第40卷,第619页下。
③ 道宣:《续高僧传》卷二九,《大正藏》第50卷,第697页下。
④ 董诰等编:《全唐文》卷二五七,第2597页。

备禅师出家焉……乃令往飞龙山诵经为业。山侣三十，并是禅踪，素少净人，惟亮一已。既当下位，众务同臻，日别自课，舂五斗粟。将及六载，一时不懈；徒跣三年，六时随众。屡蒙放遣，素心不从；积至七年，苦劝方遂。①

可见，净人在寺中解斋、舂米，为僧众益食、行堂等，这符合经律中关于净人作务的要求。所以，从晋至唐，寺院的净人是"为僧作净"、"供给比丘"，役作的内容是那些被经、律认为"下业"、"不净业"的种种事务。"净人"的类型可能很复杂，有一些是住于寺院之内的相对于后来的"行者"②，也有一些则在寺院中相当于"侍者"。从南北朝寺院经济兴起之后，"净人"中的相当一部分是从事生产劳动的民户或者"佃客"。这里需要区分两个概念，一个是出于信仰目的而投身寺院但仍然未曾出家者，如六祖慧能初至弘忍门下舂米三年，其身份应该不属于一般的"依附户"；另外一种则是附属于佛教寺院的民户，即隶属于寺院为寺院服杂役者以及租种寺院田地为寺院交租者，这样的民户现代史家喜欢将其称之为"佃客"或者"寺奴"、"寺户"。唐高宗赐给西明寺的"净人百房"只能是后者。显然，为信仰投身寺院的单个人才可能属于前者，而"寺户"总是以"户"为单位的。前者即便是为寺院从事经营性质的经济活动，也不能称之为"奴"或"贱口"或"良口"，等等。

隋代及唐初依附于佛寺的劳动者，"大致分为良口和贱口两个等级"③。各种佣工、匠人，是名列官籍的"良口"。各种依附人口，是名附寺籍的"贱口"。唐初道宣的著作中，已经有处理"僧尼"与依附僧尼的"僧奴"之财物的继承关系的规定。

道宣讲到佛寺中的两种世俗人员："一谓'施力供给'，二谓'部曲客

---

① 道宣：《续高僧传》卷二二，《大正藏》第50卷，第619页中。
② 即后来禅林中未出家而住于寺内帮忙做杂务者。
③ 张弓：《汉唐佛寺文化史》，第298页。

女'。已前二件虽良、贱乃分,而系、不系别。"①依照道宣所说,"施力供给"与"部曲客女"的区别有二:一是"良口"与"贱口"之分,二是"系"与"不系"之别。"施力供给"属于暂时参与寺院劳动的人员,道宣说:"前条'施力'有二种人,若能给尽形随僧处分,若所给尽形前僧既终,后情自改,任意去留。若他遣供给,还送本主。"②道宣的这一段话根据元代律僧元照的解释,是说明僧人死后,其财物的继承问题的,基本结论是"僧死判奴"③。"施力"者有两种情况:一种是约定终身服侍某僧的,在僧人死后,"施力"者在选择离开寺院的情况下,可以带走某僧的财物。另外一种情况则是,此人重新选择侍奉寺院中另外的僧人,则死亡僧人的财物归新的主人。道宣所说的"若本是自己有情俗荫覆者,依本入僧"④句,元照解释说:"若下,次明奴死判物。"⑤这样,道宣的意思是,如果此"施力"者是僧人出家之前所荫覆,奴死之后,其财物归僧人继承。而如果"施力"者来寺院本来就是暂时的,则其财物在其离开时可以带走,这就是道宣所说的"若暂来非永,随时将送"⑥一句的含义。关于"部曲客女",道宣说:

> 第二"部曲"者,谓本是贱品,赐姓从良,而未离本主。本主身死,可入常住,衣资畜产随身所属,不合追夺。若本拟尽形供给,手疏分明者,准《毗尼母论》放去。⑦

所谓"部曲"属于"本主"的附庸,即依附民,略近于"奴"而身份又高于奴婢。"部曲"与寺院的关系不同于"施力"者,其首先依附于寺院的某位僧人,所依附的僧人即道宣所说的"本主"。在"本主"圆寂之后,如果本来是打算终身隶属于寺院的,即可改为寺院的"常住"。道宣所说的"部曲"与"奴婢"的区别何在,是一个未曾明朗的问题。《唐律疏议》记载:"其当

---

① ② ⑥ ⑦ 道宣:《量处轻重仪》,《大正藏》第 45 卷,第 845 页中。
③ 元照:《四分律行事钞资持记》下一,《大正藏》第 40 卷,第 375 页中。
④ 道宣:《量处轻重仪》,《大正藏》第 45 卷,第 845 页中。
⑤ 元照:《四分律行事钞资持记》下一,《大正藏》第 40 卷,第 375 页中。

观寺部曲、奴婢,于三纲有犯,与俗人其亲部曲、奴婢同。"又记载:"若三纲殴杀观寺部曲,合徒一年;奴婢有罪,不请官司而杀者,杖一百。其部曲、奴婢殴三纲者,绞;詈者,徒二年。"①从这些规定看,"奴婢"的地位要低于"部曲"。但原则上奴婢在本主圆寂之后,是可以离开寺院的。道宣又总结说:"已前一条判,如《母论》云:若私有奴婢,应放令去(如前条中)。若不放者,作僧祇净人。"②可见,前面两种人都是寺院"净人"的来源。可见,至少在隋唐时期,一般的僧人都会有相对固定的俗家侍者,即"僧奴"。

从对于道宣的上述语句的分析中,已经可以得出这样的结论:即寺院大量存在的依附人口,大致有两大类,一类是从属僧人个人的侍者和奴婢,另一类则是从属于整个寺院的人口。属于整个寺院的人口则又可分为从事土地或寺庄等经营的"庄客"或"佃客",以及在寺内从事劳役的"寺家人"。学术界惯常以敦煌资料中常见的"寺户"来称呼从事土地经营的佛寺劳动者。我们姑且沿用这一惯例,来讨论隋唐寺院的土地经营者。

"寺户"的全称是"寺观依附户"。"寺户"一词,始见于《魏书·释老志》:

> 昙曜奏:"平齐户及诸民,有能岁输谷六十斛入僧曹者,即为僧祇户,粟为僧祇粟,至于俭岁,赈给饥民。又请民犯重罪及官奴以为佛图户,以供诸寺扫洒,岁兼营田输粟。"高宗并许之。于是僧祇户、粟及寺户,遍于州镇矣。③

遍于北魏州镇的佛图户,即称为寺户。佛图户的来源是重罪罪囚及官奴;凡被配为佛图户者,须执洒扫役和营田役,并向寺院"输粟"即交纳一

---

① 《唐律疏议》卷六"诸称道士、女官者,僧尼同"。
② 道宣:《量处轻重仪》,《大正藏》第 45 卷,第 845 页中。
③ 魏收:《魏书》卷一一四,第 3037 页。

定的实物课纳。从南北朝开始,佛寺常住庄田的经营,与世俗地主的庄田一样,是由庄客种植,僧尼完全自种庄田的实例很罕见。僧尼充其量不过是耕种园圃,例外的也做一些收集柴草,搬运收获物的工作。不过这些工作也还是由净人、行者、沙弥,以及家人、奴婢来做的多些,有时由雇来的长工以及情愿为寺院或僧徒劳作的信徒来做。寺院则指定专门的知事来统领。

  关于隋唐时期寺院与世俗劳动者的关系,根据学者的研究[①],以开元天宝(715—756)为界分为"佃客制"和"租佃制"两个发展阶段。在所谓"佃客制"中,"庄客"的身份是农奴,与寺院的人身依附关系较深,庄客世代为奴,具有对土地和寺院的双重依附性,在土地转让时,庄客连同土地一起转让。然而,寺庄的农奴耕作制,隋末时已经显现出解体的征兆。当义军诛荡寺庄时,包括庄客在内的依附户也随之离散。有的还参加了义军为灭隋立功,唐高祖令"诸部曲及徒隶征战有功勋者,并从本色勋受"[②],其中所说的"诸部曲"自然包含了"寺部曲"在内。唐初寺庄恢复之时,有的改为招佃制,将战时"浮游"之徒招至寺庄作为佃农。如蒲州普济寺在夏县东山"置庄三所,麻麦粟田","不与俗争,用接羁远"[③],就是招"浮游"无籍之徒为佃客,招佃制多采用实物地租方式。可见,佃客制向"租佃制"的转变至唐初已露出端倪。

  "佃客制"与"租佃制"的最大区别是耕作者的身份不同。由南北朝开始实行的"佃客制",耕作者的身份是农奴;而开元天宝之后,寺庄的耕作者的身份转变为半农奴,佃户成为寺庄主要的劳动者。这一转变的由头可能在于武德初年的"放贱为良"令。唐后期实行"割附"政策,延续了这一进程。"割附"即"割贱为良并附籍"的意思。

[①] 参见张弓《唐代的寺庄》,《中国社会经济史研究》,1989年第4期。张弓先生后又在《汉唐佛寺文化史》中以"佃客制的危机"(第298—299页)与"佃客制的终结与租佃制"(第311—314页)为小标题对其观点作了较为详细的论证。本段落参考了其论述。
[②]《大唐创业起居注》卷二,第29页,上海古籍出版社,1983。
[③] 道宣:《续高僧传》卷二五,《大正藏》第50卷,第654页中。

"割附"政策实行的证据见于吐鲁番出土文书《唐宝应元年五月节度使衙榜西州文》①:

  使衙　　　榜西州
  诸寺观应割附充百姓等
   右件人等,久在寺观驱驰,矜其勤劳日久,遂与僧道商度,并放从良,充此百姓。割隶之日,一房尽来,不能有愧于僧徒。更乃无厌至甚,近日假托,妄有追呼。若信此流,扰乱颇甚。今日以后,更有此色者,当便决然,人仰所由,分明晓喻,无使踵前。榜西州及西海县。

   以前状如前。
            建午月四日
          史　中　丞　杨志烈

唐宝应元年即762年。此榜出自西州节度使,显然是执行朝廷的命令。"割隶之日,一房尽来",是要求寺观放免依附人口的全部家口,附入官籍,充当百姓。从文句看,寺观对于放免工作并不情愿,而官府执行到底的决心则很大。此件榜文显示北魏置"寺户"以来,中土寺院实行了数百年的农奴耕作制行将终结。寺庄"租佃制"随即代之而起。

  关于"租佃制"的运作情况,也有一些资料可资考察。开成年间(836—840)的大象寺将重建佛寺所置办的"储畜、车乘与生生之具,兼顷亩年代,并录之于寺记碑阴,以示邻里乡党,为免侵夺不朽之验"②。这说明,在"租佃制"下,寺院为佃户提供畜力、车乘等农具,而佃户则向佛寺交纳地租。贞元(785—805)时的吉州新淦县东平寺庄,"年收租米一千

---

① 《吐鲁番出土文书》第九册,第126页。
② 董诰等编:《全唐文》卷九二〇《重修大象寺记》,第9586页。

余石"①。光化(898—901)时,普州乐至县招提院常住田的佃户"年纳五百文"②,以货币计租。敦煌的佛寺《入历》中也有佃人纳租的记录。如"麦一石,宜秋庄索通达厨添入","麦三斗,孟受庄马清子厨田入"③,分别是两处寺庄厨田的佃人向寺院纳租的记录。

除这些零散的资料外,敦煌发现的大量资料显示出唐末五代时期敦煌地区佛寺"寺户"存在的状况。现代学者姜伯勤爬梳敦煌文献,成《唐五代敦煌寺户制度》一书,使我们可以就此描绘出中国寺院庄园的内部结构。

丝绸之路上敦煌的寺院庄园,时当归义军时期和吐蕃时期,约为公元 8 世纪末至 10 世纪中期。寺院的最上一级是由僧官都僧统(后称都教授)管辖,辖当时瓜州、沙州诸寺院。都僧统对寺院的僧俗人士和寺户这个劳动者阶级有行政、司法、财产管辖等权力。下属的寺院大约有十五六个,约有僧尼三百余至四百人,寺户达四百五十余户。一部分土地由都司自营,面积不大,有小部分稻田和菜园及果园等。寺院的自营地,即是各寺管理机构自己直接经营的土地,包括麦地、菜地、牧地等,这也不是太大。主要的土地是分配给各寺户耕作而交纳地租的土地,称分种地,每户约为四百亩。④ 各类寺院有纲管、寺卿、直岁等人员管理地产经营和寺户的劳动支派,另外各寺还有水源、碾硙、油坊、仓库各种手工业作坊等,形成了十分完善的生产组织,并且是一个自给自足的生产组织,充分显示出东方寺院经济组织的特色。

寺户是这些寺院的主要劳动人手,属都司管领,由都司拨归各寺,各寺的寺卿直接管理。寺户对寺院有人身依附关系,地位同于奴婢、部曲、律属贱口,但他们有自己的家庭,有自己的衣资畜产,可以进行独立生

---

① 《江西通志》卷一二二《寺观》。
② 《八琼室金石补正》卷七七《招提净院施田记》,《石刻史料新编》第 1 辑第 7 册,第 5249 页。
③ 敦煌 P.4694 号《某寺麦粟入历》。
④ 参见姜伯勤《唐五代敦煌寺户制度》,第 41—42 页,北京,中华书局,1987。

产,是小生产者。姜伯勤认为他们是生长在中国土地上的农奴式人口[1],张弓先生则认为与天宝之前的"寺户"相比,此时的佃户属于"半农奴"性质。寺户对寺院封建主的义务,分突课和差科两部分。差课即是劳役义务,内容繁多,有八大类四十余种:首先是耕作都司自营地和各寺自营地的劳役,有艾稻、园收、割草等。第二是畜牧役,都司和各寺的羊群要由寺户放牧,还要放牧骆驼、马群等。第三是手工业劳役,如泥瓦匠、木匠、皮革匠、制纸、制毯等,这些可能是由有专业技术的年长劳役者完成。第四是农产品加工业,如制酒、磨面、春稻、榨油等。第五是修造役,如修造仓库、佛寺,以及修牛车、马鞍等。第六是杂役,包括如看守仓库、洒扫、供僧官驱使、打钟等。第七是充当车头,即车把式。第八是官差,如看守囚犯等。这些寺户是成丁后上役,年老可免役。服劳役时可从统治者那里得到饮食供应。每人每年应服役四五日,一般每五日为一个服役单位时间。可以看出,劳役中最大量的并不是农业和手工业服役,而是官差和修造等,说明这里的地租形态主要不是劳役地租。但另一方面,名目繁多的劳役说明,中古中国的边远地区的寺院地主经济还是十足的自然经济,其地主的衣食和其他一应需要,几乎都以庄园里的劳动力的劳动来满足,很少依靠对外交换。

寺院地主榨取寺户剩余劳动的更主要的方面,是所谓突课,即采取分种制的形式。寺院把一定面积的土地分配给寺户,这里是每户四十亩,令其耕种,然后收取地租。在分配土地时,往往还同时分配给寺户以耕牛、种子,这说明寺户的个体经济还相当脆弱,不得不依靠地主的扶持。寺院对生产者的劳动过程进行全面的监督,号称督课。地租形态是一种实物租,每亩年课一驮,合唐制斗七升[2];另外寺户家庭还要无偿为寺院地主纺织羊毛,还要负担前面所说的各种各样的劳役,所受的剥削

---

[1] 参见姜伯勤《唐五代敦煌寺户制度》,第121页。
[2] 同上书,第124页。

可以说是相当的沉重了。

第三节　隋唐佛教寺院的经营活动

　　唐代佛寺庄园不仅有农田、果园、菜园,而且有的还拥有池塘、水渠、碾硙和各种手工作坊。如长安清禅寺庄在僧慧胄的经营下,"竹树森繁,园圃围绕,水陆庄田,仓廪碾硙,莫匪由焉。京师殷有,无过此寺"①。

　　碾硙是指石臼,用以脱谷、制粉,成为重要之财源,有陆碾和水碾硙,即以马回转的碾硙和使用水力的水碾硙。"水碾硙"其效果胜过陆碾,贵族豪富寺院大多从事水碾的经营。唐初京畿许多佛寺广占河渠碾硙。武则天之女太平公主倚仗其势与"佛寺争碾硙","百司皆希其旨意",雍州司户李元𬭎直不阿,将太平公主所侵占的碾硙"断还僧寺"②。而开元初年,王公寺观在三辅竞相立碾硙,仅白渠之上就有七十余所之多③,佛寺也拥有不少份额。

　　经营水碾是寺院经济的重要经营部门,长安、洛阳的大寺院差不多都有经营。每年十二月末有称"假磨斋",举行对于碾硙的法会,这成为每年的例行法事活动。而晚唐五代敦煌寺院也出租油梁、碾硙。如敦煌写本《丁酉年二月一日某寺出租梁硙契稿》,两户百姓因为缺少田地向寺院租"捉油梁、水硙,轮看一周年",缴纳梁课、硙课,并用"家资"作租课担保。据计算,敦煌一家梁户每年需向寺院缴纳梁课油约二石,一家硙户年纳硙课斛斗约九十八石。④

　　唐代许多寺院还流行舍宅出租。如《太平广记》记载:

　　　　元和十二年,上都永平里西南隅有一小宅。布施罗汉寺,寺家

---

① 道宣:《续高僧传》卷二九,《大正藏》第 50 卷,第 697 页下。
② 刘昫等:《旧唐书》卷九八《李元𬭎传》,第 3073 页。
③ 参见王溥《唐会要》卷八九《碾硙》,第 1925 页。
④ 参见姜伯勤《敦煌寺户文书中的梁户的性质》、《敦煌寺元碾硙的两种形式》,载何兹全主编《五十年来汉唐佛教寺院经济研究》,北京师范大学出版社,1986。

赁之。有堂屋三间,甚庳,东西厢共五间,地约三亩,榆楮数百株,门有崇屏,高八尺,基厚一尺,皆碳灰泥焉。①

这是说,京师罗汉寺将信众布施的一所宅第出租。东洛姚坤"旧有庄,质于嵩岭菩提寺,坤持其价而赎之"②。闻喜县福田寺不仅经营"质举",还用转经所得的财物,"与常住造铺店",租给客商,计出十万余缗。③ 陇州大象寺有"东市善和坊店舍共六间半",是供东市客商租赁的邸店。④

除经营土地、客店之外,唐代大型寺院往往拥有数量庞大的库存现金。寺院因此而可以从事凭典质而放贷的营生,而民众也将向佛寺借贷当做一种手段。如《续高僧传》卷二五记载:

　　　　贞观中,洺州宋尚礼者,薄学有神明,好为谲诡诗赋。罢县还,贫无食,好乞贷。至邺戒德寺贷粟,数与不还。又从重贷,不与之。⑤

武则天时,天台山国清寺智环在任"直岁"时,"将小布十端贷始丰县丞李意及"⑥。东都太平寺将"寺中钱及油、面"⑦贷给洛阳仓吏。开元、天宝之际,寺僧"趋末忘本","公私举放,取利颇深",私利达百分之四十以上。⑧ 唐玄宗时沙门惠达曾以钱七十万资助僧夜光西上长安,后惠达亦至长安,夜光"以为收债烟已"⑨。贞元中,河内郡守"常于佛寺中假佛像金,凡数镒"⑩。宜春郡齐觉寺有一青衣老姥"欠寺内钱八百"⑪。诸如此类的事例,史料中很多,说明寺院甚至僧尼个人放贷是经常性的。由于借

---

① 李昉等编:《太平广记》卷三四四《寇郎》,第2725页,北京,中华书局,1961。
② 李昉等编:《太平广记》卷四五四《姚坤》,第3710页。
③ 参见胡聘之《山右石刻丛编》卷九《福田寺置粥院碑》。
④ 王昶:《金石萃编》卷一三七《重修大象寺记》,《石刻史料新编》第1辑第1册,第2042页。
⑤ 道宣:《续高僧传》卷二五,《大正藏》第50卷,第665页下。
⑥ 怀感:《释门自镜录》卷下,《大正藏》第51卷,第820页下。
⑦ 赞宁:《宋高僧传》卷五《礼宗传》,《大正藏》第50卷,第736页上。
⑧ 参见王钦若等编《册府元龟》卷一五九《帝王部·革弊》。
⑨ 李昉等编:《太平广记》卷一二一《师夜光》,第855—856页。
⑩ 李昉等编:《太平广记》卷四三四《河内崔守》,第3523页。
⑪ 李昉等编:《太平广记》卷一三四《上公》,第960页。

贷业务的普遍发展,寺院中应运而产生出专门经营借贷业的机构——"长生库"。宋代陆游曾说:"今僧寺辄作库质钱取利,谓之长生库。"①其实,隋唐时期,在质典放贷方面,规模更大的是三阶教寺院经营的"无尽藏"。

另外,唐代的官员或富商有时将财币寄放在寺院中。《太平广记》卷一五七《李君》记载了这样一则故事:李君在长安"青龙寺门前坐……寺主僧……遂邀入……熟视李君,低头不语者良久。乃曰:'郎君何姓?'曰:'姓李。'僧惊曰:'松滋李长官识否?'李君起鞾蹙曰:'某先人也。'僧垂泣曰:'某久故旧,适觉郎君酷似长官……长官比将钱物到求官,至此狼狈,有钱二千贯,寄在某处。自是以来,如有重负。今得郎君分付,老僧此生无事矣。明日留一文书,便可挈去。'李君悲喜。及旦,遂载镪而去"。同书卷三四八《牛生》亦有类似记载:牛生在长安"菩提寺门前坐,为一僧邀入院。会语久之,曰:'贤宗晋阳长官,与秀才远近?'牛生曰:'是叔父也。'僧乃取晋阳手书,令识之,皆不谬。僧喜曰:'晋阳尝寄钱三千贯文在此,绝不复来取。某年老,一朝至,便无所付。今尽以相与'"。这两例都是官员寄钱于僧寺,数量甚巨,钱主可能已亡故,寺僧偶遇亲属付还。但在未付之前,须仔细验明身份,有的在交付之际,领钱者还须出具一纸领钱文书。有学者认为:"这种情况,与唐代'柜坊'或'柜'的情况颇相似,而柜坊或柜,如所周知,乃是经济史上出现的一种具有钱币存付功能的新事物。实际上,寺院存付钱帛的机构也有称为'柜'的。"②如《太平广记》卷二三八《大安寺》所记:唐懿宗时,"民间有奸猾者,闻大安国寺有江淮进奏官寄吴绫千匹在院",入寺假冒皇帝骗借钱物,僧大骇说:"柜内有人寄绫千匹,唯命是听。"于是"启柜,罄而给之"。此例中,"存放吴绫的柜,与世俗社会的柜坊在功能和名称上完全相同,当时绫绢正可当做货币使用。寺院和富商代客存付巨额钱物,应有借此集中资本以从事

---

① 陆游:《老学庵笔记》卷六,第 73 页,中华书局校本,1979。
② 谢重光:《论唐代佛教徒对社会的巨大贡献》,载《佛教与中国文化国际学术会议论文集》(上辑),第 516 页,1995 年 7 月。

更大规模的工商业和借贷业的性质。果若如此,则这种钱货存付业应是后世钱庄的滥觞"①。这样的诠释,从经济发展史的角度看,是有道理的。但是需注意,上述例子,后来取回钱物者,都未持有存放钱物的凭据。存放者其实都是依靠对于僧人或寺院的信赖而为之的,从存放者来看,也许是出于特殊的缘由;从作为保有者的僧人或寺院来说,会否一定借此牟利,是不清楚的。因此,与其说唐代的寺院已经有类似于后世的"钱庄",倒不如说,由于信仰的原因,佛寺已经具有代客保管钱物的功能。由于货币的可流通性,向前走一步就可发展为"钱庄"。但前述三例还未曾完备。

"唐后期的寺院贷借主要有生息贷便与质押贷借两种形式。敦煌写本中大量《贷便历》,披露了敦煌寺院放贷的巨大规模。"②敦煌佛寺实行实物贷便,贷出物分为"谷物"和"织物"两大类,贷借性质也分为生产借贷和生活借贷两种。一件敦煌教团的《入破历计会》有纳入贷便利息账,其中有8人缴纳借麦利息,126人缴纳借粟利息,10人缴纳借黄麻利息,134人缴纳借豆利息。债权人是敦煌教团,借贷人主要是当地百姓,也有官员和僧众。利率一般是百分之五十,即春季借二秋季还三。也有高达百分之百的,如《乙丑年十月索猪苟缓纳欠麦据》(S.5811号)记载:"乙丑年二月五日,索猪苟为少种子,遂于龙兴寺张法律,寄将麦三石……至秋纳麦六石。"

关于唐代世俗社会的借贷利率,开元十六年(728),唐王朝规定:"天下负举,只宜四分收利。"③而太和八年(834)朝廷又规定:"其诸色私债,止于一倍,不得利上生利。"④唐末敦煌佛寺的借贷利率没有超过朝廷的规定,但比开元之前的百分之四十仍然高出不少。各种营利业将大量钱

---

① 谢重光:《论唐代佛教徒对社会的巨大贡献》,载《佛教与中国文化国际学术会议论文集》(上辑),第516页。
② 张弓:《汉唐佛寺文化史》,第315页。本小节的相关内容较多地参考了此书的研究成果,特此说明。
③ 王溥:《唐会要》卷八八《杂录》,第1919页。
④ 董诰等编:《全唐文》卷七五《疾愈德音》,第785页。

粮积聚于佛寺,京城佛寺尤其富庶。兴元元年(784),朱泚叛军在长安困守时期间,"太仓粮竭,贼督吏索观寺余米万斛"①。

唐代佛寺参与社会经济活动,是合乎世俗法律规定的。因此,在唐代有关经济政策的各类诏令中不可避免地都会涉及"寺观"。如元和中期,布帛等物价降低,民众存贮货币风气日盛,导致市面货币流通不畅,宪宗于元和十二年(817)下敕说:

> 近日布帛转轻,见钱渐少,皆缘所在壅塞,不得通流。宜令京城内自文武官僚,不问品秩高下,并公郡县主、中使等,下至士庶、商旅、寺观、坊市,所有私贮见钱,并不得过五千贯。②

可见,佛寺已经成为唐代重要的经济活动部门。然而,一旦社会经济运作发生某些问题,一些对于佛教不大热心的大臣就会推动皇帝出台一些警告、限制甚至取缔寺院经济活动剥夺寺院经济成果的诏令。如长庆、太和间的《遣使宣抚诸道诏》中说:

> 又访闻江淮诸道,富商大贾并诸寺观,广占良田,多滞积贮,坐求善价,莫救贫人,致令闾里之间,翔贵转盛……应旱欠处州县,有富商大贾及诸寺观贮蓄斛斗,委所在长吏切加晓喻,速令减价出粜。③

太和四年(830)祠布发布的《请申禁僧尼奏》中说:

> 其僧尼有不依典教,兴贩经纪,行船驾车,擅离本寺,于公衙论竞,及在俗家,夜结戒坛,书符禁咒,阴阳术数,占相吉凶,妄陈祸福,既亏释教,与俗无殊。自今已后,切加禁断。④

这一段文字意在限制僧尼不大合规的行为,文中所说"兴贩经纪,行船驾车,擅离本寺"都属僧尼不应该做的事情。这一诏令是在文宗朝限制佛

---

① 欧阳修:《新唐书》卷二二五《朱泚传》,第6446页。
② 刘煦:《旧唐书》卷四八,第2103页。
③ 宋敏求辑:《唐大诏令集》卷一一七,第613页,北京,商务印书馆,1959。
④ 董诰等编:《全唐文》卷九六六,第10032—10033页。

教过度发展的大背景下发布的,但从后来的态势看,效果不佳。因为佛教寺院的许多对外活动,特别是需要"行船驾车"的"兴贩经纪"活动,主要是由依附于佛寺的"净人"承担的。

关于隋唐时期寺院的经济收入,大多数史料都是语言描述性的,缺乏具体的计量,幸而敦煌遗书中发现了许多当地佛寺的经济活动的各类文书。通过现今学者对敦煌佛寺文献的研究,大致展现了唐末五代敦煌佛寺的经济活动的概貌。

根据姜伯勤《唐五代敦煌寺户制度》的研究,敦煌佛寺庄园的特点是实行实物地租,可是劳役所占的比例也相当大。寺户及其他劳动人手所提供的各种物产和服务,基本上可以满足寺院的需要。寺院的经济是自给自足的,当然也和外面有一定的经济来往,如它有相当的借贷活动,也购买食盐和蔬菜,有时还雇佣有专门技艺的工人磨面、榨油、赶车等。不过在这些交易中,寺院所支付的都是粮食,因为吐蕃占领时期敦煌地区商品经济大为衰退,钱帛都退出流通,而以粮食作为货币,以致我们在寺院的账目上也看不出有货币的记载,收入和支出的都是实物,即使如此,这种庄园的经济仍然是二元性的,即既有自然经济成分,也有商品经济成分,我们无法计算出这一庄园自给自足经济和交换经济的比率,即生产的产品不投入流通而直接消费的部分和投入流通的部分的比率,但我们有姜伯勤所提供的某寺院的土地收入和借贷收入的比率,或许可以作为一个参考[①]:

年代	科目	收入数	比率
丑年	田收	14.5 硕	100
丑年	利润	6.1 硕	41.28
寅年	田收	13.5 硕	100
寅年	利润	11 硕	81.48

[①] 参见姜伯勤《唐五代敦煌寺户制度》,第 125—126 页。

由于这里是用粮食作为货币,所以高利贷的收入也就意味着有相当的粮食投入了流通,说明这样的庄园有着商品经济的内容。

姜伯勤认为,归义军时期敦煌寺院的收入构成可分为四大类:一是借贷收入,如寺院春天借给农民的种子,秋天就要按百分之五十的利率收取利息,还有其他的高利贷收入,成为寺院收入大宗;二是布施,包括一般俗人对寺院的施舍和寺院僧人做佛事时接受的布施,不过有的布施分配给全体僧人,不计入寺院的账目中,所以我们看见的只是其中的一部分;三是梁课、碾课或硙课,即寺院垄断设立的榨油坊或磨房收入(好似西方庄园里的榨酒器或磨房),这在有些寺院也是一项重大收入;四是田租收入,即分种制农民所交纳的地租。现以净土寺(是一个小寺,占有土地七十亩)925年的收入分类统计如下[①]:

收入类别	数额
利息	345.5 硕
厨田(当时的地租收入)	44.4 硕
菜价	36 硕
梁课,油	3 硕
梁课,渣	2.7 拾饼
佛食散施	15.39
佛食散施	12.5 丈
油价入	4 丈
换谷物	18.7 硕
硙入(加工)	54.3 硕
合计	536.49 硕、丈、拾饼

这个账目比前一个账目要晚一个多世纪,所以高利贷收入占了很大的比重,而地产收入还不到高利贷收入的四分之一,说明敦煌地区寺院经济

---

① 参见姜伯勤《唐五代敦煌寺户制度》,第312页。

经营的变化。

敦煌地区庄园的情况,代表了魏晋南北朝直至隋唐时期许多地方流行的庄园类型。当时这种寺院庄园不仅存在于敦煌,而且在全国的大部分地方都能找到。在这种分种制下,寺院的农奴式依附人口不仅交纳实物地租,而且还负担沉重的劳役。寺院不仅经营土地,还种植蔬菜、水果、药材等各种经济作物出卖以牟利,还经营商业和借贷。由此可见隋唐时期寺院经济的多样性和发达程度。

第四节 隋唐佛教宗派的经济基础

从隋代三大佛教宗派的形成过程中,已经能够得出这样的结论:隋唐宗派佛教的形成与发展,其排他性的寺院以及佛寺系统的出现是一个明显的标志。这也是其与学派佛教的重大区别。而支撑某一宗派之寺院体系的基本平台就是经济条件。天台宗、三阶教、净土宗和禅宗与寺院经济的联系可谓这方面的典型。

净土宗祖庭交城石壁寺的夜饭庄,历经北朝、隋唐,至长庆三年(823)尚存,承袭达三百余年。①

陈隋之际率先形成的天台宗,与智𫖮及其后继者艰苦经营所形成的"国清寺"经济实体所具有的雄厚的经济实力密切相关。陈朝太建九年(577),陈宣帝下诏曰:

> 智𫖮禅师,佛法雄杰,时匠所宗,训兼道俗,国之望也。宜割始丰县调以充众费,蠲两户民,用供薪水,主者施行。②

入隋之后,智𫖮利用晋王杨广不断拉拢的机会,一再请求杨广为其弘法提供经济基础。开皇十七年(597),智𫖮在著名的《石城遗书》中,请求晋

---

① 陆心源辑:《唐文续拾》卷十《特赐寺庄山林地土四至记》,第2263页,中华书局影印本《全唐文》附。
② 灌顶编:《国清百录》卷一,《大正藏》第46卷,第799页上。

王杨广"愿为玉泉作檀越主。今天台顶寺,茅庵稍整。山下一处非常之好,又更仰为,立一伽蓝。始剪木位基,命弟子营立。不见寺成,瞑目为恨。天台未有公额,愿乞一名移荆州玉泉寺,贯十僧住天台寺。乞废寺田,为天台基业"①。在智𫖮圆寂后,晋王实现了智𫖮的请求:

> 今遣司马王弘创建伽蓝,一遵指画,寺须公额并立嘉名,亦不违旨。佛陇头陀并各仍旧使移荆州玉泉。十僧守天台者,今山内现前之众,多是渚宫之人,已皆约勒,不使张散,岂直十僧而已?所求废寺水田以充基业,亦勒王弘施肥田良地。②

隋文帝开皇十八年,寺域建成,初名"天台山寺"。炀帝大业元年(605),炀帝颁赐"国清寺"匾额。这一祖庭一直延续至今。同时,由于晋王杨广答应担任玉泉寺的"檀越",玉泉寺在智𫖮圆寂之后也得到扩大。进入唐朝,国清寺、玉泉寺的寺院经济仍然在不断壮大。譬如《宋高僧传·文举传》记载,太和中(827—835),主事僧清蕴与文举谋,为国清寺"置寺庄田十二顷"③。智𫖮所建立的当阳玉泉寺膳僧田庄,历经隋唐、五代、北宋,至南宋绍兴二十一年(1151)尚存,承袭达六百余年。

众所周知,禅宗之所以能够在唐代之后成为佛教宗派中最大派别,禅林经济的形成、壮大是很重要的原因。而禅林经济不同于其他宗派的地方则在于"农禅模式",即僧人是自己亲自劳作的。道信在黄梅双峰山聚众五百定居,并且提倡作务与坐禅并重,自给自足,"蕲洲道俗,请度江北黄梅县,众造寺,依然山行",去双峰山,住"三十余载,诸州学道无远不至"。④ 道信经常说:"能作三五年,得一口食塞饥疮,即闭门坐。"⑤这里,"作"或名为"作务"、"作役",泛指一切生产劳动。道信号召他的门人都

---

① 灌顶编:《国清百录》卷三,《大正藏》第46卷,第810页中。
② 同上书,第811页上。
③ 赞宁:《宋高僧传》卷一六,《大正藏》第50卷,页808中。
④ 道宣:《续高僧传》卷二一《释道信传》,《大正藏》第50卷,第506页中。
⑤ 杜朏:《传法宝记》,载《敦煌新本〈六祖坛经〉·附录》,第166页。

去从事作务,以便"得一口食"。可见,道信聚徒五百,全是依靠自己的劳动,解决吃饭问题。道信的弟子弘忍也是"役力以申供养,法侣资其足焉"①,是一位卓越的生产组织者和生活经营者。由道信创始而弘忍发扬光大的这一农禅群体,在当时产生了相当大的影响,各地仿效者竞起。弘忍因此而声名远播,远在广东的慧能就是闻其名而远投其门下的。这样,正式将劳动吃饭问题当做禅门大事,列入禅行之中,在整个佛教史上是一件革命性的创举。有文献记载,弘忍的黄梅东山真慧寺庄,慧能的曲江宝林寺庄,从唐初承袭至宋代。②

唐代中叶之后,南宗禅各系开辟山林,将"农禅模式"发挥到极致。马祖道一修禅弘教六十余年,所到之处广置禅林约计二十处。其后,道一诸代法嗣在各地山区创建禅林,聚徒开垦传禅。智常在龚公山,慧藏在石巩山,法会、唯建、常兴在泐潭山均继承了道一创建的禅林。怀海在洪州百丈山、普愿在池州南泉山创建的禅林最为著名。可以说,中唐之后,禅宗的每一位大师都是一个发达的山林经济实体的实际组织者、经营者和劳作者。正如学者的研究所表明的,"这些禅林分布的地区,以赣、湘为中心,北至幽州,东抵明州,含今赣、湘、皖、苏、浙、冀、晋等七省。大致在唐宪宗时期,一个散置江河南北无数浅山丘壑之中的丛林体系得以确立"③。禅宗丛林的生产有种稻、采茶、种菜等,产品仅供丛林消费。整个禅林的生产体制封闭、狭小,整体财力寡弱。这与唐代"会昌法难"之前两京以及都市大寺的富裕、丰盈构成了鲜明的对比。武宗会昌年间的灭佛运动,给唐代寺院经济以毁灭性的打击,那种位于都市大邑、依赖于朝廷贵族捐施的寺院经济模式失去了生命力,而处于山林之中,以开垦山地为途径、僧人自主劳作为特征的禅林经济却生机勃勃地发展起来了。

---

① 净觉:《楞伽师资记》,《中国佛教思想资料选编》第2卷第4册第169页。
②《湖北通志》卷一六《舆地志》;《韶州府志》卷二六《古迹略》。
③ 张弓:《汉唐佛寺文化史》,第304页。

9世纪后期,南岳、青原两系的法嗣们,在经营老禅林的基础上,又建立了许多新的禅林。江南禅林的分布地域逐渐扩大,禅林经济不断壮大。南岳系以灵祐、慧寂所开创的沩仰山和希云所开创的洪州黄檗山最为著名。青原系则以昙成及其法嗣所开创的衡州云岩山、洪州洞山,义存所开创的福州雪峰山,最为著名。尤其是,"9至10世纪,禅僧改造衰蔽的律寺,并将其纳入禅林体系,是丛林发展的新动向"①。如吉州孝义寺,中唐以后衰废。宝历二年(827),青原下四世法嗣性空整顿该寺,实行农禅合一,"太和中遂成丛林"②。创建于晋代的明州鄞县太白精舍,弘律为主而中衰,唐乾元二年(759)赐天童寺额,禅师清闲、昙德、藏奂等先后修葺改造,大中元年(847)启请为"十方禅林"。③ 同样创建于晋代的明州奉化显得瀑布院,大中年间毁于裘甫起义,南岳法嗣常通于景福元年(892)修缮一新,将其改造为十方禅林。④ 创建于梁代的洞庭西山福愿寺迭经兴衰,唐代称包山寺,属律宗寺院,后来也被改造"为大丛林,庇千僧"⑤。"吴会地区的律镇大盛于唐前期,衰于唐中叶,不少律寺毁于兵火,寺产并于豪右。唐后期禅宗盛,禅僧纷至沓来,依于百丈清规对原律寺加以改造,纳入禅林体系。"⑥

应该指出,早期禅宗的丛林以僧人自耕自作为主体,佃户很少。而随着禅林经济飞速发展,丛林拥有的土地过于庞大,禅僧无暇自耕,因此,后期禅林实行佃客耕作的愈来愈普遍,沩山就是一个典型的例证。宪宗元和(806—820)末年,灵祐初至沩山开荒时,"是山峭绝,夐无人烟,猿猱为伍,橡栗充食。经于五、七载,绝无来者"⑦。在"会昌法难"之前,

---

① 张弓:《汉唐佛寺文化史》,第305页。
② 《吉安府志》卷九《建置志·寺观》。
③ 《天童寺志》卷二。
④ 《奉化县志》卷一五。
⑤ 《苏州府志》卷三九《寺观》。
⑥ 张弓:《汉唐佛寺文化史》,第306页。
⑦ 语风圆信、郭凝之编集:《潭州沩山灵祐禅师语录》,《大正藏》第47卷,第577页中。

沩山的僧人已达五百余人。① 大中元年至八年(847—854)间,"时襄阳连率李景让统摄湘潭,愿预良缘,乃奏请山门,号同庆寺"②。灵祐圆寂于大中七年(853)正月,在其生前弟子最多时达一千六百人。关于置寺之时的沩山禅林的规模,《五代史补·齐己传》记载:

> 长沙有大沩同庆寺,僧多而地广,佃户仅千余家。齐己则佃户胡氏之子也。七岁与诸童子为寺牧牛。③

齐己生于公元863年。可见,至公元670年,沩山同庆寺已经有千余家佃户,一千六百名僧人。沩山由荒无人烟,发展到这样的规模,仅仅用了五十余年。

---

① 参照杨曾文《唐五代禅宗史》,第470页,北京,中国社会科学出版社,1999。
② 赞宁:《宋高僧传》卷一一,《大正藏》第50卷,第777页下。
③ 《五代史补》卷三《僧齐己传》。

第六章　隋唐五代时期的三教关系

隋唐时期,伴随着封建国家大一统局面的形成和三教并用政策的确立,儒、佛、道三教都有较大发展,特别是佛教和道教进入了发展的鼎盛阶段。三教在大多数情况下都能够和平相处,共同发展。三教在竞争中相互吸收,在借鉴中相互推动。此一时期,三教之间的争论时有发生,有时甚至非常激烈,但融合则是此一时期三教关系的主流,儒、佛、道三教中均出现了较深层次的融合思想。

第一节　傅奕反佛与唐初的佛道之争

唐高祖武德年间,由傅奕反佛所引发的佛道之争是唐代三教关系史上的一次重大事件。这次争论首先由道教方面发起,以傅奕为核心人物,道士李仲卿和刘进喜为辅助,佛教方面则以法琳为代表,僧人明槩和居士李师政参与论辩,双方都力求皇帝和朝臣的支持。这次争论涉及佛道两教的教义、仪轨及其与封建国家的政治、经济、伦理等多方面的关系,对于唐初的三教政策的制定和三教定位产生过深远的影响。

一、傅奕上书废佛

傅奕(555—639),相州(今河北省安阳县)人,善阴阳术数。北周武帝时为通道观学士,隋文帝开皇十三年(593)为道士,唐初授太史令。

唐高祖武德年间(618—626),傅奕七次上书,陈述佛教对封建国家的危害,要求政府取缔佛教。傅奕的上书,始于武德四年(621)的《减省寺塔废僧尼益国利民事十一条》,这篇上奏比较全面地反映了他的废佛理由:

> 臣闻羲农轩顼,治合李老之风,虞夏汤姬,政符周孔之教。虽可圣有先后,道德不别,君有沿革,治术尚同。窃闻八十老父,击壤而歌,十五少童,鼓腹为乐,耕能让畔,路不拾遗,孝子承家,忠臣满国,然国君有难,则殉命以报雠,父母有痾,则终身以侧侍。岂非曾参、闵子之友庠序成林,墨翟、耿恭之俦相来羽翼。乃有守道含德,无欲无求,宠辱若惊,职参朝位,荆山鼎上攀附升龙,缑氏坛边相从驾鹤,瑶池王母之使具礼来朝,碧海无夷之神周行谒帝。所以然者,当此之时,共遵李孔之教,而无胡佛故也。自汉明夜寝,金人入梦,傅毅对诏,辩曰胡神,后汉中原未之有信,魏晋夷房信者一分。符融托佛斋而起逆,逃窜江东,吕光假征胡而叛君,跱立西土。降斯已后,妖胡滋盛,太半杂华,搢绅门里翻受秃丁邪戒,儒士学中倒说妖胡浪语,曲类哇哥,听之丧本,臭同鲍肆,过者失香。复广置伽蓝,壮丽非一,劳役工匠,独坐泥胡,撞华夏之鸿钟,集蕃僧之伪众,动淳民之耳目,索营私之货贿,女工罗绮剪作淫祀之旛,巧匠金银散雕舍利之冢,粳粱面米横设僧尼之会,香油蜡烛枉照胡神之堂,剥削民财,割截国贮,朝廷贵臣曾不一悟,良可痛哉!
>
> 伏惟陛下:定天门之开阖,更新宝位,通万物之屯否,再育黔黎,布李老无为之风而民自化,执孔丘爱敬之礼而天下孝慈。且佛之经教妄说罪福,军民逃役,剃发隐中,不事二亲,专行十恶,岁月不除,

奸伪逾甚。臣阅览书契,爰自庖牺,至于汉高,二十九代四百余君,但闻郊祀上帝,官治民察,未见寺堂铜像,建社宁邦。请胡佛邪教退还天竺,凡是沙门放归桑梓。令逃课之党普乐输租,避役之曹恒忻效力,勿度秃小,长揖国家,自足忠臣,宿卫宗庙,则大唐廓定,作造化之主,百姓无事,为羲皇之民。①

接着,傅奕列举了废除佛教的十一条"益国利民"理由,包括:

(一)"众僧剃发染衣,不谒帝王,违离父母,非忠孝者。"

(二)西域八国胡兵自相征伐,屠戮人国。"今大唐丁壮僧尼二十万众,共结胡法,足得人心,宁可不预备之哉?"

(三)"诸州及县减省寺塔,则民安国治。"

(四)"僧尼布衣省斋,则贫人无饥,蚕无横死。"

(五)"断僧尼居贮则百姓丰满,将士皆富。"

(六)"帝王无佛则大治年长,有佛则虐政祚短。"

(七)"封周孔之教,送与西域,而胡必不肯行。"

(八)"海内勤王者少,乐私者多","不忠不孝","入家破家,入国破国"。

(九)"隐农安近,市廛度中,国富民饶。"

(十)"帝王受命,皆革前政。"

(十一)"忠言直谏,古来出口祸及身。"

傅奕反佛主要从历史、政治、经济、夷夏之辨的角度赞扬"李老之风"(道教)和"周孔之教"(儒家),极力攻击佛教是"胡佛邪教",祸国殃民。傅奕通过他自己对历史的考察("臣阅览书契"),提出自庖牺(伏羲)到汉高祖,经历二十九代四百余君主,中国只用老子的"无为"之道和孔子的忠孝礼义治理国家,行"郊祀上帝"之礼,国泰民安,政风醇和,而自从有了佛教传入,中国便叛逆不断,战乱不休,百姓不忠不孝,逃租避役,寺院

---

① 道宣:《广弘明集》卷一一,《大正藏》第52卷,第160页。

经济高度膨胀,国家财产大量流失。傅奕断定这是佛教误国,建议将"胡佛邪教"退还天竺,所有僧尼一律还俗,以恢复上古的"羲皇"之治。

作为太史令的傅奕,在奏章中充分发挥了他的文学才能,使之无异于一篇全面声讨佛教的檄文,极具可读性和蛊惑性。文章通篇使用侮辱性的字眼,如"邪教"、"妖胡"、"秃丁"、"秃小"等,火药味极浓,几欲置佛教于死地而后快。傅奕在斗争策略上,则是联合儒家,从文化本位的角度攻击外来的佛教,将儒、佛、道三教之间的矛盾转化成佛教与道教的矛盾,以正统的"李老"、"周孔"之教对付"胡佛邪教"。其中的绝大部分观点在魏晋南北朝时期就有人提出过,也遭到过佛教方面的反驳。但是,傅奕在新的历史条件下重新提出这些问题,则是基于这样的考虑:一是由于当时的三教关系已经发生新的变化,特别是唐朝皇室以老子后裔自居,道教成为国教已露端倪;二是李唐王朝初步建立,朝廷已有复兴儒学之意;三是朝廷的儒道佛三教政策正处于重新定位的关头。在这种情况下,傅奕不失时机地提出省寺废僧,否定佛教,抬高儒、道两教,自然会受到关注。

傅奕的上书,震动了朝野,唐高祖也深受影响。但考虑到佛教方面势力很大,为谨慎起见,决定让朝臣及佛道双方展开讨论,以期了解佛教方面的回应。此后数年,傅奕多次上书,如武德七年(624),傅奕在上疏中再次呼吁禁止佛教:

> 佛在西域,言妖路远,汉译胡书,恣其假托。故使不忠不孝,削发而揖君亲;游手游食,易服以逃租赋。演其妖书,述其邪法,伪启三途,谬张六道,恐吓愚夫,诈欺庸品。①

在这里,傅奕重申佛教是外来的"夷狄之教",是妖幻"邪法",其教义荒唐无稽,与本土儒家文化及其忠孝传统格格不入,并认为中国历代信佛的君主都是"政虐祚短",梁武、齐襄之事,足为明鉴。

---

① 刘煦等:《旧唐书》卷七九《傅奕传》,第 2715 页。

傅奕的上奏,得到了道士李仲卿和刘进喜的响应,李仲卿作《十迷九异论》,刘进喜作《显正论》,并托傅奕上呈皇帝。两论皆无传,但法琳的《辩正论》引述了其部分论点,主要是就"正"、"邪"问题即宗教的正统性和合法性方面比较道教和佛教的教主、教理、教义以及宗教戒律、仪轨方面的高下优劣,从理论上说明道教优于佛教,道教为正宗,佛教为邪教,应彻底废除。

二、佛教方面的反驳

傅奕的上疏和道士李仲卿、刘进喜等人的议论关涉佛教的根本利益和前途命运,引起了佛教方面的强烈不满。法琳等人极力奔走于朝廷、皇室和朝臣之间,抵制道教的禁佛之议。同时,佛教方面还撰述了多篇重要的著作,驳斥傅奕等人的观点。其中,明槩的《决对傅奕废佛法僧事》、李师政的《内德论》、法琳的《破邪论》、《辩正论》是其代表之作。下面作简要介绍。

1. 明槩的《决对傅奕废佛法僧事》

明槩时为绵州振响寺沙门,在看到傅奕武德四年(621)的上书后,义愤填膺,向高祖上奏《决对傅奕废佛法僧事》。该文指斥傅奕"忽肆狂言上闻朝听,轻辞灭圣利口谤贤,出语丑于枭音,发声毒于鸱响","浮词迷于视听",并揭露傅奕本为还俗道士,嫉妒佛教,不可偏信。① 接着,文章陈述了"决破"傅奕的八条理由,对傅奕的重要论点进行逐条驳斥。明槩的基本思路是广泛引证佛教经典,说明佛教真实不虚,同时攻击道教对国家的危害。这里仅介绍其数条如下。

第一条,决破"僧尼六十以还简令作丁兵,强农劝事"。明槩驳斥说,这是"局见",不识大体。所谓"俗不可以一礼齐,政不可以一道治,士不可以一行取",自古就有士农工商"四民"之说,按其分工,则士言仁义于

---

① 道宣:《广弘明集》卷一二,《大正藏》第52卷,第168页下—169页上。

朝廷,工议技巧于官府,商语财利于市井,农议稼穑于田野。至于众僧,亦各有其业:"论其内以慈忍推心,即是士之仁义;语其外以权巧化物,即是工之伎能;谈其行以施报相酬,即是商之市井;语其道以自他兼济,即是农之力田。"僧人既有感鬼神,动天地之"善政"之德,用农桑之事相劝乃是大材小用。① 明槩反驳说,"今道士既合气修斋,交接受道,应护胎生子,顺礼合天",道士们徒为黄赤交接之道而不生产人口,与其让他们夭胎作孽,还不如还俗为民,利益国家。

第四条,决破"僧尼布衣省斋,则蚕无横死,贫人不饥"。明槩从佛教的戒律出发,指出僧尼的衣食要求十分简单,并非像道士那样铺张浪费。他引《佛遗教经》说:"比丘受食,趣得支身。""着外色衣,以舍饰好。"僧尼借助苦行以悟道,已经到了不能再节俭的地步。"计僧尼一斋,止餐一钵,一着唯衣数縑,而言损田夫十口,杀蚕十万者;计道士一醮,酒脯百盘,一年命绫千匹,应损千军之食,杀万亿之蚕。"②比较起来,道士更加浪费国家经济,应该取缔道教才对。

第七条,决破"封孔子之教,送与西域,而胡必不肯行用"。明槩解释说,从中土而论,百家之内以儒、道两家为最,且用法各异,不可偏废,"道法是虚无之唱而违俗,不可以救弊;儒术乃教化之谈而顺民,可以导物"。但是,这些教理并非最高,因为"寻李老专任无为,止求自度,心无广济,行缺兼他,近同声闻之自利也","孔子以术艺训民,礼教齐俗,少习利他,渐学兼济,巨同菩萨之利他也",以此而言,孔老两教本为佛教所包含,比较起来,佛乃是"大圣",孔子和老子不过是"小圣",再将他们的学说送与西域,西域之民当然无缘接受了。③

明槩的《决对傅奕废佛法僧事》从佛教高于道教的层面着力攻击道教的缺点,许多观点击中了傅奕的要害,有一定的说服力。但由于宗教

---

① 道宣:《广弘明集》卷一二,《大正藏》第52卷,第169页下。
② 同上书,第172页上。
③ 同上书,第174页上。

意气之争，其中不乏片面和夸大之词，该文与傅奕的《十一条》一样，带着宗教的有色眼镜，只求揭对方的老底，攻其一点，不及其余，反映了当时佛道关系的高度紧张。

2. 李师政的《内德论》

李师政，生卒年不详，山西上党（今长治）人，曾任扶沟令、门下典仪等职，唐高祖时任东宫学士。早年习儒、道，后皈依佛教，师从高僧法琳，成为居士。在傅奕反佛声浪大盛之时，李师政坚定地站在佛教一方，著《内德论》和《正邪论》（今佚）。

《内德论》由辨惑、通命、空有三篇专论及引论组成。李氏在引论中自谓其辨惑篇"明邪正之通弊"，通命篇"辨殃庆之倚伏"，空有篇"破断常之执见"，通俗地说，辨惑篇是直接对傅奕的批判，通命篇和空有篇间接地回答傅奕关于佛教教义"虚诞"、"妄说罪福"的批评，从儒佛会通和佛教空、有二宗的层面阐释佛教的"三世报应"说真实不虚。

在《内德论》的引论中，李师政开宗明义地提出了"盛衰由布政，治乱在庶官"的论断。他说，有人认为"三皇无佛而年永，二石有僧而政虐，损化由于奉佛，益国在于废僧"，这是不通历史的"偏见"，博考历代兴亡，足以证明其论点荒谬，"亡秦者胡亥，时无佛而土崩；兴佛者汉明，世有僧而国治；周除佛寺，而天元之祚未永；隋弘释教，而开皇之令无虐"。由此观之，国家的治乱兴衰在于政治制度的合理有效及其官吏的清正廉明，而非是否有佛教的存在。况且，佛教本在隐恶扬善，若人人守善，则刑罚不得而施，家家奉戒，则祸乱无从而作。当年石虎暴虐，并非佛教不仁，而是因为石氏违背了佛教的仁慈教义，就像项羽的失败，不能归咎于范增的计谋一样。①

李师政在"辨惑篇"中通过"辩聪先生"和"忠正君子"的讨论，从十个方面回答了傅奕对佛教的非难，这些内容包括：一惑佛出西胡，二惑周孔

---

① 道宣：《广弘明集》卷一四，《大正藏》第52卷，第184页下。

不言,三惑毁佛誉道,四惑比佛妖魅,五惑昔有反僧,六惑比僧土枭,七惑讥毁须发,八惑种事泥瓦,九惑有佛政虐,十惑无佛民和,大致是根据傅奕的"十一条"而立论的。

例如,关于佛出"西胡"的问题,李师政认为,"师以道大为尊,无论于彼此,法以善高为胜,不计于遐迩",不以地域而论道是自古以来的圣人之德。"夫绝群之骏,非唯中邑之产;旷世之珍,不必诸华之物。""若药物出于戎夷,禁咒起于胡越,苟可以蠲邪而去疾,岂以远来而不用之哉?"凡是能为我所用的东西,无论是有形的物品,还是无形的思想,都不能要求其是否出自中国还是外国。即使就地理概念而言,"百亿日月之下,三千世界之内,则中在于彼域,不在于此方矣!"①也就是说,从广义的"三千大世界"说,世界的中心不在中国,而在天竺,中国自古以来的夷夏之见是一种狭隘的文化观念,不能将它作为判断佛法是否适合于中国的标准。李师政还提到真理是否以周公、孔子的言论为标准的问题。傅奕认为,佛经上的话皆是"六经"所未言,不值得相信。李师政反驳说,六经不载、周孔不言的东西太多了,大凡天文地理、医药符咒等皆属此列,难道这些知识就没有用了吗?"周孔未言之物,蠢蠢无穷,诗书不载之法,茫茫何限? 信乎! 书不尽言,言不尽意,何得拘六经之局教,而背三乘之通旨哉!"②意思是说,周孔之教未必能够穷尽一切真理,知识是无限的,在这个意义上,儒家的"六经"也只是"局教",仍然需要发展,不能以周孔之说来否定佛教的真理。

傅奕曾说,赵、梁时期皆有僧人反叛的事,今天下僧尼二十万众,不可不防。李师政反驳说,这是因噎废食之谈,"若以昔有反僧而废今之法众,岂得以古有叛臣而弃今之多士,邻有逆儿而遂③己之顺子,昔有乱民而不养今之黎庶乎?"况且天下正信僧尼皆为修道之人,

---

①② 道宣:《广弘明集》卷一四,《大正藏》第52卷,第189页上。
③ "遂"当为"逐"。

自有戒律约束,怎能视为亡命之徒呢?"人有可诛之罪,法无可废之过,但应禁非以弘法,不可以人而贱道",至于"耘稊稗以植嘉苗,肃奸回以清大教,所愿深矣,所愿深矣!"意思是说,僧尼中有个别不法之徒,就像禾苗中长出几棵稗子,当然在铲除之列,这对佛教本身的发展也是有利的,但这不是佛教的好坏问题,不可以"咎人而弃法",更不能因此废佛去僧。①

李师政的立论,较为平实而中允,不像傅奕和明槩等人一样,语气偏激而刻薄,虽然《内德论》意在护法,对佛教有过高的评价,但全文基本上从学术讨论的立场出发,避免了宗派的意气之争,反而具有较强的说服力。

3. 法琳的《破邪论》、《辩正论》

法琳(572—640),俗姓陈,颍川(今河南许昌)人。自幼出家,博研儒释百家之学,特精"三论"。曾入长安习道术,住于道馆。唐高祖武德元年(618)返归释门。② 在唐初的佛道斗争中,法琳始终站在斗争的第一线,据理力争,成为佛教方面的核心人物。

法琳的《破邪论》稍晚于明槩的《决对傅奕废佛法僧事》和李师政的《内德论》。该文被道宣收于《广弘明集》卷一一。另外,《大正藏》第 52 卷收录了《破邪论》专文,卷首冠有虞世南的《襄阳法琳法师集序》。《破邪论》文前有武德五年(622)正月二十七日给太子殿下李建成的《上殿下破邪论启》,提到"窃见傅奕所上诽毁之事,在司既不施行,奕乃公然远近流布,人间酒席竟为戏谈,有累清风,实秽华俗,长物邪见,损国福田,理不可也"③,说明当时唐高祖搁置了傅奕的建议,但傅奕不甘罢休,已经将他的"十一条"公诸于世。另外,该文前还有法琳于武德五年正月十二日上秦王李世民的《上秦王启》,申诉自己在看到傅奕的奏文后的愤怒之

---

① 道宣:《广弘明集》卷一四,《大正藏》第 52 卷,第 190 页上。
② 道宣:《续高僧传》卷二四《法琳传》。
③ 法琳:《破邪论》,《大正藏》第 52 卷,第 475 页中。

情,所谓"披览未遍五内分崩,寻读始周六情破裂",声言傅氏之见是"罔冒阙廷处多,毁辱圣人甚切","实未能利国益人"。① 这些文字表明,《破邪论》力求得到皇室和朝廷权贵的重视和支持。

《破邪论》将傅奕的基本观点都列举出来,然后逐条批判,内容详细,考证周密。最有特点的部分,是采用了"以子之矛攻子之盾"的方法,大量列举道教和儒家经典中有关称赞佛教的经文,作为批判傅奕的经典依据。这些内容包括儒家经典《周书异记》中周昭王与太史苏由的一段对话以及商太宰与孔子的对话,以示佛为真正的"圣人",比儒家的圣人更为高明。道经则引用了《太上清静消魔宝真安志智慧本愿大戒上品经》、《老子升玄经》、《张陵别传》、《升玄经》、《西升经》、《灵宝法轮经》、《老子大权菩萨经》、《仙公请问众人难经》、《陶隐居礼佛文》、《化胡经》、《太上灵宝真一劝诫法轮妙经》等十余部。如《老子升玄经》云:"天尊告道陵,使往东方诣佛受法。"《张陵别传》云:"陵在鹄鸣山中,供养金像,转读佛经。"《升玄经》云:"东方如来遣善胜大士诣太上曰:如来闻子为张陵说法,故遣我来看子。张陵曰:卿随我往诣佛所,当令子得见所未见,闻所未闻。陵即礼大士,随往佛所。"② 这些经文显示了道教对佛教的推崇,似有佛高于道之意。因早期的道教经典受佛经的影响确实很多,且法琳曾入道门多年,熟悉内情,所引文献有真凭实据,确有一定的说服力。

《破邪论》注重用事实说话,所采用的资料非常详细。如,针对傅奕的"西域胡者,人面兽心,贪逆恶种,佛生西方,妖魅邪气",以夷狄之民贬低佛陀的人格,法琳的回答是:

> 案《史记》、《历帝记》、王俭《目录》及陶隐居《年纪》云,庖牺氏蛇身人首,大庭氏人身牛头,女娲氏亦蛇身人头,秦仲衍鸟身人面。夏禹出于东夷,文王生于西羌。简狄吞燕卵而生,契伯禹剖母胸背而

---

① 道宣:《广弘明集》卷一一,《大正藏》第52卷,第161页上。
② 同上书,第162页上—中。

生。伊尹托自空桑,元氏魏主亦生夷狄,然并应天明命,出震乘时,或南面称孤,或君临万国,虽可生处僻陋,形貌鄙粗,而各御天威,俱怀圣德。老子亦托牧母生自下凡,何得以所出庸贱而无圣者乎!……寻释迦祖祢,盖千代轮王之孙,刹利王之太子,期兆斯赴,物感则形,出三千世界之中央,南阎浮提之大国,垂教设方,但以利益众生为本。若言生在羌胡,出自戎虏便为恶者,太昊文命皆非圣人,老子文王不足师敬。按《地理志》、《西域传》言,西胡者但是葱岭已东三十六国,不关天竺佛生之地。若知而妄说,何罪之深,若不知浪言,死有余责。①

意思是说,中国自古以来就有圣人出身不凡、相貌异常的各种传说,道家的老子都不例外;就夷夏而论,夏禹和文王等人也都不是正宗的华夏之人,可夷狄的出身并不能抹掉他们作为圣人的身份;从地理学知识上讲,葱岭以东的三十六国才算是"东胡"之地,而佛祖出自天竺,本非东胡之人,已经超出了夷夏之辨的范围,而佛经上所说的"三千大世界"则以天竺为世界的中心,你傅奕若是对此无知而乱说,那是死有余辜,若是明知而妄说,则犯诽谤之罪。法琳所引据的有些文献今已不可考,佢在当时应该是人所共知的。

又如,针对傅奕的"帝王无佛则年长,有佛祚短,自庖牺已下爰自汉高,二十九代,君明臣忠"之说,法琳则考证说:

何故庖牺独治,不及子孙?尧、舜二君位居五帝,尧则翼善传圣,舜则仁盛圣明,如《尚书》二典论,其化民治道,功业最高,民无能名,则天之明君也。尧又废兄自立,其子丹朱不肖,舜则父顽母嚚,并止一身不能及嗣。尔时无佛,何不世世相传,遽早磨灭?隐居《年纪》云,夏禹治五年,羿篡十五年,浞篡十二年,羿十一年,夏癸五十二年。又对曰:《书》云,舜禹之有天下,巍巍乎其有成功……若皇天

---

① 法琳:《破邪论》,《大正藏》第52卷,第482页中—下。

辅德,何为天祚不永,止治九年?《勘年纪》云,夏后相及少康之世,其臣有穷羿、寒促及风夷、淮夷、黄夷、夷斟等国,并相次作乱,凡二十六年,篡夏自立。当时无佛,篡逆由谁?①

法琳的办法很直接,他根据正史的有关记载,从传说中的庖牺(伏羲)到汉高祖共二十九代(傅奕的说法),将历代的篡位夺权、君臣相害,或君有德而国祚短促的史料不厌其烦地一一列举,说明没有佛教的时代,中国照样有君不明、臣不忠的事件,历史上并不存在"无佛则年长,有佛祚短"这样的规律。相反,法琳在后面的考证中指出,历代许多帝王信佛反而国运昌盛,历时长久。

此外,《破邪论》还无情地揭露了历史上民间道教结党聚众,犯上作乱的许多事例,保留了大量早期道教历史方面的"反面"材料。

法琳的另一部重要著作是《辩正论》,又称《辩正理论》。今载于《大正藏》第52卷,道宣的《广弘明集》收录了其中的"十喻九箴篇",专门针对李仲卿所著的《十异九迷论》。根据贞观十三年(639)法琳的自述,他在武德四年(621)仲冬,看到清虚观道士李仲卿所著的《十异九迷论》和刘进喜所著的《显正论》等,于是作《辩正论》以破之。因参考文献不足,该书实际上花了几年的时间才写成。全书共分八卷十二篇,主要内容如下:

(一)《三教治道篇》:通过"上庠公子"和"古学通人"的问答,辩论儒、道、释三家的分工与优劣,从三教的政治和社会作用方面,提出"考周孔六书之训,忠孝履其端;李老二篇之萌,道德创其首;瞿昙三藏之文,慈悲为其本",三教的教义和教规各有不同,"忠孝为训俗之教,道德为持身之术,慈悲盖育物之行,亦犹天有三光,鼎有三足,各称其德,并著其功",皆"尽善尽美","可崇可慕"。② 该篇将所有的佛教文献分类为"九录",辨析道教经

---

① 法琳:《破邪论》,《大正藏》第52卷,第483页中—下。
② 法琳:《辩正论》,《大正藏》第52卷,第491—492页。

典多为三张以下所作,通过辨析《老子》义理,判定道教应入儒家之流。

(二)《十代奉佛篇》:列举晋、宋、齐、梁、陈、元魏、高齐、周、隋、唐十个朝代敬信佛法的帝王、三公、宰辅、通儒等建寺、度僧、译经、得福等的故事。

(三)《佛道先后篇》:辨析释迦牟尼与老子出生时间的先后,结论是佛陀早于老子,《老子化胡经》为晋代道士王浮依《西域传》所造。

(四)《释李师资篇》:该篇针对唐朝皇帝以老子后裔自居,道士潘诞的"道能生佛,佛由道成,道是佛之父师,佛乃道之子弟"①上奏而发,根据佛教历史、特别是通过举引道经《元皇历》、《三洞经》、《西升经》、《化胡经》、《关令传》等,证明佛为道师。

(五)《十喻篇》:该篇针对道士李仲卿的《十异九迷论》而设,先以道士李仲卿的"外十异"为题,驳以佛教的"内十喻",然后,又别立佛教的"内十喻"答道士的"外十异"。如道士李仲卿的"外一异"为:"太上老君托神玄妙玉女,剖左腋而生;释迦牟尼寄胎摩耶夫人,开右胁而出。"法琳的"内一异"则曰:"老君逆常,托牧女而左出;世尊顺化,因圣母而右生。"然后,"开士"通过引经据典证明右大于左,道士之说非是"正说",而为"谬谈"。又如,李仲卿的"外四异"曰:"老君:文王之日,为隆周之宗师;释迦:庄王之时,为罽宾之教主。"法琳的"内四异"则曰:"伯阳职处小臣,忝充藏史,不在文王之日,亦非隆周之师;牟尼位居太子,身证特尊,当昭王之盛年,为阎浮之教主。""开士"则根据《前汉书》、《史记》、《抱朴子》等断定李氏的观点"不符正说"。② 从外十异到内十异,双方比较的都是老子与释迦牟尼的身份高低、年代早晚、教义深浅、相貌优劣,等等。然后,法琳又别列一个佛教的"内十喻"以答道士的"外十异",即:从生有胜劣一,立教有浅深二,德位有高卑三,化缘有广狭四,寿夭有延促五,化迹有先后六,迁谢有显晦七,相好有少多八,盛仪有同异九,法门有顿渐十,展

---

① 法琳:《辩正论》,《大正藏》第52卷,第522页下。
② 同上书,第525页上一中。

示佛法比道法高明。

（六）《九箴篇》：该篇以佛教的九箴答复道士李仲卿《十异九迷论》中的九迷。包括周世无机、建造像塔、威仪器服、弃耕分卫、教为治本、忠孝无违、三宝无翻、异方同制、老身非佛。从佛教的历史、礼仪、戒律、伦理、经典等方面回应了道教方面的批评。

（七）《气为道本篇》：该篇假设"考古通人"与"占衡君子"的问答，辨析道教哲学中的"道"与"气"的关系，批判道教神仙理论的虚幻。

（八）《信毁交报篇》：该篇通过"儒生"提出了这样一个问题："造像书经本期现福，持斋行道贵益眼前，何为念地藏而无征，唤观音而不救？"意即信仰佛法得不到好报的疑问。"开士"则根据《感应传》、《齐竟陵王内传》、《晋录》、《宣验记》、《冥祥记》、《灵鬼志》、《幽明录》、《续搜神记》、《建康别记》、《崔皓传》、《搜神记》、《梁后记》、《冤魂记》、《颜氏家训》、《颜氏家语》等书记载而说明信佛必得好报、毁佛必遭恶报的历史规律。

（九）《品藻众书篇》：该篇通过"野老"与"开士"的问答，比较儒家典籍与佛经的异同，阐明佛教经论的浩博深远，空有双涉，真俗兼济，儒经不过佛经之冰山一角。

（十）《出道伪谬篇》：该篇从八个方面批判道教经籍的伪滥穿凿，道经多依据佛教改造而成，道经中大量采用佛经文句，道经名目混乱，等等。如说道经采用佛教四果、十地、罗汉、五通、如来等名相，以及九重天、八十一天、六十大梵、九真天王、九气天君、玉清大有等名目。又如道经《归命方等真经》中有《六十四真步虚品》偈云："有见过去尊，自然成真道。身色如金山，端严甚微妙。如净琉璃中，内现元始真。圣尊在大众，敷演化迷强。"而佛教《妙法莲花经》有偈云："又见诸如来，自然成佛道。身色如金山，端严甚微妙。如净琉璃中，内现真金像。世尊在大众，敷演深法义。"①两偈几乎雷同，道经《六十四真步虚品》偈在佛教《妙法莲花

---

① 法琳：《辩正论》，《大正藏》第52卷，第543页下。

经》的偈上只改动寥寥数字，变佛经为道经，剽窃行为昭然若揭。该篇对于了解早期道经的源头具有十分重要的参考价值。

（十一）《历代相承篇》：该篇从九个方面揭露道教对佛教仪轨制度的抄袭。(1) 道家无金刚密迹师子，唯有仙童玉女侍卫太上，本无金刚之神，不见密迹力士之像，道教《曹氏太一戒经》云道士改金刚为天冈，即后代所谓天罡神。(2) 释老形服异，根据《陶隐居内传》云，陶弘景在茅山中立佛道二堂隔日朝礼，佛堂有像道堂无像。故为老子立像缺乏根据。(3) 道家节日，根据道家《金录》、《玉录》、《黄录》等斋仪，及《洞神》、《自然》等八斋之法，唯有三元之节，即正月五日为上元节，七月五日为中元节，十月五日为下元节。当朝道士别立七月十五日为道教节日的做法缺乏根据。(4) 道家钟幡不同，打钟悬幢是佛教的独特行法，道教寻常六时不合打钟。(5) 器名不同，使用澡罐和咒愿、唱供以及檀越、优婆夷等名目皆出佛典，道士不应照搬。(6) 不合行城，行城是佛教行法。(7) 依法朝拜，只有佛教才有僧不拜俗的规矩，道士应当依本师之法朝拜君王。(8) 请立经目，请朝廷令大德、名僧、儒生、道士对宰辅朝臣，依据经史刊定是非，定立道经目录，以备慕道之人的修学。(9) 玄都东华非观，太玄是都，东华是宫，称之为观不合适。

（十二）《归心有地篇》：该篇引梁武帝天监三年（504）的《舍道敕文》等说明佛教是归心之地，是正信之教。

法琳的《辩正论》与《破邪论》一样，都是为佛教同道教争夺正统地位而作的。该书广泛引征百家之说和佛、道两教的典籍经文，从"正"与"邪"的角度驳斥傅奕、李仲卿等人对佛教的攻击，进而对佛、道两家宗教信仰方式作出了详细而深入的对比研究，客观上保留了大量唐朝以前道教发展和佛道关系的珍贵史料。

三、唐初佛道之争的结局

唐初的佛道之争在理论上是魏晋南北朝佛教与道教之间的夷夏之

争的继续。在理论源头上,傅奕的观点大多在前代早就有人提出过,如刘宋顾欢的《夷夏论》、南齐的《三破论》以及梁荀济的上书等,傅奕的新创在"无佛年长,有佛祚短"以及"僧尼作乱"几条。而道士李仲卿和刘进喜则重复了《老子化胡经》中有关老子与释迦牟尼的先后及优劣之论。佛教方面,法琳、李师政、明槩等人则集早期佛道之争之大成,特别是继承了梁代刘勰的《灭惑论》、北周甄鸾的《笑道论》及道安的《二教论》的理论成果,并在其基础上提出了很多新的观点。客观地说,傅奕抨击佛教的多数观点都是片面的。虽然,佛教的出家有违背儒家忠孝伦理的一面,佛教僧尼人口的增长会降低国家的劳动力,寺院经济的膨胀会影响国库的收入,等等,但是,这些情况只会导致政府对佛教政策的调整,而不足以达到"退胡佛邪教于天竺"、置佛教于死地的地步。至于傅奕提到的"无佛年长,有佛祚短"的历史规律,实际上是根本不存在的。而道士李仲卿和刘进喜提出的佛道两教的正邪问题,不过是魏晋南北朝以来华夷之辨和宗教正统之争的翻版,是经不起事实的检验的,特别是法琳的《破邪论》和《辩正论》,从历史事实出发,通过深入细致的挖掘,较为彻底地澄清了"老子化胡说"的真伪。撇开佛道两教的宗教意气和正邪之争,佛教方面的反击是非常有力的。由于佛教的极力护教和无情反驳,道教的弱点也暴露无遗,这就大大影响了朝廷对待佛、道两教的态度。唐高祖最初受傅奕等人的影响,本欲抑制佛教,但因李世民及裴寂等诸大臣的反对,加上佛教方面的反驳及对道教的无情揭露,结果于武德九年(626)下令佛、道两教同时整顿。同年,因宫廷政变,高祖退位,沙汰之事不了了之。

第二节 唐代的佛道先后之争

佛道先后问题,是唐王朝三教政策的一个重要组成部分。唐朝以前,也曾发生过儒佛道三教的排位的讨论,但多是在特殊情况下举行的,带有偶然性①。而唐朝则不同,三教的排位是一项基本国策,并为此发生过多次争论,政策也发生过几次更动。从唐高祖开始,经太宗、高宗、睿宗、武则天、玄宗等朝都有关于三教先后的讨(争)论。由于儒家以治国平天下为本位,是封建国家的世俗政治的指导思想,具有无可争议的政治优势,本身无所谓先后问题,因此,三教的排位,本质上是佛教和道教孰先孰后的问题,与佛教和道教的宗教地位和宗教利益密切相关。在唐代历朝的三教排位中,要么道教在前,要么佛教在前,要么佛道两教不分前后,儒家的地位一般无变化,所以,参与争论的都是佛教和道教两方,儒家方面基本不参与其中的争论。

唐高祖武德八年(625),帝幸国子监,堂列三座,讨论儒佛道三教的顺序问题。于时五都才学、三教通人、荣贵宰伯台省咸集,盛况空前。高祖下诏曰:

> 老教、孔教此土元基,释教后兴,宜从客礼,今可老先、次孔、末后释宗。

与会的佛教徒相顾失色,莫敢对答。当时正居堂座"导首"的胜光寺慧乘法师见秦王(李世民)有袒护佛教之意,便挺身而出,先颂皇帝巍巍大德,接着与道士李仲卿就老子之"道"展开了一番激烈的辩难。在这场对决中,李仲卿认定老子的"道"最高,无人能及,其用意是道教最高。沙门慧乘紧紧围绕老子《道德经》中的"人法地,地法天,天法道,道法自然"几句话翻来覆去地追问,结果将老子的"道即自然"义推成了"道不即自然"义。李仲卿事先没有防备,被慧乘问倒,手足失措,而在座的权贵们则一致认定"道士遭难不通",高祖也惊叹慧乘的机巧,"舒颜解颐而笑"。②

接着,唐高祖借机向慧乘法师下诏咨询:道士潘诞曾向他上奏说,佛

---

① 北周天和至建德年间,周武帝曾召集百官和佛、道两教代表在朝廷先后七次辩论,以定儒释道三教先后优劣。事见《集古今佛道论衡》等书。
② 道宣:《集古今佛道论衡》卷丙,《大正藏》第52卷,第381页。

经上提到,悉达太子(释迦牟尼)"求道"六年才成佛;又说,"求于无上正真之道";又说,"体解大道发无上意",这些经文表明"佛由道成,道是佛之师父,佛乃道之弟子"。高祖的这番话,虽然是借道士之口而说,并且荒诞不经,但也算是对慧乘法师对《老子》"咬文嚼字"的以牙还牙。慧乘回答说:

> 震旦之与天竺,犹环海之比麟洲。聃乃周末始生,佛是周初前出,计其相去二十许王,论年所经三百余载,岂有昭王世佛而退求敬王时道乎?钩虚验实,足可知也。仲卿向叙道者,谓太上大道,先天地生,欝勃洞虚之中,炜烨玉清之上,是佛之师,不言周时之老聃也。且五帝之前未闻有道,三王之季始有聃名,汉景以来方兴道学,穷今计古,道者为谁?案七籍、九流、经国之典,宗师《周易》五运相生,既辟两仪阴阳是判,故曰"一阴一阳之谓道,阴阳不测之谓神",天地于事可明,阴阳在生有验,此理数然也,不云有道先天地生。道既莫从,何能生佛?故车胤云:"在己为德,及物为道。"王充、殷仲文云:"德者得也,道者由也。"言得孝在心,由之而成者也。王充《论衡》:"立身之谓德,成名之谓道。"道德也者,为若此矣。卿所言道,宁异是乎!若异斯者不足苦词。岂有头戴金冠,身被黄褐,鬓垂素发,手把玉璋,别号"天尊",居大罗之上,独名"大道",治玉京之中,《山海》之所未详,经史之所不载。大罗同乌有之说,玉京本亡是之谈。①

慧乘在这里提出了两条理由驳斥潘诞的"道是佛之师父"说法。第一条理由是佛的出生时间早于老聃三百多年,佛生周昭王之世,而老聃生周敬王之世,"岂有昭王世佛而退求敬王时道乎"?当然,这条理由是由中国佛教徒"考证"出来的,其实很成问题,但佛教的这个考证是花了功夫的,找了一些证据。慧乘的第二条理由是,中国诸家典籍关于"道"、"德"的定义很多,除了老子说了"道"是"先天地生"外,其他各家都无此说,更

---

① 道宣:《集古今佛道论衡》卷丙,《大正藏》第52卷,第381页下。

无道经虚构的所谓居于"大罗天"之上的"天尊"之"道"。

慧乘的发言,众卿侧目,无人敢驳。史载:"乘尔时独据词锋,举朝瞩目,致使异宗无何而退。"①根据佛教文献《集古今佛道论衡》的记载,武德八年的这场辩论表明,唐高祖的"老先、次孔、末后释宗"之诏其实不是公开的诏令,而是在三教会议上的一个议题,由于沙门慧乘的临机应变和据理力争,高祖朝的三教定位并未确立。

唐太宗执政后,佛道之间先后的争论进入高潮。而这种争论又与当时的"氏族"问题紧密联系在一起。原来,魏晋南北朝以来的门阀氏族势力,到了唐代虽有很大削弱,但在社会上的影响力仍然不可忽视。唐朝皇室出自塞北,无名门之望。为了抬高王朝新贵的社会地位,唐太宗命高士廉等撰修《氏族志》,以重新编排统治阶级内部的各个阶层的社会地位和等级。但高士廉仍旧按照以往的谱牒记录,将天下族姓划分为九等,按旧例将山东氏族崔、卢、李、郑四姓位列于前。太宗不悦,认为山东旧族已经衰微,再把他们排在前面,这种做法不妥当。于是,太宗命高士廉重新刊定,"专以今朝品秩为高下",以皇族为首,外戚次之,原来排名第一的崔姓降到第三,共二百九十三姓,一千六百五十一家。

当然,唐太宗也很清楚,光靠一部官修的《氏族志》来消除旧的门阀世族的传统影响是不够的,他希望借助神权的力量来提高其权威。这种神权的力量也就是道教的尊神老子,只要把皇家的宗谱上续到先秦的老子李耳那里,和老聃认"本家",李姓家族就可以名正言顺地尊居于万姓之上了。唐太宗一直对佛教有好感,但为了皇权的需要,他决定在策略上以道教为先。贞观十一年(637)二月,正值佛教和道教为正邪先后激烈论战的时刻,唐太宗不满意佛道之间的这种无谓的争论,下了一道《道士、女冠在僧尼之上诏》,其文曰:

> 大道之行,肇于遂古,源出无名之始,事高有形之外,迈两仪而

---

① 道宣:《集古今佛道论衡》卷丙,《大正藏》第52卷,第382页上。

运行，包万物而亨育，故能兴邦致泰，反朴还淳。至如佛法之兴，基于西域，爰自东汉，方被中华……洎乎近世，崇信滋深。……遂使殊方之典，郁为众妙之先；诸华之教，翻居一乘之后。流遁忘返，于兹累代。朕凤夜寅畏，缅惟至道，思革前弊，纳诸轨物。况朕之本系，起自柱下，鼎祚克昌，既凭上德之庆；天下大定，亦赖无为之功。宜有改张，阐兹玄化。自今已后，斋供、行法至于称谓，道士、女冠可在僧尼之前。庶敦本之俗，畅于九有；尊祖之风，贻诸万叶！①

唐太宗的这道诏令，用词非常谨慎。它称"佛法之兴，爰自西域"，而不称佛教为"夷狄之教"，确实无贬低佛教之意。诏令所强调的是本土道家的历史源远流长，而佛教从东汉才流传中土②，也就是说，道家（道教）在中国的历史远比佛教要早。诏令特别强调"朕之本系，起自柱下"，即唐朝李氏家族的远祖是老子。这样，佛道的先后问题实际上是一个政治问题，是一个体现唐朝皇族尊卑等差的政治问题。值得注意的是，唐太宗的这道诏令只是比较了佛、道历史的早晚，并没有明确规定道教比佛教地位高，或者道教比佛教优秀，而是规定在公开的斋供、行法场合，道教徒应列在佛教徒的前面。

然而，在佛教徒看来，这道诏令无异于道先佛后，或道优佛劣，对此强烈不满。京城僧人极力向有关部门陈述反对意见，未有结果。其后，年轻僧人智实挺身而出，带领名僧元老冒死向皇帝面奏《论道士处僧尼前表》，其文称：

> 寻老君垂范，治国治家。所佩服章，亦无改异；不立馆寺，不领门人；处柱下以全真，隐龙德而养性。智者见之谓之智，愚者见之谓之愚，非鲁司寇莫之能识。今之道士，不遵其法，所著冠服，并是黄

---

① 宋敏求编：《唐大诏令集》卷一一三《道士女冠在僧尼之上诏》。亦见《全唐文》卷六、《集古今佛道论衡》卷丙，但文字略异。该文主要采自于法琳的《辩正论》。
② 《高僧传·佛图澄传》有"汉明感梦，初传其道"之说，唐太宗此处以东汉明帝遣使求法作为佛教传入中国的开始。

巾之余,本非老君之裔。行三张之秽术,弃五千之妙门,反同张禹,漫行章句。从汉魏已来,常以鬼道化于浮俗,妄托老君之后,实是左道之苗。若位在僧尼之上,诚恐真伪同流,有损国化。①

智实在这里非常策略地陈述了老子之教的清静无为之风,但又指出道教不是道家,与老子无关,道士是"黄巾之余"、"左道之苗",若居僧尼之上,则"有损国化"。无奈太宗不愿采纳,敕令:凡不服者予以杖击。智实仍然不服,结果被杖责,并流放外地,不久病卒,时年三十余岁。其实,智实也知道唐太宗的用意,王令已下,无可更改,但他这样做的目的是要表明,佛教中不是没有勇敢的人!他说:"深知明诏已下,不可转也,万载之后,知僧中之有人焉!"②表现了佛教徒为法忘躯、至死不悔的精神。

贞观十四年(640),西华观道士秦世英密奏法琳的《辩正论》攻击老子,讪谤皇宗,有罔上之罪。原来,法琳《辩正论·佛道先后篇》不厌其烦地"引经据典",证明老子不过是一介凡夫俗子,不像道士宣扬的那样,可以千变万化,神通广大。法琳还考证说:"佛是昭王二十六年甲寅岁生,穆王五十三年壬申之岁佛始灭度,至开皇五年,得一千五百七十六载矣,与《周书异记》并《汉法本内传》及《法王本记》,与吴尚书令阚泽、魏昙谟最法师等所记不差。推老子以桓王六年丁卯之岁仕周,敬王三十二年癸丑之岁五月壬午乃西渡关,至开皇五年,得一千三十七载。"③云云,释迦牟尼早老子两百多年,最后的结论是佛教在前,道教在后。据说,法琳还"考证"出李姓的远祖有两个系统,一个是"代北李"系统,一个是"陇西李"系统。代北李是拓跋氏的后代,也就是唐朝皇室的后裔;而陇西李就是老聃之李,老子的父亲是韩虔("寒蹇"的谐音),有残疾,七十多岁才与邻家女"元卑"(出身卑下之意)私通而生老聃,因为老聃生于李树之下,所以姓"李"。法琳指责太宗皇帝"弃代北"而"认陇西",是数典忘祖。法

---

① 道宣:《集古今佛道论衡》卷丙,《大正藏》第52卷,第382页下—383页上。
② 同上书,第383页上。
③ 法琳:《辩正论》,《大正藏》第52卷,第521页中。

琳的这种肆意贬低皇室的言论让太宗大为震怒。他下诏质问法琳,说:

> 周之宗盟,异姓为后,尊祖重亲,实由先古,何为追逐其短,首鼠两端,广引形似之言,备陈不逊之喻。爬毁我祖祢,谤黩我先人,如此要君,罪有不恕!①

意思是说,周朝开国,封建诸侯,以姬姓为首,异姓为后,尊重祖先、注重血缘是古来的传统,你法琳这种似是而非、恶意毁谤皇室祖宗的做法是目中无人,无法无天,罪不可赦!法琳不屈,他反驳说:

> 文王大圣,周公大贤,追远慎终,昊天靡答,孝悌之至,通于神明,虽有宗庙,义不争长。何者?皇天无亲,竟由辅德。古人党理,而不党亲。不自我先,不自我后。虽亲,有罪必罚;虽疏,有功必赏。赏罚理当,故天下和平。老子习训,道宗德教,加于百姓,恕己谦光,仁风刑于四海……今刘、李②所述,谤灭老氏之师,世莫能知,所以着兹《辩正论》,有八卷,略对道士六十余条,并陈史籍前言,实非谤毁家国,自后二十余列,具状奏闻。③

法琳的意思是,周公、文王虽然重孝,但更重德,古人重理不重亲。老子之教,以道德为宗,慈悲谦和,让天下百姓普沾仁和之风。我法琳著《辩正论》,是要驳斥道士刘进喜和李仲卿毁谤佛教的错误,都是以史实为根据,绝无诽谤皇帝和国家之意,皇帝既然敬重老子之教,为什么不可以像老子所倡导的那样对我仁厚一点呢!

唐太宗并不满意法琳的回答,他又质问法琳:"汝所著《辩正论·信毁交报篇》曰:'有念观音,临忍不伤。'且摄七日,令尔念之,试及刑期,能无伤不(否)?"待七日期满,诏问"有何所念,念有灵不?"法琳答曰:"自皇王吊伐,载清海陆,斯实观音之力,咸资势至之功。比德连衡,道齐上圣。

---

① 道宣:《集古今佛道论衡》卷丙,《大正藏》第52卷,第385页上。
② 刘、李指道士刘进喜、李仲卿。
③ 道宣:《集古今佛道论衡》卷丙,《大正藏》第52卷,第385页上—中。

救横死于帝庭,免淫刑于都市。琳于七日已来,不念观音,惟念陛下。"太宗又派治书侍御①韦悰推问法琳为何如此回答,法琳机智地说:"陛下子育恒品,如经即是观音,既其灵鉴相符,所以惟念陛下。"②太宗怒气顿减,免除法琳死刑,改为发配益州(治所在今成都市),后法琳在流放途中病死。

唐太宗对佛教本来有好感,因智实和法琳事件连去两条人命,心怀愧疚。贞观十五年(641)五月,也就是法琳事件的第二年,太宗以祭奠先妣太穆皇后为名,躬幸弘福寺,召集僧人大德五人,向佛教僧人道歉:

> 帝谓僧曰:"比以老君是朕先宗,尊祖重亲有生之本,故令在前,师等大应恨恨。"
>
> 寺主道懿奉对:"陛下尊重祖宗,使天下成式,僧等荷国重恩,安心行道,诏旨行下,咸大欢喜,岂敢恨恨。"
>
> 帝曰:"朕以先宗在前,可即大于佛也。自有国已来,何处别造道观,凡有功德并归寺家。国内战场之始,无不一心归命于佛。今天下大定,战场之地并置佛寺,乃至本宅,先妣唯置佛寺。朕敬有处所,以尽命归依,师等宜悉朕怀。彼道士者,止是师习先宗,故位在前。今李家据国,李老在前;若释家治化,则释门居上,可不平也?"
>
> 僧等起谢。帝曰:"坐,是弟子意耳,不述不知。天时大热,房宇窄狭,若为居住,今有施物,可造后房,使僧等宽展行道。"③

在同弘福寺僧人的谈话中,唐太宗自称是佛教"弟子",并明确地告诉僧人,为了"尊祖重亲",他不得不让老子置于佛前,下了道士处僧前的诏令,但这绝不是要贬低僧人的地位,作为皇帝,出于政治斗争的考虑,他只能这么做,希望僧人能够理解皇帝的真实用心。太宗还说,唐代开国

---

① 官名,全称治书侍御史,掌解释法律条文及量刑标准。汉宣帝时始置,属御史中丞。
② 道宣:《集古今佛道论衡》卷丙,《大正藏》第52卷,第385页中。
③ 同上书,第385页下—386页上。

以来,道士的宫观未增加一所,而大凡有战场之地均建了佛寺,以祭悼亡灵,道教得了虚名,而佛教得的是实利。今日是李家当国,自然要将姓李的老子摆在前面;若是政治上用得着佛教的地方,那自然又要将释迦牟尼排在前面,这不就摆平了吗?所以,在他的内心深处,佛道两教并无先后之分,只是出于李姓当政,才做了对不起佛教的事情。这就是所谓"今李家据国,李老在前;若释家治化,则释门居上,可不平也?"所要表达的意思。这段对话可以看成是唐太宗对于法琳事件的忏悔,也是他对佛、道两教一视平等的内心表白。由于唐太宗在宗教问题上的灵活应变,佛道先后之争终于画了一个比较圆满的句号。

唐太宗以后,好几代皇帝对于佛道之间的排位都比较谨慎。唐高宗李治在位期间,多次召集佛道两教代表入宫"叙事"或"论议",形成了佛教和道教思想交锋的一个高潮。如显庆三年(658)四月,召佛、道两教代表各七人入内宫"详叙名理",即讨论两家各自的教义、教理。同年六月,帝幸百福殿,诏僧道代表各七人上殿"共谈名理"。同年冬十一月,诏大慈恩寺沙门义褒、东明观道士张惠元等入内殿,道士李荣立"本际"义,沙门义褒与之辩论。显庆五年(660),敕道士李荣与沙门静泰于洛宫就《老子化胡经》展开辩论,李荣大为困窘。龙朔三年(663)二月,帝于蓬莱宫碧宇殿诏大慈恩寺沙门灵辩与道士就《净名经》题而展开论辩。同年三月,道士姚义玄等五人与西明寺僧子立等四人于蓬莱宫就老子之"道"对辩。以下简叙显庆三年的佛道之辩。

唐高宗显庆三年四月,敕令僧人道士各七人入宫内论议。佛教方面派出的代表是会隐、神泰、慧立等法师,道士则有李荣、黄寿、黄赜等人对阵。佛教一方首先确立辩论主题("竖义"),会隐法师竖"五蕴义",神泰法师立"九断知义",请道士发难,道士往返数辩,均不着边际,"茫如梦海"。于是,高宗下敕,令道士"竖义"。李荣立"道生万物义",大慈恩寺慧立法师登座破题:

(慧立)问荣云:"先生云'道生万物',未知此道为是有知,为是无知?"

答曰:"《道经》云:'人法地,地法天,天法道',既为天地之法,岂曰无知?"

难曰:"向叙'道为万物之母',今度万物不由道生,何者?若使道是有知,则惟生于善,何故亦生于恶?据此善恶升沉丛杂,总生则无知矣!如不通悟,请广其类。至如人君之中,开辟之时,何不早生今日圣主,子育黔黎与之荣乐,乃先诞共工、蚩尤、桀纣、幽、厉之徒,而残酷群生,授以涂炭?人臣之中,何不惟生稷、契、夔、龙之辈,而复生枭、鹜恶鸟乎?毛群之中,何不惟生骐骥骝马,而复生豺狼豪猥乎?草木之中,何不惟生松、柏、梓、桂、蕙、荪、兰、菊,而复生蔓、枊、樗、棘、葶、艾、蕨、茨乎?既而混生万物不独善恶,则道是无知,不能生物,何得云天地取法而为万物皆之宗始乎?"

"据我如来大圣穷理尽性之教也,天地万物是众生业力所感。善业多者,则琉璃为地,黄金界道,琼枝荫陌,玉叶垂空,甘露充粮,绮衣为座。恶业多者,则沙壤为土,瓦砾为衢,稗饭充虚,麻衣披体,泥行雨宿,霜获暑耘,日夜驱驰以供公府,皆自业自作,无人使之。吾子心愚不识,横言道生,道实不生,一何可愍!"

李荣得此一怔,愕然不知何对,(慧)立时乘机拂弄,荣亦杜口默然。①

李荣与慧立的这场辩论是围绕道教的"道生万物"论和佛教的"业感缘起"论而展开的。李荣的"道生万物"源于《道德经》的"道生一,一生二,二生三,三生万物",是老子的宇宙本体论(含本原论),说明"道"是万物的祖宗,宇宙万物都是由"道"所决定的。沙门慧立对此并不陌生,也不在这个意义上去同李荣争议,却从人世间的善恶不齐和自然界物种的差异性中反问李荣:如果全知全能的"道"真的无所不知的话,它为什么不

---

① 道宣:《集古今佛道论衡》卷丁,《大正藏》第 52 卷,第 387 页下—388 页上。

独生善的东西,而是善恶"混生",留下那么多恶的东西?实际上,老子在《道德经》中并未提到"道"有全知全能的性质,它只是"上帝之先"的存在,是一个最高的存在,但不是神灵。但是,道教将老子神化了,变成了道教神学的"上帝"。而佛教从"缘起"论出发,主张万物因缘而起,也因缘而灭,以众生的"业力"来说明天地万物的善恶根源,反对神灵主宰世界。慧立抓住了道教神学以道生万物而不能排除万物善恶混生的矛盾,得出"道是无知,不能生物"的结论。慧立的思路大出李荣意外,结果"愕然不知何对","杜口默然"。结果,唐高宗对于道教徒的表现大为不满,斥责道士不学无术,知识浅陋。

佛道之辩暴露了一个很大的问题,就是每当道教一方"竖义"(提出问题),佛教僧人都比较熟悉,容易找到突破点而给道士出难题,而一旦佛教一方竖义,道士则因不熟悉佛教概念和义理而常常误解主题的含义,造成被动局面。像会隐法师出的"五蕴(荫)义",本指众生由色、受、想、行、识五种因素("法")因缘合和而成,故如梦幻泡影,其中的"蕴"应为"积聚"之义,但道士黄赜将"荫"字解释为"覆盖",字义全乖。又如神泰法师所立的"九断知义",在佛学中亦是偏僻的名相,道士更是闻所未闻。① 这就难免在辩论中常处下风。

高宗举行如此之多的佛道论辩,给两教提供了充分表达其教义和思想的机会,也为佛道两教的排序提供了难得的理论依据。由于高宗对于佛道均有包含的气度,他对佛道的顺序问题也就采取了一种"不分先后"的折中的办法。上元元年(674)八月,高宗诏曰:

> 公私斋会,及参集之处,道士、女冠在东,僧、尼在西,不需更为先后。②

这个诏令规定在有僧尼、道士共同参与的场合,一方在东边,一方在西

---

① 道宣:《集古今佛道论衡》卷丁,《大正藏》第52卷,第388页中。
② 王溥:《唐会要》卷四九,第1006页。

边,不分仲伯,无所谓先后的区分,和平共处。

唐睿宗李旦在位的时候,他的做法更为别致。睿宗在思想认识上,就视佛道两教殊途而同归,所谓"释典、玄宗,理均迹异,拯人化俗,教别功齐"。景云二年(711),睿宗诏曰:

> 每缘法事集会,僧、尼、道士、女冠等,宜齐行道集。①

如果说,高宗的诏令中还分了东与西,暗示道教是东方之教,佛教是西方之教,且在行文上先提道士、女冠之名,后提僧尼之名,行家还可以看出一视同仁之中多少有些偏于道教,那么,睿宗的排名则是不分先后,并肩而行,但在提名时先佛后道,似乎又偏向于佛教了。从这两道诏令中可以看出佛道排位问题的某些微妙变化。

武则天执政后,出于"武周革命,万物更新"的目的,她有意置佛教于道教之前。众所周知,武则天是以佛教的《大云经》和《大云经疏》为其登基的理论根据的,作为回报,她大力扶植佛教而贬抑道教。永昌元年(689),废黜老子的"玄元皇帝"尊号,仍称"老君";天授元年(690),改国号为"周",为了表扬佛教"开革命之阶",诏令升佛教于道教之上,道士、女冠居僧尼之后。但到了唐中宗时代,李姓重掌天下,便立即恢复了老子"玄元皇帝"的尊号,以显示政权的转移。至玄宗朝,在政策上又变为道教为先,佛教为后。

唐朝的佛道先后之争是与唐朝的政治斗争密切相关的。在魏晋南北朝时代,佛道两家也有过思想斗争和宗教利益之争,围绕《老子化胡经》和夷夏之辨,双方曾展开激烈的争论,但这些争论多是自发的民间性质的,政府一般不出面裁决。只是到了北朝的周武帝废佛前夕,才开始了公开的三教排位,为其取缔佛教的政策鸣锣开道。但这种排位并没有形成固定的政策。唐朝皇室出于抬高李姓身价的目的,以老子后裔自居,置道教为国教,从而将三教的排位作为一个政治问题来看待,使佛道

---

① 刘昫等:《旧唐书·睿宗本纪》,第157页。

先后的争论打上了政治的烙印。

然而,唐朝佛道的先后排位与政府的三教并用政策又是矛盾的,这就使得统治者在宣扬三教先后的同时,又不得不作出某些灵活性的让步,以消除其不利的影响。这在唐高祖、太宗两朝都有明显的表现。唐朝的佛道先后之争虽然也夹杂着佛道两教的宗教理论和宗教利益之争,但皇室的政治利益是主要的,始终起着主导作用,决定着佛道两教的排名顺序和地位变化。因此,唐朝的佛道先后之争并非简单的宗教优劣之争,理论的是非并不能单独决定两者的胜负,起关键作用的还是唐朝皇室的政治利益。这种情况也反映了唐代的国家政权对宗教的强力控制和影响。

第三节 唐代宫廷的三教论议

三教辩论早在南北朝时期就出现过[①]。到了唐代,由于佛、道两教高度发展,与儒教形成了鼎足之势,儒佛道三教关系出现了一些新的变化。其中一个重要表现就是宫廷中经常举行儒释道三教之间的辩论,并发展成为一种例行的活动。唐代的三教辩论由皇帝担任主持人,与会者则为三省六部的高级官员,参与辩论的是儒佛道三教中最有声望和学问的所谓"三教通人",辩论的场合选在国子监或内殿,一般不在佛寺或道观举行,时间多定于朝廷的重大节日之际,中唐以后则多放在皇帝的诞日举行。这种活动在当时被称为"三教论议"或"三教论衡"。

保存至今的有关唐代宫廷三教论议的文献材料主要的是释道宣(596—667)的《集古今佛道论衡》,记录了多次唐高宗朝及其以前的儒佛道三教、特别是佛道两教论辩的具体细节。在儒家正史和文人的笔记中也可以找到部分资料。从目前掌握的史料中可以大致判断唐代三教论

---

① 志磐:《佛祖统纪》卷五四云:"宋明帝幸庄严寺,观三教谈论",可知刘宋时已有三教辩论的活动。

议的内容、论议的程序以及此项活动的发展趋势。但由于道教方面似乎没有相关的记载,因而对研究的客观性造成了一定的影响。

三教论议或三教论衡在唐朝的各个历史时期情况不一样,为了论述方便,可以将它划分为三个阶段:第一阶段为唐高祖、太宗朝,此一阶段的辩论与佛道两教的排位有关,火药味较浓;第二阶段为高宗朝,内容主要涉及佛道两教的教理争论,思辨程度较高;第三阶段则为中唐以后,逐渐演变成庆祝君主诞辰的一项颇具娱乐性的活动,论议的程式固定,辩论也往往流于形式。

一、高祖、太宗朝的三教排位之辩

唐初的三教论议与当时的佛道争端有直接的关系。唐高祖武德年间(618—626),曾为道士出身的太史令傅奕先后七次上书,极陈佛教对国家的危害。武德四年(621),傅奕上《减省寺塔废僧尼益国利民事十一条》,以"李老之风"(道教)和"周孔之教"(儒家)为本位,攻击佛教是"胡佛邪教",祸国殃民,要求退佛教于天竺,僧尼一律还俗,恢复上古的"羲皇"之治。[1] 唐高祖本有所动,但考虑到朝中大臣中的佛教信徒很多,为慎重起见,决定让佛道双方各陈己见,公开讨论。道士李仲卿和刘进喜响应傅奕之议,李仲卿作《十迷九异论》,刘进喜作《显正论》,并托傅奕上呈皇帝。佛教方面则强烈不满。明槩作《决对傅奕废佛法僧事》、李师政作《内德论》、法琳著《破邪论》、《辩正论》,反驳道教方面的指责。法琳等人还奔走于皇室和朝臣之间,抵制道教的禁佛之议。

武德八年(625),唐高祖幸国子监,召"三教通人"及朝廷高级官员讨论三教排序。于时五都才学、三教通人、荣贵宰伯台省咸集,盛况空前。高祖下诏曰:"老教、孔教此土元基,释教后兴,宜从客礼,今可老先、次孔、末后释宗。"与会的佛教徒相顾失色,莫敢对答。当时正居堂座"导

---

[1] 道宣:《广弘明集》卷一一,《大正藏》第52卷,第160页。

首"的胜光寺沙门慧乘见秦王(李世民)有护佛之意,便挺身而出,提出异议。道士李仲卿反驳。双方就老子之"道"展开了一番激烈的辩难:

  (慧乘)先问道云:"先生广位道宗,高迈宇宙。向释《道德》云:'上卷明道,下卷明德。'未知此道更有大此道者,为更无大于道者?"
  (李仲卿)答曰:"天上天下,唯道至极最大,更无大于道者。"
  难曰:"道是至极最大,更无大于道者,亦可道是至极之法,更无法于道者?"
  答曰:"道是至极之法,更无法于道者。"
  难曰:"《老经》自云:'人法地,地法天,天法道,道法自然。'何意自违本宗,乃云'更无法于道者'?若道是至极之法,遂更有法于道者。何意道法最大,不得更有大于道者?"
  答曰:"道只是自然,自然即是道,所以更无别法能法于道者。"
  难曰:"道法自然,自然即是道,亦得自然还法道不?"
  答曰:"道法自然,自然不法道,所以不相法。"
  难曰:"道法自然,自然即是道,亦可地法于天,天即是地,然地法于天,天不即地,故知道法自然,自然不即道,若自然即是道,天应即是地。"

在这场对决中,李仲卿的论点是"唯道至极最大",意谓天下以老子的"道"为最高,故道教应排名第一。慧乘则抓住了《道德经》中"人法地,地法天,天法道,道法自然"一语中的四个"法"字的用法模糊,如果仅仅从文字上去理解,那么,人、地、天、道则是四个不同层次的事物,越往后层次越高,"人法地"即是"人效法大地",以此往上推理,"道法自然"则是"道效法自然",还真可以推论出"自然比道高"、"道不是自然"的结论!李仲卿事先没有防备,被慧乘难倒,无言以对,而在座的权贵们则一致认定"道士遭难不通",高祖也惊叹慧乘的机巧,"舒颜解颐而笑"。①

---

① 道宣:《集古今佛道论衡》卷丙,《大正藏》第52卷,第381页。

接着,唐高祖借机向慧乘发问:道士潘诞曾奏说,佛经云,释迦牟尼"求道"六年才成佛;又云"求于无上正真之道";又云"体解大道发无上意",这些经文表明"佛由道成,道是佛之师父,佛乃道之弟子"。高祖的这番话,虽然是借道士潘诞之口而说,并且荒诞不经,但也算是对沙门慧乘对《老子》"咬文嚼字"的以牙还牙。慧乘答道,震旦与天竺,压根就不属于同一个地方,何况佛生周昭王之世,而老聃生周敬王之世,佛的出生时间早于老聃三百多年,"岂有昭王世佛而退求敬王时道乎"?另外,中国诸家典籍关于"道"、"德"的定义很多,除了老子说了"道"是"先天地生"外,其他各家都无此说,更无道经虚构的所谓居于"大罗天"之上的"天尊"之"道"。慧乘的发言,众卿侧目,无人敢驳。史载:"乘尔时独据词锋,举朝瞩目,致使异宗无何而退。"①

武德八年的这场三教辩论显然与傅奕上书反佛有关,唐高祖当时也有偏袒道教之意。这场辩论事实上变成了佛道两教的论战,儒家方面无人表态。根据佛教文献《集古今佛道论衡》的记载,唐高祖的"老先、次孔、末后释宗"之诏其实不是公开的诏令,而是在三教会议上的一个议题,由于沙门慧乘的临机应变和据理力争,高祖朝的三教定位并未确立。

佛道先后之争到太宗朝更为激烈,双方私下里均不择手段地揭对方老底,甚至恶意诽谤对方的教主。这引起了唐太宗的反感。贞观十一年(637)二月,太宗下《道士、女冠在僧尼之上诏》,称"朕之本系,起自柱下",道家源远流长,而佛教从东汉才流传中土②,故道士女冠应列于僧尼之前。这样,佛道的先后问题已不是一个简单的宗教问题,而是一个体现李姓皇族尊卑的政治问题。由于佛道双方都从自身利益出发,尊自己的宗教为正统,尽力贬低对方,不可能达成共识,因此,唐太宗便一诏定音,以免无休止的争论。佛教方面尽管强烈不满,沙门智实和法琳据理

---

① 道宣:《集古今佛道论衡》卷丙,《大正藏》第52卷,第382页上。
② 《高僧传·佛图澄传》有"汉明感梦,初传其道"之说,唐太宗此处以东汉明帝遣使求法作为佛教传入中国的开始。

力争,还为此失去性命,但诏令已下,不可收回成命。根据史料分析,由于牵涉的问题过于敏感,太宗朝似乎并未就三教排位问题举行学术性的"三教论议"。

贞观十二年(638),唐太宗不愿亲自参与例行的三教对谈,而是让太子李治主持。是年,皇太子集诸大臣及三教学者于弘文殿,纪国寺沙门慧净奉旨登座,开讲《法华经》。此次三教集会虽然有弘扬佛法之意,但三教可以照常辩论,辩论的主题围绕佛教的《法华经》进行。道教方面的代表是擅长讲道论辩的道士蔡晃。蔡晃向沙门慧净挑战:

(蔡晃)问曰:"《经》称序品第一,未审序、第何分?"

净曰:"如来入定,征瑞、放光、现奇、动地、雨花,假近开远,为破二之洪基,作明一之由渐。故为序也,第者为居,一者为始,序最居先,故称第一。"

晃曰:"第者弟也,为弟则不得称一,言一则不得称弟,两字矛盾,何以会通?"

净曰:"向不云乎'第者为居,一者为始'?先生既不领前宗,而谬成后难,便是自难,何成难人?"

晃曰:"言不领者,请为重释。"

净启令曰:"昔有二人,一名蛇奴,道帚忘扫;一名身子,一开千解。然则蛇奴再闻不悟,身子一唱千领,此非授道不明,但是纳法非俊。"

晃曰:"法师言不出唇,何以可领?"

净曰:"菩萨说法声震十方,道士在座如迷如醉,岂直形骸聋瞽,其智亦有之。"

晃曰:"野干说法,何由可闻。"

净曰:"天宫严卫,理绝兽踪。道士迷魂,谓人为畜。"

这场辩论,道士蔡晃的意图不在《法华经》的义理,而是借《法华经》的"序品第一"句中的"序"、"第"二字挑起争端。蔡晃解"第"为"弟",认为当了兄弟就不应该称第一,称了第一就不应该是兄弟了。此处有暗示道教在佛教之前、佛教不如道教之意。不想佛教徒慧净辩才无碍,讥笑蔡晃不通文墨,连"第者为居,一者为始"这种常识性的东西也不懂。蔡晃理屈词穷,挖苦慧净是野兽说法,别人听不懂。慧净回驳,天宫中管制森严,并无野兽,批评蔡晃口出粗言,不入大雅之堂。

这时,国子祭酒孔颖达站了出来,想给蔡晃解围:

> (孔颖达)曰:"承闻佛家无诤,法师何以构斯?"
>
> 净启令曰:"如来存日已有斯事,佛破外道,外道不通,反谓佛曰:'汝常自言平等,今既以难破我,即是不平,何谓平乎!'佛谓通曰:'以我不平,破汝不平,汝若得平,即我平也。'而今亦尔,以净之诤破彼之诤,彼得无诤,即净无诤也。"
>
> 于时皇储语祭酒曰:"君既剿说,真为道党,净曰'常闻君子不党',其知祭酒亦党乎?"

孔颖达本来是儒家一方,却出面为道教助阵,攻击慧净违背了佛教的"无诤"之德。慧净则根据佛典中的破"外道"法给予回击,并说儒家向有"君子不党"的传统,而孔颖达这样做是不守儒家的本分。结果,太子"怡然大笑,合座欢跃"。①

从武德八年和贞观十二年的这两场三教论议来看,参与辩论的各方都只是就对方经典的个别字义上找岔子,玩弄文字游戏,尚未真正涉及三教的教义和理论问题;佛家方面虽然占据了优势,事实上却是在辩论技巧上胜过对方,是以术压人,不是以理服人。这两场论议虽然与政治问题相关,但大致保持了辩论本身的纯洁性,言论自由,风气民主,既严肃紧张而又不失轻松幽默。

另外,唐初高祖、太宗朝的三教论议,名义上是儒佛道三教论辩,实

---

① 道宣:《集古今佛道论衡》卷丙,《大正藏》第52卷,第383页中。

际上却是佛道两教之争。由于儒家以治国平天下为本位,是封建国家的世俗政治的指导思想,具有无可争议的政治优势,本身无所谓先后问题,这样,三教的排位,实际上是佛教和道教孰先孰后的问题,事关佛道两教的宗教地位和宗教利益。在唐王朝的三教排位中,要么道教在前,要么佛教在前,要么佛道两教不分前后,儒家的地位一般无变化,因此,参与争论的主要是佛教和道教两方,儒家方面基本上不愿出面表态。

二、高宗朝的"名理"之辩

唐高宗李治在位期间(650—683),佛道之间的先后之争已大大缓和,但余音犹在。鉴于儒家方面不愿出面对佛教和道教的争端表态,唐高宗有时干脆只邀请佛道两教的代表参与争论,宫廷中"三教论议"变成名符其实的"两教论议"。高宗于显庆(656—660)、龙朔(661—663)年间曾多次召集佛道两教的代表入宫"共谈名理"或"详叙名理",形成了佛道论争的一个高潮。以下是几次比较有名的辩论活动:

显庆三年(658)四月,召佛、道二教代表各七人入内宫"详叙名理"。

同年六月,帝幸百福殿,诏僧道代表各七人上殿"共谈名理"。

同年冬十一月,诏大慈恩寺沙门义褒、东明观道士张惠元等入内殿,道士李荣立"本际"义,沙门义褒与之辩论。

显庆五年(660),敕道士李荣与沙门静泰于洛宫就《老子化胡经》展开辩论。

龙朔三年(663)二月,帝于蓬莱宫碧宇殿诏大慈恩寺沙门灵辩与道士就《净名经》题而展开论辩。

同年三月,道士姚义玄等五人与西明寺僧子立等四人于蓬莱宫就老子之"道"对辩。①

---

① 均载于道宣《集古今佛道论衡》卷丁,文字略有改动。

当时参加论议的学者,佛教方面有会隐、神泰、惠立、义褒、灵辩、子立等名僧,多是玄奘的弟子,或曾参加慈恩寺、西明寺的译经活动;道教方面有黄赜、李荣、方惠长、张惠元等著名的重玄学学者。辩论开始时,由佛教或道教一方确定一个具体的主题,称之为"竖义",然后双方为此展开问难。辩论的人数不多,每方都不超过十人。除了皇帝任主持人外,没有众卿列席的记载。

根据学者研究,显庆、龙朔年间的佛道辩论主要针对的是道教的教理,涉及六大理论问题,包括:(一)道为"有知"或"无知"的问题;(二)道教的"六洞"问题;(三)道的"本际"问题;(四)道的最高境界是否存在"思虑"的问题;(五)道教的"道体"与万物的关系;(六)道教之"道"与语言、思想的关系。① 以下试举龙朔三年四月的辩论为例,以说明当时双方辩论的情况。

唐高宗龙朔三年(663)四月,诏道士姚义玄、方惠长等五人与西明寺僧子立、灵辩等四人于蓬莱宫讲论。道士方惠长开讲《老子》,沙门灵辩与之问难:

"道为物祖,能生万象,以何为体?"

答:"大道无形。"

难:"有形可有,道无形应无道。"

答:"虽复无形,何妨有道。"

难:"无形得有法,亦可有形是无法。有形不是无,无形不有道。"

答:"大道生万物,万法即是道,何得言无道?"

难:"象若非是道,可使象外别有道,道能生于象,既指象为道,象外即无道,无道说谁生?"

答:"大道虽无形,无形之道能生于万法。"

---

① 卢国龙:《道教哲学》,第292—299页,北京,华夏出版社,1997。

难:"子外见有母,知母能生子,象外不见道,谁知汝道生?又前言:'道能生万法,万法即是道。'亦可如母能生子,子应即是母。又前言:'道为万法祖。'自违彼经教。老子云:'无名天地始,有名万物母。'母祖语虽殊,根本是一义。道既是无名,宁得为物祖?"①

沙门灵辩和道士方惠长辩论的主题是"道为物祖",与显庆三年李荣和慧立争论的"道生万物"是同一个主题,只是问难的角度不同。方惠长根据老子的观点,认为"道"虽然无形无象,却可以"生"出有形象的万事万物,所以是万物之母。灵辩反驳说,无形的"道"怎么可以"生"出有形的万物呢?难道母亲跟儿子不是同一种类型的东西吗?这显然与人们经验的事实不符。事实上,老子所讲的道,既有本体论也有本原论的内涵。② 方惠长说的"大道生万物",是老子的本原论,是老子针对上古时代流行的上帝观念提出的非神论;方惠长说的"万法即是道",则是老子的本体论,是老子关于道与万物关系的哲学思考,用现代的话说,即是本质不离现象,或规律与事物同一。在争论中,方惠长显然只理解老子本原论之道,而不明白老子的本体论之道,被灵辩抓住了漏洞。结果,方惠长不能自圆其说,几次出现"不能答"的尴尬场面。

由于佛道之辩的记录主要来自佛教的文献,难免有佛教护法的意图,其具体细节不可全信。但佛道之辩确实暴露了一个很大的问题,就是每当道教一方"竖义"(提出问题),佛教僧人由于比较熟悉道教的经典,容易找到突破点而予以反击;而一旦佛教一方竖义,道士因不熟悉佛教的概念和义理而常常误解主题的含义,造成被动局面。像会隐法师出的"五蕴(荫)义",本指众生由色、受、想、行、识五种因素("法")因缘合和而成,故如梦幻泡影,其中的"蕴"应为"积聚"之义,但道士黄赜将"荫"字解释为"覆盖",字义全乖。又如神泰法师所立的"九断知义",在佛学中

---

① 道宣:《集古今佛道论衡》卷丁,《大正藏》第52卷,第393页中。
② 参见刘立夫《老子道论的形上学诠释》,《中国哲学史》,2003年第4期,第106页。

亦是偏僻的名相,道士更是闻所未闻。① 这就使得道士在交锋中难免处于下风。不过,佛教方面提出的难题也给道教以诸多思考的空间,有助于道教哲学的深入展开,唐代道教重玄学的不断发展就受益于当时的佛道之辩。②

高宗朝的"名理"之辩是佛道两教真正意义上的思想碰撞和学术交流,双方能够在心平气和的气氛中相互诘难,相互沟通。为了取悦皇帝,两教的学者们时常在论辩中杂以幽默,用俳优或类似相声的方式相互诘难,常使得皇帝"大笑"、"垂恩欣笑"③,达到为皇上解闷取乐的目的,这也成为中唐以后三教谈论趋于娱乐性目的的一个重要发展环节。

三、中唐以后的诞日论衡

唐高宗以后,宫廷里三教论议的情况因缺乏史料而难窥全貌。根据一般的了解推测,高宗朝的"名理"之辩即儒佛道三家的哲理性辩论延续了相当长的时间,而且也是唐朝宫廷论议的基本形式。随着时间的推移,特别是由于唐朝三教并用政策确立和佛道关系的缓和,三教论议日益脱离政治和意识形态上的争端,逐渐演变成带有形式化的思想交流和文教宣传。中唐以后的三教谈论的一个重要变化就是将这一活动安排在皇帝的诞日举行。《旧唐书·德宗本纪》载:贞元十二年(796)四月,"庚辰,上降诞日,命沙门、道士加文儒官讨论三教,上大悦"。一般认为,这是中唐以后以皇帝诞日开三教讲论为常例的开始。但《大宋僧史略》则有更明确的说法:

> 昔汉祖与卢绾同日生,有奉酒馔相遗,此为庆生之权舆也。后则束帛壶酒,孩儿服玩,以加祝贺。大则玉帛,长生久视之意。属于

---

① 道宣:《集古今佛道论衡》卷丙,《大正藏》第52卷,第388页中。
② 参见卢国龙《道教哲学》上篇第四章有关内容,北京,华夏出版社,1997。
③ 道宣:《集古今佛道论衡》卷丁,《大正藏》第52卷,第395页上。

物品,以为庆生之丰礼也。及闻佛法中有弭灾延命之说,则以佛事为庆也。元魏后周隋世,多召名行广学僧,与儒道对论,悦视王道,亦庆生之美事矣。唐高宗召贾公彦于御前,与道士、沙门讲说经义。德宗诞日御麟德殿,命许孟容等登座与释老之徒讲论。贞元十二年四月诞日,御麟德殿,诏给事中徐岱、兵部郎中赵需及许孟容、韦渠牟,与道士葛参成、沙门谈筵等二十人,讲论三教,渠牟最辩给。文宗九月诞日,召白居易与僧惟澄、道士赵常盈于麟德殿谈论,居易论难锋起,辞辩泉注,上疑宿构,深嗟揖之。庄宗代有僧录慧江与道门程紫霄谈论,互相切磋谑浪嘲戏,以悦帝焉……①

由此看来,在皇帝诞日举行三教"谈论"是出于对佛教有"消灾延命"的信仰,而这种事情的发生,并非从唐朝才开始,在北魏时代就有先例。唐高宗在生日的时候曾召集贾公彦(儒家代表)与道士、沙门于御前讲说经义,这说明唐代皇帝诞日的三教谈论并非始于唐德宗,而是始于唐高宗,只是在德宗以后,这一活动可能变得日益程序化,成为诞日三教谈论的常例。

在唐代的三教辩论中,经常见到的是佛道两家的论战较多,儒家的表现很不突出,但也有例外。如唐高祖时期的陆德明就与众不同,在唐高祖武德年间(618—626)的一次三教辩论中,"徐文远讲《孝经》,沙门惠乘讲《波若经》,道士刘进喜讲《老子》。德明难此三人,各因宗指,随端立义,众皆为之屈",高祖善之,曰:"三人者诚辩,然德明一举辄弊,可谓贤矣!"②陆德明的这次辩论就是上文提到的武德八年慧乘与刘进喜的同一次。不过,儒佛道三家的记载往往各有偏重,详己而略人,《旧唐书》本传的记载也缺乏具体的辩论细节。然而,白居易的文集中却意外地保留了唐文宗太和元年(827)十月在皇帝诞日举行的一次比较完整的三教宫廷

---

① 赞宁:《大宋僧史略》卷下《诞辰谈论》,《大正藏》第54卷,第248页上。
② 刘昫等:《旧唐书》卷一八九《陆德明传》,第4945页。

论辩记录,十分珍贵。

《白居易集》卷六八《三教论衡》篇载:"太和元年十月,皇帝降诞日,奉敕入麟德殿内道场,对御三教谈论。略录大端,不可具载。"因白居易是儒家代表,他的记载详于儒家的内容,而略于佛、道两家的言论。该篇又说:"谈论之先,多陈三教,赞扬演说,以启谈端。"这属于三教论衡前的开场白,即在辩论前要对各教多说恭维之词,加上是皇帝的生日,还必须对君主歌功颂德,以作为谈话的引子。以下是白居易对全场问难对答的记录,从佛教的义林法师问难开始:

义林法师所问:"《毛诗》称六义,《论语》列四科。何者为四科?何者为六义?其名与数,请为备陈者。"

(白居易)对:"孔门之徒三千,其贤者列为四科。《毛诗》之篇三百,其要者分为六义。六义者:一曰风,二曰赋,三曰比,四曰兴,五曰雅,六曰颂。此六义之数也。四科者:一曰德行,二曰言语,三曰政事,四曰文学。此四科之目也……请以法师本教佛法中比方,即言下晓然可见。何者?即如《毛诗》有六义,亦犹佛法之义例,有十二部分也。佛经出千万卷,其义例不出十二部中。《毛诗》三百篇,其旨要亦不出六义内。故以六义,可比十二部经。又如孔门之有四科,亦犹释门中之有六度……又如仲尼之有十哲,亦犹如来之有十大弟子……夫儒门、释教,虽名数则有异同,约义立宗,彼此亦无差别。所谓同出而异名,殊途而同归者也。所对若此,以为如何?更有所疑,即请重难。"

法师所难:"十哲四科,先标德行。然则曾参至孝;孝者,百行之先,何故曾参不列于四科者?"

对:"曾参不列四科者,非为德行才业,不及诸人也;盖系于一时之事也。请为始终言之。昔者仲尼有圣人之德,无圣人之位……"

(白居易)问僧:"儒书奥义,既已讨论。释典微言,亦宜发问。"

问:"《维摩诘经·不可思议品》中云:'芥子纳须弥。'须弥至大至高,芥子至微至小,岂可芥子之内,入得须弥山乎?假如入得,云何得见?假如却出,云何得知?其义难明,请言要旨。"

僧答不录。

难:"法师所云:'芥子纳须弥,是诸佛菩萨解脱神通之力所致也。'敢问诸佛菩萨,以何因缘,证此解脱?修何智力,得此神通?必有所因,愿闻其说。"

僧答不录。

(白居易)问道士:"儒典佛经,讨论即毕;请回余论,移问道门。臣居易言:'我大和皇帝祖玄元之教,挹清净之风;儒素缁黄,鼎足列座,若不讲论玄义,将何启迪皇情?道门杨弘元法师,道心精微,真学奥秘,为列仙上首,与儒争衡。居易窃览道经,粗知玄理;欲有所问,冀垂发蒙。'"问:"《黄庭经》中有养气存神,长生久视之道。尝闻此语,未究其由。其义如何?请陈大略。"

道士(杨弘元)答不录。

难:"法师所答,有养气存神,长生久视之大略,则闻命矣。敢问'黄'者何义?'庭'者何物?'气'者何气?'神'者何神?谁为此?经谁得此道?将明事验,幸为指陈。"

道士答不录。

道士问:"《孝经》云:'敬一人,则千万人悦。'其义如何者?"

答:"谨按《孝经·广要道章》云:'敬者,礼之大本也。敬其君,则臣悦;敬一人,则千万人悦。所敬者寡,而悦者众,此之谓要道也。'……其间别有所疑,即请更难。"

法师所难云:"凡敬一人,则合一人悦;敬二人,则合二人悦,千万人悦;何故敬一人而千万人悦?又问:所悦者何义?所敬者何人?"

对:"《孝经》所云'一人'者,谓帝王也;王者无二,故曰一人,非谓臣下众庶中之一人也。若臣下敬一人,则一人悦;敬二人,则二人悦。若敬君上,虽一人,即千万人悦。何以明之?设如有人,尽忠于国,尽敬于君,天下见之,何人不悦?岂止千万人乎?"

参与唐文宗太和元年三教论议的儒释道三教首席代表分别是白居易、沙门义林和道士杨弘元,谈论内容涉及儒家的"六义"、"四科"、《孝经》"敬一人,则千万人悦"之义理,佛教的《维摩诘经·不可思议品》中的"芥子纳须弥"的含义,道教《黄庭经》中的养气存神、长生久视之道,等等,白居易与佛道两家进行了对答,而佛道两家是否有交流,本文缺乏记载。三方所提出的问题和讨论的过程,看似平淡,波澜不惊,实则含而不露,直捣要害。白居易关于儒家"六义"、"四科"的回答虽属常识,但要结合佛经类比,亦需一定的功力。特别是他对《孝经》"敬一人,则千万人悦"的义理发挥,不温不火,恰到好处,正符合当时的气氛和皇上的胃口,非一般人所能及。另外,白居易关于"芥子纳须弥"的问题,看似平常,却是佛教中颇为微妙的问题,因为它作为佛教"神通"的一部分,实际上是不能验证的。白居易关于道教《黄庭经》的提问也一样,因为它需要回答诸如"神者何神?谁为此?经谁得此道?"这样的实际问题,并且要"将明事验",用事实说话,这正是道教神仙理论的要害所在。

由此可见,即使到了晚唐的文宗时代(826—840),儒佛道三教的宫廷辩论似乎还保持了它应有的学术性和严肃性,与前期相比,只是辩论过于程序化,参与问难的各方都求不露锋芒,辩论的激烈程度大大降低了。

经过唐武宗的会昌灭佛(845)后,佛道两教都遭到致命的打击,但宫廷的三教论议活动仍然时有举行。以下是高彦休《唐阙史》关于晚唐僖宗咸通年间(860—873)的一项与"三教论衡"相关的史载:

> 咸通中,优人李可及,滑稽谐戏,独出辈流。虽不得言讽喻,然巧智敏捷,亦不可多得。尝因延庆节,缁黄讲论毕,次及倡优为戏。可及乃褒衣博带,摄齐以升高座,称"三教论衡"。偶坐者问曰:"既言博通三教,释伽如来是何人?"对曰:"妇人。"问者惊曰:"何也?"对

曰:"《金刚经》云:'敷坐而坐。'若非妇人,何待'夫坐'而后'儿坐'耶?"上为之启齿。又曰:"太上老君何人?"曰:"亦妇人也。"闻者益所不喻,乃曰:"《道德经》云:'吾有大患,为吾有身,及吾无身,吾复何患!'倘非妇人,何患于'有身'乎?"上大悦。又问曰:"文宣王何人也?"对曰:"妇人也。"问者曰:"何以知之?""《论语》曰:'沽之哉,沽之哉,吾待贾者也。'向非妇人,'待嫁'奚为?"上意极欢,赐予颇厚。

唐僖宗在诞日缁黄与倡优并用,所谓"缁黄讲论毕,次及倡优为戏",似有"醉翁之意不在酒,在乎倡优为乐也"的味道,而优人李可及的滑稽谐戏,竟拿释迦牟尼、老子、孔子(文宣王)当做嘲讽取乐的对象,儒佛道三教的"圣人"成了戏子口中的"妇人",而皇上竟然"极欢,赐予颇厚"!这说明,到了晚唐的僖宗时代(873—888),"三教论衡"已风光不再,每况愈下,徒具形式,与曲艺杂谈摆到了同一层次,成为皇帝祝寿的一项文化点缀而已。

唐代宫廷的三教论议源于佛道两教的激烈争端。北周武帝天和(566—571)至建德(572—577)年间,周武帝召集百官和佛、道两教代表在朝廷先后七次辩论,[①]开三教在宫廷上通过公开辩论的方式以定先后优劣的滥觞。唐高祖时期的三教论议与北周武帝时期的情形相似,当时面临的也是佛道关系的高度紧张,高祖企图借助于三教排位来打击佛教,由于佛教方面的强烈抵制及高祖在武德九年的突然退位而作罢。唐太宗虽然诏令道先佛后,以神化老子的方式来提高李氏家族的社会地位,但他并没有像高祖那样,通过三教民主廷议的方式来解决,这就大大淡化了三教的政治倾向,也导致了唐代宫廷三教论议的一个重大转向。从唐高宗开始,三教论议不再停留在表面的咬文嚼字,而是以佛道两教的教理讨论为主,辩论的双方也多立足于各自的宗教立场和思辨方式展开论战,三教论议成为一种完整意义上的学术辩论和学术交流。由于只谈"名理",尽力回避敏感的政治问题,故双方多能心平气和,客观上有利

---

① 参见汤用彤《魏晋南北朝佛教史》,第385页,北京大学出版社,1998。

于佛道双方的理解和沟通。事实上，唐高宗即以"佛道二教同归一善"为前提，将讨论定格为"共谈名理，以相启沃"，希望借助于双方在宗教义理上的切磋，以相互启发，加深了解。① 因此，唐高宗时代的三教论议应该是最典型的。也正是通过此类的思想碰撞与交流，三教、特别是佛道两教之间能够取长补短、求同存异，和平共处，进一步被纳入封建王权和大一统政治的轨道。

唐代宫廷的三教议论从一开始就具有娱乐人主的功能，这种娱乐的功能起初是通过紧张激烈的论辩气氛和幽默机巧的论辩表演来实现的。从武德八年李仲卿被慧乘难倒时唐高祖"舒颜解颐而笑"，贞观十二年太子李治在慧净驳倒孔颖达后"怡然大笑，合座欢跃"，唐高宗显庆、龙朔年间在佛道论辩中多次"大笑"、"垂恩欣笑"，到唐僖宗对优人李可及的滑稽表演感到"极欢"，这些史实充分说明唐代宫廷所谓三教论议所承当的双重功能：三教的思想对抗与取悦人主，而正是后一种功能的强化，导致了三教论议的日益沦落。到了唐末，也许是三教论议因流行日久而失去了新意，帝王贵族们已不满足于其中的陈词滥调，便有意将它与戏子的节目混到了一起，又出于佛教有"消灾延命"的信仰，导致了唐僖宗时代与倡优同台并用的结局。

唐代宫廷的三教论议持续了近三个世纪，从初唐延续到唐末，五代十国时期仍然偶尔可见此类活动的举行。北宋王朝建立后，宋太祖以公务繁忙为由最终取消了儒佛道三教的宫廷论议，而代之以僧人的讲经。②

第四节 唐代的沙门拜俗之争

佛教传入中国后，出家人上不朝君王、下不拜父母的清规戒律同儒

---

① 道宣：《集古今佛道论衡》卷丁，《大正藏》第52卷，第389页上。
② 《大宋僧史略》卷下《诞辰谈论》云："至大宋太祖朝，天下务繁，乃罢斯务，止重僧讲，三学为上，此无乃太厚重而贞实乎？"

家的忠孝伦理发生了尖锐的冲突,常被列为"无父无君"而备受攻击,从东晋到隋唐,历代朝廷为此而发生了多次争议,要求出家僧人礼拜皇帝。在唐朝以前,沙门拜俗问题基本上都只涉及沙门与王权的关系,历朝的几次重大争议和皇帝要求沙门拜俗的诏令都只要求拜皇帝,未提到要拜父母。到了唐代,沙门不拜俗人的问题仍然受到朝廷的关注,诏令中多次规定沙门不仅要拜君,也要拜父母。

隋炀帝大业初年,改革前政,有司制定法令规定沙门礼拜皇帝及朝中官员。然而,大业五年(609),当炀帝与朝廷文武百官大张旗鼓地来到京城洛阳南郊祭天之时,情况并无改变,僧人依然不拜皇帝:

> 于时佛道二众依前跱立。有敕云:"条式久行,何因不拜?"黄老、士女闻便致礼,唯僧尼俨然。时兴善寺沙门明赡答帝曰:"僧等据佛戒,不合礼俗。"帝曰:"宋武之时僧何致拜?"赡曰:"宋武狂勃,不拜便有严诛①;陛下有道,不拜不惧显戮。"帝令问对,僧尼遂散。赡明旦至阙重参有司,募敢死者对诏谢过。内史为通昨不拜之罪,帝夷然不述。乃尽京僧尼设斋,人别施钱帛。后帝至西郊,顾谓苏威曰:"朕谓京师无僧,昨南郊中亦有人焉。"拜事因寝。②

隋炀帝虽为暴君,但对佛教一直存有好感,早年曾受菩萨戒,成为佛教居士,所以,兴善寺沙门明赡敢于出面据理力争,以不合佛教戒律为由,拒绝向皇帝低头。但明赡毕竟不敢放肆,出于策略的考虑,于次日招僧人"敢死队"向炀帝谢罪,而炀帝不仅不再计较,反而对僧人更为敬重,还佩服僧人的骨气。事后,沙门彦琮著《福田论》,详叙沙门不拜俗的历史沿革,称"明赡陈切对于隋后,竟全方外之节"③,赞扬兴善寺沙门明赡临危不惧、勇于护法,维护了佛教出家人的尊严。

---

① 《广弘明集》卷六谓:南朝宋武帝大明六年,"使有司奏议令僧致敬。既行剺斯之虐,鞭颜皴面而斩之。人不胜其酷也"。
② 彦琮:《集沙门不应拜俗等事》卷二,《大正藏》第52卷,第452页中。
③ 同上书,452页下。

武德元年(618)，唐高祖受禅称帝。僧人不拜俗的问题又一次被提到议事日程。是时"百官拜舞，僧但山呼，拱立一面"。鄂国公尉迟敬德、金吾卫将军刘文靖大为不满，奏曰："僧未登圣，俱是凡夫，何乃高揖王侯，父母反拜？孰可忍也！"高祖令有关部门对此事详议。经过讨论，认为沙门出家，不合拜上。①

唐太宗贞观五年(631)，诏僧尼道士致拜父母，但阻力重重，贞观七年(633)被迫取消原诏。

唐高宗在位期间，沙门拜俗问题再度被列入议事日程，且引起激烈的争论。高宗本于显庆二年(657)诏令"自今以后，僧尼不得受父母及尊者礼拜，所司明为法制，即宜禁断"②，明确规定要继续尊重佛教的戒律传统。然而，数年以后，情况变化。龙朔二年(662)四月十五日，高宗下了一条重要敕令，光禄大夫许敬宗宣旨：

> 君亲之义，在三之训为重。爱敬之道，凡百之行收先。然释、老二门，虽理绝常境，恭孝之躅，事叶儒津。遂于尊极之地，不行跪拜之礼。因循自久，迄乎兹辰。宋朝暂革此风，少选还遵旧贯。朕禀天经以扬孝，资地义而宣礼，奖以名教，被兹真俗。而瀍乡之基克成，天构连河之化，付以国王裁制之由，谅归斯矣。今欲令道士女官僧尼，于君、皇后及皇太子、其父母所致拜。或恐爽其恒情，宜付有司详议奏闻。③

诏令强调儒家名教的"君亲之义，在三之训"是天经地义，也是佛道两教必须遵循的原则，因此，诏令要求佛道两教的出家人应该礼拜皇帝、皇后、皇太子和父母。但高宗还比较民主，考虑到冰冻三尺，非一日之寒，佛门(包括道教)不拜君亲，行之既久，若遽然改变，恐非人情所能习惯，

---

① 念常：《佛祖历代通载》卷一一，《大正藏》第99卷，第563页下。
② 王溥：《唐会要》卷四七《议释教上》，第980页。
③ 彦琮：《集沙门不应拜俗等事》卷三，《大正藏》第52卷，第455页上—中。

宜将此事交付有司详议,然后定夺。

当时道教方面的态度如何,因缺乏记载已不得而知。佛教方面对此反应强烈。大庄严寺沙门威修和西明寺沙门道宣则积极来往奔走于王公贵族、朝廷大臣之间,唯恐形成法令,造成既成事实。京城僧人二百余人联合起来,前往蓬莱宫申诉。高宗命左右相宣告,详议拜否未定,可待后集。于是,众僧退聚于西明寺,谋议共投启状,求助达官贵戚,"于时上表者众"①。四月二十一日上沙门威秀上《沙门不合拜俗表》,提出异议:

> 伏奉明诏,令僧拜跪君父,义当依行,理无抗旨。但以儒释明教,咸陈正谏之文;列化恢张,俱进蒭荛之道。僧等荷国重恩,开以方外之礼;安居率土,得弘出俗之心。所以自古帝王齐遵其度,敬其变俗之仪,全其抗礼之迹,遂使经教斯广,代代渐多,宗匠攸远,时时间发……今若返拜君父,乖异群经,便发惊俗之誉,或陈轻毁之望。昔晋成幼冲,庾冰矫诏,桓楚饰诈,王谧抗言,及宋武晚年,将隆虐政,制僧拜主,寻还停息。良由事非经国之典,理越天常之仪。虽曰流言,终缠显议。况乃夏勃敕拜,纳上天之怒;魏焘行诛,肆下疠之责。斯途久列,备举见闻。僧等奉佩悼惶,投庇失厝,恐丝纶一发,万国通行,必使环海望风,方弘失礼之誉;悠哉后代,或接効尤之传。②

威秀的理由约有三条:(一)"今若返拜君父,乖异群经",即不符合佛经中的有关规定。他为此还专门抄列了佛经中有关不拜俗的经文,呈皇帝过目。(二)"自古帝王齐尊其度",即从佛教传入中国以来,历代君主都"经其变俗之仪,全其抗礼之迹",使佛法得以不断弘扬和壮大。(三)若令沙门拜俗,则"事非经国之典,理越天常之仪"。威秀不无威胁地指出,历代下达的那些命令沙门拜俗的诏令都无一例外被迫中止,那些下诏令的君

---
① 《佛祖历代通载》卷一二,《大正藏》第49卷,第580页下。
② 彦琮:《集沙门不应拜俗等事》卷三,《大正藏》第52卷,第455页中一下。

主也都没有好下场,警告唐高宗要吸取历史教训,不要重蹈覆辙。

四月二十五日,西明寺沙门道宣等上雍州牧沛王《沙门不应拜俗启》,一方面歌颂大唐王朝开明的文化和宗教政策,所谓"教分三法,垂万载之羽仪;位开四部,布五乘之清范"①,另一方面则呼吁唐高宗吸取历史教训。他指出,佛教在中国历代遭遇非常曲折,曾经历过"三被屏除,五遭拜伏"的坎坷,但那些事件都发生在政治黑暗、暴君当世的时代,所谓"且自法教东渐,丞涉窊隆,俱非休明之代,并是暴虐之君",故"非经国之谟"而招致"良史之诮",不值得明君效法。②

道宣在这里提到了中国历史上发生的打击佛教的几次大事件。"五遭拜伏"事件包括东晋恭帝元熙年间僭据夏州的赫连勃勃令沙门致拜;东晋成帝咸康年间庾冰辅政,要求沙门礼敬王者;东晋安帝元兴年间,桓玄篡位,要求沙门拜君;南朝宋孝武帝大明年间下令沙门必须对皇帝跪拜;隋炀帝大业初年,规定沙门礼拜皇帝及百官。"三被屏除"事件应包括北魏太武帝和北周武帝的两次废佛活动,另外一次不知所指。道宣在其后的《序佛教隆替事简诸宰相等状》中列出了佛教的兴衰沿革,又提到"三被诛除,几令致拜",但也只列举了北朝的两次废佛事件。由于道宣生活在唐高宗时代,出于避讳等原因,所以,他将唐初因傅奕反佛而引发的唐高祖废佛事件隐而不提。③

四月二十七日,道宣等人上荣国夫人杨氏《请论沙门不合拜俗启》,再次提出佛教的抗议。该文实际上是写给荣国夫人的一封信,信后表达了佛教僧人对于拜俗的忧虑,所谓"僧等内省惭惧,如灼如焚,相顾失守,莫知投厝",真诚地希望荣国夫人能够出面救助。荣国夫人是武则天的母亲,有出入宫禁的方便,这封启奏可以及时上呈皇帝。在该启中,道宣集中地阐明了佛教戒律对于佛教的重要意义,他说:

---

① "三法"指儒佛道三教,"四部"泛指佛教,因佛教有"四众"或"四律"之说。
② 参见《集沙门不应拜俗等事》卷三。
③ 见《大正藏》第52卷,第356—357页。

> 自三宝东渐六百余年,四俗立归戒之因,五众开福田之务,百王承至道之化,万载扇惟圣之风。故得环海知归,生灵回向。然以慧日既隐,千载有余,正行难登,严科易犯,遂有稊稗涉青田之秽,少壮怀白首之征,备列前经,闻于视听。且圣人在隐,凡僧程器,后代住持,非斯谁显?故金石泥素,表真像之容,法衣剔发,拟全僧之相。衣而信毁,报果两分,背此缮修,俱非正道。又僧之真伪,生熟难知,行德浅深,愚智齐惑。故经陈通供,如海之无穷,律制别科,若涯之有际,宗途既列,名教是依。设出俗之威议,登趣真之圆德,固使天龙致敬,幽显归心,弘护在怀,流功不绝。①

大意是说,佛教在中土六百余年的弘扬,造福社稷苍生,多赖佛教内部严明的纪律,所谓"正行难登,严科易犯"。对于佛教来说,僧人的真伪,德行的深浅,全系于戒律的约束。僧人如果缺乏戒律的约束,将一盘散沙,秽行不断。因此,出家人必须超世绝俗,德行圆满,以获得世俗的尊重,保证佛法流传不绝。

随后,道宣又上呈《述佛教隆替事简诸宰辅等状》、《白朝宰群公沙门不应拜俗启》。在《述佛教隆替事简诸宰辅等状》中,道宣回顾了佛教传入中国后的发展线索,重申上雍州牧沛王《沙门不应拜俗启》中"三被诛除,五令致拜"的做法是"既乖经国之典,又非休明之政",提出佛教僧人不拜俗符合儒家《易经》蛊爻的"不事王侯"、《周礼》的儒行"不臣天子"的传统。又从"出家人"的本义指出,既然出家,则"财色弗顾,荣禄弗縻,观时俗若浮云,达形命如阳焰",故"出家不存家人之礼"。道宣还特别摘引了佛经中有关沙门不拜俗的几处重要经文:

> 《梵网经》下卷云:出家法不礼拜国王父母六亲,亦不敬事鬼神。
> 《涅槃经》第六卷云:出家人不礼敬在家人。
> 《四分律》云:佛令诸比丘长幼相次礼拜,不应礼拜一切白衣。

---

① 彦琮:《集沙门不应拜俗等事》卷三,《大正藏》第52卷,第457页上。

>《佛本行经》第五十三卷云:输头檀王与诸眷属百官次第礼佛已。佛言:王今可礼优波离等诸比丘。王闻佛教,即从座起,顶礼五百比丘新出家者,次第而礼。
>
>《萨遮尼乾经》云:若谤声闻辟支佛法及大乘法,毁呰留难者,犯根本罪……大王若犯此罪不自悔者,烧灭善根,受无间苦。以王行此不善重业,故焚行罗汉诸仙圣人,出国而去,诸天悲泣,诸善鬼神不护其国,大臣辅相诤竞相害,四方贼起,天王不下龙王隐伏,水旱不调,死亡无数。时人不知是过而怨诸天,诉诸鬼神。是故行法行王,为救此苦不行此过。广如经说。①

上述经文除提到"出家人不礼在家人"的戒律外,还威胁诽谤佛法会"犯根本罪",天怒人怨,鬼神不护,水旱不调,死亡不断。

在《白朝宰群公沙门不应拜俗启》中,道宣又一次申述了他的不拜理由:

>夫以出家之迹列圣齐规,真俗之科百王同轨。乾木在魏,高抗而谒文侯;子陵居汉,长揖而寻光武。彼称小道,尚怀高蹈之门,岂此沙门不乘闲放之美?但以三宝向位,用敷归敬之仪;五众②陈诚,载启福田之道。今削同儒礼,则佛非出俗之人;下拜君父,则僧非可敬之色。是则三宝通废,归戒绝于人伦;儒道是师,孔经尊于释典。在昔晋宋备有前规,八座详议足为龟镜。③

在这里,道宣引用了魏文侯时代的段干木、汉光武帝时代的严子陵不向帝王低头的典故,以显示儒家"不事王后,高尚其迹"的节操。但道宣认为这种行为不过"小道"而已,只是偶尔为之,跟佛教出家的"圣迹"不能

---

① 彦琮:《集沙门不应拜俗等事》卷三,《大正藏》第52卷,第457页中。
② "五众"指佛教的五类出家人,即比丘(受具足戒的男子)、比丘尼(受具足戒的女子)、式叉摩那(将受具足戒而先学六法的女子)、沙弥(出家受十戒的男子)、沙弥尼(出家受十戒的女子)。
③ 彦琮:《集沙门不应拜俗等事》卷三,《大正藏》第52卷,第457页下。

相比。因为佛教的不朝天子,是佛教出家众皈依三宝、造福众生的需要,故被列入佛家律制。如果将佛教的戒律强行去除,等同儒家礼仪,那么,佛教徒就不再是出俗之人,僧人也不再受世俗的尊重,实际上也就废除了佛教。道宣希望朝廷吸取东晋末年朝中八大臣集体抵制桓玄要求沙门拜俗的历史教训。

五月十五日,唐高宗召集文武官僚九品以上及各州县官等千余人,于中台都堂议事。西明寺沙门道宣、大庄严寺沙门威秀、大慈恩寺沙门灵会、弘福寺沙门会隐等京城三百余僧汇集议事厅,将佛教不拜俗的经文连同以前给朝廷及大臣的启表上呈,向皇帝申诉。高宗一时拿不定主意,司礼太常伯王博叉宣敕,令俗官详议,僧人退避。当时群议纷纷,无有定论。有司命众人各陈己见,奏表以闻。结果,令狐德业等539人上表反对沙门拜俗,阎立本等354人上表支持沙门拜俗,同意不拜者占优势。于是,唐高宗于六月八日下诏,西台侍郎上官仪宣旨:

> 前欲令道士女官僧尼等致拜,将恐振骇恒心,爰俾详定。有司咸引典据,兼陈情理。沿革二涂,粉纶相半。朕商榷群议,沈研幽赜,然箕颍之风,高尚其事,退想前代,故亦有之,今于君处勿须致拜,其父母之所慈育弥深,祇伏斯旷,更将安设,自今已后,即宜跪拜,主者施行。①

这道诏令使佛教僧人再次争得了不拜君主的特权,但诏令仍然要求沙门拜父母。是年六月八日,京邑老人程士颙等上表,略称:"且高尚之风,人主犹有抗礼,岂惟臣下,及受跪拜之仪,俯仰抚循无由启处。意愿国无两敬,大开方外之迹,僧奉内教便得立身行道,不任私怀之至。"②既然"国无两敬",作为一国之主的皇帝都可以免礼,父母之拜也就失去了意义。于

---

① 道宣:《集沙门不应拜俗等事》卷三,《大正藏》第52卷,第472页中。
② 念常:《佛祖历代通载》卷一二,《大正藏》第49卷,第581页上。

是高宗又下停拜父母诏，沙门拜俗之争告一段落。

唐高宗龙朔二年这场关于沙门是否拜俗的争论是唐朝历史上最为激烈的一次，其激烈程度并不亚于东晋王朝的两次关于沙门不敬王者的争论。这场争论从一个侧面体现了唐高宗优柔寡断的个人性格，同时也展示了大唐王朝政治生活中的民主风气。佛教又一次取得了出家人不拜俗的特权，这种结果无疑是佛教徒极力争取得来的，特别是与名僧道宣、威秀等人的努力分不开的。但必须看到，这种结果也是唐朝佛教势力强大的表现，唐高宗通过朝廷官员的"俗议"来确定结果，实际上是一次政治投票，佛教在票数上的优势在某种程度上反映出佛教的社会地位和政治影响在唐朝的优势。

唐代的沙门拜俗问题与前代相比，有一个突出的特点，就是朝廷不仅要沙门（连同道士）拜君，还要求拜父母。隋炀帝及其前代的"五令致敬"事件都只提到沙门拜君，而未及父母。在上文提到的几大诏令中，唐太宗的诏令（包括后来唐玄宗的诏令）只涉及沙门、道士礼拜父母，唐高宗朝的讨论涉及沙门礼拜君主和父母两方面，说明唐朝对沙门拜俗问题的讨论进一步深化。另外，唐代以前，佛教方面对于"不忠不孝"的批评多用"大忠大孝"来反驳，认为佛教的出家离俗与儒家的忠孝伦理从根本上并不违背，比在家的俗人之孝和俗人之忠层次更高。然而，在唐高宗时期的争论中，佛教方面从未提及"大忠大孝"的问题，而是用历史惯例以及佛教戒律本身的重要性来坚持不拜俗的传统，这种情况也反映出佛教在唐代已经自立门户，在有些场合无需借助于儒家思想来维持自身的生存。

唐高宗以后，朝廷仍然不时关注沙门拜俗的问题。唐玄宗开元元年（713）二月，颁布《令僧尼致拜父母诏》，但在同年四月，又宣布罢除致拜诏。翌年，玄宗又改变了态度，敕令："自今已后，道士、女冠、僧尼等并令拜父母。至于丧祀轻重及尊属礼数，一准常仪，庶能正此颓蔽，用明典则。"开元十一年（723），玄宗再次下敕令僧道致敬父母。

综合地看,隋唐时期朝廷多次讨论过沙门拜俗的问题,皇帝多次下诏,以法律的形式要求沙门、道士礼拜皇帝和父母,但政策常常朝令夕改,摇摆不定。这种情况一直拖延到唐朝末年,仍然没有明确的结论。①

第五节 儒家"道统说"对佛教的批判与吸收

安史之乱后,唐朝由强盛走向衰落,在思想文化领域也出现了某些新的变化,其重要表现就是儒家思想的重新抬头。以韩愈为代表的封建士大夫②积极批判佛道两教对国家政治、经济及文化的危害,高举《大学》"修身、齐家、治国、平天下"的旗帜,反对佛道的"清静寂灭",提出了儒家的"道统"说以对抗佛教的"佛统"说。而李翱则以儒家的另一部重要经典《中庸》为依据,吸收佛教的心性理论,辨而排之,提出"灭情复性"的超凡入圣之道。

一、韩愈的"道统"说及其对佛教的批判

韩愈(768—824),字退之,河南南阳(今孟州西)人,原籍河北昌黎。幼而孤,由嫂抚养成人。二十五岁中进士。曾任监察御史、国子博士、刑部侍郎、潮州刺史、吏部侍郎、御史大夫等职。韩愈在政治上反对藩镇割据,维护中央集权。在文学上,他与柳宗元倡导古文运动,为"唐宋八大家"之首。在学术思想上,韩愈以发扬孔孟之道自居,抵排异端,提出了与佛道两教相抗衡的儒家"道统"说。

韩愈批判佛教的思想主要保存在《谏迎佛骨表》、《原道》、《原性》等

---

① 《佛祖统纪》卷四〇载,唐肃宗上元元年(760),"敕僧尼朝会,毋得称臣"。这个信息可以从反面理解,就是在唐肃宗以前已经发生僧人向皇帝称臣的事情,但是,僧人称臣与跪拜并不是同一回事。
② 在唐朝,士大夫抨击佛教者代不乏人,比较著名的有武则天时期的狄仁杰、唐中宗时期的韦嗣立和辛替否、唐玄宗时期的姚崇、唐德宗时期的张镐等人,但最有学术影响且能代表儒佛之争的人物则是韩愈。

著作中。其中,《谏迎佛骨表》作于唐宪宗元和十四年(819),《原道》、《原性》等作于被贬潮州以后。在这些著作中,韩愈对佛教既有表层的现实主义的批判,也有深层的理性分析,由表及里,层层推进,涉及儒家对佛教(包括道教)的世界观和人性论的批判,对宋代理学的形成起了铺垫作用。

元和十四年,唐宪宗派人将陕西凤翔法门寺所藏的"佛骨"迎入宫中供奉,然后再送京城各寺礼敬。当时,"王公士庶,奔走舍施,唯恐在后。百姓有废业破产、烧顶灼臂而求供养者"①。韩愈对此极为反对,他上表直谏,略云:

> 伏以佛者,夷狄之一法耳。自后汉时始流入中国,上古未尝有也。昔黄帝在位百年,年百一十岁;少昊在位八十年,年百岁;颛顼在位七十九年,年九十八岁;帝喾在位七十年,年百五岁;帝尧在位九十八年,年百一十八岁;帝舜及禹年皆百岁。此时天下太平,百姓安乐寿考,然而中国未有佛也。其后殷汤亦年百岁,汤孙太戊在位七十五年,武丁在位五十年,书史不言其寿,推其年数,盖亦俱不减百岁。周文王年九十七岁,武王年九十三岁,穆王在位百年。此时佛法亦未至中国,非因事佛而致此也。
>
> 汉明帝时始有佛法,明帝在位,才十八年耳。其后乱亡相继,运祚不长。宋、齐、梁、陈、元魏已下,事佛渐谨,年代尤促。唯梁武帝在位四十八年,前后三度舍身施佛,宗庙之祭,不用牲牢,昼日一食,止于菜果。其后竟为侯景所逼,饿死台城,国亦寻灭。事佛求福,乃更得祸。由此观之,佛不足信,亦可知矣。
>
> 高祖始受隋禅,则议除之。当时群臣识见不远,不能深究先王之道、古今之宜,推阐圣明,以救斯弊,其事遂止。臣尝恨焉!伏惟皇帝陛下,神圣英武,数千百年以来未有伦比。即位之初,即不许度

---

① 刘昫等:《旧唐书》卷一六〇《韩愈传》,第 4198 页。

人为僧尼、道士,又不许别立寺观。臣当时以为高祖之志,必行于陛下之手。今纵未能即行,岂可恣之转令盛也!

今闻陛下令群僧迎佛骨于凤翔,御楼以观,异入大内,令诸寺递迎供养。臣虽至愚,必知陛下不惑于佛,作此崇奉以祈福祥也。直以年丰人乐,徇人之心,为京都士庶设诡异之观、戏玩之具耳。安有圣明若此而肯信此等事哉!然百姓愚冥,易惑难晓,苟见陛下如此,将谓真心信佛。皆云天子大圣,犹一心敬信;百姓微贱,于佛岂合惜身命。所以灼顶燔指,百十为群,解衣散钱,自朝至暮。转相仿效,唯恐后时,老幼奔波,弃其生业。若不即加禁遏,更历诸寺,必有断臂脔身以为供养者。伤风败俗,传笑四方,非细事也。

佛本夷狄之人,与中国言语不通,衣服殊制。口不道先王之法言,身不服先王之法行,不知君臣之义、父子之情。假如其身尚在,奉其国命,来朝京师,陛下容而接之,不过宣政一见,礼宾一设,赐衣一袭,卫而出之于境,不令惑于众也。况其身死已久,枯朽之骨,凶秽之余,岂宜以入宫禁!孔子曰:"敬鬼神而远之。"古之诸侯,行吊于国,尚令巫祝先以桃茢,祓除不祥,然后进吊。今无故取朽秽之物,亲临观之,巫祝不先,桃茢不用,群臣不言其非,御史不举其失,臣实耻之。乞以此骨付之水火,永绝根本,断天下之疑,绝后代之惑。使天下之人,知大圣人之所作为,出于寻常万万也,岂不盛哉!岂不快哉!佛如有灵,能作祸祟,凡有殃咎,宜加臣身。上天鉴临,臣不怨悔。①

在上表中,韩愈首先提出,中国自上古以来,"天下太平,百姓安乐",帝王在位者多寿,而自后汉佛教流入中国,反而"乱亡相继,运祚不长",帝王信佛者多不长久,"事佛求福,乃更得祸",可见佛是不值得相信的。其次,他认为佛教伤风败俗,愚弄人民,作为君主,更不能带头信佛,上行下

---

① 韩愈:《谏迎佛骨表》,《旧唐书》卷一六〇,第 4198—4200 页。

效,"传笑四方"。第三,他认为佛教是"夷狄"之教,与儒家的"先王之道"不符,只可以礼待之,而不能久留于中国,迷惑民众。最后,韩愈主张,对于"佛骨"这样的"朽秽之物",应该以孔子"敬鬼神而远之"的态度,"付之水火,永绝根本,断天下之疑,绝后代之惑"。

客观而论,韩愈在这里所提出的批判佛教的几点理由并无多少新意,比如夷夏之辨、佛教对社会的危害、帝王信佛而国运不昌,等等,与唐初傅奕的看法非常相似,这些批评虽然不是空穴来风,但并不公允①,特别是用夷夏之辨这种狭隘的文化观念对待佛教,毋宁说是一种历史的倒退。但是,韩愈在这里强调"先王之道",企图用"君臣之义、父子之情"的儒家传统来取代佛教的"夷狄之法",这正是他的学术思想的关键所在。虽然韩愈的直谏并不能改变唐宪宗对佛教的痴迷,还险些被杀头,但是,韩愈始终没有改变其反佛的初衷。在其后的学术著作中,韩愈从更深的理论层次阐发了他的"先王之道"。

《原道》就是韩愈阐发其"先王之道"的一篇重要论文。该文的主题思想就是"道统"说。在唐代,儒佛道三教长期交锋,久成鼎足之势,都将自家的思想体系奉为正统。尤其是佛教的禅宗,为了使本宗派在竞争中取得优势,专门编造了一套传法世系,称为"法统",并以此奉为佛法的正宗。韩愈受佛教的启发,为了同强大的佛道两教相抗衡,也为儒家编造出一个传道系统,即儒家的"道统"。他说:

> 斯吾所谓道也,非向所谓老与佛之道也。尧以是传之舜,舜以是传之禹,禹以是传之汤,汤以是传之文武周公,文武周公传之孔子,孔子传之孟轲。孟轲死,不得其传焉。②

按照韩愈的解释,其所谓的道统,也就是自上古传说中的尧、舜、禹到商汤、周文王、武王、周公,再到孔子、孟子儒家人物系统,孟子以后,"不得

---

① 具体观点可参见本章第一节的有关内容。
② 韩愈:《原道》,《全唐文》卷五五八,第 5648—5650 页。以下引文同此。

其传"。其中，孔子、孟子只是思想家，并未真正当政，而尧、舜、禹、汤、文、武、周公则是真正的王者，属政治人物，韩愈为什么将他们作为同类相列，并没有说明①。另外，韩愈将孟子以后的荀子和杨雄排除在儒家的"道统"之外，认为"荀与扬也，择焉而不精，语焉而不详"，即两人的儒家思想缺乏纯粹性和系统性。又说，秦代用法家，汉代用黄老，晋魏梁隋之间佛教大盛，"其言道德仁义者，不入于杨，则入于墨，不入于老，则入于佛"，使人无所适从。韩愈自称是远绍孟子的儒学继承人，希望将已经衰败的儒学发扬光大。由于韩愈抬高了孟子的地位，将他作为孔子学说的直接继承人，从此以后，孔孟并提，"孔孟之道"成了儒学的别称，孟子被列为仅次于孔子的"亚圣"，《孟子》被宋儒列为"四书"之一。

韩愈的"道统"之"道"，又被称之为"先王之道"或"先王之教"，其基本内容也就是儒家的仁义道德。他说：

> 夫所谓先王之教者，何也？博爱之谓仁，形而宜之之谓义，由是而之焉之谓道，足乎己无待于外之谓德。仁与义为定名，道与德为虚位。

"定名"指概念的具体内容，"虚位"指概念的抽象形式，韩愈认为"道"与"德"作为概念的抽象形式，为儒、佛、道三家所共同使用，但三家却各"道其所道"、"德其所德"，用法不同，内涵亦异。至于"仁"与"义"两个概念，韩愈认为其内涵比较固定，三家并无不同。这个分析是很有见地的。韩愈正是依据他对道、德、仁、义等概念的逻辑分析，将儒家与佛、道两教对立起来。他指出：

> 凡吾所谓道、德云者，合仁与义言之也，天下之公言也。老子之所谓道、德云者，去人与义言之也，一人之私言也。

---

① 冯友兰认为孔子、孟子虽未为"实际的"王，但他在理论上"最宜于"为王，这就是"内圣外王"之道。冯氏之说可以看成是韩愈此种分类的最好注释。参见冯友兰《中国哲学之精神·绪论》。

这是说，儒家的道德是以仁义为基本内容的，而佛道两教的道德则是否定仁义的，前者是天下的"公德"，而后者不过是个人的"私德"。韩愈认为这就是儒家与佛、道两教最大的不同。为了进一步说明此种差别，韩愈援引儒家经典《大学》之言，指出"古之所谓正心而诚意者，将以有为也"，通过"正心诚意"，使仁义由内心的理解变成实际的行动，目的在于齐家、治国、平天下，故儒家的道德之言是社会的"公言"；佛、道虽然也讲"治心"，但目的是追求"清静寂灭"，从而"外天下国家"，背弃君臣、父子、禁相生养之道，而"灭其天常"，所以只是自利的"私言"。韩愈从"公"与"私"的对立中找到了儒家入世伦理与佛教、道教出世伦理的根本分歧。因此，韩愈所谓的"道统"，实际上就是《大学》所推崇的"修身、齐家、治国、平天下"之道，并以此为标准，反对佛、道两教背离儒家纲常、追求个人解脱的出世之道。宋代许多理学家继承了韩愈这种"道统"之说，攻击佛道的出世主义，即肇于此。

需要指出的是，佛道两教自南北朝以来，在保持自家宗教特色的同时，走向了日益世俗化和伦理化的道路。中国佛教坚持走大乘的路线，以"普度众生"为号召，事实上已经以曲折的形式接受了儒家"忠"、"孝"至上的伦理观念，并成为封建上层建筑的重要组成部分。实际上，儒、佛、道三教各有其"道"，也各有其"用"。韩愈却以儒家为唯一的价值标准，一味地攻击佛道追求"清静寂灭"、"外天下国家"的出世主义，视佛教为"夷狄之教"，痛惜"举夷狄之法而加之先王之教至上"，甚至要求"人其人，火其书，庐其居"，采取强硬措施，彻底消灭佛教，以"明先王之道"。虽然韩愈的排佛有政治的、经济的考虑，佛教在当时确实存在一些弊端，但作为一种文化策略，这种全盘否定宗教价值的观点毋宁说属于一种狭隘的文化保守主义，显然是不明智的。

在"攘斥佛老"的斗争中，韩愈还提出了"性三品说"的人性论，并以此作为其全部学说的理论基础。"性三品说"见于《原性》一文。与儒家以往的人性理论相比，《原性》直接继承了汉代董仲舒的关于人性具有等级的思想,并无新意,但该文将"性"与"情"结合起来讨论人性,是其最大的特色。韩愈认为,性与情人人都具备,性的构成有五个要素:仁、义、礼、智、信;情的构成有七个要素:喜、怒、哀、惧、爱、恶、欲,性与情的不同在于,"性也者,与生俱生也;情也者,接于物而生也",性是天生的,情是后天的。韩愈还说,天下的人性并不完全相同,有上、中、下三品的区分:

> 上焉者,善焉而已矣;中焉者,可导而上下也;下焉者,恶焉而已矣。①

上品的人性唯善,下品的人性唯恶,中品的人性可善可恶。上品之性"主于一而行于四",以仁为主导而通义、礼、智、信四德;中品之性,仁德不全,其余四德也杂而不纯,可善可恶;下品之性,"反于一而悖于四",五德都不具备,无可救药。韩愈认为,人性三品,除中品"可导而上下"外,上品和下品之性都无法改变。他说:

> 上之性就学而愈明,下之性畏威而寡罪。是故上者可教,而下者可制也,其品则孔子谓不可移也。

上性之人经过学习,其善性愈益显露;中性之人通过学习可上可下;而下品之人不可教化,只能用刑罚使之减少犯罪。韩愈认为这个理论符合孔子的"惟上智与下愚不移"的本义。实际上,孔子说过"性相近也,习相远也",并无人性等差的思想。

不过,韩愈对人性论的最大贡献是他的"情三品"说。在中国哲学史上,最先将"情"作为一个哲学范畴来讨论的应该是魏晋时代的玄学家,在关于"圣人"是否有"情"的问题上,王弼以性统情,提出了"圣人茂于人者神明也,同于人者五情也"的独特命题,认为圣人有情而无累于情,将道家的人性论推向了一个全新的高度。但玄学家发挥的是道家的自然人性论,并将此作为玄学的最高精神境界提出,没有研究人性的善恶以

---

① 韩愈:《原性》,《全唐文》卷五五八,第 5650—5651 页。以下引文同此。

及人性的善恶与七情六欲的关系。这个问题只有在玄佛合流、中国思想界研究和吸收了佛教的思想资源后才得到启发，进而开启了唐代的心性论思潮。韩愈在逻辑上接过玄学的这个命题，将儒家的人性论进一步发挥。他提出情与性相对应，性分上、中、下三品，情亦分上、中、下三品。上品之情，"动而处其中"，无过无不及，属于"圣人"；中品之情，情动"有所甚，有所亡"，有过有不及，不能调节得当，属于"众人"；下品之情，"亡与甚直情而行者也"，要么过了头，要么都不及，任情而为，全然不顾道德准则，故属于"小人"。

韩愈的性情对应的思想实际上是在反对佛教(含道教)的斗争中提出的，他的人性论就是为了批判佛教的"佛性论"。所以，《原性》的总结是："今之言性者异于此，何也？曰：今之言者，杂佛老而言也，杂佛老而言也者，奚言而不异？"《原性》的目的，就是要阐扬儒家的人性论，反对"杂佛老而言"的宗教人性论。传统佛教从出世主义的教义出发，将情与性对立，认为众生因情欲牵累而妨碍见性成佛，主张通过个人修炼，灭情以见性。韩愈认为，佛教的这种观点属于异端邪说，为了"治其心"而灭情禁欲，必然导致"外天下国家"，毁灭君臣、父子等人伦道德，破坏儒家的"天常"。在韩愈看来，情与性是不可以分割的，人的善恶原于性，而性由情表现出来，因此，只能因情以见性，不可灭情以见性。韩愈既不主张灭情禁欲，也反对任情纵欲，而是主张对情的适当控制，使之"动而处其中"，符合中道。韩愈的这种性情统一的观点，体现了儒家的"极高明而道中庸"的道德理想，对于反对佛教的出世主义和禁欲主义，张扬儒家的现实主义，抬高儒学的地位，是有其理论贡献的。

二、李翱的"复性"说及其对佛教的吸收

李翱(772—841)，字习之，陇西成纪(今甘肃渭源)人，是韩愈的学生和朋友。曾任朗州刺史、山南东道节度使。李翱曾拜谒天台宗在家弟子梁肃，还向禅僧药山惟俨、鹅湖大义等问道。这些经历影响了他对佛教

的看法。在学术思想上,李翱实际上继承了韩愈的"道统"学说,力图恢复儒家学说的正统地位。但李翱并不完全赞同韩愈彻底否定佛教的做法,他在吸取佛教思想的合理成分的基础上,重新阐释和发挥儒学的微言大义,特别是儒家经典《中庸》的"性命之道"和道德修养理论。其代表作是《复性书》三篇。

同韩愈相似,李翱也编造一个传播儒学"性命之道"的"道统"。他说:

> 昔者圣人以之传于颜子,颜子得之,拳拳不失,不远而复其心,三月不违仁。子曰:"回也,其庶乎屡空。"其所以未到于圣人者一息耳,非力不能也,短命而死故也。其余升堂者,盖皆传也,一气之所养,一雨之所膏,而得之者各有浅深,不必均也。子路之死也,石乞孟以戈击之,断缨,子路曰:"君子死,冠不免。"结缨而死。由非好勇而无惧也,其心寂然不动故也。曾子之死也,曰:"吾何求焉,吾得正而毙焉,斯已矣。"此正性命之言也。子思,仲尼之孙,得其祖之道,述《中庸》四十七篇,以传于孟轲。轲曰:"我四十不动心。"轲之门人达者公孙丑、万章之徒,盖传之矣。遭秦灭书,《中庸》之不焚者,一篇存焉。于是此道废缺,其教授者,惟节文、章句、威仪、击剑之术相师焉,性命之源,则吾弗能知其所传矣。①

李翱的"道统"不同于韩愈的"道统",它由孔子而传子思,子思而传孟子,孟子而传公孙丑、万章之徒,至秦始皇焚书坑儒而中断。而他写《复性书》的目的,就是要使这一"缺绝废弃不扬之道几可以传于时"。韩愈的人性论比较明确地提出了性与情的关系问题,但没有展开,特别是对善恶的起源问题未加追究。李翱则比较详细地论述了"性善情惑"说②。

---

① 李翱:《复性书》上,《全唐文》卷六三七,第6433—6437页。以下引文同此。
② 在李翱以前,早在西魏时代的儒家学者苏绰就曾提出过"性善情恶"说,即"性则为善,情则为恶"的命题,并提出了"心和志静"和"洗心革意"的去情方法。见《北史》卷六三《苏绰传》。

《复性书》从孟子的性善论出发，主张"人之性皆善"，且与生俱来，凡人皆有先天而具的"善"性。李翱还主张人性无等级差别，"百姓之性与圣人之性弗差"，"桀纣之性犹尧舜之性也"。不过，李翱并没有简单地重复孟子的人性论思想。孟子的性善论，简要地说，就是人人生来都具有仁义礼智四种潜质，即"四端"之心，如果人人都能将此"四端"发扬光大，则天下太平，实现"仁政"。而李翱的性善之性，是指与情对立的没有污染的清静之心，具有道德本体的含义。《复性书》说：

> 人之所以为圣人者，性也；人之所以惑其性者，情也。喜怒哀惧爱恶欲七者，皆情之所为也。情既昏，性斯匿矣。非性之过也，七者循环而交来，故性不能充也。水之浑，其流不清；火之烟也，其光不明，非水火清明之过也。

韩愈说性是先天的，情是后天的，而李翱认为性和情不分先后，有情则有性，有性则有情。换句话说，人本来就是潜在的"圣人"，但常被情所惑，则性匿而不彰。好比水浑而其流不清，火烟而其光不明。李翱在这里没有说情是"恶"的，而说情是"惑"的，可以称之为"性善情惑"说。这种观点在以往的任何儒家经典中都找不到根据。从思想源头看，它无疑是在佛教特别是禅宗思想的影响下产生的，从《大乘起信论》和《坛经》上即可发现类似的说法。《大乘起信论》有"一心二门"之说。"一心"即"如来藏心"；"二门"则指清净的"心真如门"和污染的"心生灭门"。《坛经》有"佛性本净"之说，如："诸法在自性中，如天常清，日月常明，为浮云盖覆，上明下暗，忽遇风吹云散，上下俱明，万象皆现。""于外着境，被妄念浮云盖覆自性，不得明朗。"[①]可见，《大乘起信论》中的"心真如门"、《坛经》的"自性"即是李翱说的"性"，《大乘起信论》的"心分别门"、《坛经》的"妄念"即是李翱说的"情"。李翱认为"性"是内在的，是成圣的根本，而"情"使性邪，这种"性善情惑"论显然是吸收佛教的心性思想后提出的。

---

① 《六祖大师法宝坛经·忏悔第六》，《大正藏》第48卷，第354页中。

在性与情的关系上,李翱一方面认为性善情惑,两者对立;另一方面又认为"性与情不相无也",两者不可分离。他说:

> 性与情不相无也。虽然,无性则情无所生矣。是情由性而生,情不自情,因性而情;性不自性,由情以明。

这是说,性是根本的,情是由性派生的,但性还得通过情来表现。这里就出现了逻辑上的矛盾:既然性都是善的,那么,"由性而生"的情也应该是善的,为什么又"有善有不善"呢?对此,李翱有他的解释。他说:

> 性者,天之命也,圣人得之而不惑者也。情者,性之动也,百姓溺之而不能知其本者也。圣人岂其无情邪?圣人者寂然不动,不往而到,不言而神,不耀而光,制作参乎天地,变化合乎阴阳,虽有情也,未尝有情也。然则百姓者岂其无性者邪?百姓之性与圣人之行弗差也。虽然,情之所昏,交相攻伐,未始有穷,故虽终身而不自睹其性焉。

就是说,情可以分为善情与不善的情,那是从"惑"与"不惑"的角度而言的。圣人虽然有情,而不惑于情,喜时不以为喜,怒时不以为怒,虽有喜怒而不以喜怒为喜怒,"虽有情也,而未尝有情也",达到了情与性的高度合一,这就是圣人之情,是善的情。百姓也有情,但百姓"溺之而不知其本",为情所累,为情所惑,迷于情而不见本性,这就是不善的情。从根本上讲,圣人与百姓没有差别,但圣人终究不是凡人,凡人终究不是圣人,关键问题还是出在情上。圣人虽然有情,但又"未尝无情",因为他们是"人之先觉者",已达到了"寂然不动"的"至诚"境界。而凡人则溺于情,为情所迷惑,为情所累,以致终身不能发现固有的本性。所以,李翱提倡复性,也就是要恢复被昏惑之情所障蔽的明净善性。

从李翱的解释可以看出,他想说明的是,如果不说情善,则完全站到了佛教的立场,背弃了儒家的"道统";但如果没有情恶(惑),便无法区分"圣人"与"凡人",不能说明人类生活中恶的根源,而这正是孟子性善论

371

的困难所在。佛教以情为"妄"、为"邪",但儒家并不认为情都是恶的。韩愈对此就有过讨论,主张情与性对应而分上中下"三品"之情,反对佛教的"灭情以见性",提倡"动而处其中"的上品圣人之"情"。李翱对情的善恶问题作如此的发挥,应该是他企图调和儒、佛心性论的一种尝试。

从"性善情惑"论出发,李翱提出了他的"灭情复性"学说。如何才能"灭情复性"呢?李翱提出了"弗虑弗思"、"动静皆离"的两种基本方法,或两个步骤。第一步为"斋戒其心","弗虑弗思"。他说:

> 弗虑弗思,情则不生;情既不生,乃为正思。正思者,无虑无思也。

"无虑无思"就是"静"。但这不是彻底的灭情。因为有静必有动,有动必有静,"动静不息,是乃情也",只要有动有静,还是有情。"无虑无思"还只是初步的功夫。

第二步,"动静皆离,寂然不动"。李翱说:

> 方静之时,知心无思者,是斋戒也。知本无有思,动静皆离,寂然不动者,是至诚也。

使心无思以静,虽然是"正思",但本身还是一种"思",属于"心斋"的范围。只有体会到心灵的深处本来没有"思",即觉悟到"本性清明"的境界,便是"动静皆离"、"寂然不动"的"至诚"状态。在李翱看来,一旦达到这一步,便是"惟性所照,邪何所生","其心寂然,光照天地",也就是圣人的"天人合一"的境界。此时,"复性"的功夫即告完成。李翱总结说:

> 道者至诚也,诚而不息则虚,虚而不息则明,明而不息则照天地而不回。非他也,此尽性命之道也。

李翱将他的"复性"方法归结为《中庸》的"至诚",认为只有至诚才能让心灵达到"虚"、"明"、"照天地而不回"的至高精神境界,并且认为,这就是儒家的"尽性命之道"。

李翱的《复性书》无疑是儒佛道三教思想融合的结晶。虽然,《复性书》用清一色的儒家语言写成,全文没有一处引征佛教和道教的经典,但这并不能掩盖《复性书》对佛道两教特别是佛教思想的吸收。朱熹说,李翱的"灭情以复性"之说,是"杂佛老而言之",批评李翱受佛道思想影响太重。李翱的"性善情恶"论从历史上儒家的任何人性学说中都找不到根据,即使与同时代的韩愈的"性三品说"也大不一样。从内容上看,李翱说的"性",相当于佛教的"自性清静心"或"真如佛性","情"则相当于"客尘"、"烦恼"。另外,李翱提倡的"至诚"境界,实际上也非《中庸》的本义。《中庸》说"唯天下至诚,为能尽其性","喜怒哀乐之未发谓之中,发而皆中节谓之和",这里包含了儒家对"七情"的看法:只要"中节",即是和谐的状态;而李翱却以"动静皆离"、"寂然不动"为"至诚",接近于佛教的"涅槃"境界。虽然两者有某些相通之处,但在精神境界和修养方法等方面还是有差别的,措辞就更不一样了。至于李翱"复性"的方法,也与儒家的传统道德修养方法相差甚远,却与佛教天台宗的止观修习、禅宗的明心见性有相似之处。他的"诚者,定也,不动也",与天台宗的"止观"相差无几。他的"无思无虑"、"本无有思"同南宗禅的"本来无一物,何处有尘埃"相差不多。当然,李翱的复性学说中也有道家思想的影响,如他说的"斋戒其心"就源于庄子的"心斋"、"坐忘",他说的"圣人虽有情也,而未尝有情也",则受魏晋玄学的启发无疑。由于李翱的思想处处笼罩着佛道思想的影子,所以,儒家学者对此也不满意,据说韩愈、柳宗元在看完《佛性书》后,也有"吾道萎迟,翱且逃矣"的感叹。[①]

尽管如此,李翱并未脱离他的儒家基本立场。在《复性书》中,李翱公开表示:"性命之书虽存,学者莫能明,是故皆入于庄、列、老、释,不知者谓夫子之徒不足以穷性命之道,信之者皆是也。"与佛道两家比较而言,儒家学说弱于"性命之道"的探讨为众所周知,但李翱并不这么看,认

---

① 赞宁:《宋高僧传》卷一七《惟俨传》,《大正藏》第49卷,第816页中—下。

为《中庸》就是"性命之书",只是学者们忽略了。因此,他要阐释《中庸》,"开诚明之源,而缺绝废弃不扬之道,几可以传于时"。不可否认,《中庸》确实包含了较为丰富的心性理论,但与佛教的心性论比较起来,显然有很大差距。李翱对佛教有深入的了解,他并非不清楚这一点,但出于复兴儒学的目的,他必须站在时代的高度重新"发掘"儒学的"微言大义"。这种"微言大义"实际上就是儒家心性思想的道德属性和社会属性。李翱在他的《复性书》的结尾作了明确的说明:

> 天地之间,万物生焉,人之于万物,一物也,其所以异于禽兽虫鱼者,岂非道德之性全乎哉?受一气而成形,一为物而一为人,得之甚难也。生乎世,又非深长之年也。以非深长之年,行甚难得之身,而不专专于大道,肆其心之所为,则其所以自异于禽兽虫鱼者亡几矣。昏而不思,其昏也终不明矣。

李翱在此表达了三层意思:第一,重新发现儒家经典的现实意义。第二,强调人类与万物的区别。人虽然是天地间之一物,但因有"道德之性",故异于"禽兽虫鱼"。人既然为万物之尊,就应该实践道德之性,进入"与天地参"的境界。第三,突出人的社会意义和历史使命,通过心性的修养而承担起齐家治国平天下的重任。① 这些都是佛教心性学说所不具备的,也是中国本土的儒家学说与外来的佛教思想的一大分水岭。

《佛性书》表现了以儒家学说为主题,在心性论方面吸收和融合佛道两教的重要尝试。李翱没有像韩愈那样公开排佛,而是在深入佛教的"理窟"后重新回到儒家,继承儒家的"道统",恢复儒学的权威,这种思路为宋代的儒家学者所仿效。由于《佛性书》以阐发《中庸》的义理相标榜,同《大学》一样,《中庸》也被宋儒列为"四书"之一。

---

① 潘桂明:《中国居士佛教史》上册,第355页,北京,中国社会科学出版社,2000。

第六节 宗密对儒道两家的批判与会通

唐朝中后期,在儒家学者积极批判和吸收佛道两教、重新树立儒学权威的同时,佛教方面也在加强自身的理论建设,以"判教"的方式力图统一内部的各家学说,并展开了对儒道两教的批判与会通。宗密是其最重要的代表。

一、宗密对儒道两家的批判

宗密(780—841),《宋高僧传》有传,俗姓何,果州西充(今四川西充)人。少通儒书。元和二年(807)赴京师应贡举,途经遂州,听道圆说法,遂从出家。随后四处参学,初承菏泽宗禅法,参问益州南印禅师、洛阳神照禅师。后入澄观座下,受持华严教学,成为华严宗五祖。曾于终南山圭峰结兰若,专事诵经修禅,世称"圭峰禅师"、"圭山大师"。唐文宗大和二年(828),诏入内殿,问佛法大意,赐紫方袍,敕号"大德"。朝臣士庶归信者甚多。卒后,唐宣宗追谥"定慧禅师"。

由于宗密早年习儒,出家后四处参学,精通禅宗、华严宗的教理,所以能够学贯内外,会通三教。他通过判教的方式,将儒、佛、道三教纳入了同一个思想体系中进行总体的研究和统一的评价。所谓判教,是对中国佛教内部各宗派的批判和整合,以求对分散甚至对立的各家学说得出统一而圆融的解释。唐代佛教宗派林立,许多宗派都有自己的判教法则,一般都以他家学说为"权"、为"末",自家学说为"实"、为"本",目的在于显示本宗的优越。宗密的判教的方法,是依据华严宗的"事事融通"、"层层无尽"的教理而展开所谓的"勘会"或"拣收"。"勘"、"拣"是鉴别、批评,"会"、"收"是会通、融合,先批评,再融合。但只批评、融合还不够,必须有个批评、融合的标准,宗密将这个标准定为"真心"。"真心"在佛教中也称"真性"、"一心"、"如来藏",是众生觉悟的根本。宗密曾专门研究过《圆觉经》、《华严经》、《起信论》等大乘真常系经典,故能从"真心"的角度来衡量各家学说的高下深浅,以建立他的判教体系。至于宗密为什么选择"真心"作为他的判教标准,也是经过深思熟虑的。从佛教的角度,一切众生都有"本觉真心",众生能否成佛,关键就在于能否觉悟其本有的清静之性;从儒家的角度,人作为三才中的"最灵"者,莫过于人有"道德之心"的存在;从道教的角度,人之所以能够成仙,最终都离不开对"道心"的修炼。佛教的成佛、儒家的成圣、道教的成仙,其实都是讲"心"的问题。宗密还看到,佛教里面的"众生"除了人以外,还包括天、阿修罗、畜牲、饿鬼、地狱等生命形式,但儒家和道教一般只讲到人,所以,宗密折中诸家,只论人,从人"心"的角度展开他的理论。其代表作则是《原人论》。

所谓原人,也就是对人生根本问题的认识,对人的生存境遇、生存意义、终极旨趣等问题的回答。宗密写《原人论》,是有明确的针对性的,因为与佛教鼎立的儒道两家各有自己的"原人论"。与宗密同时代的韩愈(768—824)、柳宗元(773—819)、刘禹锡(772—842)等人都曾从儒家的层面讨论过"天"与"人"的问题。韩愈作《原人》、《原性》、《原鬼》、《原道》、《原毁》五篇文章。其中的《原人》篇从儒家的"元气论"和"天命论"出发,阐发儒家的"仁道"理想,认为人是夷狄、禽兽之主,应该对夷狄、禽兽一视同仁。柳宗元作《天说》一文,曾引用了韩愈的话:"元气阴阳之坏,人由而生。"韩愈以为人的生死与元气聚散有关,并认为天对人施予赏罚。柳宗元反驳此说,主张天地、元气、阴阳是自然现象,不能施行赏罚。后来刘禹锡作《天论》,在韩愈的"赏罚"之天和柳宗元的"自然"之天外,提出"天与人交相胜"说,主张天与人各有其能,"天之道在生植,其用在强弱;人之道在法制,其用在是非"。韩、柳、刘三人之说,其实都围绕天与人的关系,也都预设了人来自于天,实际上代表了当时儒家的"原人论"。宗密在写《原人论》前是否看过韩愈的《原人》等文已无从考证,但从《原人论》的内容可以看出,宗密批判的对象包括了儒家和道教的元气论和天人理论。也就是说,对人生根本问题的研究已经成为唐代中后期哲学讨论的中心。

宗密在《原人论》的序文中开宗明义地指出:

> 万灵蠢蠢皆有其本,万物芸芸各归其根,未有无根本而有枝末者也。况三才中之最灵而无本源乎?且知人者智,自知者明。今我禀得人身而不自知所从来,曷能知他世所趣乎?曷能知天下古今之人事乎?故数十年中学无常师,博考内外以原自身,原之不已果得其本。①

在宗密看来,宇宙万物都有其最后的根据,人作为"三才"中的"最灵"者,也不例外。而对于人生本原的探讨,自古以来就众说纷纭,莫衷一是。他几十年中漫漫求索,通过对佛教和其他各家学说的研究,终于得到了满意的答案("果得其本")。宗密说,对于人生本原的认识,儒家和道教都是"迷执"之教,都未能从根本上"原人"。为什么?因为两教从本质上都属于"元气论",无论从理论上还是从实践上都不能圆满地解释人的问题。

宗密将儒道两家的论点具体分为四种类型,即大道生成论、道法自然论、元气本原论、天命决定论,并逐一批判②。

宗密首先批评大道生成论。他认为,儒道两教虽然在表现方式上有差异,设教有所不同,但有许多思想是相同的,其中之一,是以"虚无大道"作为人的本原,乃至天地人三才的本原:

> 儒道二教,说人畜等类,皆是虚无大道生成养育。谓道法自然,生于元气,元气生天地,天地生万物。故愚智贵贱贫富苦乐,皆禀于天,由于时命,故死后却归天地,复其虚无。然外教宗旨,但在乎依身立行,不在究竟身之元由,所说万物不论象外,虽指大道为本而不备明顺逆起灭染净因缘。故习者不知是权,执之为了。③

---

① 宗密:《原人论》,《大正藏》第45卷,第707页下。
② 参见董群《融合的佛教——圭峰宗密的佛学思想研究》第二章,北京,宗教文化出版社,2000。
③ 宗密:《原人论》,《大正藏》第45卷,第708页上。

儒道两家从"天道"推出"人道",从自然观引出社会人生观,即人世间的"愚智贵贱贫富苦乐,皆禀于天,由于时命"。这两家只讲立身行道,却不讲立身的根本,知其然而不知所以然。宗密不同意此种"外教"的看法,认为它们缺乏对人的"顺逆起灭染净因缘"的研究,是执"权"为"了",不明真相。宗密说:

> 今略举而诘之:所言万物皆从虚无大道而生者,大道即是生死贤愚之本,吉凶祸福之基。基本既其常存,则祸乱凶愚不可除也,福庆贤善不可益也,何用老庄之教耶?又道育虎狼,胎桀纣,夭颜冉,祸夷齐,何名尊乎?①

宗密的问题是,儒道以为万物都由虚无大道所产生,人的生死贤愚、吉凶祸福都由"大道"所决定,又把道的本性规定为"常",即永恒不变,那么,道所生成的万物也应该具有永恒不变的特征,善者永善,恶者永恶,富者永富,贫者永贫,既然如此,就没有必要设立一种教化,试图劝善去恶,造福避祸,试图改变善恶吉凶的"常"的特征,这是自相矛盾。另外,按照老庄之说,道尊而德贵,既然如此,尊贵的"大道"为何不制造一个美好的人间,偏偏生出凶残的虎狼、暴虐的桀纣,让颜回、冉伯、伯夷、叔齐这样有德行的人遭受不幸呢?由此可知,虚无的大道并不能产生万物,也不能真正说明人生和社会的本原。

其次,宗密批判了道法自然论。"道法自然"是老子首先提出的,其本意是指大道以自然为法,道就是它本来的样子,自然而然。这种观点为后代的许多道教学者所继承。唐代傅奕还以此反对佛教的因果报应说:"生死寿夭,由于自然,刑德威福,关之人主。乃谓贫富贵贱,功业所招,而愚僧矫诈,皆云由佛。"②儒家学者也有自然论者。汉代的王充认为

---

① 宗密:《原人论》,《大正藏》第45卷,第708页上。
② 刘昫等:《旧唐书》卷七九《傅奕传》,第2715页。

"天地合气,万物自生"①。南朝的范缜还以元气自然论批判佛教的因果报应说。唐代的柳宗元作《天对》,在讲到元气生万物时,提到"无营以成"、"无功无作"。《原人论》对这些观点进行总体的否定:

> 又言万物皆是自然生化非因缘者,则一切无因缘处,悉应生化。谓石应生草,草或生人,人生畜等。又应生无前后,起无早晚。神仙不藉丹药,太平不藉贤良,仁义不藉教习,老庄周孔何用立教为轨则乎?

宗密是用佛教的因缘论批判道家的自然生化论。意思是说,"道法自然"是一种"无因论",如果万物都无因果关系,那石头岂不可以生草,草可以生人,人可以生畜了？这显然是荒谬的。宗密认为,儒道两家都主张自然论,而道教的炼丹服药以求长寿,儒家的举贤用良以求太平,实际上却在违反自然的法则。因此,道法自然论也不能真正地原人。

接下来,宗密批判的是元气本原论。元气论是儒道两教都推崇的哲学理论,宗密在他的早期著作中对此作了专门的研究和总结:

> 万物唯气,离气无物。禀神于天,受形于地。故形神者,粗妙之质；粗妙者,清浊之气。散则反至本,聚则成于物。聚散虽异,而其气一焉。以恒一气,运造化之功,千转万化,而未始有极。②

元气论的核心是讲宇宙万物皆以元气为本原,人也是天地间之一物,精神禀上天之清气,肉体禀大地之浊气,精神与肉体的区别只是精气与粗气的区别,气聚而物成,气散而物灭,而元气本身无有增加或减少,其运动变化的功能是永恒的。宗密对元气论的总结是准确的。《原人论》对元气论的批评是:

> 又言皆从元气而生成者,则欻生之神未曾习虑,岂得婴孩便能

---

① 黄晖：《论衡校释》,第775页,北京,中华书局,1990。
② 宗密：《圆觉经大疏钞》卷九,《续藏经》第9册,第671页中。

> 爱恶骄恣焉？若言欻有自然便能随念爱恶等者，则五德六艺悉能随念而解，何待因缘学习而成？又若生是禀气而欻有，死是气散而欻无，则谁为鬼神乎？且世有鉴达前生、追忆往事，则知生前相续，非禀气而欻有。又验鬼神灵知不断，则知死后非气散而欻无，故祭祀求祷，典藉有文。况死而苏者说幽途事，或死后感动妻子雠报怨恩，今古皆有耶？外难曰：若人死为鬼，则古来之鬼填塞巷路，合有见者，如何不尔？答曰：人死六道，不必皆为鬼，鬼死复为人等，岂古来积鬼常存耶？且天地之气本无知也，人禀无知之气，安得欻起而有知乎？草木亦皆禀气，何不知乎？

宗密在这里提出了三个问题：第一、如果一切事物都生于元气的话，怎么解释婴儿在没有受任何教育的情况下，会有种种爱恶骄恣之情呢？元气论认为人的认识能力是突然产生的（欻生之神），"五德六艺悉能随念而解"，无须后天的学习就可以达到，这显然是说不通的。宗密想要说明的是，人的认识有一个从前世到后世的延续过程，而元气论没能揭示这一过程。第二，如果人的生死是气的聚散的话，怎么解释死后变鬼的事情呢？鬼神与人一样，也是有灵知的。宗密想要说明的是，人的精神有一个轮回的过程，而元气论不能解释这一过程。第三，天地之气本来是没有知觉的，人禀无知觉的天地之气而生，为什么突然产生了知觉呢？石头、草木同人一样，禀受了天地之气，为何它们不产生知觉呢？可见，元气说解释不了人的意识的来源问题。宗密通过批判儒道的元气论，以彰显佛教的三世轮回说和善恶报应说的长处。①

最后，《原人论》批判儒家的天命决定论。天命论的基本观点是，社会生活中的一切，都决定于天，受制于命，人在天命面前完全是被动的。从孔子到韩愈，这种观点一直是儒家的主流意识，虽然在儒家内部也有

---

① 在《圆觉经大疏钞》中，宗密曾指出元气论有"无前世"、"无后世"、"无三性"的过失，指责元气论不能解释心何以有知、何以有善、恶之别，而草木何以无知而无记。

不同看法,如荀子、柳宗元、白居易等人就持否定态度,但受元气本原论的影响,他们的批评都不彻底。宗密的意见是:

> 又言贫富贵贱、贤愚善恶、吉凶祸福皆由天命者,则天之赋命奚有贫多富少,贱多贵少,乃至祸多福少?苟多少之分在天,天何不平乎?况有无行而贵,守行而贱,无德而富,有德而贫,逆吉义凶,仁夭暴寿,乃至有道者丧,无道者兴,既皆由天,天乃兴不道而丧道,何有福善益谦之赏,祸淫害盈之罚焉?又既祸乱反逆皆由天命,则圣人设教,责人不责天,罪物不罪命,是不当也。然则《诗》刺乱政,《书》赞王道,《礼》称安上,《乐》号移风,岂是奉上天之意,顺造化之心乎?①

宗密在此提出了四个问题:其一,如果人世间的一切都由天命决定,对于世界上的贫多富少、贱多贵少、祸多福少的不平等现象,就只能得出天道"不平"的结论了。既然天道不公,天命还能成为人生和社会的本原吗?其二,人世间常常出现"无行而贵,守行而贱,无德而富,有德而贫,逆吉义凶,仁夭暴寿,乃至有道者丧,无道者兴"等种种反常现象,如果这都是上天的旨意,在道德的说教中提倡天道赏善而罚恶还有什么意义呢?其三,如果是天出了问题,而圣人设教,责人不责天,罪物不罪命,岂不是搞错了对象?其四,既然人们的生活都受制于天命,儒家的诗、书、礼、乐提倡人为的教化,难道是顺从天命的做法吗?在宗密看来,儒家的天命论无法从根本上解释和回答社会人生的各种现象。

《原人论》通过对儒道"大道"、"自然"、"元气"、"天命"四种理论的批判,认为四者都不能视为人的本原,得出了"是知专此教者,未能原人"的结论。又从佛教的立场判定,儒道两教都只能是权教、非了义教,而佛教是权实兼有,只有佛教才能"穷理尽性,至于本源"。

---

① 宗密:《原人论》,《大正藏》第45卷,第708页中。

二、宗密对儒佛道三教的会通

《原人论》的基本思路是先批判,后融合。宗密在批判了儒道的四种基本理论后,再根据佛教"真心"的标准将大道生成论、道法自然论、元气本原论、天命决定论整合在自己的理论系统之中。

《原人论》首先会通的是儒道的元气本原论。宗密说:

> 禀气受质(会彼所说以气为本)。气则顿具四大,渐成诸根。心则顿具四蕴,渐成诸识。十月满足,生来名人,即我等今者身心是也。故知身心各有其本,二类和合,方成一人。天、修罗等大同于此。①

宗密承认身是以气为本,但气只是形成人的一个方面,气与心(指心识或心神)和合,才成为人。人的身体和心灵各有其源头。并进一步指出,无论是元气还是人的心识,都是虚假的现象,是由"真一之灵心"所变现。他解释说:

> 然所禀之气,展转推本,即混一之元气也。所起之心,展转穷源,即真一之灵心也。究实言之,心外的无别法,元气亦从心之所变,属前转识所现之境,是阿赖耶相分所摄。从初一念业相,分为心境之二。心既从细至粗,展转妄计,乃至造业,境亦从微至着,展转变起,乃至天地。业既成熟,即从父母禀受二气,与业识和合,成就人身。据此,则心识所变之境,乃成二分。一分即与心识和合成人;一分不与心识和合。即成天地、山河、国邑。三才中唯人灵者,由与心神合也。佛说内四大与外四大不同,正是此也。②

宗密根据心外无法、唯识无境的大乘有宗理论,将阿赖耶识作为世界万

---

① 宗密:《原人论》,《大正藏》第 45 卷,第 710 页中。
② 同上书,第 710 页下。

物的根本,以此否定元气论作为万物本体的真实性。

《原人论》接着会通的是儒道的道法自然论。宗密说:

> 然虽因引业受得此身,复由满业故贵贱、贫富、寿夭、病健、盛衰、苦乐。谓前生敬慢为因,今感贵贱之果。乃至仁寿、杀夭、施富、悭贫,种种别报,不可具述。是以此身,或有无恶自祸,无善自福,不仁而寿,不杀而夭等者,皆是前生满业已定,故今世不同,所作自然如。然外学者不知前世,但据目睹,唯执自然。

这里的"引业"是指前世所造的业,在现世得到报应,就是"满业"。按照佛教的因果报应说,今生的贵贱、贫富、寿夭、病健、盛衰、苦乐等种种现象,都是前世所造善业、不善业的结果。宗密以此批评儒道的自然论是无因论或偶然论,因为只知有今世,不知道有前世、来世的区别,所以不能够正确地说明人世中"无行而贵,守行而贱,无德而富,有德而贫"等种种反常现象。《原人论》也因此而指出儒道天命论的缺陷:

> 复有前生少者修善,老而造恶,或少恶老善。故今世少小富贵而乐,老大贫贱而苦。或少贫苦,老富贵等。故外学者不知,唯执否泰由于时运。①

也就是说,无论是自然论还是天命论,都只限于今生今世,从而不能够圆满地解释社会生活中的贵贱吉凶等问题。在宗密看来,儒道学说的根本缺陷,是只讲元气和天命,只知有身,而不知有心,故不能从"心"的最高层次来认识人与社会的问题。宗密在另一部著作中对此作了补充:

> 人畜万物,虽附气而生,盖是无始心神世世传习,续而为主也。既生死成坏,从心所传,则贤愚善恶,资于熏习。故仁暴由尧桀而不由天;善恶在舜均而不在气。②

---

① 宗密:《原人论》,《大正藏》第 45 卷,第 710 页下。
② 宗密:《圆觉经大疏钞》卷七,《续藏经》第 9 册,第 379 页上。

> 谓识是正因,气是助缘,心识能知一切境,能作种种事,阴阳气则能成骨肉躯质……从故仁暴尧桀下,却成是立儒道二教训习有益之深理也。若不依此解之,则如前所破,有种种过失,教之益不成。则知三教皆是圣人施设,文异理符。但后人执文迷理,令竞起毁誉耳。①

说到底,要真正了解人间的贤愚善恶和道德问题,都离不开"真心"一元论。"生死成坏,从心所传。"尧仁桀暴,由心不由天;舜善均恶,在心不在气。对于人来说,心始终是连接过去、现在和未来的桥梁,是"正因",而气、命都是"助缘",人由熏习所致,由因缘而生,并非天命、禀气所决定。因此,儒佛道三教都强调后天的教育和修养,方法不同,而道理相通。

宗密批评儒道的原则,是只揭露其缺陷,不否定其道德修行思想,所谓"破执不破教,破解不破行"②;只批评其"迷执"的教义,而不批评教主本人,认为"孔、老、释迦,皆是至圣,随时应物,设教殊途,内外相资,共利群庶",三教的教主都是圣人,虽然设教的方法不同,但都有利于众生;至于"策万行,惩恶劝善,同归于治,则三教皆可遵行",三教在惩恶劝善、促进社会和谐方面的教化目的则完全一致。因此,宗密批判儒道的目的不是为了彻底否定两家,而是从权与实、了义与非了义的层面对儒佛道三教作出总体的评价,进而从本末、深浅的层次分析儒道思想的合理与不足,会通三教。

宗密对儒道两教的批判和会通,是唐代三教融合论的特殊形式,但他这种三教合一论是通过判教的方式来完成的,这是他最为独特的地方。宗密将儒道两家判为浅层之教,将佛教判为深层之教,这是由他的佛教立场所决定的。宗密对儒道四种原人观的批判,侧重于社会学的批判,他看到了儒道思想的许多缺陷,特别是唯物论的缺陷,比如人的认

---

① 宗密:《圆觉经大疏钞》卷九,《续藏经》第9册,第675页中。
② 宗密:《圆觉经大疏钞》卷七,《续藏经》第9册,第608页中。

识、道德情感、社会生活条件的差异,是元气论所不能解释的。宗密的这种批评,不能视为金科玉律,绝对正确,它事实上也有诸多漏洞,特别是他的作为判教标准的"真心",其本身也是需要论证的。为什么要用"真心"而不能用其他标准呢?这完全是由宗密的佛教立场所决定的。儒家的最高本体是"天",道家的最高本体是"道",而在宗密那里,佛教的最高的本体是"真心"。如果说,儒家的天和道家的道最后都可以归结为物质性的"气",那么,宗密所谓的"真心"或"佛性"则可以视为精神性的"心"。到底是物质性的气还是精神性的心是天地万物的本原,这个问题本身就是值得深究的,也是古今中外一切哲学的最后问题,事实上并无一致的答案。但无论如何,宗密能够站在他的那个时代的理论制高点,以佛学的眼光重新审视中国本土儒道文化的优势和不足,看到了儒家和道家人生哲学在理论上的某些缺陷,而且提出了严厉的批评,这对于儒道思想的发展,无疑具有强烈的刺激和促进作用。宗密对三教的批判和会通,体现了佛教在探索心性领域和人的精神生活方面的巨大理论优势,也体现了宗密广阔的文化视野,代表了当时佛教在这一领域的最高水平。

第七节 隋唐佛学对道教的影响

一、中观学对道教重玄学的影响

中观之学始于龙树,它以中观方法而趋于般若智慧。《中论》是龙树的代表作之一。该论主张最彻底的中道,即通过观照,破假破空,进而并破执中之见,以通达诸法实相。

中观之法,在于显明法无自性、缘起性空,有"八不"、"四无生"之说。《中论》偈云:"不生亦不灭,不常亦不断,不一亦不异,不来亦不出。"[①]不生、不灭、不常、不断、不一、不异、不来、不出的"八不"决定性空;《中论》

[①] 龙树菩萨:《中论》卷一,《大正藏》第30卷,第1页中。

又云:"诸法不自生,亦不从他生,不共不无因,是故知无生。"① 这里说讲的"四无生"就是不自生、不他生、不共生、不无因生,皆是从因缘生,所以在本质上是无生。"四无生"决定缘起。性空和缘起成就真俗二谛。中观学认为世界的一切都是因缘和合的产物,没有任何一种事物具有不依赖其他事物而独立存在的自性,缘起与性空是一法的两面,因为诸法从缘起生,所以说性空;又因诸法自性本空,所以说缘起。缘起即是性空,性空即是缘起。

中观的核心是"空"。故《中论》云:"众因缘生法,我说即是空。亦为是假名,亦是中道义。未曾有一法,不从因缘生,是故一切法,无不是空者。"②《观涅槃品》又云:"……于毕竟空中皆不可得,诸有所得皆息,戏论皆灭。戏论灭故,通达诸法实相,得安隐道。"③ "八不中道"是无所得的中道,成就毕竟空的般若心要,而能通达诸法实相,因诸法实相才是中观学真正的目的和归宿。

"重玄"一词最初的哲学语境,与般若学有着莫大渊源。支道林的《大小品对比要钞序》以"重玄"解释般若智慧。他说:"夫般若波罗蜜者,众妙之渊府,群智之玄宗,神王之所由,如来之照功。其为经也,至无空豁,廓然无物者也。无物于物,故能齐于物;无智于智,故能运于智。是故夷三脱于重玄,齐万物于空同,明诸佛之始,尽群灵之本无,登十住之妙阶,趣无生之径路。"④ 支遁在其诗作《弥勒赞》中,又以"微妙"、"缥缈"形容"重玄",并将重玄作为真理境界,在《咏怀》中说:"重玄在何许?采真游理间。"在佛学传入的早期,支道林作为东晋玄坛的领袖人物之一,以"重玄"格义般若境,而发"重玄"之先声。

一代中观学大师鸠摩罗什弘扬龙树、提婆中观学说,组织翻译了《中

---

① 龙树菩萨:《中论》卷一,《大正藏》第 30 卷,第 2 页中。
② 龙树菩萨:《中论》卷四,《大正藏》第 30 卷,第 33 页中。
③ 同上书,第 36 页。
④ 僧佑:《出三藏记集序》卷八,《大正藏》第 55 卷,第 55 页上。

论》、《百论》、《十二门论》、《大智度论》等经典,并以中观思想注解《老子》,将中观学说与道家思想联系了起来。近人蒙文通指出:"究乎注《老》之家,双遣二边之训,莫先于罗什。虽未必即罗什之书,要所宗实不离其义。重玄之妙,虽肇乎孙登,而三翻之式,实始乎罗什。言《老》之别开一面,究源于此也。"①

罗什的高足,"每以《庄》、《老》为心要"(慧皎《高僧传》语)的又一中观学巨擘僧肇在《鸠摩罗什法师诔》中,称赞其师"融冶常道,尽重玄之妙;闲邪悟俗,穷名数之美"②。僧肇在《肇论·涅槃无名论》中以"重玄之域"作为道的境界。文曰:"夫群有虽众,然其量有涯。正使智犹身子,辩若满愿,穷才极虑,莫窥其畔。况乎虚无之数、重玄之域?其道无涯,欲之顿尽耶?书不云乎:为学者日益,为道者日损。为道者日损,为道者为于无为者也。为于无为而曰日损,此岂顿得之谓?要损之又损,以至于无损也。"③他指出,为道者应以日损之无为渐法而入"重玄之域"。陈惠达的《肇论序》有"但圆正之因、无上般若、至极之果,唯有涅槃。故末启重玄,明众圣之所宅"④之语。唐元康疏曰:"但圆正之因无上般若者,此谓《般若无知论》也。涅槃正因,无有尚于般若者。至极之果,唯有涅槃耳。般若极果,唯有涅槃之法也。故末启重玄者,以此因果,更无加上,故末后明此两重玄法。般若为一玄,涅槃为一玄也。前言真俗,指前两论。后言重玄,指后两论。此是必然,不劳别释。重玄者,老子云'玄之又玄,众妙之门。'今借此语,以目涅槃般若。谓一切圣人,皆住于此,故名为宅也。"⑤《肇论》共有四篇,此处的前两论指《物不迁论》和《不真空论》;后两论是《般若无知论》和《涅槃无名论》。元康认为僧肇所说"无知的般若"和"无名的涅槃"是两重玄法,并指出僧肇意中的"重玄"当与般

---

① 蒙文通:《古学甄微》,第348页,成都,巴蜀书社,1987。
② 道宣:《广弘明集》卷二三,《大正藏》第52卷,第264页下。
③ 僧肇:《肇论》,《大正藏》第45卷,第160页中。
④ 惠达:《肇论序》,《大正藏》第45卷,第150页中。
⑤ 元康:《肇论疏》,《大正藏》第45卷,第164页中。

若涅槃同义。

在南北朝时期,一般意义上将"重玄"作为道或者般若、涅槃的境界来论。佛道混用"重玄"的情况持续了相当长一段时间,但最终道教将其发展成为自己的重玄学。

中观学对于道教的影响,始于南北朝,而大张于隋唐。虽然南北朝时的许多道教经籍全本已残佚,但仅从留存下来的文字中,也可看出当时道教对般若中观学的吸收。如在《升玄经》中,以空、有来区分大、小乘境界,其云:"昔小乘以三一为定境,义极于有。今大乘以三一为智慧,义在于空。何者?昔小乘入定,则舍于有,故在空之时,无复三一也。今大乘为观,群色是空,故虽于空,不失三一也。"①"三一",就是精气神混三为一。作者采用《洞神经》说法,将三乘解释为知守虚无空者为大乘,守神炼形为中乘,守气含和为小乘。他指出以智慧观色为空,于空不空,空有不二,所以大乘能取代偏执一边的小乘。这里借佛教的空、有观念来阐述道教修炼的境界,同时又融入了道教原有的精气神说,两者相得益彰,表明在修行见地上有了很大的提高和融通。就对"三一"绝对性的理解而言,"昔因三一以入于无,得无之时,谓为真一。此之无一,犹对于有之无,挟二,故为待也。今之三一,即体非有,亦复非无,非有非无,故无所挟。既无所挟,故为绝也"②。这体现了破有破无后,非有非无的绝对。该文引述玄靖法师臧矜对于妙一之本"绝乎言相,非质非空,且应且寂"的理解,认为"妙一之本"以圆智为体。因为圆智的特点是"非本非迹,能本能迹,不质不空,而质而空"③。本为道体,为空为无;迹为器用,为质为有。可见,通过对于中观学空义的学习,当时的道教已在逐步修正过于重视形质和功用的传统,对各类境界、本迹关系、绝对性问题等有了新的审察和考量。文中将空义引入圆智,似是对般若智慧空性的借鉴。

---

①② 张君房编:《云笈七签》卷四九,《道藏》第 22 册,第 344 页。
③ 同上书,第 343 页。

作为重玄学主要代表人物之一的成玄英在《老子道德经开题序诀义疏》中,以晋孙登"托重玄以寄宗",而将他作为重玄学的先驱。此后,杜光庭在《道德真经广圣义》卷五中也说,以"重玄注老始于魏隐士孙登"。在重玄学史上,梁道士孟知周、臧矜、陈道士诸柔、隋道士刘进喜、唐道士成玄英、李荣、蔡子晃、黄玄赜、车玄弼、张惠超、黎元兴、杜光庭、王玄览等,都曾阐发重玄之义。

重玄学是隋唐道教中以"重玄"思想注解老、庄思想的一个学派,该派认为老学精髓在于"玄之又玄",其目的是为了达到无滞无碍而体证天地至道。它以老庄无为、忘心说为基础,在对魏晋玄学"有""无"之说的扬弃中,吸收佛教中观学和涅槃佛性说,从而将道教哲学演化为一种"重玄"哲学。这是道教向老庄复归、寻求突破的一种努力和尝试,形成了成熟的哲学思想,在中国哲学史上有一定的地位和影响力。

在对道体、思辨方法和境界的理解和解释上,隋唐重玄学表现出自己独特的风格和见地。综观中观学对重玄学的影响,其双遣双非通达诸法实相的模式被重玄学所采用,重玄学借此以趋道体,进而自然无为。

"重玄"的词义出自《道德经》第一章"玄之又玄,众妙之门"。成玄英在《道德真经注疏》中是这样解释的:"玄者,深远之义,亦是不滞之名。有无二心,源乎一道,同出异名。异名一道,谓之深远。深远之玄,理归无滞。既不滞有,亦不滞无,二俱不滞,故谓之玄也。"① 不滞于有、无,称之为"玄"。他接着说道:"有欲之人,唯滞于有;无欲之人,又滞于无。故说一玄,以遣双执。又恐行者滞于此玄,今说又玄,更袪后病。既而非但不滞于滞,亦乃不滞于不滞。此则遣之又遣,故曰玄之又玄。"② 如果说玄是"非有非无",那么重玄就是对于"非有"、"非无"的"遣之又遣",经过这样双遣双非的双重否定,可以达到"重玄"。李荣的重玄思想也受到了佛

---

① 《道德真经注疏》,《道藏》第13册,第275页。
② 同上书,第276页。

教中观学的影响。在《道德真经注》中他表达了对"重玄"的理解:"道德杳冥,理超于言象;真宗虚湛,事绝于有无。寄言象之外,论有无之表以通幽路,故曰玄之。犹恐迷方者胶柱,失理者守株,即滞此玄以为真道,故极言之非有无之表,定名曰玄。借玄以遣有无,有无既遣,玄亦自丧,故曰又玄。又玄者,三翻不足言其极,四句未可致其源,寥廓无端,虚通不碍,总万象之枢要,开百灵之户牖。达斯趣者,众妙之门。"①同样的,李荣也"借玄以遣有无"。从否定有无入手,并进一步否定"非有非无",离言绝象,最后证成虚通无碍的"重玄"。

"双遣"一词,首见于鸠摩罗什注《老子》一书中,用以表达破有无双执的中观思想。成玄英在《道德真经注疏》中说明了使用"双遣"之法的目的:"为学之人,执于有欲;为道之人,又滞于无为。虽复深浅不同,而俱有患。今欲治此双执,故有损益之文。既而前损损有,后损损无,二偏双遣,以至于一中之无为也。"②通过对为学、为道之人执滞的批判,以双遣有无达到"一中之无为"。李荣也说:"中和之道,不盈不亏,非有非无。有无既非,盈亏亦非。借彼中道之药,以破两边之病。"③他们以中观学"并破执中之见"的主张,提出"病去药遣,偏去中忘",即有无之执破去后,中道也应该兼破。经过这样的双重否定,进入重玄之境。

重玄学自认深得中观所谓"诸法实相"心髓,但它不以空性而是以"虚通"来规定,有别于空而又可与空相通。这是融合了《庄子·齐物论》中"道通为一"思想以及佛教空观之后的创造。"虚"虽接近中观学的"空",但它在破执中没有"空"来得坚决彻底,为其道用之"有"留下了余地。重玄学将道的第一要义理解为"虚通",成玄英说"夫至

---

① 《道德真经注》,《道藏》第14册,第38—39页。
② 《道德真经注疏》,《道藏》第13册,第322页。
③ 《道德真经注》,《道藏》第14册,第40页。

道虚通,妙绝分别。在假不假,居真不真"①,"道以虚通为义,常以湛寂得名"②。

在援佛入道上,王玄览显然比成玄英和李荣走得更远,其引"空"说"道"的思想可谓独树一帜。王玄览在《玄珠录》中说:"法体本来,体自空旷,空旷无有无见。""道体实是空,不与空同。空但能空,不能应物。道体虽空,空能应物。"③所谓道体玄寂,空净本真应物无碍。"持一空符以印诸有,有来随应,有去随亡。有若不来,还归空净。空中有分别,有分别亦空;空中无分别,无分别亦空。"④将空做符记对映诸有,随应随亡,体本空净,连空中的有分别和无分别也空去。在色与空的关系上,王玄览认为"色非是色,假名为色。明知色既非空,亦得名空。无名强作名,名色亦名空;若也不假名,无名无色空,亦无无色空"⑤。如此,受想行识亦如是。王玄览循着佛教般若的理路,进一步推论出色、心非一非二,因此心得解脱,成就无心。又因心与法对待,无心故无法。因有立空,因空立有,空、有也只是方便,弃空有而能"常在于一中",最终归于道体。

中观学主张最彻底的中道,破空、破假,进而破除执中之见。吉藏《中论论疏》曰:"八不者,盖是正观之旨归,方等之心骨。定佛法之偏正,示得失之根原。迷之即八万法藏冥若夜游,悟之即十二部经如对白日。"⑥"八不"妙理之风,可以拂去妄想戏论之尘。"八不"所破的是世间法的生、灭、常、断、一、异、来、出,就是所谓的"八迷"。《中论》常用的思维方式是"四句否定",其基本模式是正、反、合、离,如有——无——亦有亦无——非有非无。

重玄学在道体虚通的前提下,运用中观学"八不"的四对范畴对道进

---

① 《道德真经注疏》,《道藏》第13册,第328页。
② 同上书,第274页。
③ 王玄览:《玄珠录》,《道藏》第23册,第625页。
④ 同上书,第628—629页。
⑤ 同上书,第630页。
⑥ 吉藏:《中观论疏》卷二本,《大正藏》第42卷,第20页上。

行了全面的论证。在道生论上肯定道生万物的同时,成玄英又对这种生成性予以排遣:"虽复能生万物,实无物之可生。刍狗其情故,即生而不有,有既有而不有,生亦生而不生,此遣道生之也。"①反映了思维上的不滞,给《道德经》"生而不有"句赋予了新意。在道物关系上,他以"一"、"异"来辩证两者,体现了道学"道外无物,物外无道"的一贯宗旨。他说:"至道之为物也,不有而有,虽有不有。不无而无,虽无不无,有无不定,故言恍惚。所以言物者,欲明道不离物,物不离道,道外无物,物外无道。用即道物,体即物道,亦悟即物道,迷即道物。物道不一不异,而异而一。不一,而物而道。一而不一,非道非物。故一不一,而物不一一也。"②

重玄学也用"不来"与"不去"来释道。来去是"八不中道"的另一对矛盾概念,重玄学以此来说明道无始无终、不来不去的超越体性。成玄英说:"时乃有古有今,而道竟无来无去。既名不去,足显不来。"③接着又补充道:"至道虽复无来无去,亦而去而来,故能览古察今,应夫始终。"④

《中论》云:"从因缘品来,分别推求诸法。有亦无,无亦无,有无亦无,非有非无亦无,是名诸法实相,亦名如、法性、实际、涅槃。"⑤吉藏《中观论疏》中对有无作了深入的分析,他说"无有可有既无无可无。无有可有由无故有,无无可无由有故无。由无故有有不自有,由有故无无不自无。有不自有,故非有;无不自无,故非无。非有非无假说有无"⑥。有、无是道学的传统范畴,重玄学吸收了中观学对于有无思辨的成果,运用四句否定模式,重新以"有"、"无"来释道。成玄英说:"夫至道不绝,非有非无,故执有执无,二俱不可也。"又说:"至道深玄,不可涯量,非无非有,

---

① 《道德真经注疏》,《道藏》第 13 册,第 325 页。
② 《道德真经注疏》,《道藏》第 13 册,第 294 页。
③ 同上。
④ 同上书,第 294—295 页。
⑤ 龙树菩萨:《中论》卷,《大正藏》第 30 卷,第 36 页中。
⑥ 吉藏:《中观论疏》卷二末,《大正藏》第 42 卷,第 28 页上。

不断不常。"①他接着解释"有无"道,"有无二名,相因而立,推穷理性,即体而空。既知有无相生,足明万法无实"②。所以,"诸法即有即空"③,而"有无二执,非达者之心"。成玄英分析有无的出处,认为有无的分别最后都在于心,而不在外境上。"夫情苟滞于有,则所在皆物也;情苟尚无,所在皆虚也。是知有无在心,不在乎境。"④因此,成玄英提倡"无心"归道。

虽然,成玄英的道论吸收了中观学的有无观,但也有很大的不同。中观以中道来解释诸法实相,以真俗二谛来说明本质和现象。真谛所说的"空"在俗谛却是"有"。换言之,"有"在中观学中指现象界,因其流转变迁,"有"为"假有"。"无"指现象界的存在没有恒常性,但并不是不存在。《中论·观三相品第七》云:"众缘所生法,无自性故寂灭,寂灭名为无。"⑤成玄英承认现象对本质而言是假象,但他不否认本体的实在性。他认为"无"除了指"无形无相"外,另有本体意义。在《庄子·天下疏》中,他说:"本,无也。物,有也。用无为妙道,为精;用有为事物,为粗。"在重玄学中的"空",一方面是指道体自然无为、本性纯粹,同时也指主体精神的无染状态,而非以空来表示世界的本质虚幻不实,这是道教重玄学在基本观点上与佛教中观学的分歧。

在有无的问题上,成玄英试图在对"非有非无"的否定中找到一种确定性。首先,他肯定了"有"、"无"源于道的一体性,"有无二心,源乎一道,同出异名。"⑥而舍去有无虽是"深远之玄",但这仅仅是"无待"、"独待","未能无不待"、"未能独独"。因为"非有非无"仅是一玄,而没有达到"重玄"。他说:"虽舍有无,得非有无,和二边为中一,而犹是执玄,未

---

① 《道德真经注疏》,《道藏》第13册,第275页。
②③ 同上书,第276页。
④ 郭象注、成玄英疏:《南华真经注疏》,《道藏》第16册,第607页。
⑤ 龙树菩萨:《中论》卷二,《大正藏》第30卷,第10页下。
⑥ 《道德真经注疏》,《道藏》第13册,第275页。

体于玄理也。此虽无待,未能无不待。此是待独,未能独独。"①在他看来,"重玄"之道境是舍弃非有非无之后的肯定性。接着,他又引出了比道更高的一个范畴——自然。"道法自然"是道家的一贯主张,成玄英以"重玄"而发自然之新义。"自然之妙理,所谓重玄之域也。道是迹,自然是本"②,故"自然者,重玄之极道"③。在重玄学中,唯有自然才是最高境界。这里的自然是双重否定之后的肯定,暗含着灵动变化,即"能所两空,物我清静,一切诸法,皆成胜妙之境"④。

王玄览则试图通过否定有无显示道体的空寂,他在表述方式、思辨习惯上与中观学更为接近。他先从有、无相对成立的名相上来破除有、无之名,"若因有,始名无,有即在无内。有若在无内,有即自妨无,其无无由名。有若在无外,有即无由名。若无由得名有,无由亦名无。有无一时俱有,既相违,同处则不可"⑤。他也将有无与生灭、常断联系起来。"天下无穷法,莫过有与无。一切有无中,不过生与灭。一切众生中,不过常与断。"⑥王玄览继续借用《中论》的四句否定式说有无:"有法,无法(相因而生),有无法(和合而成),非有法非无法(反之而名),非有无法(反合而名)。正性初之,实无所有。无时无有,有无法从何名?有时无无,有有法从何生?二法不同处,云何和合成?若有有无法,可许非有非无成。有无既也破,非有非无破。二法既也破,云何和合名?出诸名相而入真空,真空亦空而非无也。"⑦

中观学也认为真如离名言思虑,无名相可得。《中论·观三相品第七》云:"众缘所生法,无自性故寂灭。寂灭名为无,此无彼无相,断言语

---

① 《道德真经注疏》,《道藏》第13册,第353—354页。
② 同上书,第299页。
③ 同上书,第296页。
④ 《道德真经注疏》,《道藏》第13册,第364页。
⑤ 王玄览:《玄珠录》,《道藏》第23册,第627页。
⑥ 同上书,第623页。
⑦ 王玄览:《玄珠录》,《道藏》第23册,第629页。

道,灭诸戏论。"①《观法品第十八》道:"佛说诸法实相,实相中无语言道,灭诸心行。"②从老庄开始,道家也一直认为道不可言,言则非道。道无形、无名、无问、无应。《庄子·知北游》云:"道不可闻,闻而非也;道不可见,见而非也;道不可言,言而非也。知形形之不形乎?道不当名。"③"无嗣无虑始知道,无处无服始安道,无从无道始得道。"④

在最高真理不可名状这一点上,老庄思想和佛教之说本无二致。重玄学从这一点出发,不但效仿佛教破除有、无等妄执的方法,说"妙本"离有、无的"滞着",而且进一步效仿佛教真如离"心行处"的说法,谓须进而离"不滞"的分别心,始入"重玄"之域。同时,认为若要契合重玄之道,须境智双遣,忘言遣教。成玄英说:"欲明至道绝言,言即乖理。唯当忘言遣教,适可契会虚玄。"⑤"道契重玄,境智双绝。既两忘乎物我,亦一观乎亲疏。"⑥所谓境智是指外境和心智,即认识对象和认识主体,对这两者的遣忘才能境空、心空。所谓虚通之理"常湛凝然,非色非声,无名无字。寂寥独立,超四句之端;恍惚希夷,离百非之外。岂独得以言象求?安可以心智测?"⑦

在《庄子疏·齐物论》中,成玄英再提"重玄"罔象绝言,应存而不论。"六合之外,谓众生性分之表,重玄至道之乡也。夫玄宗罔象,出四句之端;妙理希夷,超六合之外。既非神口所辩,所以存而不论也。"⑧在《庄子·大宗师疏》中,成玄英将"参寥"一词释义为:"一者绝有,二者绝无,三者非有非无,故谓之三绝也。"以"三绝"概括有、无、非有非无,此"三绝"脱胎于中观学有、无、非有非无、亦有亦无之"四句",显然非《庄子》本

---

① 龙树菩萨:《中论》卷二,《大正藏》第30卷,第10页下。
② 同上书,第24页下。
③ 《庄子集解》第143页,《诸子集成》第3册。
④ 同上书,第137页,《诸子集成》第3册。
⑤ 《道德真经注疏》,《道藏》第13册,第296页。
⑥ 同上书,第332页。
⑦ 同上书,第306页。
⑧ 郭象注、成玄英疏:《南华真经注疏》,《道藏》第16册,第305页。

意。而"三绝"之外方是"重玄"之道。他说:"夫道,超此四句,离彼百非,名言路断,心知处灭。虽复三绝,未穷其妙。而三绝之外,道之根本,所谓重玄之域,众妙之门,意亦难得而差言之矣。是以不本而本,本无所本,疑名为本,亦无的可本,故谓之疑始也。"①超四句、离百非、名言道断、心知处灭,本是中观学描述法性、真如、第一义谛的用语,成玄英借此阐说"重玄之道",正是从本体论角度表明道体远离相对、言语与意识的绝对性和纯粹性。

王玄览对中观之"四句"也情有独钟,在其著作《玄珠录》中运用较为普遍。他一面肯定"四句",一面又否定"四句"为中道,如"道无所不在,常在四句,所在皆无,四句非道",意谓道离一异、是非、有无等意识思辨的"妄执"所计,但真不离妄,所以不妨通过"四句"辨析以体认真道。他又指出道既离妄又离真,"中道"也是假立,"既得真妄寂,则入于环中,在中不见边,以是中亦遣"②。所谓中道、真妄亦须遣除,正是"重玄"双遣之义。

重玄学将老庄的"离形去智"、魏晋玄学的言象意之辩和佛教中观诸法实相离言之说相结合,契入重玄语境后对道作了新的阐释。这些旨在说明道体离种种名言概念的分别,消除肯定与否定的区别,得无所得而至虚通玄妙之道。

虽则有所借鉴和吸收,但重玄学也试图回避中观学无穷破遣可能导致的理论与实践的不和谐,它所回归的依然是道家的实践传统,在"坐忘"的体验中"妙极重玄",而能逍遥自在。这是强调体用一如的绝待境界,有别于中观的空境。成玄英继承老子"涤除玄览"之法,进一步发挥坐忘之义,"隳体离形,坐忘我丧,运心既久,遗遣渐深也"③。成玄英说:

---

① 郭象注、成玄英疏:《南华真经注疏》,《道藏》第16册,第370页。
② 王玄览:《玄珠录》,《道藏》第23册,第627页。
③ 郭象注、成玄英疏:《南华真经注疏》,《道藏》第16册,第368页。

"堕形体,忘身也。吐聪明,忘心也。身心两忘,物我双遣,是养心也。"①当内心去智,外忘世故,以混沌之无为,顺自然之妙理时,坐忘体现着自然,而自然为坐忘当然的内容,这是主体与客体相融摄的"天人合一"。混沌不是别的,是"无分别之谓",故能"体悟真源,故能以智境冥会"②,"境智相会,故能妙极重玄"。消除了物我内外一切可能存在的差别,独与天地精神相往来,这正是与道相合的奥秘。成玄英描绘了这种境界,"夫得造化之深根、自然之妙本,而穷理尽性者,世间万物,何得止正而控驭焉?故当独往独来,出没自在,乘正御辨,于何待焉。"③坐忘中的中道达到物我玄同,而得环中之道,处于逍遥自在的境界。此时,"观察万有,悉皆空寂,故能虚其心室,反照真源,而智惠明白,随用而生"④。本体与工夫的结合紧密,从而能即体即用、体用如一。

《中论·观法品第十八》云:"诸法实相即是涅槃。"⑤在《涅槃品第二十五》偈云:"无得亦无至,不常亦不断,不生亦不灭,是说名涅槃。"⑥"涅槃不名有,有则老死相。终无有有法,离于老死相。"⑦在佛教涅槃思想的影响下,道教传统的"长生不死"观念在隋唐重玄学中已发生了很大的变化。虽然他们也用"长生久视"等术语,但其实质性的内涵已然不同。

成玄英认为生是从无到有,而死是从有还无,"从无出有,名之曰生,自有还无,名之曰死"⑧。从人生和世界的本质而言,"一身是幻"、"物我俱幻",如果人能够顺契于变化的"幻境"与"幻身",就可以无生无死。他提出要"冥于变化,一于死生"。"相与忘生,复忘死,死生混一,故顺化而

---

① 郭象注、成玄英疏:《南华真经注疏》,《道藏》第16册,第418页。
② 同上书,第388页。
③ 同上书,第511页。
④ 郭象注、成玄英疏:《南华真经注疏》,《道藏》第16册,第329页。
⑤ 龙树菩萨:《中论》卷三,《大正藏》第30卷,第25页上。
⑥ 龙树菩萨:《中论》卷四,《大正藏》第30卷,第34页下。
⑦ 同上书,第35页上。
⑧ 郭象注、成玄英疏:《南华真经注疏》卷8,《道藏》第16册,第373页。

无穷。"①正所谓"有欲生死,无为长存"。所以,善摄生之人,忘于身相,即身无身,而无地可死。他又说,"反于性命,凝然湛然,不复生死"②。"心冥至道,不生不灭。"③与此同时,成玄英却又提出了超凌三界、出离生死的"长生久视",他说:"出生者,超凌三界,出离死生;入死者,沉沦三途。没溺生死。若解生死义者,从无出有以释生,为生;自有还无以释灭,为死。"④"体道圣人,境智冥符,能使俱会,超兹四句,离彼百非,故得久视长生。"⑤运用中观"超四句、离百非"来说明,颇具涅槃实相之感,但以"长生久视"来论,又似有些荒诞。成玄英的生命观是中观学否定思维与庄子"齐生死"思想相结合而成的产物,他所谓的"长生久视"实际上为超越生死、与道合一的不生不灭。

王玄览对于世间之"我"的存在持否定的态度,也认为"受生灭者"是因缘和合而产生,为空。他在《玄珠录》中说:"一本无我,合业为我。我本无心,合生为心。心本无知,合境为知。合时既无,外入有者,并悉是空。空则无我、无生、无心、无识。既无所有,谁当受生灭者哉?"⑥虽然以佛教的空观得出无我、无生、无心、无识的结论,这是对世间法的否定。他接着肯定道:"其物有生灭,而我不生灭;其我是真常,而物非真常。"⑦"实性本真,无生无灭。"王玄览以世间之空无论证了出世间真常之我的存在,他说:"不一亦不二,能一亦能二;是有亦是无,无无亦无有。以其是有故,将有以历之;弃有而出世。世法既生灭,弃世而入道。道性无生灭,今古现无穷。故云:廓然众垢尽,洞然至太清。世界非常宅,玄都是旧京。"⑧如此,中观学之"八不"、"四句"与空观成为隋唐重玄学脱离世

---

① 郭象注、成玄英疏:《南华真经注疏》卷 8,《道藏》第 16 册,第 373 页。
② 《道德真经注疏》,《道藏》第 13 册,第 288 页。
③ 同上书,第 289 页。
④ 同上书,第 324 页。
⑤ 同上书,第 354 页。
⑥ 王玄览:《玄珠录》,《道藏》第 23 册,第 630—631 页。
⑦ 同上书,第 361 页。
⑧ 同上书,第 623 页。

间、返还"玄都"的手段和途径,这是重玄学学习中观的主要目的,最终还是回归到道教的神仙传统中去了。

二、佛教心性论对道教心性论的影响

佛性是众生觉悟的内在根据和原因,乃众生成佛的可能性。"佛者觉义","性者种子因本义。"[①]佛性与真如、实相同体而异名,其不生不灭、无去无来。《华严经》三十九云:"佛性甚深真法性,寂灭无相等同虚空。"《涅槃经》二十七云:"一切众生悉有佛性,如来常住无有变易。"

在中国佛学的两大流派中,有主性空的般若学和主妙有的涅槃佛性说。后者在晋宋兴起后,成为佛学主流思想。中国佛教对心性的探索,比较确切地说,是从涅槃佛性思想切入的。

自道生首倡"一切众生悉有佛性",特别是《北本涅槃经》传来之后,这一思想在中国佛性思想中占主导地位。《大乘起信论》以"一心开二门"模式将本体与主体合于"一心",为中国佛教心性论的发展开创了一条新路。"心真如门"总摄一切清净无漏之法,为众生成佛的形而上依据;"心生灭门"则总摄一切有漏染法,是世间及现象界的总貌。如此,"一心"既是世间法的所依,也是出世间法的所依。

道教心性论与佛教心性论都是以本体来论述其与众生与物的关系。在佛教,为真如、法性、实相、自性;在道教,为道、性。道教心性论的思想来源,得自于先秦道家、魏晋玄学以及佛教心性论。

道家以道为本体,将道作为万物之母。《道德经》一书虽然没有具体论及性,但已含有人性体道自然的思想。在《庄子·庚桑楚》中有"性者,生之质",认为性是与生俱来的。《庄子》主张"返性复初",提倡体道纯素,足性逍遥。《吕氏春秋》认为"性也者,所受于天也,非择取而为之

[①]《大正藏》第44卷,第472页上。

也"①，并指出"性者，万物之本也，不可长，不可短，因其固然而然之，此天地之数也"②。对"性"的来源和本体不易性作了肯定。《淮南子·精神训》云："所谓真人者，性合乎于道也"，反映了性与道之间的贯通性，明确提出了性合道的主张。

道家所提出的归根、复命、履道、体极、合道等思想已含有了对人纯粹原初之性的认识，追求返本归源成为道家的传统。他们强调终极的合道目标，表明的是一种最根本的动机和最终趋势。没有对这个合道过程中人身上具有的确定性依据——性，予以特别关注，这是一种忽略但也是一种必然。在道家看来，这个不言自明的命题——道生、道用而返道，从哪儿来又回到哪里去，似乎不需要说明。

"道"或道体遍在于万物的主张是老庄哲学最核心的命题之一。在《庄子·知北游》中，东郭子问于庄子，道在哪里？庄子曰："无所不在"，在蝼蚁、在稊稗、在瓦甓、在屎溺。③ 道教继承了道家以道为天地万物本源的思想，认为道无时不在，无处不有，这在汉代的《太平经》和晋代的《抱朴子》等著作中都曾作了阐述。南北朝时期的《西升经》云："道非独在我，万物皆有之。"即认为万物都禀有道体，它们都是由道所生。万物一体，人与物所具的"本体"都叫"道"。

万物皆在道中，万物皆有道。万物包括了有情众生和无情之物，从这一命题很容易引申出如佛教"无情有性"的主张。但是，即使当时提出"无情有道性"，也无法在此基础上发展出包容有情、无情，为众生提供成道依据的成熟道性论。因为此时的"道性"还是在道体生成论意义上的道之体性，并不具备能动性。事实上，我们现在所说的道性论却是在南北朝佛性论大兴相当长时间之后，直至隋唐时期方才成型，这样的道性论在很大程度上已经是道教心性论的同义词了。究其原因可以发现，道

---

① 《吕氏春秋·季冬纪·介立》，第119页，《诸子集成》第6册。
② 《吕氏春秋·贵当》，第315页，《诸子集成》第6册。
③ 《庄子集解》第141页，《诸子集成》第3册。

教此前的解脱和修行并非立足于众生是否拥有道性这个基础上。《庄子·知北游》云:"夫昭昭生于冥冥,有伦生于无形。精神生于道,形本生于精,而万物以形相生。"①先秦道家关于精神与道的关系讨论,以及在汉代日益完善的元气说所形成的传统的精、气、神理论,在道教的修行和解脱理论中是自足和自洽的,已经能够完满地回答相关问题。

后期大乘佛教热衷于佛性与心性的探讨,在于这一问题是佛教修行解脱论的根本出发点。应该说,隋唐时期道教心性论的讨论,一方面是佛教心性论影响和推动的结果,也存在其试图取得相同语境、不被边缘化的内在需要;另一方面也是道教理论和修行实践选择的结果,心性论与传统精气神理论有着某种天然的契合,可并行不悖相互阐发,同时使得许多问题的解释更为明确和易于表达。

道教的心性论是在道体论下的心性论。道教心性论虽带有本体的色彩,但终究没有在彻底的意义上完成心性与道完全对等的一体化,或者说没有达到无分别的可等置性。心性虽可返道,但其终究是道之下的心性。在佛教中,自性即是法性、真如;但在道教中,虽有"心即道,道即心"的说法,但这无疑是在佛教心性论影响下产生的。毋庸置疑,在秉承自然主义传统的道教中,人、地、天、道、自然的唯物模式要彻底换成心、道的唯心体系,显然是有很大难度的。

"道性"是道之体性,与心性有着莫大关联。"道性"一语较早见于汉《老子河上公章句》。此书"道法自然"句下有注云:"道性自然无所法也。"②其后的《老子想尔注》沿用了这一概念。《想尔注》也使用了"道性"概念,在"道常无为而无不为"注中,"道性不为恶事,故能神,无所不作,道人当法之"③。

从"道之体性"的道性转向灵动本具的道性,在《抱朴子内篇》中已可

---

① 《庄子集解》第139页,《诸子集成》第3册。
② 《道藏》第12册,第8页。
③ 饶宗颐:《老子想尔注校正》,第46页,上海古籍出版社,1991。

见端倪。其《辩问》篇云:"按仙经以为,诸得仙者,皆其受命偶值神仙之气,自然所禀。故胞胎之中,已含信道之性,及其有识,则心好其事,必遭明师而得其法,不然,则不信不求,求亦不得也。"①此"信道之性"为自然的禀受,落于胎胞之中,为得仙者的天赋之性。虽是分析成仙者的原始秉性,而非普及到每一个众生,但已开始在人身上找寻成仙的依据了。

南朝道士宋文明在《道教义渊》中指出,道性以清虚自然为体。人类及一切含识生物皆有道性。先禀妙一以成神,再从天受命以生身。道性本性清虚,言下之意似指纯粹的先天。这里以人类与一切含识论道性和神,无疑是将道性和神等同起来。如此,以神来释道性,道性的意义已悄然发生变化。南北朝至隋唐之际的一些道经也持此说,如《洞玄灵宝相运度劫期经》、《太上洞玄灵宝智慧通微经》等,《洞玄灵宝相运度劫期经》明确指出:"大千之载,一切众生皆有道性。"②

尽管在上述这些道经中,"道性"的概念已经提出,但这些观点通常是零星而不成系统的,并且是在先秦道体生成论的框架内运行的,它与作为众生成仙根据的心性并不完全相同。虽则也已有了"一切含识皆有道性"的主张,葛洪在《抱朴子》中也已经开始思考成仙的根据问题,并有了道性与神的关系考量,但这些尚处于萌芽阶段,成熟的道性论直至隋唐方才开花结果。

道教类书《道教义枢》为剪辑《玄门大义》和各种六朝隋唐道经而成,集者为孟安排。该书从道性备周万物的观点出发,以道性为"诸法正性"。同样认为道性遍于一切,不仅遍于有情识的众生,无情识的草木瓦石也有道性。"道性以清虚自然为体。一切含识乃至畜生果木石者,皆有道性也。究竟诸法正性,不有不无,不因不果,不色不心,无得无失。能了此性,即成正道。自然真空,即是道性。"③此论可能受到三论宗吉藏

---

① 《抱朴子内篇》,《道藏》第 28 册,第 216 页。
② 《道藏》第 5 册,第 853 页。
③ 孟安排编集:《道教义枢》卷八,《道藏》第 24 册,第 832 页。

《大乘玄论·佛性义》"草木有佛性"说的影响和启发。《大乘玄论》分佛性义为通别二门,就通门言,草木有佛性。"以此义故,若众生成佛时,一切草木亦得成佛。"①就别门而言,无心故不迷,亦无觉悟的可能,所以又说:"草木无佛性,故不成佛也。"②《道教义枢》虽未分别通别二门论道性,但从道性可以超越色、心的角度说:"道性不色不心,而色而心。而心故研习可成,而色故瓦砾皆在也。"③此处的"道性"以"不色不心,而色而心",试图包容心物,调和色、心的分歧而统一于道性之中。这样意义下的"道性"仍带有道体的特征,但是"而心"的道性研习可成,却已是成道的内因了。

《玄门大义》说:"道性者,理存真极,义实圆通。虽复冥寂一源,而亦备周万物。"④孟安排解释道:"道以圆通为义,谓智照圆通;性以不改为名,谓必成圆果。"并说:"道名在果,即指圆极法身;性悟在因,谓有得果之性。此解虽强,亦未通理。若道定在果,性定在因,则性非真道。真道非性,何谓众生有道性耶?"⑤他对将"性"定位为成道之因的局限性提出质疑,认为将道性作为"不因不果"、"不有不无"、"何在不在",才算洞见道性的圆通。"能了此性,即成正道。自然真空,即是道性。"⑥

茅山宗乃唐代道教的主要流派之一,作为宗师的潘师正的主张反映了当时道性论的基本看法。在《道门经法相承次序》中,潘师正答唐高宗问道:"法性常湛,真理唯寂。虽混成而有物,而虚廓无朕。机感所及,冥然已周,因教立名,厥义无量。夫道者,圆道之妙称。圣者,玄觉之至名。一切有形,皆含道性。"⑦此时的"道性"在"一切众生皆有"的观念下,已是众生得道、悟道的依据与根源。道性即是众生性,王玄览说:"大道应感性,此性不可见;众生愚智性,此必不可见。道性众生性,二性俱不见。

---

① ② 吉藏:《大乘玄义》卷三,《大正藏》第45卷,第40页下。
③ 孟安排编集:《道教义枢》卷八,《道藏》第24册,第832页。
④ ⑤ 孟安排编集:《道教义枢》卷八,《道藏》第24册,第831页。
⑥ 同上书,第832页。
⑦ 《道门经法相承次序》卷上,《道藏》第24册,第785—786页。

以其不见故,能与至玄同;历劫无二故,所以名为同。"①此性即是众生的神、心源或清净心,道教心性论以心性作为轮回生死及得道成真的主体,以迷悟为凡圣之间根本的差别。这样的意义无疑是佛教心性论的影响所致。同时,也尝试着从心的角度去讲修道成仙。司马承祯称道性为心源、心体。其《太上升玄消灾护命经注》说:"心源是元始,更无无上道。"《无上秘要》引《洞真太上素灵大有经》云:"夫仙者心学,心诚则成仙。"②成玄英提出了"道就是众生正性"的命题,他说:"道以虚通为义,常以湛寂得名。所谓无极大道,众生之正性也。"③王玄览指出,道性在人心中为真、为正,他说:"人心之正性,能应一切法,能生一切知,能运一切用,而本性无增减。"④

道教心性论认为修道即是修心,修心即是修道。《大道论·心行章》说:"教人修道即修心也,教人修心即修道也。心不可息,念道以息之;心不可见,因道以明之。善恶二趣,一切世法,因心而灭,因心而生。习道之士,灭心则契道。"⑤道与众生因修而契合。不然,道归道,众生仍是众生。《玄珠录》云:"道中有众生,众生中有道,所以众生非是道,能修而得道;所以道非是众生,能应众生修。是故道即是众生,即众生是道。"⑥

隋唐道教以众生心为生死轮回与得道成真之本,以心所具的道性——清净心为本具的法身,以妄执、烦恼为轮回生死之因,以遣除妄执烦恼为得道成真之要,将佛教"如来藏自性清净心"理论吸收进道教心性论中。《起信论义记》云:"自性清净心,名如来藏。"所谓如来藏,即真如含藏在烦恼之中。真如摄一切法,如来藏一切法。一切染净之法,均摄于如来之性。"藏"也含有隐覆之义,即众生的烦恼藏覆了自性清净心,

---

① 王玄览:《玄珠录》,《道藏》第 23 册,第 623 页。
② 《道藏》第 25 册,第 140 页。
③ 《道德真经注疏》,《道藏》第 13 册,第 274 页。
④ 王玄览:《玄珠录》,《道藏》第 23 册,第 632 页。
⑤ 《道藏》第 22 册,第 903 页。
⑥ 王玄览:《玄珠录》,《道藏》第 23 册,第 621 页。

使如来的性德不能显现。所谓"心性本净,客尘所染",提倡"舍妄归真"。

道教心性论受佛教心性论的影响,也持"心性清净,烦恼所覆"的观点。《坐忘论》说:"原其心体,以道为本。但为心神被染,蒙蔽渐深,流浪日久,遂与道隔。若净除心垢,开神识本,名曰修道,无复流浪,与道冥合,安在道中,名曰归根。"①这就是从心性的染净角度来解释道教修道中的"归根"、"合道"问题。在《道教义枢·道性义》中,道性为"烦惑所覆,暂滞凡因。障累若消,还登圣果"②。"道性体义者,显时说为道果,隐时名为道性。"③将道性与道果视为一物,谓凡圣唯在显隐之别,为烦惑所覆,道性不显即为凡,去烦惑道性显即为圣。《本际经·秘密藏品》说:"是清净心具足一切无量功德,智慧成就,常住自在,湛然安乐。但为烦恼所覆蔽故,未得显了,故名为性。若修方便,断诸烦恼,障法尽故,故名本身。"④"言本身者,即是道性清净之心,能为一切世间、出世间法根本故,故名为本。"⑤

在道教心性解脱理论中,王玄览接受了佛教的"无心说",直接教人"无心"。其云:"心解脱即无心,无心则无知。谁当解脱者?心。心知法,法处无心;法被心知,心处无法。二除既无增减,故知无观无法。无法则心不生知,无心则诸妄不起。"⑥离知去妄,常以无心为心,入于"无心定",才能无生无灭。"心生诸法生,心灭诸法灭。若证无心定,无生亦无灭。"⑦这样的心性论,基本上已与佛教心性论合流了。

真如在烦恼中,谓"如来藏";真如出烦恼,谓"法身"。"法身"在佛教中为佛之真身。法身为有为、无为一切功德法体性之所依,并成就一切庄严功德。它是三身中之自性身,为清净法界之真如。性宗和相宗对其

---

① 司马承祯:《坐忘论》,《道藏》第 23 册,第 893 页。
② 孟安排编集:《道教义枢》卷八,《道藏》第 24 册,第 831 页。
③ 孟安排编集:《道教义枢》卷八,《道藏》第 24 册,第 832 页。
④⑤《本际经》卷九,《敦煌宝藏》第 127 册,第 283 页。
⑥ 王玄览:《玄珠录》,《道藏》第 23 册,第 630 页。
⑦ 同上书,第 623 页。

的理解各异。性宗认为,真如之理性有真实觉知之相。理智不二、性相不二,以法性成身,所以名为法身。道教心性论也引入"法身"来丰富自己的内涵,它的观点与佛教性宗较为接近。《道教义枢》引《玄门大义》云:"法身者,至道淳精,至真妙体,表其四德,应彼十方,赴机于动寂之间,度物于分化之际,此其致也。"①它从本体出发,指出法体的应彼十方,化分万物。赋予法身以本体意义,又具人格化的表征。又将法身分为六身,本迹各三身。"本三称者:一者道身,二者真身,三者报身";"迹三名者:一者应身,二者分身,三者化身。"以本而言,法身为本体;以迹言之,法身有人格。法身从本降迹,又由迹归本。化生万物,又终将归于道体。作为人格本体,法身就是众生的道性,这是众生得道成仙的内在依据和原因。其又云:"道身,以道为身;真身,清净无碍;报身,谓累劫妙行酬报之身;应身为随机显迹,应接群生。应身又名生身,即随顺世法,具有形体之身;分身是散我一身于多处,分形散体,无有限量,而各身却形貌相同;化身者,《本际经》云:'我即化身,种种示见,人天六道,随缘施作,倏有欻无,权示色像。'"②这在佛教通常所说的法、报、应三身之上又有所发挥。

　　《道教义枢》说:"真道累尽,唯有妙心。但此妙心具一切德,寂不可见,名为妙无;动时乘迹,同物有体。心色虽妙,物得见之,故名妙有。"③这取自佛教"真空妙有"之说,又有所改造。它还采用佛教涅槃义,谓法身具有"常存、快乐、自在、清净"四德,这显然是受了佛教法身有"常、乐、我、净"的影响。此时的"法身"即是清净心。《道门经法相承次序》也说:"是清净心具足一切无量功德智慧,成就常住、自然、湛然、安乐,但为烦恼所覆蔽故,未得了故,名为性。若修方便断诸烦恼,障法尽故,显现了

---

① 孟安排编集:《道教义枢》卷一,《道藏》第24册,第805页。
② 同上。
③ 同上书,第806页。

故,名为本身。如此身者,本自有之,非今造故,故名为本。"①

受佛性论"本有"和"始有"说的影响,道教也关注道性的"本有"和"始有"问题。在《道教义枢》中记录了不同的观点。第一种为"道性本有"说:"众生本有法身,众德具足,常乐宛然。但为惑覆,故不见耳。犹如泥之杂水,不见澄清,万里深坑,沙底难睹。本相见时,义无有异。"②第二种为"道性始有"说:"本有之时,未有众德。但众生有必得之理,故言澄清湛然耳。"③这两种观点以本有之时,是否具备"众德"而发生分歧。孟安排并不同意上述两说,他提出质疑:"若本具众德,岂被惑覆?遂为惑覆,何德可尊?若本无众德,今时则有,则是无常。又理是本有,理可是常。事既今有,事应无常。若理事俱常,亦应理事俱本。是故不然。今明法身本非三世所摄,何得已有见有常有耶?亦未尝有、无,何论隐显?今言神本澄清者,直是本来清净,竟无所有。若迷此理,即名惑覆。若了此理,即名性显。非是别有一理在众生中。"④这里,孟安排对上述"本有"、"始有"的说法都持反对立场。他认为,若说众生本具"道性",怎么又会被迷惑所覆呢?既然已经被惑所覆,还有什么"道性之德"呢?若说本无道性之德,现今方有,道性则应是无常。但是,"理"是本有,也是恒常的,"事"既然是今有,应是无常。无常之事并非"道性之理"。若说理、事都是恒常,则理、事都应是本有。这与"道性始有"的结论自相矛盾。孟安排指出,笼统地说道性是本、是始,都是偏于一隅。道性之理本来清净,内在于众生之身中。若迷此理,则被惑所覆;若了此理,其自然显现。因而,"理"是本有恒一的,有、无只是就其隐现而姑妄言之。这就是"道性亦本亦始"说。上述这三种说法恰恰与佛教心性论的三种观点相仿。

这些道教心性论的研究成果,表明了其思想已渐趋成熟。同时也为

---

① 《道藏》第 24 册,第 791 页。
②③④ 孟安排编集:《道教义枢》卷一,《道藏》第 24 册,第 806 页。

隋唐时期的宗教实践特别是内丹对"性"的探索,提供了理论基础。

自道教产生之日起,其修行的目标和理想就是"长生不老"。从东汉末到西晋,由形神相即达到肉身长存几乎是对长生的唯一理解。两晋到初唐,形神同飞仍是主流,但已要求形质的改造;虽然在唐代以前的丹道主流主张"不死之要道在神丹(外丹)"。但在唐以后,追求肉身的永恒已渐渐成为批判的对象,对生命"真我"(真性)的重新界定和认同,"性命双修"、"还虚合道"的主张代替了以往的肉体长生观念。考察这个过程所发生变化的原因,不能不谈及心性论在其中所起的重要作用。

以目前资料所及,第一个对"内丹"概念和理论推广有重大影响的人物当属内丹家苏元朗。据《罗浮山志》记载,苏元朗号青霞子,于隋开皇年间(581—600)来罗浮山,著有《旨道篇》示弟子及从游者,自此道徒始知内丹。他在《龙虎金液还丹通元论》一书中,首次对还丹提出明确界定:"归根复命,犹金归性初,而称还丹",并将性与命并举,提倡"性命双修"。

内丹学中的"性"即佛教所谓的"自性"。随着内丹学的崛起,将"性"作为生命和修道主体的观点在唐后期已成为主流思想。

唐初的司马承祯已有收心复性、修真达性的主张。他以老庄思想为出发点,吸收了佛教止观、禅定的方法,在《坐忘论》中以敬信、断缘、收心、简事、真观、泰定、得道等阐述了修道的七个次第,着重讲了坐忘收心、主静去欲的问题。他认为"心为道之器宇,虚静至极,则道居而慧生"①。虚静至极而定,定而生慧。在解释庄子"宇泰定者,发乎天光"时,他指出"宇则心也,天光则发慧也"。司马承祯说:"庄子云:古之治道者,以恬养智,智生而无以为智也,谓之以智养恬。智与恬交相养而和理出其性。恬智即是定慧,和理即是道德,有智不用而安其恬静,积而久之,自成道德。"②将"恬智"解为定慧,将"和理"释作道德,定慧并重、道德兼

---

①②《道藏》第22册,第896页。

养就能显性。有了定慧功夫,自然就能得道。以佛教三学中的定慧二法来阐释"恬智",以此成就道德本体,这是对道家"坐忘"、"心斋"的一种新解释。虽然内容并无大的改变,但概念上的融摄已表明语境的变化。

在唐代,"性命"之说在当时的内丹学中已渐被认可并得到重视。如内丹家张果在《太上九要心印妙经》序中说:"夫九要者,要,乃机要也,以应大丹九转……先序显用,次要应体,以体兼用,性命备矣。"①至内丹钟吕派将"性"提升到修道的主体地位,修性已成为内丹学最重要的修炼目之一。

在《纯阳帝君神化妙通记》中,记载了钟离权与吕洞宾就有关修行问题的对答。当吕问及"性命"时,钟答:"一点灵明无昧,性也;一点元气常调,命也;性无命则无依倚,亦不能安止;命无性则不冲融,亦不能固密。二物混融,一真玉莹。"②吕洞宾在《敲爻歌》中又说:"性命机关堪守护,若还缺一不芳菲,执著波查应失路。只修性,不修命,此是双修第一病。只修祖性不修丹,万劫阴灵难入圣。达命宗,迷祖性,恰似鉴容无宝镜,寿同天地一愚夫,权握家财无主柄。性命双修玄又玄,海底洪波驾法船,生擒活捉蛟龙首,始知匠手不虚传。"③

倡导心性修炼、"性命双修"的主张开启了内丹的新传统,它的提出是内丹学成熟的重要标志。此后,内丹修炼成为道教宗教实践的主流,而有了"内丹道教"之说。

---

① 董诰等编:《全唐文》卷九二三,第10册,第9613页。
② 《道藏》第5册,第709页。
③ 《藏外道书》第7册,第513—514页。

第七章 隋唐五代时期佛教徒的生活与信仰

第一节 隋唐佛教的信仰与仪式

中国佛教忏法体系的真正建立,是从天台智顗开始。智顗依天台教观,将大乘佛教的理观与忏悔相结合,制作了《法华三昧忏仪》、《方等三昧忏法》、《请观音忏法》、《金光明忏法》四部忏法。尤其是《法华三昧忏仪》,影响了天台宗学人的实践行门,以及后代忏法制作的模式。从当今佛教所流行的忏法仪轨来说,如《水陆仪轨》、《净土忏》、《药师忏》、《地藏忏》、《大悲忏》等,几乎都是天台宗诸师所制的仪轨。同时,华严、禅宗、净土宗、三阶教等忏法亦十分兴盛。

一、智顗与忏法的集大成

随着隋代全国政治局势的统一,也为南北佛教的统一奠定了社会基础。所以,天台智者(538—597)大师统摄北地偏重实践和南方偏重义理的风气,提倡教观并行,止观并运,树立了中国独创的天台教学。综观智顗的一生,经历梁、陈、隋三代,因此当时佛教风气对他的影响是不可限量的;同时,师承背景又直接影响了其思想。智顗忏法体系的形成,与这些都是息息相关的。

智𫗱(538—597)十八岁礼长沙果愿寺法绪大师出家,二十岁受具足戒,依慧旷律师学习戒律,在大贤山读诵《法华经》、《无量义经》、《普贤观经》等三部经典,修习方等忏法,获得"胜相"现前。① 《隋天台智者大师别传》中说:

> 年十有八,投湘州果愿寺沙门法绪而出家焉。绪授以十戒,导以律仪。仍摄以北度,诣慧旷律师。兼通方等,故北面事焉。后诣大贤山,诵《法华经》、《无量义经》、《普贤观经》,历涉二旬,三部究竟。进修方等忏,心净行勤,胜相现前,见道场广博,妙饰庄严;而诸经像,纵横纷杂;身在高座,足蹑绳床;口诵《法华》,手正经像。是后心神融净爽利,常日逮受具足律藏;精通先世萌动,而常乐禅悦怏怏,江东无足可问。②

智𫗱通过自学及受慧旷的教导,在佛学上有了长足进步,而具有一定的禅定基础。同时,智者依止慧旷律师期间,曾经"进修方等忏",这说明智者在制作《方等三昧行法》等时已经有自己的实践体验。同时,在《出三藏记集》的《法苑杂缘原始集目录序》中记载有"《方广陀罗尼七悔法缘记》(出彼经)"③这应该看做《方等陀罗尼经》的忏悔法,因为在当时经录中并未发现类似的其他经典。而且,慧皎所撰《梁高僧传》中记载法达曾经修此忏法。④ 而在《续高僧传》及《隋天台智𫗱》记载中,修方等忏法者

---

① 道宣:《续高僧传》卷一七,《大正藏》第50卷,第564页中。
② 灌顶:《隋天台智者大师别传》,《大正藏》第50卷,第191页下。有关智者大师的生平及其著作,中文方面最详细者首推潘桂明《智𫗱评传》,南京大学出版社1996年第1版;日文方面应该是佐藤哲英的《天台大师の研究》,京都,百华苑,1961年第1版,1979年第2次印刷;同氏《续天台大师の研究》,京都,百华苑,1981。
③ 僧祐:《出三藏记集》卷五,《大正藏》第55卷,第91页上一下。
④ 慧皎《高僧传》卷一一"玄高传"说:"沙门法达,为伪国僧正。钦高日久,未获受业……达顶礼哀哀,愿见救护,高曰:君业重难救,当可奈何?自今以后,依方等苦悔,当得轻受。"《大正藏》第50卷,第398页中—下。

更多。① 所以，智𫖮应该是根据天台教观及自己的实践体验，重新修订而成《方等忏法》。

智者因江东无人可求法学习，甘冒生命的危险，到光州大苏山请求慧思的教导，在其门下八年，后来才到金陵弘扬佛法，所以智𫖮受慧思的影响最大。慧思十分重视忏悔的思想与实践，《续高僧传》"慧思传"记载，慧思早年出家时，因患疠疾，"求诚乞忏"；晚年临终前曾问大众："若有十人不惜身命，常修法华、般舟、念佛三昧、方等忏悔，常坐苦行者，随有所须，吾自供给，必相利益。如无此人，吾当远去。"②在慧思传记中，便可发现慧思十分重视并且实践法华三昧、般舟三昧、念佛三昧、方等忏法。根据《隋天台智者大师别传》的记载，慧思七年修习方等忏法。③ 智𫖮的四种三昧，常坐三昧即是"念佛三昧"，常行三昧即"般舟三昧"，半行半坐三昧即"方等三昧"和"法华三昧"，而非行非坐三昧即是慧思所说的"随自意三昧"。④ 而且，智𫖮将《请观音忏法》纳入"非行非坐三昧"的具体忏法，而《金光明忏法》与《请观音忏法》在仪轨程序上则十分相似。所以，从慧思的身上可以找到智𫖮四种三昧的源流。

慧思重视禅定，同时也重视神通，而禅定与神通的获得，首先必须忏悔。《诸法无诤三昧法门》卷上说：

> 欲自求度及众生，普遍十方行六度，先发无上菩提心，修习忍辱坚持戒，昼夜六时勤忏悔，发大慈悲平等心，不惜身命大精进。欲求佛道持净戒，专修禅智获神通，能降天魔破外道……持清净戒修禅

---

① 大野荣人先生曾经将这些实修者列成表，见《天台止观成立史の研究》，第 91—95 页，京都，法藏馆，1994。
② 道宣：《续高僧传》卷一七，《大正藏》第 50 卷，第 562 页下、563 页下。
③ 《隋天台智者大师别传》中说："时有慧思禅师，武津人也。名高嵩岭，行深伊洛。十年常诵，七载方等，九旬常坐，一时圆证。"《大正藏》第 50 卷，第 191 页下。
④ 关于非行非坐三昧与随自意、觉意三昧的关系，请参考［日］坂本广博《四种三昧——特に非行非坐三昧と随自意、觉意三昧について》，多田厚隆先生颂寿纪念《天台教学の研究》，第 159—177 页，东京，山喜房佛书林，1990。

定,舍诸名闻及利养,远离愦闹痴眷属,念十方佛常忏悔。①

无论是自度还是化他,佛道的成就,禅定与神通的获得,只有常修忏悔,常行六度,才能成就。

同时,智𫖮吸收慧思的"有相行"与"无相行",他在《摩诃止观》中说:

> 南岳师云:有相安乐行、无相安乐行,岂非就事理得如是名。持是行人,涉事修六根忏,为悟入弄引,故名有相;若直观一切法空为方便者,故言无相。妙证之时,悉皆两舍。②

智𫖮根据慧思"有相安乐行、无相安乐行"的说法,提出分别依《法华经》"普贤菩萨劝发品"和"安乐行品"的"有相行"和"无相行"。其有相行,指以散心念诵《法华经》,不入禅定,无论行、立、坐,皆一心念诵《法华经》,并于六时中忏悔六根罪障;其无相行,则指入于甚深禅定,以智慧观照六根,悟入实相三谛的正空。③ 慧思在光州大苏山传授给智𫖮的便是法华三昧,后来智𫖮也因此而开悟,可见师徒两人对此三昧的重视。

所以,天台忏法的形成,是智𫖮在南北朝佛教界忏悔法门及礼忏仪流行的背景下,而受到其师承——慧旷、慧思的直接影响,制作出四部忏法,从而将中国佛教忏法的发展推向一个新的高峰。

1."忏悔"一词的解释

随着佛经的翻译,"忏悔"逐渐成为佛教典籍中经常出现的词语。④自从"忏悔"一词译出后,中国的祖师大德便开始解释这个词,而且异说纷纭。最早对"忏悔"进行解释的,是智𫖮(538—597)的《释禅波罗蜜次第法门》(又称《次第禅门》)⑤:

---

① 慧思:《诸法无诤三昧法门》卷上,《大正藏》第46卷,第629页下。
② 智𫖮:《摩诃止观》卷二上,《大正藏》第46卷,第14页上。
③ 潘桂明:《智𫖮评传》,第326页,南京大学出版社,1996。
④ 有关忏悔的研究,以及语言学及文献学上的考察,见圣凯《论忏悔原语的含义》,《觉群·学术论文集》第一辑,第355—365页,北京,商务印书馆,2001。
⑤ [日]盐入良道:《天台智𫖮禅师における忏悔の展开》,《大正大学大学院研究论集》第9号,第4页,1985。

> 夫忏悔者,忏名忏谢三宝及一切众生,悔名惭愧改过求哀。我今此罪,若得灭者,于将来时,宁失身命,终不更造如斯苦业。如比丘白佛:我宁抱是炽然大火,终不敢毁犯如来净戒。生如是心,唯愿三宝证明摄受,是名忏悔。复次,忏名外不覆藏,悔则内心克责;忏名知罪为恶,悔则恐受其报。如是众多,今不广说。举要言之,若能知法虚妄,永息恶业,修行善道,是名忏悔。①

按照智𫖮对忏悔的解释,忏是愿三宝及一切众生能证明与摄受,悔是由于惭愧而表现出的求哀改过;忏是对外不覆藏,知道罪恶的过犯,悔是在内心中克责,恐怕受其果报。总而言之,能够知道诸法的虚妄,永息恶业,修行诸善,这是智𫖮对忏悔的根本立场。

上面的解释,很显然不是忏悔原语的意义,但是智𫖮在《金光明文句》卷三"释忏悔品"中,对"忏悔"的解释又增加了许多含义:

> (1) 忏者,首也;悔者,伏也。如世人得罪于王,伏款顺从不敢违逆,不逆为伏,顺从为首。行人亦尔,伏三宝足下,正顺道理,不敢作非,故名忏悔。(2) 又忏名白法,悔名黑法,黑法须悔而勿作,白法须企而尚之,取舍合论,故言忏悔。(3) 又忏名修来,悔名改往。往日所作恶、不善法鄙而恶之,故名为悔;往日所弃一切善法,今日已去,誓愿勤修,故名为忏。弃往求来,故名忏悔。(4) 又忏名披陈众失,发露过咎,不敢隐讳;悔名断相续心,厌悔舍离。能作所作合弃,故言忏悔。(5) 又忏者名惭,悔者名愧;惭则惭天,愧则愧人;人见其显,天见其冥;冥细显粗,粗细皆恶,故言忏悔。(6) 又人是贤人,天是圣人,不逮贤圣之流,是故忏悔。又贤圣俱是人天,是第一义天,第一义天是理,贤圣是事,不逮事理,俱皆忏悔。(7) 又惭三乘之圣天,愧三乘之贤人,不逮此天人,故名惭愧,惭愧名忏悔。(8) 又三乘贤圣皆是人,第一义为天,约此人天惭愧,故名忏悔。(9) 又三乘贤

---

① 智𫖮:《释禅波罗蜜次第法门》卷二,《大正藏》第46卷,第485页中。

圣尚非菩萨之贤,况菩萨之圣,今惭愧三十心之贤,十地之圣,故名惭愧忏悔。总此贤圣皆是人,第一义理名为天,约此人天论惭愧,故名忏悔。(10) 又三十心去自判圣人,十信是贤人,约此贤圣论惭愧忏悔。总此贤圣皆名人,第一义理名为天,约此人天论惭愧忏悔,合十番释名也。①

以上是智𫖮对忏悔的十种解释,(1) 顺从不逆,不敢作非;(2) 以白法、黑法配对;(3) 修未来,改过去;(4) 发露过咎,厌悔舍离;(5) 从第五种以后,用惭愧来理解忏悔,这是智𫖮的特色。同时,智𫖮用天、人、圣、贤配对,盐入良道先生猜测这是用天台判教藏、通、别、圆来解释。②

智𫖮对忏悔的扩大解释,显示了他非凡的理论创造能力,但笔者以为这与智𫖮不熟悉梵文的原义有极大的关系。③

所以,智𫖮对"忏悔"一词的理解,不为语言的原义所拘,从而作出了创造性的理解,为其忏法的制作及实践提供了语境上的基础。

2. 忏悔的原理

在智𫖮的修证体系中,是以止观并重为特色的。为了获得止观,首先必须持戒,但是凡夫众生无法清净持戒,犯戒造罪,于是必须忏悔罪业。这是一种逻辑与实证上的需要,也是最简单、最原始的忏悔原理。

在天台止观的正修方法中,智𫖮在《次第禅门》及后来阐释圆顿止观的《摩诃止观》中都提出要具足前方便二十五法。其中,第一具五缘之首,便是"持戒清净"。在《次第禅门》中,开"持戒清净"为三:一、明有戒无戒,二、明持犯,三、明忏悔。第三"明忏悔"又分为运忏悔心、正明忏悔方法。智𫖮说明了忏悔的目的和意义:

---

① 智𫖮:《金光明经文句》卷三,《大正藏》第 39 卷,第 59 页上—下。
② [日]盐入良道:《天台智𫖮禅师における忏悔の展开》,《大正大学大学院研究论集》第 9 号,第 6 页,1985。
③ 从智𫖮的生平,我们可以看出他根本没有学习梵文的经历,见潘桂明《智𫖮评传》,南京大学出版社,1996。

> 云何名运忏悔之心？若人性自不作恶，则无罪可悔。行人既不能决定持戒，或于中间值遇恶缘，即便破毁。若轻若重，以戒破故，则尸罗不净，三昧不生。譬如衣有垢腻，不受染色，是故宜须忏悔，以忏悔故，则戒品清净，三昧可生。①

若人的本性中，没有犯罪作恶的意识，那么也就没有什么罪可以忏悔了。但是，修行人由于在修行过程中，遇见恶缘，于是毁犯戒律。由于破戒的缘故，所以三昧不生。这样，因为忏悔而得到戒品清净，从而生起三昧。

智𫖮从戒、定、慧三学的关系中探讨忏悔的意义，这与仅仅以戒律为基础的忏悔、悔过当然有很大的不同。他在《次第禅门》卷二中举出《大智度论》所说的十种戒，将一切戒统合于十种戒之中。② 为了方便，列举如下：

一、持不缺戒：四重不犯。

二、持不破戒：僧残不犯。

三、持不穿戒：下三篇不犯。

四、持无瑕戒：不起谄心及诸恼，觉诸杂志。（不杂戒、定共戒）

五、持随道戒：心行十六行观，发苦忍智慧。（道共戒）

六、持无著戒：阿那含人，若断欲界九品思惟尽，乃至色爱无色爱等诸结使尽。（断律仪戒）

七、持智所赞戒：发菩提心，为令一切众生得涅槃故持戒，如是持戒，亦可言持菩萨十重四十八轻。此戒能至佛果故。

八、持自在戒：菩萨持戒，于种种破戒缘中，而得自在。亦可言菩萨知罪不罪不可得故。

九、持具足戒：菩萨能具一切众生戒法及上地戒。

十、持随定戒：不起灭定，现种种威仪戒法。

---

① 智𫖮：《释禅波罗蜜次第法门》卷二，《大正藏》第46卷，第485页中。
② 同上卷二，《大正藏》第46卷，第484页下—485页中。

智顗继承《梵网经》"众生受佛戒,即入诸佛位,位同大觉已"①的思想,所以在第七"持智所赞戒"中,提出依持戒而成佛的思想。② 同时,他在《法华玄义》卷三下③中,将十种戒分类为藏、通、别、圆的四教判而作说明。后来,智顗在《摩诃止观》中更将这十戒中的随道戒到具足戒演变为真谛、俗谛、中道第一义谛持戒,并以三观三谛的理论来持戒。由此可知,智顗给予持戒清净极高的地位,以之为修习止观、开发定慧的关键。但是,得戒后,如果破戒、失戒,必然造罪。忏悔正是为了灭罪,在智顗的思想中,是如何看待罪业的呢?他在《次第禅门》中说:

> 罪有三品:一者违无作起障道罪,二者体性罪,三者无明烦恼根本罪。通称罪者,摧也。现则摧损行人功德智慧,未来之世三途受报,则能摧折行者色心,故名为罪。④

智顗所说的三种罪,第一、违无作起障道罪,是指修行者违犯戒律,属于依戒相而定罪业的声闻戒法;第二、体性罪,这是罪业缘起感果的体性,如比丘犯杀生戒,虽经作法忏,除去障道罪,但却不能除去杀报业缘的体性罪;第三、无明烦恼根本罪,是指罪源的根本来自无明烦恼。⑤

修行者犯戒造罪,为什么依忏悔能得除灭?智顗在《摩诃止观》中说:

> 四明忏净者,事理二犯,俱障止观,定慧不发。云何忏悔令罪消灭,不障止观耶?若犯事中轻过,律文皆有忏法,忏法若成,悉名清净。戒净障转,止观易明。若犯重者佛法死人,小乘无忏法;若依大乘,许其忏悔。如上四种三昧中说,下当更明。次理观小僻不当谛

---

① 鸠摩罗什译:《梵网经》卷下,《大正藏》第24卷,第1004页上。
② 有关这十戒的变化,请参考佐藤达玄《戒律在中国佛教的发展》(下册),释见憨等译,第585—589页,台北,香光书乡出版社,1997。
③ 智顗说、灌顶笔录:《法华玄义》卷三下,《大正藏》第33卷,第717页中—下。
④ 智顗:《释禅波罗蜜次第法门》卷二,《大正藏》第46卷,第486页下。
⑤ 释大睿:《天台忏法之研究》,第59页。

> 者,此人执心若薄,不苟封滞,但用正观心破其见著,惭愧有羞低头自责,策心正辙罪障可消,能发止观也。见若重者,还于观心中修忏,下当说也。若犯事中重罪,依四种三昧则有忏法。①

智𫖮认为,违犯事与理两方面,都能障碍止观,使定慧不能生起。盐入良道先生认为,事是从经论的明文等表现出来的态度,而理则是以经论明文为主体性的认识而表现出来的态度与理解。② 其实,事应该是指事相上,如戒相等可以用表相体现出来;而理则指在思想见解上。在事相上犯过比较轻,依戒律的忏悔法便能得到清净。而在理上犯过,以正观心破其执著,使其生起惭愧心,能够低头自责;如果理观的障碍比较重的,而在观心中忏悔,这在小乘法中是无法得救的,只有依大乘四种三昧的忏法才能悔罪得清净。

所以,智𫖮不仅融摄声闻戒罪及忏悔法,而且从大乘经典中发现悔罪的方法,广摄体性罪及根本无明烦恼。同时,他将这些忏悔法最后集中到四种三昧中,从而真正建构了中国佛教的忏法。

3. 三种忏悔

智𫖮依三种罪提出三种忏悔法,他说:

> 一明作法忏悔者,破违无作障道罪。二明观相忏者,破除体性恶业罪。故摩诃衍论云:若比丘犯杀生戒,虽复忏悔得戒清净,障道罪灭而杀报不灭,此可以证前释后,当知观相忏悔用功既大,能除体性之罪。三观无生忏悔罪灭者,破除无明一切烦恼习因之罪,此则究竟除罪本源。③

智𫖮三种忏悔法,第一、作法忏悔,是破违犯戒律的声闻罪;第二、观相忏

---

① 智𫖮:《摩诃止观》卷四上,《大正藏》第46卷,第39页下。
② [日]盐入良道:《天台智𫖮禅师における忏悔の展开》,《大正大学大学院研究论集》第9号,第10页,1985。
③ 智𫖮:《释禅波罗蜜次第法门》卷二,《大正藏》第46卷,第486页下。

悔,是破业缘的体性罪;第三、观无生忏悔,是破无明烦恼,究竟除去众罪的本源。

智颛在《次第禅门》中,详细地解释了三种忏悔法。作法忏悔是通过僧团举行羯磨法,依据戒律如法忏悔罪业,不需要见种种相,也不需要智慧观空。但是在戒律中,四重罪是不可悔的。《次第禅门》说:

> 一、作法忏悔,此扶戒律,前一法多是小乘忏悔法……初明作法忏悔者,以作善事反恶事故,故名忏悔。如毗尼中,一向用此法灭罪,何以故?如忏第二篇二十众作别住下意出罪等羯磨作法成就,即名为灭。此不论见种种相貌,亦不论智慧观空。故知但是作法忏悔,羯磨此翻作法,如是乃至下三篇,并是作法,此事易知。义如律中广明,但未明忏悔四重法。①

作法忏悔,是依作法而获得罪障的清净。律藏中的作法忏悔,并没有说明忏悔四重罪,但是智颛在《次第禅门》中举出《最妙初教经》(即是《小止观》中所说的《妙胜定经》),依经中所说,作法忏悔能够除四重罪。②

观相忏悔,是专注心念,在静心中见各种种相,这是依修定法,而且大多属于大乘的忏悔法门。在印度佛教初传中国时即有观相忏悔,如《大方等陀罗尼经》所说的忏悔法,或《阿含经》中作地狱、毒蛇、白毫等观相,如果成就了这些相,就表明罪已灭。《次第禅门》说:

> 二明观相忏悔者,行人依诸经中忏悔方法,专心用意,于静心中,见种种诸相。如菩萨戒中所说,若忏十重,要须见好相,乃灭相者。佛来摩顶,见光华种种瑞相已,罪即得灭。若不见相,虽忏无益。诸大乘方等陀罗尼行法中,多有此观相忏法。三藏及《杂阿含》

---

① 智颛:《释禅波罗蜜次第法门》卷二,《大正藏》第46卷,第485页下。
② 《次第禅门》中说:"别有《最妙初教经》,出忏悔四重法。彼经云:当请三十清净比丘僧,于大众中,犯罪比丘当自发露,僧为作羯磨成就。又于三宝前,作谶行法,及诵戒千遍,即得清净。亦云令取得相为证,而说罪灭清净。当知律中虽不出,经中有此羯磨明文。作法相貌,如彼经中广说。"(《大正藏》第46卷,第485页下。)

中,亦说观相忏悔方法,谓作地狱、毒蛇、白毫等观相,成就即说罪灭。此悉就定心中作故,观相忏悔多依修定法说。①

观相忏悔在大乘经典中,如《梵网经》中受菩萨戒忏悔,《大方等陀罗尼经》为灭重罪而忏悔,都是通过修定的方法,在定心中见相。

至于观相忏悔的因缘,《摩诃止观》中说:

> 因缘者,有内有外。内者,止观研心,心渐明净,照诸善恶。或可以止止恶,恶方欲灭;以观观善,善方欲生。或可以止止恶,恶因静生;以观观善,善因观灭,无量业相出止观中。如镜被磨,万像自现。外者,诸佛慈悲,常应一切众生,无机不能得睹,以止观力,能感诸佛示善恶禅,诸业则现。如持花鬘,示于大众,是名内外因缘。②

从修行者自身来说,修习止观,在定中可能出现善相或恶相,但都是因缘所现,如镜子中万像自然显现。另外,诸佛慈悲,常常应化众生,由于内心的止观力,因缘合会,所以能感诸佛示现善、恶等禅定境界。

最后,观无生忏悔,其思想依据是《普贤观经》。智顗认为,观无生忏悔是从智慧方面来说明忏悔。《次第禅门》说:

> 三、明观无生忏悔者,如《普贤观经》中偈说……夫行人欲行大忏悔者,应当起大悲心怜愍一切,深达罪源。所以者何?一切诸法本来空寂,尚无有福,况复罪耶?但众生不善思惟,妄执有为而起无明及与爱恚,从此三毒,广作无量无边一切重罪,皆从一念不了心生。若欲除灭,但当反观如此心者从何处……如是观之,不见相貌,不在方所,当知此心毕竟空寂。既不见心,不见非心,尚无所观,况有能观。无能无所,颠倒想断。既颠倒断,则无无明及以爱恚。无此三毒,罪从何生。复次一切万法,悉属于心。心性尚空,何况万

---

① 智顗:《释禅波罗蜜次第法门》卷二,《大正藏》第46卷,第485页下。
② 智顗:《摩诃止观》卷八下,《大正藏》第46卷,第112页上。

法。若无万法,谁是罪业。若不得罪,不得不罪。观罪无生,破一切罪,以一切诸罪根本性空,常清净故……作是忏悔,名大忏悔……行此悔者,心如流水,念念之中,见普贤菩萨及十方佛,故知深观无生,名大忏悔。于忏悔中,最尊最妙,一切大乘经中明忏悔法,悉以此观为主。①

观无生忏悔主要是以观罪性本空的究竟义为中心,智顗从三个方面论证罪性本空:一、一切诸法本来空寂,但是众生虚妄执著为有,从而生起无明贪爱烦恼,广作无边重罪;二、心毕竟空寂,一切诸法都属于心,心不在内,不在外,无有能所,因此心性本空;三、罪性本空,因为诸法与心都是本来性空,所以执著诸法而在心中所生起的罪,也是本来性空。这样,究竟罪缘,才会得到尸罗清净,才有修定的可能。

所以,智顗以持戒清净为基础,将作法忏悔、观相忏悔、观无性忏悔与戒、定、慧三学相配,表示一切佛法都不在忏悔之外。

4. 五悔法门

历来通行的忏法有两类:一类是集诸经所说,忏悔罪过的仪则;另一类是依五悔法门,修习止观的行法。智顗的忏悔思想及其所立的忏仪制度,包含了以上两类忏法。② 五悔即五忏悔,智顗称忏悔、劝请、随喜、回向、发愿五法为五悔。五悔思想的起源是五悔系经典的传出,即《菩萨五法忏悔文》、《离垢慧菩萨所问礼佛法经》、《占察善恶业报经》、《观佛三昧海经》。

智顗在《摩诃止观》、《法华三昧忏仪》、《国清百录》等著作中,分别阐明了五悔思想。智顗在《摩诃止观》天台十乘观法"第八明次位"圆教位次中提出,行者知道自己修证的位次,不能直接观不思议境,这是下根者所修的观法。③ 按照湛然《止观辅行》的说法,《摩诃止观》的五悔是引用

---

① 智顗:《释禅波罗蜜次第法门》卷二,《大正藏》第46卷,第486页上一中。
② 潘桂明、吴忠伟:《中国天台宗通史》,第217页,南京,江苏古籍出版社,2001。
③ 智顗:《摩诃止观》卷七下,《大正藏》第46卷,第98页上一99页上。

《十住毗婆沙论》及《占察经》。① 《国清百录》卷一"敬礼法"也说"此法正依龙树《毗婆沙》,傍润诸经意"②。

智𫖮的五悔思想,前期著作有《法华三昧忏仪》,后期著作有《摩诃止观》。《摩诃止观》卷七下说:

> 若四种三昧修习方便,通如上说。唯法华别约六时五悔,重作方便,今就五悔明其位相,先知逆顺十心而系缘实相,是第一忏。常忏悔无不忏时,但心理微密,观用轻疏,黑恶覆障卒难开晓,重运身□助发意业,使疾相应,更加五悔耳。今于道场日夜六时行此忏悔,破大恶业罪,劝请破谤法罪,随喜破嫉妒罪,回向破为诸有罪,顺空无相愿,所得功德不可限量,譬算校计亦不能说。若能勤行五悔方便助开观门,一心三谛豁尔开明。③

智𫖮认为由于凡夫障重,修观难以相应,所以必须六时实行五悔以作为方便,使诸罪消灭,助开观门,使一心三谛能够豁然开朗,从而获得五品弟子位的最初随喜品。然后,五悔再加上读诵、说法、精进、六度等,从而品品升进。④

所以《天台四教仪》说:"内以三观观三谛境,外以五悔勤加精进","下去诸位,直至等觉,总用五悔",⑤可见五悔在天台止观中的重要地位。

5. 十心忏悔

天台忏法是以忏法为外在的仪轨,但是修忏本身需要内在的运心,在内心中观察罪障业缘,从而真正生起忏悔心。众生对于现世的罪业比较容易能够认识到,而对过去世的罪业;如果没有很深的善根,则很难观

---

① 湛然:《止观辅行传弘决》卷下之四,"今僧常仪,前四出《十住婆沙》,愿文在《大涅槃》,若《占察经》亦但列四",《大正藏》第46卷,第382页中。
② 灌顶:《国清百录》卷一,《大正藏》第46卷,第792页上。
③ 智𫖮:《摩诃止观》卷七下,《大正藏》第46卷,第98页上、下。
④ 同上书,第98页上—99页上。
⑤ 谛观:《天台四教仪》,《大正藏》第46卷,第779页上—中。

察。所以,《摩诃止观》中说:

> 若欲忏悔二世重障行四种三昧者,当识顺流十心,明知过失。当运逆流十心,以为对治。此二十心通为诸忏之本。①

忏悔过去世的重障,修行四种三昧时,应该认识到众生生死轮回之苦,即观察到违涅槃、顺生死之心,这就是顺流十心,如佛陀顺观十二因缘。反过来应该逆运十种心以为对治,如逆观十二因缘。同时,智𫖮还以深观三谛理,配合逆十种心,以切心忏悔。

天台忏法重视事理两方面,忏法的仪轨是外在的事相,只有内在的逆十心及深观三谛理,才是真正的心要,只有内在的理才能使事相产生真实的意义。智𫖮说:

> 十种忏悔,顺涅槃道,逆生死流,能灭四重、五逆之过。若不解此十心,全不识是非,云何忏悔。设入道场,徒为苦行,终无大益。运此十忏时,深观三谛,又加事法,以殷重心不惜身命,名第二健儿。是名事理两忏,障道罪灭,尸罗清净,三昧现前,止观开发。②

智𫖮指出,只有逆十心的忏悔才是真正的忏悔,如果不能理解此逆十心,只遵行外在的忏法程序,只是徒劳的苦行,对于修行毫无利益。所以,应该事理并重,事忏与理忏并行,这样才能使障碍佛道的罪得到消灭,持戒清净,最终促使三昧禅定现前,成就止观。

所以,智𫖮的忏悔法,其最终目的在于成就止观,但是能够照顾到不同根机修行者的要求。天台忏法的首要对象是上等根机者,即为上根者提供迅速证悟的方法,所以非常重视从理上悟入,即从般若智慧、中道实相的角度,强调观无生忏悔的意义。这也是他把忏法置于止观修行中讨论的根本原因。

---

① 智𫖮:《摩诃止观》卷四上,《大正藏》第46卷,第39页下。
② 同上书,《大正藏》第46卷,第40页下、41页中。

6. 忏悔与止观——忏法在天台修证体系的地位

纵观魏晋南北朝以来的忏法及其礼忏事例,所流行的经典多以治病除灾等现世利益为内容,所采取的方法有咒诵、礼赞、忏悔等。从这些所依经典的特点可以类推出来,现世安稳、诸难远离与忏悔灭罪相结合是符合中国人的要求的。①

智顗的伟大之处在于,是用适应中国人的礼仪,然后加入自己的观法,欲使中国佛教的行仪实践化。② 所以,天台忏法的第一个特点,应该除去其世俗祈愿的成分,从而将忏法摄入坐禅实相正观的前阶段。《摩诃止观》说:"故知持戒清净,恳恻忏悔,俱为止观初缘。"③天台修证体系是以三种止观与四种三昧为中心,智顗将忏悔放在"二十五方便"的"持戒清净"中,说明忏悔只是一种方便,是一种助道。

智顗以戒、定、慧三学与作法忏悔、观相忏悔、观无生忏悔相配,将忏悔纳入整个佛法的修学体系中;在《摩诃止观》中,智顗提出用顺流十心、逆流十心、深观三谛理来修习忏法。可见,真正的忏悔是事理兼备的,这样无形地提升了忏悔在天台修证体系中的地位。《摩诃止观》说:"依四种三昧则有忏法"④,则是把忏法摄入三昧中,即《法华忏》与《方等忏》摄入"半行半坐三昧"中,《请观音忏》摄入"非行非坐三昧"中。在四种三昧中,"常坐三昧"与"常行三昧"没有具体的忏悔行法。所以,四种三昧与忏法有一定的区别,但是四种三昧的修行是以直接观照实相之理观为目的的,是专就事相方法来阐述天台止观的行相。

智顗在《摩诃止观》中说:

> 欲登妙位,非行不阶,善解钻摇,醍醐可获。法华云:又见佛子

---

① [日]盐入良道:《中国佛教仪礼における忏悔の受容过程》,《印度学佛教学研究》第11卷,第2号,第732—733页,1963。
② [日]盐入良道:《忏法の成立と智顗の立场》,《印度学佛教学研究》第7卷,第2号,第448页,1959。
③ 智顗:《摩诃止观》卷四上,《大正藏》第46卷,第41页下。
④ 同上书,第39页下。

修种种行以求佛道,行法众多,略言其四:一、常坐,二、常行,三、半行半坐,四、非行非坐。通称三昧者,调直定也。大论云:善心一处住不动,是名三昧。法界是一处,正观能住不动,四行为缘,观心藉缘调直,故称三昧也。①

其中,"四行"是指四种三昧,"观心"是指《摩诃止观》中所说的以十种观为观法、十境为所缘的"十境十乘观"。两者的关系是"四行为缘,观心藉缘调直",也就是说,四种三昧是修习法华圆教"十境十乘观"的外缘,前者为事,后者为理,理事兼备,才能成就圆顿止观。四种三昧既然称为三昧,且一则为禅,一则为定,只可谓属于开发解脱智之缘,而"十境十乘"之正修观法,始可谓开发解脱智之正因,两者只是内容宽狭有别而已。②

这样,从"四种忏法"到"四种三昧",然后到"十境十乘观",可以看出天台忏法在其整个修证体系中不断地得到提升。在天台"一心三观"的思想中,三谛、三观、三智均于一心中得,不前不后,无次第之分,而且一心三谛、一心三观、一心三智也不前不后,无次第之分。那么,观察罪业本性,也是如此。《金光明经文句》"释忏悔品"中说:"大忏悔者,约中道为处也。若三种差别者,此是历别论处尔。即一而三,即三而一者,此圆妙忏悔也。"③因此,从圆教来说,三种忏悔也可以是即一而三,即三而一,这才是究竟灭罪。所以,忏悔不仅能清净罪业,而且通达法性,体证无生忍慧,圆满具足戒、定、慧三学。在圆教中,无一法不是中道实相,罪福性也是中道实相,这样才是究竟忏悔。

所以,智𫖮将世俗祈愿的忏法置于成就止观的首要条件"持戒清净"中,而且他通过制定四种忏法,用具体的忏法仪轨,实现灭罪、得定、发慧

---

① 智𫖮:《摩诃止观》卷二上,《大正藏》第46卷,第11页上。
② [日]安藤俊雄:《天台学——根本思想及其开展》,苏荣焜译,第223页,台北,慧炬出版社,1998。
③ 智𫖮:《金光明经文句》卷三,《大正藏》第39卷,第59页中。

的目的。另外,他又将四种忏法纳入"四种三昧"中,而"四种三昧"又是"十境十乘观"的外缘。这样,忏法在其修证体系中,从事相提升到理法,最后入中道实相,这是智𫖮忏法思想的特质所在。

二、宗密与《圆觉经道场修证仪》

华严宗的忏法体系,以圭峰宗密(780—841)《圆觉经道场修证仪》(简称《修证仪》)十八卷与慧觉《华严经海印道场忏仪》四十卷最具代表性,是现存各种忏法中篇幅较大的两部。后来,宋代的净源将《圆觉经道场修证仪》简化为《圆觉经道场略本修证仪》一卷。

宗密一生对《圆觉经》的注释作出了许多努力,现存有《圆觉经大疏》十二卷、《圆觉经大疏释义钞》十三卷、《圆觉经略疏》四卷、《圆觉经略疏之钞》十二卷;同时根据《圆觉经》的修行方法,东晋道安至天台智𫖮的实修体系,尤其是智者大师的《天台小止观》及《法华三昧忏仪》,阐明佛教修行者在实际上的修行及宗教行事方面所应行的坐禅观法与忏悔灭罪的方法,并规定赞仰讽诵加行礼拜的行法,制作成《修证仪》十八卷。

宗密以顿渐合一、禅教合一思想为基础,将天台宗的忏法及禅法纳入其修行体系中。《修证仪》卷一"简器",要求修行者先要访问"天台宗,精通三观三谛者",请教心法,令自己明了通达心性,才可以听受《圆觉经疏》。[1] 而且,其止观部分皆引自天台止观,可见宗密对天台忏法及止观非常重视。

《修证仪》中并没有很清楚地表明其忏法来自天台忏法,但是《修证仪》卷二"启请"提到:"问:诸家礼忏,皆先胡跪,严持香花供养"[2],这里"诸家"应该是指天台忏法。净源在《略本修证仪》"总叙缘起"中说:

---

[1] 宗密:《圆觉经道场修证仪》卷一,《卍续藏经》第128卷,第723页下。
[2] 宗密:《圆觉经道场修证仪》卷二,《卍续藏经》第128卷,第730页下。

西晋弥天法师，尝著四时礼文，观其严供、五悔之辞，尊经尚义，多撷其要，故天下学者悦而习焉。陈隋之际，天台智者撰《法华忏法》、《光明》、《百录》，具彰逆顺十心，规式颇详，而盛行乎江左矣。有唐中吾祖圭峰禅师，追弥天之余烈，贯智者之遗韵，备述《圆觉礼忏禅观》。凡一十八卷。①

净源指出，宗密制作《修证仪》是对道安、智者的继承与发展。

《修证仪》不仅整个忏法结构模仿了《法华三昧忏仪》，而且其分类中的许多文句都直接引用，其受《法华三昧忏仪》的影响是显而易见的。但是，《修证仪》以《圆觉经》为主体，以华严宗的思想为内在理念，所以其忏法体系仍然表现出自己的特色。

在《修证仪》卷二中，宗密提到忏悔的三类：作法忏、事忏、理忏，并且指出作法忏忏遮罪，事忏与理忏忏性罪。② 宗密在《修证仪》卷四，对事忏与理忏作出自己的解释：

夫忏悔有事忏，有理忏。忏无明者，唯是理忏。无明者，迷于实理，今但悟理，则无无明，故当理忏。然无明是本，义达其中，则枝末三障亦展转除灭。故《维摩经》中，优婆离为二犯律比丘忏悔，维摩诘呵云：无得增此二比丘罪，当直除灭，勿损其心。所以者何？罪性不在内，不在外，不在中间，如佛所说，心垢故众生垢，心净故众生净。心亦不在内，不在外，不在中间，如其心然，罪垢亦然，不出于如如……又《普贤观经》及《华严·随好品》亦云二种忏，《观经》明昼夜精勤形（应为"礼"）佛等，即是事忏；观心无心，从颠倒起，若欲忏悔者，端坐念实相，即是理忏。《随好品》中，等众生界，善身语意业，忏除诸障，即是事忏；观诸业性，非十方末（应为"来"）心住于心，从颠倒生，无有住处等，即是理忏。事忏除末，理忏拔根。又事忏除罪，

---
① 净源：《圆觉经道场略本修证仪》，《卍续藏经》第129卷，第1页上—下。
② 宗密：《圆觉经道场修证仪》卷二，《卍续藏经》第128卷，第739页上—下。

> 理忏除疑。忏除三障,则兼事理。今当理忏,理忏者,观其性空。①

宗密认为忏悔无明,必须用理忏,因为无明迷理,只要悟理,则灭无明。在《修证仪》中,宗密引用《维摩诘经》中优婆离为二犯律比丘忏悔之事,说明大乘忏悔不同于作法忏,因为理忏的原理在于观罪性空,观罪性不在内、外、中间,而且心也不在内、外、中间,心空故罪亦空,从而达到灭罪的目的。宗密还引用《普贤观经》、《华严经·随好品》,阐明事忏与理忏的意义。

宗密在《修证仪》卷一五中对自己的忏悔思想作出总结:

> 恶事违真须永断,善门顺理倍须营。就恶之中复二种,性遮二罪似根茎,遮罪先当作法忏,性愆起行互亏盈。起行之中复有二,事理顺逆各依经,事依方等通诸行,理忏观空入觉城。顺逆二门各有十,以起十逆后翻破,十种顺生罪荣茂,十门逆破罪枯零。②

宗密总结自己的忏悔思想为作法忏、事忏、理忏、顺逆十心,这些忏悔思想都是来自天台忏法。而且,宗密在叙述这些思想时,所用的文句全同天台智者的用语,可见宗密是如何"贯智者之遗韵"。但是,宗密始终都是将"忏悔"作为成就观法的助道,并没有真正将忏法纳入其观法体系中。所以,忏法在宗密的修证体系中,并没有像天台忏法那样能够进入观法修证中,这是宗密与天台忏法所不同之处。

宗密基于庞大的华严思想,以《圆觉经》为主体,继承澄观等华严思想及实践方法,吸收天台的礼忏、禅观方法,从而制作成十八卷《修证仪》。他强调事相的重要性,又注意提升理,理事无碍;他强调理论领悟,又重视修行实践,理论与实践并重,突出了圆融的特色。

---

① 宗密:《圆觉经道场修证仪》卷四,《卍续藏经》第 128 卷,第 764 页上—下。
② 宗密:《圆觉经道场修证仪》卷一五,《卍续藏经》第 128 卷,第 940 页下—941 页上。

三、唐代禅宗的忏法

初期禅宗以《楞伽经》作为经典依据,如《续高僧传》卷一六说:"初,达摩禅师以四卷楞伽授可曰:我观汉地,惟有此经,仁者依行,自得度世。"①当时,有四卷《楞伽经》的传授,是不容怀疑的事实。《楞伽经》认为世界万有皆由心造,虚妄不实;众生都有如来藏,都有可能达到解脱;同时,《楞伽经》重视内心自悟,反对执著文字。因此,达摩门下曾有"楞伽师"的系统,胡适先生称为"楞伽宗",并且主张渐修是楞伽宗的本义,这一宗本来"法门是渐"。②后来,将达摩禅推向新境界的,是四祖道信,他将《楞伽经》的"诸佛心第一"与《文殊说般若经》的"一行三昧"融合起来,制为《入道安心要方便门》,而成为《楞伽》与《般若》统一了的禅门。所以,在初期禅宗的著作中,在强调般若空的同时,归入不可思议的真性,悟解般若为即空的妙有。

正是在这种思想的指引下,初期禅宗对忏悔的阐释也充分体现了自性清净与般若空的统一。同时,将忏悔归入禅法的方便,便必须处理好忏悔与坐禅观心的关系,以及如何进行忏悔,这些都是初期禅宗必须解决的问题。

达摩禅法的基本要求是"二入四行",这是达摩及其弟子依据般若中观和佛性理论建立起来的大乘禅法,这一禅法大体反映在现存的《二入四行论》之中。初期禅宗忏悔思想便体现在《二入四行论》杂录第二部分,即:

> 又言:与弟子忏悔。答:将你罪来,与汝忏悔。又言:罪无形相可得,知将何物来?答:我与汝忏悔竟,向舍去。意谓有罪须忏悔,既不见罪,不须忏悔。③

---

① 道宣:《续高僧传》卷一六,《大正藏》第 50 卷,第 552 页中。
② 胡适:《楞伽宗考》,《胡适文存》第 4 集,第 168 页,合肥,黄山书社,1996。
③ 铃木大拙将《二入四行论》分为三个部分,共 101 段,此段便是第 83 段,见《禅思想史研究第二》,第 158 页,东京,岩波书店,1987;柳田圣山将此文分为 74 段,此段便为第 59 段,见《禅の语录 2·达摩の语录·二入四行论》,东京,筑摩书房,1969。

这是运用般若空的理论,既然罪体为空,无形相可得,也就无须要人为自己忏悔。罪障本来无相,本心是本来自性清净,所以自觉罪性空,这是灭罪的真正方法。忏悔本来是强调宗教的反省,归入自己的本心也是理所当然,但是强调罪性空,这是对大乘佛教忏悔观的继承与发展。后来,《宝林传》、《祖堂集》中记载慧可与僧璨的问答,与上面的叙述十分相似。

同时,在初唐时期出现的禅宗系伪经《金刚三昧经》中①,将忏悔摄入坐禅觉观中,经中说:

> 善男子!令诸众生持是经者,心常在定不失本心。若失本心,当即忏悔,忏悔之法是为清凉。阿难言:忏悔先罪不入于过去也?佛言:如是,犹如暗室,若遇明灯,暗即灭矣。善男子!无说悔先所有诸罪,而以为说入于过去。阿难言:云何名为忏悔?佛言:依此经教入真实观,一入观时,诸罪悉灭。②

忏悔过去所有诸罪,但是心不能执著,而是于当下心中依《金刚三昧经》生起真实的观照智慧力量,那么过去诸罪自然消灭。所以,将忏悔摄入觉观中,觉观的当下便是忏悔,而不是有另外的忏悔方法。

1. 北宗的忏悔思想

达摩禅进入南方,而将其推向新境界的,乃是道信。他的忏悔思想在《楞伽师资记》中有所记载:

> 《普贤观经》云:一切业障海,皆从妄想生;若欲忏悔者,端坐念实相。是名第一忏悔,并除三毒心、攀缘心、觉观心。念佛心心相续,忽然澄寂,更无所缘念。③

---

① 见[日]水野弘元《菩提达摩の二入四行说と金刚三昧经》,《驹泽大学研究纪要》第13号;[日]柳田圣山《初期禅宗史书の研究》,禅文化研究所,第27页,1967。[日]冈部和雄《禅僧の注抄と疑伪经典》,《讲座敦煌8·敦煌佛典と禅》,第360—362页。
② 《金刚三昧经》,《大正藏》第9卷,第374页中。
③ 净觉:《楞伽师资记》,《大正藏》第85卷,第1287页上。

道信把心、佛、实相三者等同起来,认为念心也就是念佛、念实相。既然一切烦恼都是由妄想而生,那么修习禅定应该从断除妄想、杂念上入手。如何断除它们呢?应该反其道而行之,"端坐念实相",去掉一切三毒心、攀缘心、觉观心,对一切事物不分别、不思念,这种无所思念的境界与诸法实相、佛的境界是相应的,这是最好、第一的忏悔。道信主张看心坐禅观法便是彻底、真正的忏悔,这是对智𫖮思想的继承与发展。

所以,从达摩禅传到中国以来,中国禅宗继承了大乘佛教的忏悔观,从般若空的角度来解释忏悔,同时将忏悔摄入禅法方便中来,认为坐禅观心便是真正的忏悔,而不是有别的忏悔方法,这是对天台忏悔思想的继承与发展。

道信与弘忍在长江中流黄梅县的双峰与东山,努力发扬达摩禅,禅门隆盛。但是,禅宗出现慧能与神秀在南北两地分头弘化,于是便有南宗与北宗的名称。北宗以神秀、普寂为代表,继承从达摩以来的强调通过坐禅达到心识转变的禅法,特别直接继承和发展道信的"守一"、"看心"禅法以及弘忍的"守心"禅法,提出比较系统的以"观心"、"看净"为主旨的禅法,曾在北方地区盛行一时。

神秀、普寂继承了达摩以来的禅法,同时在忏悔思想上也是一脉相承。P.4646《观心论》中说:

> 又问:三界六趣,广大无边,若唯观心,云何免彼之苦?答曰:三界业报,唯心所生,本若无心,则无三界。三毒者,贪为欲界,嗔为色界,痴为无色界。由此三心,结集诸恶,业报成就,轮回不息,故名三界。又三毒造业轻重,受报不同,分归六处,故名六趣。①

神秀在《观心论》中指出,修禅的根本原理,就是收摄六根,消灭六贼,去除执著,破除烦恼,摆脱无明染心,让众生清净佛性显现出来,从而证得

---

① 引自[日]西口芳男:《敦煌写本七种对照〈观心论〉》,《花园大学禅学研究》第74号,第137页,1996。

解脱。但是,为什么观心修禅能解脱生死?因为三界六道,生死痛苦,都是由于众生不能认识自己内心本具的真如佛性而迷修十善,才会堕落三界六趣。如果能观心修禅,觉知自心本具的真如佛性,使其不受染污而恒常清净,则一切生死痛苦自然远离,三界六道便随之消灭。因此,修行的根本就在于去除有漏染心而保持无漏清净真如佛性。

神秀认为三大阿僧祇劫的修行、三聚净戒、六波罗蜜、烧香、燃灯供佛、六时行道、绕塔、持斋、礼拜等都是有为功德,都是不究竟的,只有反观自心,通过有为事相的修习而悟入无为真如的理性,才是真正的修行。所以,神秀将忏悔归入观心,因为观心便能消灭业障,也是最好的忏悔方法。因此可知,神秀继承了达摩以来关于忏悔的思想,将忏悔摄入禅法的方便中。

在北宗另一部著作《大乘无生方便门》中,先授菩萨戒,后传禅法。授戒的内容为:

> 各各胡跪合掌,当教令发四弘誓愿。
>
> 次请十方诸佛为和尚等。
>
> 次教受三归。
>
> 次问五能。
>
> 次各称己名,忏悔罪言:过去、未来及现在,身口意业十恶罪;我今至心尽忏悔,愿罪除灭永不起。五逆罪障、重罪准前。譬如明珠没浊水中,以珠力故,水即澄清;佛性威德亦复如是,烦恼浊水皆得清净。
>
> 汝等忏悔竟,三业清净,如净瑠璃,内外明彻,堪受净戒。菩萨戒是持心戒,以佛性为戒性,心瞥起即违佛性,是破菩萨戒;护持心不起,即顺佛性。是持菩萨戒三说。
>
> 次各结跏趺坐。①

---

① 《大乘无生方便门》,《大正藏》第85卷,第1273页中。另外,亦可以参考铃木大拙《禅思想史研究第三》,第167—168页,东京,岩波书店,1987。

北宗主持坐禅的和尚在引导禅僧举行三自归依、忏悔之后,向众僧说他们已经"三业清净",可以受"净戒"了。净戒即菩萨戒,又说它是"佛性戒",即"以佛性为戒性"。戒性相当于道宣所说的"戒体"。和尚告诉禅僧,要明白大乘戒是以佛性为戒体的,如果不能控制自己的心念,则与佛性相违,就是违犯菩萨戒;相反,如果心不起,即持菩萨戒。同时,在忏悔中,主张佛性威德如明珠能澄清烦恼浊水,所以北宗不但将观心看净与持戒结合起来,而且将观心与忏悔相结合,通过观心显现佛性便是最好的忏悔。

《宗镜录》卷九八记载了牛头宗的佛窟遗则对忏悔的阐释:

> 问:作何观行忏悔,临终免被业牵?
>
> 答:汝须深信诸佛所行所说处,与我今日所行所说处无别,乃至成佛尚不得涅槃相,何况中间罪福妄业可得。此是真实正知正见,真实修行,真实忏悔,但于行住坐卧不失此观,临终自然不失正念。①

遗则继承牛头法融的空无相、无心、无所得的禅法,从般若、三论的空义,论证了离众生与成佛、罪与福等差别相,达到平等无二的境界。般若空观是真实的正知见,在行住坐卧时修般若空观便是真实修行、真实忏悔。

所以,这是从北宗修观即忏悔的思想加以进一步的扩展,忏悔不但归入本心,而且落实到四威仪中实行,所以便没有必要实行另外的礼忏,这是初期禅宗没有形成独立的忏法的缘故。

2. 南宗的忏悔思想

达摩禅从般若空来解释忏悔,并且将忏悔摄入禅法方便。到了慧能,则将这种思想进一步提升,提出了"无相忏悔"或"自性忏"。虽然这一思想与东山法门及受三论宗影响颇深的牛头系统的禅法有着密切关

---

① 延寿集:《宗镜录》卷九八,《大正藏》第48卷,第946页上。遗则,《宋高僧传》卷一〇有传(《大正藏》第50卷,第768页中一下)。遗则从"牛头山慧忠"出家,慧忠死时,遗则只有十七岁。所以,遗则虽然是慧忠的弟子,但是自有领悟。在当时的"南宗学"、"北宗学"、"牛头学"以外,被称为"佛窟学",这表示佛窟遗则有自己的新内容。见印顺《中国禅宗史》,第337—343页。

系,但是无相忏悔有它的独特性。无相忏悔是慧能所主张的无相戒的重要内容之一。无相戒又可以称为佛性戒、持心戒,因为佛性是实相无相,心是无相,所以称为无相戒。无相戒有四项内容:归依自三身佛、发四弘誓愿、无相忏悔、三性三归依戒。在《坛经》中,慧能说:

> 善知识,前念后念及今念,念念不被愚迷染,从前恶行,一时自性若除,即是忏悔。前念后念及今念,念念不被愚痴染,除却从前矫诳,杂心永断,名为自性忏。前念后念及今念,念念不被疸疫染,除却从前嫉妒心,自性若除,即是忏。已上三唱。善知识,何名忏悔?忏者,终身不作;悔者,知于前非恶业,恒不离心。诸佛前口说无益,我此法门中永断不作,名为忏悔。①

无相忏悔不必在佛像前"发露忏悔",或念忏悔文,只是"前念后念及今念,念念不被愚迷染",断除一切导致恶行的矫诳、嫉妒等"杂心"。

但是,无相忏悔为什么又可以名为"自性忏"?"性"在《坛经》中是重要的术语,如法性、本性、自性;另外一个重要术语便是"心",如本心、自心等,这是具有相同意义的术语。自性本来清净,本来空寂,是超越于现象界的。所以善与恶、净土与地狱、"前非恶业"都是因为"思量"而从自性中化现,一切法的现起都不离自性,一切本来清净,没有什么可取可舍、可以忏悔的。但是,众生迷于自性,所以自性成为生死中的自我(小我);如果从转迷成悟来说,自性就是法身,自性具足三身佛,所以自性中具足忏悔,只要除却矫诳、嫉妒等"杂心"便可以了,所以称为"自性忏悔",这是如来藏思想的充分发挥。因为众生取相著相,障自本性,如云雾障明净的虚空,若离相,就顿见性体的本来清净,如云散而虚空明净一样。所以无相不只是离一切相,更是因离相而显性体的清净,"自性"是以无相为体的。所以,自性忏悔又可以称为无相忏悔。

在《敦煌新本六祖坛经》中,慧能将无相忏悔的思想发挥得淋漓尽

---

① 杨曾文校写:《敦煌新本六祖坛经》,第24—25页,上海古籍出版社,1993。

致,经中的《无相颂》阐发这一主旨:

> 大师言:善知识,听吾说《无相颂》,令汝迷者罪灭,亦名《灭罪颂》,颂曰:愚人修福不修道,谓言修福便是道;布施供养福无边,心中三恶元来造。若将修福欲灭罪,后世得福罪元在;若解向心除罪缘,各自性中真忏悔。若悟大乘真忏悔,除邪行正即无罪;学道之人能自观,即与悟人同一类。大师今传此顿教,愿学之人同一体;若欲当来觅本身,三毒恶缘心里洗。努力修道莫悠悠,忽然虚度一世休;若遇大乘顿教法,虔诚合掌至心求。①

罪与福,都是自性中所显现,所以不能以修福来灭罪,而是"向心除罪缘,各自性中真忏悔",自性忏悔的主张充分体现出来。自性忏悔是在佛性与般若学说相结合的基础上而进一步提出的大乘忏悔法,这是《楞伽经》与《金刚经》相结合的产物,而且更偏重于《楞伽经》的如来藏佛性思想。

3. 唐代禅宗忏法实践的形态

南宗与北宗的对立,不仅是师承傍正的争执;"南顿北渐",才是法门对立的实质。南宗强调无念,单刀直入,不假方便,不重视宗教仪式;而北宗则经过种种方便,观察次第方便,才能悟入。所以,南宗的自性忏悔,同样不须方便,因此南宗的禅者一直没有实践忏悔的记载;而北宗则不同,将忏悔摄入禅法方便,因此便有礼忏的实践。这是由于禅法的不同,而导致两者形态上的差异。

如《全唐文》卷二六三《嵩岳寺碑》记载,北宗普寂(651—739)在驻锡嵩山的时候,"后有无量寿殿者,诸师礼忏诵念之场也"②。神会在批评北宗神秀、普寂的禅法要领时说:"凝心入定,住心看净,起心外照,摄心内

---

① 杨曾文校写:《敦煌新本六祖坛经》,第35—36页。
② 董诰等编:《全唐文》卷二六三,第2册,第1181页,上海古籍出版社,1990。

证"①,北宗重视坐禅,在禅定中"观心"、"摄心"、"住心看净",同时强调礼忏诵念,也是继承道信"念佛净心"的一般禅门下手方便。

剑南智诜系统的净众寺无相在开法传禅时,必须先礼忏,然后再坐禅,如《圆觉经大疏钞》卷三之下说:

> 虽开宗演说,方便多端,而宗旨所归,在此三句。其传授仪式,略如此国今时官坛授具足戒方便。谓一两月前,先克日牒示,召集僧尼士女,置方等道场礼忏,或三七、五七,然后授法了,皆在夜间,意在绝外屏喧乱也。授法了,便令言下息念坐禅。②

无相禅法的心要,是"无忆无念莫忘"三句。在传授禅法时,先"置方等道场礼忏",时间为三七日或五七日,修方等忏法。

无相的传授仪式,如"官坛授具足戒方便",官坛即方等道场,郝春文先生对敦煌的方等道场进行研究,认为方等道场授戒的过程有:首净入道场、请令公祈愿、请禅律诸寺大德策发、发露、问想、祈光、甄别、过状兼判、受戒。③发露即忏悔诸罪,问想即修禅定观想,但是在发露时有发露仪文,如P.2849《受八戒法》中保存了俗弟子受八戒时的发露仪文,但并没特别指出礼拜哪种忏法。因为方等道场强调周遍包容,根据大乘佛教诸法平等的精神,只要发菩提心,就可纳受戒品,排除了受戒者的根基差别。但是为了保证戒品的清净,发露忏悔则变得十分重要。无相传授禅法时礼忏,是一件事实。

在东山门下的"宣什"宗,宣什在传授禅法时,也是集众传授,而作短期的修习,"其初集众,礼忏等仪式,如金和上门下"④。可见,礼忏在净众宗、宣什宗是一种不可缺少的方便。

---

① 杨曾文编校:《神会和尚禅语录》,第29页,北京,中华书局,1996。
② 宗密:《圆觉经大疏钞》卷三之下,《续藏经》第14册,第278页。
③ 郝春文:《唐后期五代宋初敦煌僧尼的社会生活》,第25—61页,北京,中国社会科学出版社,1998。
④ 宗密:《圆觉经大疏钞》卷三之下,《续藏经》第14册,第279页。

普寂、净众宗、宣什宗等的忏法实践,只有简单的记载,但是在敦煌文献中保存了两件北宗的礼忏文——《金刚五礼》、《大通和尚七礼文》(或名《秀禅师七礼》),为了解唐代禅宗礼忏的形态提供了第一手的资料。①

四、道宣与律宗的忏法

唐代戒律的发展,是以小乘《四分律》与大乘菩萨戒并轨发展为核心的。从戒律的持犯来说,无论是小乘戒,还是大乘戒,都有其自身的忏悔方法,使持戒清净。从隋唐时代的律藏流行情况来看,"今诸师盛行多依于《十诵》"②,而且犯戒者忏悔、服罪、治罪的仪礼本身也不统一。道宣说:"遂古之师,并施悔法,增减隐显,臆课者多,照教无文,捡行违律。"③元照认为"遂古之师"是指"诸家集羯磨者"④,而诸家的羯磨本反映了初期各种仪礼知识的不足,或更改事仪,或立法有出入,或忏法无根据,或行为也与律法相违背。所以,制订适合于罪状的治罚与服罪规则,而且能够合乎作为大乘佛教信徒的中国人的心理,则是当务之急。

在《行事钞》中,道宣将忏悔分为理忏、事忏、律忏三种。他说:"今忏悔之法,大略有二:初则理忏,二则事忏。此之二忏通道含俗,若论律忏唯局道众。"⑤理忏与事忏不限出家与在家,而律忏则只局限于出家众。道宣对于三种忏法的对象与意义,都有具体的说明。

关于理忏,道宣在《行事钞》中说:

理据智利观彼罪性,由妄覆心便结业,还须识妄本性无生,念念

---

① 柳田圣山在研究禅宗文献《传法宝纪》的同时,特别针对抄有《传法宝纪》的 P.3559 号敦煌写本作了详细的札记,认为整件写本带有北宗禅的特色。并且认为抄写在卷末的《姚和上金刚五礼》,则是和神秀《大通和尚七礼文》异曲同工的礼文。见《传法宝纪とその作者——ペリオ三五五九文书をめぐる北宗禅研究资料の札记、その一》,《禅学研究》第53号,第50页。
② 道宣:《四分律删繁补缺行事钞》卷中一,《大正藏》第40卷,第59页下。
③⑤ 道宣:《四分律删繁补缺行事钞》卷中四,《大正藏》第40卷,第96页上。
④ 元照:《四分律行事钞资持记》卷中四下,《大正藏》第40卷,第349页中。

> 分心业随迷遣……言理忏者,既在智人,则多方便随所施为,恒观无性,以无性故,妄我无托。事非我生,罪福无生,分见分思,分除分灭,如人醒觉则不眠醉。然理大要不出三种:一者诸法性空无我,此理照心名为小乘;二者诸法本相是空,唯情妄见,此理照用属小菩萨;三者诸法外尘本无,实唯有识,此理深妙,唯意缘知,是大菩萨,佛果证行。故《摄论》云:唯识通四位等。以此三理,任智强弱,随事观缘,无罪不遣。故《华严》云:一切业障海,皆从妄想生,若欲忏悔者,当求真实相。如此大忏,众罪云消。①

理忏是利根者所修的法,其行仪是基于空观,由于诸法是空、无我,而认为罪福也是空的。这种空理的体悟,道宣从三个方面加以阐述:一、诸法性空无我,二、诸法相空唯情妄见,三、诸法唯识无境。虽然,道宣也吸收当时隋唐佛教界通行的理忏思想,即《普贤观经》的般若罪性空的理论,但是他更从唯识无境的理论来加以阐释,这与他跟从慧頵所学的唯识有关,也是他的理忏思想的特色。

关于事忏,他说:

> 若论事忏,属彼愚钝。由未见理,我倒常行,妄业翳心,随境缠附,动必起行,行缠三有。为说真观心昏智迷,止得严净道场,称叹虔仰。或因礼拜,或假诵持旋绕,竭诚心缘胜境。则业有轻重,定不定别,或有转报,或有轻受,并如《佛名》、《方等》诸经所明。②

事忏也通出家、在家,但这是"心昏智迷"钝根者所修的法。事忏的行仪正是当时佛教界通行的各种忏法,如佛名忏法、方等忏法等行仪③,只是以"严净道场而称叹、虔仰,或以礼拜,或以诵持,旋绕而竭诚",来修身、

---

①② 道宣:《四分律删繁补缺行事钞》卷中四,《大正藏》第40卷,第96页中。
③ 关于佛名忏法,见盐入良道《中国佛教に於ける礼忏と佛名经典》,结城教授颂寿纪念《佛教思想史论集》,第569—589页,东京,大藏出版社,1964。

口、意三业的忏法。

道宣不仅认为理忏与事忏所适应的根机、行仪有区别,而且作用也不同。他说:

> 自心若乐罪时,须修事忏;若乐福时,须修理观。理通深浅,如上所明。若是五众犯罪,则理事两缘。事则顺教,无违唯识;理则达妄,外尘本无。故论云:唯识义不失,亦不无能取所取也。①

道宣认为众生如果造罪,必须修事忏;如果执著福报,必须修理忏。出家五众犯罪,应该理事双修。但是,事忏与理忏都能成就唯识义。当然两者的作用是不同的,理忏能灭罪;而事忏只能伏罪,或者转报,或者轻受。

我们从上面对理忏与事忏的分析,可以看出道宣是用唯识来统摄这两种忏法。在理忏中,用唯识无境义来阐明罪性本空;在事忏中,认为事忏顺从圣教,不违唯识。但是,他在著《四分律行事钞》时,所引用的唯识典籍也只有《摄大乘论》五次。② 道宣是于武德九年(626),在崇义寺著《行事钞》的。③ 虽然各种有关道宣的传记记载时间有所不同,但均认为是武德末年、贞观初年。④ 道宣在晚年才参加玄奘的译场,所以他引用的《摄大乘论》应该是真谛所译的。因此,道宣早年有关的唯识理论应该也属于真谛的唯识系统。

关于律忏,道宣在《行事钞》中说:"若论律忏,唯局道众,由犯托受生,污本须净,还依初受,次第治之,篇聚立仪,悔法准此。"⑤律忏只限于出家众,只针对违反戒律的条文而实施忏悔法,终极目标则是维护僧伽的久住与遵守戒律的出家道。道宣对律忏的基本立场如下:

---

① 道宣:《四分律删繁补缺行事钞》卷中四,《大正藏》第40卷,第96页中。
② [日]川口高风:《四分律行事钞にあらわれた引用典籍の研究——经论部》,《曹洞宗研究员研究生研究纪经》第6号,第120页,1976。
③ [日]佐藤达玄:《戒律在中国佛教的发展》(上册),第130页。
④ [日]諏訪义纯:《〈四分律含注戒本疏行宗记〉にみる道宣の自叙と三种の道宣伝——道宣伝の再检讨》,《爱知学院大学文学部纪要》第20号,第57页,1990。
⑤ 道宣:《四分律删繁补缺行事钞》卷中四,《大正藏》第40卷,第96页上—下。

> 钞者云：佛法东流，行此法者亦少。纵有行悔，则弃小取大，依《佛名》、《方等》而忏者，余意所未安，由心怀厌欣，未合大道。①

道宣认为，唐代佛教界施行律忏的人甚少，即使有施行律忏，也以律忏是小乘法为理由将它放弃，而改行佛名忏法、方等忏法；同时，他也认为怀有厌小乘法、欣大乘法的欣厌之心，并不适合于佛道。

律忏施行的具体办法，如《行事钞》中说：

> 律中犯忏，必须识知不疑，善宜名种，依聚历别，同篇合忏，异聚别悔。又牒罪入法，随数称之，若忘不知，乃云不忆……故须照达罪忏明逾水镜，使彼此无私隐，情事有相应，则可为顺教佛子矣。何者以律宗约相，违相心事俱非，不类大乘三报同皆一忏。②

施行律忏时，要确认罪名与罪种，如果是同类则合并忏悔，异类则分别忏悔。将罪名写下来，随罪数称之，如果忘而不知，则说"不记得"。所以，律忏是依具体发生的罪相而实行忏悔，与大乘将现报、生报、后报所有罪障一起忏悔的方法，属于不同的类型。

道宣在《行事钞》中所主张的律忏，不依古来所传"五篇七聚"说，而是建立了"六聚"说。他说："忏法乃多，要唯六位。"③这六聚是：

> 五篇七聚约义差分，正结罪科止树六法。今依六聚，且释其名：一、波罗夷，二、僧伽婆尸沙，三、偷兰遮，四、波逸提，五、波罗提提舍尼，六、突吉罗。④

道宣继承释尊律藏的传统，从具体化的护法立场出发，依据四大广律与各部经论，建立"六聚"说的形态。

所以，道宣的三种忏法，在根机、理论、作用等方面都有一定的差异，

---

① 道宣：《四分律删繁补缺行事钞》卷中四，《大正藏》第40卷，第99页中。
② 同上书，第101页上。
③ 同上书，第96页中—下。
④ 道宣：《四分律删繁补缺行事钞》卷中一，《大正藏》第40卷，第46页下。

土桥秀高先生曾经作出如下的比较①：

理忏—利根（道俗）—空观—般若—无境—灭罪—招福

事忏—钝根（道俗）—行仪（忏法）—方等—唯识—伏罪—除罪

律忏—道众—行忏（羯磨）—律典—现相—伏罪—僧宝久住

应该说，三种忏法的分类并不是道宣的独创，而道宣的特异处在于从唯识无境的角度来统摄理忏与事忏。同时，针对当时佛教界的潮流，极力主张律忏，在忏悔上倾向于部派佛教以来的传统解释。虽然他也吸收唐代佛教界通行的理忏与事忏思想，想适应时代的潮流而作出呼应，努力融合大小乘戒律，实现大小乘一体化；但是他又认为大乘忏法有违于律制，具有一种排斥的倾向，因为他基于末法的强烈意识，以及护教、正法久住的理念，具有回归印度戒律的愿望。这是道宣作为一名律师，面对戒律中国化以及大小乘戒律的差别所表现出来的矛盾。

五、善导与净土礼赞仪

善导是唐代净土宗的大师，在他的师父道绰死后，在长安进行活跃的教化活动。《续高僧传》中说：

> 近有山僧善导者，周游寰寓，求访道津。行至西河，遇道绰部。惟行念佛弥陀净业。既入京师，广行此化。写《弥陀经》数万卷，士女奉者，其数无量，时在光明寺说法。②

长安是唐代佛教的中心，佛教界在王室及贵族的支持下，建立了许多大寺院，而各种宗派如三论宗、天台宗、华严宗、唯识宗等都在大力弘扬。所以，善导在弘扬净土法门过程中，肯定受到了长安佛教的强烈影响，同时他也必须树立自己的旗帜与特色。

善导在当时中国佛教界通行的各种法会礼仪的影响与刺激下，将自

---

① [日]土桥秀高：《毗尼と忏悔》，《印度学佛教学研究》第 26 卷第 1 号，第 83 页，1979。
② 道宣：《续高僧传》卷二七，《大正藏》第 50 卷，第 684 页上。

己的净土信仰通过各种具体方法表现出来,形成完备、庄严的礼赞仪,详细地记载在《法事赞》、《往生礼赞》、《观念法门》、《般舟赞》四部五卷"行仪分"著作中。这些宗教仪式的整备与实践,并不是山西省山寺的佛教,而是当时世界都市长安的佛教的体现。但是,善导又根据自己的宗教体验和净土信仰的特色,通过制作庄严隆重的礼赞仪,吸引更多的民众归依净土,将净土法门弘扬光大。

1.《法事赞》的礼赞仪

《法事赞》二卷,是善导的礼赞仪中最完备与最隆重的仪式,上卷是《转经行道愿往生净土法事赞》,下卷是《安乐行道转经愿往生净土法事赞》。"转经"即是诵经或念经,如《入唐求法巡礼行记》中说:"若有人到请转经时,亦令人道'上堂念经'。"[①]"行道"就是指排列成行以绕行礼拜的仪式,这是古代印度的礼法,凡遇尊敬礼拜的情形,则行右绕佛像或塔之礼法。通常右绕一周、三周、七周,乃至百千周。关于《法事赞》的宗旨或性质,日本证空《修业要诀》说:

> 释曰:转经行道者,转赞《阿弥陀经》,即行出离道也。愿往生净土者,净土无二,唯究极乐一土,往生限西方,偏在弥陀本愿。法事赞者,有佛事、法事、僧事,今讲经故云法事矣。赞者,称扬也,以伽陀赞叹佛法僧。法事赞一夜行法,礼赞长日行法,般舟赞一夏九十日行法也。[②]

证空对《法事赞》的解释,可以归纳为四点:一、此行仪为往生弥陀净土的目的而设;二、此行仪的形式主要是转赞《阿弥陀经》;三、此行仪是施用于一个夜间的行仪;四、此行仪属于"讲经"范围的法事行仪。但是,我们可以明显看出《法事赞》并不是"讲经",而是以往生净土为目的而举行的自利、利他法会,在开头就说:"凡欲为自、欲为他立道场者",而且在文中

---

① [日]圆仁:《入唐求法巡礼行记》卷一,第21页,上海古籍出版社,1986。
② 证空:《修业要诀》,《大正藏》第83卷,第371页上。

屡屡出现"为今施主某甲等",所以《法事赞》是一种由僧俗共同参加,有时可能专为某一施主祈求往生净土的法会。

(1)法事大纲　法事大纲即是严饰道场,在法会开始时,肯定需要庄严道场,《法事赞》开头说:

> 凡欲为自、欲为他立道场者,先须严饰堂舍,安置尊像、幡、花竟。众等无问多少,尽令洗浴著净衣,入道场听法。若欲召请人及和赞者尽立,大众令坐,使一人先须烧香、散花周匝一遍竟,然后依法作声召请。①

所以,首先必须庄严道场,安置佛像,如阿弥陀佛像、观世音菩萨像或释迦牟尼佛像等,然后以幡、花等供养佛像。《法事赞》是说明修行的法会仪规,所以善导要求参加者必须洗浴,著净衣,入道场。

首先,由维那打钟,下座、大众等进入道场,各自进入自己的位置。如前所说:"使一人先须烧香、散花周匝一遍竟",可见召请仍有一些仪轨,如烧香、散花。由下座带头,跪在佛像前,唱如上的偈赞,并且由散花师散花一周,这样法会才真正开始。

(2)请护法众　举行法会时,必须奉请护法神,护持道场。由维那打磬,唱:"奉请四天王,直入道场中;奉请师子王,师子亦难逢;奋迅身毛衣,众魔退散去;回头请法师,直取涅槃城"②,大众在唱偈赞时,高座在中间礼佛三拜,登上座位。

(3)略请三宝　高座登上座位后,开始读"序曰",到"寿尽乘台齐临彼国"。因为在《法事赞》中有"众等齐心请高座"、"大众同心请高座",所以召请的赞偈由维那带头唱"般舟三昧乐",左右和赞的大众接着唱"愿往生",如此两边对唱,一直到下座唱"难思议",大众和"乐往生"。在这里奉请了弥陀、观音、势至、西方净土的诸圣众。

---

① 善导:《转经行道愿往生净土法事赞》卷上,《大正藏》第47卷,第424页下。
② 同上书,第424页上—中。

(4) 广请三宝　高座读完"敬白"后,便开始和赞。"下座接高赞云",下座指左右的和赞者及大众,继续接着高座所唱的赞。"高接下赞云"则相反,高座接下座的赞而唱。有些段落前面只有"高接下赞云"或"下接高赞云",笔者以为是指这一整段由高座或下座唱;如果在一段之前,有"高接下赞云,下接高赞云",则是指高座唱一句,下座同音也唱这一句。其实,高座唱一段,下座唱一段,然后高座与下座又同时唱一段,声音起伏,并且不会使人觉得劳累。广请三宝,奉请了释迦牟尼佛及十方诸佛、八万四千经藏、诸佛舍利、罗汉、辟支佛、诸菩萨、香花宝树,等等,其目的是"受今施主某甲及众生请,入此道场证明功德"。

(5) 前行道　奉请以后,接着便是行道,行道的方法如下:

> 使一人将花在西南角立,待行道人至,即尽行花与行道众等。即受花竟,不得即散,且待各自标心供养。待行道至佛前,即随意散之。散竟,即过至行花人所,更受花亦如前法,乃至七遍亦如是。若行道讫,即各依本坐处立,待唱梵声尽即坐。①

由散花师立在西南角,将花给行道者,行道者至佛前随意散花,发愿供养总共七遍。

首先,由高座唱"奉请一切香花供养已讫,一切恭敬,道场众等各执香花,如法行道"。其次,高座唱"奉请弥陀世尊入道场"三句,下座和赞"散花乐"。然后,由维那与呗师唱:"道场庄严极清净……即证不退入三宝",高座也下来,高座与大众在赞声中,默默地依照前面的方法行道。如果人数众多,偈赞唱一遍,大众行道还没有结束,维那与呗师则必须重唱,一直至行道完毕。若有行道者已经结束,先依自己的位置站立,等唱梵声尽后,才坐下。一起坐下后,"下接梵人声立赞云",高座与下座又开始和赞。

(6) 前忏悔　和赞后,"高座待下座声尽即忏云",由高座转读忏悔

---

① 善导:《转经行道愿往生净土法事赞》卷上,《大正藏》第47卷,第427页下。

文。读完一大段后,下座接高座赞云:"忏悔已,至心归命礼阿弥陀佛",高座又马上开始读忏悔文。这样,前行法便算结束。

(7) 转读《阿弥陀经》 高座分十七次转读《阿弥陀经》,每一次转读一段经文后,即"高座入文",下座与高座又开始和赞,或是"下接高赞云",或"高接下赞云",或"高接下赞云,下接高赞云",或"下接高赞云,高接下赞云",总共有四种形式。

(8) 忏悔 转读《阿弥陀经》完后,"高座待下座声尽,即为大众,总忏悔云",主要是对十恶进行忏悔。在"忏悔"过程中,下座只是在忏悔每一种罪后和"忏悔已,至心归命阿弥陀佛",而大部分是由高座口白忏悔文。

(9) 行道 忏悔后,又有一次行道,《法事赞》中说:

> 又诵经唱赞已,高座即令一人行香,与大众行花,次当赞人等向行道处立,又令小者唱礼供养及如法行道。唱已,其散花法用一如上,或三匝或七匝竟,即当佛前立,次唱后赞。①

由维那出来行香,同时又开始如前面的散花行道。行道后,由高座与下座,唱和"般舟三昧乐"的赞偈。

(10) 叹佛咒愿 行道唱赞后,维那打磬,大众跪下,唱"敬礼常住三宝"。然后,由高座转读"叹佛咒愿文",为大众及施主祈福发愿,这相当于法会的文疏,如愿文中说:

> 然今清信弟子某甲等尔许多人……故人人同愿共结往生之业,各诵《弥陀经》尔许万遍,念弥陀名尔许万遍。又造某功德等,普皆周备。故于某月日,庄严院宇,莹饰道场,奉请僧尼,宿宵行道。又以厨皇百味种种甘香,奉佛及以僧徒,同心庆喜。②

---

① 善导:《安乐行道转经愿生净土法事赞》卷下,《大正藏》第 47 卷,第 437 页上。
② 同上书,第 437 页下。

从上面的愿文,我们可以看出《法事赞》不一定在寺院举行,如果有施主邀请,可能在施主的家中举行,而法会极其隆重、庄严。

(11) 唱七礼　高座转读愿文后,便下座。由维那独唱七礼文,大众随维那声音礼佛七拜。

(12) 随意　七礼后,大众闭上赞本,由维那独唱"随意文",即是"送经文"。香火收赞本,法会全部结束。

《法事赞》是以转读《阿弥陀经》为主的祈生净土法会,在法会中除转经以外,另有召请、忏悔、行道散花、发愿等行仪。在法会中,高座与维那是最主要的主持人,由高座与大众轮番交替唱赞,从而使法会显得隆重而又庄严。

《阿弥陀经》是净土三经之一,是净土信仰的重要依据,善导十分重视该经,曾写"数万卷"。1909年,大谷探险队在吐鲁番发现了善导书写的《阿弥陀经》残卷,可见其写经之多。在敦煌写本中,《阿弥陀经》则有183种,其中不乏7、8世纪的写本。所以,《阿弥陀经》在唐代是十分流行的,转读《阿弥陀经》也是理所当然的。

2.《往生礼赞》的礼赞仪

《往生礼赞》全称《往生礼赞偈》,又名《愿往生六时礼赞偈》、《劝一切众生愿生西方极乐世界阿弥陀佛国六时礼赞偈》、《六时礼赞偈》。

本书由前序、六时礼赞、后序组成。前序分为三部分:第一、安心论,即为至诚心、深心、回向发愿心三心的解释;第二、起行论,即依据世亲《往生论》而由善导独自展开的五念起行论;第三、作业论,即恭敬、无余、无间、长时四修法。依安心、起行、作业体系,来说明净土修行人的实践方法,这是关于实践的指导理论。同时,前序对念佛作了进一步的说明,详细阐明了《文殊般若经》所说的专称名号、一行三昧、念佛三昧的意义,解释了称名易行、本愿念佛、专杂二修得失等问题。后序,则是结劝胜益,例举了相当于《观念法门》所说的见佛、灭罪、护念、摄生、证生的五种增上缘,并且明确解释了第十八愿。所以,前序首先从理论上对修行作出一定的指导,并且说明了修行的有关重要问题;而后序则说明了修行的利益。

《往生礼赞》最重要的部分应该是六时礼赞,即在日没、初夜、中夜、后夜、晨朝、日中六时进行礼拜、赞叹。《往生礼赞》是一种日常性行仪,在每天的六时施行。善导制作《往生礼赞》的意图在于:"谨依《大经》及龙树、天亲、此土沙门等所造往生礼赞,集在一处,分作六时。唯欲相续系心,助成往益,亦愿晓悟未闻,远沾遐代耳。"① 善导为了能教化一切众生往生净土,把印度、中国有关往生礼赞的行仪编在一起,而成为现行《往生礼赞》。

六时礼赞突出了礼拜与赞叹,同时将忏悔贯穿于其中,于六时中唱忏悔、发愿、赞叹等文,而且每一时中各有一定的礼拜数目。六时与偈赞、礼拜配置情况,列成表格如下:

时　间	依　　据	礼拜数目
日没	《无量寿经》十二光名	十九
初夜	《无量寿经》要文	二十四
中夜	龙树菩萨《愿往生礼赞偈》	十六
后夜	天亲菩萨《愿往生礼赞偈》	二十
晨朝	彦琮法师《愿往生礼赞偈》	二十一
午时	善导《愿往生礼赞偈》	二十

《往生礼赞》体现了理论与实践的完美结合,前序说明了修行的基本原理,六时礼赞叙述了实践的具体仪轨,后序则阐述修行的利益,所以《往生礼赞》是一本很好的修行指导书。

《往生礼赞》又名《六时礼赞》,在昼夜六时实行礼拜、赞叹、忏悔的实践。同时,六时礼赞的仪轨次第都一样,只是礼拜的次数与偈赞的内容

---

① 善导:《往生礼赞偈》,《大正藏》第47卷,第438页上。

有所不同,所以其仪轨在《日没礼赞》中已经有详细说明,而在后五时礼赞中只是说"忏悔同前后"。

3.《观念法门》的礼赞仪

《观念法门》全称《观念阿弥陀佛相海三昧功德法门》,其中有《依经明五种增上缘义》一卷,因为其内容与《观念法门》不相关连,依历来研究者的意见,应该独立成书。《观念法门》虽然在文首提示有四部分,即"依《观经》明观佛三昧法一、依《般舟经》明念佛三昧法二、依经明入道场念佛三昧法三、依经明道场内忏悔发愿法四",但是"依《般舟经》明念佛三昧法"与"依经明入道场忏悔发愿法",善导只是引用《般舟经》与《观佛三昧海经》的经文,并没有加以自己的阐释。所以,《观念法门》实际上只涉及两种行仪——观佛三昧行仪与念佛三昧行仪,另外,在文末附带说明了"看病人法"。

观佛三昧行仪是在一切时间与地点都可以修行,所以是一种日常性的行仪。观佛三昧行仪的具体修行方法是:

> 行者若欲坐,先须结跏趺坐,左足安右髀,上与外齐;右足安左髀,上与外齐;右手安左手掌中,二大指面相合。次端身正坐,合口闭眼,似开不开,似合不合,即以心眼先从佛顶上螺髻观之。①

行者必须结跏趺坐,端坐观想,按照《观佛三昧海经》与《观经》中的前十三观,观想佛的三十二相、八十随形好及花座等。并且,善导强调观想某种相好时,便具有一定的灭罪功德。

善导在观佛三昧行仪的最后,强调诵经、称名、礼赞等:

> 又白行者,欲生净土,唯须持戒、念佛、诵《弥陀经》,日别十五遍,二年得一万;日别三十遍,一年一万。日别念一万遍佛,亦须依时礼赞净土庄严事,大须精进或得三万、六万、十万者,皆是上品上

---

① 善导:《观念阿弥陀佛相海三昧功德法门》,《大正藏》第47卷,第22页下。

生人,自余功德尽回往生,应知。①

因为观佛不易,所以善导认为称名、诵经达到一定的数量,便可以往生净土,达到与观佛三昧异曲同工之妙,从而回归到他的凡夫本位。

念佛三昧行仪所依经典为《般舟三昧经》,虽然善导的念佛三昧是从《般舟三昧经》中演变出来,但是特别强调称名念佛,这与《般舟三昧经》有着根本的不同。《观念法门》对念佛三昧行仪的阐述十分详细,如下:

> 欲入三昧道场时,一依佛教方法,先须料理道场,安置尊像,香汤扫洒。若无佛堂,有净房亦得,扫洒如法,取一佛像西壁安置。行者等从月一日至八日,或从八日至十五日,或从十五日至二十三日,或从二十三日至三十日,月别四时佳,行者等自量家业轻重,于此时中入净行道。②

念佛三昧行仪是非日常性的行仪,要求于三昧道场或净房举行,并且必须庄严道场,而且在时间上要求于一个月的某七日中举行。所以,在修行上强调于某一特定时空下,集中精神,一心精进修行。

在道场内的具体修行方法,则十分简单,唯专心持名念佛:

> 若一日乃至七日,尽须净衣,鞋袜亦须新净。七日之中,皆须一食长斋,软饼粗饭,随时酱菜,俭素节量。于道场中,昼夜束心相续,专心念阿弥陀佛,心与声相续,唯坐唯立,七日之间不得睡眠,亦不须依时礼佛、诵经,数珠亦不须捉,但知合掌念佛,念念作见佛想。佛言:想念阿弥陀佛真金色身,光明彻照,端正无比,在心眼前。正念佛时,若立即立念一万、二万,若坐即坐念一万、二万,于道场内不得交头窃语。③

在道场内,著新净衣,表示修行的虔诚与恭敬。同时,饮食方面尽量减

---

① 善导:《观念阿弥陀佛相海三昧功德法门》,《大正藏》第 47 卷,第 23 页中。
② 同上书,第 24 页上—中。
③ 同上书,第 24 页中。

少,日中一食,并且十分清淡,清心寡欲,以便能集中心力修行。在道场内,不必礼佛、诵经,只要专心合掌持名念佛;但是在念佛时,应当与观佛相结合,令心与声音能够相续。

《法事赞》、《往生礼赞》、《观念法门》、《般舟赞》是善导"行仪分"的著作,是善导受到当时各种法会仪轨的影响,为了实践自己的净土信仰而制作的礼赞仪。

六、隋唐的药师道场与药师礼忏仪

随着药师信仰的兴盛,唐代以来形成了专门修习药师法门的法会,称为"药师道场"。在"药师道场"中,自然就有专门的行仪。

"药师道场"是"续命法"实践的具体化与固定化,尤其是义净《药师琉璃光七佛本愿功德经》的翻译,无疑大大地促进了药师信仰的密教化,同时唐代密教的兴盛无疑推动了"药师道场"的产生。传为一行所撰《药师琉璃光如来消灾除难念诵仪轨》中说:

> 须请七僧,建置道场,造本尊像,写《药师经》,六时行道,燃七层灯,造五色幡四十九尺,日转经四十九遍,放水陆生命四十九头。时花果子殷勤供养,咒五色线发愿。又以印挂于线上,更咒四十九遍,结四十九结。①

这与《药师经》"续命法"相比,增加了在五色线上打结、咒印等。

"药师道场"的修建,可能是在唐中期以后,《宋高僧传·元皎传》记载,至德二年(757),唐肃宗敕元皎于凤翔开元寺置"御药师道场","择三七僧,六时行道,燃灯歌呗,赞念持经",而且感得李树有四十九茎的瑞应,受到唐肃宗的表贺。② 可见,唐代的"药师道场"分为民间与皇室两种,皇室的"药师道场"由皇帝出资,邀请高僧诵经,称为"御药师道场"。

---

① 《药师琉璃光如来消灾除难念诵仪轨》,《大正藏》第19卷,第22页中。
② 赞宁:《宋高僧传》卷二四《元皎传》,《大正藏》第50卷,第864页中。

民间的"药师道场"则由寺院聚集善男信女共同修习,因为"药师道场"的坛场布置,如四十九灯、五色幡、放生、供果等,需要大量的资金,所以必须先筹集资金。宋代吴自牧所撰《梦粱录》记载:

> 太平兴国传法寺向者建净业会,每月十七日集善男信人,十八日集善女信人,入寺诵经,设斋听法,年终以所收赀金,建药师道场七昼夜,以终其会。今废之久矣。①

宋代太平兴国年间(976—984),杭州传法寺修建"净业会",吸收善男信女到寺院诵经、听法、设斋,年终将所收的供养金,修建"药师道场",共七天七夜,作为"净业会"一年以来最后的法会。

"药师道场"的修建,不仅在江南地区,远及云南②、敦煌地区,都有记载。在敦煌遗书中,收藏有《药师道场坛法》、《药师道场文》等文献,为我们了解唐宋时期的"药师道场",提供了弥足珍贵的资料。

敦煌遗书北大 D180 分为两部分,一、《寅朝礼忏文》;二、《药师道场坛法》。《药师道场坛法》具体描述了"药师道场"的布置以及修习的方法。

> 坛与寻常观音道场坛一般,坛上莲花留(?)七只,香炉五枚;圣僧座五,铺子、幡子五□。中心置药师像,领座衣一件,钱四百九十,米四十九升,当坛像前置七层灯轮,燃四十九盏无明昼夜灯,须不绝。其灯葵油,于□点。用五色幡一□,长四十九尺,结线放生。逐日转《药师经》一七遍,每时行道四十九匝,念药师琉璃光佛,每人各四□,余者和声礼偈子,十二拜。若能依法,无引不从。黄昏寅朝礼 三 宝,余四时礼七佛。③

可以看出,敦煌地区"药师道场"的坛场布置,与"观音道场"相同,坛场中

---

① 吴自牧:《梦粱录》卷一九,四库全书本。
② 《御定渊鉴类函》卷三四:"滇南大理府,有放光谷,云是药师道场,四面放佛光。"四库全书本。
③ 《北京大学藏敦煌文献》第2册,第194页下—195页上,上海古籍出版社,1995。

心最高位置是药师佛像,佛像前放置七层灯轮,点燃四十九盏灯,昼夜不停息,而且灯油必须是葵花油;然后放领座衣一件,四百九十片钱,大米四十九升。坛场的第二阶五个圣僧座,五口铺子、幡子。四十九尺的五色幡,可能悬挂在坛场的庭院中。第二,在坛场内,修建"药师道场"七日,每日转读《药师经》七遍,依六时行道,但是无法确定转经是否与行道结合起来?六时即晨朝、日中、日没(以上为昼三时)、初夜、中夜、后夜,其中晨朝即寅朝,日没即黄昏。第三,六时行道,方法:每时行道四十九匝,念药师琉璃光如来圣号,圣僧每人各四声,其余人和声,然后礼拜三宝或七佛。

《药师道场坛法》叙述了"药师道场"的坛场布置,但是对修习的行仪只提及转经、行道、礼拜等,缺乏具体的行仪内容。B.8719V《药师道场文》则详细论述了修习"药师道场"的行仪,后部残缺的部分可依北大D180补齐。在李小荣的校本基础上,校录如下:

《药师道场(文)》
　　身光照耀苦众生,三十二相证佛身;速疾成就如斯愿,斯愿救众生。敬礼药师琉璃光佛!
　　出牢困厄苦众生,净除罗①网证佛身,速疾成就如斯愿。云云
　　邪心颠倒苦众生,皆成正觉证佛身。云云
　　盲聋喑哑苦众生,皆成具生证佛身。云云
　　困毒热恼②苦众生,咸蒙甘露证佛身。云云
　　已成男相苦众生,皆成相好证佛身。云云
　　诸魔外道苦众生,舍邪归正证佛身。云云
　　系闭枷锁苦众生,兹令离苦证佛身。云云
　　饥渴忧恼苦众生,饮食充满证佛身。云云

---

① "罗",李小荣校为"胃"。《敦煌密教文献论稿》,第193页。
② "恼",原为"脑",今改。

寒风裸露苦众生,珍宝具足证佛身。(云云)

戒律□犯苦众生,还令清净证佛身。(云云)

生淫妄语苦众生,皆令智慧①证佛身。(云云)

一行一愿正其道,弟子常将不退心,十二行愿救众生,一一遥登无畏岸。

头顶礼足七七满,行道四十九亦圆,愿回圆满救群生,遍沾六道尘沙界。

唯愿蠢动诸含识,闻此立刻悟(无)生。是故众等各虔心礼敬琉璃光佛!

一齐道:

至心忏念!

我等自从无量劫,久处轮回五浊中,尘沙业障被系缠,有幸得逢微妙法。

过去无明宿冤对,六时行道灭灾殃,七层灯焰照如来,结线放生求解脱。

神幡五色随风转,徘徊刹上已②高悬,唯引药师降道场,圣③

(黄昏礼忏④)

南无清净法身毗卢遮那佛!

南无圆满报⑤身卢舍那佛!

南无千百亿化身同名释迦牟尼佛!

南无东方阿閦佛!

南无东南方那罗延佛!

南无南方普满佛!

---

① "智慧",原来两字不易辨识,今依《药师琉璃光如来本愿功德经》校改。
② "已",原为"以",今改,下同。
③ "圣"以下缺六字。
④ 以下内容与敦煌礼忏文《黄昏礼忏》相同。
⑤ "报",原为"宝",今改。

南无西南方持地佛!

南无西方无量寿佛!

南无西北方月光面①佛!

南无北方难胜佛!

南无东北方寂诸根佛!

南无上方虚空藏佛!

南无下方实行佛!

南无东方十二上愿药师琉璃光佛!

南无西方四十八愿阿弥陀佛!

南无当来下生弥勒尊佛!

南无东方解脱主②世界,彼世界有佛号虚空功德,清净微尘,等目端正,功德相光明,华波头摩、琉璃光、宝体香、最上香供养讫,种种庄严,顶髻无量无边日月光明,愿力庄严,变③化庄严,法界出生,无障碍王如来!

南无毫相日月光明④焰宝莲华,固如金刚身,毗卢遮那,无障碍眼圆满,十方放光普照一切佛刹相王如来!

南无过现未来尽十方(虚)空界一切诸佛!

普为上界诸天龙梵八部、帝主民生、累劫师僧、所生父母、道场施主及法界众生,并愿断除诸障,归命礼忏念!

至心忏念:一切业障海,皆从妄想⑤生,若欲忏念者,端坐观实相。众罪如霜露,慧日能消除。是故应至心勤忏六根罪。忏念已,

---

① "面",原为"明",依《佛说佛名经》卷一"南无西北方月光面佛"(《大正藏》第14卷,第185页中)改。
② "主",原为"诸",今依《五千五百佛名神咒除障灭罪经》卷一(《大正藏》第14卷,第318页上)改。
③ "变",原为"遍",上同。
④ "光明"后原有"华",今依《五千五百佛名神咒除障灭罪经》卷一(《大正藏》第14卷,第318页中)改。
⑤ "想",原为"相",今改。

归命礼三宝。

至心发愿:愿众等生生值诸佛,世世恒闻解脱因,弘誓平等度众生,毕竟速成无上道。发愿已,归命礼三宝。

众罪皆忏念,诸佛尽随喜,礼佛及功德,愿成无上道。去来现在佛,于诸众生最胜,无量功德海,归依合掌礼。

寅朝礼忏:

敬礼①毗卢遮那佛!

敬礼卢舍那佛!

敬礼释迦牟尼佛!

敬礼当来下生②弥勒尊佛!

敬礼东方一切诸佛!

敬礼南方一切诸佛!

敬礼西方一切诸佛!

敬礼北方一切诸佛!

敬礼上方一切诸佛!

敬礼下方一切诸佛!

敬礼过现未来一切诸佛!

敬礼舍利形像无量宝塔!

敬礼十二部尊经甚深法藏!

敬礼诸尊菩萨摩诃萨众!

敬礼声闻缘觉一切贤圣僧!

为二十八天释梵王等,敬礼常住三宝!

为诸龙神等,风雨顺时,敬礼常住三宝!

为皇帝圣化无穷,敬礼常住三宝!

---

① "敬礼",原为"礼敬",今改。
② "下生",原被涂去,依 P.3038、P.2692《寅朝礼忏》补。

为太子诸王,福延万叶,敬礼常住三宝!
为道场施主,六度圆满,敬礼常住三宝!①

(下依北大 D180 补)

为师僧父母及善知识②,敬礼常住三宝!

为边方无事,永息干戈,敬礼常住三宝!(后残)

为四威仪中误伤含识,敬礼常住三宝!

为三途八难,受苦众生,愿皆解脱,归命礼忏念。

至心忏念:普忏六根三业罪,愿令除灭不复生。劝请十方诸如来,留身久住济含识。

随喜称赞诸善根,回向菩提证常乐。愿诸众生入佛慧,生灭永寂证无余。

忏念、劝请、随喜、回向、发愿已,至心归命礼三宝!

白众等听说,寅朝清净偈:欲求寂灭乐,当学沙门法,衣食支身命,精粗随众等③。

诸众等,今日寅朝清净,各记六念。四礼

奉报四恩,散周法界。和南一切贤圣!

南无舍利形像此界他方无量宝塔!

南无十二尊经大藏十轮!

南无诸尊菩萨摩诃萨!

南无声闻缘觉一切贤圣僧!

普为四恩三有道场施主及法界众生(后残)

该文书分为两部分,第一部分为《药师道场文》,另一部分为《寅朝礼忏》。但是,《寅朝礼忏》部分残缺,可依北大 D180 和 P.3038 补出。从文书的

---

① 《敦煌宝藏》第 111 册,第 289 页下—291 页上。
② 依 P.3038 补。
③ "随众等",依 P.3038 补。

抄写来说,李小荣认为,第 48 行中的"民"字缺末笔,当是避唐太宗李世民之讳,可第 55 行中的两个"世"字又未避讳,所以抄出的年代在唐太宗时或稍后①。《药师道场文》中出现了两个很长的佛名,"南无东方解脱主世界……无障碍王如来"、"南无毫相……相王如来",出自隋阇那崛多译《佛说十二佛名神咒校量功德除障灭罪经》、《五千五百佛名神咒除障灭罪经》卷一②,智昇《集诸经礼忏仪》卷上③亦有此两佛名,这是敦煌礼忏文《七阶礼》出现最多的两佛名。可见,B.8719V《药师道场文》受到了《七阶礼》的影响。

依北大 D180《药师道场坛法》的要求,B.8719V《药师道场文》的内容结构分为三个部分:

(一)药师道场启请文 首先,依《药师经》的十二大愿以及后面的赞叹功德写成,总共十二拜。依每一拜的结构来说,主法者唱"身光照耀苦众生,三十二相证佛身,速疾成就如斯愿,敬礼药师琉璃光佛"等四句,其余人和声"敬礼药师琉璃光佛",所以第二句开始以"云云"代表省略"速疾成就如斯愿,敬礼药师琉璃光佛"。这样,每一拜都是四句,由主法者引唱,其余人再和声速疾成就如斯愿,"敬礼药师琉璃光佛",最后一起拜下去。每首偈颂结构相同,声韵铿锵,便于引唱。"药师道场启请文"的运用,依北大 D180《药师道场坛法》:"逐日转《药师经》一七遍,每时行道四十九匝,念药师琉璃光佛,每人各四口,余者和声礼偈子,十二拜",所以可能是在诵经、行道后,归位礼拜之用。

其次,最后第十三拜,"一行一愿正其道"至"是故众等各虔心礼敬琉璃光佛",具有回向发愿的作用,赞叹药师如来十二大愿的功德,阐明礼拜四十九拜、行道四十九周的功德回向给所有众生,愿所有众生悟入无生。

---

① 李小荣:《敦煌密教文献论稿》,第 195 页。
② 《佛说十二佛名神咒校量功德除障灭罪经》,《大正藏》第 21 卷,第 860 页下—861 页上;《五千五百佛名神咒除障灭罪经》卷一,《大正藏》第 14 卷,第 318 页上一中。
③ 智昇:《集诸经礼忏仪》卷上,《大正藏》第 47 卷,第 456 页下—457 页上。

最后,"我等自从无量劫"至"唯引药师降道场,圣",具有忏悔启请的作用。忏悔自己业障深重,只能依六时行道忏悔,以燃灯、结线、放生、悬幡等"续命法",启请药师佛降临道场,才能得到最后的解脱。

北大 D180《药师道场坛法》规定:"黄昏寅朝礼三宝,余四时礼七佛",所以 B.8719V《药师道场文》在"药师道场启请文"后面,又附有《黄昏礼忏文》与《寅朝礼忏文》,用于黄昏、寅朝时。其余四时只需要礼拜七佛,即可。

(二)《黄昏礼忏文》从"南无清净法身毗卢遮那佛"至"无量功德海,归依合掌礼",属于《黄昏礼忏文》,即是黄昏时,在"药师道场启请文"后面,接着礼拜三宝。依台湾学者汪娟的研究,《黄昏礼忏文》分为三类:甲乙两类皆以礼拜七阶佛为主,但依五悔等不同,别为两类;丙类则以礼拜十方佛为主。甲类抄卷有 S.5490、S.4293、S.5620、P.2991;乙类有 B.8313;丙类有 P.2692、B.8332。① B.8719V、P.3038 中都含有《黄昏礼忏文》,属于丙类抄本,以礼拜十方佛为主。

B.8719V 的《黄昏礼忏文》结构如下:礼拜诸佛、普礼、五悔法,后面或许有"说黄昏无常偈"②、三皈依等,但是敦煌也有许多礼忏文只至"五悔法"为止,所以是正常情况。

(三)《寅朝礼忏文》在 B.8719V《药师道场文》的第 59 行末尾有"寅朝礼忏"四个小字,表明自此以下的文字属于《寅朝礼忏文》。而且,依北大 D180 与 P.3038 中《寅朝礼忏文》可以补足残缺文字。这样,B.8719V《寅朝礼忏文》的内容结构为:敬礼三宝、普礼、五悔、说寅朝清净偈、六念、回向。

所以,敦煌地区的"药师道场"礼忏仪,在继承《药师经》"续命法"的

---

① 汪娟:《敦煌礼忏文研究》,台北,法鼓文化事业股份有限公司,1998 年,第 164 页。
② 如中村不折氏藏敦煌本《礼忏文》:"白众等听说黄昏无常偈:西方日已暮,尘劳有微尘,老病死时至,相看不久居。念念催年足,犹如少水鱼,劝诸行道众,勤学至无畏。"《大正藏》第 85 卷,第 1303 页下。

基础上,重视坛场的布置,吸收当时流行的《七阶礼》等礼忏仪,从而形成了富有特色的药师礼忏仪。综合北大 D180《药师道场坛法》与 B.8719V《药师道场文》,除了常见的五悔外,还有礼拜、皈依、供养、观实相、称念佛名等忏仪,由此可见唐宋时期"药师道场"的原貌。

从思想上说,《药师经》重视现世安乐、消灾延寿;而 B.8719V《药师道场文》不但体现《药师经》的精神,更体现了时代、社会的特点,如为"皇帝圣化无穷"、"太子诸王,福延万叶"、"边方无事,永息干戈"祈福。其次,《药师经》重视信仰的层面,而《药师道场文》则体现中国大乘佛教忏仪的特点,体证罪性本空,观诸法实相,以"无生忏悔"、罪性本空、事忏与理忏并重为核心①。所以,《药师道场文》体现了药师信仰的中国化,同时表示了药师信仰深入中国社会的形态变化。

七、弥勒信仰与弥勒礼忏仪

唐贞观年间,由于玄奘(602—664)弘扬弥勒信仰,使弥勒信仰在唐初兴盛一时。② 如《大唐故三藏玄奘法师行状》说:

> 法师从少以来,常愿生弥勒佛所,及游西方。又闻无著菩萨兄弟,亦愿生睹史多天宫,奉事弥勒,并得如愿,俱有证验,益增克励。自至玉花,每因翻译,及礼忏之际,恒发愿上生睹史多天,见弥勒佛。除翻经以外,若昼若夜,心心相续,无暂休废。从翻《大般若》讫后,即不复翻译,唯行道礼忏。③

玄奘的弥勒信仰主要基于他本身的信仰与学统,而且他在西行求法过程中得到多次的感应,信仰更加坚固。

---

① 中国佛教忏法的理念,见拙著《中国佛教忏法研究》,第 395—403 页,北京,宗教文化出版社,2004。
② 有关玄奘法师的弥勒信仰,请参考汪娟《唐代弥勒信仰与佛教诸宗派的关系》,《中华佛学学报》第 5 期,第 192—231 页,1992。
③ 冥详:《大唐故三藏玄奘法师行状》,《大正藏》第 50 卷,第 219 页上。

《大慈恩寺三藏法师传》卷一○对他临终的情形进行了详细的描述：

> 因从寺众及翻经大德并门徒等，乞欢喜辞别云：玄奘此毒身，深可厌患，所作事毕，无宜久住。愿以所修福慧回施有情，共诸有情同生睹史多天弥勒内眷属中，奉事慈尊；佛下生时，亦愿随下广作佛事，乃至无上菩提……复口说偈教傍人云：南无弥勒如来应正等觉，愿与含识速奉慈颜；南无弥勒如来所居内众，愿舍命已，必生其中。①

玄奘的信仰不仅以上升兜率内院为终极目的，而且还要随同弥勒下生广作佛事，这正是大乘菩萨积极入世的精神。因此，玄奘"法师一生已来常作弥勒业"②，根据文献的记载，玄奘的"弥勒业"有译经、礼忏、发愿、造塔、造像、洗浴众僧、给施贫人、功德回向等。③

最引人注意的是，他除了说偈教人念诵外，还译有《赞弥勒四礼文》，保存在《法苑珠林》卷一六中，全文如下：

> 赞弥勒四礼文，玄奘法师依经翻出
> 至心归命当来弥勒佛
> 诸佛同证无为体，真如理实本无缘，为诱诸天现兜率，其犹幻士出众形。
> 元无人马迷将有，达者知幻未曾然，佛身本净皆如是，愚夫不了谓同凡。
> 知佛无来见真佛，于兹必得永长欢，故我顶礼弥勒佛，唯愿慈尊度有情。
> 愿共诸众生上生兜率天奉见弥勒佛
> 至心归命礼当来弥勒佛
> 佛有难思自在力，能以多刹内尘中，况今现处兜率殿，师子床上

---

① 慧立：《大慈恩寺三藏法师传》卷一○，《大正藏》第50卷，第277页上。
② 道世：《诸经要集》卷一，《大正藏》第54卷，第7页上。
③ 汪娟：《唐代弥勒信仰与佛教诸宗派的关系》，《中华佛学学报》第5期，第196页，1992。

结跏坐。

身如檀金更无比,相好宝色曜光晖,神通菩萨皆无量,助佛扬化救含灵。

众生但能至心礼,无始罪业定不生,故我顶礼弥勒佛,唯愿慈尊度有情。

愿共诸众生上生兜率天奉见弥勒佛

至心归命当来弥勒佛

慈尊宝冠多化佛,其量超过数百千,此土他方菩萨会,广现神变宝窗中。

佛身白毫光八万,常说不退法轮因,众生但能修福业,屈伸臂顷值慈尊。

河沙诸佛由斯现,况我本师释迦文,故我顶礼弥勒佛,唯愿慈尊度有情。

愿共诸众生上生兜率天奉见弥勒佛

至心归命礼当来弥勒佛

诸佛常居清净刹,受用报体量无穷,凡夫肉眼未曾识,为现千尺一金躯。

众生视之无厌足,令知业果现阎浮,但能听经勤诵法,逍遥定往兜率宫。

三途于兹必永绝,将来同证一法身,故我顶礼弥勒佛,唯愿慈尊度有情。

愿共诸众生上生兜率天奉见弥勒佛。①

根据以上的内容,我们推测玄奘依《佛说观弥勒菩萨上生兜率天经》而译成偈文,如第一礼的内容,其实应该是经中所说:"世尊往昔于毗尼中及诸经藏说阿逸多次当作佛,此阿逸多具凡夫身未断诸漏,此人命终当生

---

① 道世:《法苑珠林》卷一六,《大正藏》第53卷,第403页下—404页上。

何处？其人今者虽复出家，不修禅定，不断烦恼，佛记此人成佛无疑。"①

《赞弥勒四礼文》将礼拜与赞叹结合起来，而且每一礼的前面都是"至心归命礼当来弥勒佛"，最后是"愿共诸众生上生兜率天奉见弥勒佛"，总共四礼。《赞弥勒四礼文》的形式，使我们想起了善导《往生礼赞偈》的形式，每一礼的前面是"南无至心归命西方阿弥陀佛"，最后是"愿共诸众生，往生安乐国"，根据敦煌《往生礼赞偈》的写本，广川尧敏先生认为善导撰述当时，各偈头没有"南无"，是在智昇以后附加的，智昇《集诸经礼忏仪》所收的《往生礼赞偈》各偈头便没有"南无"。② 在此基础上，我们认为善导在长安撰写《往生礼赞》时模仿了《赞弥勒四礼文》的形式，从而为《往生礼赞偈》的成立提供了新的证据。

唐、五代时期的弥勒礼忏仪制作，由于资料的限制，一直难以真正地了解它。但是，由于敦煌遗书的发现，在敦煌写本中，保存有三件《上生礼》的写本：S.5433、S.4451、P.3840。③《上生礼》的仪轨次序大致可以分为：请佛、叹佛、礼慈氏、志心忏悔、志心发愿、念慈氏、处世界梵、回向、三归依、慈氏上生偈、诸行无常偈、如来涅槃偈等项，其中并间以七个禁咒。《上生礼》与《七阶礼忏文》的组织、结构完全一致，只是按照弥勒教法改写忏文，如把敬礼七阶诸佛改为"礼弥勒"，"六时无常偈"改为"慈氏上生偈"。④ 所以，《上生礼》的制作是按照当时佛教界通行的忏仪而形成的。而且在《上生礼》中，"礼慈氏"中有和声"愿共诸众生，往生弥勒国"，念慈氏菩萨也是四会，所以整个形式与《赞弥勒四礼文》有很大的相似之处。

《上生礼》主要是根据《上生经》中揭示的修持方法，构成了一套求生

---

① 沮渠京声译：《佛说观弥勒菩萨上生兜率天经》，《大正藏》第14卷，第418页下。
② [日]广川尧敏：《礼赞》，牧田谛亮、福井文雅编《讲座敦煌·7·敦煌と中国佛教》，第445页，东京，大东出版社，1984。
③ 汪娟：《敦煌礼忏文研究》，第235—288页，台北，法鼓文化事业股份有限公司，1998。
④ [日]广川尧敏：《敦煌出土七阶佛名经について——三阶教と净土教との交涉》，《宗教研究》第251号，第95页，1982。

兜率内院的礼忏仪式，但是偈文歌赞中也包括了信众对《下生经》中所说龙华三会、弥勒授记的愿望。因此，《上生礼》和《上生经》、《下生经》①都有着密切的关系。

《上生礼》的成立在8世纪中叶之后，大约流行于9、10世纪。《上生礼》应该是民间结上生会时所用的一种忏仪，和宋、齐的龙华会有无关联，目前仍不得而知。据《佛祖统纪》所说，白居易曾"劝一百四十八人结上生会，行念慈氏名，愿当来世必生兜率"②。另外，白居易曾经作《画弥勒上生帧赞并序》与《画弥勒上生帧记》③，《画弥勒上生帧赞并序》中说：

> 南赡部州，大唐国东都长寿寺大苾刍道嵩、存一、惠恭等六十人，与优婆塞士良、惟俭等八十一人，以太和八年（834）夏受八戒、修十善、设法供、舍净财，画兜率陀天宫弥勒菩萨上生内众一铺，眷属围绕，相好庄严。于是嵩等曲躬合掌，焚香作礼，发大誓愿，愿生内宫，劫劫生生亲近供养……有弥勒弟子乐天，同是愿，遇是缘，尔时稽首当来下生慈氏世尊足下，致敬无量，而说赞曰：百四十心，合为一诚；百四十口，发同一声。仰慈氏形，称慈氏名，愿我来世，一时上生。④

---

① 《下生经》一般指竺法护译《佛说弥勒下生经》、失名译《佛说弥勒来时经》、鸠摩罗什译《佛说弥勒下生成佛经》、《佛说弥勒大成佛经》、义净译《佛说弥勒下生成佛经》等五部经典。
② 志磐：《佛祖统纪》卷二八，《大正藏》第49卷，第282页中。
③ 《画弥勒上生帧记》说："南赡部州，大唐国东都香山寺居士，太原人白乐天。年老病风。因身有苦，遍念一切恶趣众生，愿同我身，离苦得乐。由是命绘事按经文，仰兜率天宫，想弥勒内众，以丹素金碧形容之，以香火花果供养之。一礼一赞，所生功德，若我老病苦者，皆得如本愿焉。本愿云何？先是乐天，归三宝、持十斋、受八戒者，有年岁矣！常日日焚香佛前，稽首发愿，愿当来世，与一切众生，同弥勒上生，随慈氏下降，生生劫劫，与慈氏俱永离生死，终成无上道。今因老病，重此证明，所以表不忘初心，而必果本愿也。慈氏在上，实闻斯言。言讫作礼，自为此记，时开成五年（840）三月日记。"董诰等编《全唐文》卷六七六，上海古籍出版社，第3059页，1995。
④ 董诰等编：《全唐文》卷六七七，第3064—3065页。《四部丛刊初编》第41册，第340页，内容有所不同，如《丛刊初编》中为"八十人"、"内外众一铺"、"同生愿"等。

白居易于太和八年(834)上生会发愿往生兜率内院,画弥勒上生像一铺;后来于开成五年(840),于弥勒上生像前重新发愿证明。这说明在9世纪时,洛阳长寿寺曾举办过上生会的活动,在其他地区恐怕也不乏有结上生会的情形,而《上生礼》当即民间结上生会时所使用的一种礼忏仪。

第二节 隋唐的内道场与舍利信仰

佛教传入中国,最早是在上层社会流传;而且,作为外来宗教,受到最高统治者的保护。皇帝作为国家的统治者,当然懂得佛教特殊的劝善化民、资助王化的政治功用;同样,佛教的兴盛也离不开封建帝王的支持,历代都有不少高僧主动向皇权靠拢,政教互动,共助王化。皇帝作为中央集权的权力拥有者,他的信仰行为是国家与佛教的最好结合点,主要表现便是内道场与舍利崇拜。

一、内道场的起源

内道场的建立,是基于皇帝和王室私人祈愿求福的需要,因为皇族无法亲临参与禁外寺观和其他场所举行的佛教信仰仪式,所以通过内道场的制度,直接于宫中执行。关于内道场的起源,宋代赞宁在《大宋僧史略》中说:

> 内道场起于后魏,而得名在乎隋朝何邪。炀帝以我为古,变革事多,改僧寺为道场,改道观为方坛。若内中僧事,则谓之内道场也。①

内道场即是宫廷内的道场,在皇宫的殿堂设立经像,举行佛事修行。赞宁认为,内道场是源于北魏始光二年(425)的"至神道场"以及神䴥四

---

① 赞宁:《大宋僧史略》卷中,《大正藏》第54卷,第247页中。

年(431)的"生日道场",这是帝王生日所举办的庆祝法会。赞宁在列举"内道场"后,又附有"生日道场",可见两者并不是一回事。

《佛祖统纪》记载,天监十六年(517),梁武帝敕慧超为寿光殿学士,召众僧讲解注释经论,并且居住在皇宫内,"此内道场之始"①。赞宁对此事的记载为:"南朝或以尼在内中持课。又寿光殿中群僧法集,或充学士,或号讲员,或注解经文,或敷扬禅要。凡存禁中,并内道场也。"②北周大成元年(579),北周宣帝复兴佛教,敕德行清高的七位僧人,在政武殿西,安置行道,赞宁强调"此内道场之始也"③,《广弘明集》卷一〇收有《周高祖巡邺除殄佛法有前僧任道林上表请开法事》,即是此事④。

但是,在宫廷内设立内道场,宗教与王权结合,来源于中国宗法性宗教的传统。在汉代,黄老之道在宫中流行,随着佛教的传入,佛教被视为黄老的同类。⑤ 如楚王刘英喜好黄老,学习佛教,斋戒祭祀。汉桓帝在宫中并祀黄老与浮屠,于是襄楷上奏:

又闻宫中立黄老、浮屠之祠。此道清虚,好生恶杀,省欲去奢。今陛下嗜欲不云,杀罚过理,既乖其道,岂获其祚哉! 或言老子入夷狄为浮屠。⑥

佛教传入初期,皇帝在宫中祭礼浮屠、黄老,这是内道场的原始形态。

至东晋时代,晋哀帝爱好黄老、佛教,曾因服丹而中毒。《高僧传·竺道潜传》说:

至哀帝好重佛法,频遣两使殷勤征请,潜以诏旨之重,暂游宫阙,即于御筵开讲《大品》,上及朝士并称善焉。⑦

---

① 志磐:《佛祖统纪》卷三七,《大正藏》第 49 卷,第 350 页上。
②③ 赞宁:《大宋僧史略》卷中,《大正藏》第 54 卷,第 247 页中。
④ 道宣:《广弘明集》卷一〇,《大正藏》第 52 卷,第 156 页下。
⑤ [日]横井克信:《中国における内道场の起源について》,《大正大学综合佛教研究所年报》,第 196 页,2006。
⑥ 范晔:《后汉书》卷三〇下,第 1082 页。
⑦ 慧皎:《高僧传》卷四,《大正藏》第 50 卷,第 347 页下—348 页上。

晋哀帝邀请竺道潜于宫禁中开讲《般若经》，但是竺道潜是否居于宫中，则难确定。另外，简文帝曾在宫内建"道舍"①，可见当时在宫中设立宗教场所，是十分普遍的现象。

现知最早在宫廷内设立精舍的时间，是在东晋孝武帝的太元六年(381)，《晋书》说："六年春正月，帝初奉佛法，立精舍于殿内，引诸沙门以居之。"②梁武帝在皇宫内经常开讲经论，敕慧超住在宫内。

所以，内道场的起源，与皇帝的佛教信仰是紧密联系的，而且与汉代宫内祭祀黄老的信仰形态有关。内道场是佛教与国家关系的结合点，不仅体现了统治者的个人信仰，而且表现了僧人的社会与政治地位。

二、杨广的慧日道场、日严寺

杨广一生信仰佛教，在扬州、长安、洛阳建有江都慧日道场、日严寺、东都慧日道场，作为广招名僧、崇佛弘法的中心，这三个道场都属于他的内道场。

1. 江都的慧日道场、法云道场

开皇十年(590)十一月，杨广出镇扬州，为了加强对江南宗教思想界的控制，即在江都建立了四道场，即佛教的慧日、法云两个道场，道教的玉清、金洞两个道观（玄坛），广泛招集江南高僧、道士，齐集于江都，以便就近控制利用。道宣说："自爰初晋邸即位，道场慧日、法云，广陈释侣；玉清、金洞，备引李宗。"③四道场建立后，其开支由国库供给，选拔最优秀的高僧、高道进入道场。《续高僧传·吉藏传》说："炀帝晋蕃，置四道场，国司供给，释李两部，各尽搜扬。"④隋炀帝即位后，将佛寺改称为"道场"，

---

① 宝唱：《比丘尼传》卷一《道容传》，《大正藏》第50卷，第936页中。
② 房玄龄等：《晋书》卷九，第231页。
③ 道宣：《续高僧传》卷一五，《大正藏》第50卷，第549页中。
④ 道宣：《续高僧传》卷一一《吉藏传》，《大正藏》第50卷，第514页上。

改道观为"玄坛",是始于四道场的设立,《集古今佛道论衡》说:

> 大业嗣历,弥隆前政。昔居晋府,盛集英髦;慧日、法云道场兴号,玉清、金洞玄坛著名;四海搜扬,总归晋邸;四事供给,三业依凭;礼以家僧,不属州省;迄于终历,征访莫穷。①

杨广尊崇慧日、法云的高僧们为"家僧",即是由其供养的僧人,不属于州省的编制。

关于慧日、法云道场的真正建造时间,历来不明。《国清百录》卷二收有《王重遣匡山参书》,是当时智𫖮在庐山,杨广派人送给他的信。信中说:

> 弟子渡江还,去月初移新住。多有造次,未善安立来旨,勖以法事。实用惭悚,始于所居外援,建立慧日道场,安置照禅师以下,江陵论法师亦已远至;于内援,建立法云道场,安置潭州觉禅师已下。②

书翰的日期是开皇十二年(592)十月十日,杨广于九月回扬州,搬迁至新的总管府。但是,如何理解"内援"与"外援"? 有一种解释,"外援"是总管府的外部支援,主要是安置比丘僧;"内援"是为府内、王妃而建,所以是"法云道场"或是尼寺。③ 在现传资料中,法云道场的住众除了不知何许人的"潭州觉禅师"以外,"照禅师"即是慧思门下的信照;"论法师"即是法论,《续高僧传》卷九有传。④ 所以,慧日、法云道场的建造时间是在开皇十年(590)十一月至十二年(592)十月之间。

慧日道场招致的名僧,都是经过"盛集异艺,海岳搜扬"、"采拔英尽"、"搜选英异",属于当时的一流名僧。其中,"义解篇"有智脱、洪哲、法澄、道庄、法论、智炬、吉藏、慧觉,"习禅篇"有慧越,"护法篇"有慧乘、

---

① 道宣:《集古今佛道论衡》卷乙,《大正藏》第52卷,第379页中。
② 灌顶:《国清百录》卷二,《大正藏》第46卷,第806页上。
③ [日]山崎宏:《隋唐佛教史の研究》,第94—95页,京都,法藏馆,1967。
④ [日]池田鲁参:《国清百录の研究》,第309页,东京,大藏出版社,1982。

"感通篇"有法安,杂科声德篇有立身、法称。① 依慧日道场名僧的种类,未见译经、明律的名僧,可见慧日道场是以义解为主流。另外,亦体现了杨广的个人爱好,如法安"形质矬陋,言笑轻举",住慧日道场后,"王所游履,必赍随从";②法称"通诸经声,清响动众",杨广对他"弥崇敬爱",召入慧日后,"把臂朋从,欣其词令"。③ 立身、智果、智骞皆在声唱、书法等方面有造诣。会稽永欣寺僧智果,工书铭石,与书法家智永齐名,其书法传王羲之行草书体,风格瘦劲,造次难类,杨广闻其名,召入四道场。④ 而且,这些名僧大多原住于江都、吴郡、建业、丹阳及江淮地方,可见杨广主要是对江南佛教界进行控制与管理。

同时,杨广还在江都组织僧人整理佛经,在灭陈时,杨广便令远征各军随访收聚佛教的尊像灵经。江都内道场建立后,杨广即在慧日内道场设立《宝台经藏》,将收集到的经卷命慧觉等高僧整理,"五时妙典,大备于斯",共得四藏,"将十万轴",杨广亲撰《宝台经藏愿文》⑤。唐代法琳记载:"平陈之后,于扬州装补故经,并写新本,合六百一十二藏,二万九千一百七十三部,九十万三千五百八十卷。"⑥

然而,也有一些高僧坚决拒绝杨广的延揽,不愿住在慧日道场。《续高僧传·靖嵩传》说:

> 隋炀昔镇杨越,立四道场,教旨载驰,嵩终谢遣。及登紫极,又有敕征,固辞乃止。门人问其故,答曰:王城有限,动止严难,虽内道场,不如物外。⑦

苏州虎丘山名僧智琰因"道盛名高",被杨广招进慧日道场,后亦"以

---

① [日]山崎宏:《隋唐佛教史の研究》,第90—93页。
② 道宣:《续高僧传》卷二五《法安传》,《大正藏》第50卷,第651页下—652页上。
③ 道宣:《续高僧传》卷三〇《法称传》,《大正藏》第50卷,第701页上—中。
④ 李昉:《太平广记》卷二〇七,第370页,上海古籍出版社,1990。
⑤ 道宣:《广弘明集》卷二二,《大正藏》第52卷,第257页中—下。
⑥ 法琳:《辩正论》卷三,《大正藏》第52卷,第509页下。
⑦ 道宣:《续高僧传》卷一〇《靖嵩传》,《大正藏》第50卷,第502页上。

辞疾,得返旧山"。① 智𫖮虽已被杨广延屈至江都,也坚决拒绝进入慧日道场。

隋文帝崇信佛教,皇子周围各有一群名僧群体,"隋太子勇,召集名德,总会帝城"②。秦孝王杨俊受戒于慧旷,于太原延请彦琮入居王府,对真观、智𫖮等江南名僧也颇为礼遇。蜀王杨秀营造空慧寺、法聚寺、大建昌寺,亦曾供养孝敬寺,他也四处招延名僧,如智诜"即于长安敷扬律藏,益州总管蜀王秀,奏请还蜀,王自出迎,住法聚寺"③;杨秀亦邀请善胄一起前往成都,招延道仙住于静众寺④;隋文帝为杨秀在长安造胜光寺,敕请昙迁住此寺。汉王杨谅在长安造禅定寺,对志念、法楞、静端等名僧颇为尊礼,在太原时,《续高僧传·志念传》记载:"念与门学四百余人,奉礼西并,将承王供。谅乃于宫城之内,更筑子城,安置灵塔,别造精舍,名为内城寺,引念居之,开义寺是也。"⑤杨谅于宫城内建寺,所以开义寺应该是属于内道场。

皇子信仰佛教,招请名僧,不仅是来自隋室宗族的遗传,而且亦是皇子之间政治较量的工具。《续高僧传·慧乘传》云:

> 暨高祖东巡岱宗,銮驾伊洛,敕遣江南吴僧与关东大德升殿竖义,乘应旨首登……高祖目属称扬,群英叹异。⑥

隋文帝于开皇十四年(594)十二月,东巡祭祀泰山。在洛阳,会集江南吴僧与河北、山东的大德,举行法义方面的辩论。当时,慧乘作为江南吴僧的代表人物,即是代表来自慧日道场的群体。仁寿二年(602),文献皇后去世,诸王入长安追悼,汉王杨谅带志念一起前往长安,其意图是"今须

---

① 道宣:《续高僧传》卷一四《智琰传》,《大正藏》第50卷,第532页上。
② 道宣:《续高僧传》卷二八《慧超传》,《大正藏》第50卷,第687页中。
③ 道宣:《续高僧传》卷二一《智诜传》,《大正藏》第50卷,第613页中。
④ 道宣:《续高僧传》卷二五《道仙传》,《大正藏》第50卷,第651页中。
⑤ 道宣:《续高僧传》卷一一《志念传》,《大正藏》第50卷,第509页上。
⑥ 道宣:《续高僧传》卷二四《慧乘传》,《大正藏》第50卷,第633页下。

法师一人神解高第者,可共寡人入朝,拟抗论京华,传风道俗"①,名僧的德望与水平,能够为自己的政治势力增添光彩。所以,杨广建造慧日道场,亦有与诸王子争夺势力的想法。

2. 长安日严寺

长安日严寺作为江都慧日道场转向东都慧日道场的重要中介,并非完全属于内道场性质,是杨广在长安的"檀越寺院",与胜光寺、禅定寺等一样,都是以王子为檀越。

日严寺是晋王杨广所建,位于长安城东南隅的青龙坊,是隋代极负盛名的佛寺。《长安志》卷八:"青龙坊……西南隅废日严寺。隋炀帝为晋王,仁寿元年,施营第材木所造,因广召名僧以居之。贞观六年废。"②依此记载,日严寺建于仁寿元年(601),贞观六年(632)废弃。《续高僧传·智炬传》记载:"开皇十九年,更移关壤,敕住京都之日严寺。供由晋国,教问隆繁,置以华房,朋以明德。一期俊杰,并是四海搜扬。"③《续高僧传·慧颐传》记载,慧颐于开皇末年至日严寺。④ 道宣从慧颐出家,本住日严寺;日严寺废弃后,移住长寿坊桂阳公主为驸马所造的崇义寺。《集神州三宝感通录》记载:"余本住京师曲池日严寺,寺即隋炀所造……至武德七年,日严寺废,僧徒散配,房宇官收。"⑤道宣明确记载日严寺废弃的时间是武德七年(624),并不是贞观六年(632)。至于废弃原因,日严寺为隋朝皇室佛寺,应是作为杨氏宗族财产被李唐所没收。⑥ 另外,彦琮亦曾住日严寺,《续高僧传·彦琮传》云:

至十二年,敕召入京,复掌翻译,住大兴善,厚供频仍……炀帝

---

① 道宣:《续高僧传》卷一一《志念传》,《大正藏》第50卷,第509页上—中。
② 宋敏求:《长安志》卷八,《四库全书》本。
③ 道宣:《续高僧传》卷一一《智炬传》,《大正藏》第50卷,第509页下。
④ 道宣:《续高僧传》卷一四《慧颐传》,《大正藏》第50卷,第534页上。
⑤ 道宣:《集神州三宝感通录》卷上,《大正藏》第52卷,第405页下—406页上。
⑥ 王亚荣:《长安佛教史论》,第173—174页,北京,宗教文化出版社,2005。

时为晋王,于京师曲池营第林,造日严寺,降礼延请,永使住之。①

所以,日严寺建造的上限时间是开皇十二年(592)。而隋费长房《历代三宝记》列举彦琮的著作《达摩笈多传》四卷、《通极论》一卷、《辩教论》一卷、《通学论》一卷、《善财童子诸知识录》一卷、《新译经序》合一卷等时,署名:"若六部,合九卷,日严寺沙门释彦琮撰"②,《历代三宝记》成书于开皇十七年(597),可见日严寺建造的下限时间是开皇十七年。③《隋书》卷二记载,开皇十九年(599)二月,"晋王广来朝"④。开皇二十年(600)十一月,杨广为皇太子,日本学者依此认为这是日严寺建造的时间。⑤但是,开皇十二年(592)至十七年(597)的证据更为充分。

从目前的材料来看,征居日严寺的人数在五十人以上。仁寿二年(602),文献皇后去世,"召日严英达五十许人,承明内殿连时行道"⑥;《续高僧传·志念传》记载:"召日严大德四十余人,皆四海宗师,一时翘楚","时有沙门智矩、吉藏、慧乘等三十余人,并炀帝所钦,日严同止"⑦。而且,隋文帝征请大德入京时,敕令可各带弟子同行,这样日严寺住僧的数量应该在两百人以上,其中大部分是江南北上的僧人。

现存《续高僧传》中,日严寺的住僧有十七人左右,从江都慧日道场至日严寺的,有智脱、法澄、道庄、法论、吉藏、智炬六人;彦琮、法显、慧常等三人为华北名僧;辩义、法侃、慧频、善权、法琰、智颙、昙瑎等人皆来自扬州、金陵附近的江淮地区。日严寺是在江都慧日道场后建造的,所以以江南名僧为主,亦有少部分的华北名僧。所以,日严寺保持了江南佛

---

① 道宣:《续高僧传》卷二《彦琮传》,《大正藏》第50卷,第437页上。
② 费长房:《历代三宝记》卷一二,《大正藏》第49卷,第106页中。
③ 王亚荣:《长安佛教史论》,第173页。
④ 魏征:《隋书》卷二,第44页。
⑤ [日]花塚义久:《日严寺の建造について》,《印度学佛教学研究》第30卷第2号,第673—674页,1982。
⑥ 道宣:《续高僧传》卷九《智脱传》,《大正藏》第50卷,第499页上。
⑦ 道宣:《续高僧传》卷一一《志念传》,《大正藏》第50卷,第510页中—下。

教义学的传统,为南朝佛教义学北上提供了重要的传播途径。在日严寺中,属于成实学派的有智脱、法论、慧頵、昙瑎、善权等,三论学派的代表人物有吉藏、法澄、道庄、智炬等;此外,辩义的毗昙学、明舜的智论学、法侃的摄论学,皆是各擅胜场,独树一帜。

同时,一些南陈的佛教文物亦被运送至长安,藏在日严寺的,有金陵长干塔下的佛舍利,传为梁武帝的头发、指甲,以及庐山西林寺的天竺石影像。

3. 东都洛阳的慧日道场

依赞宁的记载,内道场源于北魏;但是,名称与制度的制定,则是始于隋炀帝,《隋书·经籍志》记载:"大业时,又令沙门智果,于东都内道场,撰诸经目,分别条贯,以佛所说经为三部:一曰大乘,二曰小乘,三曰杂经。"①"东都内道场"是最早出现的内道场名称。

仁寿四年(604)十一月癸丑(二十一日),隋炀帝发布营东京洛阳诏;大业元年(605)三月丁未(十七日),诏杨素、宇文恺正式营造东都,中间4个月隋炀帝亲驻洛阳,亲临指导,参与规划。新都寄托着隋炀帝的理想和抱负,于是在东都洛阳新建了四道场,唐代杜宝撰《大业杂记》记载:"入景运门,入道左有内史内省、秘书内省……道右命妇朝堂,慧日、法云二道场,通真、玉清二玄坛。"②据此,则四内道场在宫禁中与中书内省和秘书内省左右平列,东都内道场是江都四道场的延续,佛教有东都内慧日、法云道场,道教则有通真、玉清玄坛。

在东都四道场中,现存资料则以内慧日道场为多,许多僧侣直接来自江都慧日道场,也有的来自长安日严寺。总体上,东都慧日道场的僧侣来自全国各地。下面,将这三个道场的僧侣列表比较如下:

---

① 魏征:《隋书》卷三五,第 1099 页。
② 转引自袁刚:《隋炀帝传》,第 383 页,北京,人民出版社,2001。

僧名	籍贯	江都慧日道场	日严寺	洛阳慧日道场	去处	类型
彦琮	赵郡		大兴善寺→√		洛阳翻译馆	译经
智脱	江都	√	√	√		义解
洪哲	襄阳	√				义解
法澄	吴郡	√	√			义解
道庄	建业	√	√	√		义解
法论	南郡	√	√			义解
智炬	吴郡	建初寺→√	√			义解
吉藏	金陵	√	√		长安延兴寺	义解
辩义	清河		√			义解
明舜	建业		√			义解
法侃	荥阳		江都安乐寺→√		长安大兴善寺	义解
慧頵	建业		江都华林寺→√		长安崇义寺	义解
慧觉	丹阳	栖霞→√				义解
智闻	吴郡			√	长安禅定寺	义解
道宗	莱州			√	长安胜光寺	义解
智骞				√		义解
敬脱	汲郡			√		义解
辩相	瀛州			√	长安胜光寺	义解
法护	赵郡			√	洛阳天宫寺	义解
道基	河南			√	益州福成寺	义解
三慧	楼烦			√	灵化寺	义解
智徽	泽州		泽州青化寺→√			义解
志宽	蒲州			√	蒲州仁寿寺	义解
慧越	岭南	√				习禅
慧乘	徐州	√			长安胜光寺	护法
法安	安定	√		√	洛阳宝扬寺	感通
法显	雍州		京兆王寺→√		沙门寺	感通
立身	金陵	√		√		杂科声德
法称	江南	√			长安定水寺	杂科声德
善权	扬都		扬都宝田寺→√			杂科声德
法琰	金陵		√		玄法寺	杂科声德
慧常	京兆		√			杂科声德
智颛	扬都		√			杂科声德
智果	会稽			√		杂科声德

以上表中三十四位僧人,都与杨广所建的内道场有关系。从僧人的类型来说,义解僧有二十三位,这说明隋炀帝重视佛教义学,喜欢佛学玄谈,与其性格受南方风气影响有关。隋文帝一生奉佛,则偏重建造寺塔像等福田事业,体现了北朝佛教重视功德的特点,所以父子两人奉佛的特点不同。

另外,属于杂科声德的僧人有七位,显示了杨广对僧人的蒐访,除了重视义学与玄谈才能之外,对于具有其他艺能者,也在访求之列。在东都内慧日道场的十八名高僧中,从江都慧日道场移过来的有六名,而且智脱、法澄、道庄、法论是住过日严寺的。洛阳慧日道场与江都相比,约一半的高僧来自华北,因为江都慧日道场是杨广任晋王时所建,其势力限于江南;而洛阳慧日道场是在杨广登基后所建,其影响力遍及南北。

从佛教义学来说,江都慧日道场、日严寺主要是成实学派、三论学派。而《续高僧传·玄奘传》记载:"时东都慧日,盛弘法席,《涅槃》、《摄论》,轮驰相系"[①],东都慧日道场的佛教义学主要是涅槃学派、摄论学派,因为道基、法护、道宗等是有名的摄论师,而辩相、智徽、志宽、三慧等皆擅长《涅槃经》。

所以,江都慧日道场、日严寺、洛阳慧日道场的变化,不仅与杨广的政治生涯紧密相连,而且与他的个人爱好密切相关。同时,随着杨广从扬州、长安至洛阳的转移,三个内道场的建立,无疑大大地促进了南北佛教的交流,直接影响了隋唐佛教宗派的产生。

三、唐代的内道场

唐朝继周隋之后,继续在宫中设立内道场,而且趋于兴盛。赞宁在《大宋僧史略》中,简述唐代的内道场情形,可见唐代诸帝确实在长安或

---

① 道宣:《续高僧传》卷四《玄奘传》,《大正藏》第 50 卷,第 446 页下。

洛阳的大内，相继设置了各种功能的内道场。①

贞观十八年(644)，玄奘从印度归国，唐太宗敕玄奘居住在弘法院，从事佛经的翻译。《大慈恩寺三藏法师传》说："敕所司于北阙紫微殿西别营一所，号弘法院。既到居之，昼则帝留谈说，夜乃还院翻经。"②弘法院位于玄武门内北阙紫微殿西，当时正在造大慈恩寺的翻经院，弘法院是临时的译经院，属于内道场。

显庆元年(656)，唐高宗为尼宝乘在禁苑内设置内道场，名鹤林寺。《大慈恩寺三藏法师传》③记载，高宗幼时，受学于隋襄州总管临河公薛道衡之女，即位后报师父旧恩，封她为"河东郡夫人"；夫人出家后，高宗于禁中别造鹤林寺，日常生活由国库支出；而且，敕玄奘与大德进鹤林寺为宝乘尼受具足戒，于是首开"内临坛"先例④。鹤林寺在禁苑内，临近禁苑南门——景曜门；同时，鹤林寺旁有德业寺，为数百尼受戒道场。可见，在唐朝的宫廷内，确实存在着尼寺。

1. *武则天的内道场*

武则天时期，在东都洛阳设置内道场，即大遍空寺，证圣元年(695)，武则天邀请菩提流志、义净等翻译《华严经》。⑤《大宋僧史略》记载：

> 唐则天令大德僧法、处一、慧俨、行感、宣政等在内道场念诵，以薛怀义参杂其间。则天又于洛京大内，置内道场。⑥

武则天不仅在内道场译经，而且令僧人在内道场念诵。这种内道场的僧团，完全为武则天个人服务，而且参与《大云经》的制作，成为"武周革命"的重要因素。

---

① 见张弓《唐代的内道场与内道场僧团》，《世界宗教研究》，1993年第3期。
② 慧立：《大唐大慈恩寺三藏法师传》卷七，《大正藏》第50卷，第259页上—中。
③ 慧立：《大唐大慈恩寺三藏法师传》卷八，《大正藏》第50卷，第266页中—下。
④ 赞宁：《大宋僧史略》卷下，《大正藏》第54卷，第252页下。
⑤ 赞宁：《宋高僧传》卷二《实叉难陀传》，《大正藏》第50卷，第718页下。
⑥ 赞宁：《大宋僧史略》卷中，《大正藏》第54卷，第247页中。

光宅垂拱之际(684—685),千金公主荐薛怀义于武则天。依《旧唐书·薛怀义传》的记载:"自是与洛阳大德法明、处一、惠俨、稜行、德感、感知、静轨、宣政等在内道场念诵。"①法明等八人加上薛怀义,是内道场僧团的主要成员。天授初年(690),《大云经》事件标志着这个内道场僧团的形成。

当时,被武则天诏入内道场的,除了薛怀义之外,还有其他一些高僧。如万回,常诏入内道场,赐其锦绣衣服,遣宫人服侍。②久视元年(700)时,武则天诏神秀自当阳山赴都,"内道场丰其供施,时时问道"③。

2. 唐中宗的内道场

武则天之后,唐中宗、唐睿宗、唐玄宗继承内道场的制度。

唐中宗仍以大遍空寺为翻经内道场,神龙元年(705),义净于"于东洛内道场译《孔雀王经》"④,即是在大遍空寺。唐中宗的另一所内道场是在东都大内林光殿。神龙二年(706,或作元年),南印度沙门菩提流志(译云觉爱),在大内林光殿翻译《大宝积经》,法藏奉诏为证义。⑤ 神龙三年(707),诏律师道岸入宫,为妃主授归戒,命图画于林光宫。⑥ 神龙四年(708),菩提流志进新译经,唐中宗于林光殿赐斋,观沙门议论。⑦ 文纲(636—727)号称四朝帝师,景龙二年(708),唐中宗延请入内道场行道,于乾陵宫为内尼授戒,又于宫中结夏安居,为内尼讲《四分律》一遍;先天初年(712),为睿宗于别殿授菩萨戒。⑧ 景龙三年(709),恒景(634—712)奏请归山,唐中宗于林光宫观内道场为其设斋,李峤、道俊、玄奘等均列

---

① 刘昫等:《旧唐书》卷一三三,第4741页。《旧唐书》中记德感为"感德",误。
② 赞宁:《宋高僧传》卷一八《万回传》,《大正藏》第50卷,第824页上。
③ 赞宁:《宋高僧传》卷八《神秀传》,《大正藏》第50卷,第756页上。
④ 赞宁:《宋高僧传》卷一《义净传》,《大正藏》第50卷,第710页下。
⑤ 崔致远:《唐大荐福寺故寺主翻经大德法藏和尚传》,《大正藏》第50卷,第282页中。
⑥ 赞宁:《宋高僧传》卷一四《道岸传》,《大正藏》第50卷,第793页中。
⑦ 志磐:《佛祖统纪》卷一四,《大正藏》第49卷,第372页中。
⑧ 赞宁:《宋高僧传》卷一四《文纲传》,《大正藏》第50卷,第792页上一中。

席。① 可见,林光殿或林光宫既是译经的场所,又是举行斋戒与会见的内道场。在内道场设斋,称为"内斋",起源于北魏宫殿内的赐食,《大宋僧史略》说:"皇帝诞日,诏选高德僧,入内殿赐食加厚味,寻文起于后魏之间,多延上达,用微福寿。"②赞宁强调唐代宗于内道场设斋,为唐朝"内斋"之始;但是,唐中宗于林光宫设斋,应该即是"内斋"。

唐睿宗景云初年(710),东都内道场的译事移回长安北苑。《宋高僧传·菩提流志传》记载:"属孝和厌代,睿宗登极,敕于北苑白莲池、甘露亭续其译事。"③北苑即是长安西内苑,设于北苑白莲池、甘露亭的新译场,成为弘法院之后长安的又一处翻经内道场。开元初年(713),唐玄宗"饬内道场,尊(善无畏)为教主"④,此处长安内道场的功能,相当于东都的林光宫。玄宗重道,佛事不多,内道场行事较沉寂。

3. 唐代宗的内道场

"安史之乱"后,随着战乱的频仍,内道场更加兴盛,尤其是唐代宗时代,内道场更是达到历史的巅峰。至德二载(757)二月,唐肃宗在凤翔置内道场,"时供奉僧在内道场昼夜念佛,动数百人,声闻禁外"⑤;收复长安后,当年十二月,"诏迎凤翔法门寺佛骨入禁中立道场,命沙门朝夕赞礼"⑥。

唐代宗时期,不空的密教僧团十分活跃。当时,宫廷内部许多殿堂皆修有内道场。永泰元年(765),不空再译《仁王护国般若经》,《续开元释教录》卷中记载:"于南桃园翻译,起自月朔,终乎月望,于承明殿灌顶道场,御执旧经,对读新本"⑦,而且于承明殿讲《密严经对御记》一卷。南

---

① 赞宁:《宋高僧传》卷五《恒景传》,《大正藏》第 50 卷,第 732 页中。
② 赞宁:《大宋僧史略》卷下,《大正藏》第 54 卷,第 248 页中。
③ 赞宁:《宋高僧传》卷三《菩提流志传》,《大正藏》第 50 卷,第 720 页中。
④ 李华:《玄宗朝翻经三藏善无畏赠鸿胪卿行状》,《大正藏》第 50 卷,第 291 页中。
⑤ 刘昫等:《旧唐书》卷一一一,第 3327 页。
⑥ 志磐:《佛祖统纪》卷四〇,《大正藏》第 49 卷,第 376 页上。
⑦ 智昇:《开元释教录》卷中,《大正藏》第 55 卷,第 758 页中。

桃园亦是内道场,《大圣文殊师利菩萨赞佛法身礼序》说:"令集上都义学沙门良贲等一十六人,于内道场,翻《仁王护国般若》及《大乘蜜严》等经毕。"①同年,不空于含晖院承明殿道场翻译、讲说《金刚顶瑜伽略述三十七尊心要》。② 代宗大历十二年(777),不空的弟子惠晓在《往五台山修功德辞谢圣恩表一首》中说:"承顺大广智三藏和尚颜色三十余年,五部真言亲被指授,不离左右。得对天颜,每于含晖、延英、长生等殿常修功德。"③所以,宫中的内道场有含晖殿、延英殿、长生殿、南桃园、承明殿等。这些殿堂主要是在长安城中的太极宫、兴庆宫、大明宫,而延英殿、长生殿、含晖殿、承明殿等可能是在大明宫中。④ 大明宫是唐高宗龙朔三年(663)以来,历代诸帝听政、居住的宫殿,所以内道场亦多设置在大明宫中。

不空的弟子很多,在他赴师子国以前已有弟子含光、惠辩等人。诸弟子中,不空认为能尽传五部之法的除早亡两人外,仅余六人,时称"六哲",即金阁寺含光、新罗惠超、青龙寺惠果、崇福寺惠朗、保寿寺元皎和觉超。以不空为首的密教僧团,也是以"六哲"的活动为中心:

(1) 惠晓在含晖殿、延英殿、长生殿修功德;南桃园是经典的译场,良贲、子邻、潜真等参列翻经。

(2) 大历十二年(777)上表《请辞内道场陈情表一首》,开头:"长生殿道场念诵沙门觉超、惠海等言"⑤;《贺祈雨表一首》,落款为"长生殿道场沙门觉超等上表"。所以,除觉超、惠海外,长生殿内道场还有其他僧人。

(3) 大历十三年(778),上表《沙门元皎请度僧表一首》,落款为"前长

---

① 不空译:《大圣文殊师利菩萨赞佛法身礼序》,《大正藏》第 20 卷,第 936 页下。
② 不空译:《金刚顶瑜伽略述三十七尊心要》,《大正藏》第 19 卷,第 291 页下。
③ 圆照集:《代宗朝赠司空大辨正广智三藏和上表制集》卷六,《大正藏》第 52 卷,第 858 页中—下。
④ [日]岩崎日出男:《不空の时代の内道场について——特に代宗の时代の内道场に充てられた宫中诸殿の考察を中心として》,《高野山大学密教文化研究所纪要》第 13 号,2000 年,第 67 页。
⑤ 圆照集:《代宗朝赠司空大辨正广智三藏和上表制集》卷五,《大正藏》第 52 卷,第 854 页下。

生殿道场念诵僧保寿寺主沙门元皎"①,可见元皎亦为长生殿念诵僧人。

(4)《大唐青龙寺三朝供奉大德行状》记载惠果的行状,大历五年(770),惠果年二十五,特奉恩旨诏命入内,于长生殿,受到唐代宗的敕唤;大历十三年(778),"敕长生殿内道场三朝传法灌顶殁故三藏和上";贞元六年(790)四月,惠果奉敕令入内,于长生殿,为国持念,在内七十余日。② 可见,惠果亦为长生殿念诵僧人。

另外,宫殿名称不明的内道场,亦有不空密教僧团的活动:

(5) 至德二年(757),制敕《肃宗恩命三藏弟子惠旰入内道场念诵制一首》:"奉敕语有银台门家唤不空三藏弟子惠旰、瞿那、惠晓、惠月等四人入内。"③

(6) 大历七年(772),上表《谢赙赠亡师惠坚物表一首》,落款为:"内道场故念诵僧惠坚弟子常清等上表"④。

(7) 大历九年(774),"道场沙门惠超"上表《贺玉女潭祈雨表一首》。⑤

(8) 大历十二年(777),"内道场保寿寺沙门觉超等"上表《贺破吐蕃表一首》。⑥

(9) 大历十三年(778),惠晓上表《恩命令与惠朗同修功德谢表一首》:"今月十日蒙天恩,令每与惠朗同修功德,殊私曲照,再入金门宝殿修持"⑦。

不空的弟子"六哲",除含光外,觉超、惠超、元皎、惠朗、惠果皆为内道场的主要核心人物。同时,不空、觉超、元皎、惠果、惠晓、惠海等人,为长生殿内道场修功德行的高僧。所以,赵迁说:"二七僧人,常入

---

① 圆照集:《代宗朝赠司空大辨正广智三藏和上表制集》卷六,《大正藏》第52卷,第856页下。
② 《大唐青龙寺三朝供奉大德行状》,《大正藏》第50卷,第295页上一下。
③ 圆照集:《代宗朝赠司空大辨正广智三藏和上表制集》卷六,《大正藏》第52卷,第858页中。
④ 同上书,第856页下。
⑤⑥ 圆照集:《代宗朝赠司空大辨正广智三藏和上表制集》卷五,《大正藏》第52卷,第855页上。
⑦ 圆照集:《代宗朝赠司空大辨正广智三藏和上表制集》卷六,《大正藏》第52卷,第858页下。

天宫之会"①,可见不空的密教僧团在内道场的活跃。不空提倡密教护国,促进皇权与教权的合作,造成唐代宗时代内道场的兴盛。

唐代宗之后,内道场仍然行事不断。但是,随着"武宗禁佛"的来临,唐代宫中内道场亦从而结束。

四、隋文帝的舍利信仰

舍利信仰在隋唐时代,由于历代皇帝的提倡和民间的参与,成为全社会的共同宗教活动。隋文帝杨坚的佛教信仰与治国理念紧密结合,在仁寿年间的四年内,动员全国的人力、物力,先后三次下敕兴建舍利塔于天下诸州。

依王邵《舍利感应记》记载,隋文帝未即位前,曾有沙门赠以舍利子一裹。文帝与昙迁共数,数来数去,总是数不清,所以文帝对此特别珍视,将舍利与智仙尼的预言以及隋室受命联系起来,得出"我兴由佛"的结论。② 此事在《续高僧传·昙迁传》亦有记载。仁寿元年(601)六月十三日,内史令晋王诏宣读诏书道:

> 朕归依三宝,重兴圣教,思与四海之内一切人民俱发菩提,共修福业,使当今现在爱及来世,永作善因,同登妙果。宜请沙门三十人谙解法相兼堪宣导者,各将侍者二人,并散官各一人,薰陆香一百二十斤,马五匹,分道送舍利,往前件诸州起塔;其未注寺者,就有山水寺所起塔依前山;旧无寺者,于当州内清静寺处建立其塔,所司造样送往当州。僧多者三百六十人,其次二百四十人,其次一百二十人,若僧少者,尽见僧,为朕、皇后、太子广、诸王子孙等及内外官、一切民庶、幽显生灵,各七日行道并忏悔。起行道日打刹,莫问同州异州,任人布施,钱限止十文已下,不得过十文。所施之钱以供营塔,若少不充,役正丁及用库物。率土诸州僧尼,普为舍利设斋,限十月

---

① 道迁:《大唐故大德赠司空大辨正广智不空三藏行状》,《大正藏》第 50 卷,第 294 页中。
② 道宣:《广弘明集》卷一七,《大正藏》第 52 卷,第 213 页中。

十五日午时,同下入石函。总管刺史已下、县尉已上,息军机、停常务七日,专检校行道及打刹等事,务尽诚敬副朕意焉,主者施行。①

隋文帝仿照阿育王分送舍利、造塔的故事,命三十名高僧偕同朝廷官员往三十州佛寺颁赐舍利,至于未有寺的各州亦须在当地各起舍利塔,限十月十五日造毕,全国于当日安放舍利入石函,各寺僧尼作七日道场,为文帝及皇室宗亲等忏悔,为舍利设斋会。而且,隋文帝下敕百姓布施,令地方官停办公务七日。这种遍及全国甚至远达交州等边远地区的分送舍利行为,在全国掀起一阵崇佛热潮。而且,颁赐舍利的范围并不限于中国,"高丽、百济、新罗三国使者将还,各请一舍利于本国起塔供养,诏并许之"②。

随着舍利信仰的轰动效应,地方呈报的灵验、传说长篇累牍,于是再次颁赐舍利。《广弘明集》卷一七记载,仁寿二年(602)正月二十三日,隋文帝再颁舍利于五十一州③,而且"令总管刺史已下、县尉已上,废常务七日","一如前式,期用四月八日午时"。④ 仁寿四年(604),又分建舍利塔于三十余州。《续高僧传·洪遵传》记载:"仁寿四年,下诏曰……朕已分布远近,皆起灵塔,其间诸州,犹有未遍。今更请大德,奉送舍利,各往诸州,依前造塔……三十余州,一时同送。"⑤

下面,依《广弘明集》卷一七所记载仁寿元年十月起塔(简称"广一")、仁寿二年四月起塔(简称"广二")、《集神州三宝感通录》卷上所记载仁寿元年十月起塔(简称"集一")、仁寿二年四月起塔(简称"集二")的资料,同时引用《续高僧传》送舍利的高僧的资料,列表如下(1……仁寿元年十月起塔,

---

① 道宣:《广弘明集》卷一七,《大正藏》第52卷,第213页中。
② 同上书,第217页上。
③ 颁建舍利塔的州数,各书记载略有不同。《广弘明集》卷一七记为"五十一州",但列出五十二州之名。《集神州三宝感通录》卷上记载:"分布舍利五十三州",多出一州(沈州),却将时间误记为仁寿三年。《法苑珠林》卷四〇亦载为五十三州,或是。
④ 道宣:《广弘明集》卷一七,《大正藏》第52卷,第217页上。
⑤ 道宣:《续高僧传》卷二一《洪遵传》,《大正藏》第50卷,第611页下。

2……仁寿二年四月起塔,4……仁寿四年四月起塔,续……《续高僧传》)①：

省份	州郡	寺院	资料出处	送舍利高僧
甘肃省	1 瓜州	崇教寺	广一、集一	智凝 续26
	2 凉州		广二、集二	
	1 廓州	法讲寺	广一、集一	
	2 兰州		广二、集二	
	1 秦州	静念寺	广一、集一	
	2 秦州	永宁寺	广二、集二	智教 续26
	1 泾州	大兴国寺	广一、集一	
陕西省	4 陇州	药王寺		法显 续26
	1 岐州	凤泉寺	广一、集一	昙迁 续18
	1 雍州	仙游寺	广一、集一	童真 续12
	1 长安	大兴善寺		
	1 华州	思觉寺	广一、集一	宝积 续26
	1 同州	大兴国寺	广一、集一	道密 续26
	2 梁州		广二、集二	
山西省	1 蒲州	栖岩寺	广一、集一	僧昙 续10
	4 绛州	觉成寺		觉朗 续21
	2 晋州	法吼寺	广二、集二	昙遂 续26
	2 慈州	石窟寺	广二、集二	明芬 续26
	1 并州	无量寿寺	广一、集一	彦琮 续2
	4 泽州	景净寺		灵璨 续10
	2 潞州	梵境寺	广二、集二	道端 续26
	4 韩州	修寂寺		法周 续26
	4 辽州	下生寺		法总 续10
河北省	2 洺州		广二、集二	
	4 邢州	泛爱寺		宝袭 续12
	2 赵州	无际寺	广二、集二	玄镜 续26
	4 廉州	化城寺		圆超 续26
	2 恒州	能藏寺	广二、集二	灵达 续26
	1 定州	恒岳寺	广一、集一	慧海 续10
	2 幽州	弘业寺	广二、集二	宝岩 续26
	2 贝州	宝融寺	广二、集二	辩义 续26

---

① 参考[日]山崎宏：《支那中世佛教の展开》,第333—336页,京都,清水书店,1932。

省份	州郡	寺院	资料出处	送舍利高僧
河北省	2 魏州	开觉寺	广二、集二	智㮣 续 26
	2 冀州	觉观寺	广二、集二	僧范 续 26
	2 瀛州	弘博寺	广二、集二	慧迁 续 12
	2 观州	塔 寺	广二、集二	慧藏 续 26
	2 沧州		广二、集二	僧盖 续 26
河南省	2 陕州	大兴国寺	广二、集二	法朗 续 26
	2 怀州	长寿寺	广二、集二	灵璨 续 10、灵润 续 15
	4 熊州	十善寺		慧海 续 11
	2 洛州	汉王寺	广二、集二	灵幹 续 12
	1 嵩州	嵩岳寺（闲居寺）	广一、集一	宝袭 续 12
	1 汝州	兴世寺	广一、集一	法彦 续 10、
	4 殷州	智度寺		僧昙 续 10
	2 卫州	福聚寺	广二、集二	洪遵 续 21
	4 滑州	修德寺		僧粲 续 9
	2 黎州		广二、集二	法侃 续 11
	1 相州	大慈寺	广一、集一	
	1 郑州	定觉寺	广一、集一	
	2 郑州		广二、集二	
	4 郑州	晋安寺		道密 续 26
	2 许州	辨行寺	广二、集二	道璨 续 26
	2 汴州		广二、集二	静凝 续 26
	2 宋州	津梁寺	广二、集二	僧顺 续 26
	2 沈州		集二	
	2 豫州		广二、集二	静端 续 18
	2 邓州	大兴国寺	广二、集二	宝儒 续 10
	2 显州		广二、集二	
山东省	2 曹州	法元寺	广二、集二	法楷 续 26
	2 毛州	护法寺	广二、集二	僧听 续 26
	4 博州	隆圣寺		法遵 续 21
	2 德州	会通寺	广二、集二	道贵 续 26
	2 济州	崇梵寺	广二、集二	明驭 续 26
	4 莘州			智隐 续 26
	1 泰州	岱岳寺	广一、集一	慧重 续 26、僧昙 续 10
	2 齐州	泰山神通寺（朗公寺）	广二、集二	法璨 续 10

省份	州郡	寺院	资料出处	送舍利高僧
山东省	2 牟州	巨神山寺	广一、集一	慧畅 续10
	2 衮州	普乐寺	广二、集二	法性 续26
	4 沂州	善应寺		法彦 续10
	2 莒州	定林寺	广二、集二	昙观 续10
	4 密州	茂胜寺		僧世 续26
	2 莱州	弘藏寺	广二、集二	僧世 续26
	1 青州	胜福寺	广一、集一	智能 续26
湖北省	1 襄州	上凤林寺	广一、集一	明诞 续26
	4 鄀州	宝香寺		智梵 续11
	1 随州	智门寺	广一、集一	法总 续10
	2 安州	景藏寺	广二、集二	净业 续12
	4 復州	方乐寺		彦琮 续2
	4 蕲州	福田寺		明舜 续11
	2 荆州	开义寺	广二、集二	彦琮 续2
	2 荆州	大兴国寺	广二、集二	慧最 续10
安徽省	2 寿州		广二、集二	
	4 熙州	环谷寺		昙瑎 续26
安徽省	1 亳州	开寂寺	广一、集一	昙良 续26
	4 庐州	梁静寺		辩义 续11
	4 宜州	永安寺		法侃 续11
湖南省	1 衡州	衡岳寺	广一、集一	净辩 续26
	2 营州	梵幢寺	广二、集二	宝安 续26
	2 潭州	麓山寺	广二、集二	净愿 续10
江西省	2 江州	庐山东林寺	广二、集二	慧藏、法顺 续26
	2 洪州		广二、集二	宝宪 续26
	4 吉州	发蒙寺		慧最 续10
江苏省	1 蒋州	栖霞寺	广一、集一	明璨 续26
	2 徐州	流讲寺	广二、集二	辩寂 续26
	2 楚州		广二、集二	道生 续26
	4 海州	安和寺		慧迁 续12
	1 苏州	虎丘山寺	广一、集一	道嵩 续26
	1 扬州	西寺	广一、集一	
浙江省	2 杭州	天竺寺	广二、集二	慧诞 续26
	1 越州	大禹寺	广一、集一	辩相 续12

省份	州郡	寺院	资料出处	送舍利高僧
江西省	1 桂州	缘化寺	广一、集一	道颜 续26
广东省	1 广州	果实寺	广一、集一	僧朗 续10
	2 循州	道场塔寺	广二、集二	道光 续26
福建省	2 泉州		广二、集二	
安南	2 交州	禅众寺	广二、集二	
四川省	2 利州		广二、集二	
	4 隆州	禅寂寺		慧重 续26
	1 益州	法聚寺	广一、集一	智隐 续26
	4 浙州	法相寺		僧盖 续26
	1 梓州	华林寺	集一	善胄 续12
	2 信州		广二、集二	

隋文帝三度营建舍利塔,依《金石萃编》卷四〇、《八琼室金石补正》卷二六所载,当时所建舍利塔铭文现存有同州、青州、邓州、信州、京兆、信州诸处所建者。全国三度掀起建寺起塔的热潮,迎送使者,报告灵验,可见其崇佛的热忱与佛教事业的伟绩。

五、唐代诸帝的舍利信仰

隋朝的舍利信仰由于隋文帝的下诏,传遍全国各地。唐朝的舍利信仰是以皇室为主,特别是以法门寺为信仰中心。法门寺塔中舍利系释迦牟尼的一节中指骨,唐人及后代文献有不同称谓,如"佛骨"、"佛指节"、"佛指骨"、"真身"、"金骨"等。佛指舍利的形制,《集神州三宝感通录》卷一记载:"其舍利,形状如小指初骨,长寸二分,内孔正方,外楞亦尔,下平上圆,内外光净。余内小指于孔中恰受,便得胜戴,以示大众。至于光相变现,不可常准。"[①]1987年,法门寺塔唐代地宫发现《大唐咸通启送岐阳真身志文》记载:"以咸通十二年八月十九日得舍利于旧隧道之西北角。按旧记云:长一寸二分,上齐下折,高下不等,三面俱平,一面稍高,中有

---

① 道宣:《集神州三宝感通录》卷上,《大正藏》第52卷,第409页中。

隐迹。色白如玉少青,细密而泽,髓穴方大,上下俱通,二角有文,文并不彻。征诸古典,验以灵姿,贞规既叶于前闻,妙相克谐于端彩。"①1987年,考古专家在塔下唐代地宫中重新发现了4枚真身指骨舍利,经测定,佛指骨长40.3毫米,宽17.55—20.11毫米,腔径13.75—16.5毫米,重16.2克,与道宣《集神州三宝感通录》及同出《大唐咸通启送岐阳真身志文》所记完全吻合。

法门寺佛骨舍利来源于太白二三沙门,属于阿育王颁送于各地的舍利。唐代大历十三年(778)的《大唐圣朝无忧王寺大圣真身宝塔碑铭》记载:

> 厥有太白二三沙门,摄心住持,得□清净。其始远也,望而□之。其少近也,□而信之。周流一方,磅礴□里,□□□色,□□瑞光,通宵更雄,达曙不散者久之矣。咸请奉以身命,碎于微尘,精诚克孚,指掌斯获。验其铭曰:育王所建。因以名焉。②

法门寺佛指舍利便是来自阿育王的分送舍利。

依史料的记载,西魏恭帝二年(555),曾任岐州守的拓跋育重修阿育王寺,首次开启地宫供养佛骨。仁寿四年(604),右内史扶风郡牧李敏曾奏请启开地宫,修复"成实道场"。李渊为讨伐陇西薛家反军到扶风一带视察,僧普贤上表请求重建,李渊改名为"法门寺"。唐武德二年(619),李世民平定薛家反军,李世民至法门寺,奉诏为八十名僧人主持剃度。贞观五年(631),岐州刺史张德亮表奏,汇报法门寺坍塌毁坏,申请重新修葺。道宣《集神州三宝感通录》记载:

> 贞观五年,岐州刺史张亮素有信向,来寺礼拜,但见古基曾无上覆。奏敕望云宫殿以盖塔基,下诏许之。因构塔上尊严相显。古老传云:此塔一闭经三十年,一示人,令生善。亮闻之,以贞观年中请

---

① 李发良:《法门寺志》,第248—249页,西安,陕西人民出版社,2000。
② 王昶:《金石萃编》卷一○一,第1页。

开剖出舍利以示人,恐因聚众,不敢开塔。有敕并许,遂依开发,深一丈余获二古碑,并周魏之所树也。文不足观,故不载录。光相照烛,同诸舍利。既出舍利,通现道俗,无数千人,一时同观。①

自此法门寺地宫形成三十年一开的规矩,而且开启了唐朝先后八位皇帝迎请舍利供养的历史。

显庆四年(659),唐高宗请智琮等人至法门寺迎请舍利,而且提出必须见"瑞相"才能开塔迎请。显庆五年(660)三月,迎佛骨入东都洛阳内道场供养。《大唐圣朝无忧王寺大圣真身宝塔碑铭》说:"(贞观)至显庆五年盖三十霜矣,八部瞻仰,再囗开发,即以其年二月八日囗囗囗囗囗囗囗奉迎护舍利。二圣亲造九重宝函。"龙朔二年(662),唐高宗才将舍利送归法门寺。

武则天久视元年(700)七月,有胡僧奏请开启地宫瞻仰佛指舍利,因狄仁杰力谏而暂且停止。长安(704)四年,武则天派遣凤阁侍郎崔玄暐、沙门法藏、文纲等前往法门寺迎奉佛骨。《唐大荐福寺故寺主翻经大德法藏和尚传》:

> 长安四年冬抄于内道场,因对扬言及岐州舍利是阿育王灵迹,即魏册所载扶风塔是。则天特命凤阁侍郎博陵崔玄暐,与藏偕往法门寺迎之。时藏为大崇福寺主,遂与应大德纲律师等十人俱至塔所,行道七昼夜,然后启之,神辉煜爚。藏以昔尝炼指,今更骧肝,乃手擎兴愿,显示道俗。舍利于掌上腾光,洞照遐迩……岁除日,至西京崇福寺。是日也,留守会稽王率官属及五部众投身道左,竞施异供,香华鼓乐之妙,蒙瞶亦可睹闻。洎新年端月孟旬,有一日入神都,敕令王公已降,洛城近事之众,精事幡华幢盖,仍命太常具乐奏

---

① 道宣:《集神州三宝感通录》卷上,《大正藏》第52卷,第406页下。

迎,置于明堂。观灯日,则天身心护净,头面尽虔,请藏捧持,普为善祷。[①]

佛指舍利先在西京崇福寺停留,后起程奉送东都洛阳,供养在东都宫中明堂。神龙元年(705),武则天病重,宰相张柬之乘机发动宫廷政变,武则天亦于当年死去。中宗李显即位,在宫中供养佛骨三年,景龙二年(708),才派沙门文纲送奉佛骨归还法门寺。景龙四年,李显旌表法门寺为"圣朝无忧王寺",题舍利塔为"大圣真身宝塔",增度僧四十九人。后来,考古学家在法门寺地宫前室,发现大批绣金织绵和武则天献佛的绣裙与金袈裟。而中室发现高一六四公分的白玉灵帐,其上即有铭文:"大唐景龙二年戊申二月己卯朔十五,沙门法藏等造白石灵帐一铺,以其舍利入塔,故书记之。"此次迎奉佛指舍利的活动,前后达四年,为时最长。以后迎请佛骨,一般以两三个月为主。

唐肃宗上元元年(760),肃宗派遣法灯、中史宋合礼、京兆府尹崔光远到法门寺开启地宫,迎请佛骨舍利,供养于京师禁中道场。于七月一日展供,献赠甚奢,沉檀香三百两,王公大臣前来礼拜献施。此次迎佛骨,为时两个月,因为战火纷飞,规模不大,供养相对而言亦不丰厚。

至唐德宗时代,《资治通鉴》卷二三三记载:"(贞元)六年(790),春,诏出岐山无忧王寺佛指骨迎置禁中,又送诸寺以示众。倾都瞻礼,施财巨万。二月,乙亥,遣中使复葬故处。"[②]《旧唐书·德宗纪下》载,贞元六年春二月,"岐州无忧王寺有佛骨寸余,先是取来禁中供养。乙亥,诏送还本寺"[③]。

在唐代历史上,迎奉佛骨与谏拒佛骨一直同时存在。韩愈的《谏佛骨表》是上书唐宪宗,极陈迎请佛骨的弊端。《资治通鉴》卷二四〇记载:

[①] 崔致远:《唐大荐福寺故寺主翻经大德法藏和尚传》,《大正藏》第 50 卷,第 283 页下—284 页上。
[②] 司马光编著:《资治通鉴》卷二三三,第 2884 页,北京,中华书局,2007。
[③] 刘昫等:《旧唐书》卷一三,第 368 页。

元和十三年(818)十一月,"功德使上言:'凤翔法门寺塔有佛指骨,相传三十年一开,开则岁丰人安,来年应开,请迎之。'十二月,上遣中使帅僧众迎之"。十四年(819)春正月,"中使迎佛骨至京师,上留禁中三日,乃历送诸寺,王公士民瞻奉余施,惟恐弗及,有竭产充施者,有然香臂顶供养者"。① 佛指供奉于皇宫内院期间,宪宗更是事佛至诚,日日素衣斋戒,写《七律·无题》诗一首,表达对佛舍利至高无上的推崇。

"会昌法难"期间,唐武宗下令不许供养法门寺地宫佛骨。唐懿宗咸通十二年(871)八月,整修法门寺地宫,寻找抛撤的佛指骨,安置敬供在地宫内。咸通十四年(873),懿宗派遣使臣与京都左右街大德僧数十人到法门寺迎佛骨。入禁中三日后,奉送京中安国寺、崇化寺瞻仰供养。《大唐咸通启送岐阳真身志文》记载:

> 十四年三月廿二日,诏供奉官李奉建功、高品彭延鲁、库家齐询敬、承旨万鲁文与左右街僧录清澜、彦楚,首座僧澈、惟应,大师重谦、云颢、慧晖等同严香火,虔请真身。时凤翔监军使王景珣,观察判官元充咸来护送。以十二月十九日自京都护送真身来本寺……以十五年正月初四日归安于塔下之石室。玉棺金箧,穷天上之庄严;蝉翼龙纹,极人间之焕丽。叠六铢而斥映,积秘宝以相鲜,皇家之厚福无涯,旷劫之良因不朽,仍令高品彭延鲁、内养冯全璋颁赐金银绢等。②

懿宗对这次迎请佛骨非常重视,供奉活动前后将近一年。《新唐书》卷一八一记载:"咸通十四春,诏迎佛骨凤翔,或言:'昔宪宗尝为此,俄晏驾'。帝曰:'使朕生见之,死无恨!'肠管以金银为刹,珠玉为帐,孔翡周饰之,小者寻丈,高至倍,刻檀为檐注,陛墄涂黄金,每一刹,数百人举之。香与前后系道,缀珠瑟瑟幡盖,残彩以为幢节,费无赀限。夏四月,至长

---

① 司马光编著:《资治通鉴》卷二四〇,第 2977—2978 页。
② 李发良:《法门寺志》,第 249—250 页。

安,彩观夹路,其徒导卫。天子御安福楼迎拜,至泣下。诏赐两街僧金币,京师耆老及见元和事者,悉厚赐之。不逞小人至断臂指,流血满道。所近乡聚,皆哀土为刹,相望于途,争以金翠孜饰。传言刹悉震摇,若有光景云。京师高赀相与集大卫,作缯台缦阙,注水银为池,金玉为树木,聚桑门罗像,考鼓鸣螺继日夜,锦车绣舆,载歌舞从之。"①地宫内刻置《大唐咸通启送岐阳真身志文》和《监送真身使随真身供养道具及金银宝器衣物帐》,便是记载这次舍利迎奉的经过以及供养的金银珠宝等账目,从中可见当时的盛况。

当时,法门寺佛指舍利因皇室的供奉而名扬天下。同时,唐代长安城内有四颗佛牙,分别收藏在大庄严寺、崇圣寺、荐福寺和兴福寺,这些寺院分别举办"佛牙供养会"。圆仁《入唐求法巡礼行记》对佛牙会的盛况,与信众的真诚与虔敬,进行过详细的描述:

> 蓝田县从八日至十五日,设无碍茶饭,十方僧俗尽来吃。左街僧录体虚法师为会主。诸寺赴集,各设珍供,百种药食,珍妙果花,众香备严,供养佛牙,及供养楼廊下敷设,不可胜计。佛牙在楼中庭,城中大德尽在楼上随喜赞叹。举城赴来礼拜供养。有人施百石粳米、廿石粟米;有人施无碍供馂头足;有人施无碍供杂用钱足;有人供无碍薄饼足;有人施诸寺大德老宿供足。如是各各发愿布施庄严佛牙会,向佛牙楼散钱如雨。②

同时,圆仁亦记载唐代五台山有辟支佛牙和顶骨。

所以,舍利供养法会不仅是佛教界的盛会,而且全社会参与,促进了社会民众对佛教的认同。

---

① 欧阳修:《新唐书》卷一八一,第 5354 页。
② [日]圆仁:《入唐求法巡礼行记》卷三,第 148 页。

第三节　隋唐佛教的社会慈善事业

隋唐佛教,在佛教福田、慈悲等思想的影响下,设置悲田养病坊、宿坊等慈善机构,开展救贫赈灾、土木建设等。

一、隋代佛教的慈善事业

隋代佛教在隋文帝、隋炀帝等的支持下,大力进行各种慈善事业。名僧举行法会或为帝王授戒说法之后,信徒与帝王都会给予相当多的供养金,这些僧人往往会将这些钱用于救济事业。如《续高僧传·吉藏传》说:"藏法化不穷,财施填积,随散建诸福田。用既有余,乃充十无尽藏,委付昙献,资于悲敬。"①《续高僧传·德美传》云:"故自开皇之末,终于大业十年,年别大施,其例咸尔……悲敬两田,年常一施,或给衣服,或济糇粮。"②对贫苦百姓的救济,除了金钱之外,则以衣服或粮食最为常见。在隋末战乱的时候,寺院往往成为社会救济事业的中心,《续高僧传·道宗传》说:"大业季历,荐馁相寻,丘壑填骸,人民相食。惟宗偏广四恩,开化氓隶。施物所及,并充其供。故蒲州道愻、同州道宗……情同拯济,腾实广焉。"③而且,寺院收留难民,《集神州三宝感通录》卷上:"大业末岁,群盗互阵。寺在三爵台西葛屡山上,四乡来投,筑城固守。人物拥聚,尺地不空,塔之上下,重复皆满。"④寺院的慈善功能由此可见一斑。

同时,僧人利用政府释放囚犯的时机,说法开示,进行心灵的改造。如《国清百录》卷三《智顗答放徒流书》:

---

① 道宣:《续高僧传》卷一一《吉藏传》,《大正藏》第50卷,第514页上。
② 道宣:《续高僧传》卷二九《德美传》,《大正藏》第50卷,第697页上。
③ 道宣:《续高僧传》卷一四《道宗传》,《大正藏》第50卷,第534页中。
④ 道宣:《集神州三宝感通录》卷上,《大正藏》第52卷,第410页上。

> 开府学士柳顾言宣教：金光明行法究竟，如十五月清净圆满，恩放徒流，矜免鞭罚……爰开狱门，杻械解脱，徒流原宥，莫不蹈舞。殿庭称恩，感戴加复。送以胜幡，仍悬宝塔，登高散华，烧香朗烛，并留供设，说法开示，咸令向善。①

隋文帝、隋炀帝受佛教影响而敕释囚犯，释放徒流之后，能"说法开示，咸令向善"。而且，僧人向囚犯布施衣物或劝化说法，助成社会的教化。

同时，隋代僧人亦利用自身的号召力，以社邑等组织为依托，募集款项，促成社会公益事业。如《八琼室金石补正》卷二四中，开皇六年（586）立《仲思那等造桥碑》记载：

> 盖形同石火，忽有便无，命似浮泡，倏存还灭。若不倾心舍命，如萨埵之投骸，克己精诚……今大邑主仲思那等卅人，谨见村南分派成地……阻隔长衢，遂使阳朱泣分岐之泪……谨于此处敬造石桥。②

隋代继承北齐、北周的社邑组织特点，不严格限制寺院和僧人的数量，以僧官统治僧人，僧俗往来颇为自由，所以僧俗共组的义邑、法义遍及城市与农村。

二、唐代的悲田养病坊

悲田养病坊是设置在寺院之内的一种半官半民的疗养所，后来逐渐演变为寺院的慈善事业，包含了救济贫困、疗养疾病、施药、抚慰孤独等功能。中国古代很早就有与其性质相类的孤独院与养济院。《事物原会》载："凡国都有掌孤，举凡孤幼不能自生者属之，其亲戚故人养一孤者，一子无征；二孤者，二子无征。本古制也。至梁武帝普通二年（521）辛丑，诏置孤独院。"还载有"疾官（馆）"，类同后世之养济院，"南齐文惠

---

① 灌顶：《国清百录》卷三，《大正藏》第 46 卷，第 808 页下。
② 陆增祥：《八琼室金石补正》卷二四，第 150 页，北京，文物出版社，1985。

太子立六疾馆;后魏宣武帝诏太常立馆,使京畿内外疾病者咸令居处,使医治之"。① 所以,唐代的悲田养病坊是以前孤独院和疾馆的余绪,两者不同之处在于唐代悲田养病坊的经办权在唐政府和佛教寺院间频繁更迭。

唐代武则天长安年间(701—704),开始创办悲田养病坊。《唐会要》卷四九记载:

> 开元五年(717),宋璟奏:悲田养病,从长安以来,置使专知。国家矜孤恤穷,敬老养病,至于安庇,各有司存。今骤聚无名之人,著收利之便,实恐逋逃为薮,隐没成奸⋯⋯会昌五年(845)十一月,李德裕奏云:恤贫宽疾,著于周典,无告常馁,存于王制。国朝立悲田养病,置使专知。开元五年(717),宋璟奏悲田乃关释教,此是僧尼职掌,不合定使专知。玄宗不许,至二十二年(734),断京城乞儿,悉令病坊收管,官以本钱收利给之。②

悲田养病坊在长安、洛阳开办,后来渐及诸道诸州乃至全国。宋璟觉得政府不应该监督这些可能"聚无名之人"的宗教机构,而应干脆废止这种机构。他的建议并未为唐玄宗所接受。但是为了加强控制,开元二十二年(734年),唐玄宗下令"京城乞儿,悉令病坊收养,官以本钱收利给之",养病坊成为官办孤儿院,虽仍由寺僧操理,但经费由国家官本放贷之利息提供。唐代悲田养病坊最初的设立,依宋璟的说法"悲田乃关释教,此是僧尼职掌",可见是佛教界主办,但是也得到政府的支持。《资治通鉴》卷二一四《唐纪三十》玄宗开元二十二年十二月亦有"禁京城丐者,置病坊以廪之"③,证明玄宗设置病坊,改由官府经办。但是,《资治通鉴》胡三省注云:"时病坊又分署于诸寺,以悲田养病,本于释教也",可见后来分

---

① 汪汲:《事物原会》卷六,第248—250页,扬州,广陵古籍刻经社,1989。
② 王溥:《唐会要》卷四九,第1010页。
③ 司马光编著:《资治通鉴》卷二一四,第2629页,北京,中华书局,2007。

署于诸寺。

唐肃宗至德二年（757），又于两京市各置普救病坊，由官府经办。"会昌法难"后，全国寺院几乎全废，僧尼被迫还俗，导致"悲田坊无人主领"，使贫病无告者之救济大成问题。李德裕即上奏筹建病坊，《论两京及诸道悲田坊状》说：

> 今缘诸道僧尼尽已还俗，悲田坊无人主管，必恐病贫，转致困穷。臣等商量，缘悲田出于释教，并望更为养病坊。其两京及诸州，合于子录事，耆年拣一人，有名行谨信为乡间所称者，专令勾当。其两京望给寺田十顷，大州镇望给寺田七顷，其他诸州望委观察使量贫病多少给田五顷、三二顷，以充粥饭。如州镇有羡余官钱，量与置本，收利最为稳便。①

李德裕奏请改"悲田养病坊"为"养病坊"，去掉佛教"悲田"原名。为了让养病坊有稳定的资金粮食来源，李德裕又奏请每坊给田五至十顷，其他诸州由观察使视贫病者多少而定，以田产充被收济者之粥食。李德裕的奏状获准后，养病坊的经营由僧尼转移到地方上的德高望重者手里，仍照原样继续存在，而费用由国家支付。《全唐文》卷七七收录武宗《选耆寿勾当悲田养病坊敕》："悲田养病坊，僧尼还俗无人主持，恐残疾无以取给，两京量给寺田赈济，诸州府七顷至十顷，各于本营，选耆寿一人勾当，以充粥料。"②

这样，悲田养病坊又交由官府经办。如段成式（约803—863）《酉阳杂俎》说："成都乞儿严七师，幽陋凡贱，涂垢臭秽不可近，言语无度，往往应于未兆。居西市悲田坊。"③至唐懿宗时代，养病坊又由僧人经办，唐懿宗《疾愈推恩敕》说：

---
① 董诰等编：《全唐文》卷七〇三，第3201页，上海古籍出版社，1990。
② 董诰等编：《全唐文》卷七七，第351页。
③ 段成式：《酉阳杂俎》前集卷三，第225页，北京，中华书局，1981。

> 朕比寒暑致疾，绵滞经时。今旬朔之间，寝膳已复。蒙天地保祐，宗社宠灵，既疾痛之有瘳，念疲赢之无告，为之父母，得不悯伤。虑赦令之或频，则奸人之得计，倘恩惠之远布，冀穷氓之稍苏。应天下百姓僧尼道士女冠等，有年七十以上，疾病症瘤，委顿床榻者，宜各赐绢两匹。在军旅行阵，经敌伤害手足眼目，不能营生，亦各赐绢两匹。应州县病坊贫儿多处，赐米十石，或数少处，即七石、五石、三石。其病坊据元敕各有本利钱，委所在刺史录事参军县令纠勘，兼差有道行僧人专勾当，三年一替。如遇风雪之时，病者不能求丐，即取本坊利钱，市米为粥，均给饥乏。如疾病可救，即与市药理疗。其所用绢米等，且以户部属省钱物充。速具申奏，候知定数，即以藩镇所进贺疾愈物支还所司。此敕到，仰所在州县写录敕，榜於州县门，并坊市村间要路。其州县所给恤绢米，恐下吏之所隐欺，仍委刺史县令设法颁布，不得令不到本身。所在给恤之后，一一分析闻奏，俾令速济疾病，称朕意焉。①

全国收容贫儿多的养病坊由政府给米十石，少者按比例给七石、五石、三石。管理仍照原样，在有道行的僧人中挑选管理者，每三年轮换一次。如遇风雪日，病人不能出外行乞食，则取养病坊基金的利息买米煮粥，以供饥饿病人。对患疾病者，买药治疗，其费用从官署户部省领取。

此外，仍然有僧人自置病坊，收容贫病。《太平广记》卷九五引唐牛肃《纪闻·洪昉禅师》云："昉于陕城中，选空旷地造龙光寺，又建病坊，常养病者数百人。"②但是，唐末佛教寺院所经办的悲田养病坊已经形微势衰，无法重现以前的宏观局面。

---

① 董诰等编：《全唐文》卷八四，第386页。
② 李昉等编：《太平广记》卷九五，第508页，上海古籍出版社，1990。

三、唐代寺院的宿房

寺院本为佛教四众弟子的家园，游方僧可至任一佛寺挂单。但是，随着佛教深入民间，亦逐渐接纳俗人至寺院食宿，为官民文人寓宿提供方便，寺院逐渐具有宿坊的社会功能。

在南北朝时代，寺院便开始接纳外客。刘宋永初（420—422）间，庐山隐士周续之入京，"馆于安乐寺"①；梁朝时，齐高帝孙萧子范无居宅，寄居建康招提寺僧房；另一孙萧子云，侯景之乱时，寄居晋陵显云寺饿毙。②北齐李概出使陈朝，见"江南多以僧寺停客"③，可知在南朝末年，官民停宿佛寺的现象非常普遍。北朝魏孝武帝时，仆射魏兰根因故"去宅避于寺"④。北齐文宣帝纵酒，侍中高德正屡进忠言，文宣帝不悦，高德正"甚忧惧，乃移疾，屏居佛寺，兼学坐禅，为退身之计"⑤。北朝佛寺寓居者多为高官与高门，寺院具有避难的作用，这与南朝寺院单纯停客的功能略有不同。

唐代佛教蓬勃发展，寺院作为整个社会的中心之一，承担了许多社会功能。寺院作为寓馆，最大的客人来源是文人学子。随着科举制度的盛行，学子参加科举考试，路途之上大都投宿于各地的寺院中。《唐会要》卷七六说：

> 元和三年三月敕：制举人试讫，有逼夜纳策，计不得归者，并于光宅寺止宿。应巡检勾当官吏，并随从人等，待举人纳策毕，并赴保寿寺止宿。仍各仰金吾卫使差人监引，送至宿所，如勾当，勿令喧杂。⑥

---

① 沈约：《宋书》卷九三，第 2280 页。
② 李延寿：《南史》卷四二，第 1071—1076 页。
③ 李延寿：《北史》卷三三，第 1212 页。
④ 李百药：《北齐书》卷二三，第 331 页。
⑤ 李延寿：《北史》卷三一，第 1139 页。
⑥ 王溥：《唐会要》卷七六，第 1649 页。

因为科举考试经常进行到夜里,对无法返回寓所的考生,则以光宅寺为其宿舍;监考和执事人员以及考生带来的随从等人,等到考试完毕后,安排到保寿寺住宿。一切人等均不得喧哗。

大历以后直至唐末,文坛盛行流寓佛寺、诗文酬唱的风气。《全唐诗》中的数百篇"宿寺诗",表明文人士子"寄兴江湖"的云游,行迹倥偬,步履交叠,大抵以佛寺为逆旅。① "山寺每游多寄宿,都城暂出即经旬"②,是当时寓寺风习的写照。而且,文友数人共寓一寺,称为"宿会"。"宿会"之时,文友们对月把盏,诗文酬唱,交流情感。唐代"佛寺宿会"作为一种社会文化现象,引起宋人注意,《文苑英华》中特集"宿会诗"③,集中展示着特别氛围中的文人情怀。如刘得仁《冬夜与蔡校书宿无可上人院》:

儒释偶同宿,夜窗寒更清。忘机于世久,晤语到天明。
月倒高松影,风旋一磬声。真门犹是幻,不用觉浮生。

刘得仁"出入举场三十年"不得登第。在京师天仙寺的冬夜,与友人彼此诉说着人生际遇的坎坷。

官员、考生、文人乃至一般民众,经常借宿寺院,时间上长短不一。如《续高僧传·彦琮传》记载,彦琮回赵郡讲《无量寿经》,当时太原王邵任赵郡佐,"寓居寺宇,听而仰之,友敬弥至"④。《资治通鉴》记载:开元四年(716),"姚崇无居第,寓居罔极寺,以病痁谒告,上遣使问饮食起居状,日数十辈"⑤。罔极寺是神龙元年(705),武则天为太平公主在大宁坊所建的寺院,以牡丹花著称。

另外,遍布全国各地的佛寺,自然成为朝圣的僧人和信徒的驿站,同

---

① 张弓:《汉唐佛寺文化史》(下),第1020页,北京,中国社会科学出版社,1997。
② 白居易:《游丰乐、招提、佛光三寺》,见《全唐诗》卷四五九。
③ 李昉等编:《文苑英华》卷二一七《宿会诗》。
④ 道宣:《续高僧传》卷二《彦琮传》,《大正藏》第50卷,第436页中。
⑤ 司马光编著:《资治通鉴》卷二一一,第2595—2596页。

时也是寄客的传舍。《续高僧传·慧序传》记载,慧序住在梁(今陕西汉中)益(今四川成都),见百牢关位居冲要,"四方所归",却没有寺院,"道俗栖投,往还莫寄"。慧序于是在关口建菩提寺,"用接远宾,故行侣赖之"①。圆仁《入唐求法巡礼行记》记载了晚唐时代冀晋"普通院"的传舍布局。所谓"普通院",就是"常有饭粥,不论僧俗来集,便僧房宿。有饭即与,无饭不与,不防僧俗赴宿"②,这是一种免费、开放的休息站。东道是上山的路线,从恒州行唐县(今河北行唐)起,依次经历的普通院有(二十五里至)黄山八会寺、(二十里至)刘使普通院等,最后到达停点普通院,进入五台山境内。南道的起点是大贤岭普通院,依次经过五台县建安寺、定襄县七岩寺,一直至古城普通院,自古城"行十五里,到太原府",这是下山的路线。所以,在名山古刹,佛寺的传舍有序分布着,显示了佛寺寄寓利人规模之宏大。普通院在宋代仍然存在,《大宋僧史略》记载:"普通,今五台山有多所也"③。

佛寺寄居蔚然成风,僧俗同住,容易滋生弊端。道宣说:"僧房堂诸俗受用,毁坏损辱,情无所愧。"④而且,随着寄居者的增多,外来挂单的僧人亦无处安置。圆仁《入唐求法巡礼行记》记载山东省登州开元寺:"尽安置官客,无闲房,有僧人来,无处安置。"⑤宝应元年(762)八月,唐代宗下《禁断公私借寺观居止诏》:

> 道释二教,用存善诱,至于像设,必在尊崇。如闻州县公私,多借寺观居止,因兹亵黩。切宜禁断,务令清肃。其寺观除三纲并老病不能支持者,余并仰每日二时行道礼拜。如有弛慢,并量加科罚。⑥

---

① 道宣:《续高僧传》卷二四《慧序传》,《大正藏》第50卷,第638页下。
② [日]圆仁:《入唐求法巡礼行记》卷二,第102页,上海古籍出版社,1986。
③ 赞宁:《大宋僧史略》卷上,《大正藏》第54卷,第237页上。
④ 道宣:《四分律删繁补缺行事钞》卷下之三,《大正藏》第40卷,第135页上。
⑤ [日]圆仁:《入唐求法巡礼行记》卷二,第86页。
⑥ 董诰等编:《全唐文》卷四六,第219页。

贞元五年(789)三月,唐德宗下《修葺寺观诏》:"释道二教,福利群生,馆宇经行,必资严洁。自今州府寺观,不得宿客居住。屋宇破坏,各随事修葺。"①《佛祖统纪》卷四二记载,唐宣宗大中三年(849),宣州刺史裴休言:"天下寺观,多为官僚寄客蹂践,今后不得在寺居止,违者重罚,制可。"②常衮代朝廷所拟《禁天下寺观停客制》详细地叙述了当时的情形:

> 敕:释教本以助化,道家先于理国,惩恶劝善,以齐死生,薰然慈仁,美利天下,所庇者大,所益者深,故历代崇尚而弗易也。朕以元元烈祖,庆我昌运;西方圣人,福兹下土;常所尽敬,敢忘致诚。且至真之体,尚于精洁,流俗所尊,不宜亵慢。如闻天下寺观,多被军士及官吏诸客居止,狎而黩之,曾不畏忌。缁黄屏窜,堂居毁撤,寝处于众设之门,庖厨于廊庑之下。缅然遐想,慨叹良深,自今已后,切宜禁断。其军士委州县长吏与本将商量,移于稳便处安置。其官吏诸客等,频有处分,自合遵承,仰敕到当时发遣。应尊像有损坏处,俾随事修补;其有诸神所居,载在祀典,灵迹昭著,福及生人者,如有毁废,亦宜增葺。且王者以清净统法,圣人以神道设教,精意所在,感而遂通。非徼福于朕躬,斯降祥于黎庶,申明诏旨,用悉劳怀。③

佛教界的呼声与政府的政策,都反映了当时官民寄居佛寺非常盛行,已经严重影响了佛教庄严与清净的形象。

---

① 董诰等编:《全唐文》卷五二,第244页。
② 志磐:《佛祖统纪》卷四二,《大正藏》第49卷,第387页上。
③ 董诰等编:《全唐文》卷四一〇,第1861页。

第四节 唐五代的俗讲与变文

一、唐五代的讲经仪轨

唐代的讲经仪轨,来源于自晋宋以来形成的梵呗、转读、唱导、唱读。① 晋代道安在制定僧制时,"所制僧尼轨范,佛法宪章,条为三例:一曰行香上座,上经上讲之法"②,其中便有讲经制度。但是,由于资料的限制,一直很难清楚地了解历代的讲经仪轨。在敦煌文献中,发现了大量讲经文及俗讲的仪式,使我们能够还原当时讲经法会的仪式程序,从而恢复当时法会的真实样貌。

唐代的讲经,由于对象及作用等不同,可以分为僧讲与俗讲,在圆珍《佛说观普贤菩萨行法经记》中说:

> 言讲者,唐土两讲:一俗讲,即年三月就缘修之,只会男女,劝之输物,充造寺资,故言俗讲(僧不集也)云云;三僧讲,安居月传讲是(不集俗人类,若集之,僧被官责)。上来两寺,皆申所司(就经奏,外申州也。一日为期),蒙判行之。若不然者,寺被官责云云。③

所以,俗讲专为世俗在家信徒讲经,僧讲则严禁俗人介入。两者相对而名,本就听众分之,但是肯定没有那么绝对化。两者虽然对象不同,但其讲经仪轨一定相差不多,所以我们可以利用敦煌文献及其他记载,来考察讲经仪轨的次第。

随着敦煌文献的发现,对于唐代俗讲制度的研究,国际学界已取得丰硕的成就,大谷光照、那波利贞、福井文雅、道端良秀、向达、孙楷第、王

---

① 张弓先生认为经、导两科的文部和声部,共汇为俗讲的初源;唐代俗讲的源头,在于中古释门的声业。见《汉唐佛寺文化史》(上),第459页,北京,中国社会科学出版社,1997。
② 慧皎:《高僧传》卷五,《大正藏》第50卷,第353页中。
③ [日]圆珍:《佛说观普贤菩萨行法经记》卷上,《大正藏》第56卷,第227页下。

文才、姜伯勤、张弓诸位先生都作过研究。① 但是,相对于俗讲,僧讲的研究则十分薄弱,所以我们有意于恢复僧讲的讲经制度。圆仁《入唐求法巡礼行记》中记载了开成四年(839年)十一月廿二日"赤山院讲经仪式"、"新罗一日讲仪式"、"新罗诵经仪式"三种讲经仪式,详细描写了当时的盛况。② 随着P.3849《俗讲仪式》(S.4417略同)及敦煌各种讲经文的发现③,补充了圆仁记录的不足。下面,我们将这四种仪式列成表格如下:

赤山院讲经仪式	新罗一日讲仪式	新罗诵经仪式	P.3849《俗讲仪式》
辰时,打讲经钟,打惊众钟讫,良久之会,大众上堂,方定众钟。讲师上堂,登高座间,大众同音称叹佛名,音曲一依新罗,不似唐音。讲师登座讫,称佛名便停。时有下座一僧作梵,一据唐音,即"云何于此经"等一行偈矣。至"愿佛开微密"句,大众同音唱云"戒香、	辰时打钟,长打拟了,讲师、都讲二人入堂。大众先入列坐,讲师、读师入堂之会,大众同音称叹佛名长引。其讲师登北座,都讲登南座了,	大唐唤做"念经":打钟定众了,下座一僧起打搥,唱"一切恭敬礼常住三宝"。次一僧作梵,"如来妙色身"等两行偈,音韵共唐一般。作梵之会,一人擎香盆,历行众座之前,急行行便休,	夫为俗讲,先作梵了;次念菩萨两声,说押座了;素旧(唱)《温室经》,法师唱释经题了,念佛一声,便一一说其经题字了,便说经本文了;便说十波罗密等了,便念念佛

---
① [日]大谷光照:《唐代の佛教儀礼》,有光社,1937年。
　[日]那波利贞:《唐代社会文化史研究》,东京,创文社,1988,第3版。
　[日]福井文雅:《讲经仪式の组织内容》,福井文雅、牧田谛亮编《讲座敦煌·7·敦煌と中国佛教》,东京,大东出版社,1984。
　[日]道端良秀:《唐代佛教史の研究》,京都,法藏馆,1983。
　向达:《唐代俗讲考》,《唐代长安与西域文明》,北京,三联书店,1987。
　孙楷第:《唐代俗讲轨范及其本之体裁》,周绍良、白化文编《敦煌变文论录》,上海古籍出版社,1982。
　王文才:《俗讲仪式考》,《敦煌学论集》,兰州,甘肃人民出版社,1985。
　姜伯勤:《敦煌艺术宗教与礼乐文明》,北京,中国社会科学出版社,1996。
　张弓:《汉唐佛寺文化史》(上、下),北京,中国社会科学出版社,1997。
② [日]圆仁:《入唐求法巡礼行记》卷二,第73—74页。
③ 黄征、张涌泉《敦煌变文校注》中收集有《长兴四年中兴殿应圣节讲经文》、《金刚般若波罗蜜讲经文》、《佛说阿弥陀经讲经文》(一、二、三)、《妙法莲华经讲经文》(一、二、三、四)、《维摩诘经讲经文》(一、二、三、四、五、六、七)、《双恩记》、《佛说观弥勒菩萨上生兜率天经讲经文》、《父母恩重讲经文》(一、二)、《盂兰盆经讲经文》,北京,中华书局,1997。

续表

赤山院讲经仪式	新罗一日讲仪式	新罗诵经仪式	P.3849《俗讲仪式》
定香、解脱香"等。颂梵呗讫,讲师唱经题目,便开题分别三门。释题目讫,维那师出来,于高座前读申会兴之由,及施主别名,所施物色申讫,便以其状转与讲师。讲师把麈尾,一一申举施主名,独自誓愿,誓愿讫,论义者论端举问。举问之间,讲师举麈尾,闻问者语。举问了,便倾麈尾,即还举之,谢问便答。贴问贴答,与本国同,但难仪式稍别。侧手三下后,申解白前,卒尔指申难,声如大嗔人,尽音呼诤。讲师蒙难,但答不返难。论义了,入文读经。讲讫,大众同音长音赞叹,赞叹语中有回向词。讲师下座,一僧唱"处世界如虚空"偈,音势颇似本国。讲师升礼盘,一僧唱三礼了,讲师大众同音,出堂归房。更有覆（同"复"）讲师一人,在高座南下座,便谈讲师昨所讲文,至"如含义"句。讲师牒文释义了,覆讲亦读。读尽昨所讲文了,读师即读次文,每日如斯。	赞佛便止。时有下座一僧作梵,"云何于此经"等一行偈也。作梵了,南座唱经题目,所谓唱经长引,音多有屈曲。唱经之会,大众三遍散花;每散花时,各有所颂。唱经了,更短音唱题目。讲师开经目,三门分别,述经大意。释经题目竟,有维那师披读申事兴所由。其状中具载无常道理、亡者功能、亡逝日数。	导师云:"南无药师也",大众同音云:"瑠璃光佛"。导师云:"南无大慈悲也",大众同音云:"观世音菩萨"。余皆如是。礼佛了,导师独结愿回向,回向稍长。回向之后,导师云:"发心",大众同音亦云:"发心"。次导师唱发愿已竟,顶礼三宝。次施主擎施物坐,导师与咒愿,便散去。大众同音诵摩诃般若题数十遍也。有一师,陈申诵经来由了,大众同音诵经,或时行经本,或时不行经本。念经了,导师独唱"归依佛、归依法、归依僧",次称佛菩萨号。导师唱云:"南无十二大愿",大众云"药师瑠璃光佛"。	赞了;便发愿了,便又念佛一会;便回[向]发愿取散云云。已后便开《维摩经》。讲维摩,先作梵,次念观世音菩萨三两声;便说押座了;便素唱经文了;唱日法师自说经题了,便说开赞了,便庄严了,便念佛一两声了,法师科三分经文了,念佛一两声了,便一一说其经题名字了,便入经说缘喻了,便说念佛赞了,便施主各发愿了,便回向发愿取散。

另外,元照在《四分律行事钞资持记·释导俗篇》中阐述了讲经的"十法":

初礼三宝;二升高座;三打磬静众(今多打木);四赞呗(文是自作,今并他作,声绝秉炉,说偈祈请等);五正说;六观机进止,问听如法,乐闻应说(文中不明,下座今加续之);七说竟回向;八复作赞呗;九下座礼辞。僧传云:周僧妙每讲下座,必合掌忏悔云:佛意难知,岂凡夫所测,今所说者,传受先师,未敢专辄。乞大众,于斯法义,若是若非,布施欢喜。最初鸣钟集众,总为十法,今时讲导宜依此式。①

由于元照只是提出一些仪轨的纲目,所以很难了解其仪轨的详细次第。但是,综合所有文献,便能对唐代的讲经仪轨有所了解。

1. 讲经法会的主要成员

从圆仁的记载,可以看出讲经法会除了讲经法师以外,肯定还有其他如都讲、维那、呗师等共同来主持法会。《续高僧传》卷一《勒那摩提传》中说:"虽然法事所资,独不能建,都讲、香火、维那、梵呗咸亦须之"②,卷二五《僧意传》中说到僧意死时,"其都讲住在光州,自余香火、呗匿散在他邑"③。所以,在讲经法会中,主要成员有讲师、都讲、维那、呗师、香火、散花师等。

在讲经法会中,最主要的人物当然是讲师,但是各种文献中的称呼不是很统一。圆仁《入唐求法巡礼行记》卷一中说:

又有化俗法师,与本国道"飞教化师"同也。说世间无常、苦、空、之理,化导男弟子、女弟子,呼道化俗法师也。讲经、论、律、记、疏等,名为座主、和尚、大德。若纳衣收心,呼为禅师,亦为道者。持律偏多,名律大德,讲为律座主,余亦准尔也。④

所以,讲经法师可以称为化俗法师、座主、和尚、大德,但称"化俗法师"并非其位次低于专擅经律的大德。⑤

---

① 元照:《四分律行事钞资持记》卷下三,《大正藏》第40卷,第404页中。
② 道宣:《续高僧传》卷一,《大正藏》第50卷,第429页上。
③ 道宣:《续高僧传》卷二五,《大正藏》第50卷,第647页上。
④ [日]圆仁:《入唐求法巡礼行记》卷一,第21页。
⑤ 王文才先生认为化俗法师与其他称号同受美称,不得强为别次。亦难想象,寺院之中,有但为俗讲之主僧,别有专为僧讲之座主。化俗而称法师,并示崇敬。见《俗讲仪式考》,《敦煌学论集》,第102页。

都讲是讲经法会中特有的角色,其职责是转读经典。王文才先生以为都讲读经,是依照儒家旧制。汉代经师的门下,有都讲辅佐经师讲授,《后汉书·侯霸传》中说:"师事九江太守房元,治《谷梁春秋》,为元都讲"①,《三国志·孙权传》中说:"(黄龙)二年春正月,魏作合肥新城,诏立都讲、祭酒,以教学诸子"②,都讲是祭酒的助手。六朝以来,都讲常在讲席诵经,《魏书·祖莹传》中说:

> 博士张天龙讲《尚书》,选为都讲。生徒悉集,莹夜读书劳倦,不觉天晓。催讲既切,遂误持同房生赵郡李孝怡《曲礼》卷上座。博士严毅,不敢还取,乃置《礼》于前,诵《尚书》三篇,不遗一字。③

可以看出,祖莹身为都讲,其职责即在经师开讲前,诵所讲的《尚书》。后来,佛教、道教也采用了都讲制度。

但是,另有学者从语言学的角度来追溯"都讲"的起源,也给予我们重要的启示。④ 在《大明度无极经》卷一中可以看到"都讲"的译语,"秋露子曰:如善业为法都讲,最不可及"⑤。与此相当,异译本罗什所译的《小品般若波罗蜜经》卷一中说:"舍利弗言:善哉!善哉!须菩提,汝于说法人中,最为第一"⑥,所以"法都讲"是"说法人"的异译。《大明度经》是八千颂般若系统,在梵文原典中可以发现,原语是 dharma—kathikaḥ。⑦

"法都讲"的用语,在西晋竺法护译《正法华经》中可以看到,⑧而罗什相应的译语是"说法人",梵文原语是 dharma—kathikaḥ。⑨ "说法人",

---

① 范晔:《后汉书》卷五六,《二十五史》第 2 册,第 884 页,上海古籍出版社、上海书店,1986。
② 范晔:《后汉书》卷四七,《二十五史》第 2 册,第 1203 页。
③ 魏收:《魏书》卷八二,《二十五史》第 3 册,第 2376 页。
④ [日]福井文雅:《都讲の职能と起源——中国·インド交渉の一接点》,櫛田良洪先生颂寿纪念论文集《高僧传の研究》,东京,山喜房佛书林,1973。
⑤ 支谦译:《大明度无极经》卷一,《大正藏》第 8 卷,第 481 页下。
⑥ 鸠摩罗什译:《小品般若波罗蜜经》卷一,《大正藏》第 8 卷,第 539 页下。
⑦ P. L. Vaidya(ed.), Aṣṭasāhasrikā_Prajñāpāramitq (Buddhist Sanskrit Text—No.4).
⑧ 《正法华经》卷八,《大正藏》第 9 卷,第 95 页下。
⑨ [日]辛嶋静志:《正法华经词典》,第 120 页,东京,创价大学国际佛学高等研究所,1998。

就是讲说佛法的人,汉译通常使用"法师"。事实上,作为说法人,法师与都讲有一定的区别。"法师"的原语是 dharma—bhāṇaka,是诵出佛法的意思。"都讲"的说,与汉语的"唱"相当。所以,在《翻译名义大集》中,dharma—kathikaḥ的汉译是"宣法者",dharma—bhāṇakaḥ的汉译则是"说法"。①

由于儒家中"都讲"也是经典的讲义者,作为宣法者的汉译语十分适当,所以将 dharma—kathikaḥ译为"都讲",但只是在翻译时借用这个名词,并非将儒家的都讲制度引入佛教。②

都讲在讲经法会中,是为讲师转读诵经,即用一定的声法啭经,《续高僧传》卷五中说:"昔弥天释道安,每讲于定坐后,常使都讲等为含灵转经三契。"③由于转读需要用一定的声调,所以经常用"唱经",如上面"新罗一日讲仪式"中说:"南座唱经题目,所谓唱经长引,音多有屈曲",在《续高僧传》中看到"然都讲唱文,诸天神等皆敛容倾耳"④,"常为裕之都讲,辨唱明衷,允惬望情"⑤。都讲有时在讲经法会中,充当"论义者",即向讲师发难质问,在《高僧传·支遁传》中说:

> 晚出山阴讲《维摩经》,遁为法师,许询为都讲,遁通一义,众人咸谓询无以厝难;询设一难,亦谓遁不复能通。如此至竟,两家不竭。⑥

许询为都讲,向支遁发难,而支遁必须回答,如此往返,将讲经法会推向高潮。

---

① 《梵藏汉和四译对校翻译名义大集》(上)(《世界佛学名著译丛》第12册),第199页,台北,华宇出版社,1984。
② [日]福井文雅:《讲经仪式的组织内容》,福井文雅、牧田谛亮编《讲座敦煌·7·敦煌と中国佛教》,第378页,东京,大东出版社,1984。
③ 道宣:《续高僧传》卷五,《大正藏》第50卷,第463页中。
④ 道宣:《续高僧传》卷一五,《大正藏》第50卷,第542页中。
⑤ 道宣:《续高僧传》卷二〇,《大正藏》第50卷,第588页下。
⑥ 慧皎:《高僧传》卷四,《大正藏》第50卷,第348页下。

维那是寺院的重要执事,在寺中统理僧众杂事,《四分律行事钞》中说:

> 十诵中,时僧坊中无人知时限、唱时至及打揵稚(椎)。又无人洒扫涂治讲堂食处,无人相续铺床及教人净果菜食中虫,饮食时无人行水,众乱语时无人弹指等,佛令立维那。声论翻为次第也,谓知事之次第,相传云悦众也。①

维那源于佛制,中国古代寺院设立三纲,即上座、寺主、维那,由维那统御住僧。维那知唱时,打钟是其重要职责,"维那鸣钟而杵自折"②,"维那此日打钟"③。

所以,在讲经法会中,打讲经钟是维那的事情,但是《入唐求法巡礼行记》"赤山院讲经仪式"中说:

> 维那师出来,于高座前读申会兴之由,及施主别名,所施物色申讫,便以其状转与讲师。④

维那师所读的状,即讲经的文疏,说明讲经法会的缘起及施主名等。可见,维那在法会中,同时也必须宣读文疏。

呗师,主要是赞呗作梵,如"赤山院讲经仪式"中说"时有下座一僧作梵,一据唐音","一僧唱'处世界如虚空'偈","一僧唱三礼了",王文才先生认为作梵僧即是维那⑤,这不太合乎情理。因为在仪式中已出现维那的名称,如果是维那作梵,应直言维那,不应言"一僧"。所以,我们认为此处的"一僧"即呗师。至于S.2073《庐山远公话》中所说"维那作梵",维那为赞呗之首,知赞呗次第,也就可以理解了。

---

① 道宣:《四分律删繁补阙行事钞》卷上一,《大正藏》第40卷,第6页中。
② 道宣:《续高僧传》卷一八,《大正藏》第50卷,第577页中。
③ 道宣:《续高僧传》卷二五,《大正藏》第50卷,第646页中。
④ [日]圆仁:《入唐求法巡礼行记》卷二,第73页。
⑤ 王文才:《俗讲仪式考》,《敦煌学论集》,第106页。

香火,即在法会中掌管香与火,相当于现在寺院的"香灯"。由于在法会中,还有散花,所以另有散花师。

所以,在讲经法会中,主要成员有讲师、都讲、维那、呗师、香火、散花师,各司其职,才使讲经法会圆满成功。

2. 唐代讲经仪轨的次第

圆仁的记载与敦煌文书的发现,使还原唐代讲经的仪轨成为可能,我们将综合这些文献的记载,以圆仁的记载为基本资料,对照敦煌文书,重新构建唐代讲经仪轨的次第。

(1) 打钟、入堂、礼佛、登座　维那打讲经钟,大众上堂,由呗师领唱,同音称叹佛名。讲师与都讲在佛号声中同时登座,登座完毕后,呗师打磬静众,称佛名便停。关于讲师与都讲的座位,"新罗一日讲仪式"中说:"其讲师登北座,都讲登南座",可见法会中设座,分列南北。《高僧传》卷一二《昙邃传》中说到昙邃与一弟子被坞神请去讲经时,"有两高座,邃在北,弟子在南"①。若讲堂供佛像,则座分东南或东西,如圆珍《观普贤菩萨行法经记》卷上说:

> 讲堂时正北置佛像,讲师座高,阁在佛东向于;读座短狭,在西南角,或推在佛前。故檀越设开题时,北座言:大众处心合掌听南座唱经题。②

由于受到中国儒家文化的影响,殿堂佛像一般坐北朝南,所以分东西座较多,如梁武帝与诸僧尼共申约禁,作《断酒肉文》,《广弘明集》中说:

> 二十三日旦,光宅寺法云于华林殿前登东向高座为法师,瓦官寺慧明登西向高座为都讲,唱《大涅槃经》四相品四分之一,陈食肉者断大慈种义,法云解释。舆驾亲御,地铺席位于高座之北,僧尼二

---

① 慧皎:《高僧传》卷一二,《大正藏》第50卷,第406页下。
② [日]圆珍:《佛说观普贤菩萨行法经记》卷上,《大正藏》第56卷,第227页下—228页上。

众各以次列坐。①

所以,讲师与都讲登高座,分南北或东西两边而坐,座次大小略有差别。

(2) 作梵　讲师与都讲升高座后,呗师开始作梵。维那与呗师皆在下座,所以称"下座一僧作梵"。道宣《四分律行事钞》中说:"楗稚(椎)声绝,先赞偈呗"②,在唐代法照《净土五会念佛略法事仪赞》中有作梵的赞偈:

> 云何梵?云何得长寿,金刚不坏身,复以何因缘,得大坚固力。云何于此经,究竟到彼岸,愿佛开微密,广为众生说。③

根据唐代道世《法苑珠林》卷三六《呗赞篇赞叹部》的解释,这首偈出自《涅槃经》,④在北凉昙无谶译的北本、刘宋慧严的南本中能看到这首偈,而东晋法显的译本只能看见开始的两句。⑤

在圆仁的记载中,呗师作梵的偈子是上述赞偈的后部分:"云何于此经,究竟到彼岸,愿佛开微密,广为众生说",这是呗师独自唱的。呗师唱完后,大众同音唱"戒香、定香、解脱香"等偈子。在唐代智昇《集诸经礼忏仪》中,我们看到作梵的偈子:

> 云何梵?云何得长寿,金刚不坏身,复以何因缘,得大坚固力。云何于此经,究竟到彼岸。戒香、定香、慧香、解脱香,解脱知见香,光明云台遍法界,供养十方无量佛,见闻普熏证寂灭。愿佛开微密,广为众生说。⑥

---

① 道宣:《广弘明集》卷二六,《大正藏》第52卷,第299页上。
② 道宣:《四分律删繁补阙行事钞》卷下三,《大正藏》第40卷,第138页中。
③ 法照:《净土五会念佛略法事仪赞》,《大正藏》第47卷,第475页中—下.
④ 道世:《法苑珠林》卷三六,《大正藏》第53卷,第575页下。
⑤ 《大般涅槃经》卷三,《大正藏》第12卷,第379页下;《大般涅槃经》卷三,《大正藏》第12卷,第619页中;《大般泥洹经》卷二,"何因得长寿,金刚不坏身,云何受持此,契经甚深义",《大正藏》第12卷,第863页下。
⑥ 智昇:《集诸经礼忏仪》卷上,《大正藏》第47卷,第464页上。

但是,宋、元、明三本是将"愿佛开微密,广为众生说",放在"究竟到彼岸"后面。同样,在敦煌文书 S.2580 中看到"行香说偈文":"戒香、定香、解脱香,光明云台遍法界,供养十方无量佛,见闻普熏证寂灭"。① 这刚好与《集诸经礼忏仪》宋、元、明三本相同,那么大众应该同音唱:"戒香、定香、解脱香,光明云台遍法界,供养十方无量佛,见闻普熏证寂灭"。从而,证明圆仁的记载是正确的,而《集诸经礼忏仪》所载可能是因为印刷的时候出现误差。

　　在作梵的时候,如果有施主,应该配合施主拈香,大众同音唱"如来妙色身两行偈",而不是"戒香、定香、解脱香"。S.6551《佛说阿弥陀讲经文》中说:"升坐已了,先念偈,焚香,称诸佛菩萨名。"②行香偈是出自《胜鬘经》中《如来真实义功德章第一》:"如来妙色身,世间无与等,无比不思议,是故今敬礼。如来色无尽,智慧亦复然,一切法常住,是故我归依。"③

　　(3) 唱经题、散花　一般俗讲在都讲唱经题前,都有押座文,而圆仁的记载都没有涉及。在寺院的僧讲中,由于仪式十分隆重,不需要押座文来镇座静众。④ 作梵后,由都讲唱经题目,"新罗一日讲仪式"中说:"南座唱经题目,所谓唱经长引,音多有屈曲。唱经之会,大众三遍散花;每散花时,各有所颂。唱经了,更短音唱题目。"都讲唱经有一定的韵律长短,在唱经的时候,同时由散花师散花三遍。但是,唱经题有时由讲师自己兼任,如"赤山院讲经仪式"中说"讲师唱经题目",P.3849 中"唱日法师自说经题了",《续高僧传》中《法韵传》说:"每有宿斋,经导两务,并委于韵"。⑤

------

① 《入布萨堂说偈文等》,《大正藏》第 85 卷,第 1301 页上。
② 黄征、张涌泉:《敦煌变文校注》,第 679 页,北京,中华书局,1997。
③ 《胜鬘师子吼一乘大方便广经》,《大正藏》第 12 卷,第 217 页上。同样,见《集诸经礼忏仪》卷上,《大正藏》第 12 卷,第 465 页上。
④ 姜伯勤先生指出,俗讲讲经与非俗讲讲经的最明显的区别,是俗讲中有不见于正式三藏的押座文与用通俗文体讲唱的说缘喻。见《敦煌艺术宗教与礼乐文明》,第 409 页。
⑤ 道宣:《续高僧传》卷三〇,《大正藏》第 50 卷,第 703 页下。

(4) 开题讲经　经过前面隆重庄严的准备,正式的讲经才开始。首先,由讲师开题,科判经文为三分。三分经文常见于讲经文写卷中,如 P.2133《金刚般若波罗密讲经文》逐句解释本经后,最后说:"上来有三:一序分,二正宗,三流通。"①以"序分、正宗分、流通分"科判经典始自东晋道安,如《续高僧传·僧旻传》中说:

> 昔弥天释道安每讲,于定坐后,常使都讲等为含灵转经三契,此事久废。既是前修胜业,欲屈大众各诵《观世音经》一遍。于是合坐欣然,远近相习。尔后道俗舍物,乞讲前诵经,由此始也。②

同样的记载,在《南海寄归内法传》卷四《赞咏之礼》中可以看见:

> 所诵之经,多诵三启,乃是尊者马鸣之所集置。初可十颂许,取经意而赞叹三尊。次述正经,是佛亲说。读诵既了,更陈十余颂,论回向发愿。节段三开,故云三启。③

道安所制定的方法,是来自印度。但是现存讲经文,在开题处并未见三契经文。

"三门分别"既然来自印度,除了平常所说道安的"三分法",仍然存在着别的"三分法"。P.2064《四分戒本疏》卷一中说:

> 凡欲开发经题,先作三门分别,后乃随文解释。言三门者,第一举宗摄教旨归,第二知教旨归,第三正释戒经题目。④

第一举宗摄教旨归,指判摄该经在经、律、论三藏中属于哪一种;第二知教旨归,指判断属于哪部律;第三正释戒经题目,即是解释戒经的题目。这种"三门分别"的具体起源,有待于日后深入研究。但是在唐代,至少有两种"三门分别"的方法。

---

① 黄征、张涌泉:《敦煌变文校注》,第 646 页,1997。
② 道宣:《续高僧传》卷五,《大正藏》第 50 卷,第 463 页中。
③ 义净:《南海寄归内法传》卷四,《大正藏》第 54 卷,第 227 页上。
④ 《四分戒本疏》卷一,《大正藏》第 85 卷,第 567 页上。

(5) 誓愿　讲师解释经题后,维那出来宣读文疏。文疏随着施主的不同动机而内容有所不同,如"新罗一日讲仪式"是为亡者举行讲经法会,所以"其状中具载无常道理、亡者功能、亡逝日数";或者为寺院布施作功德,维那读完施主名字及所施物后,转交给讲师,讲师手持麈尾,举施主名,施主在讲师前独自发愿。在讲经法会中,广劝布施,如《续高僧传·宝岩传》中说:

> 及岩之登座也,案几顾望,未及吐言,掷物云崩,须臾坐没,方乃命人徙物,谈叙福门。先张善道可欣,中述幽途可厌,后以无常逼夺,终归长逝。提耳抵掌,达晤时心,莫不解发撤衣,书名记数。①

由于讲师的善巧说法,听众受教而布施,是法会中常有的事情。

(6) 论义　如"赤山院讲经仪式"中说:

> 誓愿讫,论义者论端举问。举问之间,讲师举麈尾,闻问者语。举问了,便倾麈尾,即还举之,谢问便答。贴问贴答,与本国同,但难仪式稍别。侧手三下后,申解白前,卒尔指申难,声如大嗔人,尽音呼诤。讲师蒙难,但答不返难。②

论义由都讲发质问,讲师一直举着麈尾听;质问完后,讲师放下麈尾,回答问题。③ 论义的目的在于通过发问与回答,使经义得到进一步的明确。

《大宋僧史略》"都讲条"中说:

> 敷宣之士,击发之由,非旁人而启端,难在座而孤起。故梁武讲经,以枳园寺法彪为都讲,彪公先一问,梁祖方鼓舌端,载索载征,随

---

① 道宣:《续高僧传》卷三〇,《大正藏》第50卷,第705页上—中。
② [日]圆仁:《入唐求法巡礼行记》,第73页。
③ 至于讲经法会中所用的麈尾及如意等,见福井文雅《麈尾新考·仪礼的象征的一考察》,《大正大学研究纪要》第56辑,第79—101页,1971。另外,见同氏《讲经仪式における服具的仪礼的意味》,日本佛教学会编《佛教仪礼——その理念と实践》,京都,平乐寺书店,1978。

> 问随答,此都讲之大体也……今之都讲不闻击问,举唱经文,盖似像古之都讲耳。①

所以,都讲的职责不仅在于举唱经文,其设难辨疑、助扬讲义的作用更为重要。

(7) 正式讲经　前面的论义仍然属于开题,"赤山院讲经仪式"中说:"论义了,入文读经。讲讫",这样才正式进入讲解经文。元照的"十法"说:"五正说,六观机进止,问听如法,乐闻应说(文中不明,下座应加续之)",这里包含了论义与讲说本经,并为"正说"。

讲解经文,先由都讲唱经文一段,然后讲师解释经义,最后形成讲经文,所以讲经文应为法师讲经的讲义记录。② 如 S.4571、S.3872《维摩诘经讲经文》中在每段讲经文后面都有"唱将来",下面紧接着就是"经云"的经文本身,这就是都讲的唱经。P.2955《佛说阿弥陀经讲经文》残卷中唱词:"都讲阇梨道德高,音律清冷能宛转,好韵宫商申雅调,高著声音唱将来"③,这是讲师嘱咐唱经文的词,下接"经云",是都讲所唱的经文。P.3849《俗讲仪式》中称讲《温室经》为"说经本文",讲《维摩诘经》则是"说缘喻"。因为在讲经法会中,由于所讲的经典义理深奥,讲师必须引用一些譬喻与故事,这就是唱导。这在现在的讲经法会中,也是很常见的事情。

(8) 回向梵呗　"赤山院讲经仪式"中说:"讲讫,大众同音长音赞叹,赞叹语中有回向词",元照的"十法"也说:"七说竟回向,八复作梵呗",这是指讲师讲完经后,讲师与大众一起唱回向词。回向是指将讲经、听经的功德回向给施主及法界众生,为这些众生祈福发愿。如 S.1164《回向

---

① 赞宁:《大宋僧史略》卷上,《大正藏》第 54 卷,第 239 页下—240 页上。
② 至于讲经文的详细内容,如讲经文与经疏的关系,讲经文的作者等问题,请见平野显照《讲经文の组织 内容》,福井文雅、牧田谛亮编《讲座敦煌·7·敦煌と中国佛教》,第 321—358 页,东京,大东出版社,1984。
③ 黄征、张涌泉:《敦煌变文校注》,第 704 页。

文》中为大唐圣主、六和尚、都僧统和尚、尚书贵礼、安姚二侍御、尚书孩子、释门教授、释门法律、都督公、都部落使、尊宿大德、诸法将大德、诸尼大德、卿官父杖、李和尚、某乙过囗父母所生魂路等发愿回向。①

（9）解座 "赤山院讲经仪式"中说："讲师下座，一僧唱'处世界如虚空'偈，音势颇似本国。讲师升礼盘，一僧唱三礼了，讲师大众同音，出堂归房"，元照的"十法"中也说：

> 九下座礼辞。僧传云：周僧妙每讲下座，必合掌忏悔云：佛意难知，岂凡夫所测，今所说者，传受先师，未敢专辄。乞大众，于斯法义，若是若非，布施欢喜。②

讲师在法会完毕后，便同都讲等下座，这时呗师一人唱："处世界如虚空"偈，即《集诸经礼忏仪》卷上所说："处世界，如虚空；如莲花，不著水；心清净，超于彼；稽首礼，无上尊。"③唱完这个偈子后，呗师又举腔唱"三礼"，即三归依：

> 自归依佛，当愿众生，体解众生，发无上心。自归依法，当愿众生，深入经藏，智慧如海。自归依僧，当愿众生，统理大众，一切无碍。④

三归依后，讲师有可能会说解座辞，如前僧妙所说，表示自己的谦虚。

在讲经法会完毕后，有时为了培养讲经法师，实行复讲制度，即由年轻法师复述当日讲师讲过的内容。如《高僧传·道安传》：

> 澄讲，安每覆述，众未之惬，咸言：须待后次，当难杀昆仑子。即

---

① 《回向文》，《大正藏》第85卷，第1299页上一中。
② 元照：《四分律行事钞资持记》卷下三，《大正藏》第40卷，第404页中。
③ 智昇：《集诸经礼忏仪》卷上，《大正藏》第47卷，第465页上。
④ 同上书，第465页上一中。现在寺院早晚课诵中的三归依，在归依僧"一切无碍"后面，加上"和南圣众"。在敦煌文书中，在"一切无碍"后面，加上"愿诸众生，诸恶莫作，诸善奉行，自净其意，是诸佛教，和南一切圣众"。

　　　　安后更覆讲,疑难纷起,安挫锐解纷,行有余力。①

复讲制度很早便在中国实行,儒家也有复讲,这是古代中国教育的优良方法,近代以来,由于实行书院式教育,此法早不行了。②

二、唐五代的俗讲

　　俗讲是由正规讲经发展而来,盛行于唐五代。相对于"僧讲","俗讲"即是通俗化的讲经,其宣讲内容故事化。俗讲的演出者尽为僧侣,当时称他们为"俗讲僧"。俗讲僧一方面要有高深的佛学修养,精通佛教教义,具备"声、辩、才、博"之学,根据听讲者的具体情况随机应变;另一方面又需掌握娴熟的演出技巧。③ 从这一点上说,他们已经与一般讲经法师不同,有点像普通艺人了。文溆是非常有名的俗讲僧,讲唱技艺非常高,唐敬宗于宝历二年(826)"幸兴福寺,观沙门文溆俗讲"④,而且普通百姓亦喜欢他的俗讲,"愚夫冶妇,乐闻其说。听者填咽寺舍,瞻仰礼拜,呼为和尚教坊"⑤。

　　俗讲的仪式,应该与正规讲经相差不多。但是,由于俗讲要适应听众的文化水平与欣赏口味,重视内容的通俗化、趣味性,所以讲经法师常用通俗化的散韵相间的词句讲唱、解释经文,并且就经文进行发挥。在现存敦煌的讲经文中,在开题正式讲经之前,有"说押座",现存有单卷押座文,如《八相押座文》、《三身押座文》、《维摩经押座文》、《温室经讲唱押座文》、《二十四孝押座文》、《左街僧录大师压座文》等。"押座"是效仿民间讲唱,汉魏乐府有前趋之曲,唐时伎乐习称"定场",弹唱人以引词先定场屋,与说经者以唱词压座之意正同。如 S.2440《八相押座》末云:"我拟

---

① 慧皎:《高僧传》卷五,《大正藏》第 50 卷,第 351 页下。
② 日本称复讲为"复演",也很早便在日本实行,见道端良秀《唐代佛教史の研究》,第 216—217 页,京都,法藏馆,1983。
③ 张弓主编:《敦煌典籍与唐五代历史文化》,第 643 页,北京,中国社会科学出版社,2006。
④ 司马光编著:《资治通鉴》卷二四三,第 3013 页,北京,中华书局,2007。
⑤ 赵璘:《因话录》卷四《角部》。

请佛,恐人坐多时,便拟说经。愿不愿? 愿者检心(合)掌待"①,S.2440《三身押座文》末云:"既能来至道场中,定是愿闻微妙法。乐者一心合掌着,经题名字唱(将)来"②,可知押座在开题唱经之前。

在中晚唐时期,俗讲经常在寺院中进行。圆仁《入唐求法巡礼行记》中记载了俗讲的情况:

> (开成六年正月)九日……改年号,改开成六年为会昌元年(841)。又敕于左、右街七寺开俗讲。左街四处:此资圣寺,令云花寺赐紫大德海岸法师讲《华严经》;保寿寺,令左街僧录、三教讲论、赐紫、引驾大德体虚法师讲《法华经》;菩提寺,令招福寺内供奉、三教讲论大德齐高法师讲《涅槃经》;景公寺令光影法师讲。右街三处:会昌寺令内供奉、三教讲论、赐紫、引驾起居大德文溆法师讲《法华经》。城中俗讲,此法师为第一。惠日寺、崇福寺讲法师未得其名……从大和九年以来废讲,今上新开。正月十五日起首至二月十五日罢。③

大和九年(835),废俗讲。会昌元年(841)敕令开讲,前后为期一个月,长安城内七大寺院同时进行俗讲,可谓盛况空前。后来,会昌元年九月一日,两街诸寺开俗讲;会昌二年(842)正月一日,诸寺又开俗讲。

俗讲是对俗人的教化活动,而且在寺院中说说唱唱,容易被人讥笑。所以,官方对俗讲亦是屡加禁断,随着敦煌文书中讲经文的发现,才有机会窥其大概。

三、唐五代时期的转变与变文

唐五代时期,与俗讲同时流行于民间的说唱伎艺尚有"转变"。转

---

① 黄征、张涌泉校注:《敦煌变文校注》,第1140页,北京,中华书局,1997。
② 同上书,第1144页,1997。
③ [日]圆仁:《入唐求法巡礼行记》,第147页。

变,即说唱变文,当时极为盛行,上自宫廷,下至闹市,均有演出,且出现专门的演出场所"变场"。

变文简称"变",是转变之底本。"转(啭)"指婉转发声,引申为歌唱或讲唱。变文最先出现于佛寺,由俗讲僧向听众衍述佛经中富于文学意味之神变故事。其后又有职业民间艺人,讲唱以民间传说、历史故事与现实生活为题材之变文,地点自亦不限于佛寺。转变最迟出现在唐玄宗时期,现存 S.5511、S.4398《降魔变文》开篇说"我大唐汉圣主开元天宝圣文神武应道皇帝陛下"①,即为其证。《太平广记》卷二六九"宋昱韦儇"条引《谭宾录》载玄宗天宝十年(751)事:

> 杨中忠为剑南,召募使远赴泸南,粮少路险,常无回者。其剑南行人,每岁令宋昱、韦儇为御史,迫促郡县征之。人知必死,郡县无以应命。乃设诡计,诈令僧设斋,或于要路转变,其众中有单贫者,即缚之;置密室中,授以絮衣,连枷作队,急递赴之。②

僧人于道路中转变,能够吸引人潮,从而实现捉人的目的,可见转变的魅力。

转变的表演者一般是一个人,僧俗均可,男女皆宜。如 S.3491、P.2187《频婆娑罗王后宫綵女功德意供养塔生天因缘变》最后说:

> 佛法宽广,济度无涯,至心求道,无不获果。但保宣空门薄艺,梵宇荒才,经教不便于根源,论典罔知于底漠。辄陈短见,缀秘密之因由;不惧羞惭,缉甚深之缘喻。③

可见,保宣是位出家的转变艺人,他既是变文的作者,也是转变的表演者。

转变与俗讲都是讲唱结合,但是俗讲需要两位僧人,而转变则只需

---

① 黄征、张涌泉校注:《敦煌变文校注》,第552页。
② 李昉等编:《太平广记》卷二六九,《四库全书》本。
③ 黄征、张涌泉校注:《敦煌变文校注》,第1083页。

一人,僧俗皆可;其次,俗讲只在寺院中进行,转变则可在闹市街头表演;最后,在内容上,俗讲的内容全部来源于佛教,转变则还可讲唱世俗故事。所以,转变比俗讲更为宽松。由于转变内容娱乐性太强,变文于是由宗教宣传素材变为通俗民间文学。变文的体制是韵散合体,采用诗文相间、有说有唱之形式,或者配合图画,如《降魔变文》、《破魔变文》,可谓是综合性的艺术。如《维摩诘经变文》、《降魔变文》是以散文讲述,以韵文歌唱;《大目乾连冥间救母变文》是以散文作引子,以韵文详细叙述;《伍子胥变文》是散文韵文交杂并用。

现存的敦煌变文,以题材分大体有四类:一、讲唱佛经故事之宗教变文,如《八相变》、《破魔变》、《降魔变》、《大目乾连冥间救母变文》;二、讲唱历史故事之历史变文,如《伍子胥变文》、《捉季布传文》;三、以民间传说为题材之传说变文,如《舜子变》、《孟姜女变文》、《王昭君变文》;四、取材于当时当地重大事件与人物之变文,如《张义潮变文》、《张淮深变文》等。

变文对后世中国文学之影响,主要在文学体裁之发展史上:一、讲述部分,影响宋人话本之说书形式;二、演唱部分,演化为宝卷、弹词、鼓词一类民间通俗文学;三、文辞部分,长篇小说时杂诗词歌赋或骈文叙述乃变文之遗留。

第八章　中国佛教与东亚佛教文化圈的形成

隋唐时期,是中国化佛教诸宗派确立与发展的重要阶段。中国佛教诸宗派的确立与发展,对于推进东南亚各国(特别是日本、朝鲜、越南三国)佛教文化的传扬,均发生了重大影响。在此三百余年间,不仅有大批来自新罗、日本诸国的学僧赴华求法参学,不同程度地得到唐代中国化佛教诸宗派的传承,归国开宗,将隋唐时期所确立的天台、法相、华严、禅宗、净土、密教及律宗等中国化佛教宗派,相继弘传,而且中国高僧也以各种机缘前往日本、新罗、越南等东南亚国家弘法传教,相承不绝,最终在这些国家中逐渐形成了以中国化佛教为主导内容的东南亚佛教文化圈。

第一节　隋唐五代与日本的佛教文化交流

中国佛教传入日本的明确时期虽难以详考,但日本最初接触到佛教大约是在公元6世纪初。据日本《扶桑略记》所载,梁武帝普通三年(继体天皇十六年,即公元522年)时,中国梁朝人司马达等至日本,"结草堂于大和国高市郡坂田原,安置本尊,归依礼拜。举世皆云:此大唐神之出缘起……钦明以前,唐人持来佛像,然而非流布也"①。这是中国佛教私传日本之始。

此时,佛教已传入朝鲜南部的百济国。百济圣明王遣使将佛像和汉译经典奉送于日本。《日本书记》卷一九载,钦明天皇十三年(壬申,552),"冬十月,百济圣明王遣西部姬氏达率怒唎斯致契等,献释迦佛金铜像一躯,幡盖若干,经论若干卷。别表赞流通礼拜功德云:是法于诸法中最为殊胜,难解难入,周公孔子尚不能知。此法能生无量无边福德果报,乃至成辨(应为办)无上菩提……"②此为佛教传入日本民间("私传")的"壬申说"。

另据《元兴寺伽蓝缘起》及《上官圣德法王帝说》所述,日本继体天皇死后,钦明天皇继位御世,戊午年(538)十月,百济国圣明王,奉"太子佛并灌佛之器一具及说佛起书卷一箧"至日本。此后,佛法始于日本兴盛。此为佛教传入日本朝廷的"戊午说",并成为中国佛教"公传"日本之始。

无论是中国佛教民间化地私传日本或是官方化地公传日本,其时间大约为公元6世纪之初。在此时期,中国佛教主要是直接或间接地通过朝鲜半岛(特别是当时的百济国)而传入日本。进入隋唐后,随着日本遣隋使、遣唐使相继渡海,入华参求佛教文化的热情大为高涨,从而逐渐展开日本佛教的新机运。

一、隋唐时期的中日佛教交流

隋炀帝大业初年(605),四邻诸国来学佛法的僧徒云集长安。其中即有日本僧人的身影。当时,日本正处于圣德太子摄政期间(574—622)。据记载,圣德太子曾师事高丽僧慧慈,崇尚汉文化,并撰有"三经义疏",即《胜鬘经义疏》、《维摩经义疏》和《法华经义疏》,同时还广建寺

---

① 《扶桑略记》,引见杨曾文《日本佛教史》,第20页,北京,人民出版社,2008。
② 《日本书记》卷一九,引见杨曾文《日本佛教史》,第17页,北京,人民出版社,2008。

塔,供奉佛像,大弘佛教。

隋炀帝大业三年(607),圣德太子派小野妹子出使中国,求取佛教经论。翌年,再度派小野妹子使华时,更有僧旻、请安、惠隐、广齐等一批留学僧随行。据《隋书·倭国传》载:"大业三年,其王多利思比孤遣使朝贡,使者曰:闻海西菩萨天子重兴佛法,故遣使朝拜,兼沙门数十人,来学佛法。"①这是中日佛教文化正式交流之始。

隋炀帝对日本留学僧颇示礼遇,不仅把随小野妹子前来的日本留学僧安置在鸿胪寺的四方馆,还先后召终南山悟真寺净业、玉泉寺静藏、长安大庄严寺神迥、弘福寺灵润入鸿胪馆担任教授。随后,又有学僧灵云、惠云等来隋求学佛法。隋代年间,日本派遣僧俗学人来中国留学者,络绎不绝。

继入隋留学僧之后,日本学僧入唐参求佛法之风尤盛。如果说隋代与日本之间的佛教文化交流,与当时两国间典章制度、思想文化等交流领域同时并进,那么随着唐代真正佛教意义上直接交流的持续展开,中国佛教诸宗派在日本相继传扬,推进了日本佛教教义学的发展,最终促成了日本佛教史上"奈良六宗"及平安时代的日本"新佛教"。

唐初时,道昭、智达、智通来从玄奘受学,其后又有智凤、玄昉来从智周受学,归国后分为南寺、北寺两传法相之学,而成立专宗。在华严宗领域,先有道璿赴日讲《华严》等经,继而新罗审详从贤首法藏学法,授之日僧良辨,而成华严宗。在律宗领域,日僧道光先入唐学南山律,后鉴真律师赴日传戒,成立了律宗。这些中国化佛教宗派都建立在日本奈良时代(710—774),连同先前传入日本的三论宗、成实宗,以及附随于法相学而传入的俱舍宗,并称为"奈良六宗"。

由于日本国都由奈良迁往平安,自此进入日本历史的"平安时代"。在此时期,最澄入唐从天台宗道邃、行满受学,归国创天台宗。随后,空

---

① 魏征:《隋书》卷八一,《倭国传》,第1827页。

海入唐从惠果受两部秘法,归创真言宗。以最澄与空海为代表的"入唐八大家",通过改造中国佛教,结合日本的本土文化,确立了对后世影响较大的日本天台宗与日本真言宗("东密"),逐渐使日本"新佛教"备具规模。

1."奈良六宗"与隋唐佛教

第一,三论宗的传扬

三论宗在日本的传扬,主要是受嘉祥吉藏及其门下影响的结果。公元625年,入隋随嘉祥寺吉藏修学的高丽僧慧灌,前往日本,在飞鸟元兴寺弘讲三论(《中论》、《百论》、《十二门论》)教义。此为日本正式传扬三论宗之始。随后,原籍中国江南吴地的慧灌弟子福亮,在日本从慧灌出家,后入唐谒嘉祥吉藏,研习三论。返归日本后,住元兴寺宏化,盛演三论之学。

福亮传法于在俗的儿子智藏。智藏后入唐游学,归住法隆寺,弘传三论,为日本三论宗之再传。智藏门下,英才甚众,主要有道慈、智光、礼光等人。

道慈(?—744)于大足元年(701)入唐,从吉藏的再传弟子元康研习"三论"。道慈居唐十八年,广学多闻,尝预选入宫,宣讲《仁王般若经》,于开元六年(718)返国,阐扬三论,兼弘法相、真言、律学,成为日本三论宗的"三祖"。

道慈模仿长安西明寺,在奈良建造大安寺,成为当时日本最宏壮的寺宇。道慈的弟子善议也渡海入唐,遍寻名德,深求义蕴,归国住大安寺。慧灌、智藏、道慈,成为日本传扬三论宗的三大祖师。

第二,法相宗的传扬

永徽四年(653),日本沙门道昭、道严等人随国使入唐,诣慈恩寺,受教于玄奘门下,得授观门,兼学《俱舍论》。其后,道昭携新译经论归还本国,住元兴寺,盛弘慈恩的学说,是为日本法相宗初传。

显庆三年(658),日本沙门智通、智达渡海入唐,谒玄奘、窥基,从受其学要。又随入玉华宫寺,业成返国,弘传所学,成为日本法相宗第二传。

长安三年(703),新罗沙门智凤、智鸾、智雄相偕入唐,受学于濮阳智周门下,后返日本大弘宗义,为第三传。

法相宗最初三传,皆在日本飞鸟的元兴本寺传习,故又称"元兴寺传"或"南寺传"。

开元四年(716),智凤的再传弟子玄昉也渡海入唐,仍就濮阳智周学习慈恩宗义,在唐蒙赐紫衣,开元二十三年(735)赍同所得佛像及经论章疏五千余卷返国,在奈良兴福寺大弘所学,为第四传,又称为"兴福寺传"或称"北寺传"。

第三,鉴真东渡与律宗的传扬

佛教修习,以经、律、论三学为主体。随着佛教义学的盛弘,如戒修行,成为日本佛教界普遍关注的问题。与朝鲜一样,当时日本佛教僧人的持戒律行,并不理想,以致出现了"僧尼虽多,未传戒律"的情形。[①] 当时尽管从中国零星传入日本一些戒律,但既不严格,亦不如法,而唐代律学却掀起了以弘传《四分律》为主体的宗派思潮。这种强烈反差的现象,最终导致了日本留学僧对如律修行的高度关注。不过,至7世纪后期,虽有日本沙门道光入唐学律,携归道宣《四分律删繁补阙行事抄》,撰有《依四分律抄撰录文》1卷,但未弘戒学。

开元二十一年(天平五年,733),日本沙门荣睿、普照等相偕入唐,求学戒律,奉敕在东都大福先寺依定宾律师受学。荣睿等认为日本国传戒无人,发心邀请唐地律匠赴日传律。闻扬州大明寺鉴真(688—763)为当代律学名德,弘导甚盛,"江淮之间,独为化主",遂于天宝元年(742)至扬州恳请鉴真东渡弘化。鉴真应允赴日传律,于天宝二年(743)率其徒众赍经论法物等启舟东行,前后五回,历经十年的艰辛。其间,鉴真双目失

[①] 凝然:《三国佛法传通缘起》卷下,引见杨曾文《日本佛教史》,第74页,北京,人民出版社,2008。

明,且年届花甲,但矢志不渝,最终于第六回、即天宝十二年(753)抵达日本,受到日本国朝野僧俗的盛大欢迎。①

鉴真一行抵达日都奈良东大寺后,尝任遣唐使的吉备真备奉敕宣诏,衷心表达日本天皇对鉴真一行东渡传律的欣慰与感恩之情,更授之以"传灯大法师"的最高荣誉:

> 大德和上远涉沧波,来投此国,诚副朕意,喜慰无喻。朕造此东大寺,经十余年,欲立戒坛,传授戒律。自有此心,日夜不忘。今诸大德,远来传戒,冥契朕心。自今以后,援戒传律,一任和上。②

翌年,鉴真即在奈良东大寺兴筑戒坛,包括日本天皇、皇后及公卿等在内的四百余人,皆从受菩萨戒;又日僧灵裕、贤戒、志忠、善项、道缘、平德、忍基、善谢、行潜、行忍等八十余人,舍旧戒从受新戒,礼鉴真大和尚持具足戒。此为日本登坛授戒的开始。

太平兴宝七年(755),鉴真更建戒坛院,为全国授戒中心。此后,再建唐禅院,作为讲习戒律的场所。759年,鉴真又于奈良兴建"唐招提寺",一则作为传授律学、培养僧才的中心道场,与弟子法宝、义静、如宝等人研习戒律,另则开设戒坛,广传佛戒,前后受度的达四万人以上。由于鉴真的盛化,遂开日本戒律一宗,而鉴真即为日本律宗初祖,先后被敕任日本少僧都、大僧都,尊称为"唐大和尚",谥号为"过海大师"。

据《唐大和上东征传》载,当时随鉴真东渡日本的僧人,还有扬州白塔寺法进、泉州超功寺昙静、台州开元寺思讬、扬州云兴寺义静、衢州灵耀寺法载、窦州与开元寺法成等十四人。法进在鉴真圆寂后,管领东大寺戒坛院,而法载、义静、如宝等三人则在唐提招寺弘传戒律,全面奠定了东大寺在日本奈良佛教时代的领导地位。

"唐大和尚"鉴真法师的东渡日本,是唐代中日佛教文化交流的典

---

① 有关鉴真六次东渡的情况,参见杨曾文《日本佛教史》,第77—79页,北京,人民出版社,2008。
② 参见《东征记》,引见杨曾文《日本佛教史》,第78—79页,北京,人民出版社,2008。

范,广为后世所传颂与钦崇。鉴真一行,将大批唐朝佛教经律典籍携往日本,如唐实叉难陀译《华严经》八十卷、《四分律》及《律二十二明了论》等,特别是唐代律宗三家的律学注疏,如道宣"南山宗"、法砺"相部宗"及怀素"东塔宗"的主要著作。此外,尚有北魏慧光僧统的《四分律疏》、唐智周《菩萨戒疏》、大觉律师《批记》、法诜《尼戒本》和《尼戒本疏》等。值得一提的是,鉴真法师还把天台宗主要章疏撰著,如智者大师的《摩诃止观》、《法华玄义》、《法华文句》、《四教义》、《释禅波罗蜜次第法门》、《行法华忏法》、《小止观》、《六妙门》等教典,携往日本,台律兼弘,影响甚广。①

第四,华严宗的传扬

最先把中国华严宗传入日本的是道璇。

开元二十四年(736,天平八年),唐东都洛阳大福先寺道璇(一称道璿,702—760,俗姓卫),出家之初从定宾习律,后从神秀弟子普寂(651—739)学禅,兼修华严。太平八年(736),道璇应日本入唐学僧荣睿、普照之邀,赴日传习戒律,诲人不倦,化导甚广。因道璇随行赍有《华严》章疏,故认为是华严教义传入日本的最早记载之一。不过,道璇并未在日本弘阐华严。

圣武天皇天平十二年(740),良辨(689—773)奏请天皇敕召新罗学僧审详赴日讲《华严经》。审详曾入唐求法,随贤首法藏修学华严教观。审详往住日本大安寺,应请在金钟道场开讲晋译("旧译")《六十华严》,即依据法藏《华严经探玄记》二十卷。审详自任"讲师",主讲经称;由良辨的弟子慈训、镜忍、圆证等人担任"复师",复述审详所宣讲的华严经义,另有十六僧为听众。每年讲经二十卷,三年讲毕一部《六十华严》。因此,在日本华严宗史上,审详被尊为日本华严宗初祖,良辨则为日本华严二祖。而据传为良辨弟子的寿灵,则撰有《华严五教章指事记》,是日本华严学僧最早注释法藏《华严五教章》的注释书之一。

---

① 参见杨曾文《日本佛教史》第一章,第77—78页,北京,人民出版社,2008。

此后,不仅唐译(或称"新译")《八十华严》传入日本,而且包括法藏弟子慧苑所撰《续华严经略疏刊定记》、澄观《华严经疏》等新疏,亦相继传入,并展开宣讲。自此以后,《华严经》的讲习渐次盛弘,成为日本传承中国佛教义学的显学之一。

据载,圣武天皇对《华严经》颇示推崇,"由兹天皇即发弘誓大愿,于此一乘极为尊重,特给隆为务,救济为心矣。"①自太平十六年(744)以后,每年都命讲《华严经》。

随着华严学的讲习及其影响的日渐扩展,崇信华严的圣武天皇发愿建造东大寺和国分寺。其中,东大寺为总国分寺,其所供奉的大佛像即是《华严经》教主卢舍那佛(新译称"毗卢遮那佛"),其造型设计更依据华严宗的主要义理结构。此后,京城奈良东大寺更成为日本传习华严的中心道场,保存了唐代华严的许多重要教典,构成后世东亚华严学的基础文献。另外,大安寺、药师寺、西大寺、元兴寺等寺院,也是日本学僧研习华严宗的重要道场。

顺便一提的是,南北朝时期学派佛教的重要典籍《成实论》,也于隋代由高丽慧灌传入日本,讲习不断。而《俱舍论》则由道昭、智通、智达入唐玄奘门下受学,并传至日本盛行讲述。但以上两宗并未开创寺院,独立弘传,只是成实宗附在三论宗内、俱舍宗附于法相宗内传通讲习而已。

以上是日本奈良时代由隋唐传入的六个宗派,史称"奈良六宗"(710—794)。

此外,包括戒行在内的隋唐佛教修行规仪亦渐次影响日本。养老四年(720)十二月,曾敕令佛教转经唱礼须依汉沙门道荣和日本入唐返国的学问僧胜晓等的音调转唱,并停止余音,免污法门。当时日本国内僧人大多具有学习汉语的经历,而唐代道璿、鉴真等僧人,更都以汉语讲授

---

① 凝然:《三国佛法传通缘起》卷中,引见杨曾文《日本佛教史》,第71页,杭州,浙江人民出版社,1995。

佛典。道璇还曾让其门下懂汉语的弟子忍基、善俊、忠惠、真法等人,从鉴真的门人思讬(一作思托),于大安寺唐院研学法砺等《疏记》。据《唐大和上东征传》载:"唐道璿律师请大和上门人思讬曰:所学有基绪,璿弟子闲汉语者,令学励疏及镇国记,幸见开导。僧思讬便受,于大安唐院,为忍基等四五年中,研磨数遍。宝字三年,僧忍基于东大唐院讲疏记,僧善俊于唐寺讲件疏记,僧忠惠于近江讲件疏记,僧真法于兴福寺讲件疏记。"随着这些日本学僧在各寺转相讲授,"日本律仪,渐渐严正,师资相传,遍于寰宇。"①

与此同时,如佛教仪礼、经像、文物、建筑式样、工艺等也大量由唐输入日本。在中国本土,则涌现出了明州、扬州等中日佛教文化的中心区域。鉴真及其门下诸弟子,博学多识,长于诗文,勤于著述,更对推进日本文化生活诸多领域如汉语文学、音韵学的发展,颇具贡献。

2. 唐代佛教大藏经的传入与日本佛教写经

开元二十三年(735),唐开元藏编定之后五年,由唐留学归国的玄昉,曾携回汉文经论5 000余卷,是为汉文藏经输入日本之始。日本天平十一年(739)敕依《开元释教录》写一切经5 048卷。此后,鉴真又于公元758年(日本天平字二年)秋,率众开写大藏经5 048卷,收藏于奈良唐招提寺。天平时代,成为日本佛教写经的最盛时期。

3. 隋唐佛教与日本寺院的兴建

奈良时期,日本佛教不仅有中国佛教诸宗派教学的盛行东传,更有模仿唐代建筑样式的佛教寺院的兴建活动。其中最负盛名的有东大寺和国分寺,其他则有元兴寺、兴福寺、大安寺、药师寺。如受唐神龙三年(707)及开元二十六年(738)中国各州郡奉敕普建龙兴寺、开元寺的影响,日本也由道慈等的建议,于天平十三年(741)在全国各地建立国分寺和国分尼寺,寺各置僧二十人或尼十人。其中有名的大和国分寺(即东

---

① 引见《唐大和上东征传》,载于[日]木宫泰彦《日中文化交流史》,第214页。

大寺)的卢舍那佛像,即是仿唐神龙初年(705)兴造的白司马坂大铜佛像而铸造的。

4. 唐代佛教与日本平安"新佛教"

奈良佛教,主要由日本入唐僧所推动,并成为奈良佛教或南都佛教的主流。至于平安时期的镰仓佛教,则奠定了后世日本佛教的主体,成为相对独立的佛教系统。

公元794年,日本国都由奈良北迁于仿唐京长安而建设的平安新城,为促进全国宗教文化的新兴运动,仍派遣僧俗入唐留学。平安时期,日本佛教所传扬的主要是天台宗与真言宗。其时佛教界突出的人物,有比睿山天台宗开宗大师最澄和高野山真言宗开宗大师空海。

5. 天台宗在日本的传扬

天平八年(736)入唐僧道璇本为求律僧,但他同时兼习天台。天平宝胜六年(754)鉴真成功东渡日本,更把许多天台章疏传入日本。其中包括《摩诃止观》、《法华玄义》、《法华文句》、《小止观》、《六妙门》等主要教典。随鉴真东渡的法进、昙静、思托、文宝等,则都属于兼弘天台的唐代学僧。

尽管鉴真是否曾在日本宣讲天台教义之事,缺乏明确的文献记载,但据师蛮(1626—1710)《本朝高僧传》所述,其弟子法进曾讲"天台三大部"四遍。另一位弟子思托(724—?),于天宝三年(744)随鉴真第四次东渡日本时,尝留居浙江临海龙兴寺(台州开元寺),此后即于此寺习天台止观,直至天宝十三年(754),随鉴真最终东渡日本。思托不仅与日僧普照具体主持执行唐招提寺的初创工作,并尝应道璇之请,在大安寺唐院为其弟子忍基、常魏等讲法励《四分律疏》和《饰宗义记》(即《镇国记》)等,还多次为僧众讲述天台教义。撰写了《大唐传戒师僧名记大和上鉴真传》、《延历僧录》五卷及《目录》一卷等。后者成为日本佛教史上最早的僧传著述,记载了鉴真、道璇、思托、荣睿、普照、隆尊、净三、庆俊、戒明等僧人,以及圣德天子、圣武天皇、桓武天皇等护法王臣的传记。此书虽已散佚,但保存奈良时期的许多史料,也是现存当时最好的汉语著作。

天台宗在日本的真正传扬,始于最澄入唐求法。专宗天台,在很大程度上就是受鉴真及其门下法进、思讬等传播天台思想的影响。

最澄(767—822),俗姓三津首,字广野,日本近江国滋贺郡人。少从近江国师行表高僧出家,后赴南都东大寺受具足戒。延历七年(788),最澄至比睿山结庵修行,研读传入日本的天台教典。延历二十一年(802),最澄取得桓武天皇的允准,以"天台法华还学僧"的身份入唐,研习"《法华》深旨"。

唐贞元二十年(延历二十三年,804)七月,最澄携弟子义真,随日本第十二次遣唐使石川道益抵明州(今宁波)登岸。九月二十六日,最澄与义真来到台州(治临海),居龙兴寺。其时,天台十祖兴道道邃正应台州刺史陆淳之请,于龙兴寺宣讲《摩诃止观》,最澄遂从道邃学天台教观,并受大乘"三聚大戒"。稍后,最澄往天台山,参国清寺,随与道邃同为荆溪湛然(711—782)弟子的佛陇寺行满修学,终获其法,求得天台教典82卷。行满在其所撰《付法最澄法师书》中,盛赞最澄为"求妙法于天台"而"不惮劳苦,远涉沧波,忽夕朝闻,忘身为法"的精神,并对最澄修行、弘法寄以厚望,"愿得太师以本念力,慈光远照,早达乡关。弘我教门,报我严训。生生世世,佛种不断。法门眷属,同一国土,成就菩提,龙华三会,共登初首"①。

最澄在台州龙兴寺道邃主持授"菩萨三聚大戒",②并在天台山佛陇寺得受行满天台教观。由于道邃、行满皆受学于天台九祖荆溪湛然门下,这意味着最澄成为天台正传日本第一人。最澄归国时,带回《法华经》等章疏128部、345卷,还携回王羲之等名家碑帖拓本17种。回到日本后,在比睿山大兴天台教义,正式创立日本佛教天台宗。

---

① 行满:《付法最澄法师书》,《鄴交徵书》二篇卷之一,第112页,上海世纪出版集团、上海辞书出版社,2007。
② 道邃在《答最澄三藏书》中自称"传菩萨戒师"。参见《鄴交徵书》二篇卷之一,第113页。

最澄在入唐前,尝从其师行表受禅宗北宗禅法。入唐后,又在天台山修禅寺从翛然受禅宗牛头法融一系的禅法。

翌年四月,最澄与义真离开台州,抵达越州(今绍兴),从泰岳灵岩寺沙门顺晓受密教灌顶及金刚界、胎藏界两部曼荼罗、经法、图像、道具等。顺晓为唐代密教善无畏(637—795)的再传弟子。

最澄居留唐土虽不及一年,但受天台、密教、禅法、戒法四大系统,史称最澄之学为圆、密、禅、大乘戒法"四宗相承"。同年五月,乘遣唐舶返国,携归唐代经论疏记230余部,大弘教化,在比睿山开创天台一宗,兼传密教和大乘戒法。著有《唐决集》、《守护国界章》、《显戒论》3卷、《佛法血脉谱》1卷等书,凡280余部,并于日本清和天皇贞观六年(864)谥"传教大师",后世更辑有《传教大师全集》。

最澄是日本"入唐求决"中最具代表性的学僧,其佛法学养曾获得了当时中国天台学僧的普遍认可,并依据《法华经》及"天台三大部"创立了日本天台宗。

6. 密宗在日本的传扬

空海(774—835),俗姓佐伯,赞岐国多度郡人,家世豪族。早年研读《论语》、《孝经》、《尚书》、《诗经》、《春秋》等儒家经典。同时,密修苦行及种种"忏悔之法"。二十岁时,空海投石渊寺勤操出家,并于奈良东大寺受具足戒为僧,广阅佛典,尤于《大日经》用功甚勤,遂立志入唐求法。

唐德宗贞元二十年(日本延历二十三年,804),空海与最澄乘遣唐使第一舶入唐,于当年九月到达福州,旋入唐京。翌年,奉敕居西明寺,历访长安诸刹名德,蒙青龙寺惠果阿阇黎授以金、胎两部真言秘藏,尽诸蕴奥,并授以阿阇黎位灌顶。惠果又令画工、经主、铸工李真等图绘所有秘密曼荼罗及书写《金刚顶》等最上乘密经、新造各庄严具并佛舍利等相赠。据称,惠果言空海曰:"如今此土缘尽不能久住,宜此两部大曼荼罗,一百余部金刚乘法及三藏(即不空)转付之物,并供养具等,请归本乡,流转海内。才见汝来,恐命不足,今则授法有在,经像功毕,早归乡国,以奉国家,流布天下,增苍生福……"①惠果示寂后,空海又从罽宾沙门般若、天竺沙门牟尼室利学。

空海于元和元年(806)八月,归还日本。据《御请来目录》载,空海归国时,赍其所得唐代新译佛经 142 部 247 卷,其中多为不空所译的密教经轨章疏,梵字真言赞 42 部 44 卷,论疏等 32 部 170 卷,及许多佛菩萨图像曼荼罗等。

空海返国后,盛弘密教,朝野尊崇,并于高野山创建根本道场,开启日本真言宗("东密")。著有《三教指归》3 卷、《御请来目录》、《付法传》、《即身成佛义》、《秘密曼荼罗教十住心论》(亦称《十住心论》)10 卷、《辩显密二教论》2 卷、《秘密宝钥》3 卷,及由其弟子所编的《遍照发挥性灵集》10 卷等书,凡 150 余部,谥号为"弘法大师"。

自最澄、空海之后,天台、真言两宗在日本平安时代(782—1191)渐为盛行,日益发达。日本佛教史上有名的"入唐八大家",即主要指最澄、空海及其门下弟子而言。如最澄及其法裔圆仁、圆珍等属于天台宗的"三家",而空海及其法裔常晓、圆行、慧运、宗睿等属于真言宗的"五家"。

圆仁(794—864),俗姓壬生,为最澄及门弟子,谥"慈觉大师"。开成三年(日本承和五年,838),圆仁与圆行等人以"请益僧"的身份,随遣唐使共乘遣唐舶抵扬州海陵,入唐求法。在扬州开元寺,圆仁从沙门宗睿学梵书,又从全雅受灌顶及两部曼荼罗、诸尊仪轨、佛舍利等。后转经青州,登五台山,从沙门志远、文鉴等人,受学天台教义,研习《摩诃止观》、《法华玄义》等教典,请志远答复日本延历寺僧众所提出的疑难问题 30 条②,并写成天台宗撰著 27 卷。此后,圆仁转赴长安,奉敕居资圣寺,从大兴善寺元政阿阇黎学金刚界大法,图写金刚曼荼罗等。会昌元年(841),圆仁再从青龙寺义真受学胎藏界法并灌顶,并从元法寺法全受传

---

① 空海:《御请来目录》,引见杨曾文《日本佛教史》第二章,第 125—126 页。
② 见录于《日本国三十问谨案科直答》。

仪轨,修学《大日经》"真言印契并真言教中秘密法要"等。同时,圆仁还随礼泉寺宗颖习止观。圆仁居留长安达六年,然后赍同在各地求得的经论章疏585部及诸图像道具等。

大中元年(847),圆仁由登州乘新罗舶返国,归登比睿山,盛弘台、密两教,对日本台密的盛行,作用颇大。所著有《金刚顶经疏》等十余部。其门流以比睿山延历寺为中心,称为日本天台宗山门派。

圆仁归国后,曾将他在唐求法巡礼的见闻经历,写成《入唐求法巡礼行记》四卷。此书现存,不仅为中日佛教关系的珍贵史料,而且也是记载当时唐代佛教和社会状况的重要史料。

从圆仁入唐时开始,巡礼五台山的日本僧侣不断增加。其中,知名者有灵仙、惠警和惠运等人,他们皆先后巡礼过中国佛教圣地五台山。

继圆仁后则有沙门圆珍的入唐之行。

圆珍(814—891),俗姓和气,字远尘,系日本弘法大师空海的侄孙,赞岐国(今香川县)那珂郡人。[①] 十五岁入比睿山,师事精通汉语的最澄弟子、日本天台宗二祖义真(781—833),受天台之学。义真曾于804年随传教大师最澄登天台山,随道邃、行满等人修学天台宗义。翌年返日后,又辅佐最澄于比睿山创设延历寺,创立了日本天台宗,并于832年被任命为首任天台宗座主。

二十岁,圆珍正式受戒后,住山凡十二年,任内供奉十禅师之一。唐大中七年(853),圆珍随唐人钦良晖的商舶入唐,经福州、温州、台州、越州等地,历访诸寺,受学于存式、物外、良谓等僧人的门下。

圆珍入唐后,于十一月二十六日至台州临海,即上龙兴寺(开元寺),并"安置道真杜陀房中"[②]。就行满和尚的弟子季皋、清翰僧正的弟子知建等学天台教法,知建"乍见喜欢,宛如骨肉。舍与《维摩》、《因明》二部

---

① 有关圆珍的生平行历,参见尊通《智证大师年谱》,载白化文、李鼎霞《行历抄校注》,第223页以下,石家庄,花山文艺出版社,2004。
②《日本佛教全书》卷二八,圆珍《行历抄》,见白化文、李鼎霞《行历抄校注》,第5页。

义疏"①。直至十二月九日离开临海。圆珍一生著述甚多，所著游唐日记《行历抄》，虽仅存札要，但其中保留的一些史料内容，颇显珍贵。后至长安，从青龙寺法全受瑜伽密教，又在龙兴寺和大兴善寺受金胎等曼荼罗及新译经法。仍南登天台山访国清寺，以后携回所得经卷441部及诸宝物道具。大中十二年(858)，由台州乘唐人李延孝的商舶返国弘化。

圆珍回国后为日本天台宗第五代座主，重兴园城寺为传法中心，其门派为日本天台宗寺门派，圆珍则被尊为寺门派开祖。

至于"弘法大师"空海门下，则有常晓、圆行、慧运、宗睿等人入唐求法。

常晓与圆行于开成三年(838)同乘遣唐舶抵达扬州，常晓入栖灵寺，从文璨阿阇黎受金刚灌顶和太元密法。翌年，又谒华林寺大德问学三论宗义，后携所得经籍文物于同年八月仍乘遣唐舶归国，传弘密教。

和常晓同行入唐的圆行，则入长安受教于青龙寺义真，因慧解明达，奉敕为内供奉大德，仍于翌年和常晓同舶返国。

慧运也于开成三年(一说是会昌二年，842)乘唐人李树人的商舶来抵温州，即入长安，礼青龙寺义真入灌顶坛，受诸密印，后于大中元年(847)乘唐人张支信的商舶归国弘化，并兴建安祥寺，形成真言宗安祥寺流的一派。

宗睿则于咸通三年(862)乘唐人张支信的商舶入唐，初至汴州，谒玄庆阿阇黎受金刚部法；更至长安，从青龙寺法全学胎藏法，重受灌顶；又随造玄、智慧轮诸德学诸秘赜。并朝天台、五台诸山，随处访写经籍。于咸通七年(866)携同所得经书134部及诸文物等由明州登唐人李延孝舶返国，传衍密教。

以上入唐八家都由中国求得大量的经书文物回国，并各编有一部《请来目录》，这对于日本佛教的发展起了推进的作用。至于日本天台、

---

① 日本《天台宗延历寺座主圆珍传》，引见白化文、李鼎霞《行历抄校注》，第134页。

真言二宗是这一时期最占优势的两个宗派,即日本历史上所谓"平安二宗"。

此外,在佛教传入日本的过程中,佛教净土信仰及其经典亦随之传入日本。特别是隋唐时由道绰(562—645)、善导(613—681)等人完善的净土教,在奈良时代的日本佛教界开始逐渐流行,不仅著名的"净土三经"(《无量寿经》、《阿弥陀经》、《观无量寿经》)及《往生论》被广泛抄写,①而且道绰、善导、靖迈、怀感及朝鲜(新罗)元晓、羲寂等人净土撰著,亦为日本僧人所传写。② 其中,尤以唐代净土祖师善导的撰著流传最广,成为后世日本净土宗的重要源头。净土教信仰及其思想传入日本后,受到了当时奈良佛教诸宗僧人的普遍重视。这些学僧在兼弘净土的同时,还撰写了许多阐释净土经典的著述。③ 这些撰著尽管多已散佚,但从中可见隋唐净土思想对日本佛教的深刻影响。

在这一时期,中日佛教关系史上还值得特别提出的重要事件,是中国普陀山的观音道场系因日本高僧惠萼而开创。

惠萼曾于会昌元年(841)、四年(844)迭次来中国求学,并曾谒请杭州灵池寺齐安国师(马祖道一的法嗣)派遣上首义空禅师去到日本弘传禅法。惠萼又于大中十二年(858)赍同他在朝拜五台山时得到的观音圣像一尊,由明州航海准备回国,船行到普陀山不能前进,他便下船奉像在山结庐供养,渐渐兴建补陀山寺(后改名普济寺),遂开创了普陀山的观音道场。

---

① 据井上光贞《日本净土教成立史之研究》的统计,奈良朝的净土写经计有:《阿弥陀经》69 种,《观无量寿经》40 种、《无量寿经》34 种、《称赞净土经》21 种、《般舟三昧经》20 种、《无量清净平等觉经》(无量寿经的异译本)18 种。日本东京山川出版社 1975 年版,第 44 页,引见杨曾文《日本佛教史》,第 147 页。
② 如善导《观无量寿经疏》、《西方法事赞》、《往生礼赞》、《六时行道》、《般舟赞》,道绰《安乐集》,靖迈《双观经疏》、《称赞净土经疏》,怀感《净土决疑论》,以及元晓《无量寿经宗经》,羲寂《无量寿经疏》等。参见杨曾文《日本佛教史》,第 147—148 页。
③ 如住元兴寺的三论宗学僧智光(709—776),撰有今佚的《无量寿经论释》5 卷、《观无量寿经疏》和《四十八愿释》1 卷。住东大寺的华严学僧智憬(尝师事新罗审祥等人),著有《无量寿经宗要指事》1 卷、《无量寿经宗要指事私记》1 卷,是对新罗元晓《无量寿经宗要》的释解之作。参见杨曾文《日本佛教史》,第 148 页。

经过多年不断的入唐求法,当时日本佛教界已搜罗并保存了大量的中国佛教典籍,而中国则因会昌的法难(845)和五代的战乱摧毁而经像不全。当时中国吴越商舶航行日本往来频繁,吴越王钱弘俶更曾遣使备金向日本和高丽求写天台教籍,使台宗的章疏复还归中土,而有利于中国天台宗在宋朝的复兴。无论是还学僧,还是请益僧,日本学僧通过不同途径积极入唐求法的佛教交流活动,积极吸引唐代文化,不仅传入中国初兴的宗派佛教,如三论宗、天台宗、法相宗、律宗、密宗等,而且学为所用,迅速推进了日本奈良都市及其佛教事业的兴盛。当时的日本,不仅模仿唐都长安兴建平城京,而且还大量兴建佛教寺院,如兴福寺、元兴寺、药师寺、大安寺等寺院,无不成为后世日本佛教弘扬的基础。日本平安时代的"新佛教",同样是唐代时期中日佛教文化交流的历史产物。

二、五代十国时期的中日佛教交流

五代钱镠于唐昭宗乾宁二年(895)初任镇海东军(事)节度使,至后唐庄宗同光元年(923)自立称为吴越王,成为吴越国的太祖(谥武肃王,923—931)。其子元瓘继位,称世宗,谥文穆王(931—940)。元瓘之子宏佐(号成宗),谥忠献王(941—947)。宏佐之弟宗倧(即位后不久被废,谥忠逊王),宏佐之弟宏俶(号文德,谥忠懿王,948—978)相继为王,凡56年,终于宋太宗太平兴国三年(978)归顺于宋。

唐末五代,战乱频仍。后梁二世而亡,后唐入主汴京。五代时期,后梁、后唐、后晋、后汉、后周等割据政权,其活动区域主要集中于中原地区,而各地则群雄割据,形成了前蜀、后蜀、楚、荆南、吴、南唐、吴越、闽、南汉、北汉等十国。尽管如此,中日交通仍未中断,商船往来依然频繁。① 其中最为典型的就是具有地域优势的吴越国与日本之间的佛教文化交流。由于利用季节风的因素,开往日本的中国商船,大都从吴越出发,横

---

① 有关五代时期中日间船舶往来情况,参见木宫泰彦《日中文化交流史》,第222—224页。

渡东中国海,经过肥前松浦郡的值嘉岛,抵达博多津港。五代时期的吴越国,逐渐成为宋元中日佛教文化交流的核心地区。

总体来说,五代十国时期的中日佛教文化交流,基本上是承入唐僧之遗风,主要目的并非求教求法,而是多出于朝拜天台山、五台山等佛教圣迹,巡礼圣山。

由于历经唐武宗、周世宗的抑制佛教政策,特别是兵乱频仍,佛教典籍损毁严重,中华佛教普遍沉寂。这一时期的佛教交流,使得隋唐佛教鼎盛时期的诸多典籍,折返中国,对北宋初年的佛教复兴起到了积极作用。与唐代佛教诸宗派的盛极一时相比较,五代时期的中华佛教,由于长年战乱导致经论章疏的严重散逸,佛教学统受到摧残,僧辈后继乏人,龙象人物青黄不接,成为佛教史上的暗淡时代之一。最具优势的禅宗,五家分灯而为沩仰、临济、曹洞、云门、法眼。其中,临济再分黄龙、杨岐两派。"五家七宗"的同时,自百丈怀海制订丛林清规,教团化的丛林佛教雏形呈现,中华佛教正面临变革与复兴的机缘。

吴越国是五代时期与日本展开佛教文化交流的中心区域。据《旧五代史·钱镠传》载:"镠乃以镇海东军事节度使授其子瓘,自称吴越国王,行制册,加封爵于新罗、渤海、海中夷落,亦皆行使册封焉。"[①]但日本对吴越国的册封态度消极,未见其积极回应。

吴越王最初向日本派遣使者是 936 年。日本天历七年(后周太祖广顺三年,953),蒋承勋、季盈张等人,携吴越国文书及锦绮等馈赠礼物,以使者身份赴日。[②] 特别是吴越王弘俶托客商搜购天台教典,更是当时一大事件。据《宋朝事实类苑》(亦作《皇朝类苑》)卷七八记载:"吴越钱氏,多因海船通信。天台智者教五百余卷,有录而多阙,贾人言日本有之。钱俶买书于其国主,奉黄金五百两,求写其本,尽得之,讫今天台教大布

---

① 薛居正等:《旧五代史》卷一三三,《钱镠传》,第 1768 页。
② 有关吴越国使臣蒋承勋出使日本的文献记载,参见木宫泰彦《日中文化交流史》,第 227—229 页。

江左。"①钱弘俶广施钱财,力搜求天台教典,成为五代至宋代江南地区复振天台教学的一大外缘。

在佛教历史文献中,对于吴越国钱氏赴日搜购天台教典的事迹,多有记载。如《释门正统》卷二《羲寂传》亦称:"初智者所说教迹,自安史挺乱以来,会昌籍没之后,当时硕德但握半珠,隐而不曜,所有法藏,多流海东,师痛念本折枝摧,力网罗之,先于金华古藏中,仅得《净名》一疏而已。后以钱忠懿王览内典,昧于教相,请扣韶国师,韶称师洞明台道,王召师建讲,遣使抵日本,求其遗逸,仍为造寺,赐号净光,追谥九祖尊者,台道郁而复兴,师之力也。"②

五代时期,虽无中国僧人东渡赴日的明确记载,但僧人间的佛教交往仍未中断。其中,最为典型的就是天台典籍的折返中国。

据载,长德元年(995),杭州奉先寺曾搜求《仁王般若经疏》、《弥勒成佛经疏》、《小弥勒经疏》、《净土决疑论》、《金光明玄义》及荆溪湛然撰《华严骨目》等天台教典。当时日本天台座主觉庆将相关论疏抄本寄赠。

当时日本正处于文化繁荣时期,但日本渡海来华的僧人,见诸史册者并不多,仅见宽建、宽辅、澄觉、长安、超会、宽延、日延等人而已。这些渡海日僧,主要是随兴福寺僧宽建而行。

宽建于延长四年(926)为巡礼五台山而获准渡海。随行僧为宽辅、澄觉、长安、超会等四人,另有童子四人、近侍两人。在宽建渡航之际,曾因"令流布唐家"而携带以营原道真为首的文人诗集和小野道风的书法作品。可惜登岸不久,宽建即意外死于建州。澄觉等人于后唐长兴年间(930—933)入京,朝拜五台山,遍访诸圣迹,还游览了长安、洛阳等历史名城。经过多年努力,澄觉还掌握了汉语讲说,登坛宣讲《成唯识论》、《弥勒上生经》等佛教经论,获赐紫衣,得封"资化大师"之号。澄觉归国

---

① 江少虞:《宋朝事实类苑》下册,卷七八《日本》条,第1023页,上海古籍出版社,1987。
② 元颖:《释门正统》卷二《羲寂传》,《续藏经》第74册,第278页中。

途中,路经两浙。

宽辅在洛阳传布瑜伽密教,获弘顺大师之封号。据称,仅洛阳一地,授法灌顶传法弟子多达三十余人。奝然于永观元年(983)入宋时,偶遇已经八十五岁高龄的超会,得悉此事。

日延为肥前国人,他于天历年间入唐,天历末年归国。日延的渡海入华,甚少巡礼朝圣的动机。日延曾上天台山,当时天台座主延昌(慈念)应德韶的要求,将抄写好的天台教籍送往天台山,并非出于个人的巡礼目的。日延成为从日本送来中国一度散佚的佛教典籍的重要使者。

日延归国后所携回的宝箧印塔,闻名一时。当时,吴越王钱弘俶因病发愿仿阿育王故事造塔 84 000 座,内藏《心咒经》,称宝箧印塔,颁发各地。日延所携归日本者,即是其中的一座。

吴越国对于自后唐以后的五代诸王朝采取臣下之礼,因其王号被承认,对于日本渡海僧的待遇,同样依循唐代先例。澄觉一行和日延都是作为官方使节而航海入华,颇受礼遇。此后,日本入宋僧亦被视同朝贡之使,待遇甚优,往往被赐予紫衣和大师号。

五代时期的中日佛教文化交流,虽集中于江南的吴越地区,且人数规模等远不及唐代,但对宋代东亚佛教文化圈的进一步发展,仍有其积极的推进作用。

三、入唐僧与佛教典籍的输入

佛教典籍的输入,是隋唐时期中日佛教文化交流的一项重要内容,也是当时日本从中国输入文化典籍的一个重要构成部分。在汉语文化典籍的传入过程中,入唐留学僧无疑具有相当突出的作用。以最澄、空海为代表的入唐僧,无不留有一部"请来目录",记载了从中国带回佛典的具体情况,可见携归当时中国刻印的佛教典籍是如何盛行。

由于佛经刻印主要由朝廷负责,因此入唐僧输入佛教典籍同样具有官方性质。如最澄的《越州录》中,即载有唐官员郑审则及遣唐使的署名,而空海的《将来目录》所附之表,则明确记载了将典籍由遣唐使判官高阶远成呈献日本朝廷之事。

如最澄的《传教大师御请来目录》(又称《日本国求法僧最澄目录》),携归佛典"计二百三十部四百六十卷",其中包括"向台州求得法门,计一百二十八部,百四十五卷"、"向越府取本写取经并念诵法门,计一百二部,一百十五卷"。前者为《台州录》,后者为《越州录》。至于空海的"请来目录",则载"新译经等计一百四十二部,二百四十七卷"、"梵字真言赞等,计四十二部,四十四卷"、"论疏章等,计三十二部,一百七十卷",以上三种佛典,共计 216 部,461 卷。

继最澄、空海之后,圆仁的《日本国承和五年入唐求法目录》,载输入经疏章传等佛典 137 部,201 卷。圆珍《请来目录》中,则前后共计 441 种,1 000 卷。

随着佛教典籍的大量传入,在奈良、平安时代,日本国内的东大寺及国分寺等寺院,还开始较大规模的写经活动,相继成立了具有官方性质的写经司、写经所、写疏所等佛教抄写机构。灵龟二年(716)入唐的留学僧玄昉,于太平七年归国后,携回佛教经论多达五千余卷。这些经论传入日本,立即由写经机构着手抄写,因此出现了大量的新写经卷。据对正仓院文书中所见佛典目录的研究,太平二十年(748)曾编制了一份《写章疏目录》,比较完整地记载了这些佛典的目录。① 这些佛典的传入,对日本奈良佛教的兴盛起到了重要作用,成为后世日本发展的重要基础。

第二节 隋唐五代与朝鲜的佛教文化交流

隋唐五代时期的中朝佛教文化交流,达到了历史上第一次鼎盛时期。当时,朝鲜半岛的佛教修行僧们入华修学,大都具有官方派遣的性

---

① 参见王勇、大庭修主编:《中日文化交流史大系》(9)《典籍卷》,第 30—32 页,杭州,浙江人民出版社,1996。

质。这一性质,决定了佛教文化交流与汉语文化交流具有同步性与同构性。如华严教学中,智俨门下则新罗留学僧义湘,成为海东华严学的初祖。入唐修学法相唯识宗的新罗学僧,则更为典型,人数甚多,影响深远。至于天台宗、禅宗、净土宗、律宗等中国化的隋唐佛教诸宗派,都先后传入朝鲜半岛,成为后世东亚佛教文化圈形成的一个重要发展阶段。

一、隋唐与朝鲜的佛教交流

早在高句丽、百济、新罗(亦称"三韩",或称为"海东")并存的三国时代,朝鲜半岛与中国大陆就已出现佛教往来。就佛教文化交流而言,与日本一样,朝鲜民间的佛教往来,先于官方的正式往来。据《高僧传》卷四载,东晋名僧支遁(314—366)尝与高句丽道人有书信往来,称述剡县(今浙江嵊州)仰山竺潜(法琛)的风范。公元372年,前秦苻坚派遣使节和僧人顺道将佛像、佛经等赠送高句丽,高句丽王则遣使答谢。越二年(374),又有僧人阿道前往。翌年,高句丽兴建肖门寺、尹弗兰寺,供僧人安居。公元396年,东晋关中僧释昙始赍佛教经律数十部,到高句丽传教。此为高句丽佛教初传时的大致情形。

佛教传入百济,在时间上稍晚于高句丽。大约于公元384年,印度僧人摩罗难陀从东晋境内来到百济的都城汉山州,被百济国迎入宫中供养。翌年,创建佛寺,并度僧十余人。此为佛教传入百济之始。

朝鲜三国中,最晚传入佛教的是新罗,时间约在公元417—418年间。在纳祇王当政时,印度僧人黑胡子一度来到新罗弘传佛法,但佛教并未在新罗地区传播开来。

南北朝时期,随着朝鲜半岛佛教文化的日渐兴盛,与中国的交流也更加频繁。宋末齐初时,高丽僧僧朗(一称道朗)至敦煌,从昙庆受学三论,并在中国诸方游化。齐建武中(494—497),僧朗至江南,住钟山草堂寺,又登摄山,嗣法于黄龙法度,传罗什的三论之学。时江南盛弘《成实论》,名师辈出,道朗则宣扬"三论",非难《成实论》,名士周颙尝从其受学。天监十一年(512),梁武帝乃遣僧正智寂、中寺僧怀、灵根寺惠令等十位学僧前往摄山,从道朗谘受三论大义。受此影响,梁武帝也因此舍《成实论》,依大乘义撰作章疏。

僧朗的三论之学,颇受中国三论宗创始人吉藏(549—623)的称许,其《大乘玄论》卷一记载说:"摄山高丽朗大师,本是辽东城人。从北土远习罗什师义,来入南土,住钟山草堂寺。值隐士周颙。周颙因就师学。次梁武帝敬信三宝,闻大师来,遣僧正智寂十师往山受学。梁武天子得师意,舍本成论,依大乘作章疏。"①

随着佛教文化的进一步交流,梁武帝应百济国王之请,于541年向百济赠送了《涅槃经》及工匠,推动了当地佛教的发展,百济国内出现了"僧尼寺塔甚多"的景象。太清三年(549),梁武帝遣使沈瑚及来华求学的新罗僧觉德送佛舍利到新罗,新罗真兴王亲率文武百官奉迎于兴轮寺。565年,陈文帝亦遣使刘思及僧人明观向新罗赠送佛教经论数以千卷计。②

据道宣《续高僧传》载,陈末隋初,波若(562—613)、印法师、实法师等高丽学僧相继入华,或参天台,或学三论。③ 其中,高句丽沙门波若,于陈末隋初来江南游方参学,随后入天台山,向智者求授禅法,在天台华顶晓夜行道,影不出山凡十六年,后于国清下寺示寂。④

另据《日本书纪》、《元亨释书》及《本朝高僧传》等文献记载,惠便、惠

---

① 吉藏:《大乘玄论》卷一,《大正藏》第45卷,第19页中。另据唐代湛然(711—782)《法华玄义释签》卷一九所述:"自宋朝已来,三论相承,其师非一并禀罗什。但年代淹久,文疏零落,至齐朝已来,玄纲殆绝。江南盛弘《成实》,河北偏尚《毗昙》。于时,高丽朗公至齐建武来至江南难,成实师结舌无对。因兹朗公,自弘三论。至梁武帝,敕十人止观诠等令学三论。九人但为儿戏,唯止观诠习学成就。诠有学士四人入室,时人语曰:兴皇伏虎朗,栖霞得意布,长干领语辩,禅众文章勇。故知南宗初弘《成实》,后尚三论。"《大正藏》第33卷,第951页上。
② 有关陈文帝遣使馈赠佛教经论的卷数,分别有700余卷、2 700余卷及1 700余卷诸说。参见何劲松《韩国佛教史》,第42页,北京,社会科学文献出版社,2008。
③ 参见何劲松《韩国佛教史》,第25—26页,北京,社会科学文献出版社,2008。
④ 道宣:《续高僧传》卷一七,《大正藏》第50卷,第570页下。

慈、僧隆、昙征、慧灌等高句丽僧曾前往日本传扬佛法,也可见当时朝鲜半岛的佛法之兴。此后,新罗陆续有僧人智明、圆光、昙育及惠文等来中国研习佛法,并先后学成归国。隋文帝仁寿年间分布舍利起塔时,高丽、百济、新罗三国的使者各请舍利一枚,于本国起塔供养。

据《三国史记》卷一八称,百济枕流王元年(384,东晋孝武帝太元九年),胡僧摩罗难陀由东晋来到百济,翌年在国都汉山创立佛寺,度僧十人,为百济佛教之始。自是以后,佛法渐兴。梁武帝大同七年(541),百济遣使至梁求请《涅槃》等经及工匠等。① 当时百济佛法殷盛,"僧尼寺塔甚多"②。

另据《三国史记·新罗本纪》载,新罗沙门安弘(一作安舍),于北周武帝建德五年(576)来中国求法,并邀同于田沙门毗摩罗真谛及农伽陀两僧返回本国,赍回《楞严经》、《胜鬘经》及佛舍利等。新罗沙门智明,于陈后主至德三年(585)七月来陈求法,留学十七年,于隋仁寿二年(602)九月随其国使上军返归本国,受国王尊敬,奉为大德。沙门昙育,新罗人,于隋开皇十六年(596)来隋求法,至炀帝大业元年(605)三月随其国使惠文返国。

此外,高丽僧慧灌,在隋嘉祥寺吉藏门下,精研三论,后返本国,转赴日本,住元兴寺,盛弘三论,为日本三论宗开祖。③

隋代时,朝鲜三国来华留学沙门人数众多,隋朝廷为之延聘名德学者为他们讲授。释神迥、释灵润尝先后于大业十年(614)奉召入鸿胪寺,敷讲经论,教授三韩学人。由此可以想见当时来学的盛况。

隋代统一中原后,大兴佛法,在全国诸州建舍利塔,广申供养,时高丽、百济、新罗三国使者也向隋朝请得舍利还至本国起塔供养。其时,三国在中国留学的僧人甚多,较著名者有玄光等人。

---

① 参见姚思廉《梁书》卷五四、金富轼《三国史记·百济本纪》。
② 令狐德棻等:《周书》卷四九,《异域上》,第887页。
③ [日]虎关师炼:《元亨释书》卷一。

百济沙门玄光,其生卒年及入隋时间,皆不得其详。但其求法事迹,在《佛祖统纪》、《宋高僧传》、《新修科分六学僧传》及《神僧传》等不同时期的中国佛教文献中,都有记载。其中,《宋高僧传》卷一八《陈新罗国玄光传》所记最详:

> 释玄光者,海东熊州人也。少而颖悟,顿厌俗尘,决求名师,专修梵行。迫夫成长,愿越沧溟,求中土禅法。于是观光陈国,利往衡山。见思大和尚开物成化,神解相参。思师察其所由,密授法华安乐行门。光利若神锥无坚不犯。新犹劫贝,有染皆鲜。禀而奉行,勤而罔忒。俄证法华三昧,请求印可,思为证之:汝之所证,真实不虚。善护念之,令法增长。汝还本土,施设善权。好负螟蛉,皆成蜾蠃。光礼而垂泣。自尔返锡江南,属本国舟舰附载离岸。时则彩云乱目,雅乐沸空,绛节霓旌,传呼而至……光归熊州翁山,卓锡结茅,乃成梵刹。同声相应得法者蛰户爰开,乐小回心慕膻者蚁连俦至。其如升堂受莂者一人,入火光三昧一人,入水光三昧二人,互得其二种法门,从发者彰三昧名耳。其诸门生譬如众鸟附须弥山,皆同一色也。光末之灭,罔知攸往。南岳祖构影堂,内图二十八人,光居一焉。天台国清寺祖堂亦然……①

据此所述,百济玄光入华,志在参求禅法。曾登衡山,谒见慧思,密受法华安乐行门,并得慧思印可。其后,移锡江南,得本国舟舶,载返熊州翁山,卓锡结茅,创建传扬天台的法华道场,化导甚众。百济佛教是中国佛教最初传入日本的重要途径之一,而玄光则可视为百济参学中国佛教并卓有建树的典型僧人。

承隋代之绪,入唐后,海东僧入华求法仍络绎不绝。当时正是中国化佛教宗派的初创阶段,因此海东学僧入华留学求法的热情高涨,先后把中国化佛教宗派传入朝鲜,成为历史上两国佛教文化交流的最鼎盛阶段。据

---

① 赞宁:《宋高僧传》卷一八,《大正藏》第50卷,第820页下—第821页上。

统计,隋唐凡三百余年间,海东入华求法请益僧俗多达一百八十五人。①

初唐武德八年(625),高丽荣留王派人来求佛法。开元二十六年(738),新罗国还表请派人来中国学问经教。尤其是7世纪后期,朝鲜在新罗统一时代,与唐友好来往更为密切。新罗孝昭王元年(692),兴建宝德寺,专为唐国祈福。而在唐楚州(江苏淮安)以北,今江苏、山东沿海一带,且多有新罗坊、新罗院。可以想见当时新罗入唐僧伽之多。因之在7世纪唐僧西行求法的热潮中,新罗沙门也多相偕前往,如义净的《大唐西域求法高僧传》中,即列有新罗、高丽僧八人。

在朝鲜入华学僧中,更有以新罗沙门圆光、慈藏等人为代表的留学求法僧,在推进佛教与朝鲜本土文化结合中,贡献良多。

据《续高僧传》所载,释圆光(532—630,一说546？—630)②,俗姓朴(一说薛),新罗王京人。十三岁落发出家,二十五岁渡海赴陈。至金陵,闻庄严寺旻公(约467—527年间)弟子讲经说法,顿发道心,启请陈帝,愿归佛法,奉敕为之落发,并受具戒。此后,游历讲肆,领受微言,于《成实论》、《涅槃经》等三藏教典,广事披习。嗣游虎丘山,为信士开讲《成实》、《般若》。在吴越之地,一时听者欣领,皈者日众。隋开皇年间(581—601),圆光再至长安,宣讲《摄论》,声誉更广。圆光返国后,朝野归敬,化缘甚广。真平王三十五年(613),隋使王世仪出使新罗,皇龙寺为其设百座道场,延请诸高僧讲经说法,圆光居上首,主张"宜以归戒灭忏之法开晓愚迷"③。

圆光不仅博学《成实论》、《涅槃经》、《般若经》及《摄大乘论》等佛教经论,"名望流于岭表",以其慧解"驰誉于京华",撰有《如来藏经私记》三卷、《大方等如来藏经疏》一卷等,同时也是新罗佛教戒律的重要奠基者,

---

① 参见陈景富《中韩佛教关系一千年》,第22—24页,北京,宗教文化出版社,1999。
② 有关圆光的传记文献,可参见《续高僧传》卷一三《唐新罗国皇隆寺释圆光传》、《海东高僧传》卷下《圆光传》、《海东入华求法高僧传》卷五《释圆光传》及昙噩《新修科分六学僧传》卷二五《感通科》等。
③ 参见一然《三国遗事》卷三。

更是把隋代《占察》忏仪引入朝鲜者。在圆光的戒律阐释中,最为人称道的就是"世俗五戒论"。其具体内容包括:"一曰事君以忠,二曰奉亲以孝,三曰交友以信,四曰临战不退,五曰杀生有择,若等行之无忽。"① 所谓"事君以忠"、"交友以信"、"临战不退",三者文义,皆出于《礼记》所载曾子"大孝"之说。于此可见圆光以中国传统儒家"孝亲观"阐释佛教的出世伦理。这表明其所受六朝以来中国佛教大乘菩萨戒及佛儒调和论的影响。

与圆光同时的沙门慈藏(575—654?)②,也是新罗一位重要的入华求法僧。慈藏的修学与弘法,主要集中于佛教律宗方面。

新罗沙门慈藏,俗姓金,出身于贵族之家,其父"素谙佛理",对佛教颇为崇信。双亲过世后,慈藏发心出家学佛,并舍宅为寺,立志"吾宁一日持戒而死,不愿百年破戒而生",一心苦行修学。

贞观十年(636)③,年近花甲的慈藏,以自叹边生,西希大化,决定西行入唐求法。最终奉善德女王之敕,以请益僧的身份,得以成行,率领门人僧实等十余人入唐求法。

慈藏入唐后,参拜五台山,礼文殊大士圣像,感应神异,梦受摩顶并偈:"了知一切法,自云无所有。如是解法性,即见卢舍那。"④ 后至京师之地,蒙唐太宗之旨,卓锡长安胜光别院,"宠赐颇厚"。因据称慈藏尝入宫为唐太宗宣讲《华严经》。曾为四众广授归戒,载称"日有千计"。因其性喜静,再往终南山,构岩为室,居住三载。

贞观十七年(643),慈藏回国时,唐帝敕赐衣衲及诸采段蒙敕慰抚,优礼有加。慈藏又于弘福寺为国设斋,并度八人;又以本国经像未全,在

---

① 觉训:《海东高僧传》卷上,《大正藏》第 50 卷,第 1021 页中。
② 有关慈藏的传记文献,可参见《续高僧传》、《海东高僧传》、《海东入华求法高僧传》及昙噩《新修科分六学僧传》及《三国遗事》、《三国史记》等。
③ 慈藏入唐时间,一说为贞观十二年(638)。
④ 一然:《三国遗事》卷三,引见黄有福、陈景富《中朝佛教文化交流史》,第 143 页,北京,中国社会科学出版社,1993。

唐请得藏经一部并佛像等返国,是为朝鲜有大藏经之始。

慈藏回国后,奉敕住芬皇寺,尝应请入宫宣讲《摄大乘论》《菩萨戒本》(即《梵网经》)等经论。《新修科分六学僧传》称,自慈藏而后,"海东戒法之兴,于斯为盛"①,视慈藏为佛教戒律传入新罗的重要僧人之一,奠立了新罗戒律学的仪轨律则,整肃僧行,贡献良多。

在弘传佛教戒律的同时,慈藏还以僧人"大国统"的身份,对全国的僧尼管理制度进行整治,令僧尼五部各增旧学,进行半月诵戒,依律行忏,举办僧尼考试,熟悉佛教经论,设置巡使制度,督查各寺院的修学活动,同时还修葺寺宇,庄严佛像,大兴佛法。

慈藏律净兼弘,据文献记载,撰有《四分羯磨私记》一卷、《十诵律木叉记》一卷、《阿弥陀经疏》一卷、《阿弥陀经义记》一卷、《观行法》一卷等作品,惜皆已亡佚无存。

顺便一提的是,唐代道宣门下的新罗学僧甚多,所著戒律章疏当时盛传于海东。佛教义学盛传海东,佛教持戒与修行同样如此。

从圆光、慈藏之后,"自尔圆光、慈藏之徒,西入传法。上下信敬,内外奉行。先呼而后应,日益而月增"②。对于朝鲜半岛特别是新罗的佛教发展,特别是法相唯识学及戒律学在朝鲜的广泛传播,有着重要的奠基性影响。

唐代佛教各宗次第形成,而新罗、高丽学僧在诸宗中也英才辈出,继阐有绪。

在三论宗方面,有高丽沙门道登,于贞观二年(628)来到长安,继慧灌之后,从嘉祥寺吉藏受传三论幽旨,后赴日本,住元兴寺,畅演空宗。

在唯识宗方面,隋唐传扬法相唯识学(慈恩宗)的新罗入华僧,主要有神昉和圆测。

---

① 昙噩:《新修科分六学僧传》卷四,《续藏经》第 77 册,第 96 页下。
② 觉训:《海东高僧传》卷上,《大正藏》第 50 卷,第 1015 页下。

由玄奘三藏(600—664)于大慈恩寺所主持的佛经翻译,成立了受到朝廷资助的翻经院。作为当时具有国际性的佛教译场,它不仅是传扬法相唯识学的一大重镇,同时也是传播佛学知识、培养佛教人才的重要机构,影响甚巨。其中参与译事的朝鲜学僧,即有神昉、知仁、圆测、顺璟、元晓、胜庄、玄范、神郭、羲寂和道证等人。

神昉,新罗国人,早年入唐游学,请解大小乘经论,为时贤所推重。贞观十九年(645)夏六月,他奉召入弘福寺,参与玄奘译场,任证义大德。此后即随侍玄奘,译经受学,在大慈恩寺《大毗婆沙论》的翻译中任笔受,最后于玉华宫寺《大般若经》的译出时任缀文,始终参与其事,为玄奘门下"四上足"之一,是追随玄奘时间最久的新罗学僧。著有《大乘十轮经抄》2卷(或称《大乘十轮经序》3卷,现存)、《唯识要集》13卷、《种姓差别集》3卷、《成唯识论文记序》10卷(或称13卷)、《顺正理论文记序》24卷、《显识论记》1卷等,惜皆亡佚。

知仁也是参与玄奘译场的新罗学僧,尝担任笔受之职。其后,知仁专事疏释,撰有《显扬疏》10卷、《佛地论疏》4卷等。

羲寂,行历未详,约与元晓同时,著述甚丰,其内容涉及法相、天台、净土、戒律诸教经论,著有《般若理趣分幽赞》1卷、《涅槃义记》5卷、《法华经论述记》3卷、《梵网经疏》(《菩萨戒本疏》)2卷、《无量寿经疏》3卷、《唯识未详决》2卷(或作3卷)、《大乘义林章》12卷、《百法论总述》3卷等。现存《法华经论述记》3卷和《梵网经疏》(《菩萨戒本疏》)2卷,余皆亡佚。

玄范,少年出家,遍参诸量,专精唯识、因明,尝住长安普光寺,或列归玄奘门人。著述甚丰,计有《成唯识论疏》20卷、《杂集论疏》16卷、《解深密经疏》10卷、《般若理趣分幽赞》1卷、《涅槃义记》5卷、《法华经论述记》3卷、《梵网经疏》(《菩萨戒本疏》)2卷、《无量寿经疏》3卷、《唯识未详决》2卷(或作3卷)、《大乘义林章》12卷、《百法论总述》3卷。

圆测(613—696),名文雅,原为新罗王孙,自幼出家,慧解焕发,于贞观二年(628)来长安,唐太宗爱其明敏,赐以度牒,令住元法寺,学通《毗昙》、《成实》。贞观晚年,玄奘三藏西游返国,一见如旧,遂从受学,通达《瑜伽》、《唯识》诸论,后被召为西明寺大德,故称"西明大师"。其所阐释的法相唯识学,被称为"西明系",与窥基"慈恩系",并列为玄奘所开创的中国唯识学两大支系。

圆测的唯识学撰著甚多,计有《成唯识论疏》10卷、《解深密经疏》10卷、《仁王经疏》3卷、《般若波罗蜜多心经赞》1卷、《因明正理门论疏》3卷、《广百论疏》10卷、《无量义经疏》3卷、《百法论疏》1卷、《二十唯识论疏》2卷、《观所缘缘论疏》2卷、《六十二见章》1卷、《妙法莲花经疏》3卷、《观无量寿经疏》1卷、《成唯识别章》3卷,以及《因明论疏》、《弥勒上生经略赞》、《阿弥陀经疏》、《俱舍论释颂抄》等。其中《解深密经疏》10卷,最能反映圆测的唯识学阐释。

唐代唯识学作为当时的佛教"新学",新罗学僧直接参与唯识经论的疏释工作,不仅为共同弘传法相唯识之学作出了一份重要贡献,而且还广泛涉及法相唯识学的"一本十支"、"六经一论"之疏释,旁通涅槃学、摄论学、般若学、因明学,体现了新罗佛教义学的先进性。从诸多新罗入唐僧的行化事迹中可以看出,勤于著述,是他们的一个共同特点。于此可见新罗佛教对文献的重视。

圆测门下比较突出的新罗佛教学者,则有胜庄和道证。

胜庄,早年入唐,后为唐京大荐福寺大德,晚年参与义净译场任证义。著有《最胜王经疏》、《梵网经述记》4卷、《成唯识论决》3卷、《唯识论注枢要》、《杂集论述记》(一称《杂集论疏》)12卷、《大因明论述记》(一称《因明正理论述记》)2卷等。现存有《梵网经述记》4卷。

道证长期从圆测受学,并于武周长寿二年(693)学成归国弘法,由唐赍天文图返国。著有《成唯识论纲要》13卷、《成唯识论要集》14卷、《辨中边论疏》3卷、《因明理门论疏》、《因明理门论述记》、《般若理趣分疏》1卷、《摄大乘论世亲释论疏》16卷(一作8卷)、《辨中边论疏》3卷等。

新罗沙门顺璟,出家后先在本国习法相大乘,传得玄奘的真唯识量,乃立决定相违不定量,于乾封年中(666—667),因其本国随使至长安,时玄奘已逝二年,窥基见之,盛加赏赞。顺璓著有《法华经料简》1卷、《成唯识论料简》1卷、《因明入正理论钞》1卷及《大毗婆沙心论钞》等。

此外,尚有新罗兴轮寺沙门道伦,出自窥基门下,依窥基所撰《瑜伽论略纂》,并参照其本国学者圆测、顺璓、元晓诸说,撰《瑜伽论记》24卷。另有新罗沙门智凤、智鸾、智雄等三人,于武周长安三年(703)入唐,在濮阳智周门下受学唯识,后赴日本,弘演法相宗义。

圆测的再传弟子新罗太贤(一作大贤,出于道证门下),通才博学,尤精于唯识,辽东后进皆遵其明训。他的著作有《华严》、《金刚般若》等经和《瑜伽》、《摄大乘》等论的《古迹记》,以及《成唯识论学记》、《成唯识论决释》、《瑜伽论纂要》、《起信论内义略探记》等书,凡42部,显见其在弘传玄奘唯识学方面的突出成就。他所著书并传入中国。太贤被后世推尊为海东唯识学的初祖。

在华严宗方面,则有中国华严宗三祖法藏的同学义湘法师(625—702)。义湘为新罗鸡林府人。天资英迈,弱冠出家,于龙朔元年(661),附唐使由新罗西归之舶来长安,到终南山至相寺,从智俨学《华严》妙旨,时与贤首法藏同学,相与钻研,著有《华严一乘法界图》1卷。咸亨二年(671)还归本国,在太白山创浮石寺,学徒云集,被尊为东海华严初祖。

至公元692年,法藏趁其弟子胜诠返归新罗之便,修书一通,托寄同门法侣义湘。此书收录于义天《圆宗文类》卷二二,即著名的《贤首国师寄海东书》,并托胜诠抄归所著《华严探玄记》(共20卷,2卷未成)、《一乘教分记》3卷、《玄义章等杂义》1卷、《别翻华严经中梵语》1卷、《起信论疏》2卷、《十二门论疏》1卷、《新翻法界无差别论疏》1卷。当义湘收到法藏的记疏后,掩室探讨,经旬方出,命其弟子励志讲习,并宣称"博我者藏公,起予者尔辈"。

与义湘同时期的新罗僧元晓(617—),也是一位影响独特的重要学僧。

元晓俗姓薛,东海湘州人。精研《华严》诸经,著有《华严》、《楞伽》、《金光明》等经疏和《华严经纲目》、《法华经宗要》,以及《起信论疏记》等。他的《起信论疏》等当时即已传入中国,唐清凉澄观曾于淮南向法藏受《海东起信疏义》,即为元晓所著。

但元晓是否曾经入唐求学,史无明载。① 据《宋高僧传》卷四《唐新罗国黄龙寺元晓传》称:"尝与湘法师入唐。慕奘三藏慈恩之门,厥缘既差,息心游往。"②据此记述,元晓入唐似与新罗学僧对唐代唯识宗的热忱密切相关。而据同卷《唐新罗国义湘传》则称"年临弱冠,闻唐土教宗鼎盛,与元晓法师同志西游"。元晓与义湘入唐求法,在细节上更为明确。但元晓在渡海前夕,却因自悟"三界唯心,万法唯识,心外无法,胡用别求?"最终决定,"我不入唐,却携囊返国"。③

无论元晓是否曾经入唐求法,都不影响元晓在东亚佛教史中的独特地位。元晓一生现存及散佚的佛教著述,多达86种,现存21种,几近200卷。④ 在海东佛教史上,元晓被后世尊为海东佛教的"八宗之祖",兼弘成实宗、涅槃宗、摄论宗、三论宗、唯识宗、律宗、华严宗和净土宗。不仅在朝鲜佛教史中地位尊崇,而且对唐代佛教亦不无影响。特别是元晓所撰的《大乘起信论》的疏释之作(现存有《大乘起信论疏》2卷和《大乘起信论别记》1卷或2卷),对唐代包括法藏、慧苑等人在内的华严学僧融摄《起信论》思想,影响颇大。

从思想主流来看,元晓主要以弘阐华严学为中心。撰有《华严经疏》10卷、《华严纲目》1卷、《华严经宗要》、《华严经入法界品钞》1卷等,对东

---

① 有关元晓入唐之事的考辨,可参见何劲松《韩国佛教史》第五章"元晓、义湘与华严宗教学",第109—112页。何著的结论,似随杨文会之说,认为元晓与义湘实为一人。
② 赞宁:《宋高僧传》卷四《唐新罗国黄龙寺元晓传》,《大正藏》第50卷,第730页上。
③ 赞宁:《宋高僧传》卷四《唐新罗国义湘传》,《大正藏》第50卷,第729页上。
④ 有关元晓的著述情况,可参见何劲松《韩国佛教史》引《韩国佛书题解辞典》所载,第119—121页。

亚华严学阐释产生了深远的影响。

唐代佛教与新罗佛教之交流，还表现为佛教经藏的请藏活动。其中最典型的是，唐太宗应新罗王表请，赠送新刊《瑜伽师地论》100卷，致使"应理圆实之学"盛行新罗，相继崛起了元晓、顺璟、憬兴等兼弘瑜伽行派的学僧。

唐代禅宗初兴，据传最早入唐学禅的新罗沙门是法朗。于贞观年中入唐，从四祖道信受传心要。约于永徽年间（650—655）前后归国，于湖踞山传法。其后，法朗弟子神行渡海来唐，受学于长安兴唐寺志空（神秀的再传弟子）门下，后来返国弘传禅法。

入唐习禅的新罗沙门群体，据崔致远所撰《新罗国故凤岩山寺教谥智证大师寂照之塔碑铭并序》记称，唐代居留唐土习禅而归化者，计有静众（一作净众，即益州金和尚）无相、常山慧觉与禅谱、镇州金和尚等人。他们在朝鲜佛教史中被统称为"西化名师"。此外，学成归国弘化者，则计有北山道义、南岳洪陟、惠彻禅师、慧目育祖师、双溪慧照、新兴忠彦、涌岩觉体、珍丘玄昱、又峰觉云、孤山品日、圣住无染等。其实际情形，当不止此数。至于新罗入唐僧的方法，或随入唐使同船渡海，或由陆路入华。值得注意的是，新罗入唐僧中不少人入唐后重新披剃或受具，此为新罗入唐僧与日本入唐僧之稍异之处。

在入唐习禅而归化者中，最著名的当推无相。

无相（683—762），[①]俗姓金，为当时新罗国王第三子。于本国郡南寺披剃出家，开元十六年（728）浮海西渡，入唐求法。抵唐都长安，尝为玄宗召见，敕住禅定寺。后入蜀，谒资州（今四川资中）德纯寺智诜遗迹，并礼处寂为师，终嗣其法，改法名为"无相"。处寂入灭后，无相往居谷山崖，禅修精进，颇多灵应。后应章仇大夫兼琼之请，居静众寺，故称"静众

[①] 有关无相的研究文献，参见冉云华《东海大师无相传研究》，收于《中国佛教文化论集》，台北，东初出版社，1990。

无相"。安史之乱中,唐明皇避难蜀中,尝迎无相入内殿供养,奉敕规划兴建规制宏伟的"大圣慈寺"。

无相在成都弘阐禅法达二十余年,兴建菩提寺、定国寺诸刹,化导无数。至宝应元年(762),坐化于成都,世寿七十九岁。建塔曰"东海大师塔",资州刺史韩汯为之撰碑。开成年间(836—840),建有"四证堂"供奉。李商隐作《唐梓州慧义精舍南禅院四证堂碑铭并序》,文称:"圣敬文思和武光孝皇帝陛下在宥七年,尚书河东公作四证堂于梓州慧义精舍南禅院,图益州静众无相大师、保唐无住大师与洪州道一大师、知藏大师四真影于屋壁。化身作范,南朝则阁号三休;神足传芳,东蜀则堂名四证。"①

作为新罗入唐求法的沙门,静众无相以"益州金和尚"闻名于唐代禅宗史,与早期禅宗的四川保唐一系,渊源颇深。对于保唐宗的实际创立者成都保唐寺无住(?—774)与净众无相之间的师承关系,禅史上记有二说。据同出于四川籍的宗密禅师,在其《圆觉经大疏钞》中称,无住所受顿教心法,出于五祖弘忍老安(嵩山慧安)门下的俗家弟子陈楚璋(时号"陈七哥")。后游蜀中时,"遇金和上开禅,亦预其会。但重咨问见,非改前悟。将欲传之于未闻,意以禀承俗人,恐非宜便,遂认金和上为师"②。无相则为智诜的再传弟子,与老安和尚同出于五祖弘忍门下,故其行辈似与无相平等。而洪州禅系的开创者马祖道一,据宗密所述,先投处寂出家受法,再转师金和尚。这种并非无据的记载,或许可以解释成都设四证堂排序理由,即先并列无相、无住,再继列洪州马祖道一、智藏。

慧昭(774—850),俗姓崔。其先族为山东人氏,唐代时,迁居新罗全州金马境。贞元二年(804),慧昭随贡使入唐求法。至沧州,投神鉴门

---

① 李商隐:《唐梓州慧义精舍南禅院四证堂碑铭并序》,《全唐文》卷七八〇,第 3608 页中。
② 宗密:《圆觉经大疏钞》卷三下,《续藏经》第 9 册,第 534 页上。另见《历代法宝记》,《大正藏》第 51 卷,第 186 页。其相关研究文献,则可参见印顺《中国禅宗史》,第 276—277 页,南昌,江西人民出版社,1990。

下,顿悟心法,受其印契。元和五年(810),一度往嵩山受具。回沧州后,遇新罗僧道义,故结侣南游,历参诸众。道义归国后,慧昭入终南山,三年苦修。唐文宗大和四年(830),归国开法弘化,与道义并尊为"二菩萨"。慧昭归国后,历住尚州露岳长柏寺、智异山等,颇受时众钦崇。慧昭以曹溪之玄孙自许,建六祖慧能影堂,气势宏伟。

神行(亦作信行、慎行,俗姓金,704—779)出家后投法朗之门,"冥应以即心无心",顿受宗门心灯之旨。约于开元末年(741)渡海来唐。据金献贞所撰《海东故神行禅师碑并序》,称普寂为神秀高足之一,志空则为普寂入室弟子,神行入唐后,随志空习禅,开灵府,受玄珠,"凝神壁观,独步唐中"。神行学成归国,化导有方,"为道根者,诲以看心一言;为熟器者,示以方便多门……通一代之秘典,传三昧之明灯"①。神行入唐所承四祖道信及神秀北宗禅法,先后由遵范(一作道范)、慧隐、道宪传承。其中,道宪创立曦阳山派,成为朝鲜禅九山之一。②

高句丽沙门智德,入唐求法时,尝师事五祖弘忍,成为传"东山法门"之一人,"堪为人师,但一方人物"。因其尝住扬州,故史称"扬州高丽僧智德"。

高丽僧释宣师,谒温州龙兴寺永嘉玄觉,专习南宗顿悟禅法。金大悲于唐开元年间(713—741),入唐求法,往洪州开元寺,专习南宗顿悟禅法,师事不详。但因文献所限,难知其详。

据有限文献记载,新罗入唐求法者,其中不乏有入唐后方受具戒的记载,于此可知当时新罗并未成为严格意义上的比丘僧。如著名的圆光即是入隋求戒,获得比丘僧的身份,再如金让恭者,于唐德宗建中五年(784),"过海入唐,直往台山,而感文殊……遂届广府宝坛寺,始受具

---

① 金献贞:《海东故神行禅师碑并序》,《全唐文》卷七一八,第 3271 页上。
② 崔致远:《新罗国故凤岩山寺教谥智证大师寂照之塔碑铭并序》,《唐文拾遗》卷四四,《全唐文》附,第 10873 页。

戒"①。慧昭削染于沧州神鉴,受具于嵩山戒坛,同样也是如此。

据《祖堂集》、《景德传灯录》等禅籍所载,南岳怀让的法嗣有新罗本如禅师。马祖道一门下西堂智藏,其法嗣有新罗入唐者鸡林道义、慧哲(一作慧彻)和洪直(一作洪陟)等人。

道义,俗姓王,本名元寂。出家后法号明寂。德宗建中五年(784)随入唐使金让恭等渡海,往五台山礼文殊菩萨,继至广府宝坛寺受具戒。此后,转赴曹溪礼慧能祖师堂,终诣江西洪州开元寺西堂智藏,决疑释滞,得嗣其法,并改法名为道义。道义居唐三十七年,参见西堂智藏、百丈怀海,于穆宗长庆元年(821)返国,为海东迦智山禅派第一祖。②据文献记载,"初道义大师者,受心印于西堂,后归我国,说其禅理。时人雅尚经教与习观存神之法,未臻其无为任运之宗,以为虚诞,不之崇重。有若达摩不过梁武也。则是知时未集,隐于山林,付法于廉居禅师"③。道义弘传马祖任运自然的禅法,直至其再传弟子体澄(？—880),方成大盛。

继道义之后,又有洪直、慧哲入唐习禅。

洪直,为海东实相山禅派第一祖,故又称实相和尚。洪直入唐时间,不得其详。他在入唐后,尝师事西堂智藏,稍晚于道义回国,其时当为唐敬宗宝历二年(826)。④

洪直归国后,于全罗道的智异山创建实相寺,大阐禅风,其鼎盛时,门下弟子多达数百人。其中不乏如兴德王、宣德太子等王室成员,影响日巨,与道义齐名,故朝鲜禅宗史上有"北山义,南丘陟"之称。

洪直寂年不详。谥"证觉大师",塔号"凝寂"。之后,其弟子秀彻(817—895)继承师志,成为实相山派的第二祖。

---

① 静、筠二禅僧编:《祖堂集》卷一七,第373、374页,长沙,岳麓书社,1996。
②④ 同上书,第374页。
③ 《新罗国武州迦智山宝林寺谥普照禅师灵塔碑铭并序》,陆心源《唐文拾遗》卷六八,《全唐文》附,第11133页。

慧哲(？—861，又作慧彻)，字体空，于元和九年(814)入唐，谒西堂智藏于冀公山。智藏入寂后，至西州(今江苏扬州)浮沙寺披寻大藏三年。开成四年(839)，还归新罗，于全罗南道桐里山太安寺大开禅化，为桐里山派始祖，故又称"桐里山和尚"。

慧哲寂于咸通二年(861)，谥号"慈忍禅师"，塔号"照轮清净"。慧哲所开创的桐里山派，其传法世系为智藏→慧彻→如禅师(行历不详)→广慈(字允多)。

蒲州麻谷山宝彻的法嗣，有新罗无染禅师。他于长庆元年(821)随国使王子昕入唐，诣南山至相寺听讲《华严经》。后至洛阳佛光寺问道于如满，再诣蒲州参宝彻，受传心印。会昌五年(845)归国后，大阐宗风，据称其门下弟子多达两千余人，成为圣住山派。①

袁州仰山慧寂的法嗣，有新罗国五观山顺支(一作顺之)禅师。他于大中十二年(858)随国使泛海入唐，参仰山得法而归，为新罗国沩仰宗的初传。②

唐末五代时期，先后由新罗来华学禅的僧人还有玄昱、觉体、道均(一作道允)、七日(一作梵日)、迦智、宗彦、大茅、彦忠、智异山、钦忠、行寂、清虚、金藏、清院、卧龙、瑞岩、大岭、大无为、云住、庆猷、龟山、慧云等人，高丽先后来华学禅的高僧有雪岳灵(一作令)光、道峰慧炬、灵金、慧洪等。

以上新罗、高丽两地禅师之中，有些语录也选载在我国禅宗的《传灯录》中。此外，唐末五代先后由高丽来中国学禅的僧人还有不少。他们大都学有成就，归国弘传。于此可见，中朝禅学息息相通的亲密关系。至于入唐习禅而归化者，其悟道经历及日常行事，基本上无异于中土禅僧。

---

① 静、筠二禅僧编：《祖堂集》卷一七，第374页。《禅门宝藏录》卷上。
② 静、筠二禅僧编：《祖堂集》卷二〇。

密教弘传海东,也是唐代与朝鲜佛教文化交流的重要领域。在海东入华僧中,总计有明朗、惠通、玄超、慧超、不可思议、义林、悟真、惠日、均谅(一作均亮)及弘印等十余人,入唐修学密教。除玄超、慧超、悟真三人寂于中国外,其他诸僧皆归国弘传,把唐代初期的杂密与中期的纯密,相继传入朝鲜半岛。

密教传入朝鲜,始于唐初入华的沙门明朗。

明朗,字国育。贞观六年(632),入唐学杂部密法,贞观九年返国后,创金光寺,为海东密教神印宗的开祖。而金光寺则成为新罗传扬密教的首座道场。

继明朗而入华求学密教的是新罗沙门惠通。惠通入唐后,尝谒善无畏请业,终获其授。据称,惠通还应请入宫代善无畏为宗室诵咒作法祛病,颇显神效。麟德二年(665),惠通归国行化,被孝昭王拜为国师。

海东入华求学杂密的最后一位沙门是明晓。他的成果是于圣历三年(700)三月归国时,请得《不空羂索陀罗尼经》一部一卷携回本国。

善无畏、金刚智汉译《大日经》七卷等瑜伽密典后,纯密开始取代先前的杂密,成为唐代密教的主流,也成为海东入唐求法僧的修学对象。其中,慧超、玄超、惠日即是修学密教的代表沙门。

慧超,弱冠入唐,开元七年(719),金刚智东来,因师事之。后泛舶南海,经狮子等国,历五天竺,遍礼圣迹,还过葱岭,于开元十五年(727)返至安西,撰有《往五天竺国传》三卷。又随金刚智、不空受学密法,并入译场,笔受译经。并且成为不空入坛受法的六大弟子之一。建中元年(780),于五台山乾元菩提寺写出《一切如来大教王经瑜伽三密圣教法门》,凡分五法门、九品,述其秘义。慧超入唐修学,前后凡五十四年,终寂于华,对于密教(金刚界法)的传弘颇多贡献。

玄超作为善无畏的嫡传弟子,是胎藏界密教的第一代传人。善无畏把《大毗卢遮那大教王》付传于僧一行与玄超。其后,青果寺惠果从玄超学,得获《大悲胎藏毗卢遮那大瑜伽大教》、《苏悉地大瑜伽法》及《诸尊瑜伽法》等。惠果门下弟子众多,其中惠日等人更将胎藏密法盛传于朝鲜、日本。

此外,入唐僧不可思议和义林等,也曾从善无畏学胎藏法,后赴新罗,弘布密教,也是将胎藏密法盛传于朝鲜的重要沙门之一。

除了上述修学密教的学僧之外,新罗留学沙门转道中国而赴天竺求法,也是当时一大景象。在这些求法活动中,有的是新罗学僧单独前往天竺,有的则是与中国僧人一同前往,故被称为"二次求法"。尽管投身于"二次求法"的新罗沙门,在入唐留学僧中为数不多,但同样也是当时两国佛教文化交流的一大内容。[①]

在这些"二次求法"的新罗学僧中,无漏的形象比较特殊。据称,沙门无漏原为新罗国王的第三位王子,后出家学僧。后泛海来唐,欲游五天竺,礼佛八塔之圣。其行远至于田,后转至贺兰山,结茅栖止。当时恰遇唐末安史之乱,唐肃宗征召不起,后命郭子仪往谕始来,于内寺供养,未遂归山,乃示寂。无漏的行历,颇富传奇色彩,堪称为新罗入唐僧中的一位神奇人物。[②]

入唐求法还有一位另类的新罗学僧,即与中国四大佛教名山之一的九华山因缘殊胜、渊源独特的金地藏。

最先记载地藏行事的是费冠卿撰于唐宪宗元和八年(813)的《九华山化城寺记》。宋僧赞宁所撰的《宋高僧传》卷二〇"感通篇第六"收有《唐池州九华山化城寺地藏传》,其所依据的文献正源于费著《化城寺记》。[③]

新罗高僧地藏(?—803),原为新罗王族,俗姓金,故世称"金地藏"。据说,他于中唐时渡海来华,至池阳(今安徽青阳)九子山(今称九华山)中,宴然独坐,一区善信,悉皆宗仰。后以贞元十九年(803)告众示寂,尸

[①] 据陈景富《中韩佛教文化交流关系一千年》所述,韩国"二次求法"的留学僧,在隋代以前有2人,唐初有9人,唐中期有4人,共计15人。参见第34页。
[②] 赞宁:《宋高僧传》卷二一,《大正藏》第50卷,第864页。
[③] 参见《宋高僧传》卷二〇、《九华山志》等。

坐石函中,越三年未腐,群尊之为地藏菩萨示现。其山因被称为"地藏灵迹"。

据现有的文献记载,新罗地藏之学,虽无师承可寻,实以经教为师。"藏素愿持四大部经,遂下山至南陵,有信士为缮写,得以归山。"这四部佛经,正是唐代兼弘净土的唯识宗祖师窥基所定的四部净土经典,即《佛说无量寿经》、《佛说观无量寿经》、《佛说阿弥陀经》和《鼓音声陀罗尼经》。依此线索,地藏所弘传的当为净土教说。

地藏行事,颇显神通感应,如山神美妇馈赠解毒之药等。地藏孤处深岩、闭目石室的头陀苦行形象,更为时人所传扬,以至于当地民众自发地"相与同构禅宇,不累载而成大伽蓝"。这就是著名的"化城寺"。建中初年(780),郡守张严得请赐额。

此后,金地藏道风远播。新罗僧俗得闻其名,相率渡海,礼而师之。由于僧徒众多,食粮无以为继,地藏又"发石得土",以供众食。

金地藏终其一生,都坚持头陀苦行。贞元十九年(803)夏示寂,据称终年九十九岁。其示寂前多有瑞应,寂后则"尸坐于函中",三年后开函入塔,"颜貌如生,举舁之动骨节,若撼金锁焉"。后来,人们在金地藏经常宴坐的南台,修建了佛塔,以示崇敬。① 由于新罗金地藏的应化之迹,安徽九华山成为中国佛教菩萨信仰传统中的地藏菩萨道场。

总之,隋唐与朝鲜半岛之间的佛教文化交流,虽以其学僧入隋或入唐求法为多,但其中不乏学有所成且留华弘化者。同时,当时中国有一些赴朝鲜传法者,对朝鲜佛教的发展有所贡献。在朝鲜入华僧中,既有出身高贵的王公贵戚,也有出身一般的普遍平民。尽管由于文献的限制,许多具体情形难知其详,但隋唐时期的中国与朝鲜半岛的佛教文化交流,不仅极大地推动了高丽佛教的迅速发展,使其成为以中国佛教为主导的东亚佛教文化圈的重要构成部分,而且还保存了大量唐代佛教典

---

① 参见赞宁《宋高僧传》卷二〇《唐池州九华山化城寺地藏传》,《大正藏》第50卷,第838页下。

籍。随着五代宋初高丽佛教典籍折返中国,反过来又推进了当时中国佛教的复兴。通过与唐代佛教交流所累积的典籍,高丽佛教对宋代中国佛教义学复兴产生了直接影响。这一事实,表明了中朝两国的佛教文化交流具有双向互动的特征。

二、五代与朝鲜的佛教交流

在高丽王朝统治时期,朝鲜佛法仍很兴盛。不过,由于唐末兵乱,在唐代梵修入唐求法之后,朝鲜与中国的佛教文化交流一度陷于沉寂。五代宋初,随着以吴越国为中心的江南地区佛教活动的复苏,中朝两国的佛教文化交流又有所恢复。总体来说,五代时期,中国与朝鲜的佛教文化交流,主要集中于佛教典籍的互通有无。

五代时期的高丽学僧入华求法,不仅颇受当时朝廷的礼遇,而且还吸引中国佛教僧人渡海弘法,将许多中国佛教典籍弘播于高丽国。据《佛祖统纪》卷四二记载,

> 清泰二年(935),四明沙门子麟,往高丽、百济、日本诸国,传授天台教法。高丽遣使李仁日送麟还,吴越王钱镠令于郡城建院,以安其众。①

> 天福七年二月(942),永明寿禅师示寂,赐谥智觉,师得法于韶国师,高丽国王遣三十六僧来受道法,于是法眼一宗盛行海外而中国遂绝。②

> 四年,高丽国王治遣使谢赐藏经御制文集。③

当时,中国在唐武宗毁灭佛教及唐末五代战乱之后,佛教典籍颇多散佚,而高丽国保存中国典籍甚多。据记载,四明沙门子麟于后唐清泰二年

---

① 志磐:《佛祖统纪》卷四二《法运通塞志》十七之九,《大正藏》第49卷,第391页下。
② 志磐:《佛祖统纪》卷四三《法运通塞志》十七之十,《大正藏》第49卷,第396页中。
③ 同上书,第401页上。

(935)往高丽、百济等国求天台教籍,受到高丽国的接待,并遣使李仁日送师西还吴越。嗣后,吴越王钱俶又因天台宗僧义寂之言,于宋建隆元年(960)遣使致书以五十种宝向高丽求取教典。翌年(961),高丽光宗王遣僧谛观(？—971)奉诸教籍来到吴越,其中包括《智论疏》、《仁王经疏》、《华严骨目》、《五百门》等。谛观入华后,亲闻义寂讲授教观法门,心悦诚服,遂礼以为师,留居螺溪门下十年,即在当地示寂,著有《四教仪》一卷,此书为天台教判思想的概论之作,成立于宋代天台中兴之前夜,对于宋代天台中兴不无影响。①

据志磐《佛祖统纪》卷一○载,谛观入宋,缘于吴越国搜求天台教典之举,且颇具传奇色彩。"法师谛观,高丽国人。初,吴越王因览《永嘉集》'同除四住'之语以问韶国师。韶曰,此是教义,可问天台义寂。即召问之。对曰,此智者妙玄位妙中文,唐末教籍流散海外,今不复存。于是吴越王遣使致书,以五十种宝往高丽求之。其国令谛观来奉教乘,而《智论疏》、《仁王疏》、《华严骨目》、《五百门》等,禁不令传,且戒观师于中国求师问难,若不能答,则夺教文以回。观师既至,闻螺溪善讲授即往参谒,一见心服,遂礼为师。尝以所制《四教仪》藏于箧,人无知者,师留螺溪十年,一日坐亡,后人见故箧放光,开视之,唯此书而已。由是盛传诸方,大为初学发蒙之助云。"②

另据《佛祖通载》卷二六载,杭州永明寺智觉延寿撰《宗镜录》一百卷及诗偈赋咏千万言,于宋代开宝年间(968—976)传至海东,高丽光宗王(949—975)览师言教,遣使致书叙弟子礼,并致送金缕袈裟、紫晶数珠、金澡罐等。高丽禅师智宗(930—1018)等三十六人,也先后来到吴越,亲承印记,归国后各化一方,盛传法眼禅法。

上述记载,谛观其人及《四教仪》其书,皆颇具传奇性,由此可以想见

---

① 参见[日]池田鲁彦:《谛观录〈四教仪〉序说:成立意义与问题点》,《印佛研》,第113页。
② 志磐:《佛祖统纪》卷一○,《大正藏》第49卷,第206页上一中。

当时天台教典返归中土的曲折过程,表明了谛观《四教仪》的影响与地位。

《佛祖统纪》卷二五《山家教典志》曾明确记载,谛观《四教仪》一卷。对于吴越时包括谛观《四教仪》在内天台诸教典的折返情形,有所评述:"吴越王杭海取教,实基于'同除四住'之语及观师制《四教仪》,至明圆教中故特标永嘉云者,所以寓当时之意,俾后人无忘发起也,此书即荆溪八教大意,观师略加修治,易以今名,没前人之功,深所不可。"①明万历年间智觉《四教仪缘起》则称,谛观《四教仪》为上、下两卷。

同时台宗第十六祖宝云义通,原为高丽国人,受具后学《华严》、《起信》。后晋天福(936—943)时(一作汉周之际)来中国,初游天台云居德韶门下,次从螺溪羲寂受业甚久,精通一宗圆顿之学。当其欲由四明泛舶回国,郡守钱惟治(吴越王俶之子)延问心要,又请为菩萨戒师,留在当地弘法。从此义通在浙东弘扬教观几二十年。台宗的知礼、遵式都出在他的门下,受业的学人很多,宋端拱元年(988)圆寂,终年六十二岁。于此可见,北宋天台中兴,与高丽学僧的渊源颇深。

至于华严宗领域,均如(923—973)是高丽初期华严学第一人。他继新罗义湘、元晓、明晶、见登等人之后,阐述华严圆教义理,特别是其甚具特点的判教理论,影响较大。唐代华严判教虽有诸说,但尤以同别二教及五教判为核心。均如著有《教分记圆通钞》,即是对法藏《华严一乘教义分齐章》的阐释之作。

据《景德传灯录》卷二五及卷二六所载,"金陵清凉文益禅师法嗣"中有高丽道峰山慧炬国师和高丽灵鉴禅师。此外,尚收录有杭州门寺希辩禅师法嗣"高丽国慧洪禅师"之名。现引其机语如下:

> 高丽道峰山慧炬国师,始发机于净慧之室。本国主思慕遣使来请,遂回故地。国主受心诀,礼待弥厚。一日,请入王府上堂。师指

---

① 志磐:《佛祖统纪》卷二五《山家教典志》,《大正藏》第49卷,第206页中。

威凤楼示众曰:威凤楼为诸上座举扬了。诸上座还会么?傥若会,且作么生会?若道不会,威凤楼作么生不会?珍重。师之言教,未被中华,亦莫知所终。①

高丽灵鉴禅师。僧问,如何是清净伽蓝?师曰:牛栏是。问:如何是佛?师曰:拽出癫汉着荆门上泉和尚。僧问:二龙争珠,谁是得者?师曰:我得。问:远远投师,如何一接。师接杖视之。其僧礼拜。师便喝。问:尺璧无瑕时如何?师曰:我不重。曰:不重后如何?师曰:火里蟭螟飞上天。②

第三节 隋唐五代与越南等国的佛教文化交流

中国佛教文化的对外传播,除日本列岛、朝鲜半岛之外,还有与越南等东南亚国家之间的佛教文化交流。

中国和越南(中国史书称"交趾"、"安南"等)壤地相接,交通便利。公元 2 世纪末,中国的著名学者牟融从苍梧(今广西梧州)奉母到交趾(今越南河内地区)居住,并笃志奉佛,著《理惑论》,凡 37 篇,以显扬佛教。3 世纪初,康居高僧康僧会幼随父母由印度移居交趾,双亲死后出家,于吴赤乌十年(247)来到南京,先后翻译出《六度集经》等 7 部,凡 20 卷;并创建建初寺,成为江南最初的寺宇。

据《开元释教录》载,还有西域高僧支疆梁接,于吴五凤二年(255)在交州(州治在龙编,今越南北部)译出《法华三昧经》6 卷,中国沙门竺道馨笔受。《法华三昧经》亦称《正法华经》,成为《妙法莲华经》的第一个汉译本。沙门竺道馨入交州的事实,更说明当时中国佛教开始在越南的传播。

3 世纪以后,西行求法与入中土传教的佛教僧人,取道海路,越南等

---

① 道原:《景德传灯录》卷二五《高丽道峰山慧炬国师》,《大正藏》第 51 卷,第 414 页下。
② 道原:《景德传灯录》卷二六《高丽灵鉴禅师》,《大正藏》第 51 卷,第 420 页上—中。

国就成为必经之路。据《高僧传》卷九所载,3世纪末,印度僧人耆域,即经扶南(今柬埔寨)到达交州,并前往中国洛阳传弘法。这一情形,一直持续到隋唐时期。

从三国时代开始,经魏晋南北朝时期学派的兴盛发展,特别是随着隋唐佛教诸宗派的确立,中国佛教走向了全面繁荣,对于越南佛教的影响作用更显巨大。中越两国关系密切,越南佛教徒中所通行的主要是汉文佛典,越南佛教深受隋唐佛教的影响,充分说明两国佛教徒的友谊源远流长。

公元574年,南印度僧人(乌苌,今属巴基斯坦)毗尼多流支(汉译意为"灭喜"),到中国长安译经弘法。由于北周武帝诏令禁佛,将境内八州四万多所寺院改为民宅,焚毁佛教经像,僧尼财物充公没收,勒令僧尼还俗为民。在此情况下,毗尼多流支被迫南下,转赴东魏邺都(今河南安阳)。以此机缘,毗尼多流支得遇中国禅宗三祖僧璨,修习菩提达摩所开创的楞伽禅法。

据文献记载,僧璨一度归隐于广东罗浮山修禅,毗尼多流支亦随僧璨南下广州。到广州后,毗尼多流支住制旨寺,居留六年。其间,他译出了《象头经》、《报业差别经》等佛典。① 离开广州后,毗尼多流支继续南下,由中国进入越南的交州,住龙编古法寺(一说法云寺),弘传达摩禅法。据称,稍早于毗尼多流支,即有观缘禅师在此传授禅法。但毗尼多流支仍被推尊为越南禅宗的始祖。其禅系亦为"灭喜禅系",成为中国传入越南的禅宗三系中最早的一支。

隋文帝时,曾向天下诸州分送舍利,至交州神众寺,起塔供养。至唐代时,在越南设置安南都护府,客观上为西行求法而途经越南的僧人提供了安全保障。据《大唐西域求法高僧传》所载,公元7世纪中,唐朝僧人明远法师、僧伽跋摩、昙润、慧命、智弘、无行等人,或途经越南,或与越

---

① 参见楼宇烈主编《中外宗教交流史》,第78—79页,长沙,湖南教育出版社,1999。

南僧人联袂前往西域求法。

明远,益州清城人,振锡南游,到达交趾,然后由交趾乘舶往诃陵国(今印度尼西亚爪哇),又到狮子洲(今斯里兰卡),更往大觉寺(印度摩诃菩提寺)。僧伽跋摩,康国人,显庆年内(656—660),奉令往交趾采药。他在交州正值灾荒,每天营办饮食,救济孤苦,悲心涕泣,时人号为常啼菩萨。昙润,洛阳人,在交趾居住年余,声望颇隆。随后他泛舶南行欲往印度,行到诃陵北渤盆国(今婆罗洲),遇疾而终。慧命,荆州江陵人,至占波(越南中部)后,遭逢大风,不能西行,折而归唐。智弘,洛阳人,与荆州无行同往印度,至合浦登舶,漂到匕景(越南中部),又回到交州,居住一夏,冬末复随舶南行,到室利佛逝国(今印度尼西亚苏门答腊),更到狮子洲,往中印度。

当时,与唐代学僧一同前往西域求法的越南僧人,尚有运期、窥冲、大乘灯等人。

运期,交州人,与昙润同行,后为中国益州会宁的弟子,随师至诃陵国,从诃陵高僧智贤受戒。

窥冲,交州人,为明远的弟子,与师同舶航行商海,到狮子洲,赴中印度。

大乘灯,爱州人(越南北部),幼随父母往杜和罗钵底国(今泰国境内)出家,后随唐使郯绪到达长安,在慈恩寺玄奘法师处受具足戒,居长安数载,阅览经书,后来曾随义净往中印度。

越南前期传弘的禅法,虽然由毗尼多流支传入越南,但真正将其发扬光大的则是毗尼多流支的弟子法贤。

法贤(?—628),俗姓杜,初依法云寺的观缘修习禅观,后改投毗尼多流支门下,并承其衣钵,得嗣其法。法贤禅法以《楞伽》为心要,主张以心印心、传佛心印,颇显达摩禅风。其语要存于《大南禅苑传灯辑录》中。继毗尼多流支之后,法贤在越南北宁慈山创建天福山众善寺,其门下弟子多达三百余人,众善寺也因此成为达摩禅在越南弘传的第一道场。

法贤示寂后,毗尼多流支一系的禅法不得其详。后人由四祖清辨（一作清弁),而上推其受业师普光寺法灯与崇业寺惠严为三祖。

清辨为古交人,俗姓杜。十二岁时投普光寺法灯门下。法灯以专修《金刚经》而闻名一时。法灯示寂后,清辨坚持修习《金刚经》与禅观法门。八年后,始改投崇业寺惠严门下。清辨之后,毗尼多流支一系的禅法传承,再度隐晦不明。直到八祖定空禅师之后,法系传承才开始明朗。

定空,俗姓阮,越南北宁古法人。尝住禅众寺,人称长老,颇受崇敬。后至故乡古法创建琼林寺,专弘六祖慧能及菏泽神会(668—760?)一系的南顿法门。定空禅师寂于808年,其弟子有通善、龙树扶持等人。通善门下有弟子罗贯安。

罗贯安,俗姓丁,越南北宁人。于双林寺礼通善寺为师,颇契心地。此时,南宗禅盛行于越南,在北宁还建有纪念慧能的六祖寺。至此,毗尼多流支一系的禅法已经完全与慧能南宗禅合流。这种趋势,与唐末中国禅宗的演进过程是相一致的,表明越南禅宗的发展深受中国禅宗的影响。

毗尼多流支一系的禅派,被称为越南佛教的禅宗前派。至唐末时期,中国禅宗由青原行思、南岳怀让及马祖道一等人的大力阐扬,禅风大炽,遍行于大江南北。马祖门下的百丈怀海,制订丛林清规,提倡农禅并重,开辟了佛教中国化的真正道路。百丈门下的无言通禅师,则更将唐末禅风引入越南,创立了无言通派,成为越南佛教史上的"禅宗后派"。

无言通,俗姓郑,原籍广东,出家于婺州（今浙江金华）双林寺。"无言通"法名不见载于禅史典籍,但恰如其分地描绘他沉默寡言而博闻通识的形象。无言通出家后,尝往江西参马祖道一。因马祖示寂,无缘得参,遂转赴江西新吴（今江西奉新县）的百丈山,礼投怀海禅师。814年,怀海圆寂,遍历诸山。至唐元和十五年(820),转入越南,住北宁仙游建初寺,传授百丈禅法,最终开创了无言通派这一越南禅宗后派。此后,无言通禅法系统,在越南递相传持,绵延不断。其中,比较重要的越南禅僧有感诚、善会、云峰等人。

感诚,俗姓明,越南北宁仙游县人。原法名为立德,初住建初寺。无言通南下传法时,即由他迎住于此寺,行弟子礼,侍奉于左右。其后,无言通为他另取法名感诚,并传百丈禅法。无言通在北宁传禅时,正是通过感诚法师的弘所,才逐渐得以在越南弘传开来,成为越南禅宗的第一大禅派。感诚法师也因此而被后人推尊为无言通派的第一祖。

善会为感诚弟子。原名祖风,初从东林寺的渐源出家,住于北宁超类的定禅寺。善会学法之初,信从渐修成佛论,认为须经三僧祇劫的修行才能最终成佛。感诚传其百丈禅法,始信顿悟法门,并最终成为继感诚法师之后的继承人,被尊为越南禅宗无言通派的第二祖。此后,善会传法于三祖云峰,云峰传法于四祖匡越。匡越,俗姓吴,初志于学儒,后改投佛门,法名真流。匡越后被新建立的越南朝廷封立为"僧统",类似于越南皇帝的僧人顾问,并赐号"匡越大师"。经由这四代禅师的相继阐扬,无言通派得到了空前的发展,至匡越大师时,终于成为越南佛教的主流宗派。

中国和柬埔寨从1世纪起就有来往。中国古书上称柬埔寨为"扶南",隋唐以后称为"真腊",元明以来称为柬埔寨(或称澉埔只、甘孛智、甘菩遮)。相传这一民族渊源于晋译本《大方广佛华严经》卷四五《诸菩萨住处品》中所说的"甘菩遮国"。

公元5世纪中,扶南国王耶跋摩曾遣使用海舶载货来广州贸易。那时广州有一位印度出家人那伽仙附乘他的海舶去扶南,具述中国佛法兴盛的情况。扶南王因遣那伽仙携带国书并赍金缕龙王坐像、白檀像、牙塔等,于永明二年(484)重来中国送给南齐武帝。其来书中叙述他们国内信奉佛教,并以大自在天为守护神的情形。由于这时佛教在中国颇为昌盛,扶南的硕学沙门僧伽婆罗也附随商舶来到南齐首都(今南京),当时中国政府招待他住于正观寺内。婆罗博学多识,通数国语文,又从当时在中国的天竺沙门求那跋陀精研《方等》,后来成为梁代有名的译经大师。

梁天监二年(503),扶南王阁耶跋摩又遣沙门曼陀罗仙赍来许多梵本并珊瑚佛像,赠与中国,时梁武帝请曼陀罗仙和僧伽婆罗共同翻译出《文殊师利所说般若波罗蜜经》2卷、《法界体性无分别经》2卷、《宝云经》7卷等。

天监五年(506),僧伽婆罗又受梁武帝的征召,于寿光殿从事译经,嗣后又在华林园、正观寺、占云馆、扶南馆等处继续翻译经论,直到天监十七年(518),共译出《大乘十法经》1卷、《度一切诸佛境界智严经》1卷、《八吉祥经》1卷、《孔雀王陀罗尼经》2卷、《舍利弗陀罗尼经》1卷、《菩萨藏经》1卷、《解脱道论》13卷、《阿育王经》10卷等,凡10部33卷。

天监十八年(519),扶南王留陀跋摩遣使赠送天竺栴檀瑞像和婆罗树叶至南梁。大同五年(539),又遣使赠送生犀。梁武帝令直使张汜等送扶南来使返国,同时遣沙门释宝云往迎请佛发,还请名德三藏法师携大乘诸经论等来梁。那时,天竺优禅尼国真谛三藏在扶南弘法,内外学艺无不精练。扶南政府便敦请真谛三藏,并赍同经论梵本240筴乘舶来梁,以大同十二年(546)到达南海(今广东海岸),太清二年(548)抵扬都(今南京),住宝云殿。时逢梁末国乱,即往富春,辗转又到金陵、豫章各处,终于在广州圆寂。真谛在中国各地随处翻译,讲述疏解,前后23年,译出经论记传49部,计142卷,对于中国大乘佛教的传播产生了巨大的影响。此外,陈时还有扶南沙门须菩提,在扬都城内至敬寺,为陈帝再译《大乘宝云经》8卷。

在6世纪时,大乘佛教在扶南非常兴盛。首先是经论部类甚多,曼陀罗仙和真谛三藏都曾从扶南携带许多梵本经来到中国。同时由扶南来华的译经法师,所译的经论偏重于般若、方等。梁朝还特设"扶南馆",作为译经道场,以接待扶南来华的翻经沙门。扶南佛教文化,受到当时中国朝廷的尊重。

6世纪间,真腊国王朝建立,国都伊奢那城。此时,大乘佛教仍然盛行当地,是当时信奉佛教国家之一。中国学僧西行求法,也有人途经该国。如《大唐西域求法高僧传》中,有益州成都僧义朗、同州僧智岸,并弟子义玄,同附商舶,航经扶南,到达郎迦戍(今泰国南部马来半岛)。

9世纪初,真腊王阇耶跋摩二世在今洞里湖东北开始建设伟丽而富有宗教特色的吴哥城,嗣后诸王陆续尽力经营,乃至建为都城,并在国内兴造若干巨大的宗教建筑,被称为真腊国最繁荣的时代。12世纪间,更在都城兴建规模宏伟的吴哥寺。

在这以后,由于缅甸和泰国佛教的影响,真腊乃改奉南传上座部的巴利语系佛教。

第九章 隋唐五代时期的佛教文化艺术

隋唐时期佛教信仰和佛教文化深深渗入到人民大众之中,成为当时社会生活的重要组部分。佛教文化艺术在与社会紧密结合的同时,在雕塑、书画、建筑、音乐等诸多领域都取得了辉煌的成就,而且具有鲜明的时代和区域特色。

第一节 隋唐五代的佛教石窟与造像

一、隋代的石窟与造像

隋文帝开皇、仁寿间,造像极盛。隋文帝杨坚于开皇元年(581)便允许修造佛像。于开皇四年、十三年、二十年屡次下诏修复、安置北周灭法时所破坏的佛道造像,提倡僧俗修造佛像,严禁官民毁坏佛道造像。在隋文帝统治期间(581—604),据文献记载,修治故像大小106 580躯,造新像1 508 940余躯。在隋炀帝杨广统治期间(605—617),又修治旧像101 000躯,雕铸新像3 850身。在皇帝的倡导下,崇信佛教、修建佛寺、开凿石窟、雕铸佛像之风,在贵族、官僚和僧尼中,较之北魏后期有增无减。

隋代朝廷于开皇年间(581—600)就派人去西域的敦煌莫高窟,进行开窟造像的营造活动。在短短的三十余年中,开凿了很多洞窟,保存到今天的还有九十多个,其中保存了大量的壁画和塑像。

隋代洞窟的形制,大多数还是承袭北朝的"支提式",分前后室,或仅分前后两段。前室平面为横长方形,顶作人字坡,后室平面呈正方形,中央作方柱。方柱的前面和左右各开一龛,后面开龛者罕见。龛中置一佛、二菩萨塑像。龛较北朝的略深,龛沿多作双重。前室的人字坡顶,凿成或绘制成檩椽模样;后室顶部则绘平棋图案;四壁画千佛、说法图或故事画。另有一种洞窟形制是接近中国古代庙堂形式的覆斗状顶的方形窟,后壁开一大龛,中置罗汉、二菩萨塑像;有的在左右两壁也各开一小龛。

现存莫高窟隋代塑像有 350 余躯,其中有些残破,有些经过后代不太认真的修补,比较完整的有 140 躯以上。第 204、206、244、419、420、427 等窟的塑像比较有代表性。如敦煌 427 窟隋初造像一佛二菩萨,三尊像的造型继承了北朝的传统,形象古朴、单纯,衣饰装束简练。佛的面容比北朝造像显得丰腴圆满,两个胁侍菩萨发髻的梳法与北朝晚期菩萨装束相一致,菩萨裙带的下边开敞,两角的飘起与北朝菩萨类似,说明了隋代是佛教造像由南北朝向盛唐过渡阶段。

隋代莫高窟塑像的组合,数目比北朝有所增多,塑像间面貌的类型特征更加明显。一般除了佛、菩萨像而外,又经常出现罗汉(迦叶、阿难),有的还增加了足踏小鬼的天王和赤膊露胯的力士。由于佛龛加深,壁面趋于垂直,佛像便不再像北朝佛像那样倾身而坐,罗汉、菩萨立像也不像过去的那样前倾了。大多数塑像不再是贴壁的"高浮雕",而成为脱离壁画的"圆雕"。塑像的尺寸也明显地加大。一些立于方柱前面的佛、菩萨像和立于前室的天王、力士塑像高达四五米,这是北朝造像所没有的。彩绘与塑作的结合更加讲究,色彩绚丽,造型丰厚圆润,表情温和可亲,一改北朝的清癯消瘦型的面貌。但也有一些隋代塑像显得头部过大,上身过长,下肢过短,比例稍欠匀称。有些塑像面部失之扁平,动作稍欠自然,天王、力士的夸张处理也略嫌僵硬。手、臂的处理,往往仍如在北朝石造像中所常见的那样,总是紧贴着胸胯,还未充分理解和发掘泥塑的特性。刻划衣纹,有的运用圆润流畅的凸线,有的还是采用北朝雕塑中常见的阴线纹刻划,泥质雕塑中立体造型的手段,似乎也没有得到充分的发挥。

甘肃麦积山石窟第37窟位于麦积山东崖三层三窟右侧,是一个窟平面呈马蹄形的穹窿式顶窟。原窟内造像可能为一佛二菩萨,现仅存一佛及右侧菩萨。佛低平螺髻,面形丰圆,着通肩袈裟,结跏趺坐于方形座上,双足下踩莲台,神情庄重慈祥。菩萨高髻,花蔓冠,宝缯自然垂于双肩前,长发披肩,上身袒露,戴项圈、手环,下着裙,双手抚于胸前,立于半圆台上,流露出一种虔敬纯真的神情。特别是臂膀和双手塑造得圆润健美,极富肌肉质感,神情和动态达到了和谐的统一。

甘肃麦积山石窟第13窟位于东崖中部,上七佛阁之下,塑一摩崖大佛及二菩萨像。佛高16米,二菩萨高13米.是麦积山最大的造像。佛、菩萨像为石胎泥塑。佛低平螺髻,面形丰满,神情肃穆慈善,着圆领袈裟,结跏趺坐,二菩萨侍立。三尊造像高大雄伟,神情庄严,具有一种不可抗拒的威慑力,虽经后代多次重修,仍基本不失原作风貌。遥望麦积山,首先映入眼帘的就是这三尊大像,它们代表了整个麦积山神秘庄重的宗教氛围。

隋代在山东境内的主要石窟造像有山东历城玉函山、青州驼山、云门山等处。历城玉函山雕像多为开皇年间造,历经修复,仍可见原来之面貌。雕像身形如管状,目光平直,衣褶垂直,头部硕大,脖子细长。青州驼山总管平桑公造像较大,体型以椭圆为主,衣裳薄而紧,皱褶有纹饰之美。主像宝座上垂下的衣纹有韵律,曲线流畅,下垂波纹,为隋代所特有。两旁胁侍菩萨身形较小,比较呆板,头部亦较大。青州云门山与驼山隔溪相对,云门山雕像较小且零乱残破,雕凿年代较之驼山迟十年。云门山雕像为摩崖龛,通常佛龛中有一佛、一菩萨、一天王胁侍。佛龛本尊结跏趺坐宝座上,呈安详舒适意,似倚凭而坐,头像微微向前伸,若凝视状。主像衣纹流畅,以连环曲线及波纹褶纹呈现。胁侍菩萨亦是隋代石窟中有代表性的作品,脸形和身段上遗留有秀骨清像和服饰飘逸的特点,脸形的扁圆和双下巴的突出,这是向唐朝崇尚丰腴的审美风尚发展的迹象。

山西太原天龙山石窟第8窟中心塔左侧龛,雕有五尊像中的胁侍弟子和菩萨,是一种外形简化、装饰朴素的原始类型风格。在服饰上,天龙山隋代窟像多穿着民间流行的衣裙,保留着北方民族的地方风俗。

隋代的佛教造像混合着南北方各种风格和类型的审美特点,继承了北朝晚期两种不同时代的特点,向唐代丰腴华丽的方向发展。隋代的石窟造像遍布全国,但每处数量不多,这与隋王朝统治年代短暂有关,总体来说是过渡性的。

二、唐代石窟与造像

李唐一代佛像造像兴盛,艺术价值极高。初唐时期民间还有造像出售,初唐时期的石窟雕塑还保留有北朝晚期及隋代的一些审美特点,并逐步呈现盛唐兴盛的气象,造像上表现为雄伟瑰丽,气魄宏大,富有活力。社会发展使得人们对现实生活有了更深的了解和体会,初、盛唐的石窟造像表现了乐观、入世乃至世俗化的倾向。唐代的菩萨像多以唐代的美丽女性为摹本,人们对宗教的概念也有转变,佛教造像蔚为大观。

在现存492窟龛的莫高窟的石窟造像中,唐代开凿的窟龛有280多个。

如328窟的九尊像,除四座半跪式的供养菩萨外,中央坐佛、左右二弟子侍立,二菩萨和佛同样坐在须弥座上,菩萨一腿盘起、一腿垂下作半倚坐式。这种半倚坐的菩萨,只有天龙山石窟有此样式。

第79窟有盛唐的两个胁侍菩萨,一坐一立,袒胸露足,上身斜挂一条披巾,下身系着薄敞裙,神采奕奕,表现出曲眉丰腴的唐代美人形象。

68窟和458窟的胁侍菩萨,是盛唐作品。这两个菩萨造型稍有不同,匠师们并不拘泥于格式化,而是表现出真实中的差异。菩萨上身裸露,斜挂一条锦带,工匠们的处理既表现人间的美,又体现了宗教感。

在384窟的佛台边,塑有两个顶礼半跪的供养菩萨,是盛、中唐的作品。形体装束华丽,面部表情虔诚真挚。形象刻画与一般的胁侍菩萨不同,职司也不同。

敦煌莫高窟的弟子像迦叶、阿难有很多的形象变化,两人一长一幼,一个是印度人的形象,一个是汉人的形象,如45窟的迦叶弟子像艺术性较高。

敦煌的天王像以初盛中唐的46、205、322、194窟为代表。46窟两尊天王像威武刚直,特别是右边的天王,怒目张舌,面部肌肉强烈紧张,这两尊天王像表现出西域人的形象,这和唐代统治者多用外国人为侍卫的风习是一致的。属于中唐的194窟的力士和天王造像,特别是力士像,表现出强健的气质,体态结构上,尤其是腿部的肌肉强健有力,有真实感。

敦煌莫高窟有唐代较大的彩塑像,如96、130、158窟的大型佛涅槃像。96窟大佛高15米,130窟大佛高26米,窟外建有九层高的护楼阁,以致无法看到它的整体形态。158窟的涅槃像中的佛像身长15米,侧身向外,身后靠窟后壁有众多弟子悲痛欲绝。

甘肃永靖县炳灵寺唐代第64号窟雕出的五尊像,其中在主佛左右的胁侍菩萨,作S形曲线站立姿势,面部作冥想神态。胁侍菩萨衣饰朴素,仅戴有很少的璎珞胸饰及帔带,上身穿了一件紧身的背心。

甘肃天水麦积山石窟造像第5窟的唐龛中,佛、菩萨的身段比例适当,其中一个胁侍菩萨的左手被塑造得很生动,柔软细腻。

洛阳是唐王朝东都,唐太宗李世民、高宗李治大力提倡佛教,洛阳龙门在北朝时期便是佛教石窟的中心,在唐代则成为一处佛教圣地。

(1)龙门潜溪寺窟

龙门潜溪寺窟宽约10米、深约7米、高约9米,窟顶中央雕有大莲花,全窟七尊像罗列整齐。主像弥勒佛趺坐后壁中央,高约 7 米,左右迦叶、阿难弟子,观音、势至二菩萨和护法天王分立于两壁。中央坐佛身体各部比例匀称,面部饱满丰韵,神情睿智。两胁侍菩萨的脸型俊美,胸腰形成曲线的变化,二天王怒目圆睁突出护法驱邪之意。

(2) 宾阳三洞

宾阳北洞是龙门石窟宾阳三洞之一,中央坐佛显得臃肿肥矮,衣纹雕法粗糙。左右二弟子、二菩萨身段类似潜溪寺,面相造型优美。宾阳北洞的天花和地面装饰类似宾阳中洞,即洞顶中央雕出大莲花,周围绕以飞天,地面雕出地毯式的莲花纹。宾阳南洞与北洞大小形式类似,平面接近方形的洞窟。窟内造像是一佛二弟子二菩萨的五尊像雕在窟的后壁,左右壁雕有大小佛龛,有些小龛题刻有隋开皇、大业年间的造像记。宾阳南洞的主佛和胁侍可能是初唐时期未脱去隋代影响的造像。

(3) 敬善寺窟及附近的摩崖像

敬善寺窟及附近的摩崖像为初唐时所作,敬善寺名是由窟门外北侧由李孝伦撰敬善寺造像铭而来。窟内雕出中央主佛和弟子、胁侍等十五尊像。龙门西山的唐窟中,往往是圆雕与浮雕相间。敬善寺的十五尊像,除中央大佛是圆雕之外,其他的二供养、二弟子(迦叶、阿难)、二供养比丘、二菩萨(观音、势至)、二护法天王、二守卫力士、二侍从菩萨,以圆雕与浮雕相间的形式列置于窟室及两侧。敬善寺窟顶浮雕大莲花,四周雕满飞天八身,在窟顶天花与窟壁造像神光的空隙,雕满了坐于莲花上形态不同的小佛像,有交脚的弥勒、有侧足倚坐的弥陀、有举手歪头或拱手俯身的释迦说法,各式各样。各小佛所坐莲花,下有莲枝联结,整个窟大小造像,变化万千。敬善寺造像的雕刻以窟门外的一对力士和一对侍从菩萨来说,两者为圆雕,高约 2 米,两对造像一刚一柔,力士肌肉夸张有力量,侍从菩萨动人窈窕。敬善寺的崖下,雕有唐代的小佛龛,佛、菩萨是薄衣贴体,一副盛唐丰美的形象。

敬善寺窟门外的南侧雕出三个龛,龛下雕有小千佛三排,在三龛中间雕有小龛,高约5厘米,龛内立菩萨,左手执瓶,右手举起,造型优美。窟门北侧雕有一佛二菩萨小龛,龛下雕有一排供养像,高约5厘米,其中有男有女,有主有从,有跪有立,整齐而生动。

(4) 龙门西山的摩崖三佛唐窟雕像

龙门西山中型唐窟雕像诸如摩崖三佛是崖壁开龛雕出以弥勒为主尊的三尊坐佛像,位于敬善寺以南的高崖上,龛面宽约6米,佛像高约5米,三佛中仅中央坐佛有左右胁侍,工程未完即中止,雕像只有大样。

(5) 双洞

龙门西山窟群中有第7、8窟,因两窟并列故称双洞。双洞窟中正龛雕出五尊像,左右壁雕出立佛、菩萨、天王、力士等;第8窟除雕出五尊像外,左右壁雕有小千佛,故有千佛寺之称。

双洞是唐代并排的两个中小型窟,在南洞后壁两个小龛的佛、菩萨造像肢体细长,显得多姿多彩。洞外一小龛,在三尊像座前雕有护法狮子,昂头作吼,神态生动。龛旁有延载元年(694)的题记。

(6) 万佛洞

万佛洞因窟壁雕出一万五千座小佛像而得名,又有沙门智运于高宗永隆元年(680)为唐高宗与武则天的造像记,万佛洞又称智运洞或永隆洞。万佛洞窟壁虽雕小佛,但正壁雕有五尊像,并在这些像上面雕出莲座菩萨54躯,在万佛的下层左右壁,雕出十二伎乐舞人,乐伎弹奏乐器,舞伎裙带飘举。

万佛洞窟外南壁雕有唐代小龛,其中一菩萨龛,雕出立像10厘米,雕法精美细致;洞北有一小洞,其中雕有万佛,体积很小,但整齐排列。万佛洞南,崖壁间雕有一深龛,内雕佛一躯,双手雕刻得优美,牵持衣带的左手,刻划出肌肉的柔软丰美。

(7) 清明寺窟

清明寺窟内正壁佛脚下雕有一对蹲狮,又称跪狮洞或双狮洞,因窟门雕有五层舍利塔,也称塔洞。洞内有武则天题记三处,唐高宗仪凤三年(678)题记一处,造像风格是初唐所作,形象简朴。

(8) 惠简洞

惠简洞位于龙门西山北端,是长安法海寺僧惠简为皇后武则天开凿的一个窟室。窟的规模不大,前壁塌掉,窟门外楣飞天遗迹可见,窟内雕有五尊像,正壁一佛二弟子,二菩萨侧立于左右壁。惠简洞中央主佛的脸型接近奉先寺大佛,微笑深沉,神态含蓄。两躯胁侍菩萨,头虽毁,但身体比例和裙带衣纹流畅。右壁胁侍菩萨扬起的右手,姿势优美,表现出女性的生命活力。

(9) 老龙洞

在北朝石窟莲花洞的北边,有一处山泉涌出汇成的老龙窝,悬崖高处开凿有老龙洞,洞内壁上雕满各类佛龛和小千佛,并有唐高宗显庆年间的造像题名。北壁所雕的五尊像龛侧的两胁侍菩萨形体优美,龛下所雕的男女供养像,是唐雕供养人的优秀作品。

(10) 破洞

唐代大中型窟龛有破洞、极南洞和奉先寺等处。破洞因洞门高低不同,类似天然的窑洞而得名,故称破洞。洞内造像大小佛龛罗列,北壁中部雕出双层三佛小龛,上层结跏趺坐像;下层为三尊倚坐像,三尊坐像全身着犍陀罗袈裟,雕像手法不同于其他唐代雕像。

(11) 极南洞

极南洞因位于龙门西山最南端而得名,极南洞共雕有11尊像,有一佛、二弟子、二菩萨、二天王及窟门外守护的神王。菩萨和天王的艺术性最为突出,身躯比例匀称,造型洗练,如左壁半圆雕菩萨,头足残损,体躯呈S型,上身裸露,胸前有璎珞,斜挂一条细长的披带。窟门外的金刚力士手托一快未成形的顽石,重有千斤,两臂两腿和胸腹部肌肉突起,表现手法夸张。

(12) 奉先寺唐代雕像

龙门最大规模的奉先寺摩崖大龛,在南北宽36米,进深40米的崖面上,雕出巨大的九尊像——一佛、二弟子、二菩萨、二天王、二力士。奉先寺中央大佛开凿于唐高宗和武则天时代的显亨、上元年间,由武则天"助脂粉钱二万贯"以营造工程,中央坐卢舍那佛连台座背光通高17米多,头部微微前倾,双目俯视结跏趺坐,居高临下,膝上的双手已残损。整体姿态安详庄重,脸型扁圆,双眉修长,嘴唇纤美。整个雕像形体宏大,头光和身光似熊熊的火焰。卢舍那佛光照人间,代表智慧,佛像的体态表达出一种宁静的心境,佛像的目光传达了慈祥爱众生的悲心。

奉先寺的胁侍菩萨,身高仅次于坐佛。上身满饰有璎珞披巾,头戴宝冠,神态和蔼。两侧的护法天王和金刚力士雕像的威武姿态,天王的铠甲,力士健硕的肌肉与佛菩萨的恬静形成对比。

奉先寺中央大佛的台座周围雕有很多的负荷佛座的小型力士像,他们一个个曲身怒目,表现出重压下的吃力状。天王的脚下都踏有鬼卒,鬼卒们咬牙切齿,体态肌肉更为夸张,这是以一种艺术衬托的手法表现天王的压力。

奉先寺九尊雕像的布置,聚焦于中央的大佛。奉先寺中央五尊像慈祥、庄重的神态和左右两侧壁天王、力士的威武气势,构成动静结合的整体群像。

(13) 龙门东山的唐代窟龛造像

龙门东山也称香山,是唐代白居易香山居士住过的地方,白居易的墓地就在山上。龙门东山唐代有看经寺窟和擂鼓中洞的浮雕罗汉像及万佛沟中一个开元纪年的盛唐石窟造像。

擂鼓中洞和看经寺的罗汉像,是以浮雕的形式雕于洞窟的四壁。擂鼓中洞共雕有25像,是按照《佛法因缘经》中的祖师数雕出的,看经寺的罗汉在25祖师外,加上达摩和其他三祖,共有29像,是按照《历代法宝记》的祖师数目雕出的。这些罗汉是修道的高僧,形象上是"隐蔽圣仪"、"同凡常众",浮雕罗汉像和罗汉绘画在造型上有相似之处。

东山万佛沟,因唐代的佛教徒在东山沟中开凿有很多的大小窟龛,雕出很多的优美造像而得名。其中有一唐窟造像，窟的形式与一般的佛窟不同，全窟平面为长方形，宽约8米，长约9米，四壁均雕有坐佛，跏趺坐在莲座上。这些造像上部空隙及窟顶天花雕刻尚未完工，可惜的是这些雕像的头部全部毁去，从这些残损的造像上，可看出雕刻手法的流畅，衣纹洗练，从圆软的身躯和双手显现出肌肉感。

唐代在山西境内的石窟遗迹有天龙山一处。石窟群在太原附近，有唐窟14个，所有雕像在艺术造型和表现手法上比较突出。天龙山第14窟，全窟雕有7尊像，仅残存东壁龛半跏坐菩萨，且头脚毁去，但仍能看出柔软贴体的罗衣及裸露的肌体之美。

天龙山第9窟是石窟群中最大的一窟。雕凿于隋与初唐之间，窟的下层左右雕有文殊、普贤菩萨分乘狮、象的造像，主像已残毁，但从部分残躯及普贤座下的象的形象上，可看出隋、初唐雕刻艺术细致的特点。普贤菩萨衣带飘垂，残余下肢的风韵，象的刻画生动传神。

第17窟的前廊，有两个守卫的力士像，它们与佛、菩萨的身份、性格、职责有根本的不同，因此在雕刻手法，体、面的表现上有强弱粗细之分。

陕西彬县位于西安市西北，在县城西十多公里处的花果山附近，有一处以大佛寺为主的石窟群。大佛寺相传是唐太宗爱将尉迟敬德监修，起初想建一处类似龙门奉先寺的摩崖大佛崖，后人又在龛前建起了四层楼阁，大佛和左右胁侍所在处形成高大的佛殿，平面呈半圆形，宽约20米，高30米，大佛神态自然，脸型圆满，结跏趺坐于束腰莲座上，背光浮雕飞天和唐草火焰直通龛尖，旁刻有大唐贞观二年（628）的造像铭记。大佛寺中的大佛经后人装修糊泥，但其神光上的飞天火焰等均为唐代原作，殊可珍贵，壁间多宋人题名。左右胁侍菩萨头戴花冠，上身挂璎珞，下着长裙。在大佛殿附近的山崖上，唐人开凿龛窟不少，但多毁失。考古学家陈万里记述：西壁龛中一胁侍菩萨，右下肢微曲，遍身璎珞，极类天龙山唐雕之最精者，虽因泾河泛滥的冲刷而受侵蚀风化，但风神犹灼然可见,其他小型造像足以代表唐代艺术风格者仍有不少。在大佛寺偏西一宋人题名的窟中,窟北壁雕有等身菩萨像数躯,有的手提净瓶,姿态极优美。根据《文物参考资料》(1956年第11期)记述:在大佛殿的西侧有四个石窟,有三个石窟雕有造像四十余躯,有一窟雕有佛故事浮雕六十余躯。大佛殿东侧有称为千佛洞的一个大窟,窟内雕像以千佛浮雕为主,共有雕像三百余躯。

陕西林游县在彬县以南约50公里,地临渭河支流的漆水,是唐代行宫之地。慈善寺石窟在县城西南广川河西岸的崖壁上,有南北二窟,南窟正中一立佛高4米多,高肉髻,脸型饱满,着袒胸袈裟,赤足立于莲座之上,面容庄严,保存初唐佛像的面目。据县志记载,雕像是高宗永徽四年(653)造,窟内左右两壁各雕一尖拱型龛,北龛雕一佛二菩萨,北龛二胁侍菩萨姿容妩媚,体态丰满;南龛雕一佛二弟子,均为盛唐作品。

林游另两处摩崖雕像,一处在县城西门外石佛崖,在宽约50米的崖面上,雕出各类佛龛15个;另一处是喇嘛帽山摩崖千佛造像,在县城西南约15公里,崖面东向,造像面积高约2.5米,宽9米,雕像总数近千。

陕西耀县药王山石窟仅有三个不大且不规则的崖窟和龛像,主要雕塑是在崖壁上的两尊观音高浮雕立像,两像均上身裸露,胸前璎珞披带绕壁飘起,下着长裙,赤足立于莲台上,耀县药王山观音像有开元十一年(723)的造像题铭。

山东境内的唐代石窟造像留存至今的也很多。山东济南千佛崖造像,有贞观十八年(644)和显庆二、三年(657、658)的造像题铭,千佛崖中部龛窟的佛、菩萨,是唐代显庆二年南平长公主和驸马都尉开窟的造像,龛中雕出的胁侍菩萨,形体圆满优美,雕刻手法细致。

济南以北曲阜境内的九龙山,有一处属于盛唐时代的摩崖龛群,现有大龛五个。五龛造像类别和形式上各不相同,有一佛四胁侍的五尊像,有文殊、普贤乘狮、象的单龛像,有立佛单龛和观音单龛像。龛楣有塔顶宝盖式的,雕刻华美。这一处龛像规模不大但内容丰富,且有唐天宝十五年(756)的造像题记。

河北隆尧宣雾山隆胜寺有一处规模较大的崖龛群,现存龛数两千以上,造像近一万躯。存有唐武德六年(623)和贞观七年(633)开凿石室雕刻"贤劫千佛法华景"文的碑石和贞观九年(635)及开元二十五年(737)的"多心经"石室刻出的造像题记。宣雾山隆胜寺龛像,因佛寺已毁去,千佛堂石室和露天佛涅槃雕像占佛龛群的主要地位。

千佛堂以东的崖面,共有龛360个,龛中雕有一佛四胁侍(五尊)、一佛二胁侍(三尊)、二菩萨(二尊)、一佛(一尊)以及观音不同的造像类型。千佛堂石室外壁和石窟内部雕出像龛1 300多个,龛外题铭"大像主纪王供养"。千佛堂石室以西,是露天涅槃雕像,现已残毁,在以西的一段崖面上,雕有像龛130多个,佛塔一座,龛像旁多有供养人像。露天涅槃雕像以南的一段崖面上,共雕有像龛500多个,另有刻经7处。造像以一佛二菩萨三尊像居多,造像题铭多为初盛唐所作。千佛堂石窟东南侧还有多心经石室和罗汉堂石窟。多心经石室是玄宗开元二十五年(737)雕凿,室内后壁刻有"般若波罗蜜多心经",正壁雕有五尊像,左右壁各雕有三尊像,从神光所雕出飞天、莲枝的精美细致及佛座前雕伎乐供养像,可看出盛唐的风格。罗汉堂中雕有十六罗汉,题铭是五代后唐明宗天成四年(929)所制。罗汉堂南侧建有八面三层上覆八角攒尖顶的石塔一座,塔的各层雕有不同内容的佛、菩萨造像。

四川留存至今的唐代石窟雕像非常丰富。

(1) 广元千佛崖、皇泽寺和观音崖的唐代雕像

四川广元县地处交通要道,占据着佛教南北传播的重要位置,有三处石窟群,即城北的千佛崖、城西的皇泽寺和城南的观音崖,三处都紧靠嘉陵江岸,以城北千佛崖造像最多,内容最丰富。千佛崖窟龛重叠,远远望去,窟洞如蜂房。千佛崖窟龛和造像形式复杂多样,能登临的大型窟有"大方洞"、"牟尼阁"、"睡佛龛"及一些中型窟。雕像一般是佛、菩萨像,有的附以天龙八部,有的雕有佛门十哲像,有的雕出佛教人物故事。

皇泽寺石窟在广元县城西嘉陵江西岸,因奉有女皇武则天的庙宇皇泽寺而得名。皇泽寺石窟群有一块大石俯卧着,大石块里面凿有窟龛造像,其中一龛残留浮雕男女供养人六人,神态生动;另一龛浮雕有牧牛故事。在浮雕附近有贞观二年(628)和宝历二年(826)的碑题记。

观音崖是为中晚唐时期出征云南"平南蛮"的远征军将领们为祈佛保佑造的观音像。因是有计划的开凿,龛群整齐,观音崖造像以中晚唐的制作为多,其中只有一处窟室,其他皆为龛像。窟室佛和胁侍的设计,仿自千佛崖的"牟尼阁",左右两壁雕出十大弟子像。观音崖的晚唐雕像多表现现实生活的人物,如31号龛龛外两侧雕有侍从伴随的男女供养人像。

(2)巴中、通江的唐代石窟造像

巴中雄居巴山蜀水的川北中心地,巴水流经城下。巴中有四龛,环峙着巴中县城东西南北四面的山崖上雕有龛窟造像。西龛群以上下层的形式开凿,龛像是四川石窟造像的一种形式。巴中西山龛群中的43龛中,有的是龛中有龛,如下层中部题为"自悟大乘"的一处大龛,龛门为长方形,在龛门深处的后壁,雕有两个并排的方形龛,在两龛之间,上下雕有两个小型圆拱龛,四龛内均是坐佛,坐式和手势都相似。另一方形龛,在龛门右半题为"大龙日寺",在龛门左半雕有一佛二菩萨的三尊像,在大龛三面雕出大面积的千佛小龛,形成一个大的屏壁。巴中南龛所在的化成山是巴中的名山,巴中四龛中,南龛群像多,且保存得较好,龛像密集在山崖处的佛爷湾。最早的是唐开元二十三年(735)党守业造像铭(69龛),其他有会昌六年(846)造像天王题记(93龛),乾符四年(877)县令赵某敬镌北方大圣毗沙门天王题记(65号龛)。巴中县的佛教雕像,不仅有环城的四龛山,城北8公里处还有一大佛寺,县志记载:"龛中塑大像一,右刻七佛古像一龛,余像尚多,皆依崖石而成。"城东15公里,水银寺也是佛教雕像胜地,雕像不仅高出于巴中四龛,而且保存完好。

四川通江是紧邻巴中的一个县,通江的四处龛像群千佛崖、赵巧崖、七里坪和佛尔崖，都在县城以西的通江两岸，其中以千佛崖和佛尔崖为代表。千佛崖现有五十余龛，造像风格上多属唐代前期的作品。第6号龛龛外左右侧壁刻有供养人浮雕群像，手法别致，富有装饰味。在51号龛左右两侧，雕有圆雕男女供养人各一，是盛唐时代的作品。通江佛尔崖的雕像现存四龛，数量少、雕刻艺术质量很高。四龛中以第2、3号龛保存完好，均雕有七尊像和天龙八部浮雕。

（3）乐山大佛摩崖雕像

乐山大佛高达71米，是世界上现存最大的一座佛像。据考证，大佛雕于唐开元元年（713），到贞元十九年（803）才完成，整整用了九十年的时间。乐山大佛是依山雕成，利用岷江与大渡河、青衣江三江汇流的凌云山伸向江中的崖壁，依势凿成。佛为倚坐式，双手置于膝上，头顶螺发，身着袈裟，形象庄严。千百年来风雨侵蚀，使得大佛的山崖巨石多有破裂，但大体上仍是完整的，并且大佛各个部位比例合度。有诗赞曰：天下山水之胜在蜀，蜀之胜在嘉州（今乐山），嘉州之胜在凌云。

（4）夹江千佛崖雕像

因青衣江畔两岸山崖夹江对峙，故称夹江。从唐开元、大历、会昌、大中、咸通等造像题记上看，夹江千佛崖造像与巴中、通江等地是同时雕造的。有一些是净土变相龛和维摩变相龛，如编号132号的西方净土变龛，龛正壁中心弥勒佛和左右二菩萨，高坐莲台之上，所有的神光、华盖、宝塔、琼楼都以浮雕形式雕出。西方净土变相69号龛，在两米见方的龛内，雕出270多个人物，经营布局得当。龛中央雕阿弥陀佛及二菩萨，佛两侧各雕经幢和七级宝塔，塔前各有一羽人展翅高飞。佛前雕平台两阶，各雕栏杆，上层诸弟子排座互作交谈状；下层伎乐十四人，正为舞者作伴奏，舞者二人随乐声扬裙起舞；台前两边，各雕一鹤相对戏。平台隔宝池与周围楼台殿阁相对，中有拱桥相接。池中雕荷叶莲花，或张或合，各坐一菩萨，姿态安静清雅；池中另有划动着的小船。桥上楼阁间的人物，有的徐步缓行，有的前瞻后顾。佛背后饰以华盖，盖上各雕一凤，空中雕出祥云缭绕,飞天回翔。

(5) 仁寿、资中崖龛造像

四川仁寿县境内摩崖窟龛造像重要的有望峨台千佛崖和蛮子洞等处,在千佛崖雕有高 15 米的大佛。望峨台亦称石城山,是一处天然的崖寨。登上崖顶可望峨眉山,故称望峨台。佛龛群开凿在崖寨前后的峭壁上各有二十余龛,龛多方形,从造像题记和造像风格上看,显示了盛唐的一些特点。望峨台北崖的一龛雕有十一尊像,在一般多见的九尊像中加入了两个供养像。望峨台龛像的乐舞伎雕刻也很突出,乐舞伎雕在佛座上,且是一人占一龛;从乐舞伎不太丰腴的人物造型上看,应属于晚唐五代时期的作品。

在四川资中县城的东西南北各有摩崖佛龛造像,以城北重龙山麓的君子泉附近的龛像最为著名。据统计,重龙山造像约四十余龛,大小造像数以千计,以唐代制作为多。雕像内容以五尊一佛二弟子二菩萨,七尊加二天王,九尊再加二力士像为多。

(6) 安岳唐代雕像

安岳地处沱江和嘉陵江支流的涪江之间,水利资源丰富。从时代上说属于唐、五代的制作有城郊千佛寨、黄桷铺、孔雀寨、大千佛寺和三堆寺等数处。

安岳千佛寨在县城西南,县城西南的山的最高处有一个平台,四面和前后两面形成垂直的崖壁,很适宜建造龛像。千佛寨在向东的一边崖面上开龛雕像,构成南北二段,南段有四十余龛,北段仅及一半,约二十余龛。南段 17 号为一个较大的龛,雕有一佛四胁侍的五尊像,从菩萨像的丰腴的脸型和璎珞装扮看,应是唐代制作,在龛的左侧雕有一唐代风格的石碑。

黄桷铺的玄妙观在安岳城西北,雕有摩崖大佛一躯高约 20 米,是仅次于荣县的四川大佛像。玄妙观附近一处集圣山的小山头上有一块椭圆形岩石,沿着岩石周围,排列整齐雕出佛龛 54 个,菩萨、佛的雕像约

1 200多躯,艺术手法很高。在一些龛侧雕有开元、天宝年号的造像题铭碑,有一处还刻有般若波罗密多心经经文,是盛唐时期的作品。

　　孔雀镇主要是以宋代雕刻的孔雀明王而得名,唐代雕像仅有一排面容丰满的坐像,其他的地狱变相等也多为唐以后的制作。大千佛寺龛像较多,约有千躯,最早的造像题记是唐文宗大和七年(833),包括有形态各异的小千佛龛。三堆寺则以西方净土龛和千手观音龛为主要雕像,龛内有唐末咸通十五年(874)的造像题记。

　　唐代文人之间相互探讨佛理,游览寺庙建筑,观赏壁画雕塑,几乎成为文化生活中不可缺少的部分。当时京城附近寺庙林立,唐代张彦远《历代名画记》中"记两京外州寺观画壁"就分别列出敬爱寺太清宫、荐福寺、兴善寺、慈恩寺、龙兴寺等65座寺庙,每一座庙宇都有雕塑和壁画。《历代名画记》卷三载"敬爱寺,佛殿内菩提树下弥勒菩萨塑像,麟德二年自内出,王玄策取到西域所图菩萨像为样"。更多的塑像出自当时当地民间匠师之手。唐代雕塑已经有塑、画的分工,造像塑者为一人,装銮者一人,造像背光雕刻者又是一人。如敬爱寺佛殿的弥勒菩萨塑像,"巧儿、张寿、宋朝塑,王玄指挥,李安贴金"。东大殿的弥勒造像是张寿之弟张智藏塑,陈永承完成。西大殿的弥勒造像由窦弘果塑,三处弥勒的"象光及化生等,并是刘爽刻"。其中窦弘果是内廷塑工,职尚方丞,他还塑有殿中门西神及东禅院四大金刚、狮子、昆仑、讲堂圣僧等。他和张爱儿、王耐儿、毛婆罗、孙仁贵、金忠义、赵云质等塑匠都是公认的巧绝过人的工匠。

　　唐代寺庙塑像除了圆雕之外,还有一种壁塑、影塑,即在墙面上塑出突出的造像与墙的背景连在一起,塑成后与墙面一起装銮。当时的壁塑大家首推杨惠之,据说他首创的山水影塑曾给宋代画家郭熙很大的启发。《五代名画补遗》说:杨惠之,不知何处人,与吴道子同师张僧繇笔迹,号为画友,巧艺并著。而道子声先独显,惠之遂都焚笔砚毅然发奋,专肆塑作,能夺僧繇画相,乃与道子争衡。时人语曰:道子画,惠之塑,夺得僧繇神笔路。

三、五代十国佛教石窟与造像

五代十国的半个世纪中在历史上是中晚唐的继续,在石窟造像上,数量不多。就全国范围来说,五代十国石窟造像的地区,分布于甘肃的敦煌莫高窟、安西榆林窟,四川的富顺、资阳、大足、广元,河南的龙门、河北的邯郸南响堂山、隆尧宣雾山,浙江杭州,江苏南京,山西平遥等地,这些地方都有规模、数量不等的造像,但艺术上不及唐代有丰韵。

五代时期石窟造像以敦煌莫高窟较多,敦煌现有 492 窟中,五代开凿的占有 28 个。唐末五代时期,中原各地动荡不安,敦煌地处边陲,竟是塞外江南。当时统治敦煌的是唐代节度使曹议金,他提倡佛教,修筑石窟造像,开凿出编号 72、99、108、261 等大型洞窟。

浙江杭州曾是五代十国吴越国国都所在,环绕西湖的烟霞洞、石屋洞和将台山有属于十国吴越时期的雕像。烟霞洞是一个深约 20 米、高约 4 米、宽约 5 米的天然岩洞,被吴越人利用作为佛教石窟来雕造佛像,洞壁雕出佛、罗汉等造像三十余躯。

石屋洞位于南高峰下石屋岭南麓大仁禅寺的后院,是一处天然的岩洞。因为洞口宽敞,洞内像房屋一样,故称石屋洞。洞中雕有一佛二弟子、二菩萨、二天王的七尊像,左方上下各雕三尊像龛一个,此外即布满小型罗汉浮雕。根据清人阮元《两浙金石志》等书的记载,石屋洞罗汉多数刻有造像题记,年代多为五代后晋天福、开运时所作。石屋洞还有一件浮雕水月观音,是古代雕刻中的珍品。

将台山佛雕像所在地是将台山和玉皇山之间的慈云岭南坡,在崖壁上雕有一大龛和一小龛。大龛是西湖佛雕像中较早的作品,据《杭州府志》载将台山石佛龛雕于后晋天福七年(942),为吴越王室所造。大龛高 4 米、宽 9.7 米,龛内雕有一佛六胁侍的七尊像,主佛阿弥陀佛通高 3.5

米,螺发袒肩而坐,左右胁侍菩萨结跏趺坐;再次是侍立的菩萨和护法天王像。将台山摩崖另一较小的龛像所雕内容是一主二从的三尊世俗像,中间人物作僧装,左右为侍女旁立。摩崖龛像奇异之处是从龛左雕出一朵云头,绕向龛外上方,云朵上雕出一队男女人物和马匹的浮雕,近似于民间神话梦境的布局。

江苏南京栖霞寺南唐(937—970)时期所建的舍利塔上的浮雕。该塔通体用石块砌筑而成,八面五级,塔座的主要部分有浮雕"释迦八相",即释迦牟尼一生经历中的八项事迹:1.白象投胎;2.树下诞生、九龙灌顶;3.出游四门;4.逾城出家;5.河中沐浴、村女献乳、树下成道;6.初转法轮;7.降伏魔王;8.双树入灭。浮雕构图与绘画相同,塔身第一级四面刻四门,四面浮雕四天王。栖霞寺的舍利塔是五代十国时期保存下来的精美的石雕艺术品。

山西平遥镇国寺万佛殿一铺五代时期塑像很精美。镇国寺位于平遥城北的郝洞村,其中万佛殿有墨书题记:"维大汉天会七年(963)岁次癸亥叁月建造。"殿内中央作佛坛,其上置塑像,计一佛,二罗汉(迦叶、阿难),二菩萨,二菩萨,二供养天,二天王,共十一躯。风格近似莫高窟的唐代作品,塑像虽然有残损而未经后代修补妆銮,但保存了更多唐代的风貌。

中国封建社会长期形成的贵贱尊卑的观念,在佛教石窟造像作者的留名传世上也表现出来。较明显的对比表现为,同是艺术创作、精神生产,雕塑比绘画就更低一等。就是绘画也因作者出身不同,诸如民间的,野逸的画匠或画家,也有高低之别。画史画论多记载的是有一定地位的画家的活动和艺术成就,而众多雕塑工匠的创造,往往不为人所注意。现存数量极大的有很高艺术价值的洞窟雕塑作者,我们却很少知道他们的身份。

根据一些零星的资料记载,在五代十国时期有一些佛教造像的匠师,如释智晖是五代时期著名的僧人,善塑像。他曾于后梁开平(907—

911)、乾化(913—915)年间在河南洛阳中滩佛寺的西庑造十六罗汉像,又在观自在堂作观音菩萨像,以构思奇妙著称。

后唐(923—936)宋州(今河南商丘县南)僧人智江擅长塑像,他在微子之墟院做住持时,建造堂宇,塑释迦牟尼、弥勒二佛和十六罗汉像,并加装銮,被评为"克肖升仪"。

山东李云于后周广顺三年(953)造沧州铁狮,铁狮长约5米多、高5米多,宽3米左右,重约40吨左右,是现存古代最大的铁铸像。从狮背所负直径2米多的残损莲座看,铁狮原应为文殊菩萨的乘骑。

在前蜀统治的四川,简州(今四川简阳县东)的许侯、东川(今四川三台县)的雍中本,是塑佛、道像的妙手。当时前蜀成都一带的寺观,如圣兴寺天王院的天王及部署、炽盛光佛、九曜二十八宿,天长观、龙兴观、龙虎宫的神像都是雍中本所作。大圣慈寺的炽盛光佛、九曜二十八宿,华严阁下西侧的释迦佛立像等,都是许侯所塑。许侯、雍中本两人所塑的佛道神像,由当时的画家杨元真装銮,杨元真装銮的塑像在肉色、髭发、衣纹等表现上为时辈所不能及。

第二节 隋唐五代的佛教绘画

一、隋代的佛教绘画

隋代虽然只延续了三十余年,但它结束了南北分裂的社会局面。隋朝建国后即下诏恢复佛教,建寺造像。又营造东都,大起宫苑殿堂。隋初社会相对安定,生产上升,也为绘画发展提供了有利条件。由于统一,南北画家得以汇聚,接触和交流更加频繁。另外,统治者也热衷于收藏古代卷轴书画名迹。南朝宋、齐、梁、陈的统治者多好书画,在战乱中虽有不少被焚毁,但至陈时藏画仍有相当数量,隋平陈后,命元帅记室裴矩、高颎收其宫廷藏画八百余卷。隋炀帝杨广又于洛阳观文殿后建妙楷台专藏法书,造宝迹台收集古代名画。隋炀帝还曾撰写《古今艺术图》五十卷，其中就有很多佛教题材的作品。

隋代绘画在继承南北艺术成就的基础上，出现了向兴盛发展的新机。隋代壁画由北朝的雄浑质朴转向细密精致妍丽。这种转变表现了南北统一后文化艺术交流的成果，为唐代石窟绘画艺术的隆盛奠定了坚实的基础。

隋代画家来自大江南北，继承了江东和北朝绘画成就，又有新的创造。从《历代名画记》中所载十五名画家史料可见，其中不少人被朝廷重视而委以官职。绘画创作也很活跃，不少壁画卷轴流传至唐代，唐人论及隋代画家艺术成就时常与魏晋名家并列，认为"曹、卫、顾、陆，擅重价于前，董（伯仁）、展（子虔）、孙（尚子）、杨（契丹），垂妙迹于后"[①]，又谓"中古之画，细密精致而臻丽，展、郑（法士）之流是也"[②]。画家们在画佛像、风俗故事画外又各有专长，对唐代绘画发展有着相当影响。

隋时还有一些来自西域的善画僧侣，如来自天竺的昙摩拙义曾画十二神，并刻木于成都大石寺；僧迦佛陀在嵩山少林寺房门画神，还画过《莿林国人物》、《外国兽》及鬼神图，形象和风格都与中原不同。隋代重要画家及现存画迹扼要介绍如下。

展子虔，渤海（今山东阳信县）人，曾经历北齐、北周而入隋，在隋代任朝散大夫帐内部督。后世将他与东晋南朝的名家并列为"顾（恺之）、陆（探微）、张（僧繇）、展（子虔）"，又说展子虔的绘画"可为唐画之祖"[③]，唐代李思训、李昭道父子的山水画法即受其影响。现有代表作《游春图》藏于北京故宫博物院。

展子虔曾创作过《法华经变相》、《维摩诘像》等佛教题材绘画。据唐人记载他画寺庙壁画也很多，如江都东安寺、长安灵宝寺、光明寺、天女

---

① 张彦远：《历代名画记》卷一《叙画之兴废》，《中国书画全书》卷一，第120页，上海书画出版社，1993。
② 张彦远：《历代名画记》卷一《论画六法》，《中国书画全书》卷一，第124页，上海书画出版社，1993。
③ 汤垕：《画鉴》，《中国书画全书》卷二，第894页，上海书画出版社，1993。

寺、洛阳云华寺等皆有展子虔画。在龙兴寺画的《八国王分舍利》，是构图宏伟、情节丰富、人物众多的大壁画，惜现均已佚散。

郑法士是隋代画家中又一位代表人物。郑法士系自北周入隋，在周为大都督左员外侍郎、建中将军，隋时授官中散大夫。他的画师法张僧繇，又被评为"江左自僧繇已降，郑君是称独步"①。其弟郑法轮、子郑德文也都善画。他的画风对包括阎立本在内的很多初唐画家均有影响。

郑法士善画佛道及贵族肖像、风俗等题材。唐时，郑法士的壁画作品遗留尚多，如长安海觉寺双林塔后面壁画，永泰寺东精社画灭度变相，及光明寺、宝刹寺好几处壁画。唐人记载其作品主要是反映贵族人物生活的历史题材绘画，也有《阿育王像》、《隋文帝入佛堂像》等与佛教有关的绘画图。他的画温雅精密，气韵标举，风格遒俊，这种带有风俗情节的山水界画，在一些唐人风格的山水作品中犹可见到其影响。

当时的著名画家还有杨契丹、孙尚子和田僧亮等人。其中杨契丹隋时官至上仪同，善画宗教壁画及贵族人物，他在长安宝刹寺画的佛涅槃变、维摩变等，被誉为"妙作"。关于他的画艺，在《历代名画记》中记叙道："昔田（僧亮）、杨（契丹）与郑法士同于京师光明寺画小塔，郑图东壁、北壁，田图西壁、南壁，杨画外边四面，是称三绝。杨以簟蔽画处，郑窃观之，谓杨曰：'卿画终不可学，何劳障蔽。'郑特托以婚姻，有对门之好。又求杨画本，引郑至朝堂，指宫阙、衣冠、车马曰：此是吾画本也。由是郑深叹服。"这则记载说明杨契丹注重对生活的观察，也透露出宗教绘画中出现的世俗化的趋向。

二、唐代的佛教绘画

唐代是壁画艺术极为辉煌的时代，由于统治者对佛教的提倡，当时的寺观遍布全国各地，长安洛阳之寺观规模极为壮伟，有的在规模上甚

---

① 张彦远：《历代名画记》卷八《隋二十一人》。

至超过了宫殿,皆以壁画装饰,奢华异常。当时著名的画家如阎立本、尉迟乙僧、吴道子、王维、韩幹、周昉、李思训等人都创作了大量壁画。因此,寺观壁画既反映了当时佛教发展的盛况,又在很大程度上代表了当时绘画艺术的成就。这些宫衙府厅佛寺在会昌灭佛后,又历经自然和战争的破坏,早已坍毁、无从得见。现据文献记载,再与敦煌莫高窟唐代壁画相对照,犹可想见其规模和艺术风貌。

关于唐代寺庙壁画的资料,张彦远《历代名画记》中的《记两京外州寺观画壁》、朱景玄《唐朝名画录》、段成式《寺塔记》及宋代黄休复《益州名画录》,都有相当具体的记载。《历代名画记》记长安洛阳等地寺庙65所;《寺塔记》记载了长安东城一带寺院18所;《益州名画录》则以画家评传体裁,记载了唐玄宗以后四川地区的寺庙壁画。这些文献都在不同程度上反映了当时壁画创作的题材内容、规模和绘制活动盛况。

1. 中原地区佛教绘画

长安、洛阳是唐代政治经济文化中心,中原地区的佛教绘画集中在这两地。从《历代名画记》中的记载可以看出,长安寺庙邀请名家画壁画是相当普遍的现象。当时一些著名的寺庙,都有名家手迹,代表了当时佛教绘画的最高水准。

长安以慈恩寺与兴唐寺较具代表性。慈恩寺始建于隋开皇九年(589),初名无漏寺。唐贞观二十二年(648),皇太子李治为其母文德皇后追荐冥福而扩建为大慈恩寺。玄奘奉敕由弘福寺移居此寺为上座并主持翻经院,开展了大规模的佛经翻译活动。对于寺内画作及作者,《历代名画记》作了较为系统的记载:

寺塔内东西两间分别为普贤与文殊菩萨像,尹琳画。南北两间及两门,吴道子画并题。

塔下南门及西壁,尉迟乙僧画。

塔北殿前窗间,吴道子画《菩萨》;殿内杨庭光画《经变》。

大殿东轩廊北壁画,佚名,旧传为吴道子所作。

大殿东廊从北第一院白描作品,郑虔、毕宏、王维等画。

入院北壁画二神,佚名。

两廊壁严立德画;中间及西廊李果奴画《行僧》。

塔的东南中门外,张孝师画《地狱变》。

院内东廊从北第一房间南壁,韦銮画《松树》。

大佛殿内东壁画作精美,佚名。

中三门里两面,尹琳画《神》。

殿内东壁吴道子画《明真经变》。

北面从西第二门,董谔画白描作品。

兴唐寺为太平公主为武后追福于公元705年所立,也是当时长安规模宏大的寺庙。根据《历代名画记》记载,寺中壁画及作者有:

三门楼下吴道子画《神》。

东般若院杨庭光画山水等。

西院有韩幹画《一行大师》,徐浩书赞;另外有吴道子、周昉等人的绢画作品。

中三门内东西偏两壁尉迟乙僧画。

殿轩廊东面南壁吴道子画。

净土院董谔、尹琳、杨坦、杨乔画。

院内次北廊向东塔院内西壁,吴道子起稿《金刚变》,由画工最后完成。

次南廊吴道子画《金刚经变》及《郗后》,并自题。

小殿内吴道子画《神》、《菩萨》、《帝释》。

东南角吴道子弟子李生画《金光明经变》。

讲堂内杨庭光画。

敬爱寺系中宗皇帝为高宗、武后祈福所建,集中了当时著名画家和塑匠的技艺,在京洛两地寺观壁画中具有突出的地位。敬爱寺壁画内容位置及作者,从《历代名画记》中可知:

大殿内

刘行臣描、赵龛完成维摩诘、卢舍那。

刘茂德作法华太子变。

赵武端作西壁西方佛会。

刘阿祖绘十六观及阎罗王变。

西禅院

北壁张法受绘华严变；何长寿绘佛会及山水，人物由张法受描，赵龛完成。

东西两壁西方弥勒变由王韶应描，董忠完成。

禅院门外道西行道僧由王韶应描，董忠完成。

西廊日藏月藏变和业报差别变由吴道子描，翟琰完成。

东禅院

殿内武静藏作十轮变，西方变由苏思忠描，陈庆子完成。

殿间菩萨及内廊下壁由武静藏描，陈庆子完成。

大院

纱廊壁由赵武端、刘行臣、师奴共同创作的行僧。

中门西边纱廊外边的绘画由刘茂德描，陈庆子完成。

中门内立神与大门内坐神均由刘行臣创作。

殿内则天真，山亭院十轮经变、华严经由武静藏创作。

院北门楼两厢有刘行臣绘震宣、支提二神，二门东神。

"会昌法难"之后，长安、洛阳两地的佛教绘画也随着寺庙的损毁而被破坏，宰相李德裕在浙西建立的甘露寺成了保存佛教绘画的一处重要场所。据《历代名画记》记载，当时寺内藏有很多"会昌法难"中从各寺揭下来的壁画，除了顾恺之、戴安道、陆探微、谢灵运、张僧繇、展子虔这样的前代名家作品，尚有韩幹的《行道僧》四壁，陆曜《行道僧》四壁，唐凑《十善十恶》，吴道子的《僧》两躯和《鬼神》，王陁子的《须弥山海水》。

从题材上看，唐代壁画中经变画占有重要比重，西方净土变、维摩诘经变、法华经变、华严经变、十轮经变(地狱变相)都是唐代寺庙中流行的壁画内容,除此之外高僧像的描绘也极普遍。武则天时大型供养人画转变为独立的肖像画。从创作者来看,这些壁画很多都是团体创作,往往由名家起稿勾线,弟子或工人赋色完成。这种集体创作从陇西石窟群内的壁画就已经开始,到唐代,以宫廷画家为主的大量著名画家参与到其中。在这些画家周围,渐渐积聚了一批优秀的佛教艺术匠师,很多都达到了极高的水准。如刘行臣精于神鬼道释,颇负盛名,号称"关东独步"。擅长画"佛会"的何长寿,与刘行臣水平相抗,他画的《醉道士图》被人误认为是张僧繇的作品。敬爱寺画大院纱廊壁画时,京兆神英法师推荐由何长寿主笔,而洛阳诸僧却力举刘行臣,认为何虽善山水,画神道人物水平却在刘之下,因而产生争执,创作中竞争的激烈可以反映当时佛教绘画的兴盛。下面就这些画家中的代表人物作一些介绍。

尉迟乙僧为于阗(今新疆和田)人。于阗在南北朝时佛教就非常隆盛,文化艺术也比较发达。唐代国势隆盛,影响远及域外,和边疆各族关系有了进一步发展。不少西域人入居内地,促进了民族间艺术的互相吸收和融合。尉迟乙僧之父在隋时已居住中原,以善画著名,人称"大尉迟"。尉迟乙僧在贞观初年"其国王以丹青奇妙,荐之阙下"[1],此后一直住在长安,初封宿卫官,袭封郡公,据考证,他应是于阗的王族子弟[2]。

尉迟乙僧的画风带有边远民族的特色。他擅长画佛像、鬼神、功德、人物、花鸟等,皆是外国之物象,"奇形异貌,中华罕继",被评为"气正高超,可与顾陆为友"。他和阎立本同时,名声相当,而他以外国人物形象独步当时。[3]

尉迟乙僧的创作大多是寺庙壁画,他曾在长安光宅寺、慈恩寺、兴唐寺、安国寺、奉恩寺等处画壁画,其创作活动约持续近七十年之久。

---

[1] 朱景玄:《唐朝名画录》,《中国书画全书》第一卷,第165页,上海书画出版社,1993。
[2] 金维诺:《阎立本与尉迟乙僧》,见《中国美术史论集》,北京,人民美术出版社,1981。
[3] 朱景玄:《唐朝名画录》。

尉迟乙僧的画迹早已不存,但从文献记载可知,其画风与中原不同。他在光宅寺普贤堂所作壁画"颇有奇处,四壁画像及脱皮白骨,匠意极险,又变形三魔女,身若出壁"①。尉迟乙僧在该寺西壁画的《降魔变相》,是北朝以来就流行的题材,表现释迦牟尼以极大的坚定和虔诚战胜了魔王波旬的种种恐吓和诱惑。画面上出现美女、妖魔、刀剑弓矢,而释迦牟尼则巍然不动,使魔王遭到彻底失败。尉迟所作降魔变"匠意极险",构思布局别有特色,"千怪万状,实奇踪也",艺术形象丰富生动。特别是把释迦苦修之状画成"脱皮白骨"的瘦骨嶙峋的模样,和"变形三魔女,身若出壁"的效果,可知其形象感人,情节生动,具有很强的艺术魅力。

尉迟乙僧在慈恩寺塔壁上画过凹凸花,中间有千手千眼大悲菩萨。凹凸法是南北朝时从西域传入的天竺画法,具有很强的立体效果。尉迟画佛像"用色沉着,堆起绢素而不隐指","均彩相错,乱目成沟",但在线描上"小则用笔紧劲,如屈铁盘丝,大则洒落有气概"②,大约是一种气脉连贯、刚柔相济、富有韵律感的线描,与晕染结合成为一种特殊风格。唐中宗神龙二年(706)尉迟乙僧"奏乞以所居宅为寺",即奉恩寺,尉迟乙僧也在这里画了于阗国王及诸位亲族的供养像。他在光宅寺画有梵僧、诸蕃。

唐朝打败西突厥,打通了西域的通道,不少去印度求法的佛教徒带回佛像粉本。玄奘在《大唐西域记》中对天竺各地的庙宇雕绘有较为详细的介绍。太宗及高宗时,王玄策三次出使印度,也带回西域佛像。敬爱寺(高宗时建)佛殿内堂外壁之泥金帧,系不空三藏自西域带回。西域的样式在京洛绘画塑像中的出现,显示了中原与西域中亚地区绘画艺术交流的活跃。

吴道子生活于盛唐,是中国古代绘画史上最有影响的画家之一,被

---

① 段成式:《寺塔记》,《大正藏》第51卷,第1023页。
② 张彦远:《历代名画记》卷九,《中国书画全书》卷一,第152页,上海书画出版社,1993。

视为"画圣",又被后代画工奉为"祖师"。他的绘画体现了唐代绘画艺术发展的高峰,苏轼曾谓:"诗至于杜子美,文至于韩退之,书至于颜鲁公,画至于吴道子,而古今之变,天下之能事毕矣。"称赞吴的绘画技艺"盖古今一人而已"[1]。据史料的记载,他画了不少宏伟卓绝的作品,除了佛教绘画外,尚有《五圣图》、《朝元图》、《东封图》等代表作。

吴道子,阳翟(今河南禹县)人,约卒于肃宗乾元初年(758)以后,少时孤贫好学,他初学书于张旭、贺知章,后来专攻绘画,很早就显示出绘画才华。据记载,他年青时有机会远游四川,后又长期旅居洛阳。洛阳是唐代的东都,为人才荟萃、文化昌明之地,当时佛道正处兴盛,佛寺道观的壁画皆请名家绘制,这为吴道子提高画艺提供了充分的观摩学习机会。不久,其技艺受到玄宗的欣赏和器重,为之更名道玄。

吴道子极为勤奋,曾经率领一些弟子创作了大量宫廷和寺观壁画,在京洛一带曾画墙三百余堵,不少作品以出众的水平和独特的风格使观者赞叹。他在慈恩寺塔前画文殊普贤像及西面庑下画降魔变相,深为人称道。他在汴梁大相国寺佛殿内画的维摩变,被列为"相蓝十绝"之一。他在长安兴唐寺御注金刚经院所画壁画还曾自题经文。玄宗开元年中,他与将军裴旻在洛阳相遇,时裴正在居丧,以重金请吴道子来天宫寺画壁画为其死去的母亲祈福。吴谢绝重金,只请裴为之舞剑一曲,"观其壮气,可助挥毫"。裴遂脱去丧服,驰马舞剑,激昂顿挫,雄杰奇伟。舞毕,吴乘兴在寺之西庑奋笔疾书,须臾而成,并亲自设色。时著名书法家张旭也写了一壁字,洛阳城中很多人看了他们精彩的技艺,兴奋地说:"一日之内,获观三绝"。从这一传说中可以了解画家的气质和从舞剑中所获取的创作激情。

吴道子的地狱变相,在其作品中占有重要地位。吴道子在绘画中创造了极为丰富的艺术形象,他在长安常乐坊赵景公寺所"白画地狱变,笔

---

[1] 苏轼:《东坡题跋》,《中国书画全书》卷一,第637页,上海书画出版社,1993。

力劲怒,变状阴怪,观之不觉毛悚"①。吴道子又曾把做了坏事的权臣显宦也画到地狱受刑,在传统地狱变相基础上别有创造。据说吴所画地狱变相,"了无刀林、汤镬、牛头、阿旁之像,而变状阴惨,使观腋汗毛耸,不寒而栗"②。没有恐怖形象而仍有见而生畏的震撼力量。他又曾在洛阳景云寺画地狱变,当时"京都屠沽渔罟之辈,见之而惧罪改业者,往往有之"③。地狱变是吴道子著名作品之一,曾为后来人传摹。唐末,蜀人左全在四川成都大圣慈寺仿吴画地狱变相,至宋代犹有不少粉本流传。

吴道子继承魏晋绘画成就,特别发展了张僧繇的疏体,又吸收了外来绘画的营养,一变前代的铁线描,从"早年行笔差细"变为具有鲜明节奏感和丰富表现力的"莼菜条"。他成功地画出了高低深斜、卷褶飘带之势,"施笔绝踪,皆磊落有逸势",产生出"天衣飞扬,满壁风动"的效果。他强调笔墨线条的功能和力度,一生灿烂焕丽的施色为"于焦墨痕中略施微染,自然超出缣素"(汤垕《画鉴》),世称"吴装",甚至有不设色的白画,成为后世"白描"之先驱,创造出一种全新的风格。

吴道子所画题材非常广泛,山水画、人物皆造诣非凡。他画有佛、菩萨、罗汉、天王及高僧;经变画有西方变、维摩本行变、明真经变、金刚变、防灾患变、日藏月藏经变、业报差别变、智度论色偈变、消灾经事、佛传等。其中大多作品具有构图宏伟,形象丰富,情节曲折的特点。

吴道子虽一生绘制壁画三百余堵,但因木构建筑保存不易,经唐代"会昌灭法"和五代战乱,其画壁至宋时已不多见。至于卷轴作品则多赝品,但一些传为吴的画卷及石刻拓本可以作为其艺术面貌的参考。

世传吴道子《送子天王图》,卷后有南唐待诏曹仲玄题及宋李公麟书瑞应经语,可能是吴道子传派的一张画卷,也可能来自唐人壁画粉本的

---

① 段成式:《寺塔记》,《大正藏》第 51 卷,第 1023 页。
② 黄伯思:《东观余论·跋吴道玄地狱变相图后》,《中国书画全书》卷一,第 885 页,上海书画出版社,1993。
③ 朱景玄:《唐朝名画录》,《中国书画全书》卷一,第 164 页,上海书画出版社,1993。

传摹本。全画分三部分：第一段画一位王者气度的天神端坐，两旁有执笏文臣、捧砚天女及仗剑围蛇之武将力士，面对一条巨龙。第二段画一个四臂披发尊神踞坐石上，背后烈焰腾腾，形貌诡怪，颇有气势，左右有捧瓶炉法器的天女神人。此两段之内容均待考。第三段即《释迦降生图》，内容即《瑞应经》所云："净饭王严驾报太子谒大自在天神庙，时诸神悉起礼拜太子足。父王惊叹曰：我子于天神中更尊胜，宜字天中天。"净饭王及摩耶夫人形像均作华帝后装束，天神则体魄健伟，鬓发飞扬，仓促匍匐下拜之状，精妙入微，从而突出刚刚降生的释迦牟尼的不凡。全图笔墨雄放，流畅而有变化，生动地展现出"虬须云鬓，数尺飞动，毛根出肉，力健有余"的特点。二十个人物形象也各具特点。

传吴道子画孔子像石刻，曲阜藏有三石，形貌与敦煌 103 窟维摩有相通处，虽经辗转摩刻，线条犹作一些吴画风采，当有所本。原藏德国德累士顿博物馆的《道子墨宝》，实际上是宋代道观壁画粉本，其中地狱部分中有权奸武将受审受刑情节，可能受到吴画地狱变"金青杂子桎梏"的影响。

盛唐时期丝绸之路畅通无阻，中原文化与西域文化的交流很多，吴派艺术在莫高窟壁画中也有所反映。103 窟的维摩变相，用笔豪放自然而有气势，完全是莼菜条的描法，维摩精神充沛激昂善辩，具有八面生动之意。吴道子在相国寺曾画维摩变称为相蓝十绝之一，长安平康坊菩提寺的维摩变中的舍利弗有转目视人的生动效果，从 103 窟壁画中或可了解吴画风貌。盛唐洞窟的西方净土变章法极有气势，宫殿、楼阁、宝池、天花、伎乐、歌舞，庄严宏丽，飞天凌空飞翔，"天衣飞扬，满壁风动"，明显可见吴道子风格的影响。

吴道子所创造的佛教绘画崭新风格，称为"吴家样"，与南北朝时创立的"张家样"、"曹家样"并列，尤以"曹吴二体，学者所宗"，"雕塑铸像，亦本曹、吴"（郭若虚《图画见闻志·论曹吴体法》），俗谓"吴带当风，曹衣出水"。吴道子的画风影响到同时代一些画家，他有不少学生和追随者。吴道子与其门徒共同绘制壁画，从而传授技艺口诀，其中有的还兼精雕塑,如王耐儿、张爱儿等。翟琰、张藏、李生(佚名)、释思道也都从学于吴,都各有成就。

卢楞伽,生卒不详,自汴入蜀,为吴道子弟子中之最有成就者。肃宗乾元初(758)他在成都大圣慈寺壁画高僧数堵,并有颜真卿题字,至五代初仍保存完好,被视为蜀中名迹。安史乱平,他回长安于崇圣坊资圣寺画三门,精益求精,竭尽心力,发挥出最好水平,为吴道子惊异赞许,惜画成一月后逝世。

现存传为卢楞伽所作《六尊者像》,绢本设色,每开纵0.3米,横0.53米,现藏故宫博物院,原应为十八开,线描细劲流畅,设色古雅,间以淡墨渲染,更显沉着。降龙、伏虎二尊者,一动一静,都表现出非凡的神力。唐时尚无十八罗汉,故此画应在五代以后,但风格上仍带唐时风韵。

杨庭光,生卒不详,约吴道子同时,画风也相似,善佛像、经变、山水,而下笔精细,得名于开元天宝年间。他曾把吴道子像画于讲席中,而为吴道子所叹服。他在长安、洛阳寺观中作画颇多,如慈恩寺、资圣寺经变,兴唐寺般若院山水,开元观龙虎君及明真经变,菩提寺白画,千福寺鬼神、化度寺本行经变等,都堪称精妙。

周昉,字景玄,又字仲朗,长安人。出身显贵家庭,其兄周皓于天宝八年(749)随哥舒翰征吐蕃,以军功为执金吾。周昉富有文化修养,善画,闻名于卿相间。他于代宗大历年间(766—779)出任越州长史,德宗建中时(780—783)又任宣州别驾。贞元时德宗修章敬寺,诏周昉画该寺壁画,引起都人竞观,叹其精绝。贞元末年"新罗国人于江淮以善价收市数十卷,持往彼国",可知周昉在日本、朝鲜也很有影响。

周昉的仕女人物画,"初效张萱,后则小异",在艺术上有所发展。周昉多与上层社会交往,多见贵而美者,故以丰厚为体。他笔下的仕女,"浓丽丰肥,有富贵气"[①],是贵妇人的真实写照,与南北朝时之秀骨清像

---

① 汤垕:《画鉴》,《中国书画全书》卷二,第895页,上海书画出版社,1993。

已大异其趣。这种以劲简的线描、柔丽色彩描绘的仕女画,在国内外风行一时,如新疆吐鲁番唐墓中发现的仕女屏风绢画、唐敦煌莫高窟第130窟乐庭瓖夫人王氏供养像、引路菩萨绢画、日本高松塚墓室壁画仕女形象,皆是这种类型,它正是当时上层社会审美风尚在绘画艺术中的反映。

周昉的宗教壁画与其体态丰腴的仕女画风格一致,与张(僧繇)曹(仲达)吴(道子)并列,称为"周家样",影响了包括周文矩在内的众多唐五代画家。他塑造的观音形象,"妙创水月之体",把菩萨形象进一步中国化,而且画出水月清幽的环境,成为后世依照模仿的典范,敦煌五代壁画观音相也曾受其影响。他在宣州禅定寺画北方天王,自云是"梦中所见",从侧面反映出他对艺术的专注用心。他画章敬寺壁画,"落笔之际,都人竞观,寺抵园门,贤愚毕至。或有言其妙者,或有指其瑕者,随意改定经月有余,是非语绝,无不叹其精妙,为当时第一"[1]。画家注重观者的反应,善于从观众中吸取意见,促进自己的创作,这也是他艺术精进和佛教绘画成功的重要原因。

李真,中唐时人,画风师周昉,德宗贞元年间(785—805)曾于长安招福寺库院壁画"鬼子母"。他在资圣寺塔画菩萨,也为人称道为"李真周昉优劣难"[2]。现存《真言五祖像》,系画佛教真言宗(密宗)中金刚智、善无畏、不空、一行、惠果五法师肖像,被日本来华僧人空海于元和元年(806)带往日本,其中不空金刚像坐胡床上,神情静穆虔诚,具有肖像画特征,是难得的唐代传世名作。

王维(701—761),字摩诘,祖先原来是太原祁(今山西祁县)人,至其父辈迁蒲(今山西永济)。王维出身官僚家庭,生活优裕,有较好的条件接触文学艺术,少年时刻苦好学,人称俊才。开元九年他二十一岁时中进士,后累官至尚书右丞,世称王右丞,一生仕途不顺。安史之乱后,王

---

[1] 朱景玄:《唐朝名画录》,《中国书画全书》卷一,第164页,上海书画出版社,1993。
[2] 段成式:《寺塔记》,《中国书画全书》卷一,第185页,上海书画出版社,1993。

维无心仕途,他晚年得宋之问蓝田别业,过着隐居生活,以弹琴、赋诗、奉佛为事。

作为诗人,王维是盛唐之际王孟诗派的代表人物,他笔下的山水田园诗,清新自然,在凝练的诗句中写出色彩明丽情景交融的动人境界,使人如身临其境,具有鲜明而含蓄的效果。作为画家,王维工草隶,善山水人物,他曾作自画像,"仙桃巾黄服,合掌顶礼",作佛前供养状①。

王维的诗风也在其绘画中得以体现,画面常透着恬淡宁静的意境。故苏东坡对他推崇备至,说:"味摩诘之诗,诗中有画;观摩诘之画,画中有诗。"②史载王维作画不拘泥于表象真实,"画花往往以桃杏芙蓉莲花同画一景";又曾在《袁安卧雪图》的雪景中绘出芭蕉,颇具禅风。

根据唐宋人著作可知:王维曾在陕西凤翔开元寺东塔下画《祇园弟子像》,苏轼在《凤翔八观》诗中极为推崇,说他画出了犹如其诗的意境清新醇厚的味道。宋宣和内府收有王维作品126幅,有很多是与佛教有关的绘画。

2. 四川地区的寺庙壁画

四川地区在唐代是经济繁荣、社会安定的地区,唐中叶的安史之乱、唐末黄巢起义,都没有直接波及这一地区。在两次动乱中玄宗、僖宗先后到四川避难,随行队伍中有不少宗教画家,随后也有不少画家相继入川。在四川的地方割据势力,也大兴土木,修建寺观,所以当中原寺观渐渐沉寂之时,四川却出现了大量的宗教壁画。

成都著名庙宇有大圣慈寺、圣寿寺、净众守、圣兴寺、应天寺、昭觉寺等,都有大量名家手笔。"会昌法难"时,不少寺庙虽被拆毁,但唐宣宗大中年间(847—859)再兴佛寺,施工绘壁,规模不减从前。四川寺庙以大圣慈寺规模最大,至五代时有96个院,阁殿厅堂廊塔8500多幢,壁间塑

---

① 米芾:《画史》,《中国书画全书》卷一,第979页,上海书画出版社,1993。
② 苏轼:《东坡题跋》卷四,《中国书画全书》卷一,第636页,上海书画出版社,1993。

像不可胜计,而且会昌灭佛时未被毁损,成为四川地区壁画艺术之最大集中地,一直到宋初犹大量存在。大圣慈寺的壁画集中了西蜀名家手笔,从唐中叶至五代延续不断,集中显示了佛教绘画的规模和风貌。

安史之乱时自汴入蜀的吴道子高足卢楞伽,在大殿东西廊下画行道高僧数尊,并有颜真卿题字,时称二绝,至宋初犹保存完好。

穆宗宝历年间(825—827)从长安入蜀的赵公祐,在文殊阁、药师院等处画天王部从,数仞之墙,用笔最尚,风神骨气鲜明突出,名高当代,时无等伦。公祐子赵温奇,孙赵德齐也继承父祖之业,相继在圣慈寺留下画迹。赵德齐在昭宗光化年间,与名手高道兴因绘制王建生祠及陵庙大型壁画,被授以翰林院待诏,成为西蜀宫廷画家。赵氏三代人在四川从事绘画时间延续近百年之久,对宗教壁画发展有相当影响。

范琼在文宗开成年间(836—840)即享有盛名,他与陈皓、彭坚合作壁画甚多。宣宗时再度兴寺,三人笔无暂释,自大中至乾符(847—880),绘两百多寺壁。其中在大圣慈寺所绘壁画极多,内容有药叉、大将和修吉龙王、鬼子母、天王、金刚、菩萨、仙人、大悲变相等,名目虽同,形状却各不相同。陈皓、彭坚宗师吴道子,在设色方面有过人之处。

蜀人左全也驰名于宝历年间(825—827),在大圣慈寺曾画有维摩变相、狮子国王、菩萨变相、三乘渐次修行变相、金刚经验、金光明经变相、行道二十八祖、行道罗汉等六十余躯。特别是文殊院的水月观音和多宝塔下仿长安赵景公寺吴道子画地狱变相,明显地依照中原图样。大中初年(847),他在圣寿寺大殿画维摩诘变相,其中"楼阁、树石、花雀、人物、冠冕,蕃汉异服皆得其妙"。这些内容,在敦煌壁画现存的同类题材中也可见到。

张南本,中和年间(881—885)居蜀,在大圣慈寺画有大悲变相、八明王、孔雀明王变相等。张南本还在宝历寺水陆院画天神地祇,三宫五帝、雷公电母等神仙、帝王题材的水陆画一百二十余幅,以神鬼龙兽、魑魅魍魉错杂其间,时称"大手笔"。张南本还特善画火,他画明王像后圆光火焰,曾被僧人误认为真火而惊骇不止。

长安人常璨,唐咸通年(860 — 874)时入蜀,擅长传神杂画,曾在大圣慈寺画悟达高僧像。其子常重胤写像技巧卓绝,只需一看便可写出。唐僖宗自蜀返长安时,在大圣慈寺中和院留写肖像,由常重胤操笔画僖宗及随驾官员人等一百多人,皆极逼肖,而且能够长期保持鲜明牢固,在使用材料及绘制技巧上当有独到之处。

李升,成都人,善画蜀中山川,人称"小李将军",以与李思训媲美。他在大圣慈寺悟达国师真堂画汉州三学山及彭州至德山景色,与常璨写真、道楷书额、李商隐书赞并称为四绝。

除大圣慈寺外,著名画家孙位在应天寺画山石、天王部从、龙水,在昭觉寺画松石墨竹及仿润州高座寺张僧繇画也极出色。其画天王、部从、人鬼相杂,矛戟鼓吹,纵横驰突,交加戛击,欲有声响,雄伟而欲离壁,所画鹰犬之类,皆三五笔而成,弓弦斧柄不假界尺,极为熟练。孙位在僖宗时自长安入蜀,号会稽山人,性情疏野,襟抱超然,他的画被《益州名画录》中列入"逸格","笔简形足,得之自然",现有《高逸图》传世。

从以上例举可见,四川地区在唐代时宗教壁画相当兴盛。当时尚有吕峣、孙遇、滕昌祐、张珣等画家参与了四川地区的佛教绘画创作,不少人是由中原入蜀的名家,他们带来卓越的技艺和粉本画样,体现了当时中原地区的各种风格。中原佛教绘画艺术在四川的传播和影响,对五代西蜀绘画繁荣局面的形成也起着重大作用。

3. 新疆与敦煌地区的石窟壁画

新疆地区的石窟壁画,创作年代比敦煌等地早,但壁画的兴盛及其表现手法臻于熟练,则与内地相当,大概在唐代统治的三百余年间。

新疆最著名的克孜尔千佛洞,已如前面所述,其延续年代大致相当于东汉至宋代。其他如台台尔乾训洞、库木土喇千佛洞、森木塞姆千佛洞、克孜尔朵哈乾千佛洞、玛尔扎百赫千佛洞,以及胜金口千佛洞、伯西哈尔石窟、雅尔湖千佛洞等,都有7世纪至10世纪的遗迹。又如克孜尔千佛洞的第 101、224 窟，库木吐拉千佛洞的第 24 窟，森木塞姆千佛洞的第 22、35 窟等，开凿时间大约在隋代。

新疆地区的石窟壁画，瑰丽多采，它的内容，到了 6、7 世纪更加丰富，佛教经典中所提到的，几乎都被描绘出来。除了大量的佛、菩萨外，其他如佛传故事、本生故事等，也都被当地民间画工尽情地描绘：尤其是本生故事，在敦煌的壁画中，大多采取连续画的形式，在若干场面中展开故事情节；新疆地区的石窟壁画，例如克孜尔千佛洞、库木吐喇千佛洞等所画，将每一本故事的生动情节，都高度概括地描绘在一个菱形画面中。这种壁画形式，持续的时间相当长，并成为新疆地区石窟壁画的鲜明特色。

唐代的新疆石窟壁画，尽管还可以看出受外来艺术的影响，但中原的画风，也逐渐地播及新疆的石窟和寺院的壁画。如克孜尔千佛洞的第 27 窟的《说法图》与第 80 窟的《涅槃变》、菩萨、千佛等，形象都很丰满。菩萨不但丰腴典雅，姿态亦雍容自若，用线遒劲，设色华丽。克孜尔的第 118 窟、135 窟以及第 184 窟等因缘故事中的人物及伎乐天等，无不艳丽丰满。有的以散花点缀，更见画面的富丽和变化。克孜尔千佛洞之外，如库车的库木吐喇、森木塞姆千佛洞的壁画，根据佛经故事的情节，在须弥山之间配以大量的鸟兽和花草。用色单纯而富丽，描绘了鸟、羊、猴子等动物的各种动态，极有意趣。画工们对动物的人性化，可谓极尽其能事，所以这些作品，如民间富有人情味的美丽神话连环画，也给人以各种联想的余地。

库车的库木吐喇千佛洞，有着不少表现技法极为精练的作品。如第 16 窟前室画《药师琉璃光佛变相》，不但所画药师佛端庄肃穆，用线挺劲流畅，就连配景的青山绿水，也高古雅致，并已出现简单的皴法。画山用皴法，不仅见于库木吐喇千佛洞，在吐鲁番的伯西哈尔石窟中也可见到。

伯西哈尔石窟距火焰山公社十四公里，在柏孜克里克千佛洞的西边约三公里，今存十一个龛窟，皆坐南朝北，有五窟壁画保存完好，其中以第 4、第 5 窟较重要。按地形察看,当年窟旁应有佛寺建筑。第 4 窟有唐代晚期的壁画,前室东壁,所画《药师经变》,残损比较严重,仅见画山勾线,颇见功力,且有简单皴染,过道西壁画群山簇簇,似作披麻皴法。这些山水题材的壁画中出现的简单皴法,为唐代至五代宋元时期山水画技法发展提供了重要的研究材料。

吐鲁番地区的柏孜克里克千佛洞,是东疆现存最大的石窟群,目前编号十七个洞窟,多数是空窟,既无塑像,也无壁画。有些洞窟的壁画,如第 10、15、16、31 窟等,早年被外国国外探险者用刀切后挖去,满目疮痍。

柏孜克里克千佛洞的开创年代,当在麴氏高昌时期,即公元 6 世纪左右,至高昌回纥时期最繁荣,到元代才废止,历时七八个世纪。现存洞窟中,第 9、14、17、23、27、33、37 等窟比较重要。如时代可能为初唐的第 14 窟,为穹窿形顶,画千佛,极富有装饰意味,惜已变色。第 17 窟亦穹形窟,窟顶绘说法图,用线挺劲,两壁画三世佛。又所画之地狱变也颇具有特色,可惜残损严重,几不可辨认。第 37 窟绘《涅槃变》所绘十三个佛门弟子,从他们的服饰中可以看出,他们属于汉、回、蒙、回纥等多个民族,反映出"丝绸之路"上的重镇吐鲁番,是当时民族文化交往融合的一个中心点。

东疆石窟壁画的艺术风格,到了相当于隋唐之际,无论是造型或敷彩,都明显地表现出它是域内或域外,亦即敦煌等地和南疆库车、拜城等地的石窟艺术经过交接、融合之后的一种特别的风貌。高昌地区的民间画工,在历史上一度吸收域内地画风,并把这种画风顺着"丝绸之路"传播到库车、拜城,或在吸收域外的画风时,把这种画风传递到敦煌内地,正因为这样,只要把古代敦煌、高昌、龟兹三地的石窟壁画放在一起比较,立即可以看出高昌地区是佛教艺术交流的重要媒介地。

总的来说,新疆地区的佛教石窟,是祖国艺术宝库中具有强烈地方民族特色的艺术宝藏,不仅是研究佛教文化艺术的重要资料,也证明边疆各族人民和中原汉族人民在生产、生活和文化上的密切交往,为研究新疆历史和文化艺术的发展,提供了可贵的形象史料。

4. 敦煌莫高窟壁画

敦煌莫高窟艺术,在唐代进入鼎盛时期。由于中原与西域在政治、经济、文化上的频繁来往和交流,地处枢纽的敦煌成为西北地区的繁荣都会。敦煌开窟已近千数,现存唐窟达二百多个,约占莫高窟总窟数的一半。其规模之宏伟,内容之丰富,造型之生动准确,色彩之绚丽灿烂,艺术水平之高超,非其他朝代所能比拟。

敦煌唐代初期壁画,虽犹承隋之余绪,但已渐开一代新风。随着唐王朝对西北地区统治的恢复与开拓,特别是唐太宗贞观十四年(640)侯君集平定高昌,丝绸之路畅通无阻,中原艺术迅速传播到敦煌,出现了如贞观十六年修建的第220窟那样艺术上极富有特点的洞窟。从唐中宗以后,敦煌壁画艺术更加成熟,进入繁盛阶段,大幅佛经变画愈加宏伟,菩萨形象莹润肥艳,曲眉丰颊,体态优美多姿。天王神采飞扬,鬓发怒张,充满力量。勾线和赋色也展现出新风貌,富有抑扬顿挫的莼菜条线描,轻施淡彩的"吴装",强烈富丽的青绿山水,使画壁更为多彩。供养人开始占据洞窟里的重要位置,显示出资住修窟的豪门贵族的显赫,如第130窟那样的大窟,气象恢宏,装饰缛丽,内容丰富,展现出大唐帝国盛期的时代风貌。

唐代后期,从建中二年(781)开始,沙州一度为吐蕃所占领,但仍利用敦煌当地世家豪族参加军政事务的管理,吐蕃统治者笃信佛教,莫高窟修窟之风不减盛唐,艺术上也与盛唐有密切的继承延续关系。今存吐蕃统治期所修洞窟四十余个,大都绘塑精美,人物神情状貌亦有生动细腻的刻划,从158窟的涅槃大佛及壁画可见其非凡的规模。张议潮率领群众驱逐吐蕃,收复沙州,加强了敦煌与中原的联系,也修建了一些大窟。总体说来,晚唐时期敦煌的石窟绘画艺术是对盛唐时期面貌的一种延续。

唐代社会的繁荣富庶和大乘佛教的流行，使人们对北朝壁画中的那种苦行故事渐渐失去兴趣；由于净土宗的广泛传播，佛国净土成为人们向往追求的理想境界。描绘西方极乐世界的净土变相受到信众的喜爱，在寺院洞窟壁画中大量出现。净土宗大师善导和尚，演说净土法门三十余年，募集资财画净土变相二百余壁，中原京洛等地寺院中都有名手画的"西方变"。敦煌唐代众多数量的净土变相，大多画幅宏大，气象万千，以人间繁华美好的景物抒写佛国极乐世界之美妙。

第220窟中净土变相（初唐，有贞观十六年墨书题记），系依据佛说阿弥陀经绘成。阿弥陀佛居中，结跏趺坐，神态安详，两侧为观音，大势至二菩萨，又散列众多的大小菩萨，皆戴宝冠，披天衣，佩璎珞，或坐或立于莲花上，各尽其态。正中七宝池中碧水莹澈，莲花中还有化生童子嬉戏，活泼可爱。七宝池两侧有重楼崇阁，池周围有采饰雕栏，最前为平台，台上两侧有伎乐演奏乐曲，正中两天人应节起舞，飘带飞扬，舞态优美动人。碧空中祥云缭绕；佛顶上宝盖高悬，飞天盘旋，天花点点，充满富丽和欢乐的气氛。

第172窟净土变（盛唐）以楼台、栏循、平台、华盖组成富丽庄严的景象，所有视线的消失点都集中于正中佛像，既突出了主像，又营造了深邃广阔的空间效果；加以莲池、异鸟、天花的点缀，五彩斑斓，金碧辉煌，表现了金银铺地、琉璃照耀的无比美好境界，显示了匠师的艺术想象力。

《法华经变相》、《报恩经变相》、《华严经变相》、《东方药师变相》常见于洞窟壁画中，大都在画面正中画净土，于四周穿插该经的故事内容，出现了不少表现生活情节的动人画面。

法华经变相的描绘，已见于隋代洞窟，盛唐时期、出现了结构严谨、内容丰富的《法华经变相》。《法华经变相》共有二十八品，称释迦成佛以来，现种种化身，"以种种方便，说微妙法"。图中央是说法图，周围画"譬喻品"、"化城喻品"、"信解品"等内容。第217窟的"化城喻品"，经文原意为佛以法力化作一城，引导远行求宝者不畏艰辛坚持下去。此处壁画山水勾勒施以重彩,景物铺陈,有高远、平远等变化,展现出优美明丽的春山行旅图,山峦叠嶂,流水萦绕,城池点缀其间,途中有打马行进者,有停歇者。

对观世音的信仰,在唐代也有着广泛的社会基础,因而《观世音菩萨普门品》常常脱离法华经变而成为独立的经变画。观世音菩萨救苦救难,大慈大悲,遇难众生只要颂其名号,菩萨即及时前往解救。《普门品》周围画观音解救人们解脱十二大难,免受刀杖、刑法、窃贼、溺水等灾患之苦,这些画面也是当时人们渴望解脱现实苦难的生动写照。第54窟观音经变(盛唐)中就画了一队西域商人在途中遇盗,山隘间强盗手执刀杖,而商人们紧张恐怖,合掌念观世音菩萨佛号的精神状态,刻划得细致逼真。画面原是表现如遇盗贼持刀加害,只要口念观音即得解脱的经义。这些绘画题材也从另一侧面形象地反映了唐王朝与西域频繁的经济交往。

《观无量寿经变》在初唐壁画中开始出现,盛唐以后越加细致,大都在画面中央画两方净土,两旁画"未生怨"和"十六观"。"未生怨"的内容为:频婆娑罗王年老无嗣盼子,经相师卜算,乃知山中一修道人死后即来投胎,王盼子心切,乃断绝道人粮食将其饿死,但道人死后化为白兔,王于是又将白兔捕获,并命炼师将其钉死。王后终于怀孕产子,名阿阇世。一次山游,阿阇世忽生恶念,回城后将其父幽禁牢狱不给饮食。王后韦提希夫人为王送食,阿阇世得知大怒,欲杀其母,被大臣谏阻,但其母亦遇囚禁,最后阿阇世命炼师将其父钉死。"十六观"系画韦希提夫人囚室内见佛,佛即为之讲说十六种观想修行方法。"未生怨"大都在竖长条画面次第连续画出故事内容,以宫廷建筑将各个情节加以分隔,对人物神情动态地描绘,如阿阇世仗剑欲杀母之残忍,王后被追杀时惊恐躲闪之状,都画得生动传神,宫廷建筑庄严空旷,带有压抑紧张不安的气氛。"十六观"画王后虔诚的对日、水、树、宝幢、菩萨等观想,画面上是一片静谧的气氛。

弥勒经变隋代也已出现,唐时更为宏伟。常在净土画面周围画剃度、耕作收获、嫁娶等情节,表现庄稼一年七收,树上生衣、长寿、善终等无忧无虑的幸福生活,及仪仗王率大臣、太子、王后、宫女随弥勒出家学道情节。第445窟(盛唐)弥勒变剃度图中有许多对复杂心情的精彩刻划,被剃度者有的端坐合十;有的紧锁愁眉,沉吟不语;有的窃窃私议,向外张望;还有的男人窥视帷帐内女人落发等,都极为生动有致。榆林第25窟(盛唐)弥勒变中的丰收场面,画耕地、播种、收割、扬场等情景,是一幅具有浓郁生活气息的风俗画。展现"人命将终,自然行诣冢间而死",画亲人与冢间老人诀别,充满凄楚离别之情,对这种理想中高寿且无疾而终的福分,画家是用人间生死离别的场景来表现的,很耐人寻味。

在南北朝以来一直流行不衰的《维摩诘所说经变相》,熔铸着众多匠师的心血和创造,敦煌唐窟存有三十余壁,展现了崭新的艺术风貌。不仅体现在画面越来越大,人物众多,形象情节也更加生动感人。整个画面虽都以表观文殊和维摩论辩佛法的高潮为主,但周围也用相当笔墨画出了经中的其他人物和情节。初唐作品气势恢宏,形象生动,中晚唐则增加了很多生活化的场面,有的可以当做优秀的风俗画来看,体现了宗教艺术的世俗化倾向。

第220窟维摩变体现了从隋代较为单纯的画面向唐代丰富瑰丽的风格的跃进。画面中维摩诘居士坐胡床上,披裘扶几,手执拂尘,眉宇间的神情和奋张的须发显现了论辩之激烈,维摩诘的形象已经从清癯的南朝士大夫形象变为体态魁伟、情绪昂扬、神情慷慨的唐代士大夫的风貌了。文殊菩萨则风度优雅,仪态安详,周围簇拥着圣众。维摩诘和文殊座前分别画番王和中华帝王及群臣像。番王的形象服饰举止都具有不同的民族特点。其中中华帝王冕旒帝服,举止轩昂,和阎立本的《历代帝王图》多有参验之处,也显示了上层画家和民间画匠之间的互相影响。

唐代众多的维摩诘变相各具特色。第103窟壁画勾线见长,用抑扬顿挫、流畅多变的线描勾勒出的维摩居士,两眼炯炯有神,双肩扬起。其他窟描绘有空中祥云缭绕,菩萨进献香食,天女戏弄阿难等生动情节。中晚唐的作品中更着重一些插曲性的情节描绘,展示出娼寮、酒肆、博弈等世俗生活情状。情节的表现细致而富有生活气息,如画阿难乞乳,不止说明经文内容,而且添画了村妇挤奶,被幼童牵控的小牛奔向母牛争奶的富有情趣的插曲,分外引人入胜。

涅槃变首见于北朝,但宏伟巨制则出现于唐代。第158窟(中唐)是以涅槃为主题的大窟,十五米的卧佛塑像背后壁面,画满了佛弟子及信徒,表现他们因释迦灭度而产生的巨大悲痛:有的搥胸顿足嚎啕大哭,有的扑向佛身,有的悲啼难支被人搀扶,有的瘫坐地下。前来举哀的还有中华帝王、西域臣民、各族信徒,有的以剑刺胸,有的用刀割耳,一个个都痛不欲生。正中一排菩萨则严肃冷静。佛坛前一组六师外道则弹琴跳跃,为佛的死去而幸灾乐祸。立体的卧佛形象安详而宁静。匠师们将建筑、雕塑、绘画进行了成功的结合,表现了不同形象的内心情感,特别是淋漓尽致地刻划了形形色色的激烈悲痛的感情,令人印象深刻。

劳度叉斗圣变相在经变中特别富有喜剧色彩,它在敦煌出现虽亦开始于北朝,但却盛行于晚唐以后,在晚唐成为引人瞩目的艺术创造。其内容系表现外道劳度叉反对释迦在舍卫国祇园精舍说法,释迦弟子舍利弗与之斗法并将其降服的故事。壁画以斗法为中心,舍利弗与劳度叉各坐一方,整个壁画穿插着斗法中舍利弗与劳度叉互相变化较量的各种情节,如:金刚杵击破山,金翅鸟啄龙,六牙白象吸干池水,狮子吞食巨牛,毗沙门天王降夜叉鬼等,而以狂风摇撼劳度叉幻化的大树作为突出重点。一方是舍利弗庄严安详镇定自若,一方是劳度叉及徒众在强力的神风摇撼下仓皇失措,形成鲜明的对比。失败了的劳度叉及其徒众皈依佛法剃度后的尴尬神态,令人忍俊不止。

劳度叉斗圣变以热闹的场面和富有趣味性的情节吸引观众,其斗法的结局是正义战胜邪恶,外道皈依佛法。壁画的结构及形象塑造,均显示了匠师的丰富想象力。这种热闹有趣的题材,适应了市民阶层的欣赏趣味,在五代以后一直盛行不衰。

唐代佛像更多的以现实人物形象为依据,创造出不少富有人情味的动人形象,其中以菩萨、罗汉、天王、力士形象最为突出。唐代菩萨以现实生活中最美的女性为范本,中原地区的寺庙中曾出现菩萨如宫娃的倾向。韩幹在长安宝应寺画释梵大女,就曾以贵族魏九忠的歌伎为模特而引起当时的人们注意。① 这些形象有的画于佛的塑像背后,有的画于佛龛两侧。菩萨头戴宝冠,半裸上身,着丝质羊肠裙,佩戴璎珞,丰肌秀眉,神情恬静,体态优美,是理想化了的温柔善良女性。第159窟画文殊、普贤分乘青狮、白象,前面有狮奴、象奴牵引开路,伎乐天在前导引,诸天部众簇拥在后,旌伞宝盖轻轻飘动,表现了这一行列在悠扬的乐声中前进的场景,是菩萨像中杰出的作品。

罗汉像以人间高僧为原型,画家常常表现他们不同年龄不同经历的特点,通过不同表情的描绘,表现他们或开朗纯真、或沉着思虑的性格。力士天王则用夸张的手法塑造他们强壮有力威武雄健的身躯,往往双目圆睁,巨口怒张,须发飞动,肌肉隆起,用铠甲渲染出肌肉的立体效果,给人以凛然不可侵犯的感觉。

此时出现了炫耀地位和权势的贵族供养人的等身大像。第130窟甬道两壁(盛唐)的"晋昌郡太守乐庭瓌"、"都督夫人太原王氏"是唐代规模最大的供养像。王氏夫人率领两个女儿,头戴珠翠,身着绮罗,长裙曳地,手捧香炉或花枝,恭立于花毯上。跟随的侍女手捧琴瓶纨扇花果,顾盼有情,背景上画出垂柳和萱花,蜂蝶飞舞其间,增添了生活情趣,女像面庞丰腴,线条流畅,赋色典雅华丽,与周昉一派仕女画风遥相呼应。

第156窟(晚唐)张议潮统军出行图和其妻宋国河内郡夫人出行图,是两幅别致的供养图。每幅图都画有一百多人,包括骑从侍卫,汉蕃乐舞,百戏表演。张议潮出行中金鼓齐鸣,号角高奏,旌旗招展,

---

① 段成式:《寺塔记》卷上,《大正藏》第51卷,第1023页。

队伍浩荡。宋国夫人队伍中以惊险的百戏表演开路,侍女骑从手捧琴炉扇奁镜盒水壶之类日用器皿,前呼后拥,气氛严肃而热烈。供养行列在北朝已经出现,但发展成如此声势浩大的出行图,在敦煌石窟中尚属首见。

三、五代时期的佛教绘画

五代时期寺庙壁画的创作仍然兴盛,宋刘道醇在《五代名画补遗》中记载了五代时期的画家91名,包括王道求、富玫、左礼、王伟、韩求、李祝、张图、朱繇、李升、杜子环、宋艺、高道兴、赵元德、赵忠义、蒲延昌、张玄、孔嵩、姜道隐、杨元真、董从晦、张景思在内的大多数画家都参与了佛教绘画创作。匠师人数众多,竞争激烈,画师从事创作常常殚精竭虑,这也使得五代佛教绘画在延袭唐代风貌的同时,仍然保持了较高的艺术水准。

在僧团内部也出现了一批画家,他们中的代表人物是师法董源的山水画家巨然和风格奇特的人物画家贯休。

巨然,原名与生卒不详,钟陵(今江西南昌)人,一说江宁(今江苏南京)人。早年在江宁开元寺出家,南唐降宋后,随后主李煜来到开封,居开宝寺。巨然师承董源,工画山水,擅画江南烟岚气象和山川高旷的"淡墨轻岚"之景。南唐后主降宋,随至汴京(今河南开封),住开宝寺,在学士院绘《烟岚晓景》壁画,为时人称赞。以长披麻皴画山石,笔墨秀润,为董源画风之嫡传,并称董巨,对元明清以至近代的山水画发展有极大影响。他的一个重要特点就是,所画峰峦,山顶多作矾头。在林麓间点缀卵石,玲珑剔透,清晰润泽,仿佛刚被水冲刷过一般。巨然有《层岩丛树图》、《秋山问道图》、《山居图》等传世。

《秋山问道图》,绢本,水墨。纵156.2厘米,横77.2厘米。现藏台北故宫博物院。整幅画面描绘的是层层峰峦相叠,林木丛生的景象。"矾头"相聚,树丛中掩映一茅屋,其中一老者盘腿静坐,悠然自得。整幅作品浓淡相间、枯润相生，笔墨秀润，给人以意境幽深之感。

《层岩丛树图》，绢本，墨笔，纵144.1厘米，横55.4厘米，现藏台北故宫博物院。此图山峦起于画幅的左下角，取侧入之势。中幅崛起一冈，直逼主峰，有惊涛突起之感。主峰岭峦宽整，立意虚和，与隐显在画中幅右侧的远岫遥相呼应。散落在山间岭上的丛树渲染出了一派冲虚渺茫的气氛，与严整的峰冈相映成趣。林中小径，屈曲萦带，就实崇虚，意趣深远。

贯休(823—912)，俗姓张，字德隐，婺州兰豁(今浙江兰溪)人。道行文章外尤工草书，时人比诸怀素。图画师法阎立本，"画罗汉十六尊帧，庞眉大目者、朵颐隆鼻者、倚松石者、坐山水者，梵相胡貌，曲尽其态……又画释迦十弟子亦是此貌"[①]。贯休自己说这些形骨古怪的形象是入定后见到的罗汉真容。

贯休的真迹今已不存，但从明代仇英临摹本中可以看出，贯休所画罗汉不仅相貌不同于之前的阎立本、吴道子，而且在表现手法上亦有独到之处。贯休常常放弃行云流水般的画面线条，转为追求古朴凝重的画面感，甚至用了很多表现山石的勾染手法来塑造其罗汉形象。这种尝试对元代以后的人物画创作影响深远。

除了巨然与贯休外，尚有善画山水、用笔精细的僧楚安、善画龙水的僧传古、善画松柏的僧德符、善画"曹体"佛像人物的僧智蕴，在当时也都很有影响。

第三节　隋唐五代的佛教书法

一、隋代佛教书法

由于隋代帝王的推动和倡导，佛教艺术得到了进一步繁荣，一扫北

---

① 黄复修：《益州名画录》，《中国书画全书》卷一，第199页，上海书画出版社，1993。

周武帝灭佛后以来的凄凉景象。隋代佛教书法也相应得到了较大发展，这一时期佛教书法的总体风貌呈现融合南北的态势，以碑志为主，以楷书居多。佛教书法中涌现了如智永《真草千字文》、丁道护《启法寺碑》等平和雅正、和润优美的杰作；还有如《龙藏寺碑》、《章仇寺造像》等名品，或秀美挺拔，或浑厚圆劲，皆为佳构。隋代处于六朝至唐的短暂过渡期，所以这一时期的书法家容易出现朝代界定上的混淆，总的归纳起来分这样几类：一种是自六朝入隋而终于隋朝者；一种是自六朝入隋而又入于唐朝者；还有一种是由隋代入唐朝者。按身份来划分，有官员书家，如帝王、臣子以及文人士大夫等，还有僧人书家及无名书家。这些书家或见于史载，或有作品传世，共同创造了隋代佛教书法的独特风貌。

1. 僧人书法

自隋至唐，擅书的僧人见于史载的不在少数，如智永、智果、敬脱、辩才、勤行、温古等，其中以智永最为著名。

释智永，著名的僧人书法家，梁陈隋间人，确切生卒年已不可考，约生于梁武帝时代，俗姓王，名法极，亦说释法极，字智永[1]，世称"永禅师"，会稽（今浙江绍兴）人，于会稽嘉祥寺剃度出家，在陈时曾寄籍吴兴永欣寺，入隋则驻锡于长安西明寺。精通《般若》、《法华》诸经，更以善书著称于世。张怀瓘《书断》中就记载智永"人来觅书，并请题额者如市，所居户限为之穿穴，乃用铁叶裹之，人谓之铁门限。后取笔头瘗之，号为退笔冢，自制铭志"。可见智永当时的影响，也表明了时人对智永书法的喜爱程度。据传智永乃王羲之七世孙，故能秉承家法，传习二王书风，可以说是羲献父子书体的忠实继承者和极力倡导者。唐张怀瓘《书断》评论道："师远祖逸少，历记专精，摄齐升堂，真、草唯命，夷途良辔，大海安波。微尚有道（张芝）之风，半得右军之肉。兼能诸体，于草最优，气调下于欧

---

[1] 施宿《嘉泰会稽志》卷一六"翰墨"条下记："僧法极，字智永，会稽人，王右军七代孙，号永禅师。"由此可知智永名法极，字智永。按《千字文》出自南朝梁武帝指命周兴嗣编次，殷铁石集拓王羲之书而为之。

(阳询)、虞(世南),精熟过于羊(欣)、薄(绍之)。"《书断》中以神、妙、能三品评判诸家书法,智永的楷书、草书、章草均被列为妙品,行书被列为能品,可见史上对他的书法艺术的推崇和肯定。智永最值得称道的是他早年在吴兴永欣寺临南朝殷铁石集拓王羲之书而成的《千字文》。① 临八百本分散浙东诸寺作为抄经范本,这一文化活动对隋朝以及唐代佛教书法的兴盛起到了深远影响。

对于智永的书法艺术成就,历来有贬有褒。唐李嗣真《书后品》持批判态度,说其书"精熟过人,惜无奇态矣"。智永书法的成就主要在于其积年学书,苦练而成。练秃的笔头就有数十瓮,每瓮都有数石重。书论记载智永曾经居住于永欣寺阁楼之上,临书不辍,所写废的笔头置于大竹簏中,整整装了好几大簏。智永的书法谨遵祖法,墨守成规,不敢越雷池半步,宋代叶梦得《石林避暑录》中云:"智永书全守逸少家法,一画不敢小出入于千字以外。"由此可见,苦练守成、不出王体、没有创新成为智永书法遭受批评的原因之一。智永给后人留下的就是一位积学用功、精勤熟练、追求书艺的书僧形象,以功力取胜而艺术性有所欠缺,属于苦行派。当然赞誉者亦大有人在,苏轼就认为智永并非不能创作,只是极力想保存王氏书法典范。苏轼在《跋叶致远所藏禅师千字文》中说:"永禅师欲存王氏典型。以为百家法祖,故举用旧法,非不能出新意求变态也,然其意以逸于绳墨之外矣。"他还在《评唐六家书》中说道:"永禅师书,骨气深稳,体兼众妙,精能之致,反造疏淡。如观陶彭泽诗,初若散缓不收,反复不一,乃识其奇趣。"认为智永的书法已由精熟而升华至更高艺术境界,甚至品出疏淡的况味了。再如清人杨守敬在智永《真草千字文》(日本所藏唐摹本)跋语中写道:"又永师为右军嫡嗣,渊源有自。今右军墨笺已不可见,(孙)过庭虽称善变,然过趋劲快,识者病之。惟永师寓变化于谨严,山阴门庭于斯不远。"称道智永书法艺术的高妙正是在于得受羲

---

① 参见朱关田《中国书法史隋唐五代卷》,第13页,南京,江苏教育出版社,1999。

之真髓,且精熟中寓有丰富的变化,而并非一昧摹古。

智永和尚是隋代书坛不可忽视的重要人物。他通过一己之力,写《千字文》广泛流传于南朝各寺,确立抄经书体的典范,影响着当时的僧人抄经和士人书法,对隋代佛教书法作出了重要贡献。总结智永书风的特质及其对后世的影响:主要有两点:一是极合王氏标准,优美且富于规律,可作学书范本。正如宋代米芾《海岳名言》中所称赞的:"秀润圆劲,八面俱备。"二是鲜媚悦人,绝无半点寂静淡泊,更无冷峻苦修的意味。他追求的完全是书法的形式美,注重的是书法艺术的美学意韵。可以说智永的贡献主要在于对六朝以来王字传统的继承和保护,以及他把王体推广运用到佛教抄经书体之中,使之成为佛教书法史上的一个重要文化现象。另外,智永还影响了一批出家和在俗的弟子,如释智果、沙门释述、沙门释特、释辩才以及虞世南等。特别是对智果、虞世南等人的师授,导致他的书学观和书风对隋唐时代都产生了重要影响。智永的《千字文》为隋唐以后的历代书家习书提供了一个好的范本,唐代欧阳询、褚遂良、孙过庭、欧阳通、张旭、怀素、高闲、贯休、宋代梦英、文同、苏轼、黄庭坚、宋徽宗、宋高宗、宋孝宗、宋理宗,元代赵孟頫、管夫人、鲜于枢、揭溪斯,明代文征明、陈祐,近代章炳麟、于右任等书家,都有《千字文》墨迹传世,可以说是受智永写《千字文》传统的影响。智永还授"永字八法",唐《翰林禁经》记载:"八法起于隶字之始,自崔张钟王传授,所用赅于万字,墨道之最,不可不明也。隋僧智永发其旨趣,授于虞秘监世南,自兹传授广彰焉。"可见"永字八法"历代虽有研究,但智永又加以阐释解义并授于徒众,后来,智果有《心成颂》一篇,虞世南也有《笔髓记》一书传世,在很大程度上都受到智永所讲授"永字八法"的影响。

释智果,生卒年不详,隋仁寿年间书法家,会稽人。颇好文学,能书,曾知遇于隋炀帝,被召居慧日道场。《书断》记载:"释述、释特,与智果并师智永。述困于肥钝,特伤于瘦怯,皆不得中,而智果差优。"可见,他们虽都出自智永门下,但书艺成就皆不及其师。智果的书法今已不传,对于其书法的面貌特征,张怀瓘《书断》中有所记叙,智果"工书铭石,甚为瘦健,尝谓永师云'智永得右军肉,智果得右军骨'。"并评论其书法:"夫筋骨藏于肤内,山水不厌高深,而此公稍乏清幽,伤于浅露。"由此可知,智果书法结体偏瘦,笔画硬健,总体失于表浅,缺乏意蕴。这与后人曾评论其书法有"僧气"相符(《墨池琐录》),言下之意即是清瘦而厚润不足。从书论记载中还可以了解到智果书写特重形式,点画之际稍嫌有虚张夸耀之势。其书法被比做"吴人作战":轻进易退、勇而非猛。可见是外在清奇雄强,内里有所不逮。智果存世书论有《心成颂》一篇,该文专讲书写结体的方法,从书法字体的分布间架结构来探讨书法之美。智果在文中提倡:长舒左足,有脚者向左舒,"宝"、"典"、"其"、"类"字是;峻拔一角,字方者抬右角,"国"、"用"、"周"字是;分若抵背,谓纵也,"卅"、"册"之类,皆须自立其抵背,钟、王、欧、虞皆守之;合如对目,谓逢也,"八"字、"州"字,皆须潜相瞩视;覃精一字,功归自得盈虚。向背、仰覆、垂缩、回互不失也;统视连行,妙在相承起复,行行皆相映带,联属而不背违也。①从他在文章中所强调和追求的字体间架结构上的舒展、昂扬,通篇字里行间上的开合、转承等美学原则都可以想见到智果的书法对形式美感的极度追求,讲求字体的高下相倾,顾盼生辉;联属映带,俯仰自得。因此,处置不当就容易形成虚张夸耀的流弊。《心成颂》的写作之所以成为颂体,借用了佛经的规制,可以认为这是隋代僧人书家将佛教与书法理论在形式上加以结合的有益尝试。

　　隋代除智永外,其兄智楷(孝宾,改名惠欣)亦以擅书闻名。僧人书家中还有释智炬、释慧觉、释慧安、释敬脱、释靖嵩等。释敬脱,史上有所记载,宋代陈思《书小史》云:"敬脱善正书,能大笔写方大字,天然遒劲。不加修饰,当时谓之僧杰。""这位僧人与智永之精勤恰巧成为两种典型,

---

① 上海书画出版社、华东师范大学古籍整理研究室编:《历代书法论文选》,第93页,上海书画出版社,2002。

一妙于天然,一工在学力,其书迹虽不可考见,但已在智永、智果重法度、重学习、重传承的笔法外,另辟一蹊,打开了未来发展的空间。"①

2. 士人佛书

隋朝善书的官方书家中有隋文帝、隋炀帝、杨素、阎毗、丁道护、房玄谦、史陵、赵孝逸等见于史载,而士人佛书大家最为有名者只丁道护一人。

丁道护,生卒年岁不详,谯县(今安徽亳县)人,活动于隋文帝时,卒于隋朝。官至于襄州(今湖北襄樊等地)祭酒从事,《书小史》记载其善正书,存世作品有《启法寺碑》和《兴国寺碑》。对初唐楷书有一定的影响。

《启法寺碑》(周彪撰文,隋仁寿二年,即公元602年十二月十五日立石),寺庙故址在湖北襄阳城南隅。启法寺碑早已亡失,现存拓印孤本,流传到日本,也已经漫漶不清。此碑早在北宋期间即受欧阳修、曾巩、米芾、黄伯思等赞誉。碑文堪称隋代中期的书法典范之作。

宋欧阳修《集古录跋尾》卷五记载:"隋之晚年,书学尤盛。吾家率更(欧阳询)与虞世南,皆当时人也。后显于唐,遂为绝笔。余所集录开皇、仁寿、大业时碑颇多,其笔画率皆精劲,而往往不著名氏。每执卷茫然,为之叹息。惟道护独自著之。"由此可见,《启法寺碑》署有丁道护之名,这在丁道护的另一件作品《兴国寺碑》上也有所体现。《兴国寺碑》(李德林撰,开皇六年,即公元586年正月立石),曾巩有《襄州兴国寺碑跋》一文写道:"启法寺今为龙兴寺,在襄阳城西;兴国寺今为延庆寺,在望楚山。欧阳永叔云:'兴国寺碑不知所在,特见其模本于太学杨褒家。'而此碑阴又有道护书襄州镇副总管府长史柳止戈而下十八官号姓名,其字犹可喜,得之自余始,世盖未有传之者也。"正因为当时的署名,丁道护得以名留书法史,成为隋代佛教书法中士人书家的代表。对于丁道护的书法艺术及《启法寺碑》,蔡襄称"此书兼后魏遗法,隋唐之交,善书者众,皆出

---

① 龚鹏程:《书艺丛谈》,第238页,济南,山东画报出版社,2007。

一法,道护所得最多。"黄伯思《东观余论》评曰:"丁道护书不今不古,遒媚有法。"①清阮元《南北书派论》认为丁道护"习北派书法,方严遒劲"。明代杨慎认为丁道护襄阳启法寺、兴国寺二碑最精,欧阳询、虞世南两家皆出自道护,且带有北方朴拙的隶书风格。可见丁道护的书风主要继承北方碑刻的严正与厚劲,但也糅入了一些南方的秀媚,故而呈现出时代的新风。《启法寺碑》书法的风格特质可以用"结构平正、顿挫有致"来形容,"其结构平正,源于后魏遗法;其顿挫有致,如右军一揭直下之法;两者水乳交融,自成一家风范。书作的笔画变化也很明显,具体表现之一是横画较细而又圆润遒媚;表现之二是竖画挺韧灵活;表现之三是撇画弧线较直;表现之四是捺画抒放伸展;表现之五是拐笔侧肩方润;表现之六是圆笔多方笔少"②。当然,也有认为此碑的艺术成就尚有不足的,元代杨守敬《平碑记》云:"道护在当时甚有书名,《集古录》惟此碑至佳。余谓此碑诚古朴,然恐尚不及《龙藏寺》之精妙也。"

《龙藏寺碑》被称为"隋碑第一",隋开皇六年(586)十二月五日题刻,为恒州刺史、鄂国公王孝零奉命劝奖州内士庶万余人修造龙藏寺后所立。全称为《恒州刺史鄂国公为国劝造龙藏寺碑》,立于河北省正定县隆兴寺大悲阁东南侧。楷法精美、气象和穆。开府长史兼行参军张公礼撰文,没有注明书丹者的姓名,有观点认为此碑亦是张公礼所书,因为光绪元年的《正定县志》曾记载《龙藏寺碑》碑阴留有"张公礼撰并书"的记载。《龙藏寺碑》整体章法疏朗,均匀齐整,字里行间显得自然而旷达,呈现出汉隶的布白韵味。用笔方圆兼备、刚柔相济,既有北碑的雄厚淳古,又有南帖的流利潇洒。此碑最早见著录于欧阳修《六一题跋》,评论其"字画遒劲,有欧、虞之体"。清阮元在《南北书派论》中更是断言"直是欧、褚师法所由来",认为欧阳询、虞世南的书风是直接学习《龙藏寺碑》而得来

---

① 黄伯思:《东观余论》,《中国书画全书》卷一,第844页,上海书画出版社,1994。
② 史仲文主编:《中国书法史·书法篆刻卷》(上),第781页,石家庄,河北人民出版社,2006。

的。清包世臣《艺舟双楫》认为"《龙藏寺碑》足继右军,皆出平正通达之中,迷离变化不可思议"。及至康有为的《广艺舟双楫·碑品第十七》将《龙藏寺碑》列为"精品上"第五,认为:"《龙藏寺》秀韵芳情,馨香溢时,然所得自齐碑出。齐碑中《灵塔铭》、《百人造像》,皆于瘦硬中有清腴气。"并称之"统合分隶并《吊比干文》、《郑文公》、《敬使君》、《刘懿》、《李仲璇》诸派,荟萃为一,安静浑穆,骨鲠不减曲江,而风度端凝,此六朝集成之碑,非独为隋碑第一也"。首次将此碑推向了"隋碑第一"的地位,其评价之高,尚属首度。

另外,1952年陕西西安韦曲附近还出土隋代晚期《尼那提墓志》一块,现藏陕西碑林。其书法也颇有特色,由于出土较晚,故不见于古代书学著录,少人评论。《尼那提墓志》全称《大隋真化道场尼那提墓志之铭》,刻于隋大业九年(613),僧尼那提,俗姓丁,十六岁出家,颇有修为,为表记功德,大业九年众尼为她立此墓志。该墓志的书法艺术整体呈现雄强朴茂的气势,但布局平整方稳,劲峭的方刀用笔中时流露出端庄秀丽之姿,明显受到南帖的影响却又能巧妙融汇变化。可以说是隋代晚期的碑书精品。

隋朝佛教书法还需要介绍的是敦煌隋代写经,据《唐会要》、《释迦方志》记载,文帝在位的二十年间,共写经46藏,13 286卷,治故经3 853部,后直至隋炀帝,一直在扬州修补故经,缮写新经,共612藏,29 173部,903 580卷,隋代写经书法得到相当大的发展,取得了一定的成就。据统计,敦煌发现的隋代写经,目前有明确纪年的存世作品有90多件,有的是敦煌本地人写的,有的是内地流传过去的,有官府写经,也有僧人写经,并因此保留了一些写经者的姓名,如:李思贤、善藏、张才、杨维珍、王海、王俦、昙皎、刘敬圆(女)等。就其书法风格而言,大致有三类:一类是基本上沿着北朝写经书法的路径发展起来的,分为豪迈奔放和严谨刚健两类书风。另一类则基本取法南方传统,结构平正、笔致温润、字体娟秀。还有一类就是融合南北的,既平正秀润又不失浑厚刚健,呈现规范化的楷书特点。由于南北书风在隋代的融合和互渗,隋代写经书法呈现出承前启后的特点。①

二、唐代佛教书法

唐代佛教书法艺术得到了很大的发展,取得了辉煌的成就。唐代佛教书法的风格特点是:早期呈现出气魄雄强、刚健有力的风格,这一点可以说是与时代精神密切相关的。此一时期,楷体书法得到充分发展,并广泛运用到佛教书写活动中去,各类寺庙碑志和佛教抄经书法存世很多,颇为壮观。唐代初期出现了欧阳询、虞世南、褚遂良、薛稷四位代表性书家,后世誉为"初唐四杰"。他们均从事过佛教书法创作,有佛教书法作品留世。由于统治阶层的好尚,唐初书法的整体格局是以继承王羲之父子的自然优美之书风为基础的,欧阳询和虞世南均在继承王体的基础上有所突破。欧阳询更重创新,书风略嫌外露;虞世南则多重继承,书风柔中含刚,两者可谓同代并美。盛唐时期,在时代精神的影响下,书法走向雄豪博壮、雍然肃穆的书风,呈现出丰腴端庄的面貌。这一时期书家以颜真卿为代表,颜氏为后世留下了不少峥嵘壮美的佛教书法作品。至中晚唐书法又变为一派清劲之风,出现了柳公权的"柳体"书风,同时也出现了抒情达性的端倪,为宋代"尚意"书风之肇始。唐代佛教书法还有一个特色就是,在很大程度上已经超出其传经弘法的书写初衷,更为自觉地讲求个人创造和体现风格个性的努力开始了。尤其是出现了一批各具个性的僧人书法家,对中国佛教书法作出了突破性的贡献。

另外,纵观唐代书法的态势,可以看出唐代是一个崇尚法度的时代,更是一个强调风格个性的时代,两者有机融合,艺术个性的追求虽然在一定程度上受到法度的制约,但新的方向、新的风格一直层出不穷。楷书的发展日趋成熟,各呈风采。今草发展成为狂草,且用于写经书铭,风

---

① 参见赵声良《隋代敦煌写本的书法艺术》,《敦煌研究》1995年第4期,第134页。

619

格色彩较为浓烈。

1. 僧人书法

唐代擅长书法的僧人不在少数,并充满着创造精神。僧人书法从抄经、刻经等集体性书法创作活动中逐渐独立出来,僧人的书写成为具有独立审美意义的创作活动。唐僧辩才、怀仁、怀素、高闲、亚栖等都于书法史上享有盛誉。特别是怀仁、怀素等更是名彪书史,他们的书法创作对唐代佛教文化艺术作出了很大贡献。

"唐僧书法大抵分成两期,初则以行、楷为主,主要用之于写经,其间善书者多以行、楷名世……至于中唐禅宗勃兴,允许张扬外学,吟咏、翰墨,并为僧人所重。"①初期如怀仁集王羲之行书《圣教序》、大雅的《兴福寺碑》、行满的《乙速孤昭祐碑》,劲健有法、名高一代;释湛然的书法,被孟浩然在《还山贻湛法师》中称之为"墨妙古今绝"。中期之后,虽然沙门戒律谨严,却出现了一批善于草书的僧人。他们颇具情性,书法艺术相当成熟,具有个性特色,整个唐代,僧人书家的创作可谓成绩斐然,且异彩纷呈,蔚为大观。

释怀仁,生卒年不详,太宗时住在长安(今天的西安)弘福寺内。他是继智永之后发扬王羲之书体的又一位僧人,释怀仁于佛教书法史上最重要的功绩是他集王字而成《集王书圣教序》,并勒石为碑,从此开后代集王字书法之风气。此碑建于唐高宗咸亨三年(673),原石现保存于陕西省博物馆,长久以来一直被看做研习二王书法的经典。由于现在已经无法得见王羲之真迹,所以《集王书圣教序》对后世研究王字有相当大的史料价值,但由于字字乃至笔笔皆从王羲之来,也导致了"泥古"的流弊。

释怀素(729—785,或737—799),字藏真,俗姓钱,长沙(今属湖南)人。他所书的《自叙帖》介绍道:"怀素家长沙,幼而事佛,经禅之暇,颇好

---

① 朱关田:《中国书法史·隋唐五代》,第218页,南京,江苏教育出版社,1999。

笔翰。"可见作为书僧的怀素是佛法、书法兼而修之,但更重书法的创作和研习,释贯休在《怀素上人草书歌》里直截了当地写到:"师不谈经不坐禅,筋骨唯于草书妙。"在历代僧人书家中,怀素的草书艺术可说是宗教与艺术的完美结合。怀素对佛教精神的理解、特别是禅宗本质的追求是顿悟式的,某种程度上他通过书法这一实践活动体现了他的书学观。他直接用书法阐释其对佛教精神的理解。怀素在书法创作上,排斥情感的介入,追求简淡枯索的意趣,书写力求超乎悲欢之上,表达禅宗境界。

怀素与张旭齐名,后世称之为"颠张素狂",怀素是继张旭之后我国书法史上的第二位狂草大家。他们在中国书法史上几乎已经成为狂草的代名词了。黄庭坚评云:"怀素草工瘦,而长史草工肥,瘦硬易作,肥劲难得也。"从张旭《千字文》刻石与《古诗四帖》中可以看出,张旭狂草在用笔上的提按变化强烈,故而其书体的点、线粗细变化反差很大,并非一味的肥厚;而怀素的草书提按用笔不强烈,且线条大都圆劲,与张旭草书中频繁的侧锋用笔形成鲜明的对比,使人产生明显的"瘦"的印象,从《苦笋帖》可以看出,而《自叙帖》则更强烈地反映了这一点。怀素的字线条粗细均匀,婉畅而富于弹性,结体行距疏阔。有学者在论及怀素书法艺术时曾指出两点:首先是笔触细瘦,在纸上少有顿压。这反映出情感上没有悲欢的高潮和低潮,又反映拒绝和外界作密切的大面积接触,对生活现实维持一个距离,只在这距离上冷观世界。确实,唯有如此方能做到"心无挂碍"、"无住于心"。其次,运笔迅速。禅宗主张不立文字、以心传心,讲究"言语道断"。一方面藐视语言文字,一方面又非用语言不可,所以他们运用的语言文字是排斥语言文字的语言文字。在书法上怀素就是反文字的书法,似乎是用作字的迅速来表现书法的反文字特质,一般草书使人感到速度中有舞蹈的愉快,而怀素则是纯速度,才写点画,笔锋就要逃离,逃离文字的束缚。文字才形成,已经被否定,文字只是刹那间一念的一闪,前念后念,即生即灭,"于念而无念"、"说即无,无即说",才落笔,即成过去,已被推翻,即写即无。①

刘熙载《艺概》中"书概"章中一条说:"张长史悲喜双用,怀素悲喜双遣。"只一"遣"字,可谓一语道破怀素书法艺术中的佛教精神实质,可以说,他的书法艺术是一种充满宗教内涵和意味的具有独特风貌的美学样式。

从怀素与张旭的比较中还可以看出怀素的书法中的"空"、"诃欲",以及排斥情感、远离情感或者说隐藏情感的特征。在创作态度上,怀素明显不让自己的情感在书法的笔画中流露出来;在形式上,他找到了粗细一致、无情感变化的极细的线条来表现。怀素最终通过"线条"和"速度"两个原则找到了一种将宗教与艺术结合、方法上类似于禅宗顿悟的书法表现形式。

怀素之后,擅书僧人不乏其人,著名者如释高闲、释梦龟、释湛然、释文楚、释巩光、释亚栖、释景云等,可以说这些僧人书家的出现与怀素在书法上取得成就很有关系。由于并非都有作品传世,故而对他们的书法也无从一一评价。这些僧人书家中,负有盛名者且有墨迹传世的当数释高闲。

高闲为湖州乌程(今浙江湖州)人。曾在长安荐福寺、四明寺为僧,后来至开元寺为僧,并终老于此。甚有书名,唐宣宗李忱曾经召高闲入宫,当面求教书法,并厚赐紫衣。其传世墨迹有草书《千字文》。以软笔书写,多用侧锋,笔画粗阔浓烈,与张旭的书法相类。有学者评论道:此卷草书体势为小草,笔势为大草,但绝无狂草之异态,表现出明显的字字守法度的倾向。其草书笔路清晰,大都自起自结,字与字相连处较小,点画形态多近于行书之写法。艺术情趣无特色。② 释高闲的草书笔势不同于怀素的瘦硬线条,它全然侧锋横扫,与张旭相类,但张旭书法中的悲喜双用在释高闲的书法中却难觅其踪。张旭的《古诗四帖》是:满纸的笔走

---

① 熊秉明:《书法与中国文化》,第138页,上海,文汇出版社,1999。
② 徐利明:《中国书法风格史》,第299页,郑州,河南美术出版社,1997。

龙蛇,有闪电般的折线,有回环缭绕的曲线,有长锥般的垂直线,穿错交织,使人目眩神醉,急切、重复、执著。高闲没有在书法的形式结构笔势等语言上进行创新,在笔势和笔画上类似于张旭,但在感情的宣泄和注入上,却是与张旭完全不同的,首先,它的字字之间、笔笔之间是断开的,笔画虽然恣意地横扫,却异常空洞。另外,笔画成几何形趋势,高闲借用了怀素书法创作中的速度,却又牢牢把持住情感,不使之有所流露。韩愈在《送高闲上人》一文中说:"往时张旭善草书,不治他技,喜怒窘穷,忧悲愉快,怨恨思慕,酣醉无聊不平,有动于心,必于草书焉发之。"认为张旭将生活中的一切情感都写入书法,借书法表达情感。同时他又说:"今闲师浮屠氏,一死生,解外胶,是其为心必泊然无所起,其于世必淡然无所嗜,泊与淡相遭,颓靡委靡溃败不可收拾,则其于书,得无像之然乎?"对高闲书法的佛教意味提出了自己的思索。可以说,高闲的书法尽管表面纵横挥扫,但只是空洞的形式,而无真苦、真乐、真血、真泪,必然也无感情的流露了,表达了佛门的超脱境界。

  蛩光,俗家姓吴,字登封,永嘉(今天浙江温州)人,号广利大师,是晚唐著名的僧人书家。《高僧传》记载他"长于草、隶",曾得帝王垂青,"昭宗诏对御榻前书,赐紫方袍"。对于其书法的创作状态,陆希声有诗记载道:"笔下龙蛇似有神,天地雷雨变逡巡。"对他评价很高。由于唐代禅宗的勃兴,使得书法创作无形中也受到了禅宗思想的影响。禅宗强调直指人心、反对执著,要发明本心、明心见性。提倡运用"顿悟"的方式去全面把握事物的整体。即心即佛,自性自度等都是惠能南宗禅的重要思想特色,《坛经·付嘱品第十》中记载六祖惠能灭度前对弟子说:"但识自本心,见自本性,无动无静,无生无灭,无去无来,无是无非,无住无往。"蛩光所创立的书学观念——"心悟"说,正是基于禅宗思想的基础。他强调"心印"与"了悟",心是指书写者的现实本心,印则是印可的方式,悟是顿悟,当下去全面地把握。蛩光的书学观念就是摒弃以积累的方式苦学书法,他崇尚突然间的大彻大悟。他认为书法的道理并非言传身教的"渐修"可以达到的,必须要经过对内心真心本性的顿悟才能获得。

唐代的僧人书家还有释慧龄、释仁基、释法藏、释惠融、释大雅、释智详、璋上人、释灵迅、释谭镜、释有邻、献上人、释知常、释元鼎等,他们的创作共同构成了唐代佛教僧人书法的壮丽风貌。

唐代写经仍在继续,高僧写经者甚多。其见于文献者,如赞宁《宋高僧传》有温州大云寺僧鸿楚(字方外,姓唐氏)"刺血写《法华经》一部";杭州华严寺玄览(姓褚氏)"写经二千余轴,金字《涅般经》为首";湖州大云寺增忍子王禹(字真瑛,姓沈氏)"前后写经三藏,凡一万六千卷";灵武龙兴寺增忍(姓史氏)"刺血写诸经,总二百八十卷";京师崇圣寺文纲(姓孔氏)"刺血书经,向六百卷";京师大慈恩寺嘉尚,"及三藏(玄奘)有疾,命尚具录所翻经论合七十五部,总一千三百三十五卷"。① 有成都福感寺定兰(姓杨氏)刺血书写法华经。《续高僧传》有记载,山僧善导写数万卷《阿弥陀经》,岑勋《多宝塔碑》记载了千佛寺楚金(姓程氏)刺血写了一部《法华经》、一部《菩萨戒》、一卷《观普贤行经》。楚金还奉旨为镇塔而组织抄写了《妙法莲华经》1 000 部,金字 36 部及 1 000 部用于散施受持的佛经。扬州大明寺的鉴真和尚写《一切经》3 部,各 1.1 万卷。唐代书法是一个"尚法"的时代,国势的强盛必然要求文化形式的统一,在书法上表现出不同于前代的严整性和统一性,虽统一却又不失变化,然变化多端又皆不失法度。

另外,由于唐代中外交流的频繁,特别与邻近的日本更是一衣带水,导致唐代的佛教书法对日本产生重大的影响。公元 630—894 年中日交往形成第一个高潮,日本派遣遣唐使全面向中国学习文化艺术,书法在中日文化交流上起到了重要的作用。大批的僧人来华学习并将大量书迹带回日本,空海、嵯峨天皇、橘势逸被誉为日本书法史三大家,空海书法风格学王羲之,他的著名作品《风信帖》是写给最澄的信,颇有王韵,并

---

① 朱关田:《中国书法史·隋唐五代》,第 210 页,南京,江苏教育出版社,1999。

且空海对王字的精熟已经超过当时的唐朝书家,相传唐朝皇帝宫殿墙壁上有王羲之的墨迹,因为墙壁损坏,字迹有所缺漏,精于二王书法的空海被请来补写,结果模仿得几可乱真。唐玄宗时高僧鉴真,为一方宗首,天宝元年(742)应日本学问僧荣睿、普照的请求,毅然发愿东渡日本,六次起行,五次失败。终于天宝十二年(753)抵达日本。在日十年,除弘传佛法外,还为汉文学、医药、雕塑、绘画、建筑、书法等方面的传播作出了杰出贡献。鉴真不仅精于翰墨,还将大量唐代写经传入日本,给日本的写经书法作了楷模。

2. 士人佛书

唐代士人书家中鲜有不涉及佛书的。"初唐四家"之欧阳询、虞世南、褚遂良、薛稷都是佛书大家。欧阳询和虞世南乃初唐时代的领袖人物,继之而起的褚遂良也成为唐代书法进程中的关键,后来的薛稷能秉承褚书而又具个性,称重一时。他们总结、吸收了魏晋以来的楷书传统,并发扬广大,糅和自己的创作,以欧体、虞体等独具个性的书风奠定了唐代佛教书法发展的基础。

欧阳询(557—641),谭州临湘(今湖南长沙)人,字信本,世称"信本"、"欧阳信本"。陈武帝永定元年(557)生于广州(今属广东),唐贞观十五年(642)辛丑年辞世,终年八十五岁。因其卒于"太子率更令"任上,所以后世欧阳询有"率更"、"欧阳率更"的别称,《旧唐书》卷一八九、《新唐书》卷一九八中有其传。唐史称其:"虽貌甚寝陋,而聪悟绝伦,读书即数行即下,博览经史,尤精三史。"[①]此后欧阳询历隋、唐两朝,隋时任七品清选官太常博士,以善书闻名。常常应邀为王公大臣书写碑志。唐代任五品给事中,其子欧阳通亦擅书,为区别父子两人,故往往称呼欧阳询为"大欧阳"。

欧阳询祖籍山东,避祸南迁而成谭州豪族。世代公卿,长于征战。

---

① 魏晋南北朝以《史记》、《汉书》、《东观汉记》为三史。

后因其父欧阳纥据广州反叛被诛而家道败落。欧阳询幸免于难,十三四岁时由父亲的友人江总收养。江总本身就是书法大家。《宣和书谱》记载其"作行、草,为时独步"。《旧唐书》、《欧阳询传》记载其养父江总对他"教以书计"。在这样的启蒙之下,"欧阳询初习梁陈时风,得大令展(蹙)之秘;复师北齐刘珉,笔力为之瘦挺;其后参学章草,领悟索靖用笔三昧;终于综合六朝精华,融为杨隋书品"①。欧阳询书风形成的脉络是:初随江总由王体入手,苦心精研。后广泛涉猎北派书风,吸收其特长。师法刘珉得结体峻密之貌,又曾于出行时见西晋著名书家索靖的古碑而细细揣摩之,三日乃去,并悟得其妙处,得章草风神。他自己在《用笔论》中说:"余自少及长,凝精翰墨,每览异体奇迹,未尝不循环吟玩,抽其妙思,终日临仿,至于皓首而无退倦也。"正是由于这种钻研的精神和思索的态度,欧阳询在学习前人、融合诸家之后,逐渐形成了险劲峭丽的风格,自成一家,史称"欧体"。欧阳询更是一位兼善型的书家,张怀瓘《书断》中称他的书法为"八体尽能,笔力险劲,篆体尤精"。就是说欧阳询于大小篆、隶(八分)、真(隶)、行、草以及飞白、章草这些书法形态都很精通。史载其:"飞白冠绝,峻于古人,有龙蛇战斗之象,云雾轻浓之势,风旋电激,掀举若神;真、行之书,虽于大令,亦别成一体,森森焉若武库矛戟,风神严于智永,润色寡于虞世南;其草书跌宕流通。视之二王,可为动色,然惊奇跳骏,不避危险,伤于清雅之致。"欧阳询的书法是源于王体,但更加刚健凌厉。其存世书法作品颇丰,现在能见到的有《皇甫诞碑》、《九成宫礼泉碑》、《虞恭公温彦博碑》、《房玄谦碑》、《九歌碑》、《史事帖》、《卜商帖》、《梦奠帖》、《千字文碑》等。其佛教书法之代表作为《化度寺碑》,今有拓本存世,另外一件作品《荐福寺碑》原石、拓本都不可见,比较令人惋惜。

《化度寺碑》全称《化度寺故僧邕禅师舍利塔铭》。李百药撰文,贞观

---

① 朱关田:《中国书法史·隋唐五代》,第22页,南京,江苏教育出版社,1999。

五年(631)十一月十六日立于洛阳化度寺。此碑曾经流落于终南山,北宋开府公范雍赴长安途中偶见,叹为至宝,引得寺僧误以为碑石中藏有宝物,遂敲断验之,无果后便弃于寺后,后被范雍高价购回,藏入府中,靖康之乱后,此碑主人捶拓数本后将原碑碎毁。现有光绪二十二年(1896)在敦煌东南鸣沙山千佛洞发现的唐代拓本《化度寺碑》剪裱残本,共六页,计226字,首页39字为法国人伯希和所得,现藏于法国巴黎博物馆,后五页为英国人斯坦因所得,现藏于英国伦敦大不列颠博物馆。还有现存上海博物馆的吴氏四欧堂藏成亲王旧藏本,现在日本的北京大性翁氏苏斋本,以及南海吴氏本、临川李氏本、陆氏村下清斋本。《书画题跋记》认为:"唐贞观间能书者,欧阳率更为最善,而《邕禅师塔铭》,又其最善者。"观其书法,气定神闲、清茂古朴而遒劲浑穆,被历来论书者公推为欧阳询正书第一。《化度寺故僧邕禅师舍利塔铭》的书法呈现出稳健而凝重、险劲而老辣的风格,体方笔圆,点画遒腴。"作风老而弥精,有北方书风之艺术意象,点画工妙,意态自然。其间亦有神清骨秀者,当为南朝书风之痕迹。"[1]故欧阳询之《化度寺碑》是其融合南北书风的典范之作,其雄健刚直、骨气洞达体现了欧阳询所借鉴的北方书风,其典雅丰丽、神逸润泽体现了其所受南方书风的影响。

欧阳询为初唐书法之大家,他融秦篆、汉隶、北碑、王书、隋碑于一体,自成一家,为一时之绝。当时已名重一时,世人若能得到他的尺牍,皆奉为楷模,且影响远播海外,以至高丽曾派遣使者求其书法。《旧唐书·欧阳询传》载:"高丽甚重其书,常遣使求之。"他的书法对后世颜真卿、柳公权、苏东坡等也都影响甚大,而且"唐代尚法"风气的形成与欧阳询法度森严的书写特点可以说也有内在关联。

虞世南(558—638年),字伯施,乃是因为七岁时过继给叔父虞寄而得此名字。越州余姚(今属浙江)人。历三朝,初仕陈,至隋任秘书郎,入

---

[1] 殷荪:《论欧阳询》,《书法研究》,第26页,1986年第1期。

唐后官至秘书监,世人称其为"虞永兴",性沉静寡欢,博古通今,笃志勤学,"或累旬不盥栉",即为了研习学问能十天半月不事梳洗,可以说到了废寝忘食的地步。被唐太宗评论为"博闻、德行、书翰、词藻、忠直"五绝。张怀瓘《书断》有记载:"太宗诏曰:世南一人,有出世之才,遂兼五绝:一曰忠谠,二曰友悌,三曰博文,四曰词藻,五曰书翰。有一于此,足曰名臣,而世南兼之。"这里提到的书翰即精通书法,是对虞世南书学成就的高度肯定。《旧唐书》中《虞世南传》载其:"同郡沙门智永善王羲之书,世南师焉,妙得其体,由是声名籍贯甚。"寥寥数语概括了虞世南的师承及书风渊源。虞世南为智永传人,偏工真、行,书风遒丽秀美,用笔精粹典丽,外柔内刚,最得二王神采。对于他的书法风貌,《宣和书谱》中说:虞世南"立法沈醉,若登大华";明代项穆《书法雅言》说:"世南传之(于)智永,内含刚柔,立意沈醉",前人多喜用"沈醉"两字来形容虞世南的书艺,这实在是非常中肯和精辟的一个概括和论断。虞世南的书法虽然近承智永,远宗王羲之,但他在书法创作中糅入了自我沉潜深静之个性,使得他的整体书法风貌呈现出厚润祥和的气息,且极富韵致,虽笔笔挺拔有力,却通篇含蓄内敛,不肯露半点锋芒。平缓稳实,温文尔雅,中庸有度,君子风范,确实是一派"沈醉"之象,这也是由其博古好学、崇德修身的内在品格决定的。

虞世南曾创作佛教书法《破邪论序》,由僧人法琳撰写正文,虞世南撰序并书丹。成书的确切年月已不可考。明代张丑的《真迹目录》记载了这一作品,宋代刻石两块。《破邪论》通篇小楷,文雅秀静。三十六行,每行二十字。《宣和画谱》称其为书风"内含刚柔"。明代王世贞在《弇州山人稿》中说:"世南书迹本自稀,而楷法尤不易得。小者惟《破邪论序》……",说明了《破邪论序》乃是虞世南小楷之代表作品,对其艺术价值评价道:"破邪精能之极,几奇天巧,所以不入二王室,犹似不能忘情于蹊径耳。"他认为虞世南的这件作品是融合二王书风但又力求创新,呈现出独特的面貌,清代书评家也认为虞世南这件作品的风格特别刚健清朗,反而与欧阳询的书风相贴合,有些神似。

虞世南从智永习书,其艺术创作思想也受到佛家思想的薰习,在其书法理论《笔髓论》中创"心悟"说。在《笔髓论》"契妙"一章中,虞世南说道:"欲书之时,当收视反听,绝虑凝神,心正气和,则契于妙。"这与佛教的戒、定、慧三学是有内在通联的。"佛法虽广,其要者无出于戒、定、慧三学。夫戒者,主要是收束身心,定者,则在专志凝神,而般若智慧,则使人穷妙极巧。此三者均与书法之道相通。其中尤以禅定之功与书法之道关系最为密切。汉蔡邕《笔论》云:'夫书,先默坐静思,随意所适,言不出口,气不盈息,沉密神采,如对至尊,则无不善矣。'书圣王羲之也说过:'夫欲书者,先凝神静思,预想字型,令意在笔前,然后作字。'柳公权则说:'用笔在心,心正则字正。'这些议论,都深契佛家禅观之旨。可见,佛理与书理多有相通之处。"①另外,虞世南说:"心悟非心,合于妙也。且如铸铜为镜,明非匠者之明;假笔转心,妙非毫端之妙。必在澄心运思至微妙之间,神应思彻。"这种强调心悟契妙的书法创作理论实在是受到佛教禅宗心性思想的影响而产生的。

虞世南的书法对当时及后世的影响均很重大,世称"虞体"。比他小38岁的褚遂良即学习吸收虞体而成著名书家,小褚遂良53岁的薛稷也是从小接触了虞世南、褚遂良的书法,深受影响而成就书名。欧阳询、虞世南、褚遂良、薛稷这"初唐四杰"可谓各具特色,却又互有关联,次第影响,共同构成了初唐时期的书法风貌。

褚遂良(596—659),字登善,隋文帝开皇十六年生于长安,卒于唐高宗显庆三年。祖上世居阳翟(今河南禹县),后迁居丹阳(今安徽当涂),一支移居杭州钱塘(今浙江杭州),所以史称杭州钱塘人。太宗、高宗时为朝中大臣,被封为河南郡公,世人称之为"褚河南"。褚遂良的书艺深受"欧虞"之影响,欧阳询非常看重他,虞世南也亲自指导过他。《书断》

---

① 赖永海:《中国佛教文化论》,第294页,北京,中国青年出版社,1999。

称其"少则服膺虞监(虞世南),长则祖述右军",故褚遂良的书艺远承王体,近追欧虞,绰约婉丽,别有韵致,自成一家,开创了以"疏瘦丰艳"为特征的"褚体",对后世的影响亦极深远。

褚遂良遗存和见于记载的作品有40件,碑刻9件,其佛教书法作品有《伊阙佛龛碑》、《孟法师碑》和《慈恩寺圣教序》等石刻传世。很有意思的是,这三件佛教碑志作品表现了褚遂良三种不同的书写风格,由此也可以看出褚遂良书风的多样性特征,同时也显示了"褚体"书风形成的一个演化过程。

《伊阙佛龛碑》,又称《龙门三龛碑》,当朝宰相岑文本撰文,褚遂良书丹。贞观十五年(641)十一月刻于河南洛阳龙门山宾阳洞。石高252厘米,宽154厘米,楷书33行,每行50字,通体严峻古雅、风格雄沉大方,结构宽正松广,笔画平舒,富含六朝笔意和汉隶笔法,有北碑风神。欧阳修《集古录》称赞其"字画尤奇伟"。刘熙载认为它"兼有欧虞之胜"。《孟法师碑》全称《京师至德观主孟法师碑》,也是岑文本撰文,褚遂良书丹,贞观六年立。现仅存拓本,藏于日本,计20页,每页4行,共计776字。字体接近欧阳询的书风,但显得圆润古雅而有隶意,体现出流丽飘逸的姿态,有着虞世南幽深秀媚的韵致。可以说是巧妙地化用欧虞而又不落痕迹。苏轼称赞它"清远潇散,微杂隶体"。明代王世贞称赞它"最为端雅饶古意"。《雁塔圣教序》又称《慈恩寺圣教序》,为两块石碑分嵌于西安慈恩寺大雁塔下南门的东西龛房。西边是《大唐三藏圣教序》,乃是唐太宗李世民为玄奘大师在大慈恩寺主持译经所写纪文,贞观二十二年(648)撰,永徽四年(653)刻,楷书21行,每行42字。东边是《大唐皇帝述三藏圣教记》,是唐高宗李治为圣教序写的纪文,刻于永徽四年十二月,楷书20行,每行42字。此两块碑为褚遂良佛教书法中最为著名者,属于褚体的代表性作品。褚遂良书写此碑时为五十八岁,不久即去世。故而此碑可以视为褚遂良"人书俱老"的精熟之作。历代评论家对此可谓推崇备至。张怀瓘用"若瑶台青琐,窗映春林,美人婵娟,似不任罗绮,增华绰约"来形容褚遂良《雁塔圣教序》的绝妙。王世贞说它"婉媚道逸，波拂处虬健如铁线"。王虚舟认为："笔力瘦劲，如百岁枯藤，空明飞动，渣滓尽而清虚来，想其格韵超绝，直欲离纸一寸，如晴云挂空，仙人啸树，故自飘然不可攀仰。"又说："褚公书看似疏瘦，实则腴润，看似枯淡，实则风华，盘郁顿挫，运笔都在空中，突然一落，偶然及纸，而字外之力，笔间之意，不可穷其端倪。"

褚遂良的书法对后世影响极大，他甚至被尊为"一代教化主"，王澍在《竹云题跋》中曾这样概括："褚河南书，陶铸有唐一代，稍险劲则为薛稷。稍痛快则为颜真卿，稍坚卓则柳公权，稍纤媚则钟绍京，稍腴润则吕向。稍纵遗则魏栖梧，步趋不失尺寸则薛稷。"生动说明了褚遂良对中唐以后的颜真卿、柳公权、薛稷等人的深刻影响。

薛稷(649—713)，字嗣通，蒲州汾阴(今山西万荣西南)人。官至太子少保、礼部尚书，世人称之为"薛少保"，为"初唐四杰"中的最后一位。张怀瓘《书断》中评价："薛稷书学褚公，尤尚绮丽，媚好肤肉，得师之半矣。可谓河南之高足，甚为时珍。"宋代《广川书跋》中评价薛稷："于书得欧、虞、褚、陆遗墨备至，故于法可据，然其师承血脉，则于褚为近，至于用笔迁瘦，结字疏通，又自成一家。"薛稷的书艺是在师承褚遂良的基础上广泛吸收诸家之长并形成了自己面貌的。薛稷的传世佛教作品有《信行禅师碑》，又称《隋大善知识信行禅师兴教之碑》，越王李贞撰文，薛稷书丹，神龙二年(706)立。现仅存清何绍基藏剪裱孤本传世，存字1800多个，藏于日本京都上谷大学。

另外，欧阳询之子欧阳通(？—691)，字通师，其书法源于家学，与其父有大小欧阳之称。武后朝曾官至宰相，因其父欧阳询曾为率更令，职掌藩邸"宗族秩序、礼乐、刑罚及刻漏之政令"。故而唐代窦臮《述书赋》评论为"父掌邦礼，子居庙堂，随运变化，为龙为光"。有佛教题材的《道因法师碑》传世，其书风"瘦却于父"，浑穆不足，秀媚有余。

此外还有陆柬之、王知敬、赵冬曦、鞠处信、萧怀素、韩怀信、范无

(惎)、刘钦旦、宁思道、王元惑等书家,都有从事佛教书法活动的记载或传世作品。

经过初唐时期的积累,迎来了中晚唐时期书法艺术上的空前繁盛,佛教书法艺术也达到高潮和鼎盛。颜真卿是中国书法史上继王羲之后的又一座丰碑。他的佛教书法创作,使得中国佛教书法增添了煌煌大气、磅礴壮气的色彩。

颜真卿(709—785),字清臣,乳名羡门子,别号应方,因任平原郡守故称"颜平原",后封爵鲁郡开国公,又称"颜鲁公"。生于唐中宗景龙三年,琅琊孝悌里(今临沂市费县)人。颜真卿家学渊博,世代簪缨,其曾祖、祖父、父亲都工篆隶,母亲殷氏亦长于书法。颜真卿初学褚遂良,后师从张旭得笔法,又汲取初唐四家特点,兼收篆隶和北魏笔意,最终形成了雄健、宽博的颜体楷书风貌,树立了唐代的楷书典范。苏轼曾云:"诗至于杜子美,文至于韩退之,画至于吴道子,书至于颜鲁公,而古今之变,天下之能事尽矣。"(《东坡题跋》)。颜真卿的楷书结体平正、气势雄浑,骨力厚健,真气沛然,其书风堪称是书法美与人格美完美结合的典例。世称"颜体",与柳公权并称"颜柳",素有"颜筋柳骨"之誉。颜体书对后世书法艺术的发展影响深远。

颜真卿一生书写碑石极多,流传至今的佛教书法最为著名的即《多宝塔碑》,全称《大唐西京千福寺多宝塔感应碑》,天宝十一年(752)四月二十日建,岑勋撰文,颜真卿书丹,徐浩题额,史华刻字,现藏西安碑林。碑文写的是西京龙兴寺和尚楚今静夜诵读《法华经》时,仿佛时时有多宝佛塔呈现眼前,他决心把幻觉中的多宝佛塔变为现实,天宝元年选中千福寺兴工,四年始成。在千福寺中每年为皇帝和苍生书写《法华经》、《菩萨戒经》,这在佛教史上有特殊的意义。此碑是颜真卿早期成名之作,书写恭谨诚恳,结构端庄整密,秀媚多姿,直接二王、欧、虞、褚遗风,与唐人写经也有明显的相似之处,说明颜真卿在向前辈书法家学习的同时,也非常注重从民间书法艺术中吸取营养。整篇结构严密,字行间有乌丝栏界格,点画圆整,端庄秀丽,一撇一捺显得静中有动,飘然欲仙。此外,颜氏佛教书法还有《八关斋报德记》,全称《有唐宋州官吏八关斋报德记》。颜真卿撰文并书丹。大历七年(772)刻石于河南商丘。八关斋是佛门徒在家修行或从事佛事时应该遵守的八条戒律,一般以一天一夜为限,内容为不杀生、不偷盗、不邪淫、不妄语、不饮酒、不坐高广大床、不著华鬘璎珞、不习歌舞乐伎。这件作品不太被历代评论家们所关注,它结体方正,布局紧凑,笔画利落,节奏明快,也有人甚至认为它是颜真卿楷书的典型代表之一。

徐浩(703—782),唐书法家,字季海,越州(今浙江省绍兴市)人。历任工部侍郎、吏部侍郎、集贤殿学士,封会稽郡公,当时诏令多由徐浩所书。徐浩擅长八分、行、草书,尤精于楷书。他的书法曾得到父亲徐峤的传授,风格圆劲肥厚,自成一家。历代对徐浩的书法褒贬不一。《新唐书·徐浩传》形容他的书法如怒猊抉石,渴骥奔泉。唐代吕总《续书评》认为他的真、行书,固多精熟,无有意趣。著有《论书》(又称《法书论》)一篇,书论中说:初学之际,宜先筋骨,筋骨不立,肉何所附?用笔之势,特须藏锋,锋若不藏,字则有病,病且未去,能何有焉?字不欲疏,亦不欲密,亦不欲大,亦不欲小。小促令大,大蹙令小,疏肥令密,密瘦令疏,斯其大经矣。笔不欲捷,亦不欲徐,亦不欲平,亦不欲侧。侧竖令平,平峻使侧,捷则须安,徐则须利,如此则其大较矣。还说"张伯英临池学书,池水尽墨,永师登楼不下,四十余年。张公精熟,号为草圣。永师拘滞,终著能名。以此而言,非一朝一夕所能尽美"。可见对智永禅师非常推崇。徐浩传至今日的碑刻有《大证禅师碑》,大历四年(769)书,碑在河南登封嵩岳寺;《不空和尚碑》,在西安碑林,唐严郢撰,徐浩书,唐建中二年(781)十一月十五日立,楷书24行,行48字。此碑为徐浩去世前一年所书,是为纪念印度高僧不空三藏的业绩而建立的。此碑书法点画沉着、厚重,结字稳健,略有拙味,骨力洞达,历代对这件碑刻评价很高。

李邕(678—747),字泰和。唐高宗仪凤八年生于广陵江都(今江苏扬州），因曾任北海太守，故书法史上称其为"李北海"。李邕的书法宗法二王但又有所创新，他融合了北碑及初唐诸家的精髓，自创新体，自成一家。明代董其昌更是将李邕的行书与王羲之相提并论。不同于王羲之的修长、灵动和优美，李邕书法呈现宽方强劲、浑拙沉厚的特征。势方而韵圆，笔骏而度缓，所谓"北海如象"。更难能可贵的是，李邕的书法艺术初看似乎平平无奇，细细品味则大有深意、内蕴深厚，令人爱不释手！《旧唐书》载："邕早擅才名，尤长碑颂，虽贬职在外，中朝衣官及天下寺庙，多持金帛，往求其文。前后所制，凡数百首，受纳馈遗，亦至巨万。时议以为自古鬻文获财，未有如邕者。"可见其风靡的程度。

李邕有较多佛教碑铭书法传世，有《岳麓寺碑》、《东林寺碑》、《法华寺碑》、《灵岩寺碑》等。《岳麓寺碑》又称《麓山寺碑》，开元十八年（730）九月十一日立，原在湖南衡山岳麓书院，由于"文革"的破坏，现存残石，碑文共计28行，满行56字。苏州博物馆现藏其宋代拓本。清代杨守敬《书学迩言》认为这块碑是与董其昌"右军如龙、北海如象"的评定最为相契的，所以这也是李邕佛教书法的代表之作。

盛唐的史惟则、陈思光、关操、李潮、维那郭嵩、高坚等人都有佛教书法作品见于记载和著录。

史惟则，生卒年不详，又名维则，字天问，吴郡（今苏州）人，活动于玄宗、肃宗两朝。书法有家学，宋代陈思《书小史》称其"工八分，颇近钟书，发笔方广"。传世佛教书迹有《大照禅师碑》、《陈尚尉刘飞造像记》、《大智禅师碑》。其中《大智禅师碑》为隶书，严挺之撰文，开元二十四年（736）九月为表记慈恩寺和尚大智禅师义福所立。碑高345厘米，宽114厘米，计32行，满行61字。碑阴有河南少尹阳伯成的撰文，也是史惟则所书。整体书法丰润有力，苍劲庄严，用笔沉着，笔势轩昂。清吴玉《金石存》称赞此碑书法"老劲庄严，此书骨力参以和缓之致"。清朝孙承泽认为此碑乃"开元第一"。

中唐柳公权（778—865），字诚悬，京兆华阴（今陕西省耀县）人，唐代宗大历十三年出生,唐懿宗咸通六年逝世,享年八十七岁。柳公权的书法在唐朝当时即负盛名,民间更有"柳字一字值千金"的说法。他的书法结体遒劲,而且字字严谨,一丝不苟。在字的特色上,以瘦劲著称,所写楷书,体势劲媚,骨力遒健,以行书和楷书最为精妙。也由于他作品独到的特色,因此,柳公权的书法有"柳体"之称,后世以"颜柳"并称,成为历代书法的楷模。柳公权一生书碑特多,他的代表作《金刚经刻石》(824年书),刻为横石,共12块,每行11字,原石毁于宋。唯一唐拓本发现于敦煌石窟,现藏巴黎博物馆。此为柳书早期代表作。其下笔精严不苟,笔道瘦挺遒劲而含姿媚;结体缜密,以纵长取形,紧缩中宫,开展四方,清劲而峻拔。"柳骨"于此可初识,而柳集众书于此亦可知。宋董逌《广川书跋》云:"诚悬书金刚经,柳批谓备有锺(繇)、王(羲之)、欧(阳旭)、虞(世南)、褚(遂良)、陆(柬之)之体。今考其书,诚为绝艺,尤可贵也。"另有《玄秘塔碑》(841年柳公权六十四岁时书)裴休撰文,柳公权书并篆额,邵建和、邵建初镌刻,共28行,每行54字,石存西安碑林。清王澍《虚舟题跋》云,"诚是极矜炼之作"。明王世贞《弇州山人稿》云:"此碑柳书中最露筋骨者。"其骨力矫健,筋骨特露,刚健遒媚;结字瘦长,且大小颇有错落,巧富变化,顾盼神飞,行间气脉流贯。全碑无一懈笔,可谓精绝。

裴休(791—846),字公美,唐代河内(河南济源)人,唐朝名相。对佛教信仰相当虔诚,他一生的作为,在中国佛教史上,堪受"宰相沙门"的美称。裴休与禅宗有深厚因缘,他在禅宗史上与同代的庞蕴、白居易、李翱、陆亘大夫等居士,有同等重要的地位。他与沩山灵祐同门,精通《华严》教旨与禅宗心要,由于撰写《传心法要序》,与黄檗希运也有殊胜的因缘。他善诗文,尤工书法。其撰写的《杰峰禅师碑》,貌似柳体,然而风格较柳更为遒媚劲健。他书法的传世拓本还有《定慧禅师碑》,现保存在陕西户县草堂寺。

吴融,生卒年不详。唐代诗人。字子华,越州(今浙江绍兴)人,官至户部侍郎。工诗文，擅书法。宋代官方主编的《宣和书谱》记载其："作《草书歌》，痛论古人笔意。至于行书，字画称是，则知其留心于翰墨间复不浅耳，观其书自可以意得也。"吴融与瞖光过从甚密，有《赠瞖光送别诗》、《赠瞖光草书歌》见录于古代书论。吴融的书学观念与瞖光十分接近，融入了深刻的禅宗思想。他所作的《赠广利大师》中说："化人之心固甚难，自化之心更不易。化人可以程恨之，自化元须有其志。在心为志者何人，今日得之于广利。三十年前识师初，正见把笔学草书，崩云落日千万状，随手变化生虚空……"吴融认为能使人觉悟的化人之心难以造就，能令自我觉悟的自化之心就更难造就了，在心为志并非日复一日的苦修，乃在于先天本具的佛性。

司空图（837—908），字表圣，河中（今山西永济）人，官至中书舍人，是唐朝末年最有成就的文艺评论家，还是一位善作篆、隶、飞白、章草的书法家。其对于晚唐佛教书法的贡献主要在于：其一，司空图有《瞖光大师草书歌》，文中谈到其书法"逸迹遒劲"、"落笔纵横"等，实则是一篇对书僧作品的评论。另外，司空图著有《二十四诗品》，把我国诗歌风格归纳为雄浑、冲淡、纤秾、沉着、高古、典雅、洗练、劲健、绮丽、自然、含蓄、豪放、精神、缜密、疏野、清奇、委曲、实境、悲慨、形容、超诣、飘逸、旷达、流动二十四品。其中《冲淡》："遇之匪深，即之愈希。脱有形似，握手已违。"《自然》："俯拾即是，不取诸邻。俱道适往，着手成春。如逢花开，如瞻岁新。"这些都旨在张扬禅宗心外无物的超脱，不仅对诗歌创作，对于当时和以后的书法创作也具有甚深影响。

据宋朱长文《墨池编》中提到的"唐世……写经者亦多士人笔尔"，也可从侧面了解到当时很多士人都参与书写佛经的活动。当时的文人士大夫也经常从事写经活动，名家写经，见于历史文献的有《金石录》记载的邬彤《金刚经》、《尊胜经》，唐玄度《六译金刚经》，柳公权《西明寺金刚经》；《宝刻类编》有欧阳询《心经》（据考记误），畅整《阿弥陀经》，薛稷《陀罗尼经》，徐浩《心经》、《金刚经》，卢鸿《龙华殿心经》，柳公权《尊胜陀罗尼经》、《消灾经》;《墨池篇》记有吕向《楞伽阿跋多罗宝经》以及于僧翰《尊胜陀罗尼经》,元载、牛僧孺《陀罗尼经》(以上石刻)。《宣和书谱》记有宋宣和朝内府所藏真迹有韩择木、柳公权《心经》。

三、五代佛教书法

1. 僧人书法

五代僧人书法中最杰出者当推释贯休。

贯休(823—912),俗姓张,字德隐,婺州兰豁(今浙江兰溪)人,七岁时便投本县和安寺圆贞禅师出家为童侍。贯休善于吟诗,博学多才,《唐才子传》称赞他"一条直气,海内无双。意度高疏,学问丛脞。天赋敏速之才,笔吐猛锐之气。乐府古律,当时所宗……果僧中之一豪也。后少其比者,前以方支道林不过矣"。贯休精于书法,《宋高僧传》中记载他"善小笔,得六法"。《益州名画录》记载他"善草书,时人比诸怀素"。刘泾的《书诂》也曾将贯休书法与怀素、高闲、亚栖等的书法相媲美。宋人陈思的《书小史》也说,贯休"工草隶,南土皆比之怀素"。宋人的《宣和书谱》与元人陶宗仪的《书史会要》更称赞贯休"作字尤奇崛,至草书益胜,崭峻之状可以想见其人……虽不可以比迹智永,要自不凡"。据《宣和书谱》记载:宋御府曾收藏贯休草书七件、行书一件。至于民间,更是广为流传。贯休有草书《千字文》传世,可惜今已不存。

后梁的释彦修、释大空,后唐的释归屿、释齐己、释应之,后周的释师试,西蜀的释昙域、释晓峦、释梦归,吴越的释謦光、释从瓌、释智琮等,史料都曾记载他们的书法创作活动或书法作品。

释彦修,五代梁乾化(911)人,善草书,时有书名,书风宗张旭,有释高闲遗风。其作书的《寄边衣诗》、《入洛诗》在宋朝时被摹刻成石。王世贞《王氏法书苑》中说:"彦修与亚栖、謦光齐名。书法如淮阴恶少年,风狂浪跳,俱非本色。"可见,彦修的书法风貌虽有张旭、高闲的酣畅淋漓,却失于浮躁夸张,终非大家手笔。

2. 士人佛书

五代书坛中由士人所创作的佛教书法以杨凝式的作品为代表。

杨凝式(873—954),字景度,号虚白、维希居士、关西老农,华阴(今属陕西)人。生于唐懿宗咸通十四年,卒于周世宗显德元年,年八十二岁。富有文藻,长于歌诗,善于笔札,并工颠草,为时辈所推崇。唐末官秘书郎,历仕梁、唐、晋、汉、周五朝,梁时为考员外郎。唐同光初授比部郎中,知制诰。晋时,以礼部尚书致仕。因国家动乱、父亲失节,导致杨凝式内心苦痛,举止纵诞,恣意狂逸,时人有"杨疯子"之称。

杨凝式的书法初学欧阳询、颜真卿,后又学习王羲之、王献之,一变唐法,用笔奔放奇逸。无论布白,还是结体,都令人耳目一新。其行楷书布白舒朗,清秀洒脱,深得王羲之《兰亭集序》的笔意,错落有致,气势开张,古朴之气扑面而来。杨凝式在书法历史上历来被视为承唐启宋的重要人物。"宋四家"(即苏轼、黄庭坚、米芾、蔡襄)都深受其影响。代表作有《韭花帖》、《卢鸿草堂十志图跋》、《神仙起居法》和《夏热帖》等。杨凝式喜欢留恋寺院,随兴题壁。当时洛阳城佛寺中,广爱寺、长寿寺、天宫寺、甘露寺、兴教寺等皆有他的墨迹。宋陈思《书小史》记载杨凝式一进寺院,"见其壁上光洁可爱,即箕据顾视,似若发狂,引笔挥洒,且吟且书,笔与神会,书其壁尽方罢,略无倦怠之色。游客观之,无不叹赏"。

人名索引

不空 143,144,173,178,196—199,246,248,278,477—480,529,530,555,593,598,633

澄观、清凉国师 86,117,151,158,166,173,287,375,428,525,549

赤松德赞 3,6—8,10—14,17—19,21,29,31—40,43,47,49,50,52—56

从谂 66

存奖 84,110

道岸 149,476

道绰 235,441,533

道世 185,256,283,460,461,508

道信 256,306,307,429—431,436,550,552

道宣 63,121—132,134,136—140,147,148,162—165,168,172,175,184,185,188,189,207,211,214—216,219,222,225—230,234,240,243,244,254—261,263,266,268,280,285,286,288—294,298,299,306,312,314—319,321,326—328,330—332,334,335,337—340,342,343,345,346,352,355—360,387,411,412,429,433,437—441,465—471,474,480,481,485—487,491,497,498,503,505,506,508—511,522,524,540,545

道一、马祖 76,307,533,551,553,564

道膺 84,108

道昭 520,521,525

法藏 117,125,136,149,173,216,476,487,488,520,524,525,548,549,560,624

法砺 245,524,526

法琳 172,184,310,314,316,318—325,329—333,338,340,468,628

法融 256

法顺、杜顺 93,95,99,117,484

法照 173,508

灌顶、章安大师 133,135,305,306,411,417,422,467,492

寒山 99

弘忍 291,307,431,551,552

怀海 111,307,535,553,564

639

怀让 76,553,564

怀素 164,165,245,524,611,614,620—623,637

惠果 178,478,479,521,529,530,555,556,598

慧超 3,6,52,53,261,277,278,465,466,469,555

慧寂 308,554

慧能、惠能 44,45,76,86,111,281,291,307,431,433,434,552,553,564,623

慧思 168,412,413,467,542

慧远、净影慧远 122,123,147,275

慧忠 144,173,433

吉藏、嘉祥大师 147,148,174,257,391,392,402,403,466,467,471—473,491,521,540,541,545

鉴真 520,522—528,624,625

金刚智 173,248,253,277,278,555,598

空海、弘法大师 520,521,527,529—532,537,538,598,624,625

窥基、慈恩大师 521,547,548,557

朗达玛 18

李通玄 64,88,89,117,118

莲花生 7—9,11,33—35,37,47,49,53

良价 85

灵祐 281,308,309,635

摩诃衍那 16,17

庞蕴 635

毗尼多流支 562—564

菩提流志 475—477

普寂 44,431,435,437,524,552

普愿 66,307

僧璨 430,562

善导 441—450,462,533,605,624

善无畏 477,529,555,556,598

少康 321

神会、荷泽大师 46,435,564

神秀 15,44,45,66,76,173,431,432,435,437,476,524,550,552

圣德太子 519,520

实叉难陀 149,166,475,524

拾得 99

松赞干布 3—6,19,27—29,47—49,51—54

昙迁 121—123,125,126,128,131,137,138,147,184,220,221,469,480,482

王维 589,590,598,599

惟俨 368,373

文成公主 4,5,47,48,52—54,272

文纲 476,487,488,624

文益 74—79,82,85,86,88,90,91,108,113,116,117,560

无相 43,86,436,550,551

武则天 141,183,277,298,299,326,336,356,361,475,476,487,488,493,497,574—576,580,592

希迁、石头和尚 76

希运 635

信行 246,552,631

行思 76,84,88,564

宣鉴 107

玄昉 520,522,526,538

玄觉 78,552

玄奘 8,148,166,174,191,223,231,232,255—257,259—263,266—271,344,439,459—461,474—476,520,521,525,546—548,563,589,593,624,630

彦琮 208,215,217—219,223,232,233,260,353—355,357,358,447,469—471,473,482,484,497

一行 246,450,555,590,598

义存 74,82,84,90,106—112,115,308

义净 6,173,187,235,261,271—277,280,450,463,475,476,510,543,547,563

义湘 539,548,549,560

义玄 67,272,567

元晓 533,546,548—550,560

圆测 149,235,545—548

圆仁 153,155,156,158,169,170,176—179,283,442,490,498,501,503,506—509,511,515,530,531,538

圆珍 500,507,530—532,538

湛然、荆溪大师 93,421,528,536,540,620,622

智昇 149,164,165,193,214,215,223—227,233,236—244,247,249,251,256,259,263,269,457,462,477,508,513

智威 174

智俨 109,539,548

智顗、智者大师 85,133,135,172,173,305,306,410—426,431,467,469,491,524

智正 134

智周 520,522,524,548

宗密、圭峰大师 86,89,92,117,179,375—385,426—428,436,551

最澄、传教大师 520,521,527—531,537,538,624